LES DEUX RÉFORMES CHRÉTIENNES

STUDIES IN THE HISTORY
OF
CHRISTIAN TRADITIONS

FOUNDED BY HEIKO A. OBERMAN †

EDITED BY

ROBERT J. BAST, Knoxville, Tennessee

IN COOPERATION WITH

HENRY CHADWICK, Cambridge
SCOTT H. HENDRIX, Princeton, New Jersey
BRIAN TIERNEY, Ithaca, New York
ARJO VANDERJAGT, Groningen
JOHN VAN ENGEN, Notre Dame, Indiana

VOLUME CXIV

ILANA ZINGUER AND MYRIAM YARDENI

LES DEUX RÉFORMES CHRÉTIENNES

LES DEUX RÉFORMES CHRÉTIENNES

CHRÉTIENNES

PROPAGATION ET DIFFUSION

EDITÉ PAR

ILANA ZINGUER

ET

MYRIAM YARDENI

BRILL

LEIDEN · BOSTON

2004

Brill Academic Publishers has done its best to establish rights to use of the materials printed herein. Should any other party feel that its rights have been infringed we would be glad to take up contact with them.

This book is printed on acid-free paper.

Library of Congress Cataloging-in-Publication Data

Les deux réformes chrétiennes : propagation et diffusion / edité par Myriam Yardeni et
    Ilana Zinguer
        p. cm. — (Studies in the history of Christian traditions, ISSN 1573-5664 ; v. 114)
    Includes bibliographical references and index.
    ISBN 90-04-13632-0
        1. Reformation—Congresses. 2. Counter-Reformation—Congresses. I. Yardeni, Myriam.
II. Zinguer, Ilana. III. Series.

BR305.3.D48 2004
270.6—dc22

2004046644

ISSN   1573-5664
ISBN   90 04 13632 0

PRINTED IN THE NETHERLANDS

TABLE DES MATIERES

Partie III. Agents d'éducation

Partie IV. Idéologie et Comportement

Partie V. Voies de Propagation et de Perception

REMERCIEMENTS

Nous tenons à remercier très vivement Dr Amos Megged pour sa participation à l'organisation du colloque sur la Contre-Réforme.

I.Z., M.Y.

INTRODUCTION

Bernard Roussel

À l'initiative des Professeurs Myriam Yardeni et Ilana Zinguer, deux Colloques successifs ont été les hôtes de l'Université de Haïfa, à une année d'intervalle l'un de l'autre, aux printemps 2000 et 2001. L'un et l'autre avaient pour thème celui de la «diffusion» des Réformes protestante d'une part, catholique d'autre part. En fait, le clair partage qui était souhaité à l'origine a été quelque peu brouillé pour des motifs qui tenaient aux circonstances autant qu'à la disponibilité des intervenants. L'embarras que les organisateurs de ces Colloques et leurs collègues ont sans aucun doute éprouvé avant de trouver à le surmonter de la meilleure des manières a eu une conséquence heureuse que l'on peut souligner, sans toutefois vouloir abuser de l'adage selon lequel d'un mal, sortirait un bien! En effet, le brouillage des programmes initiaux à parfois favorisé la tenue de débats entre des interlocuteurs dont les recherches portent sur des sociétés religieuses diverses. Ainsi s'est trouvé souligné un propos tenu dans nombre de communications, un propos qui souligne l'importance de la circulation des hommes, des idées, des mots ou des manières de faire, d'une «confession» à l'autre, puisque protestants et catholiques d'alors avaient à résoudre des questions analogues, ce qu'ils firent parfois en termes comparables.

Les lecteurs de ce volume auront cependant tôt fait d'observer une dissymétrie. Les auteurs qui traitent de la Réforme catholique les invitent en effet à un voyage dans l'espace et dans le temps bien plus long que celui, évoqué par Ilana Zinguer, que Montaigne entreprit, d'une plus grande amplitude surtout que les trajets parcourus par ceux qui étudient la Réforme protestante. À cela une raison communément reconnue: le christianisme occidental «traditionnel», travaillé de longue date par une problématique de réforme constamment actualisée, devient un catholicisme à vocation universelle, notamment après le très long Concile de Trente (1545–1563). Il lui fallut alors, d'une part, se mettre en phase avec l'alternative à laquelle la première génération des luthériens donna forme avant 1530 et, d'autre part, s'ouvrir aux Nouveaux Mondes. Par contre, la «Réforme» protestante dont il est question dans ce volume désigne le plus souvent la «réforme» calviniste francophone, plus précisément une minorité religieuse qui s'organise dans le royaume de France à partir des années 1550. La définition de deux «espaces» religieux dans un même territoire, leur antagonisme autant que leur voisinage qui rend inévitable la négociation de compromis, influent sur les formes données à la diffusion de leurs manières de penser et de faire par chacune des deux «confessions» présentes dans le royaume.

Les soucis des Jésuites en Éthiopie ne sont pas sans ressemblance avec ceux que luthériens et protestants réformés éprouvèrent parfois. Leonardo Cohen décrit, à propos des sacrements, l'Eucharistie notamment, combien il fut difficile aux Jésuites d'interpréter un christianisme totalement différent du leur, celui qu'ils découvrirent en Éthiopie, et de discerner celles des coutumes de là-bas auxquelles ils pouvaient faire droit. Ceci rappelle—mais il n'en fut pas question à Haïfa—que, autour de 1530, les tenants suisses et strasbourgeois d'une «réformation» conduite avec l'appui des princes et des conseils des villes, virent venir à eux des Vaudois qui leur exposèrent leur foi ancestrale et en demandèrent une évaluation, provoquant chez leurs interlocuteurs une certaine perplexité. Plus généralement, les Protestants, luthériens comme réformés, eurent sans cesse à se prononcer face à des représentations et des pratiques catholiques qu'ils s'empressèrent souvent de dévaloriser en les tenant pour autant de coutumes illégitimes. Tout au long de ce volume d'ailleurs, des problématiques de grande ampleur peuvent être discernées à l'arrière-plan des communications à première vue les plus ponctuelles. Et quand il est question de «réforme» au singulier, cette convention ne doit pas occulter que, comme l'écrit Alain Tallon dont on amplifie ici le propos, «la Réforme catholique est plurielle» comme, on le sait, l'a été—mais pour d'autres raisons—«la» Réforme protestante

Pour apprécier les avancées historiographiques et problématiques dont témoignent les communications qui sont rassemblées ici, il suffit de se reporter à un livre qui, pour beaucoup d'entre nous, sembla ponctuer des décennies de recherches et ouvrir des voies nouvelles, des voies qui ont conduit dans des champs, alors mal balisés, mais aujourd'hui bien jalonnés et très fréquentés. Il s'agit de l'ouvrage collectif *Aspects de la propagande religieuse*, publié à Genève en 1957[1].

---

[1] *Aspects de la propagande religieuse. Etudes publiées par G. Berthoud, G. Brasart-de Groër,*

Henri Meylan, y tient, dans la *Préface* (p. VII à XV), des propos
clairs. Il commence par réhabiliter l'emploi du terme *propagande* qu'il
tente d'arracher à des connotations méprisables. Dans un volume
où, le souligne-t-il, «la propagande catholique n'est pour ainsi dire
pas représentée» (p. XII), il est traité des façons dont les protestants
francophones du XVIe siècle ont propagé «l'Évangile authentique de
Jésus-Christ». Puis l'historien lausannois identifie lui-même les limites de l'ouvrage: «Il s'agit donc essentiellement de la propagande
imprimée et de sa défense» (p. X), encore qu'il ne soit guère fait
mention des «feuilles volantes» ni des «images gravées sur bois».
Rien non plus «sur la propagande orale . . ., sur les façons dont s'y
prennent les évangéliques pour parler «religion» à leurs contemporains» (p. IX).

  La substitution du terme *diffusion* à celui, retenu il y a plus de quarante ans—*propagande*—n'est pas seulement motivée par des réticences langagières ou culturelles. Ici, il ne s'agit plus seulement de la
communication d'un *message* mais, les exigences de l'anthropologie
historique étant désormais bien reçues, l'attention des historiens se
porte sur des apprentissages de rites, l'observance—ou l'enfreinte—
de prescriptions relatives aux habits, ou sur les rôles qu'y jouent
diverses personnes. L'étude des systèmes symboliques constitutifs des
religions y appelle, c'est à dire l'étude de tout ce qui crée et main-
tient la relation de femmes et d'hommes à leur Dieu, et engendre
simultanément un lien social entre eux, le protége et, si nécessaire,
permet de le renouer. Dans le même temps, ce qui subsiste de nor-
matif dans l'expression dont use H. Meylan pour définir l'objet de
la propagande disparaît. Prévaut désormais la mise à distance de
l'objet étudié, cette «mise à distance», chère aux anthropologues et
ethnologues et dont Ilana Zinguer voit qu'elle est déjà engendrée
par «la dictée au secrétaire» d'un texte que Montaigne ne couche
pas personnellement sur le papier! Mais, de l'ouvrage de nos prédécesseurs de 1957 à celui-ci, une constante: ces pages ont en commun, «de nous mettre en garde contre les jugements sommaires et
les classifications massives» (H. Meylan, p. XV).

  On ne fera ici qu'une brève mention des auteurs qui ont contribué à cc volume, et l'on n'évoquera qu'exceptionnellement les noms

---

D. Cantimori. . . . Préface de Henri Meylan, Genève, Librairie Droz, coll. Travaux
d'Humanisme et Renaissance, vol. XXVIII, 1957, p. 430.

de ceux qui, s'ils s'étaient rendus à Haïfa, auraient permis de traiter de façon plus exhaustive le sujet annoncé. Ainsi les débats ne restent-ils que plus ouverts!.

Le rôle de l'écrit dans la diffusion des Réformes—un thème familier—est bien des fois abordé dans ces pages, mais fréquemment d'une façon inattendue.

Marianne Carbonnier-Burkard s'interroge sur la courte existence éditoriale d'une *Histoire des vies et faits de trois excellens personnages* (Luther, Melanchthon, Calvin). En milieu réformé, elle a moins constitué «un répertoire de rôles à imiter qu'un modèle de représentation de la Réforme dans l'histoire de l'Église et du salut». En matière d'hagiographie, aux illustres réformateurs, on a tôt préféré «les modèles de sainteté héroïque plus démocratique» lus dans le *Livre des martyrs*. Quant à Denis Crouzet il appelle à (ré-)apprendre à lire les œuvres de Jean Calvin: il invite en effet à y retrouver une expression personnelle de l'expérience et de l'interprétation du catholicisme; puis il montre comment le message calviniste «se constitua en une révolution herméneutique qui avait une capacité de séduction libératrice, dans la mesure où, dans la mémoire de ce qui a pu être un dramatique parcours personnel, il inversait les mécanismes de fonctionnement de l'imaginaire et de sa grammaire».

Souvent accompagnées de textes, ou occasion de la rédaction de textes, parfois encore gravées, imprimées et largement répandues, les images. Les «clichés» historiographiques subsistant longtemps après qu'ils aient été dénoncés, il est très intéressant de voir, par la plume d'Isabelle Martin, combien le savant abbé Méry d'une part, le pédagoque Leudiger, homme de terrain d'autre part, ont encouragé, longtemps après le Concile de Trente, soit au contrôle de ce qui est mis en peinture, soit à la formation au bon usage des «icônes». L'approche et le recours catholiques aux images ne sont donc pas sans ambiguïtés, et l'interdiction de l'usage des images dont on dit si fréquemment qu'elle est une part de la culture réformée paraît parfois relativisée. Ainsi, Roger Zuber propose-t-il de «desserrer» le schéma usuel. Dans les *Tableaus sacrez* de Paul Perrot, il lit en effet la figuration «d'un surcroît de sens» qui met en présence «d'une puissance de l'Écriture plus forte que celle que les petites rimes ont la capacité de contenir, qui ouvre une carrière à l'âme, c'est à dire à l'imagination». Quant à Frank Lestringant, en déchiffrant la *Mappe-Monde papistique*, il montre la complexité d'une forme polémique de diffusion de la Réforme protestante par l'image et le texte. L'histoire de cette

Mappe-Monde, en effet, «est ouverte sur le registre oral» avant de «se refermer par un morceau de théâtre», et ceci pour exposer une «cartographie morale . . . un arpentage méthodique et inlassable, par monts et par vaux, des vices et abus de la papauté».

Le thème de l'oralité vient d'être introduit. Histoire culturelle et anthropologie ont incité les historiens des Réformes à affiner l'étude du rapport entre communication orale d'une part, écrite d'autre part. Jean-François Gilmont déploie beaucoup d'habileté pour montrer, avec tout la prudence, requise comment «les protagonistes des débuts de la Réforme (ont combiné) harmonieusement le travail de la parole, principalement à travers la prédication, et celui de l'écrit à travers le livre imprimé». Quant à Francis Higman, au terme d'une analyse précise de sermons et de traités, il établit combien Jean Calvin veillait à se soustraire plus qu'on ne s'y attendait à l'influence des formes, du rythme, du style de la langue parlée—on en trouve l'écho dans les sermons imprimés—quand il rédige des *Traités* appelés à «estre mis devant les yeux de tout le monde».

La prédication. Pour les Réformés, c'est par elle que sont «plantées» les Églises locales. Or, très malencontreusement, il ne reste pratiquement pas de traces, sinon indirectes, des sermons que des centaines de *ministres de la parole* ont prononcé pendant la deuxième moitié du seizième siècle, parfois plusieurs fois par semaine, devant une congrégation assemblée dans des temples dont l'architecture visait à ce qu'elle forme un *auditoire*. Par contre, le rôle des prédicateurs catholiques est aujourd'hui bien reconnu. Ici, Marc Venard montre comment une *institution*—celle de la prédication de carême—a pu créer *l'événement* d'une forme d'évangélisation des fidèles que les tenants de l'orthodoxie ont parfois jugée condamnable. Ainsi à l'insu de beaucoup, peut-être même des prédicateurs, deux formes de diffusion de propositions de Réforme devenaient-elles pour un temps comme mitoyennes.

Les prédications sont parfois imprimées. Et l'on retrouve ici l'incertain tracé des frontières entre l'écrit et l'oral, leurs formes et leurs fonctions. Cette frontière, elle fut parcourue, entre 1510 et 1530, par Pierre Gringore, contemporain de la réforme luthérienne dans les années 1520. Nicole Hochner explique comment «il convertit sa verve en prêche et sa satire en propos bien pensants» quand, passé le temps de la féroce dénonciation de Jules II, il se convainct de la nécessité de faire obstacle à la pénétration luthérienne dans le royaume.

Échos de la prédication, livres destinés à nourrir un enseignement

oral ou une éducation religieuse: les catéchismes. Leur rôle n'est désormais plus sous-estimé. Mais l'on n'a pas encore répertorié tous les
catéchismes qui ont été en usage dans les Églises réformées, concur-
remment à celui que Jean Calvin rédigea à l'intention des Genevois,
et surtout l'histoire de leur texte n'est pas toujours élucidée avec précision. On le sait, de premiers catéchismes luthériens ont été traduits et adaptés en France, à l'adresse des premiers évangéliques.
Mais des auteurs catholiques, à l'évidence, y ont puisé, avant le
milieu du siècle. Prolongeant ces études, Myriam Greilsammer établit que, tard dans le XVIe siècle et au début du XVIIe, «des systèmes idéologiques ennemis aux idéaux antagonistes ont employé
parallèlement le même texte pour l'endoctrinement idéologique de
leur jeunesse», ceci s'expliquant par «l'existence d'un large substrat
commun aux deux religions». L'usurier italien Lowis Porquin a donc
rédigé un texte qu'emploient sans frémir des acteurs de la Réforme
catholique mus par le souci de l'éducation et de l'enseignement. Cela
est d'autant plus remarquable que ce cas survient aux Pays-Bas et
qu'on ne peut en déduire aucun penchant des uns ou des autres
pour la tolérance religieuse.

Par contre, quand Nadine Kuperty-Tsur «fait incursion dans le
milieu familial protestant pour y observer les modalités de transmission des idées de la Réforme», elle observe que les *Mémoires*, les récits
d'enfance notamment, rédigés au sein des grandes familles, transmettent aux enfants «les valeurs de la Réforme» de façon très rigou-
reuse, mais différenciée: sous une «forme religieuse et séculière» pour
Agrippa d'Aubigné et Henri de la Tour d'Auvergne, duc de Bouillon,
à la façon «d'un guide essentiellement spirituel à valeur testamentaire» sous la plume de Charlotte Duplessis-Mornay.

L'hymnologie réformée francophone est, aux dires de certains, par
trop négligée. Aux confins de l'histoire des textes et des livres, puisque des recueils sont constitués, de l'histoire de la musique et de
celle de la pratique, cultuelle ou privée, du chant, s'ouvre un domaine
de recherches qui révèle que «le chant (est) un acteur de la Réforme
(protestante), un outil indispensable et une chance pour sa diffusion».
Édith Weber rappelle ici comment «réformateurs, poètes et musiciens ont réussi à forger l'hymnologie protestante au XVIe siècle»,
et elle en identifie les grands traits. Pierre Boniffet, pour sa part,
défend une thèse selon laquelle «le psaume *en vulgaire*, cultuel ou
artistique, en même temps qu'il a contribué à élargir le champ sonore,
en influant largement sur les structures vocales et la vie musicale, a

fait évoluer les rapports sociaux et même les conceptions historiques». Qu'il soit permis ici, s'agissant d'une discipline dont Edith
Weber souligne fréquemment qu'elle reste par trop en jachère, que,
depuis la tenue des Colloques de Haifa, l'hymnologie du protestantisme français s'est enrichie de l'apport de James Lyon qui oriente
ses recherches vers ce qu'il désigne par la belle expression «d'herméneutique des mélodies».

Avec les problématiques liées au chant, l'on approche des recherches qui relèvent de l'anthropologie historique, déjà évoquée. Elle
appelle la multiplication des enquêtes à l'échelle de la micro-histoire;
elle est attentive à la façon dont les enseignements et les prescriptions venues *d'en-haut* «filtrent»—la métaphore est empruntée à
R. Scribner—avant que des hommes et les femmes d'un autre rang
social et culturel les accommodent à leurs propres représentations et
conduites. Ces enquêtes ont encore en commun de rendre possible
des comparaisons. Ce volume accueille des études qui relèvent, en
partie tout au moins, de cette recherche. Gabriel Guarino ouvre le
dossier des prescriptions relatives aux façons de s'habiller, dans
l'Espagne et l'Italie post-tridentines. Si un lien avec le puritanisme
des années postérieures est évoqué, ces pages invitent à relire les prescriptions disciplinaires réformées en ce domaine. Max Engammare,
quand il initie ses lecteurs à l'art d'établir des horoscopes, avant
d'écrire sur les usages polémiques qui furent faits des horoscopes de
M. Luther et J. Calvin, renvoie à la permanence d'une forme de
savoir et de pratique, l'astrologie, souvent négligée et que ne font
disparaître ni les controverses savantes ni les dénonciations officielles.
Raymond Mentzer ouvre ici de façon partielle les dossiers qu'il a
constitués depuis deux décennies qu'il découvre et lit des registres
des consistoires réformés. C'est à ce niveau très local qu'il peut satisfaire l'ambition, souvent contrariée, des historiens qui ne peuvent,
faute de documents, apprécier le succès ou l'échec de modes de
diffusions dont il ne perçoivent bien que les acteurs et les vecteurs
présents lors de l'étape de l'émission des messages et des injonctions.
Quand il traite du thème «Idéologie réformatrice et comportement
quotidien», R. Mentzer répond avec précision à l'interrogation incluse
dans le libellé du thème des Colloques. Enfin, on saura gré à Jean-
Loup Lemaitre de montrer à l'œuvre un type d'acteur de la diffusion
de la réforme monastique, inséparable du mouvement de plus grande
ampleur qui a traversé l'Église catholique. Quant à Nicole Lemaitre,
elle répond par une enquête très précise à une question qui peut

paraître élémentaire mais qui est, en fait, fondamentale: celle de la «rapidité» de propagation de l'information. Sa communication a le grand intérêt de mettre en valeur «les niveaux intermédiaires de la communication» et l'évolution, sur la longue durée, tant de leurs agents et de leurs institutions que de l'information qu'ils transmettent.

On s'attend que le paradigme de la confessionnalisation soit abordé par des auteurs qui traitent de la Réforme, et ce d'autant plus que l'horizon géographique de la quasi-totalité des études qui sont rassemblées dans ce volume porte sur des situations crées dans le royaume de France, en Italie et en Espagne. Il s'agit là d'une aire très différente de l'aire germanique au contact de laquelle ce paradigme a été élaboré et développé. L'Europe méridionale est en effet l'un des lieux où désormais ce paradigme trouve à être critiqué, modifié ou affiné. Raymond Mentzer est attentif à l'un des éléments qui le constituent, celui de la discipline sociale. On perçoit cependant le mieux comment ce paradigme peut-être reçu et re-travaillé sous la plume des auteurs qui s'intéressent au rapport du «politique» et du «religieux», ou sous la nôtre, quand nous tentons d'esquisser ce que fut une «première culture réformée» dans le royaume de France, entre 1560 et 1571. Myriam Yardeni, pour la période suivante, conclut que «d'épisode monarchomaque n'est pas dépourvu d'importance dans la propagation de la Réforme (et) illustre la conception suivant laquelle l'homme réformé, politique, social et religieux est un et indivisible». Ainsi est-on bien en présence d'identités confessionnelles. Alain Tallon, quant à lui, réévalue le rôle habituellement attribué au nonce envoyé en France, avant de noter «qu'il est temps d'en finir avec l'opposition traditionnelle entre un protestantisme "national" et un catholicisme "international", l'action des nonces maintenant cependant «une forme de coordination entre les différentes Réformes catholiques nationales». Jacques Le Brun évoque avec le personnage du poète et mystique Angelus Silesius le passage d'une Contre-Réforme positive à une Contre-Réforme négative où la polémique crue remplace la spiritualité. Robert Sauzet enfin est le seul à faire mention du concept de *confessionnalisation* dans le libellé du titre de sa communication. Il prolonge son «récit» jusqu'au XIXe siècle, mettant ainsi à l'épreuve la périodisation classique, sans rien écrire qui vienne contrarier son propos liminaire, à savoir que «le Bas-Languedoc est, en France, une région très originale sur le plan religieux». Si l'on s'en tient au Royaume de France et que l'on rapporte ces propos à d'autres études, telles celles de Philip Benedict, il est possible de confirmer que le paradigme de la confessionnalisation, conserve quelque pertinence pour l'Europe méridionale, et pour le royaume de France en particulier, au prix de nombreux amendements. Ne serait-ce que pour tenir compte, d'une part, de l'existence d'une minorité protestante dans le royaume, irréductible et bientôt protégée par les dispositions de l'Édit de Nantes et, d'autre part, des nombreux contacts, inventoriés depuis longtemps, entre réformés et catholiques dans le même temps où la diffusion de deux Réformes les dressent souvent les uns contre les autres et que s'ébauchent des stratégies, familiales notamment, de protection d'une identité religieuse spécifique.

Comme Henri Meylan naguère, irons-nous au devant des critiques par l'identification de thèmes qui ne furent pas abordés? Suggérons quelques exemples: les problèmes linguistiques apparus quand des idées, des pratiques, des rites apparus dans l'aire germanique furent «traduits» et adaptés dans les aires de langue romane; des thèmes relevant de l'éthique ou encore, l'observation des formes de lien social maintenus, corrigés ou créés tant dans les paroisses traditionnelles que dans les Églises réformées nouvellement dressées. Nous n'irons pas plus avant dans cette voie. Les Colloques de Haïfa furent un temps serein de «diffusion» de savoirs, de confrontations des points de vue, de critiques et de suggestions, une sérénité à laquelle contribua assurément le déplacement auquel furent conviés nombre d'intervenants.

Le succès de ces Colloques, et l'écho qui peut leur être donné grâce à la diffusion de ces *Actes*, sont cependant avant tout les fruits de la qualité de l'accueil qu'offrirent à l'Université de Haïfa et en des temps difficiles, Mme Ilana Zinguer et ses collègues, et Mme Myriam Yardeni, à qui nous tenons à rendre hommage et dire notre reconnaissance.

PARTIE I

RÉFORME ET CONTRE-RÉFORME MILITANTES

CRAINDRE DIEU AUTREMENT DANS LES SERMONS ET PAMPHLETS DE CALVIN

Denis Crouzet

Abstract

Prior to conversions and Genevan Sermons there already existed certain forms of Calvinist fear, no doubt projected by Calvin himself in the negative way he portrayed the Papists en their religion. In other words, Calvinism should be understood as biography occluded by a formative discourse that teaches the absolute will of a God who extends His grace to those who make the transition form the bad faith to the good faith, lending this biography universal value. It follows, paradoxically, that one of the forms in which the Calvinist Reform was disseminated derived from Calvin's own subjective experience, a self-memory that lies hidden in words and writings which—though perhaps never explicitly so—are autobiogaphical fragments.

Lorsque les historiens cherchent à comprendre le processus de changement religieux du XVIᵉ siècle, ils s'attardent souvent à chercher dans les fonctionnements de la religion traditionnelle des indices de crise latente ou possible, à discerner les éléments virtuels d'une logique de la séparation, à encore deviner les signes avant-coureurs d'une histoire qui aurait possédé ainsi un coefficient de probabilité. C'est-à-dire que l'effort de reconstruction part bien souvent du présupposé que le désir conduisant à la mise en œuvre de la réformation doit être contextualisé au sein d'une évaluation opérée par l'historien de la capacité ou de la non-capacité de l'Église traditionnelle à répondre aux attentes présumées de la foi, au sein encore d'une dynamique ou d'une non-dynamique de crise.

A propos de Calvin, un autre angle d'approche peut toutefois être proposé, qui cherche à retrouver, dans le discours même du réformateur de Genève—donc de l'intérieur de son imaginaire particularisé de la rupture avec Rome à laquelle il invite les croyants de son temps—, certaines des représentations ou des figures qui ont pu le conduire à s'engager dans une procédure de séparation. L'important, alors, revient à prendre en compte moins ce qu'auraient pu être les tensions objectives inhérentes à la piété durant le premier

XVIᵉ siècle que la manière dont cette piété a pu être rétrospective-
ment appréhendée et identifiée par un chrétien réformé dans le
mouvement d'une *conversio subita*. L'important encore est de tenter
de comprendre comment la doctrine de l'Évangile peut avoir joué,
de façon interlocutive, comme une construction antinomique destinée à fournir une réponse à la faillite ou débâcle d'un imaginaire.

Et, au centre du regard que l'on voit Calvin porter sur la religion romaine, il s'avère qu'il y a une crainte qu'il dénonce comme
une mauvaise 'crainte'. D'où l'hypothèse que ce fut en partie sur
une mutation dans le système signifiant de la crainte que fut opéré
et rendu viable le refus de la religion traditionnelle, sur l'appel à
une prise de conscience de ce qu'il y avait une autre crainte de Dieu
à vivre, une bonne crainte.

Mauvaise Crainte

Ce qui frappe immédiatement, à la lecture des sermons ou libelles
de Calvin, c'est que la religion romaine, par delà les accusations de
corruption de la Vérité, d'idolâtrie, de mensonge qui la touchent
d'emblée, est loin d'être relatée ou dépeinte comme un univers serein,
lisse, confortant. Le chrétien qui vit dans les superstitions papistes
est aux yeux de Calvin un chrétien angoissé, en recherche permanente d'une sécurité qu'il ne peut pas trouver ou qui se défait de
lui dès qu'il s'imagine l'avoir rencontrée. Et ce sont peut-être les
bribes d'une mémoire autobiographique qui surgissent au fil de la
parole ou de l'écriture calvinienne. La foi romaine, que le réformateur dénonce depuis Genève, est dite fondée avant tout sur la crainte
et le doute, ou plutôt sur ce qu'il nomme lui-même une mauvaise
crainte.

Il faut donc définir ce que Calvin entend par 'mauvaise crainte'.
Premier point, cette crainte est négative parce qu'elle est une perversion, un faux amour qui est une haine cachée de Dieu.

Dès l'*Institution de la religion chrétienne*, Calvin s'attarde ainsi à décrire
comment la connaissance de Dieu demeure corrompue par la 'sot-
tise' ou la 'malice' des hommes. Il distingue deux perversions capitales. Il y a tout d'abord ceux qui, pour éviter de se savoir sous le
regard de Dieu, pour éviter d'éprouver la crainte et pour vivre dans
une sécurité de la vie d'ici-bas, ont la tentation aristotélicienne –
voire épicurienne?—de distinguer un Dieu oisif au Ciel, désintéressé

du sort des hommes. Calvin discerne dans cette attitude un système de défense, illusoire bien sûr à ses yeux, contre l'imaginaire de la mort, puisque le péché, ajoute-t-il, dans ces conditions d'un détachement de Dieu par rapport aux hommes, reste impuni et qu'il suffit que l'homme se pardonne ses fautes pour que celles-ci soient oubliées.

Mais il affirme primordialement qu'il y a ensuite ceux qui, à l'opposé, font Dieu sur-présent dans le monde. C'est la seconde perversion et c'est celle à propos de laquelle la mauvaise crainte intervient. Il s'agit d'hommes tout aussi impies que les précédents, mais sur un mode différent. Ils n'ont pas en eux la crainte volontaire de Dieu qu'immédiatement Calvin dit être la bonne crainte, ils sont traversés et perpétuellement effrayés par une crainte que Calvin qualifie de 'servile et contrainte'. Leur foi n'est pas spontanée, elle est une foi contrainte par leur peur, qui est, selon des gradations variables de conscience, la peur de la justice divine. Leur Dieu les terrifie dans sa justice, et, en réalité, ils ne vont vers lui que malgré eux, comme 'trainez' par leur peur. Ce n'est pas un amour spirituel qui règle le cheminement de leurs consciences, mais une passion qui fait que le croyant pense plus, dans ses exercices récurrents de piété, à lui-même qu'à Dieu. Il se fait centre. Il pense avant tout à échapper à la figure terrorisante de Dieu qu'il s'est façonnée ou qui lui a été imposée, il ne pense pas vraiment à aimer Dieu. Il est fondamental de voir que le décryptage que donne Calvin de la foi de l'Église romaine le conduit à procéder à une inversion du sens de la piété que les papistes s'imaginent vivre. Ce qui leur semble de la piété et de l'amour de Dieu repose sur la crainte, mais cette crainte est impure au sens où elle cache, dans ses tréfonds, obscurément ce qui est une haine de Dieu puisqu'elle soupçonne sans cesse Dieu de ne pas être pleinement un Dieu d'amour. Il est impossible d'aimer véritablement en ayant en soi la peur à tout instant. La mauvaise crainte est une peur, une passion qui s'ignore.

Ces hommes qui cultivent la mauvaise crainte détestent donc secrètement Dieu, et leur vie n'est, pour le réformateur de Genève, qu'une longue et absurde bataille engagée inconsciemment contre Dieu, un Dieu qui leur apparaît avant tout assis sur son 'siège judicial' afin de 'punir les transgressions'. Cette lutte inconsciente contre Dieu se traduit par l'usage des pratiques superstitieuses, l'adoration des 'pollutions' que sont les idoles, les 'menus fatras et cérémonies de nulle valeur', l'ordre extérieur de l''apparence' d'une religion qui n'est pas une religion du cœur. Une crainte panique monte sans cesse dans

l'esprit de ces hommes, une crainte qui leur suggère toujours et toujours plus encore de chercher à apaiser Dieu par des mérites qui se
relativisent au fur et à mesure qu'ils s'accumulent. A la source des
gestes de piété de l'Église romaine, il y a une peur qui s'ignore mais
qui se nourrit elle-même. Il y a donc pour Calvin deux ordres dans
la foi romaine: l'ordre de l'apparence qui fait aller les papistes vers
Dieu, l'ordre de la vérité qui fait qu'ils ont tellement peur de la justice de Dieu qu'ils sont incapables d'aimer Dieu, qu'ils haïssent Dieu
en doutant de lui. Le réformateur de Genève construit son discours
sur la mauvaise crainte sur une première théorie de l'inconscient qui
est de toute évidence à l'opposé de l'inconscient freudien. L'inconscient ne renvoie pas à la sphère du refoulé, ne renvoie pas à un
passé occulté, à des représentations demeurant 'à l'état latent'. L'inconscient calvinien est ce qui, en surface de la conscience humaine, est
révélé ou objectivé par l'homme, ce par quoi il se cache la vraie
conscience de soi, latente, ce par quoi, sans le savoir, il accomplit
une 'singerie' de ce qu'il devrait être.

Le recroisement avec les fragments autobiographiques livrés par
Calvin s'impose ici. Ce n'est pas un hasard si, à l'occasion du court
récit dans lequel il retrace son séjour parisien au temps de ses études au collège de Montaigu, Calvin rapporte que sa vie ne pouvait
pas se maintenir sur une unique ligne droite. En 1539, il écrit qu'il
ne vivait pas alors en 'tranquillité de conscience'. Certes, la clémence
de Dieu lui était prêchée, clémence envers les hommes se rendant
dignes de la recevoir par leurs œuvres et par la confession. Certes,
il était rempli de l'espérance d'une rémission possible du péché. Mais
il ressentait comme une fracture entre ce qui lui était enseigné et la
manière dont il vivait cet enseignement.

Il ajoute, toujours en 1539, que Dieu lui apparaissait, dans ces
années de jadis, comme un juge de rigueur, au regard 'épouvantable',
qui pouvait être, bien sûr, apaisé par l'intercession du Christ, de la
Vierge ou des saints, mais dont la justice avait sur lui un effet angoissant, immensément angoissant parce qu'elle lui demeurait indéter-
minée, fluctuante. Il y eut une crainte calvinienne avant le temps de
la conversion et avant le temps des sermons genevois, que Calvin
projette sans doute dans la représentation des papistes qu'il donne
dans ses écrits et dans ses sermons. Avant l'événement de la conversion, Calvin dit se ressouvenir avoir été comme pris au piège d'un
doute le plongeant dans l'effroi:

> Car toutes fois et quantes que je descendais en moi ou que j'élevais le cœur à Toi, une si extrême horreur me surprenait qu'il n'était ni purifications ni satisfactions qui m'en pussent aucunement guérir. Et tant plus que je me considérais de près, de tant plus aigres aiguillons étaient ma conscience pressée, tellement qu'il ne me demeurait autre soulas ni confors sinon de me tromper moi-même en m'oubliant.

À l'opposé de cette évanescence de toute manifestation de foi, à l'opposé de ce Dieu terrorisant parce qu'incertain, toute la rhétorique des sermons calviniens sera fondée sur l'image davidique d'un Dieu 'rocher' ou forteresse, insensible précisément à tout balancement, un Dieu que le chrétien peut regarder intérieurement, sans peur, dans sa gloire. Un Dieu antinomique du Dieu papiste, vers lequel le chrétien ne va que dans la haine qu'il se dissimule à lui-même sous le voile de la crainte qui le traverse et qu'il ne parvient jamais à surmonter ou épuiser.

Deuxième point: Une seconde image, après celle de cette haine inconsciemment ressentie à l'égard Dieu, surgit: celle d'une dérive. Tout, dans ce système de la mauvaise crainte, gravite autour de l'illusion qu'entretiennent les bonnes œuvres, autour du parcours sans terme qu'elles conditionnent. Dans le vingt-quatrième sermon sur la Seconde épître de Timothée, Calvin revient longuement sur les 'corruptions' forgées par l'esprit humain; il s'agit du jeûne à la veille de certaines fêtes, de l'observance du Carême, les prières aux saints et saintes, des parcours obligés qui mènent d'autels en autels et de chapelles en chapelles, de l'assistance aux offices, des fondations de messes, des pèlerinages . . . Toutes ces œuvres sont des œuvres, observera-t-il, qui ne profitent pas à l'homme, un 'badinage' qui est comparé à un voyage qui ne peut pas trouver son terme parce qu'il repose sur une accumulation infinie.

Calvin décrit encore, dans le neuvième sermon sur l'Épître à Tite, la piété comptable encouragée par les traditions de l'Église romaine, dans une dénonciation qui, sans doute, rapporte les données d'un regard de jadis sur soi. Il y a, Calvin l'affirme, une contradiction essentielle qui éclate dans le système des cérémonies de la 'papisterie'. L'homme peut payer pour ses péchés, il peut pécher tout en compensant son péché par des œuvres; il peut même s'imaginer, facticement et temporairement, être parvenu jusqu'à une situation d'équilibre. Les œuvres des papistes sont censées s'accumuler comme si Dieu s'achetait, comme si le péché pouvait être évalué selon un principe d'économie marchande, voire usuraire:

> Quand ils font plus que Dieu ne leur a commandé, il leur semble
> qu'ils s'acquittent envers luy, et qu'ils le contentent d'un tel payement:
> il font leur conte là dessus, quand ils auront jeusné leurs vigiles, qu'ils
> n'auront point mangé chair en vendredi, qu'ils auront ouy la messe
> dévotement, qu'ils auront prins de l'eau bénite, il leur semble, di-je,
> que Dieu ne leur doit plus rien demander, qu'il n'y a plus rien à
> redire en eux.

Mais surtout c'est une histoire sans fin qui est distinguée par Calvin
dans les tentatives papistes pour plaire par effet d'accumulation
comptable à Dieu non pas véritablement par amour, mais par peur
et par haine. Le papiste, écrira-t-il, écoute une messe, mais celle-ci
ne suffit pas à son désir de se concilier Dieu, *prima causa omnium*, il
doit assister à une autre, puis à une autre et ainsi de suite. Jamais
une unique cérémonie ne lui suffit pour le rassurer sur sa capacité
d'atteindre Dieu. La dévotion à un saint implique la dévotion à un
autre saint, un pèlerinage en nécessite un autre, une offrande en
exige une autre, et ainsi à l'infini. Se précise la mémoire d'une fuite
en avant, d'une dérive qui place les papistes dans une situation de
toujours réitérer leurs gestes rituels: 'Brief, on n'y trouvera ne fin ne
mesure, comme c'est un abysme [. . .] Il est certain qu'ils entrent en
un labyrinthe si confus, qu'il surmonte tous les abysmes du monde.'
Prières, confessions, aspersions, ambulations, 'c'est tousjours à recom-
mencer', sans fin. L'amour divin se révèle incernable et indiscern-
able, et, même si elle n'est pas totalement consciente, la crainte est
là, immense, sans fin, elle fait dériver l'homme sans cesse, sans point
fixe.

Surtout, l'image à laquelle Calvin recourt est significativement l'image d'un univers mouvant: 'Il n'y a ne fond ne rive en tant de loix
et statuts que le diable a là forgez.' C'est à nouveau comme une
transcription du drame que, sous l'effet de la mauvaise crainte, il
dut peut-être vivre lui-même et qu'il voulut dénoncer à ses contemporains encore plongés dans les ténèbres de l'ignorance—ne jamais
parvenir à savoir si Dieu recevait avec plaisir ses œuvres, vivre dans
la crainte de ce que les œuvres accomplies précisément par crainte
de la justice de Dieu ne satisfassent pas Dieu; le drame d'un effri-
tement de toute tentative pour faire à Dieu les preuves de sa fidélité, le drame de la mauvaise crainte, crainte égocentrique. Le drame
d'un imaginaire flottant . . . D'où une image de Dieu que l'on peut
deviner très incertainement miséricordieuse parce que portant le chrétien à aller toujours plus loin dans les œuvres, à rajouter œuvre à

œuvre, sans fin. L'image d'un Dieu toujours en balancement, allant de la justice à la miséricorde, de la miséricorde à la justice, balançant diachroniquement entre amour et haine.

Et on peut supposer que cette représentation se construisit dans le cadre d'une mémoire personnelle. La découverte de la mauvaise crainte fut d'abord une découverte individuelle, une invention prenant sens dans la conversion, avant d'être ce par quoi Calvin s'efforça de persuader ses contemporains que leur fidélité à Rome était une infidélité à Dieu, qu'elle les entraînait inconsciemment à haïr Dieu en ne lui témoignant pas la totale confiance qu'il exige. La parole calvinienne visa, dans cette articulation virtuelle de l'expérience passée du réformateur à sa parole de prophète de Dieu, à faire s'opérer une prise de conscience en révélant aux papistes ce qu'est leur foi. Le grand instrument dont usa Calvin pour stigmatiser la religion romaine comme une religion de la mauvaise crainte, fut peut-être sa propre expérience, la mémoire de ses doutes et de ses angoisses. Le calvinisme fut une biographie personnelle occultée par un discours instituant, enseignant la volonté de Dieu, mais une biographie ayant valeur universelle. Une des formes de diffusion de la réforme calvinienne, en conséquence, fut la vie cachée de Calvin, vie cachée dans des paroles et des écrits qui sont, même si cela n'apparaît pas, des fragments autobiographiques. Et, dans cette vie, il y a le souvenir d'une crainte face à l'errance constante de Dieu, insaisissable, qui fait que l'homme lui-même est dans l'errance. Et toujours, vient et revient le motif de la haine que le papiste porte sans le savoir à Dieu.

La troisième image corrélative de la mauvaise crainte intervient en continuité de l'image de la dérive: il s'agit de celle du doute: les papistes, tout en prononçant leurs oraisons, 'disent qu'ils ne doivent iamais estre asseurez'. La promesse, à leurs yeux, n'est alors jamais certaine. Aux yeux de Calvin, le papiste ne peut pas avoir confiance en Dieu dans la mesure où il ne sait pas si Dieu écoute les paroles 'de vent' dans lesquelles il se complaît, qui sont évoquées par Job et que Calvin interprètera comme des paroles de 'nulle fermeté, c'est-à-dire, qui ne peuvent édifier un homme'. Être dans le mal de la mauvaise crainte, c'est ne pas appliquer tous les 'sens' et les 'esprits' à la parole de Dieu et, alors, 'sens' et 'esprits' 'voltigent cependant d'un costé et d'autre, et la parole de Dieu s'en va comme en vent'. La religion 'papistique' est, dans le cours du dix-neuvième sermon sur le Psaume 119, à dénoncer comme une religion du 'doute', dans laquelle le chrétien ne sait jamais le 'profit' attaché à ses prières, demeure toujours perplexe sur lui-même et par voie de conséquence sur un Dieu dont il ne parvient pas à savoir s'il l'aime pour ses œuvres ou le hait pour ses péchés:

> Pour cela nous voyons qu'en toute la Papauté, on ne sauroit deuë-ment prier Dieu: ie di, suivant la doctrine qui est là tenue. Et pour-quoy? Car ils enseignent le povre monde qu'il faut tousiours estre en doute, et en suspend.

Il y a crainte et crainte, affirme encore Calvin en commentant le Psaume 119: la crainte 'libérale' de ceux qui sont régis par l'Esprit de Dieu, et la mauvaise crainte, celle des infidèles à Dieu, nourris de la peur de Dieu au point d'être 'esperdus et tellement abattus' qu'ils n'ont pas le courage de chercher à 'approcher' réellement de Dieu parce qu'ils doutent de lui. Il leur paraît, toujours, que Dieu est en instance de leur tourner le dos, de les abandonner et ils essaient de faire pression sur Dieu.

Cette mauvaise crainte est un 'enfer' de la conscience: une crainte annihilante, destructrice, déterminant une absence de véritable 'cou-rage de venir à Dieu'. Elle connaît d'ailleurs son instant de paroxysme lorsque l'homme voit la mort approcher: instant critique parce qu'il pourrait y avoir chez le croyant la peur envahissante et submerge-ante d'être pour toujours séparé de Dieu, de perdre Dieu pour l'éter-nité, Calvin affirme que l'angoisse doit se défaire aussi vite qu'elle est venue, quand le mourant se souvient de la 'bonne volonté' de Dieu à son égard et ne ressent aucun doute sur la grâce divine. Chez les papistes, selon ce qu'il écrira, le doute ne peut que demeurer en devenant angoisse, il ne peut pas y avoir de belle mort sereine, malgré ce que certains avancent illusoirement:

> il est vray qu'on barbottera beaucoup, qu'on dira des Patres, et mes-lera-on des Ave Maria parmy, et mesme on adressera bien son Pater au marmoset de sainct Aguathe, ou de quelque autre sainct, comme à Dieu.

Mais en vain, car l'angoisse demeure. Rien ne peut la réduire, parce que le mourant pense avant tout à lui-même, s'aime lui-même alors qu'il ne devrait aimer, avec la foi la plus grande, que Dieu.

Être papiste, le réformateur ne cessera de le dire et de le redire, c'est être hors de la constance, cheminer dans le 'doute' perpétuel qu'engendre une sorte de ruse face au fantasme du regard de Dieu, une manière de se cacher ce regard, et qui conduit les hommes à se fabriquer 'leurs devotions à plaisir' pour mieux tenter d'attiédir ou de forcer une justice divine dont ils doutent. Et, à l'origine de ce soupçon, il y a l'illusion que l'homme peut 'estre maistre de sa vie', en être le 'conducteur', l'illusion qu'il peut se commander à lui-même ce qui est juste et ce qui est injuste, suivant ainsi 'son semblant, son cuider'; l'illusion qui fait qu'en s'imaginant aller vers Dieu, il hait Dieu puisqu'il se met à la place de Dieu, il pense qu'il peut plier Dieu à sa volonté. Et ici, le quatorzième sermon sur le Psaume 129 semble receler de précieuses notations, lorsque Calvin s'attarde sur les pauvres incrédules qui pensent plaire à Dieu en aimant et honorant Dieu 'par contrainte [...] comme forcez et contraints', et qui ne retirent que du tourment de cette relation dont ils ne peuvent jamais savoir si elle atteint vraiment sa cible. Une relation qui désigne le salut personnel comme but même de la piété et donc repose sur le concept d'intéressement astreignant l'homme à se finaliser égoïstement et orgueilleusement comme centre de lui-même, alors qu'il est né pour Dieu et que seul Dieu détient la puissance de sauver.

Et Job, comme David, est un miroir de la possibilité du dépassement de l'être qui ne trouve de fermeté ou de stabilité nulle part, qui ne vit que dans la mauvaise crainte, ne rencontrant aucune assurance de ce que ses prières rencontrent l'écoute divine. Il est l'homme qui s'est détourné de l'angoisse de l'amour ou du désamour de Dieu, l'homme qui a ignoré tout doute: même lorsque des afflictions et des malheurs, des peines et des souffrances lui étaient envoyés, Dieu demeurait pour lui un Dieu de consolation, de repos et non pas d'effroi. Sont de faux prophètes, Calvin le dit et le redit, tous ceux qui 'foudroyent et tempestent' lorsqu'ils parlent des desseins de Dieu et des péchés des hommes, mettant 'le pied sur la gorge aux gens craignans Dieu'. Le réformateur de Genève s'élève encore contre les prédicateurs du présent français aussi, qui, à l'opposé de Job et comme François Le Picart, usent d'une 'gravité inhumaine', d'une 'haultesse inhumaine pour abbatre les povres gens et les effrayer'. C'est, affirme Calvin, mépriser Dieu que de ne voir en lui que violence et dureté, que d'enseigner qu' 'en priant il faut tousiours estre en perplexité et en doute'.

Plusieurs conclusions peuvent ici être préliminairement suggérées. Le doute et l'angoisse, sous l'appellation de 'mauvaise crainte', sont au cœur de la représentation que Calvin façonne et projette de la piété de l'Église romaine, au cœur de la figuration qu'un chrétien réformé doit avoir de la religion papiste. Ils sont ce que tout fidèle doit dénoncer et révéler à ceux qui sont encore dans les ténèbres de l'ignorance de la Vérité évangélique, afin de les attirer vers l'amour d'un Dieu qui ne balance pas diachroniquement entre haine et amour, entre justice et miséricorde, mais dont la justice est synchroniquement miséricorde et la miséricorde est justice. La parole réformée est une parole qui cherche à aller au-delà de la surface des mots et des rituels, au-delà des opinions reçues. Elle propose, avant tout, un autre système de sens, ou plutôt une inversion du sens. Elle enseigne à rejeter, selon une méthode empruntée peut-être à la dialectique platonicienne, un ordre de l'apparence et de l'illusion qui est l'ordre de la surface des choses: l'homme qui s'imagine aimer Dieu en multipliant les œuvres par crainte de la justice divine est un homme qui n'aime pas Dieu, qui s'aime avant tout lui-même et qui se cache une haine à l'égard de Dieu. Il ne voit en Dieu qu'un juge effrayant. La didactique calvinienne veut porter l'homme, et c'est là que réside la clef de la conversion, à saisir que c'est dans la haine de lui-même qu'il peut, une fois désengagé de la haine qu'il porte inconsciemment à Dieu, rencontrer une sérénité aussi positive que toujours néanmoins relative. Elle est donc une autre manière de penser, une manière de penser les données immédiates de la conscience comme les données d'une illusion.

Mais l'expérience de la mauvaise crainte racontée par Calvin possède aussi, sur le plan historique, une autre implication. Elle permet de mieux comprendre les traverses empruntées par les hommes qui firent le choix de rompre avec Rome. Calvin certifie que la foi traditionnelle dissimulait ou portait en elle une puissance anxiogène, puisqu'il décrypte, pour son propre parcours biographique et pour celui qu'il dépeint, l'angoisse comme ce qui fait de cette foi une illusion, une 'singerie'. Malgré tous les instruments qu'elle proposait aux chrétiens pour les sécuriser dans leur quête du salut, elle avait la capacité de se retourner en une angoisse eschatologique. C'est là où toutefois une certaine complexité problématique surgit. Certes, il y avait dans la religion 'flamboyante' une béance dans laquelle la parole calvinienne s'engouffre lorsqu'elle décrypte que la crainte papiste de Dieu est une mauvaise crainte. Cela peut laisser entendre que la religion romaine a pu être vécue tragiquement, avec une intensité d'angoisse plus ou moins forte selon les personnes croyantes, par les chrétiens du début du XVIᵉ siècle à tous les moments de leur vie terrestre. Cela peut aussi signifier que Calvin, en fonction de son propre parcours de conversion, se donna le rôle d'accoucheur de la conscience individuelle ou collective de cette angoisse qui serait demeurée latente. A partir de là, on voit que c'est un faux problème que de nier qu'il y ait une aptitude de la religion romaine, à la fin du XVe siècle et au début du XVIe siècle, à jouer comme vecteur d'angoisse. Même si cette angoisse n'était pas lisible sur la surface des imaginaires, même si elle ne se laissait pas percevoir dans l'immédiateté des représentations ou discours, elle était là, souterraine peut-être, mais prête à se déverser dans le système de résolution vécu puis élaboré par Calvin.

Bonne Crainte

A la mauvaise crainte Calvin substitue donc la bonne crainte. C'est un véritable renversement auquel il procède et qui démontre que le sens de la conversion peut s'interpréter avant tout comme un processus de désengagement de la peur face à Dieu, ou du moins que c'est en ces termes que Calvin l'a lui-même interprété et utilisé. Alors que la religion romaine fait vivre les chrétiens dans l'angoisse, dans une crainte totalement négative puisqu'elle nie, dans les moyens auxquels elle recourt, la miséricorde gratuite de Dieu, la religion de l'Évangile restitué est une religion de la crainte positive, 'libérale'. Et ici, ce n'est plus l'amour de Dieu qui cache la haine que l'homme éprouve à l'égard de Dieu, c'est la haine éprouvée par l'homme pour l'homme qui est la vérité de l'amour même de Dieu, c'est par la haine que l'amour se révèle.

Première caractéristique: la bonne crainte opère par désengagement du croyant par rapport à lui-même. Cette crainte a une origine qui n'est pas la volonté humaine: c'est la 'bénignité de Dieu' qui en est distributrice. Un Dieu qui suscite l'appréhension de ce que l'homme est ordure, péché. La crainte est 'salutaire' au sens où elle ouvre aux promesses de Dieu par le truchement d'une procédure d'autoaccusation. Elle fait l'homme lieu d'effroi face à lui-même dans la perception de la majesté de Dieu, Dieu qui a fait à l'homme le don gratuit d'un amour. Il y a changement d'objet, à travers la mise en action d'une herméneutique alternative du rapport de l'amour à la haine. La bonne crainte n'élimine pas la haine, mais elle la déplace en la centrant sur le sujet pensant lui-même et en lui donnant un rôle déterminant. Craindre Dieu autrement, c'est primordialement avoir honte de soi, être certain et n'avoir de cesse que de dire et redire à Dieu que l'homme n'est rien et que compte seulement la foi qu'il met en ses promesses. C'est donc ne plus avoir peur de Dieu, c'est avoir peur de soi, et avoir de la haine pour soi, c'est ne plus avoir peur de Dieu. C'est donc ne plus voir un Dieu en mouvement et en incertitude, mais un Dieu fixe en qui le croyant se retire en s'avouant humblement serviteur obéissant d'un maître qui est 'prochain' des siens. La bonne crainte est pénitence, aveu sans cesse réitéré que les fautes connues et confessées à Dieu ne sont rien par rapport à toutes celles que Dieu discerne. Aveu que toute pensée qui se réfère à soi, qui pense à soi autrement que comme néant et souillure, est mauvaise pensée, infidélité. Une 'crainte' faite de révérence et d'humilité, reconnaissante de l'absolue souveraineté de Dieu et ouvrant sur une sagesse qui est un engagement à régler la vie selon le désir de Dieu et non pas selon la fantaisie du péché. Une 'crainte' qui, jadis, a détourné Job de 's'adonner à des spéculations qui les tiennent en branle sans aucun profit, sans aucune fermeté'; l'appréhension de la 'ferme et certaine connaissance de Dieu envers nous'. A vrai dire, la bonne crainte, face à Dieu, n'est plus de la crainte, et comme on le verra, la haine dont elle s'arme, n'est que de l'amour.

La bonne crainte, alors, détourne l'homme de l''audace' ou de l'outrecuidance' de vouloir pénétrer jusque dans le plus profond des secrets de Dieu, de vouloir s'ingérer de le contraindre à la miséricorde. Elle restitue l'ordre vrai Créateur-créature: l'homme s'avoue sujet. Il se détruit comme lieu de penser Dieu, il devient pensée de Dieu à travers l'acceptation de ce que Dieu se démontre dans les Écritures, est présent en vie, parle en l'homme qui écoute, son 'cœur en avant', la Parole de vie:

> Maintenant nous voyons comme il nous faut retourner à Dieu quand nous en avons esté comme bannis: c'est assavoir, que nous lui soyons disciples, et qu'il soit nostre maistre.

L'homme ne pense plus à lui, il ne pense qu'à Dieu. S'impose alors une crainte sans angoisse, une crainte sereine dans laquelle la haine ouvre consciemment à l'amour, est amour. Au contraire, la mauvaise crainte avait ceci de dramatique que l'amour s'ouvrait inconsciemment à la haine, qu'il était inconsciemment chargé de haine.

Deuxième caractéristique. La bonne crainte est une crainte heureuse qui n'a plus rien à voir avec les tremblements paniques de la

mauvaise crainte. Elle engage le fidèle dans la durée d'une joie
humaine et divine. Il n'y a plus de temps du soupçon, il n'y a plus
de sensation d'impasse ou d'insécurité. Et, quoi qu'il puisse arriver,
nul malheur, nul bonheur, nulle persécution, nulle maladie, nulle
peine, nulle tristesse, nul tourment, nul doute, nulle horreur ne sont
en mesure de perturber l'homme de foi. Au contraire, l''enfant' de
Dieu qu'il est devenu ignore la tristesse et le suspens, il est en 'joye
et contentement'. Le converti est comme un homme soudain dépourvu
d'histoire, ou dont toute l'histoire possible tourne autour de l'ouverture d'une durée de joie divine et humaine. Seul l'homme 'qui sera
vrayement converti s'esioura [se réjouira] en son Dieu'. Un Dieu
qu'il a sans cesse devant ses yeux, à qui il rend hommage pour tout
ce qui lui arrive, un Dieu significativement reconnu comme 'père
nourricier', tout en étant aussi exalté 'fontaine de vie' qui a retiré
de la mort et qui a donné une vie nouvelle.

Dieu est alors juste parce qu'il est amour, et il est amour parce
qu'il est juste. Il y a passage d'un univers de représentation fondé
sur la diachronie, sur le constant évanouissement des certitudes, à
une figuration synchronique des données immédiates de la conscience. Et alors il n'est plus question d'un regard de Dieu effrayant
l'homme par sa dureté et ses exigences, Dieu est figuré comme
ouvrant les 'yeux' du pécheur, non pas pour qu'il ait l'épouvantable conscience de sa faute, mais pour qu'il pense à sa 'majesté' en
toutes ses œuvres et pensées. Pour celui qui a la foi et qui se nourrit des promesses du Verbe divin, Dieu est présent partout, en tous
moments, 'autour de lui', simultanément juste et miséricordieux. Nuit,
jour, 'à chaque minute', en public ou 'quand nous serons retirez à
part', dans l'imitation du psalmiste, le chrétien doit avoir recours à
la prière, toujours la prière, assimilée à un regard lancé vers Dieu,
'sachant bien que Dieu nous voit, et que nous sommes tousiours en
sa présence'. À un Dieu-regard appelant les hommes à toujours plus
de pénitences, à un Dieu en risque de désamour, l'inventivité théologique calvinienne substitue un Dieu-Verbe, dans une rupture sémantique fondamentale, un Dieu vivant en Parole dans l'homme selon
le témoignage du Saint-Esprit; un Dieu 'médecin' vers lequel les
hommes doivent se rendre parce qu'il repousse la mort loin d'eux.
Confesser à Dieu ses péchés est, pour le croyant, comme parler à
un médecin de sa maladie, d'un mal dont la plupart des êtres humains
n'ont pas conscience mais qui les mine. Et le premier 'remède' est
l'Écriture.

La bonne crainte est certitude, elle exprime que l'homme est désormais intérieurement convaincu que Dieu l'attend, les 'bras' tendus pour le recevoir en sa miséricorde qui est sa justice et en sa justice qui est sa miséricorde.

> Si nous n'avons ceste certitude en nous, nous ne pourrons pas remuer un doigt, tant s'en faut que nous venions à lui comme nous devons: qui pis est, les hommes tascheront tousjours de reculer quand ils douteront de la bonne volonté de Dieu, sa majesté leur sera espouvantable: si nous concevons que Dieu veut traitter à la rigueur, et qu'il nous est Juge, il faut que nous soyons tellement effrayez, que nous le fuyons tant qu'il nous sera possible.

Mais on ne peut s'en tenir là. La bonne crainte n'est pas que pénitence, confession, prière et révérence, certitude face à une majesté incommensurable de Dieu unissant synchroniquement justice et miséricorde, amour et haine.

Troisième caractéristique. La bonne crainte, si elle récuse la peur face à Dieu, est une manière de faire peur, de signifier une haine à l'égard du péché. Elle est aussi action et donc parole au sein desquelles se confondent ou se fusionnent, par delà les apparences, la haine et l'amour. Il ne faut pas s'y tromper, le mode d'expression dont use la bonne crainte, pour rendre compte de la conversion du fidèle à Dieu, est une expression souvent remplie de haine, mais d'une haine instrumentalisée comme un amour. Lorsque l'on compulse les registres du Consistoire de Genève, on ne peut qu'être frappé par la violence même de certaines comparutions qui mettent aux prises des hommes ou des femmes convoqués et Calvin. Et alors surgit, de la part de ceux qui sont confrontés au réformateur, le sentiment qu'ils ont face à eux un homme rempli de 'haine'. Calvin doit se défendre d'ailleurs d'être un homme de cette 'haine': lorsque Guillaume du Bois l'accuse d'avoir de la 'haine' à son égard, il réplique qu'il s'agit d'un mensonge; Guillaume du Bois a parlé avec impudence. Jamais, ajoute Calvin, il ne lui a porté une 'haine' pour des motifs personnels; la seule 'haine' qui le tient est la haine contre les vices dont il est rempli. Elle n'est donc pas personnelle, elle ne s'attache pas à l'individu même, elle est dirigée contre les passions qui sont en lui et qui, l'éloignant de Dieu, sont présentes dans toute créature. Calvin explique ensuite pourquoi il a de la 'haine' contre les vices de Guillaume du Bois. Les mots claquent sèchement, violemment. Guillaume du Bois n'est pas un honnête homme, parce qu'il a fait le commerce clandestin des livres en France, en les 'sur-

vendant' aux pauvres fidèles du royaume dans le seul but de s'enrichir. De plus, 'il avoit esté traître à Dieu et à l'evangille troublant
les povres consciences', car il avait répandu la rumeur, jusque dans
Genève même, selon laquelle Calvin aurait rétracté sa condamnation de l'idolâtrie. Calvin obtient l'emprisonnement de Guillaume du
Bois dès le lundi 3 janvier 1547.

Il faut ici poser la question suivante. Certes Calvin accepte la
haine comme partie prenante de son discours, il ne la nie pas même
s'il déclare fortement que la haine que lui attribue ses contradicteurs
est une haine qui n'est pas d'ordre personnel. La haine, dans cette
perspective, est une manière de rendre active la bonne crainte. Le
travail du Consistoire, tel que le réformateur l'a voulu, s'apparente
à un travail de réapprentissage du langage qui veut avoir une dimension métaphysique et au cœur duquel la haine joue le rôle déterminant de fil d'Ariane permettant de sortir du labyrinthe du péché. La
haine est un instrument qui doit susciter l'éveil de la personne convoquée à la haine de soi et donc à l'amour de Dieu, elle est ce par
quoi une sortie de l'inconscient peut être suggérée. Elle est le truchement qui doit faire venir l'impie à la crainte révérencieuse de
Dieu. Elle est en ceci l'inverse de ce qu'elle paraît, elle est témoignage d'amour, elle est amour. Resurgit ici la mutation herméneutique du calvinisme: toute apparence est illusion et il ne faut pas
s'en tenir aux apparences. Ce qui semble aux antipodes de l'amour
n'est jamais que de l'amour. Le rôle du Consistoire est d'amener le
pécheur à sortir des ténèbres dans lesquels il se complaît en croyant
connaître une lumière qui n'est qu'obscurité. La haine est la face
cachée de l'amour. Aimer l'autre, être l'acteur d'une solidarité réver-
sible, c'est haïr ce qui détourne l'autre de la vérité, dire avec haine
ce qui éloigne l'autre de l'amour de Dieu, être véhément contre le
mal qui le tient. La haine fait partie de la crainte, parce qu'elle est
amour à l'égard de l'autre et donc parce qu'elle vise à attirer l'autre
dans l'appréhension des promesses divines. Le Consistoire, il faut
bien le dire, n'est donc pas pensé par Calvin comme un espace
répressif, il est le théâtre d'une mise en éveil du pécheur. Il ne veut
pas réprimer ou sanctionner, il veut enseigner.

On a l'impression, à la lecture des registres du Consistoire, que
le dialogue fragmenté, qui s'établit, a moins pour objet de mettre
en accusation la personne convoquée et de la punir, que de l'amener à dire d'elle-même qu'elle a la volonté de s'intégrer dans la
réformation de l'Église, de l'amener vers la haine de soi et donc à

la bonne crainte de Dieu. Et il n'y a pas que les réunions du consistoire à être les lieux de l'expression de la haine qui doit guider vers la haine de soi et la bonne crainte. La prise de parole calvinienne, à l'occasion des sermons, 'redargue', appelle les auditeurs à prendre conscience des vices qui grouillent encore et toujours dans la cité de Genève; elle est témoignage et instrument de la 'bonne crainte'. Calvin le dit et le redit, il revient aux ministres de la parole de Dieu de répéter infatigablement aux hommes que la sagesse ne siège pas dans leur faiblesse, qu'ils ne doivent pas mettre leur confiance dans leur vertu ou dans leur raison, que la haine de soi est un témoignage de 'modestie'. Être pasteur, c'est toujours et encore revenir sur une donnée fondamentale de l'expérience calvinienne d'une anthropologie renouvelée: le refus de l'orgueil et de la présomption, le refus de l'amour de soi, de l'outrecuidance, le refus de la mauvaise crainte; la conscience de ce que, face à l''arrogance', il y a la crainte humble qui assujettit l'homme à Dieu seul, et la 'prudence' qui fait qu'il se laisse gouverner par Dieu seul. L'être humain est rebelle, et seule la parole de Dieu peut comme lui percer les oreilles afin que son cœur soit amolli. Et la rhétorique doit épouser cette force de la Parole divine, elle doit donner 'vigueur' à la foi et donc être vigoureuse, forte, perçante, elle doit faire appréhender à l'homme qu'il n'est qu'ordure et qu'il doit haïr la souillure qui demeure en lui.

Cet engagement de la bonne crainte dans la sphère de l'action surgit dans des moments forts de l'expérience calvinienne. A l'occasion de la crise qui voit la défaite de la faction perriniste, Calvin prêche journellement. Il intervient oralement exigeant que justice soit faite contre ceux qui sont accusés d'avoir tenté de subvertir l'ordre politique de la cité; car la réaction de la justice civile ne semble pas avoir été immédiate, sans doute par peur d'un mécontentement bernois. Les lundi 20, mardi 21, et mercredi 22 mai 1555, ses sermons sur le quatrième chapitre du Deutéronome débutent sur l'évocation de l'ire de Dieu qui vient sur les incrédules demeurés insensibles aux avertissements lancés depuis des jours et des jours. Dieu seul doit être entendu en ce bas-monde. Une horrible condamnation doit attendre les rebelles à la parole de Dieu, parce qu'ils ont eu connaissance de la vraie doctrine et de la bonne crainte, mais ils s'en sont retirés par leurs fautes, dans une 'rage diabolique'. Ils sont plus coupables que les Turcs et les papistes qui, eux, vivent sans avoir été initiés à la vérité. Dieu veut que son peuple soit un peuple un, vivant dans l'union la plus étroite et totale avec lui, au temple comme dans

tous les lieux de la cité. Les 'zizanies' rompent cette union aujour-
d'hui, comme elles l'ont rompue du temps de Moïse. Mais aujour-
d'hui, comme Moïse jadis l'a énoncé au nom de Dieu, un 'ordre'
doit être gardé, l'ordre d'un lien qui est une 'droite union' sacrée.
Il faut avoir en haine ceux qui sèment la discorde, les 'canailles qui
aujourd'huy servent le Diable, comme s'ils étaient à ses gages, et
qu'ils se fussent du tout vendus mesmes pour le servir'. Il y a eu
'complots' et ces complots, remplis d'ordure et de puanteur, sont des
conspirations contre Dieu. Dieu ne veut pas que les larrons et les
traîtres se mêlent au peuple, le temps est venu de se séparer d'eux
tout en priant Dieu qu'il nettoie son temple des 'villenies' des 'ennemis domestiques'. L'éradication des méchants n'est pas cruauté, elle
est témoignage de la crainte libérale. L'amour, à nouveau, passe par
la haine, il en est indissociable, parce que la vengeance que le magistrat doit exercer à l'égard des séditieux visera à protéger les fidèles
d'être contaminés par les méchants.

Dans un sermon quelque peu ultérieur en date du 14 juillet 1555,
qui commente le Psaume 149, la violence calvinienne, chargée d'une
haine mimétique des imprécations bibliques, surgit encore pour justifier la mise à mort des méchants. Les fidèles de Dieu reçoivent,
dit-il, la mission de défaire les méchants et les incrédules, et les combats de Moïse sont évoqués, Moïse n'épargnant pas même les membres de sa famille, venu avec l''épée sanglante' au milieu des siens
et criant à ceux qui aiment Dieu de le suivre et de tuer tous ceux
qui se trouveront en chemin. La vengeance sanglante de Moïse ne
rompt pas avec son 'esprit débonnaire', tout comme la violence de
David contraint à répandre le sang humain en de nombreuses guerres. La violence n'a pas été violence d'un mortel, mais la violence
salutaire de Dieu qui arme le courage des siens pour exécuter sa
violence. Il fait mal aux bons chrétiens de faire couler le sang, et,
lorsqu'ils le font couler, ce n'est pas par colère ou par passion, ce
n'est pas dans la cruauté, c'est par un 'devoir' qui leur fait considérer uniquement Dieu. Faire mal aux impies, c'est faire bien aux
pieux en évitant qu'ils ne soient corrompus par les paroles malheu-
reuses des impies, en évitant encore que leurs âmes ne soient sédui-
tes par Satan et ne meurent à Dieu, c'est dire un amour de Dieu,
avoir la crainte de Dieu. La haine est synonyme alors d'amour, elle
est acte d'amour, elle est nécessaire à l'amour.

Si Calvin donc use d'une rhétorique intégrant la véhémence ou
la haine, c'est parce qu'il a une conception violente de son ministère.

Parler, c'est témoigner d'une vocation à dire les exigences de Dieu, c'est être donc en guerre contre le mal, contre Satan. Le pasteur, tel que Calvin le définit et tel qu'il le vit en lui, est un guerrier de Dieu, un 'défenseur de la piété sincère'. Calvin vit, écrit et déclame sa charge comme celle d'une sentinelle, d'un guetteur obéissant à un commandement qui lui vient de Dieu et qui le porte à être en éveil constant, à ne rien laisser passer qui puisse contredire le Dieu vivant. Avoir la foi, c'est être en guerre et cette posture est encore un témoignage de la bonne crainte.

En conséquence, le pasteur ne peut et ne doit pas quitter ou abandonner le 'lieu' qu'il lui a été commandé de garder. Ce serait le livrer aux ennemis, à ceux qui appartiennent à Satan. Calvin est un homme qui vit sa vocation, intérieurement, comme partie prenante d'une guerre d'une dureté et d'une violence extrêmes, durant laquelle toute faiblesse a des conséquences catastrophiques, durant laquelle le guerrier de Dieu qu'il est ne doit jamais fléchir, dans un engagement de toutes les secondes. Face au ministre et à sa parole, il y a des tueurs qu'il faut tuer spirituellement pour que la maison du Christ ne soit pas détruite, pour que la sanctification des fidèles ne soit pas ruinée. Abattre les loups qui environnent cette maison, qui sont parfois cachés sous son toit, c'est instruire par la Parole de Dieu, dire et redire la Parole de Dieu comme seule doctrine chrétienne. Et Calvin, avec humilité, dit et nomme ce qu'est la haine et l'amour, autour de lui. Mais, en disant et en nommant la haine, il faut le dire, il use d'un moyen destiné à permettre aux incrédules de venir à Dieu.

Avoir la crainte, c'est donc parler de la violence de Dieu, annoncer la violence de Dieu, par amour pour tous ceux qui risquent, d'une manière ou d'une autre, d'être séduits par les séducteurs. Le langage est donc une arme qui peut autoriser l'enseignement de ceux qui sont 'dociles' à Dieu et la réprimande des 'rebelles', l'exécration aussi des méchants. Il est l'arme de l'œuvre de Dieu et doit être en œuvre inlassablement, il ne doit pas cesser son action de lutte contre le mal, pas perdre courage quelles que soient les adversités. Calvin le clame: 'nous ne pouvons servir Dieu sans batailler continuellement.' Jusqu'à la mort, jusqu'au 'dernier souffle', dans un monde fluctuant et toujours soumis à l'intervention de Satan, aux pièges de la chair, à la 'raison charnelle', il faut combattre avec le glaive de la Parole qui est l'outil de la bonne crainte. La véhémence est une nécessité. Il y a de la violence dans les Écritures, et celui qui brandit l'étendard de Dieu a le droit et le devoir de parler comme la parole divine a parlé, ou, plutôt il ne peut que parler comme les Écritures parlent, puisqu'il est homme-Parole.

S'explique ici la violence rhétorique dont Calvin n'hésite pas à faire usage souvent aussi bien contre les ennemis du dehors appartenant à l'armée de l'Église papiste, contre ceux qui sont appelés les 'sectaires', que contre les hommes et les femmes qui, à Genève, troublent la réformation par leur 'hypocrisie' ou leur attachement aux 'superstitions'. S'explique aussi la dynamique militaire que Calvin cherche à donner à la vie chrétienne de l'Église: être chrétien, c'est non pas se reposer dans les promesses de Dieu, c'est être en actes toujours d'"exercices' contre les tentations de la chair et du monde, tentations envoyées par Dieu comme des épreuves; être chrétien, c'est avoir le sentiment d'être assailli, vivre chaque instant comme un siège dressé, de tous côtés, par le mal: 'Bref, haut et bas, en face et à dos, à dextre et à gauche, nous sommes assiégez et assaillis de tentations si grièves et violentes.' Calvin affirme qu'il y a une nécessité, la persévérance entretenue par un exercice dans les promesses de Dieu.

Et, dans les moments essentiels pour lui, son miroir est Moïse, intensément intransigeant face à ceux qui se refusent de suivre le Dieu de l'Alliance. Et les moyens sont ceux qui étaient utilisés dans les villes du temps. Ce qui ne l'empêche pas de souligner que la rigueur ne doit pas faire oublier la pitié. Le cœur du juge, qui condamne un méchant au châtiment, doit intérieurement pleurer lorsqu'il voit une créature façonnée par Dieu à son image souffrir, mais 'cependant il faut qu'il passe par là, et qu'il exécute l'office qui luy est commis de Dieu', Dieu qui veut la ruine de toutes les abominations et la veut totalement. Si elle n'est perpétrée que partiellement, qu'imparfaitement par le Magistrat, c'est ce dernier qui devient un criminel, car il se défait de sa vocation.

Face à ceux qui blasphèment et méprisent Dieu, il ne faut donc pas hésiter à 'cracher' au visage, il ne faut pas se mêler à eux, manger ou boire avec eux, il faut se protéger du 'bouclier' de la foi qui commande de se tenir à distance. Et Dieu, il est ainsi nécessaire de l'aimer et l'honorer totalement, dans une haine de soi et du péché qui cache un amour infini, ou plutôt qui est un amour infini.

La force probable du message calviniste fut qu'il se constitua en une révolution herméneutique qui avait une capacité de séduction libératrice

dans la mesure où, dans la mémoire de ce qui a pu être un dramatique parcours personnel, il inversait les mécanismes de fonctionnement de l'imaginaire et de sa grammaire.

Calvin proposa une lecture de la religion romaine en fonction de
laquelle la religion de l'Évangile put être appréhendée comme une
véritable libération. A ses yeux la religion romaine reposait sur une
illusion fondatrice qui faisait qu'elle éloignait l'homme de Dieu, qu'elle
le coupait de Dieu sans qu'il s'en rende compte. L'homme y per-
dait son salut puisqu'il était incapable d'avoir confiance dans la miséricorde de Dieu, parce que sans cesse il cherchait à acheter la
justice divine, vivant dans le doute, dans un amour qui était contraint
par sa peur et qui n'était pas de l'amour. La crainte était primordialement de l'amour de l'homme pour lui-même, et elle cachait,
aux yeux de Calvin, une haine à l'égard de Dieu, elle était de la
haine à l'égard de Dieu, une haine qui ne se disait pas, qui avait
ceci de tragique qu'elle était inconsciente, plongeant le pécheur toujours plus profondément dans l'abîme de son péché.

A l'opposé, la religion de l'Évangile authentifie une bonne crainte
qui procède inversement en renvoyant à une autre appréhension du
langage. La haine n'est plus une passion qui se cache à l'homme,
elle doit être dirigée contre l'homme lui-même, contre son péché, et
par extension, elle s'accomplit aussi contre les vices de tous ceux qui
s'éloignent de Dieu. Mais c'est dans cette haine, dans la dureté même
de cette haine implacable, que la bonne crainte porte en elle, avec
force, un amour à l'égard d'un Dieu de justice et de miséricorde.
En ceci, la Réforme calvinienne ne fut pas qu'une mutation théolo-
gico-ecclésiale, elle fut aussi un art de penser différemment, une
immense méfiance à l'égard du sens même des mots et des choses.
Elle posa que, dans la religion traditionnelle, l'amour dirigé vers
Dieu était un faux amour, elle établit une théorie de l'inconscient
de l'homme porté par son péché à faire le contraire de ce qu'il
s'imagine faire. Et, une fois engagée cette lutte contre les illusions
papistes, elle redonna un sens au langage et proposant un mode de
penser dans lequel l'homme pouvait retrouver un ordre de conscience.

CALVIN ÉCRIT, CALVIN PARLÉ

Francis Higman

Abstract

John Calvin is well known for the modernity of his written style. But while he wrote much, he communicated orally even more—in the 5,000 or so sermons preached in Geneva. Is there a relationship between his written and his oral style, did one influence the other? Based on a limited sample, this study seeks to define, in an early text (*Petit Traité de la Cène*, 1541), an extract from a sermon on Isaiah 55.1–2 (1558) and in a relatively late pamphlet (*Reformation contre Cathelan*, 1556), some features of Calvin's style, in particular his handling of sentence structure, his use of conjunctions and his vocabulary. The conclusion is that, despite the obvious relationship between Calvin's written and oral styles, there are clear differences between the two; the techniques characteristic of his spoken style did not significantly influence his manner of writing.

On admire souvent, et beaucoup, les qualités de la prose française écrite de Jean Calvin[1]. Pourtant, sa production écrite ne représente qu'une petite partie de l'ensemble de son utilisation de la langue française. Pendant les 23 années de son ministère à Genève (1541–1564), le pasteur a dû prononcer environ 5.000 sermons, chacun d'une durée d'une heure (donc entre 6.000 et 7.000 mots)—ce qui donne une estimation brute d'à peu près 33 millions de mots prononcés en chaire. Son expérience dans le maniement du français se compose plus de l'oral que de l'écrit.

On a souvent dit—je l'ai dit moi-même—que ce maniement de la langue parlée a dû influencer fortement la langue écrite de Calvin. Et pourtant personne ne semble s'être penché sur la question de cette influence. C'est ce que je propose de faire ici—inévitablement de la façon la plus sommaire, étant donné les limitations du cadre.

---

[1] Plutôt que de donner une longue bibliographie des études sur la langue de Calvin, j'attire l'attention sur la thèse monumentale d'Olivier Millet, *Calvin et la dynamique de la parole. Étude de rhétorique réformée*, Paris, Champion, 1992, et la copieuse bibliographie qui y figure.

Poser la Question

Deux affirmations contradictoires nous permettent d'entrer en matière:
d'une part Théodore de Bèze, présentant l'édition des leçons de
Calvin sur Ezéchiel (1565): 'Car entre autres choses Dieu luy avoit
encores fait ceste grace qu'il parloit quasi tout ainsi comme il escrivoit'.
D'autre part, Jacques Roux dans sa préface aux *Sermons de Jehan
Calvin sur le Cantique que feit le bon Roy Ezechias . . .* (1562) explique que
Calvin ne voulait pas la publication de ses sermons, puisqu' 'il a
seulement voulu servir au troupeau que Dieu luy a commis, en
l'enseignant familierement, et non faire des Homilies à son loisir
pour estre mises devant les yeux de tout le monde'[2]. Est-ce qu'il parlait comme il écrivait? Ou est-ce qu'il y a une différence entre le
style familier parlé et le style plus travaillé propre à l'écrit? Et comment répondre à cette question en quelques minutes?

Je vous propose brutalement trois échantillons du français de Calvin:
un extrait du *Petit Traité de la sainte Cène* (1541), un extrait d'un sermon sur Isaïe (1558)[3], et un extrait de la *Reformation contre Cathelan*
(1556)[4]. Le premier exemple de Calvin écrit vient du début de sa
carrière (selon certains, le *Petit Traité de la sainte Cène* aurait été composé, du moins en partie, déjà en 1538), tandis que le sermon date
de vingt ans plus tard. Nous avons donc ajouté un deuxième extrait,
de la *Reformation contre Cathelan*, à peu près contemporain du sermon.
Il faut dire que Calvin a beaucoup moins écrit en français vers la
fin de sa carrière; d'autre part, que les sermons du début de son
ministère n'ont pas survécu, et que le scribe qui les notait n'est arrivé
à capter l'ensemble (plus ou moins) du texte parlé du prédicateur
que vers 1555[5].

---

[2] Cité par R. Peter et J.-F. Gilmont dans *Bibliotheca Calviniana* II, Genève, Droz,
1995, ci-après *BC*, notice 62/21. Cf. aussi les remarques analogues de Conrad
Badius au sujet de ses éditions des sermons de Calvin sur les dix commandements
(*BC* 57/10) et sur l'harmonie des Evangiles (*BC* 62/22). La préface de Théodore
de Bèze est reproduite dans la *Correspondance de Théodore de Bèze*, vol. 6, pp. 15–21,
reproduite dans *BC* III, notice 65/6.
[3] Ce sermon, transcrit et édité par Max Engammare, est paru chez Droz à
Genève en avril 2000. Je remercie M. Engammare de m'avoir donné accès à 'son'
texte à temps pour préparer cette communication.
[4] Ce pamphlet, longtemps inaccessible sauf dans des bibliothèques spécialisées, a
été récemment édité par O. Millet, dans Calvin, *Oeuvres choisies*, Paris, Gallimard,
1995.
[5] Voir l'analyse subtile de T.H.L. Parker dans son introduction aux *Sermons sur*

Je propose de baser mon analyse surtout sur une confrontation entre le *Petit Traité* et le sermon. Ensuite nous regarderons brièvement l'extrait de la *Reformation contre Cathelan* pour voir s'il y a évolution, et en quel sens.

Calvin Écrit

Dans notre extrait du *Petit Traité*, Calvin est en train de parler de la vie spirituelle ('pour nous sustenter donques en ceste vie'). Remarquez l'équilibre très élégant de cette première phrase: 'il n'est pas question de repaistre noz ventres de viandes [= nourriture en général] corruptibles et caduques; mais de nourrir noz ames de pasture meilleure et plus precieuse': la phrase repose sur une série d'oppositions: repaistre/nourrir; ventres/ames; viandes/pasture; corruptibles et caduques/meilleure et plus precieuse. Et il passe tout de suite à un nouveau point: cette 'pasture meilleure et plus precieuse', ce 'pain spirituel', c'est la Parole. La Parole, parce que c'est par elle que 'Jesus Christ, nostre vie unique, nous est donné et administré'. Ainsi, Dieu ⇒ vie ⇒ Jésus ⇒ Parole. La structure n'est pas strictement géométrique, et—point important—il y a un certain nombre de redites. Mais il n'y a guère de répétition. C'est la linéarité de l'argument qui est importante.

Autre chose à noter tout de suite: les conjonctions et adverbes par lesquels chaque phrase, chaque proposition principale, est reliée à la précédente: doncques, or, mais, d'autant que, car, mais, aussi, cependant, pourtant [= par conséquent], mais.

Enfin, malgré la nature hautement technique du discours, notez la relative simplicité du vocabulaire: même les termes savants (corruptibles, regenerez, solicitude, refection) étaient enracinés en français bien avant le XVIe siècle.

Le deuxième paragraphe renforce les traits que nous avons déjà relevés, et en ajoute d'autres. Calvin résume l'équivalence 'desja veu' entre Jésus Christ et la seule viande; Jésus = Parole; maintenant, il rappelle que la parole est 'aussi appellé pain et eaue' (il l'a déjà dit

---

le *Livre d'Esaïe, Chapitres 30–41, Supplementa Calviniana* III, Neukirchen-Vluyn, Neukirchener Verlag, 1995, p. XXXIII, résumée dans son *Calvin's Preaching*, Louisville, Westminster/John Knox Press, 1992, pp. 67–68.

plus tôt dans le texte). Ensuite, il bascule dans la question délicate de l'équivalence entre Parole et 'sacrement de la Cène'. Délicate, à cause de notre 'imbecillité': nous sommes trop faibles d'esprit pour comprendre l'exposé abstrait de la doctrine, donc le Père 'a bien voulu ajouter avecques sa Parolle un signe visible'. Il résume et reformule:

> puis donque que c'est un mystere tant hault et incomprehensible, de dire que nous ayons communication au corps et au sang de Jesus Christ, et que de nostre part nous sommes tant rudes et grossiers, que nous ne pouvons entendre les moindres choses de Dieu, il estoit de mestier qu'il nous feust donné à entendre, selon que nostre capacité le pouvoit porter.

Il est à noter que ce 'nœud' de l'argument entraîne une complexité de syntaxe plus développée qu'ailleurs dans le texte.

> Pour ceste cause [encore les 'connectifs' forts], le Seigneur nous a institué sa Cene, afin de... Secondement, afin de... Tiercement, afin de...

L'énumération 'numérotée' est encore un trait très caractéristique de Calvin.

Une remarque sur la syntaxe: comme toujours chez Calvin, les phrases sont remarquablement brèves. Dans notre extrait je compte 12 phrases, avec 17 propositions principales (1:1,4:: phrases: principales), et 46 subordonnées (1:2,7:: principales: subordonnées). On trouve assez souvent quatre subordonnées à une principale, rarement plus (sauf au moment le plus complexe de son argument, 'Car d'autant que nous sommes si imbecilles [...] selon que nostre capacité le pouvoit porter'). Par contre, il y a plusieurs phrases qui ne comptent qu'une ou deux subordonnées. C'est tout à fait typique de la prose écrite de Calvin, qui en cela fait contraste avec celle de tous ses contemporains.

Calvin Parlé

Il est évident que la comparaison directe d'un tel passage avec un passage d'un sermon est difficile; je n'ai pas sous la main un sermon de Calvin qui traiterait directement du même sujet. Mais prenons un sermon qu'il a prononcé en juillet 1558 sur Isaïe 55,1–2. Le texte du prophète donne: 'Vous tous qui avez soif, venez aux eaux, même celui qui n'a pas d'argent! Venez, achetez et mangez, venez, achetez du vin et du lait, sans argent, sans rien payer! Pourquoi pesez-vous de l'argent pour ce qui ne nourrit pas? Pourquoi travaillez-vous pour ce que ne rassasie pas?'. Il s'agit donc de nouveau de nourriture, ce qui va amener le prédicateur—entre autres choses—à parler de la 'nourriture spirituelle'. Surtout dans le dernier paragraphe de notre extrait, il aborde l'application de son texte à 'la personne de nostre Seigneur Jesus Christ'. Vers le milieu du paragraphe, après deux citations de l'Évangile selon Saint Jean, et après avoir souligné que l'eau naturelle ne rassasie que temporairement, il continue:

> Il n'y a donc que ceste eau celeste qui suffise à cela, c'est a savoir les graces de Dieu qu'il nous communique et par sa parole et par son Esprit, et par tous les moiens qu'il nous a ordonnez. Il n'y a donc que cela qui nous puisse rassasier à jamais. Or il nous est ici monstré comment. Car Jesus Christ declare qu'il est envoié de Dieu . . .

Toute cette petite citation pourrait parfaitement figurer dans les écrits de Calvin: simplicité de vocabulaire et de syntaxe, conjonctions fortes, concision de la présentation, linéarité. Ailleurs dans cet extrait, nous trouverons d'autres traits semblables, par exemple au début du troisième paragraphe:

> Il est vray qu'ilz [il parle des 'papistes'] confesseront asses qu'ilz sont redevables à Dieu et que comme povres pecheurs ilz ont besoin de sa grace, *d'autant qu'ilz* sont foibles et debiles; *d'autant qu'ilz* sont ignorans, qu'ilz ont besoin d'estre instruitz par luy; *d'autant qu'ilz* sont enclins à mal . . .,

où la structure répétée renforce la complémentarité des trois propositions.

Calvin aime organiser sa proposition sur des répétitions structurales, sur la liste numérotée—et souvent sur la reprise de quelques mots-clé, qu'il développera par la suite, avec la structure: (1), (2), (3); (1) parce que . . .; (2) parce que . . .; (3) parce que . . . Nous n'avons pas d'exemple de ce procédé dans notre extrait de Calvin écrit. Mais dans l'extrait du sermon, nous avons la version orale du phénomène, notamment avec un manque de précision. Au milieu du dernier paragraphe de notre échantillon, nous trouvons:

> Ainsi donc, quand nous dessechons et que nous ne sommes point rassasiez pleinement, imputons cela à nostre incredulité, voire à nostre malice et rebellion, d'autant que nous ne daignons pas d'accepter les

biens que Dieu nous offre. Imputons cela (dy-je) à nostre rebellion, malice et brutalité: à nostre incredulité, d'autant que nous ne pouvons recevoir pour veritable et certain ce que Dieu prononce, ou bien à nostre rebellion, quand nous voulons despiter Dieu à nostre escient, ou à nostre brutalité, d'autant que nous sommes tellement enyvrez aux delices de ce monde, que nous sommes comme des asnes ou des beufz ...

Il reprend ses trois termes à trois reprises, mais avec des variantes:

> Incredulité: malice: rebellion.
> Rebellion: malice: brutalité.
> Incredulité: rebellion: brutalité.

Calvin essaie de reconstruire la ferme triple structure qu'il affectionne dans ses écrits. Mais dans le contexte oral, le parallélisme est incomplet, avec un résultat 'bancal' qu'il n'aurait pas permis dans ses œuvres écrites.

Revenons un moment à des questions de syntaxe. A ma surprise, à premier abord, l'analyse syntaxique de Calvin parlé est très comparable à celle de l'écrit. Le premier paragraphe de notre extrait N° 2 contient 14 phrases, avec 31 principales et 51 subordonnées (phrases: prop. princ. = 1:2,2; princ.: prop. sub. = 1:1,6) ce qui fait que la complexité des subordonnées est encore réduite par rapport à l'écrit. Mais ce paragraphe contient beaucoup de discours directs ou de citations, ce qui a l'effet de multiplier le nombre des principales. Plus typique, le dernier paragraphe de notre extrait: 19 phrases, 27 principales, 70 subordonnées (phrases: prop. princ. = 1:1,4; princ.: prop. sub = 1:2,6)[6]. Presque identique aux chiffres obtenus pour l'extrait écrit! Bèze n'avait donc pas tort: 'il parlait quasi tout ainsi comme il écrivait'! ... Oui, mais: à regarder d'un peu plus près, on trouve certaines variations qu'on ne voit quasi jamais dans la prose écrite de Calvin. Prenons la deuxième phrase du dernier paragraphe de l'extrait du sermon:

> Combien que de tous temps les peres qui ont eu esperance en Dieu aient trouvé qu'il ne defaut pas aux siens, et mesmes qu'il leur ait dis-

---

[6] Afin de donner une contextualisation à ces chiffres, citons des analyses pareilles de Farel, de Viret, et de René Benoist: chez Farel, on trouve une moyenne de principales: subordonnées de 1:3,6, chez Viret une moyenne de 1:3,9, et chez Benoist de 1:4,5. Voir mon article 'Theology in French: Religious pamphlets from the Counter-Reformation' in *Renaissance and Modern Studies* 23, 1979, pp. 128–146, reproduit dans *Lire et découvrir*, Genève, Droz, 1998, pp. 353–370, notamment p. 368.

tribué de ses dons spirituelz, en tant que besoin estoit, comme desja en partie nous avons allegué les tesmoignages qui monstrent asses que les fideles qui ont vescu souz l'ancien testament ont experimenté par effect que Dieu les nourrissoit à la vie eternelle, mais encores aujourd-huy Dieu s'est voulu elargir plus que jamais, je dy despuis la predi-cation de l'Evangile, sur tout selon qu'il s'est approché de nous plus privement en la personne de son filz unique.

Onze subordonnées pour une principale ('Dieu s'est voulu elargir'). Je crois qu'on touche ici au doigt le problème permanent du dis-cours oral: la tendance à enchaîner les propositions introduites par un 'que' ou un 'qui', jusqu'à perdre le fil de la structure de la phrase. Ce n'est pas le seul exemple, même dans notre petit échantillon. Prenez une phrase au milieu du premier paragraphe:

Ainsi il faloit bien que Dieu adjoustast ce mot pour monstrer que ce n'est pas en vain qu'il nous exhorte et qu'il ne veut point que nous soions frustrez de nostre attente.

Ou bien, à la fin de ce même paragraphe:

Et que je ne trouve en vous que misere, et pourtant j'y veux reme-dier, voire de mon bon gré, ne regardant pas ce que vous pouvez faire, car vous ne pouvez rien du tout, mais je regarde qu'il faut que ma bonté se desploie sur vous et qu'elle soit cogneu, et que d'autant plus que vous estes disetteux, qu'on apperçoive que je suis enclin à misericorde, d'autant que je ne vous veux point laisser pourrir en vos-tre povreté où vous estes.

Les propositions s'enchaînent et se suivent, mais on est à la limite de perdre le contrôle (ce qui arrive d'ailleurs parfois!). On ne trouve pratiquement jamais des phrases pareilles dans les écrits de Calvin.

A noter que ce relâchement de la syntaxe—tendance à englober plusieurs concepts dans la même structure—correspond à deux carac-téristiques de la technique des sermons de Calvin, c'est-à-dire l'ap-pel à d'autres textes parallèles pour confirmer ou expliciter son sujet (dans notre extrait il se réfère aux *Psaumes*, à *Osée*, à deux passages de l'*Évangile de Saint Jean*), et le besoin (maladif!) de répéter, de ren-forcer, de redire son idée (à la lecture on peut toujours revenir en arrière, pas dans l'oral). Ainsi, dans le dernier paragraphe, ayant cité les mots de Jésus à la samaritaine sur l'eau naturelle qui ne rassa-sie pas éternellement, Calvin ressent le besoin de reformuler la pen-sée non pas une fois mais deux!

> Car nous savons que l'eau est un ellement non seulement corruptible,
> mais celui qui en aura beu, il faut que de rechef il retourne et qu'il
> ait à boire de nouveau. Mesmes le plus sobre qu'on sauroit trouver,
> apres qu'il aura beu le matin, et qu'il sera rassasié, il faut qu'il recom-
> mance le soir.

Le procédé est peut-être laborieux, mais on voit bien le but pédagogique. Un peu plus loin (huit lignes avant la fin de notre extrait),
on trouve encore la répétition de 'la plenitude de tous biens en soy',
répétition plus 'simpliste' qu'on n'en trouve dans les écrits; mais la
deuxième fois, Calvin enchaîne en développant le sens de l'expression: '... toute plenitude de biens en soy, non seulement en tant
que... mais aussi en tant que...'

Un élément d'oralité doit frapper le lecteur de notre extrait: l'emploi
du discours direct. En fait, Calvin emploie volontiers les formes du
dialogue, de la discussion, dans ses écrits[7]. Il imagine les commentaires (frivoles, naturellement) de ses adversaires, comme dans l'*Excuse
aux Nicodemites*:

> Et maintenant il m'est avis que je les oy: 'Qu'on ne nous parle plus
> de Calvin, c'est un homme trop inhumain. Comment ? si nous le vou-
> lions croire, non seulement il nous feroit belistres, mais il nous mer-
> roit incontinent au feu.'

Mais dans les sermons, le trait est encore accentué. A part les citations bibliques, nous trouvons les 'papistes' qui disent: 'O, si est-ce
que nostre franc arbitre peut encores ceci et cela...' Et surtout,
après avoir cité le texte biblique, Calvin redonne très souvent une
paraphrase du texte, en rendant explicite toutes les nuances de la
signification qu'il y trouve. On n'a qu'à regarder le premier paragraphe de notre extrait: sur 24 lignes de texte, 17 sont en forme de
discours direct, et notamment la deuxième moitié du paragraphe est
une paraphrase... développée... de l'expression 'Vous qui n'avez
point d'argent'!

Ajoutons un autre trait des sermons: par contraste avec les écrits
de Calvin, qui se concentrent normalement sur un sujet spécifique
à la fois, la conception même du sermon est autre. Le texte de son
sermon est donné; le rôle du prédicateur est d'extraire le maximum
de signification possible de son texte—en quelque direction que cela

---

[7] Voir mon *Style of John Calvin*, O.U.P., 1967, pp. 92–4.

mène. Il y a donc un décentrement inévitable dans les sermons. Dans le cas présent (et c'est un cas assez fréquent) la question d'apporter 'de l'or et de l'argent' pour payer la nourriture offerte par Dieu se pose. Si les 'viandes' sont dons de Dieu, c'est que nous n'avons besoin de rien ('sans or . . .'). On le voit venir: le deuxième paragraphe de notre extrait finit sur le mot 'papistes'. Et tout le paragraphe suivant est une occasion pour Calvin de taper sur les bonnes œuvres, sur les mérites, sur les pèlerinages, sur les messes, sur le culte des saints, sur les jeûnes, sur l'ascèse. C'est une forme de digression que Calvin se permet rarement à l'écrit, mais qui fait partie du tissu même des sermons.

Presque tous les éléments de la prose parlée de Calvin dont je viens de parler contribuent à un effet général de relâchement, de détente par rapport à la prose concentrée et tendue de Calvin écrivain. Ce qui est naturel, puisqu'il 'enseigne familièrement' devant un auditoire qu'il connaît bien, et qui le connaît bien—rappelons que c'est ici le 274ᵉ sermon de la série sur Isaïe, sans parler des séries précédentes. On est en quelque sorte en famille.

Quelques lacunes

Finalement, des échantillons aussi réduits ne peuvent absolument pas regrouper l'ensemble des caractéristiques d'un style. Sans essayer de pousser trop loin l'exercice, il me semble que deux traits particulièrement importants du style de Calvin ne sont pas représentés dans nos échantillons. D'une part, le vocabulaire des traités de Calvin, normalement composés comme réfutation d'une 'erreur' (reliques, anabaptisme), établit une dichotomie entre la 'bonne doctrine' et la 'mauvaise': la bonne doctrine est exprimée par un vocabulaire noble, souvent biblique, avec dignité; la mauvaise est formulée dans un style nettement plus bas, populaire, parfois vulgaire. Cette opposition stylistique n'est pas représentée dans notre échantillon du *Petit Traité*: il n'y a que de la bonne doctrine. Dans l'extrait du sermon pareillement, il y a peu d'endroits où le sujet donnerait l'occasion d'une dichotomie stylistique; juste quelques mots dans sa saillie contre les 'papistes' ('ilz trotteront en pelerinage') qui rappellent le langage énergique de Calvin polémiste. En général, je crois que les oppositions de vocabulaire paraissent bien dans les sermons, mais sous une forme moins travaillée, moins précise.

Le deuxième trait important qui n'est pas pleinement représenté dans nos petits extraits, c'est le langage figuré. Les locutions proverbiales, les comparaisons (souvent péjoratives, avec divers animaux par exemple) qui émaillent le style de Calvin à l'écrit paraissent bien aussi dans les sermons. On trouve souvent un 'comme on dit' pour faire passer une expression figurée et colorée: ailleurs dans ce sermon il parlera des 'mauvais ménagers' 'qui ne demandent qu'à faire grand chère et qui font des galebontemps, comme on dit'. Et, bien sûr, dans les sermons le texte biblique lui fournira de multiples images— dans notre extrait il développe longuement les images de pain, d'eau, de nourriture, d'or et d'argent. Mais ce qui ne semble pas figurer, c'est l'emploi systématique des images à des fins polémiques (les chiens, les singes, les crapauds, les brigands, les prostituées, les 'cureurs de retraits') qui ponctuent ses attaques contre les libertins spirituels, les anabaptistes, les Nicodémites. Tout juste une association des gens 'enyvrez aux delices de ce monde' à 'des asnes ou des beufz'.

C'est que Calvin polémique peu en chaire. Son rôle, c'est l'interprétation de son texte biblique: le sujet lui est donné. Il peut arriver que le texte invite un développement polémique—contre les 'papistes' comme ici, ou contre les mœurs dissipées des Genevois, leur manque d'enthousiasme quand il s'agit d'aller au sermon—mais, dans l'ensemble, il 'enseigne familièrement' son troupeau, se situant lui-même avec son auditoire dans un 'nous' (voir partout dans notre extrait) à qui parle le prophète (ou Dieu).

Un Mot sur L'Évolution Chronologique: La Reformation contre Cathelan

Quand, vers la fin de sa vie, Calvin prend sa plume pour composer un écrit en français, il s'agit le plus souvent d'une réfutation brève—et impatiente—d'un adversaire individuel. Les titres le disent assez: *Reformation pour imposer silence à un certain belistre nommé Antoine Cathelan jadis cordelier d'Albigeois* (1556), *Response à certaines calomnies et blasphemes, dont quelques malins s'efforcent de rendre la doctrine de la predestination de Dieu odieuse* (1557), *Response à un certain Holandois, lequel sous ombre de faire les Chrestiens tout spirituels, leur permet de polluer leur corps en toutes idolatries* (1562)—sans parler de la *Congratulation à venerable Prestre*

Messire Gabriel de Saconnay ... touchant la belle Preface et mignonne, dont il a remparé le livre du Roy d'Angleterre (1561), qui est traduite (probablement par Calvin lui-même) d'un original latin. Nous sommes donc en plein dans le domaine de la polémique.

Notre extrait de la *Reformation contre Cathelan* nous apporte d'abord quelques spécimens pour combler les 'lacunes' dont je parlais tout à l'heure. A la fin de l'extrait, nous trouvons un exemple de cette dichotomie linguistique qui puise dans un vocabulaire savant et respectueux pour traiter de la 'bonne doctrine', et dans un vocabulaire populaire et dénigrant pour traiter de l'adversaire. Calvin oppose l'eucharistie ('un Sacrement que le Fils de Dieu a establi...') à la messe ('une fripperie de blasphemes...'). De même, quelques exemples du langage figuré de Calvin paraissent: 'entre le feu et l'eau', 'les enchantemens de sorciers', et—modèle de la technique du mépris de l'adversaire chez Calvin—'ce tavernier ou marmiton de cloistre'. Et notre extrait est bien plus modéré que la plus grande partie de ce traité!

Notons en plus un autre trait qui reste plus ou moins inchangé: l'énumération. Au milieu du paragraphe, il y a une phrase structurée de façon précise sur une série de 'si':

> Nous ne sommes pas sur ce different, messire Antoine, si Jesus Christ communique son corps... mais s'il y doit avoir un sacrifice... si la consecration... si un tel acte... si l'usage en parvient...

Dans tout cela, il n'y a vraiment pas d'évolution depuis les traités polémiques des années 1540 (sauf peut-être dans la concentration des effets—j'ai parlé de l'impatience de Calvin vieillissant). Il y a pourtant un point où il y a évolution manifeste. Il s'agit de la structure syntaxique. Nous avons vu dans le *Petit Traité* une proportion d'une phrase pour 1,4 propositions principales, et une proposition principale pour 2,7 subordonnées. Dans l'extrait du sermon, nous avons trouvé des statistiques globales presque identiques; mais, à l'intérieur de cette analyse globale, nous avons noté une certaine tendance au relâchement de la structure de la phrase, au laisser-aller qui conduit fatalement à une prolongation de la suite de subordonnées. Or, ce qui frappe dans la syntaxe de la *Reformation*, c'est une réduction ou une simplification croissante de la structure de la phrase. Dans notre extrait il y a 17 phrases, avec 20 propositions principales (1:1,2), et 43 subordonnées (1:2,1). Et encore, nous venons de mentionner une phrase qui consiste en une liste de 'si'—11 subordonnées de suite. Si on exclut cette phrase excentrique, on retombe à 1:1,7 entre principales et subordonnées.

Tout cela est rébarbatif, et encore trop schématique. Mais la leçon qui en ressort est la suivante: la syntaxe de Calvin parlé est plus relâchée, plus diffuse, que la syntaxe de Calvin écrit. S'il y avait influence du parlé sur l'écrit chez lui, on s'attendrait à un relâchement de la syntaxe dans les écrits les plus tardifs. Or, c'est exactement l'inverse qui se produit: les écrits tardifs s'éloignent de la parole orale plutôt qu'ils n'en approchent. Bref: je ne vois pas une influence importante de la pratique de la parole orale sur les techniques de l'écriture chez le Réformateur.

Conclusion

C'est toujours le même Calvin qui parle ou qui écrit. On retrouve, dans les sermons, le même souci de la structure de la pensée, de l'organisation 'numérotée' des points qu'il cherche à mettre en valeur, de l'enchaînement des phrases les unes après les autres, que dans les traités. La simplicité du vocabulaire est pareille.

Par contre, il y a des différences. D'abord, le genre du sermon est plus diffus, moins concentré, que celui de l'écrit: le prédicateur abordera les divers sujets que son texte lui suggère, tandis que dans l'écrit on sentirait la digression dans un procédé pareil. En plus, le fait que la parole prononcée s'évanouit et ne permet pas de revenir sur ce qui a été dit précédemment oblige l'orateur à plus de redites, plus de résumés, plus de répétitions que dans l'écrit. Au sujet du présent sermon, l'éditeur Max Engammare s'est interrogé sur les nombreuses répétitions: est-ce simplement de la bonne pédagogie, ou bien est-ce que Calvin est un peu à court de matière pour remplir son heure de sermon! La fameuse 'brièveté' de Calvin n'est pas à sa place dans les sermons.

Et (c'est un peu l'évidence même) le fait de discourir sans notes, sans texte préparé, fait qu'on est continuellement obligé de penser très rapidement, de chercher l'effet voulu dans l'immédiat, sans avoir le temps de construire correctement la pensée exacte: d'où les structures parallèles bancales, les à-peu-près des conséquences dans l'argument, et surtout les moments, assez fréquents, où la phrase commencée mène, par un série de 'que' et de 'qui', un peu loin du sujet initial.

Pour terminer, je prends la phrase la plus désorganisée de nos extraits, déjà citée:

> Combien que de tous temps les peres qui ont eu esperance en Dieu aient trouvé qu'il ne defaut pas aux siens, et mesmes qu'il leur ait distribué de ses dons spirituelz, en tant que besoin estoit, comme desja en partie nous avons allegué les tesmongnages qui monstrent asses que les fideles qui ont vescu souz l'ancien testament ont experimenté par effect que Dieu les nourrissoit à la vie eternelle, mais encores aujourd-huy Dieu s'est voulu elargir plus que jamais, je dy depuis la predication de l'Evangile, sur tout selon qu'il s'est approché de nous plus privement en la personne de son filz unique.

Si Calvin avait eu le 'loisir' de 'faire des homélies' de ce texte, qu'est-ce qu'il aurait écrit? Exercice risqué (je n'ai pas les dons d'écrivain de Calvin)! Mais je propose:

> Il est vrai que de tous temps les Peres qui ont eu espérance en Dieu ont trouvé qu'il ne défaut pas aux siens, et même il leur a distribué ses dons spirituels selon leurs besoins. Ainsi, les fidèles vivant sous l'ancien testament ont expérimenté dans leur vie que Dieu les destinait à la vie éternelle. Nous avons déjà indiqué une partie des témoignages qui le montrent. Mais aujourd'hui Dieu a voulu s'élargir encore plus, je veux dire depuis la prédication de l'évangile, et surtout en ce qu'il s'est approché plus intimement de nous en la personne de son fils unique.

J'ai changé peu de choses dans le texte. Sauf que j'ai divisé en quatre phrases ce qui était une seule dans le sermon. C'est peut-être là le point qui différencie surtout Calvin parlé de Calvin écrit. Il parlait 'quasi tout ainsi comme il escrivoit' (Bèze); mais quand même, les structures plus relâchées du discours oral font que les effets rhétoriques sont nettement moins élaborés et moins concentrés que dans les traités écrits de sa plume. Et, dans ses traités les plus tardifs, loin de subir l'influence du style parlé, Calvin accentue plutôt les caractéristiques spécifiques qu'il avait développées dès le début dans ses écrits—ses ouvrages composés dans le but 'pour estre mises devant les yeux de tout le monde'. L'influence du langage parlé de Calvin sur ses écrits est moindre qu'on n'aurait pu attendre.

APPENDICE—TEXTES

Extrait du Petit Traité de la sainte Cène *(1541)*

Pour nous sustenter donques en ceste vie, il n'est pas question de repaistre noz ventres de viandes corruptibles et caduques; mais de nourrir noz ames de pasture meilleure et plus precieuse. Or toute l'Escriture nous dit que le pain spirituel, dont noz ames sont entretenues, est la mesme Parolle, par laquelle le Seigneur nous a regenerez; mais elle adjouste quant et quant la raison, d'autant qu'en icelle Jesus Christ, nostre vie unique, nous est donné et administré. Car il ne fault pas estimer qu'il y ait vie ailleurs qu'en Dieu. Mais tout ainsi que Dieu a constitué toute plenitude de vie en Jesus, afin de nous la communiquer par son moyen; aussi il a ordonné sa Parolle comme instrument, par lequel Jesus Christ, avec toutes ses graces, nous soit dispensé. Cependant, cela demeure tousjours vray, que noz ames n'ont nulle autre pasture que Jesus Christ. Pourtant le Pere Celeste, ayant la solicitude de nous nourrir, ne nous en donne point d'autre; mais plustost nous recommande de prendre là tout nostre contentement, comme en une refection pleinement suffisante, de laquelle nous ne nous pouvons passer; et oultre laquelle il ne s'en peult trouver nulle autre.

Nous avons desja veu comment Jesus Christ est la seule viande dont noz ames sont nourries; mais pource qu'il nous est distribué par la Parolle du Seigneur, laquelle il a destinée à cela, comme instrument, qu'elle est aussi appellée pain et eaue. Or, ce qui est dict de la Parolle, il appartient aussi bien au Sacrement de la Cene, par le moyen duquel le Seigneur nous meine à la communication de Jesus Christ. Car d'autant que nous sommes si imbecilles, que nous ne le pouvons pas recevoir en vraye fiance de coeur, quand il nous est presenté par simple doctrine et predication, le Pere de misericorde ne desdaignant point condescendre en cest endroict à nostre infirmité, a bien voulu adjouster avecques sa Parolle un signe visible, par lequel il representast la substance de ses promesses, pour nous confermer et fortifier, en nous delivrant de toute doubte et incertitude. Puis donque que c'est un mystere tant hault et incomprehensible, de dire que nous ayons communication au corps et au sang de Jesus Christ, et que de nostre part nous sommes tant rudes et grossiers, que nous ne pouvons entendre les moindres choses de Dieu, il estoit de mestier qu'il nous feust donné à entendre, selon que nostre capacité le pouvoit porter. Pour ceste cause, le Seigneur nous a institué sa Cene, afin de signer et seeler en noz consciences les promesses contenues en son Evangile, touchant de nous faire participans de son corps et de son sang; et nous donner certitude et asseurance qu'en cela gist nostre vraye nourriture spirituelle, à ce qu'ayant une telle arre, nous concepvions droicte fiance de salut. Secondement, afin de nous exercer à recongnoistre sa grande bonté sur nous, pour la louer et magnifier plus amplement. Tiercement, afin de nous exhorter à toute saincteté et innocence, entant que nous sommes membres de Jesus Christ; et singulierement à union et charité fraternelle, comme elle nous y est en special recommandée. Quand nous aurons bien noté ces trois raisons, que le Seigneur a regardées en nous ordonnant sa Cene, nous aurons desja une entrée à bien entendre, et quel profit nous en revient, et quel est nostre office pour droictement en user.

Extrait du sermon 18/274 du lundi 25 juillet 1558, sur Isaïe 55.1–2

Or là dessus il dit: 'Et vous qui n'avez point d'argent, venez, mangez, achetez sans or, sans eschange, sans prix aucun, que vous aiez tout ce qu'il vous faut.' Or voici un beau marché qui nous est ouvert. Car si Dieu demandoit paiement des eaux qu'il nous offre, où le trouverions nous, et de quoy nous serviroit ceste promesse? Si Dieu disoit: 'Venez, car j'ay l'eau, j'ay le pain, j'ay le vin, j'ay le lait', et cependent qu'il dit: 'Quoy qu'il en soit neantmoins apportez, quand vous venez à moy, ou bonnes oeuvres ou merites, ou quelque recompense', il est certain que le tout nous seroit inutile. Car quelque fole opinion que nous aions d'estre bien riches et d'avoir pour paier Dieu, quand chacun aura bien examiné ses facultez comme il appartient, helas nous trouverons qu'il n'y a que povreté en nous et toute disette. Ainsi il faloit bien que Dieu adjoustast ce mot pour monstrer que ce n'est pas en vain qu'il nous exhorte et qu'il ne veut point que nous soions frustrez de nostre attente. Il dit donc: 'Vous qui n'avez point d'argent'. Or il n'entend pas que les uns soient riches et qu'ilz aient de quoy paier, et les autres povres, mais c'est autant comme s'il disoit: 'Je say que vous estes tous povres belistres et qu'il n'y a celui qui ait denier ni maille, c'est à dire qui ait nulle recompense pour m'apporter, et qu'il ait de quoy pour satisfaire. Je say (dit-il) que vous estes tous indigens de boire et de manger, et que vous n'avez point de quoy pour en acheter, mais cela n'empeschera pas que je ne vous fournisse de tout. Venez, approchez tant seulement. Confessez vostre disette, demandez l'aumosne, et je vous la feray. Ainsi donc, que nul ne pense de cercher par quel moien il pourra aquerir grace envers moy, car je ne viens point à vous pour m'augmenter. Je say que vous n'avez rien qui soit et aussi je n'ay disette de rien, mais je veux desploier les thresors de ma grace et monstrer ici combien je suis humain et pitoiable. Et que je ne trouve en vous que misere, et pourtant j'y veux remedier, voire de mon bon gré, ne regardant pas ce que vous pouvez faire, car vous ne pouvez rien du tout, mais je regarde qu'il faut que ma bonté se desploie sur vous et qu'elle soit cognue, et que d'autant plus que vous estes disetteux, qu'on apperçoive que je suis enclin à misericorde, d'autant que je ne vous veux point laisser pourrir en vostre povreté où vous estes.'

Ainsi donc notons que Dieu a ici voulu prevenir les doubtes et scrupules que nous faisons toutesfois et quantes que sa grace nous est offerte, car nous enquerons si nous sommes dignes. Or cependent que les hommes demeureront en telle dispute, il est certain qu'ilz sont privez de tout bien. Afin donc que nous ne pensions pas que ceci depende de nostre dignité que nous soions rassasiez de Dieu, il declare qu'il dresse son propos à ceux qui sont comme povres mendians et qui ne peuvent pas en façon que ce soit revaloir le bien qu'il leur elargist, quand non seulement ilz sont desproveuz d'or et d'argent, mais aussi de toute autre recompense quelle qu'elle soit. Et ainsi pratiquons ce qui est dit au pseaume, que nostre ame soit comme terre seiche devant Dieu. Tout ainsi que nous voions qu'es grans chaleurs la terre ouvre sa bouche, monstrant qu'elle ne peut plus rien produire, sinon que Dieu luy donne humeur de nouveau, David dit que son ame est ainsi. Que donc nous aions des desirs affamez, afin que nous sentions nostre faim et nostre soif, cognoissant que tout ce que nous cuidons avoir pour nous subvenir n'est que vent et tromperie de Satan. Et ainsi ouvrons la bouche, comme j'ai desja allegué, sentans en premier lieu que nous ne pouvons rien offrir à Dieu, et aussi qu'il ne demande et ne cerche rien de nous, mais qu'il veut declarer sa pure grace en ce qu'il nous subvient sans que nous en soions dignes. Et de fait, comme par l'eau et le pain, et le vin et le lait il a exprimé ci dessus tout ce qui concerne la vie celeste, aussi par l'or et l'argent il exprime tout ce que les hommes cuident avoir de faculté, selon qu'ilz sont enyvrez de fole outrecuidance. Et mesmes il ne s'est point contenté, de dire: 'Vous qui n'avez point d'argent, venez et prenez ce qu'il vous faut sans paiement', mais il adjouste 'sans aucun prix ni eschange', comme s'il disoit: 'Celuy qui n'a point argent content, il voudroit encores porter gage pour revaloir en quelque façon ou recompenser le bien qu'on luy aura fait. Mais cognoissez qu'en tout et par tout vous estes tellement desnuez de bien, que je ne puis recevoir de vous la valeur d'une maille ni d'un festu. Il faut donc que vous teniez tout de ma bonté gratuite et que vous sentiez la necessité que vous avez d'estre secouruz de moy.' Or ceci n'est pas superflu, d'autant que les hommes ont tousjours des circuiz. Quand ilz sont convaincuz de ne pouvoir se aquitter envers Dieu, si est-ce neantmoins qu'encores cerchent ilz des moiens obliques comme les papistes.

Il est vray qu'ilz confesseront asses qu'ilz sont redevables à Dieu et que comme povres pecheurs ilz ont besoin de sa grace, d'autant qu'ilz sont foibles et debiles; d'autant qu'ilz sont ignorans, qu'ilz ont besoin d'estre instruitz par luy; d'autant qu'ilz sont enclins à mal, il faut qu'il leur pardonne leurs fautes. Bref, ilz feront une confession telle qu'il semble de prime face que les voilà bien abatuz, mais puis apres: 'O, si est-ce que nostre franc arbitre peut encores ceci et cela, et qu'il aide avec la grace de Dieu'. Et puis ilz peuvent meriter à leur semblant et, par leurs satisfactions, ilz se peuvent absoudre. Et puis ilz peuvent aquerir grace par leurs bonne[s] oeuvres (qu'ilz appellent), comme quand ilz trotteront en pelerinage, qu'ilz auront leurs devotions extraordinaires, comme de faire chanter une messe, de recourir à un tel saint, de jeusner un tel jour, de s'abstenir de manger chair, de porter la haire. Voilà donc comme les papistes, combien qu'ilz soient convaincuz de n'avoir ni or ni argent, c'est à dire de n'avoir de quoy paier Dieu, neantmoins ilz cerchent des eschanges ou quelques prix extravagans.

Or le prophete exclud ici tout cela, en disant que nous sommes povres, que Dieu ne peut rien recevoir de nous, et qu'il ne faut point aussi imaginer que nous luy peussions rien apporter, mais qu'il nous faut en toute humilité confesser que nous ne pouvons sinon mandier devant luy et luy demander l'aumosne. Et quand nous y viendrons en telle sorte, il monstrera qu'il est asses liberal envers nous. Voilà en somme ce que nous avons à retenir de ce passage.

Et ainsi, toutesfois et quantes que nous serons desproveuz des graces de Dieu, que nous sentions dont procede le mal, c'est asavoir que nous ne pouvons pas cercher pasture là où nous devions, et qu'au lieu de cela nous avons tracacé de costé et d'autre pour nous repaistre de vent, comme le prophete Osée le reproche aux Juifz. Voilà (dit-il) les Israelites qui pouvoient trouver en leur Dieu tout ce qui appartient à une felicité pleine et parfaicte, tellement que jamais ne leur eust defailli, mais ilz se sont pourmenez çà et là, ilz ont tracacé à leur fantasie et se sont repeuz de vent, tellement qu'ilz en sont comme crevez.' Et voilà que c'est de toutes les opinions que les hommes conçoivent de se pouvoir maintenir selon Dieu. Ilz seront asses enflez, mais il n'y aura que vent; il n'y aura point de fermeté. Ici donc le prophete s'adresse non point à ceux qui se veulent repaistre de leurs vaines fantaisies, mais à ceux qui estans vuides de tout ne demandent sinon de venir simplement à Dieu, luy demandant tellement l'aumosne, qu'il soit glorifié en leur faisant misericorde, et que cela soit cognu et tout liquide que nous luy apportons aucun prix, mais qu'il nous donne liberalement tout ce que nous recevons de sa main.

Or il est certain que ceste prophetie a esté verifiée en la personne de nostre Seigneur Jesus Christ. Combien que de tout temps les peres qui ont eu esperance en Dieu aient trouvé qu'il ne defaut pas aux siens, et mesmes qu'il leur ait distribué de ses dons spirituelz, en tant que besoin estoit, comme desja en partie nous avons allegué les tesmongnages qui monstrent asses que les fideles qui ont vescu souz l'ancien testament ont experimenté par effect que Dieu les nourrissoit à la vie eternelle, mais encores aujourdhuy Dieu s'est voulu elargir plus que jamais, je dy despuis la predication de l'Evangile, sur tout selon qu'il s'est approché de nous plus privement en la personne de son filz unique. C'est là sur tout où il s'est monstré liberal. Et voilà pourquoy aussi nostre Seigneur Jesus disoit au 7e chapitre de saint Jean: 'Venez à moy tous qui avez soif et je vous rassasieray, et quiconques aura beu de ceste eau que je luy donneray, il est certain que les fontaines d'eau vive decouleront de son ventre, qu'il n'en sera point seulement refraichi et repeu, mais il en aura asses pour subvenir à la necessité des autres'. Comme aussi il est dit à la Samaritaine: 'Qui aura beu une fois de ceste eau que tu donnes, il ne laissera pas d'avoir soif'. Car nous savons que l'eau est un ellement non seulement corruptible, mais celuy qui en aura beu, il faut que de rechef il retourne et qu'il ait à boire de nouveau. Mesmes le plus sobre qu'on sauroit trouver, apres qu'il aura beu le matin, et qu'il sera rassasié, il faut qu'il recommance le soir. Ainsi donc, quand nous buvons pour la refection du corps, cela n'est pas pour nous rassasier à jamais. Il n'y a donc que ceste eau celeste qui suffise à cela, c'est asavoir les graces de Dieu qu'il nous communique et par sa parole et par son Esprit, et par tous les moiens qu'il nous a ordonnez. Il n'y a donc que cela qui nous puisse rassasier à jamais. Or il nous est ici monstré comment. Car Jesus Christ declare qu'il est envoié de Dieu, son pere, à ceste condition d'accomplir ce qui avoit esté declaré par le prophete Isaie, non pas que les peres anciens (comme j'ay dit) en aient esté destituez. Ilz en ont eu selon leur mesure et portée, mais aujourd'huy Dieu s'est voulu elargir davantage. Ainsi donc, quand nous dessechons et que nous ne sommes point rassasiez pleinement, imputons cela à nostre incredulité, voire à nostre malice et rebellion, d'autant que nous ne daignons pas d'accepter les biens que Dieu nous offre. Imputons cela (dy-je) à nostre rebellion, malice et brutalité: à nostre incredulité, d'autant que nous ne pouvons recevoir pour veritable et certain ce que Dieu pronce, ou bien à nostre rebellion, quand nous voulons despiter Dieu à nostre escient, ou à nostre brutalité, d'autant que nous sommes tellement enyvrez aux delices de ce monde, que nous sommes comme des asnes ou des beufz, ne cerchant point l'heritage immortel qui nous a esté si cherement aquiz. Voilà donc comme aujourdhuy nous devons estre plus affamez que jamais pour venir à Dieu, afin qu'il subvienne à toutes noz disettes, comme il est prest de ce faire, sachans que nostre Seigneur Jesus, qui a la plenitude de tous biens en soy, nous est prochain, et il ne demande sinon à nous faire participans. Il a (dy-je) toute plenitude de biens en soy, non seulement en tant qu'il est nostre Dieu eternel, et qu'il nous peut elargir tout ce qu'il nous faut, mais aussi en tant qu'il est homme et qu'il a vestu nostre nature. Il a receu tous les dons du Saint Esprit; il a receu tous les dons celestes, afin de nous en faire participans; comme il est dit qu'il nous faut tous puiser de sa plenitude et grace selon qu'il luy plaist en despartir à chacun en son degré. Que si nous sommes membres de son corps, nous jouyrons de ces biens là, non pas en telle perfection que luy, mais en tant qu'il cognoist nous estre utile et expedient jusques à ce qu'en la fin nous parvenions à ceste perfection, de laquelle nous sommes encores elongnez.

Extrait de la Reformation contre Cathelan *(1556)*

Il se monstre aussi subtil docteur en son dernier article, où il dit
que je preten abbatre le sainct Sacrement de l'Eucharistie. Et en
premier lieu, il m'accorde que je confesse maugré moy que Dieu
n'est pas hors de ses sacremens. Je vous prie, quel langage est-ce là?
Puis il me reproche que d'autres fois je di que ce n'est qu'un signe.
Or, quant au second poinct, où gist la question, tout le contraire se
voit par mes livres, qui sont pleins de ceste doctrine, que jamais les
signes ordonnez de Jesus Christ ne sont sans leur verité, substance,
vertu et effect. Voyla à quelles enseignes il me fait vacillant et incons-
tant. Il vient puis à la Messe, et, pour la bien maintenir, allegue ce
que Jesus Christ dit à ses disciples: 'Prenez, mangez; cela est mon
corps.' Voire comme si la Messe estoit approuvée par ce qui est
escrit de la Cene, veu qu'il y a autant de convenance qu'entre le
feu et l'eau. Nous ne sommes pas sur ce different, messire Antoine,
si Jesus Christ communique son corps et son sang aux fideles en la
Cene qu'il a instituée; mais s'il y doit avoir un sacrifice auquel un
homme mortel offre à Dieu au lieu de recevoir, comme les mots le
portent, et auquel un seul mange et boyve ce qui doibt estre commun à toute Eglise; si la consecration est un charme pour faire changer le pain de nature, en soufflant et murmurant dessus; si un tel
acte doit estre fait pour la redemption des ames; si l'usage en parvient jusqu'aux trespassez, et une infinité de tels erreurs execrables.
Mais ce maraut n'y regarde pas si profond; et cependant, pour gagner
son proces en injuriant, il dit que je ne croy pas que Jesus Christ
ait esté fait homme; comme s'il avoit monstré en quoy je suis incre-
dule. Mais Dieu merci, tout le monde cognoist en quelle reverence
j'ay l'Escriture saincte. Mais afin d'esblouir les yeux des aveugles, il
demande: Qui croira maintenant à la foy de Jean Calvin? puisque
j'appelle la Messe un idole, combien que je confesse que Jesus Christ
est en l'Eucharistie: comme s'il y avoit grande contrarieté que la
vertu de Jesus Christ est presente à ce qu'il a ordonné, et que ce
qui a esté inventé à l'opposite n'est que pure illusion de Satan. Qu'est
ce que l'Eucharistie? C'est un Sacrement que le Fils de Dieu a establi, auquel il accomplit en verité ce qu'il y promet par figure. Qu'est
ce que la Messe? Une fripperie de blasphemes, laquelle n'a rien de
commun avec les promesses de Dieu, non plus que les enchantemens de sorciers. Voyla comment ce tavernier ou marmiton de cloistre a bien apprins à arguer.

UNE HISTOIRE D'EXCELLENTS PERSONNAGES

Marianne Carbonnier-Burkard

Abstract

Until the nineteenth century, biographies of the reformers were quite
rare in the French language, a fact which renders a Genevan anthology of biographies of Luther, Oecolampadius, Zwingli and Calving
quite interesting. Published several times between 1555 and 1565, each
narrative follows the humanist model of biography while at the same
time playing apologetical and parenetical roles. Brought together, these
narratives propose a new model of holiness, and especially a model of
the Reformation, understood as a common movement with several
main figures, i.e., a unique moment in the last times of the history of
the Church.

*Histoire des vies et faits de trois excellens personnages, premiers restaurateurs
de l'Évangile en ces derniers tems*: c'est sous ce titre qu'a été publié à
Genève, en 1555, un recueil de trois biographies, celles de Luther,
Œcolampade et Zwingli. L'ouvrage a connu plusieurs éditions et a
été enrichi à la mort de Calvin, en 1564, d'un nouveau récit de vie,
au prix d'un modeste changement de titre: *Histoire de quatre excellens
personnages* . . . Affrontés de leur vivant ou par disciples interposés, ces
réformateurs de différents pays ont été conjoints à titre posthume
par ces montages de vies parallèles. L'entreprise apparaît singulière
dans le contexte de l'époque, et d'ailleurs ne fit pas école, du moins
du côté protestant[1]. S'agit-il d'un hasard éditorial ou fait-elle partie

---

[1] Du côté protestant, on cherche en vain des recueils de vies de réformateurs de
différents pays avant le XIXe siècle. Dans le domaine français, on ne relève qu'un
ouvrage après le recueil de 1555–1565, inscrit dans le contexte de pré-révocation:
Les vies de Jean Calvin (par Bèze) *et de Théodore de Bèze* (par A. de La Faye), *mises en
françois* (par Antoine Teissier), Genève, J.H. Widerhold, 1681, in-12, 303 p. Du côté
catholique, parmi les recueils de vies des hérétiques, quelques-uns sont consacrés
aux hérétiques du XVIe siècle: Jacques Laingey, *De vita et moribus atque rebus gestis
haereticorum nostri temporis. . . .*, Paris, M. de Roigny, 1581, 8°, p.l., 115 ff. (vies de
Luther, Carlstadt, Pierre Martyr, Calvin, Knox). Noël Talepied et Jérôme Bolsec,
*Histoire des vies, moeurs, actes, doctrine et mort des trois principaux hérétiques de nostre temps,
ascavoir Martin Luther, Jean Calvin et Théodore de Bèze*, Douai, J. Bogard, 1616, in-12,
192 ff.

d'un programme historiographique, voire hagiographique, des années
1555–1565?

Après une petite enquête sur l'histoire des éditions, je me propose
d'examiner l'écriture des récits en amont du recueil, puis les modèles de vie, le modèle d'histoire aussi, construits par le recueil.

Les éditions du recueil

Le récit qui inaugure l'*Histoire des vies et faits de trois excellens personnages . . .*, est la vie de Luther par Melanchthon traduite en français:
*Histoire de la vie et faitz de vénérable homme Martin Luther, pur et entier
Docteur de Théologie.* Cette traduction a d'abord été publiée à Genève,
chez Jean Girard, en 1549, soit trois ans après la mort de Luther
et la première édition, à Wittenberg, du texte latin de Melanchthon[2].
La traduction, non signée, est précédée d'un dizain à la louange de
'Luther le Grand', dont la 'vie au vif icy descripte, Dedans noz
cueurs touts les jours resuscite . . .'. Ce dizain est signé D.D.B.: à
coup sûr Déode de Bèze, comme signait encore Théodore de Bèze
en 1549[3]. Si le dizain est de Bèze, il se pourrait que la traduction
de la vie de Luther soit du même, aussi bon latiniste qu'helléniste,
ou que du moins l'idée lui en revienne[4]. L'édition française de la
vie de Luther a pu être l'acquittement d'une dette de reconnaissance
à Melchior Wolmar, son ancien maître, qui l'avait initié à 'la vraie
piété'[5]. Mais dans le contexte de 1549, elle a sans doute eu, aussi,

---

[2] *Historia de vita et actis reverendis. viri D. Martini Lutheri.* La même année 1546, le
récit de Melanchthon a été publié en traduction allemande (par Caspar Creuziger):
Von dem Leben und Sterben M. Lutheri.

[3] Il s'agit donc là de son premier poème en français, qui plus est, de son premier poème évangélique, effaçant les *Poemata* au parfum de scandale publiés quelques mois plus tôt.

[4] Réfugié à Genève fin octobre 1548, Bèze est parti pour Tübingen en août
1549, pour revoir Melchior Wolmar, son ancien maître, savant helléniste et juriste
qui avait dû quitter le royaume en 1535, pour cause d'idées 'luthériennes (Sur le
personnage, voir D.-J. de Groot, Melchior Wolmar. ses relations avec les réformateurs français et suisses, *BSHPF*, 1934, pp. 416–439). Est-ce dans la perspective du
voyage, donc dans ses loisirs d'avant août 1549, que Bèze a fait publier la vie de
Luther par Melanchthon ou a-t-il rapporté de Tübingen, dans ses bagages, une des
éditions latines de l'ouvrage? En ce cas, il dut faire vite, car il est rentré fin septembre à Genève, et n'y est resté qu'un mois, ayant pu être nommé début novembre 1549 professeur de grec à Lausanne, cf. Geisendorf, *Théodore de Bèze*, Genève,
Labor et Fides, 1949, pp. 33–47.

[5] Voir la lettre de Bèze à Wolmar, 1560, citée par Henri Meylan, La conver-

un sens politique[6]: celui d'un signal amical de Genève adressé aux luthériens d'Allemagne, alors que ceux-ci, vaincus par l'Empereur, étaient empêtrés dans l'Interim d'Augsbourg (depuis mai 1548), et que Calvin venait de se rapprocher des Suisses, en signant avec Bullinger le Consensus Tigurinus (juin 1549). Au public francophone, Bèze, avec Girard, offrait le premier portrait en pied de Luther, un portrait déjà largement répandu dans l'Empire, en de multiples éditions, en latin et en allemand[7]. En 1549, ce public était moins amateur de Luther que dans les années 1520 ou 1530. Cependant à Genève, on continuait à publier en traduction française quelques-unes des oeuvres de Luther et de Melanchthon[8]. Mais il ne semble pas pour autant que la vie de Luther ait passionné le public francophone[9]: il n'y eut pas de réédition de l'ouvrage pendant six ans. Et si le récit de Melanchthon resurgit en 1555, c'est dans un nouvel arrangement.

Ce livre nouveau, l'*Histoire des vies et faits de trois excellens personnages, premiers restaurateurs de l'Évangile en ces derniers tems* . . .[10], n'est pas

---

sion de Bèze . . ., *Genava*, nouv. série, t. VII, 1959, p. 112. Sous forme d'une lettre en date du 25 juin 1548, Bèze avait dédié à Melchior Wolmar ses *Poemata*, publiés chez Conrad Badius à Paris en 1548. Il lui dédiera aussi, en 1560, l'édition latine de sa *Confession de foi du Chrestien*.

[6] La mention de l'adresse complète sur la page de titre indique en tout cas une volonté de diffusion ouverte de l'ouvrage (sur les 18 ouvrages publiés la même année, 17 sortent de chez Jean Girard, dont 9 sans la mention du lieu d'impression ni celui de l'imprimeur). Cf. Jean-François Gilmont, Bibliotheca Gebennensis, Les livres imprimés à Genève de 1535 à 1549, *Genava*, t. XXVIII, 1980, pp. 246–248.

[7] Relevé des principales éditions du récit de vie et de l'oraison funèbre de Luther par Melanchthon dans: Ernst Gustav Vogel, *Bibliotheca biographica lutherana*, Halle, 1851, n° 13 et 630–631.

[8] Des presses genevoises sont sorties une vingtaine d'éditions de Luther, et autant de Melanchthon, entre 1539 et 1560 (sur les traductions genevoises de Luther et Melanchthon, voir G.W. Moore, *La Réforme allemande et la littérature française. recherches sur la notoriété de Luther en France*, Strasbourg, 1930, p. 291 s., 346 s., et les bibliographies de Chaix et Gilmont). En 1549 précisément, Calvin venait de publier le texte de l'*Interim d'Augsbourg*, pour le critiquer, en lui opposant 'la vraye façon de réformer l'Église'. Trois ou quatre éditions de l'ouvrage, en latin et en français, sortirent coup sur coup des presses de Jean Girard, signe de l'intérêt des réformés francophones pour les événements d'Allemagne, qui touchaient directement la toute proche ville de Strasbourg.

[9] Seule une édition en latin de 1549 (de Wittenberg?) a été mise à l'*Index* par la Faculté de théologie de Paris, en 1551, et à nouveau, en même temps que l'*Histoire* . . . *de trois excellens personnages*, en 1556. Voir J.M. de Bujanda, F. Higman, J. Farges, *Index de l'Université de Paris: 1544. . . . 1556*, Sherbrooke, Centre d'études d'histoire de la Renaissance, 1985 (Index des livres interdits, I).

[10] Titre complet: *Histoire des vies et faits de trois excellens personnages, premiers restaurateurs*

publié par Jean Girard, mais par deux imprimeurs réfugiés à Genève, Pierre-Jacques Poullain et René Houdouyn. Poullain (†1558), natif de Chartres, s'était réfugié en 1547 à Strasbourg, où il avait imprimé des brochures de propagande et des traités religieux, puis en 1553 à Genève, dont il est habitant en 1554[11]. Associé avec Houdouyn, qui avait d'abord travaillé chez Jean Crespin, il publie en 1555, outre l'*Histoire . . . d'excellens personnages*, deux ouvrages de Calvin[12], en 1556 une nouvelle traduction du *Traité . . . de la liberté chrestienne* de Luther, précédée d'une adresse enthousiaste du 'translateur au lecteur fidèle'[13].

Qui, à Genève, a pris l'initiative de republier la vie de Luther, en l'associant à celles, alors confidentielles, de Zwingli et d'Œcolampade? Bèze était à Lausanne, accaparé par ses charges universitaires, et ne semble pas avoir été en contact avec Poullain. Calvin était en pleine polémique avec le pasteur luthérien Joachim Westphal. Et Poullain n'était pas le mieux placé à Genève pour recevoir une commande officielle[14]. Il est très probable que c'est lui qui a eu l'idée de l'ouvrage. Ses convictions personnelles de réformé admirateur de Luther ont sans doute joué. Cependant l'occasion a fait le larron: en 1555 Poullain exploitait les privilèges et les marques du vieux Jean Girard[15], et a trouvé dans le stock de ce dernier la traduction

---

de l'*Évangile en ces derniers tems, a scavoir de Martin Luther par Philippe Melancthon, de Jean Ecolampade par Vuolfgang Faber Capito et Simon Grynee, de Hulrich Zvingle par Osvaldus Myconius*. Le tout nouvellement traduit du latin et mis en lumière par Pierre Jaques Poullain et René Houdouyn, 1555, 8°, 72 ff. n. ch., sig. A-I[8], Faculté de Théologie Protestante de Paris et BPU de Genève.

[11] Outre la crise de l'Interim d'Augsbourg et la guerre en 1552, qui ont fait s'effondrer l'activité de l'imprimerie à Strasbourg, c'est sans doute l'arrivée d'un luthérien orthodoxe rigide, Jean Marbach, à la tête du *Kirchenconvent*, en 1553, qui a poussé l'imprimeur vers Genève.

[12] *Les articles de la . . . Faculté de théologie de Paris . . .*, réédition d'un texte publié d'abord par Jean Girard en 1544; et *Six sermons . . .*, édition qui réunit *Deux sermons . . .*, publiés par Jean Girard en 1555, et *Quatre sermons . . .* parus en 1552 et réédités en 1555 par Zacharie Durant.

[13] Sur cette édition du *Traité* de Luther, voir W.G. Moore, qui en attribue la traduction à Poullain lui-même (*op. cit.*, p. 347 s.), et R. Peter, La réception de Luther en France au XVIe siècle, *Revue d'histoire et de philosophie religieuse*, 63, janvier-juin 1983, pp. 73–82.

[14] Dès 1555, Poullain a eu maille à partir avec le Petit Conseil, entre autre pour avoir imprimé un livre sans congé. À la suite, une ordonnance du Conseil (26 novembre 1556) renforce l'interdiction de publier des livres 'sans licence de la Seigneurie' (G.W. Moore, *op. cit.*, pp. 347–348).

[15] La page de titre de l'*Histoire des vies et faits de trois excellens personnages . . .* porte d'ailleurs, au-dessus des noms des imprimeurs, la marque de Jean Girard, l'enfant au palmier (les initiales à fond criblé proviennent aussi de Girard). Voir P. Chaix, *Recherches sur l'imprimerie à Genève de 1550 à 1564*, Genève, Droz, 1954, p. 195.

de Melanchthon. Il l'a donc recomposée et l'a fait suivre de deux traductions nouvelles, d'où un autre titre, indiquant une autre perspective. Cette perspective nouvelle, Poullain l'a peut-être saisie grâce aux contacts qu'il gardait avec Strasbourg[16], en particulier avec l'historien Johann Sleidan (†1556), qui était en train de publier en latin son *Histoire de l'état de la religion et république...*, la première grande histoire de la Réforme dans l'Empire, avec de nombreux extraits de textes de Luther[17]. En outre, Poullain était aussi au courant de l'autre grande entreprise historiographique strasbourgeoise, celle de Ludwig Rabus (†1592), une histoire des martyrs et des confesseurs (vol. I: 1554), dans laquelle Luther allait trouver place[18]. Et l'imprimeur avait sous les yeux les premières éditions du martyrologe en français de Jean Crespin (1554, 1555), muet sur la vie de Luther, comme sur celles de Zwingli et d'Œcolampade[19]. Une histoire des réformateurs en français: il y avait là un 'créneau' éditorial à prendre, en 1555.

Le titre du recueil a été inspiré à Poullain par celui de l'ouvrage de Melanchthon traduit en français: *Histoire de la vie et faits...* et par un passage du même ouvrage, où Luther est présenté comme l'un des 'excellens personnages' envoyés par Dieu, depuis les 'premiers pères', pour 'restaurer l'Église'[20]. A côté de Luther, parmi les 'excellents personnages' possibles, morts depuis peu, on aurait pu attendre Martin Bucer, le réformateur de Strasbourg (†1551), mais sa

---

[16] En témoignent les projets d'impression que Poullain soumet au Conseil de Genève: ainsi la confession de foi du pasteur de l'Église française de Strasbourg, Jean Garnier (1549, 1555), et des ouvrages de Jean Sleidan sur l'histoire de la Réforme en Allemagne (1555), que Crespin publiera pour son compte à partir de 1556.

[17] Le *De statu religionis et Republicae...*, a paru à Strasbourg, chez Rihel, en mars 1555. La 1ᵉ traduction française, due à Robert Le Prévost, réfugié à Genève en 1551, a paru à Genève, chez Crespin, en 1556: *Histoire de l'estat de la religion et république sous l'empereur Charles cinquième...* (plusieurs rééditions par Crespin dans les années suivantes et une autre à Strasbourg en 1558).

[18] *Der Heyligen ausserwoehlten Gottes Zeugen, Bekennern und Martyrern*, Strassburg, Emmel, vol. IV: 1556.

[19] Sur cet ouvrage, voir J.-F. Gilmont, *Jean Crespin, un éditeur réformé du XVIᵉ siècle*, Genève, Droz, 1981 (Travaux d'humanisme et renaissance, nᵒ 186), ch. VIII.

[20] *Op. cit.*, p. 80. Si l'expression d''excellent personnage'—en latin: *summus vir*— retenue dans le titre des recueils de vies, n'est pas propre à Bèze, du moins est-elle fréquente sous sa plume, pour désigner Calvin (*Discours de la vie et trespas de M. Jean Calvin...*, 1564) ou tel ministre ou martyr (dans *l'Histoire ecclésiastique des Eglises réformées...*, 1580).

biographie était encore à écrire[21]. En revanche, Poullain avait à sa disposition deux récits en latin, qu'il a pu faire traduire ou traduire lui-même: les récits de la vie et de la mort de Huldrych Zwingli et de Johann Œcolampade, déjà publiés, ensemble ou séparément, en de rares éditions (Strasbourg, 1534; Bâle, 1536)[22]. Le réformateur de Zürich et celui de Bâle étaient couramment associés depuis leur mort la même année 1531. Leurs biographes, Oswald Myconius (†1552) pour Zwingli, Wolfgang Capiton (†1541) et Simon Grynaeus (†1541) pour Œcolampade[23], faisaient partie du même réseau des théologiens de Bâle et Strasbourg. A noter que l'ajout des deux nouvelles biographies laissait tout de même la part du lion à l'histoire de Luther, occupant 60% de l'ensemble du recueil.

L'*Histoire . . . de trois excellens personnages . . .* n'a pas tardé à être mise à l'*Index* par les théologiens de l'Université de Paris (1556)[24]. Preuve que cet ouvrage destiné au 'grand public' francophone a dû circuler, clandestinement bien sûr, dans le royaume[25]. Quelques temps plus tard, à la faveur des troubles et de la semi-tolérance des années 1561–1562, le texte reparaît en France: il est imprimé à Lyon, par

---

[21] Seul un récit en anglais de la mort et du martyre posthume de Bucer et Fagius à Cambridge, sous la reine Marie, a été publié à Londres en 1562 (trad. en latin, Bâle, 1577).

[22] Œcolampade, *In prophetam Ezechielem commentarius. De obitu Oecolamp. epist. Grynaei. De vita ejus Wolfgan. Capito*, Strasbourg, Matthias Apiarius, 1532. Œcolampade et Zwingli, *Epistolarum libri quatuor. Utriusque vita et obitus*, Bâle, Thomas Platter et Balthazar Lasius, 1536. Les deux ouvrages figurent dans le Catalogue de la bibliothèque de l'Académie de Genève en 1572.

[23] Voir l'édition de leur correspondance, à Bâle en 1536 (note ci-dessus); et aussi Calvin, *Petit traité de la saints cène*, 1542; Bèze, *Icones . . .*, 1580. On note qu'à Strasbourg Œcolampade était connu comme un familier de Capiton (†1541), et qu'à Genève ses commentaires bibliques ont été publiés dès 1540 (1540: sur la 1ᵉ épître de Jean; 1553: sur Job, trad. en français en 1562); mais c'est seulement en 1558 que l'imprimeur Crespin entreprend l'édition systématique de ses commentaires sur l'Ancien testament (sur les prophètes, sur Ezechiel, sur Jérémie, sur les petits prophètes).

[24] Voir J.M. de Bujanda, F. Higman, J. Farges, *op. cit.*

[25] L'ouvrage est même passé en Angleterre et a été traduit en anglais en 1561: *A famous and godly history, contayning the Lyves and Actes of three renowned reformers of the Christian Churche, Martin Luther, John Ecolampadius and Huldericke Zwinglius . . .* Newly Englished by Henry Bennet . . .—London, John Awdely, 1561 (London BM). Ouvrage en deux parties. La première, la vie de Luther, est dédicacée par le traducteur, Henry Bennet, de Calais, à Thomas, Lord Wentworth, dernier député de Calais (également dédicataire de la traduction anglaise des sermons de Bullinger, 1561), 18 novembre 1561. La seconde, contenant les deux autres vies, est dédicacée par le même à Lord Mountloy, 30 novembre 1561.

Jean Saugrain, en 1562, et à Caen (ou à Rouen?), par le 'faussaire normand', contrefacteur de Crespin[26].

Une nouvelle chance est donnée à l'*Histoire des . . . excellens personnages* à la mort de Calvin, survenue en mai 1564. Dans les mois qui ont suivi, Théodore de Bèze a rédigé une vie de Calvin, d'abord publiée en tête des *Commentaires de M. Jean Calvin sur le livre de Josué*, à Genève, chez François Perrin, avant d'être publiée isolément, clandestinement, à Orléans et Saint-Lô, toujours en 1564. La même année, alors que Poullain et Houdouyn ont disparu, un éditeur anonyme a repris l'*Histoire des . . . excellens personnages . . .* et a modifié le titre, en ajoutant aux trois récits celui de Bèze, qui garde sa page de titre particulière et occupe le quart du nouveau recueil. Deux impressions de ce texte sont ainsi sorties en 1564, l'une portant l'adresse d'Orléans, l'autre sans adresse[27], en fait Orléans, des presses d'Eloi Gibier[28]. Une troisième édition, sans adresse, en fait du

---

[26] —Lyon, Jean Saugrain, 1562. In-16 (Berne Stadtbb). A la suite: poème de 5 ff.: *La monstre des archers au Papeguay* (cf. Moore, p. 464, et Catal. Brunet).—S.l., marque à l'ancre, 1562. 56 ff. n. ch.—BNF Rés. Marque à l'ancre = J. Crespin = contrefaçon d'après J.F. Gilmont: faussaire normand (Caen?). A la suite: *Ordonnances ecclésiastiques de l'Eglise de Genève. Item l'ordre des escoles de ladicte cité.*, s.l., marque à l'ancre, 1562. Un autre ouvrage imprimé par Poullain en 1556, la traduction du *Traité de la liberté chrétienne* de Luther, a fait l'objet d'une contrefaçon du 'faussaire normand', qui imitait la marque de Crespin, en 1563, voir J.-F. Gilmont, *op. cit.*, pp. 102–104.

[27] *Histoire des vies et faicts de quatre excellens personnages, premiers restaurateurs de l'Evangile en ces derniers tems. Assavoir: De Martin Luther, par Philippe Melancthon. De Jean Ecolampade, par Wolfgang Faber Capito et Simon Grynee. De Huldrich Zwingle, par Oswaldus Myconius. Traduites de latin en françois. De Jean Calvin, par Théodore de Besze. Avec son testament et le catalogue de ses livres et escrits*—S.l. [Orléans, Eloi Gibier], 1564, 8°, 120 ff. n. ch., sig. A-M[8] N[4], Londres BM, cf. F. Gardy, *Bibliographie des oeuvres . . . de Théodore de Bèze*, Genève, Droz, 1960, n° 178. Orléans, 1564. 8° Genève MHR (Catal. Stroehlin). F. Gardy, *op. cit.*, n° 177. Avec p. de t. part.: *Discours de M. Teodore de Besze contenant (sic) en bref l'histoire de la vie et mort de Maistre Jean Calvin. Avec le testament et dernière volonté dudit Calvin et le catalogue des livres . . . Et l'épitaphe dudict Calvin*—Orléans, 1564, 56 p.

[28] Identification due à Jean-François Gilmont qui, par ailleurs, exclut de la bibliographie de Gibier l'édition de l'*Histoire . . . de quatre excellens personnages* portant l'adresse d'Orléans (voir *B.H.R.*, 1985, p. 397 et 400).—Histoire et biographies ont fait partie des ouvrages de propagande réformée imprimés par Gibier: après l'*Histoire des vies et faicts de quatre excellens personnages*, il publie en 1565, une vie de Wyclif et une vie de Jean Hus, ainsi qu'un ouvrage historique de plus grande ampleur: Pierre de la Place, *Commentaires de l'estat de la religion republique soubs les rois Henry & François seconds & Charles neufiesme*. Sur l'activité militante de Gibier, 'l'imprimeur officieux du parti huguenot', installé à Orléans de 1562 à 1568, voir J.-F. Gilmont, *op. cit.*, pp. 395–403.

même imprimeur, a été publiée en 1565[29]. Après 1565, le recueil n'a plus été réédité. Une nouvelle mouture de la vie de Calvin par Bèze a eu beau sortir en 1565—une vie plus détaillée, destinée à remplacer la première—, elle ne sera jamais intégrée dans un recueil tel que l'*Histoire des . . . excellens personnages . . .*

Le recueil a ainsi connu au total six éditions: trois en version à trois personnages et trois en version à quatre personnages. Ces six éditions sont concentrées sur une décennie, 1555–1565, mais dispersées géographiquement: une seule provient assurément de Genève, mais d'un imprimeur plutôt marginal, une de Lyon, trois d'Orléans, une de Caen. L'ouvrage a donc eu un relatif succès, en dépit de sa mise à *l'Index*. Mais il a manqué de solides cautions genevoises pour lui assurer la durée. Pourquoi cette absence de soutien? D'une part, à partir de 1560, la polémique se faisant plus vive entre réformés et luthériens, on ne publie plus Luther ni Melanchthon à Genève. D'autre part, les Genevois étaient soucieux de ne pas donner prise au reproche d'idolâtrer le réformateur. Les deux récits de la vie de Calvin par Bèze, très critiqués pour cette raison, n'ont eu eux-mêmes que quelques éditions, en 1564–1565, et n'ont plus été réédités jusqu'au XVIIe siècle[30], à la différence des vies de Luther en Allemagne.

Les récits en amont du recueil

Sauf le récit de Capiton, rédigé comme complément à celui de Grynaeus, les récits du recueil, dans ses deux versions, ont été écrits indépendamment les uns des autres. Bèze, il est vrai, a eu en tête les récits concernant les trois 'excellents personnages', ayant même plus ou moins participé à l'édition de l'ouvrage de Melanchthon. Il reste que chacune des histoires obéit à une logique propre.

Dans le recueil, comme dans l'édition de Jean Girard (calquée sur celle, en latin, de Wittenberg, 1549), l'histoire de Luther est en réalité composée de quatre pièces: 'La vie de M. Martin Luther' (éd. Girard, pp. 3–37), rédigée par Melanchthon, le collègue le plus proche de Luther, trois mois après la mort de ce dernier, comme préface au second volume des oeuvres complètes éditées à Wittenberg; suit un

---

[29] S.l., 1565, 8°, 120 ff. n. ch.—Londres BM (cf. Gardy, *op. cit.*, n° 179).
[30] Voir F. Gardy, *op. cit.*, pp. 104–125.

long récit anonyme comportant le fameux discours de Luther devant la diète de Worms, en 1521 (pp. 38–71)[31]; enfin deux discours prononcés par Melanchthon dans les jours qui ont suivi la mort de Luther: le discours, à l'émotion encore chaude, 'aux escoliers de l'escole de Vitteberg', leur annonçant la mort de Luther et en faisant le récit (pp. 72–75), ainsi que l'oraison funèbre prononcée à Wittenberg, le 22 février 1546 (pp. 76–95).

La relation de la mort d'Œcolampade garde la forme d'une lettre, non datée, de Grynaeus, témoin des derniers instants, à Capiton. C'est Capiton, l'ami de longue date, qui organise l'ensemble, en ajoutant au récit de Grynaeus son propre récit de la vie d'Œcolampade, adressé 'au lecteur chrestien'. Le récit de Myconius concernant la vie et la mort de Zwingli est conservé dans sa forme de lettre à un ami, Agathius Beronien, de Zürich, en 1532, quelques mois après la mort de Zwingli. Ces récits en latin ont dû circuler en copies manuscrites, avant d'être publiés, tardivement, comme préfaces à des oeuvres posthumes des deux théologiens[32].

Bèze, lui, a écrit son récit en vue d'une publication, comme préface au dernier commentaire de Calvin. Il rédige sous le choc de la mort du maître (27 mai 1564), à la demande de plusieurs de ses amis[33] et à l'usage du plus grand nombre de lecteurs de Calvin, donc directement en français. Seul des biographes du recueil, Bèze a inséré dans le récit de mort un document de la main de Calvin, son testament, et à la fin, autre testament, le catalogue de ses livres. Le récit, publié en août 1564, est apparu à l'imprimeur, sinon à Bèze,

---

[31] Récit intitulé: *S'ensuit ce que honnorable homme M. Martin Luther a fait devant l'Empereur Charles 5. et devant les Princes Electeurs et les estatz de l'Empire en la journée et assemblée des Princes à Vormes.*

[32] Voir note 22 ci-dessus.—On peut s'étonner du caractère tardif et isolé de l'impression du récit concernant Zwingli. Deux lettres de Capiton font entrevoir une explication: en janvier 1532, Capiton demande à un correspondant zürichois de lui envoyer poèmes et chants composés à l'occasion de la mort de Zwingli, textes que la veuve de Zwingli aurait en sa possession; en janvier 1536, Capiton évoque un souvenir: en janvier 1532, il avait rendu visite à la veuve de Zwingli, la priant de lui remettre des lettres (ou ces textes?), par crainte que leur publication n'excite encore les cantons évangéliques écrasés à Cappel, et on lui avait dit que les lettres avaient été brûlées, cf. O. Millet, *Correspondance de Capiton... Analyse et index*, Strasbourg, 1982.

[33] Voir D. Ménager, Théodore de Bèze, biographe de Calvin, *B.H.R.*, 1983, pp. 231–232.

comme insuffisant, d'où la promesse d'un récit à venir, 'plus ample', plus digne du personnage[34].

Ainsi tous ces récits de vie ont pris naissance à la mort des personnages. Si les récits de Grynaeus et de Myconius ont d'abord été des écrits privés, des lettres à un ami, ceux de Melanchthon, Capiton, Bèze ont été écrits dans la perspective d'une publication, liée à celle des dernières oeuvres du maître et ami: le récit biographique est là comme introduction et argument publicitaire pour l'œuvre posthume, elle-même au service de l'Évangile[35]. Dans tous les cas, la légitimité des narrateurs tient à la proximité, revendiquée et reconnue, avec les réformateurs défunts. Une proximité d'amitié et de collaboration qui est tantôt celle de contemporains (Capiton, Grynaeus, Myconius), tantôt celle de cadets, de disciples, placés depuis la mort du maître en position de successeurs (Melanchthon et Bèze se disent même des fils 'orphelins'[36]). Dans le cas de Melanchthon, Capiton et Bèze, cette légitimité se trouve renforcée par leur statut d'exécuteurs testamentaires des 'excellents personnages'[37].

Lettres ou préfaces aux oeuvres, ces récits de vie suivent un modèle qui puise aux sources antiques de la biographie: prologue, narration chronologique dont le point de départ est la naissance, éloge du personnage.

Le prologue est destiné à justifier l'entreprise de l'auteur. Propos d'autant plus nécessaire qu'il convient d'écarter toute confusion avec l'hagiographie liée au culte des saints. De l'un à l'autre des auteurs, les motifs sont les mêmes. D'un côté, la défense contre les calomnies des adversaires, attaquant la Réforme à travers des mensonges

---

[34] De fait, deux nouveaux récits par Bèze verront le jour, en 1565, puis en 1575. Sur les biographies de Calvin par Bèze, voir D. Ménager, *op. cit.*, pp. 231–255.— Sur le détail des éditions, voir F. Gardy, *op. cit.*, n°s 173–221 et note 27 ci-dessus.

[35] Melanchthon, *op. cit.*, pp. 35–36; Capiton, *op. cit.*, f. G III; Bèze, *op. cit.*, in *Calvini Opera* (ci-après *C.O.*) XXI, col. 21.

[36] Melanchthon, *op. cit.* (*Oraison . . . pour les funérailles . . .*), p. 89; Bèze, *C.O.*, t. XXI, col. 21. La place de fils et disciple est aussi indiquée par le cri de Melanchthon dans son discours aux écoliers de Wittenberg: 'Ah, le conducteur & le chariot d'Israel est mort', citation de celui d'Elisée à la mort d'Elie (II Rois 2/12), cri repris en finale de l'édition révisée, en 1565, de la vie de Calvin par Bèze (non sans susciter les moqueries de Claude de Sainctes, cf D. Ménager, *op. cit.*, p. 245).

[37] Myconius: 'J'ay cognu Zvingle dedens et dehors', 'privéement' (*Histoire . . . de trois excellens personnages*, 1555, f. H II, v.); Capiton raconte dans son récit de la vie d'Œcolampade sa première rencontre avec celui-ci, à Heidelberg: 'ceste amitié a continué jusques à présent' (*Histoire . . . de trois excellens personnages*, 1555, f. F VII, r).

sur la vie (et la mort) des réformateurs[38]. De l'autre, la louange à Dieu[39], l'édification de l'Église par l'exemple et, dans une moindre mesure, le devoir de mémoire, qu'aucun portrait ne vient appuyer[40]. En tout cas les narrateurs justifient chacun leur récit comme celui de témoins directs de la vie et de la mort de ces hommes, contrôlables par de multiples témoignages. Conformément à un *topos* bien établi du genre, ils rapportent ce qu'ils ont vu et entendu, simplement et brièvement, sans talent littéraire ni souci esthétique[41].

Le récit de vie, qui est surtout récit des actions, des 'faits' du personnage, se déroule linéairement, avec peu de repères de dates: lignée familiale et parents, naissance, études, diplômes, lectures, enseignement, conversion, combats et oeuvres[42]. Enfin, lié ou juxtaposé au récit de vie, le récit de la mort: la dernière maladie, les dernières heures, les dernières paroles, rapportées en style direct. La place si importante du récit de la mort est expliquée par les narrateurs: Melanchthon, Capiton et Grynaeus évoquent des rumeurs infamantes courant sur la mort de Luther et d'Œcolampade[43]; Bèze, lui, les

---

[38] Melanchthon, *op. cit.*, p. 3, 72; Grynaeus, *op. cit.*, f. G III-GV, r.; Myconius, *op. cit.*, f. H II; Bèze, *op. cit.*, *C.O.*, XXI, col. 35 s. Sur la fonction des récits de vie dans la controverse, voir J.-R. Armogathe, Les vies de Calvin aux XVIᵉ et XVIIᵉ siècles, in *Historiographie de la Réforme*, sous la dir. de Ph. Joutard, Paris-Neuchâtel, Delachaux et Niestlé, 1977, pp. 45–59.

[39] Cette louange prend même dans le récit de Melanchthon la forme d'un prière d'action de grâce (*op. cit.*, pp. 33–35); voir aussi plus haut: 'combien que la vertu qui estoit en [Luther] soit digne de louange . . ., nonobstant il nous faut principalement rendre graces à Dieu, que par luy il nous a rendu la lumière de l'Evangile' (*op. cit.*, pp. 17–18). Voir aussi Capiton: 'la gloire de Christ' (*op. cit.*, f. F V); Bèze: 'les merveilles de Dieu à l'endroit de cest excellent personnage' (*C.O.*, XXI, col. 29).

[40] Melanchthon: 'qu'en ayons memoire pour y prendre exemple' (*op. cit.*, p. 37, et oraison funèbre, p. 78); Grynaeus: 'cest homme . . . digne de la mémoire de tous les aages' (*op. cit.*, f. H i, v.). On notera qu'il y avait un portrait de Luther dans les éditions de Wittenberg de la vie de Luther par Melanchthon.

[41] Melanchthon: 'je reciteray fidelement en partie ce que j'ay ouy de luy . . ., en partie ce que j'en ay veu et cogneu' (*op. cit.*, p. 4); voir aussi Myconius, *op. cit.*, f. H II, v., I VIII; Grynée: 'moy qui ay esté temoin oculaire, avec plusieurs autres dignes de foy, de toutes les choses icy escrites' (*op. cit.*, HI, v., cf. G V, r); Capiton, *op. cit.*, f. F V, r. Voir aussi l'Avertissement de 'l'imprimeur au lecteur' en tête de l'édition du *Discours de M. Théodore de Besze contenant en bref l'histoire de la vie et mort de M. Jean Calvin*, [Saint-Lô] 1564.

[42] Le récit de Bèze rassemble en tête (*O.C.*, t. XXI, cols. 2122–29) la doctrine et les combats doctrinaux (et disciplinaires) de Calvin.

[43] Voir Melanchthon, *Histoire de la vie et faitz de . . . Martin Luther* (Discours aux escoliers de l'escole de Vitteberg), Jean Girard, 1549, p. 72; Grynaeus, *Histoire . . . de trois excellens personnages*, 1555, f. G III, v.; Bèze: 'l'impudence extreme de ceux qui feroyent volontiers croire que sa mort a dementi sa vie' (*C.O.*, XXI, col. 42).

54 MARIANNE CARBONNIER-BURKARD

prévoit[44]; Myconius dit de la mort violente de Zwingli, sans sépulture, qu'elle est 'horrible devant les yeux des hommes'. C'est que, pour les adversaires de la Réforme, la mort des hérétiques, qui pis est des hérésiarques, ne pouvait être qu'une 'mauvaise mort'. Il s'agissait donc de couper court à ces calomnies, actuelles ou pendantes, par le récit nu de la vérité.

L'éloge prend place à la fin du récit de vie. Cet éloge concerne la personne publique du personnage, ses actes, son rôle. Il concerne aussi le caractère de l'homme, connu comme homme privé par les narrateurs. Or ceux-ci se défendent d'être de vulgaires hagiographes. Non seulement, ils rapportent la louange à Dieu, mais encore, vérité oblige, ils se déclarent prêts à reconnaître à leur 'excellent personnage' quelques faiblesses: ainsi, Luther était d'une 'nature aisée à se courroucer', et Calvin a pu être jugé 'trop cholère'. Cependant Melanchthon, et Bèze à sa suite, justifient ce commun défaut du point de vue de la Providence de Dieu, de l'utilité sociale et historique[45].

A l'évidence, l'horizon des récits de vie des réformateurs dépasse celui des oeuvres qu'ils précèdent. Si chaque récit a pu avoir une existence autonome, c'est qu'il pouvait remplir bien d'autres fonctions que celle d'une 'captation de la bienveillance' des lecteurs des *Opera* des réformateurs: une fonction d'apologie polémique et une fonction de prédication-exhortation, plus spécifiquement peut-être, une fonction d'oraison funèbre, où jouent à la fois la mémoire et l'exhortation par l'exemple. En effet, l'*Histoire* écrite par Melanchthon de '*la vie et faitz de Martin Luther*' complète et redouble l'oraison funèbre imprimée à la suite; et l'on peut penser que les récits réformés imprimés isolément ont tenu lieu d'oraison funèbre, dont la pratique était refusée à Genève comme à Zürich et à Bâle, même dans le cas d''excellents personnages'.

Ces fonctions n'ont-elles pas été modifiées par la mise en recueil des récits? Si, comme l'indique l'absence de portrait-icône dans les recueils[46], la fonction mémorielle est faible, sans doute affaiblie par

---

[44] Voir *C.O.*, XXI, col. 42. Dès 1553, le bruit de la mort de Calvin avait couru (D. Ménager, *op. cit.*, p. 233).

[45] Melanchthon, *op. cit.*, p. 84; Bèze, *C.O.*, XXI, col. 39.

[46] En 1580 au contraire, Bèze prend le parti de publier un recueil de portraits de théologiens, de savants humanistes et de martyrs 'desquels Dieu s'est servi en ces derniers temps': *Icones, id est verae imagines virorum doctrina simul et pietate illustrium*, traduit en 1581 sous le titre *Les vrais pourtraits des hommes illustres en piété et doctrine* . . .

la pluralité des figures, la fonction parénétique demeure. La juxta-position des récits ne construit-elle pas un modèle de chrétien, un modèle de vie et de mort à imiter? Ne construit-elle pas aussi un modèle d'histoire de l'Église?

Les modèles construits par le recueil

Le titre commun qualifiant Luther, Œcolampade, Zwingli et Calvin est celui d'"excellents personnages", titre spécifié par celui de 'pre-miers restaurateurs de l'Évangile', autrement dit réformateurs[47]. Ces restaurateurs de l'Évangile sont d'abord présentés comme des 'hom-mes de doctrine': 'Qu'a-ce esté autre chose de sa vie'—dit Bèze en parlant de Calvin—'qu'une perpétuelle doctrine, tant par paroles que par escrit et par toutes ses mœurs et façons de vivre?'[48]. Cette doc-trine est celle du 'pur Évangile' déclaré dans l'Écriture. Les 'excel-lents personnages', aux dispositions intellectuelles précocement décelées, ont non seulement fait de fortes études et accumulé les diplômes, mais ils ont suivi le programme humaniste de retour aux sources bibliques, lues dans leurs langues originales, l'hébreu et le grec. Ce sont tous de savants exégètes. Lecteurs de l'Écriture, Luther, Zwingli, Œcolampade et Calvin ont enseigné et prêché la 'pure parole de Dieu', depuis longtemps 'enveloppée de ténèbres fort espesses', comme dit Melanchthon: ils ont posé l'autorité de l'Écriture et de la cons-cience face à celle de l'Église (cette opposition est mise en scène dans le récit fleuve de Luther à Worms[49]). Luther et les autres ont ainsi mis en lumière 'la justification par la foi', la 'vraye invocation de Dieu', la distinction des 'cérémonies humaines' et lois ecclésias-tiques d'avec les 'oeuvres nécessaires'[50].

Mettant au jour la vérité de l'Évangile, les 'excellents personnages' ont été combattus par les ennemis de la vérité, derrière lesquels se profile Satan ou l'Antéchrist. C'est pourquoi, ils ont eux-mêmes dû

---

[47] Si 'réformer' est d'usage courant dans les récits, le terme de 'réformateur' n'est employé que par Grynaeus à propos de Zwingli (*op. cit.*, f. G VI).

[48] *C.O.*, t. XXI, col. 29.

[49] Melanchthon, *op. cit.*, pp. 38–71; voir aussi Myconius, sur l'attitude de Zwingli à l'égard des 'docteurs catholiques': 'il les faut lire avec jugement & examiner par l'Ecriture canonique, comme par la touche' (*op. cit.*, f. H V).

[50] Melanchthon, *op. cit.*, pp. 81–82.

combattre ces ennemis, par la parole et par la plume. Contre l'Église romaine et contre les hérétiques (anabaptistes ou autres), ils ont été les 'champions' de Dieu 'en ceste lice', des héros, comme le dit Bèze à propos de Calvin[51]. Ces hommes de doctrine militants ont été en même temps des hommes d'action. Plus que leur doctrine, ce sont leurs actions, leurs 'faits', qui sont mis en avant par les narrateurs. Ils ont 'abattu les idoles', 'purgé la messe' et 'réformé' l'Église selon la Parole de Dieu. Ils ont été des 'gouverneurs d'église': restaurateurs de la discipline ecclésiastique, pasteurs de leurs troupeaux respectifs, consolateurs des affligés, conseillers des Églises proches ou lointaines qui les ont consultés.

Gardiens de la doctrine et du troupeau, les 'excellents personnages . . . restaurateurs de l'Évangile' dessinent-ils un modèle nouveau de sainteté[52]? En un sens, ils rassemblent les traits traditionnels du saint docteur et surtout du saint évêque. Tous ont exercé un 'office', celui de 'docteur', de 'pasteur', 'ministre de l'Évangile', 'vrai évêque de Jésus-Christ', dit Grynaeus à propos d'Œcolampade[53]. Mais le modèle a été revu par la génération humaniste. La sainteté fonctionnelle suggérée par les récits est en effet désacralisée. Elle se passe du merveilleux traditionnel: les 'excellents personnages' ne font pas de miracles, ni pendant leur vie, ni après leur mort. Les seuls miracles sont ceux opérés dans le cœur des fidèles par la Parole qu'ils prêchent. L'accent est mis aussi sur la régularité de leur vocation (même Calvin, selon Bèze, a été 'déclaré docteur en ceste Église [de Genève] avec légitime élection et approbation'[54]). D'une certaine manière aussi, les récits réinterprètent un modèle de sainteté défini par la rupture avec le monde. La conversion des 'excellents personnages' est en effet rupture avec l'état religieux (Luther, Œcolampade), la prêtrise (les mêmes, plus Zwingli), les bénéfices ecclésiastiques et le pays natal (Calvin). Cette rupture avec l'ancien monde n'est pas une fuite hors du monde, c'est une nouvelle mise au monde, inversant l'idéal monastique. Les réformateurs se sont mariés et ont

---

[51] *C.O.*, XXI, col. 22, 31.

[52] Le terme de 'saint' est évité dans les récits, sauf sous la plume de Capiton, qualifiant Œcolampade d''homme très saint' (*op. cit.*, f. G II, v.). Voir aussi la traduction française de *'hic vir'* dans le discours de Melanchthon aux écoliers de Wittenberg: 'ce saint personnage', 'ce saint homme' (*op. cit.*, p. 75).

[53] Melanchthon, *op. cit.*, pp. 25, 37; Myconius, *op. cit.*, f. H IIII, VI, I VII; Capiton, *op. cit.*, f. G I, v; Grynaeus, *op. cit.*, f. G V, v II, v.; Bèze, *C.O.*, XXI, col. 30.

eu des enfants. Idelette de Bure apparaît nommément dans le récit de la vie de Calvin, de même que les petits Œcolampade, Eusèbe, Irène et Alithée, dans le récit de la mort du réformateur de Bâle[55].

Superposé aux modèles de sainteté ainsi réinterprétés, se lit dans les récits, tous dus à des plumes humanistes, le modèle des 'hommes illustres' de Plutarque[56], succès de librairie dans la traduction française d'Amyot (1559), référence immanquable d'un recueil de vies parallèles: le modèle des législateurs, des chefs militaires, des magistrats et empereurs. Comme l'écrit Melanchthon à propos de Luther, les 'excellents personnages' ont été des conducteurs de peuple, à la fois bâtisseurs et combattants[57].

Ces hommes illustres sont-ils des exemples à imiter? 'Ministres de la Parole', prédicateurs et pasteurs, ils sont exemples d'abord pour les ministres de Genève, de France et des pays de 'refuge'. Ils sont exemples aussi pour les fidèles de ces Eglises, de plusieurs façons. Exemples de la conversion: si les récits sont sur ce point elliptiques, le geste de rupture, toujours décrit comme progressif, est fortement valorisé. Exemples de la mort, d'une mort qui ne peut plus être la 'bonne mort' traditionnelle encadrée par les sacrements de l'Église. Les récits, surtout ceux de Grynaeus et de Bèze (celui-ci s'inspirant du premier), font apparaître les traits de la 'bonne mort' réformée[58]: le souci du travail jusqu'à l'extrême limite, le rituel des adieux, la 'continuelle prière, nonobstant . . . continuelles douleurs', les citations de l'Écriture, le dernier souffle paisible[59]. Sont aussi proposées en exemple aux fidèles les vertus énumérées dans l'éloge des personnages:

---

[54] *C.O.*, XXI, col. 30.

[55] 'Il fit amener ses enfans devant luy, & premièrement les print par la main, puis les amignotant leur mania la teste, et combien qu'ils estoyent trop petits pour rien entendre (car le plus grand n'avoit que trois ans), 'Or sus, dit-il, . . . mes enfans, aimez Dieu vostre Père . . .' (Grynaeus, *op. cit.*, f. G VIII, v.).

[56] Le modèle de Plutarque est évoqué par Myconius au début de son récit (*op. cit.*, f. H II). A rapprocher de Melanchthon, faisant à propos de Luther la comparaison d'Aristide et de Thémistocles (*op. cit.*, p. 85). Bèze se référera formellement à ce modèle, en publiant en 1580 ses *Icones . . ./Les vrais pourtraits des hommes illustres en piété et doctrine . . .*

[57] Melanchthon, *op. cit.*, pp. 80, 82.

[58] Capiton, *op. cit.*, f. F V; voir aussi Bèze, *op. cit.*, XXI, col. 21.

[59] Dans sa nécessaire brièveté, le récit de la mort de Zwingli, tué à la guerre, souligne des traits de la bonne mort 'réformée': Zwingli a eu le présage de sa mort et s'y est préparé, il meurt courageusement, 'au Seigneur', en citant l'Ecriture. A ce modèle de mort, se superpose celui du martyre: le cadavre de Zwingli, 'condamné par sentence, est mis en pièces & jetté au feu jusqu'à estre réduit en cendre' (Myconius, *op. cit*, f. I VIII).

vertus intellectuelles (esprit 'subtil', mémoire prodigieuse . . .), piété
(citations directes de prières), courage face aux autorités religieuses
et civiles, 'ascèse dans le monde' (travail sans relâche, sobriété dans
l'usage du mariage, de la nourriture, des biens).

Cependant la conviction d'être dans le dernier temps de l'histoire,
explicite dans le titre du recueil, assigne aux personnages une place
spécifique dans l'histoire du salut. Chez Melanchthon surtout, ce
temps de la fin est présenté comme temps de révolution, de retour
à la lumière des origines, et la Réforme comme *Aufklärung*. C'est
ce qui autorise le rapprochement entre Luther et les modèles origi-
nels: les modèles du prophète (Esaïe, Jean Baptiste), de l'apôtre
(S. Paul), du Père de l'Église (S. Augustin)[60], tous hommes de la
Parole, tous modèles de prédicateurs exceptionnels, charismatiques,
excédant les rôles institutionnels. Placés derrière Luther dans le recueil,
et présentés comme porte-parole de l'Évangile aux côtés de Luther,
Zwingli et Œcolampade bénéficient par reflet d'un tel rapprochement (d'autant que le conflit violent entre Luther et Zwingli est
euphémisé par les narrateurs).

Pour le premier éditeur du recueil, Jacques Poullain, ce sont là
les trois 'premiers restaurateurs de l'Évangile', étant sous- entendu
que Calvin et Bullinger, alors vivants, sont d'une autre génération
de réformateurs, la suivante ou peut-être la dernière. Bèze quant à
lui, n'isole pas Calvin des trois premiers: son récit évoque les liens
du réformateur de Genève avec Bucer, Hedion, Capiton, Grynée,
Melanchthon, l'Église de Zurich, entrevus ou connus par les premiers récits[61]; il reconnaît à Calvin l'office de vray prophète et serviteur de Dieu'[62] attribué à Luther dans le récit de Melanchthon.
Mais Bèze va plus loin. Il fait aussi de Calvin le dernier des réformateurs, 'la plus grand lumière qui fust en ce monde pour l'adresse
de l'Église de Dieu', et fait vœu qu'il soit 'écouté par la postérité
jusques à la fin du monde'[63]. Le texte de Bèze empêche donc que
le recueil de vies puisse avoir une suite. Pour lui, les premiers restaurateurs sont aussi les derniers. Le temps des 'excellents personnages' est clos.

---

[60] Melanchthon, *op. cit.*, p. 80.
[61] *C.O.*, XXI, cols. 31, 32.
[62] *C.O.*, XXI, col. 45.
[63] *C.O.*, XXI, col. 42.

Si l'identification à de tels personnages est exclue, le recueil de leurs vies paraît moins construire un répertoire de rôles à imiter qu'un modèle de représentation de la Réforme dans l'histoire de l'Église et du salut; en même temps qu'une leçon de Réforme pour tous, une prédication par l'exemple des réformateurs, introduisant ou redoublant leur prédication imprimée. Si l'on en juge par la courte vie du recueil, dans ses deux versions, les réformés de Genève et de France ont préféré d'autres leçons que celles des hommes illustres, d'autres modèles que ceux des réformateurs, pasteurs et 'gouverneurs d'église'. Ils ont préféré des modèles de sainteté héroïque peut-être plus démocratique, ceux du *Livre des martyrs* de Crespin.

LE PREDICATEUR DE CAREME, SEMEUR D'IDEES REFORMEES

Marc Venard

Abstract

Contrarily to the usual belief, Christians, from the beginning of the 16th century, listened to a big number of predications, particularly during Lent times and Advent. Most of the predicators were beggars from the Church appointed by the municipal authorities. From the twenties, those among them who adopted Lutheran ideas used habitually the chair for their propagation. Their contents are known only through subsequent trials and condemnations. But we follow out (1520–1550) the progression of their audacious behavior as we do for their repression. Nevertheless, the sewed seeds did root only where the predicators could find a nucleus of faithful people, capable of perpetuating the Word by readings of the Bible and of Reformation writings.

C'est à l'Avent de 1527, au terrible Carême de 1528, pendant l'hiver et le printemps de la faim, que la Réforme est plantée en Vivarais et en Languedoc.

On connaît cette phrase fameuse d'Emmanuel Le Roy Ladurie[1]. Dans la pensée de cet historien, alors marxiste, c'est la disette et la faim qui furent alors déterminantes. Mais il ne faisait pas par hasard le lien entre les saisons de famine et les temps liturgiques de la prédication. Ce sont, dit-il, les prédicateurs, dont la parole tombait sur un terrain préparé par la misère et la révolte, qui ont planté—il vaudrait mieux dire semé—dans ces provinces les graines de la Réforme protestante.

Je ne prétends pas aujourd'hui aborder la question toujours ouverte, bien qu'un peu passée de mode, des liens entre la Réformation et la conjoncture économique et sociale. Mais simplement étudier comment les prédications de Carême (et subsidiairement de l'Avent) ont pu contribuer à répandre les idées nouvelles dans le public chrétien de France. Je rappellerai donc d'abord ce qu'étaient ces prédications

---

[1] E. Le Roy Ladurie, *Les Paysans de Languedoc*, Paris, 1966, p. 325.

au début du XVIe siècle, puis nous passerons en revue—essentiellement à partir des archives de la répression—les témoignages que
nous avons sur les prédicateurs de Carême non-conformistes et sur
l'audience qu'ils ont rencontrée.

La prédication de carême: une institution

La prédication de carême s'est peu à peu institutionnalisée en France
à la fin du Moyen âge, comme l'a bien montré Hervé Martin, dans
son livre magistral, *Le métier de prédicateur*[2].

Temps fort de l'année liturgique, préparatoire aux fêtes pascales
durant lesquelles tous les fidèles devront, aux termes du concile Latran
IV, se confesser et communier, le carême est par excellence le temps
de l'initiation chrétienne et de la conversion du cœur. Il est donc
normal que ce soit aussi un grand temps de prédication. On prêche alors non seulement les dimanches, mais tous les jours de la
semaine, ce qui doit représenter quelque cinquante heures de parole
et d'écoute.

Ces 'stations' ne se faisaient pas seulement dans les villes (et, dans
les villes importantes, en plusieurs paroisses), mais jusque dans de
simples bourgades. Et il n'est pas interdit de penser que les villa-
geois des environs venaient aussi écouter le prédicateur, au moins
les dimanches. Cela sera même posé en règle par Briçonnet, évêque
de Meaux, en 1518, quand il divisera son diocèse en 26, puis 32
'stations', groupant un certain nombre de petites paroisses autour
d'un bourg[3].

Cette prédication est presque exclusivement assurée par les religieux mendiants, au premier rang les Franciscains et les Dominicains,
entre lesquels il faut parfois partager avec soin les rôles. Hervé Martin
cite les règles de partage édictées en 1484 à Auxerre et en 1488 à
Grenoble[4]. On sait qu'à Meaux, dans les années 1520, l'évêque
Guillaume Briçonnet a encouru l'hostilité tenace des cordeliers pour
leur avoir enlevé le monopole de la prédication au profit de Lefèvre

---

[2] H. Martin, *Le métier de prédicateur en France septentrionale à la fin du Moyen Age
(1350–1520)*, Paris, 1988.
[3] M. Veissière, *L'évêque Guillaume Briçonnet (1470–1534)*, Provins, 1986, p. 132.
[4] H. Martin, *op. cit.*, p. 126 et 164.

d'Étaples et de ses disciples parisiens[5]. Le choix du prédicateur qui assurera successivement l'avent et le carême incombe normalement au corps municipal, comme le prouvent un peu partout les registres de délibérations et les documents comptables[6]. Car c'est lui également qui en assure la rétribution[7]. La charge financière est lourde: on donne souvent au prédicateur de carême une somme égale au revenu annuel d'un curé. Parfois cette charge est partagée entre le prieur et la ville[8]. Mais, de leur côté, les évêques exigent de donner leur approbation[9]. Les prédicateurs sont pris généralement dans un couvent de la ville, ou de la région. Pour Carpentras, on trouve ainsi, de 1520 à 1543, un franciscain de Monteux, des dominicains de Carpentras, d'Avignon, d'Aix et de Nîmes. Seuls quelques grands ténors peuvent venir de plus loin.

En somme, on peut dire, avec Hervé Martin, que

> la France septentrionale (j'ajoute même, la France entière), au début des années 1500, n'était nullement un pays de mission, comme on a pu l'écrire de la chrétienté de cette époque, mais une terre de missions et de prédications continues[10].

Mais on doit alors s'interroger sur le contenu de tous ces sermons. Pour l'entrevoir, nous disposons heureusement de quelques recueils imprimés, et d'autres, restés manuscrits, dont on est loin d'avoir fait le répertoire.

Une première idée qui s'en dégage est que le carême est un temps de combat:

---

[5] M. Veissière, *op. cit.*, pp. 130–134 et 329–345.

[6] Voir la liste des prédicateurs de carême payés par la ville de Montpellier pour l'église Notre-Dame des Tables, dans L. Guiraud, *La Réforme à Montpellier*, Montpellier, 1918, pp. 82–83.

[7] Voir la requête d'un jacobin de Mâcon adressée en 1574 aux autorités de la ville, pour justifier que lui soit versée la récompense de ses labeurs, citée par H. Martin, *op. cit.*, p. 188.

[8] Dans un procès concernant le paiement du prédicateur de carême de L'Isle-sur-la-Sorgue, le vice-légat d'Avignon rend, en 1550, la sentence suivante: l'abbé de Saint-Ruf, prieur-décimateur, paiera chaque année 18 écus d'or au prédicateur, à qui la communauté de L'Isle devra fournir, selon l'usage, les aliments de bouche (Bibl. d'Avignon, Ms 5397, f°180v°).

[9] Voir, par exemple, les licences de prêcher concédées par Jacques Sadolet ou par son vicaire, dans le diocèse de Carpentras, dans les années 1530–1540: Bibl. de Carpentras, Ms 1359, *passim*.

[10] H. Martin, *op. cit.*, p. 76.

> Très chières gens en ce saint tamps de quaresme ouquel sommes entrés
> à ce jour d'uy, toute boine et devote creature se doit combattre et
> campier contre le diable d'infer[11].

C'est aussi un moment à saisir:

> Les églises sont ouvertes, on distribue des indulgences, on multiplie
> messes et oraisons; les prédications sont fréquentes et les confesseurs
> siègent, tout prêts à remettre les péchés[12].

Enfin, c'est un temps de pénitence et de conversion, d'où n'est pas
absente la 'pastorale de la peur', comme l'écrit en 1522 Philippe de
Vigneulles qui, chaque année, à Metz, donne son avis sur le prédicateur de carême:

> Pour parler de nostre Caresme
> Du prescheur je scay bien le thesme
> Prieur de nos freres Prescheurs
> Qui toujours sont vrays orateurs.
> *Multa flagella*, je vous dis,
> Toujours chantoit *peccatoris*[13].

D'un des plus fameux prédicateurs du début du XVIᵉ siècle, le franciscain Michel Menot (vers 1450–1518), on conserve deux recueils
de sermons de carême, le premier prêché à Tours en 1508, le second
prêché à Paris en 1517[14]. Dans le carême de Tours, les sermons
sont construits en deux parties: la première traite d'une 'question
théologale', c'est-à-dire d'un point de doctrine, et la seconde de l'é-
tat du pécheur, c'est-à-dire une exhortation morale. Pour le carême
parisien de 1517, notre prédicateur pratique chaque jour deux styles de sermons: d'une part, très classiques, des sermons sur les épîtres et les évangiles de chaque jour du carême. D'autre part (*secunda
pars*), il fait une étonnante mise en scène en 36 sermons très courts,
sur le thème suivant: le monde est écrasé sous les malheurs; il faut
envoyer un ambassadeur auprès de la cour céleste pour savoir quelle
en est la cause, et ce qu'il faut faire pour y remédier; après divers

---

[11] 'Bonne exhortacion pour le jour des Cendres', à Cambrai, vers 1500, citée
par H. Martin, *op. cit.*, p. 407.
[12] Carême de Bayeux en 1460, cité par H. Martin, *ibid.*, p. 389.
[13] Cité par H. Martin, *ibid.*, p. 89.
[14] Imprimés à Paris, respectivement en 1519 et 1526. Des extraits ont été réédités par J. Nève, *Sermons choisis de Michel Menot (1508–1518)*, Bibliothèque du XVIᵉ
siècle, Paris 1924; mais cet érudit s'est surtout intéressé au style du prédicateur.

tâtonnements[15], la Pénitence se révèle être la seule ambassadrice capable de faire la paix entre les hommes et Dieu. Il s'agit donc d'un véritable jeu dramatique de la conversion, dont on trouvera des reprises chez les missionnaires du XVIIe siècle. A noter que Michel Menot, qui termine son carême par une méditation très développée de la Passion, ne fait presque aucune mention (pas même le Jeudi Saint), de la communion eucharistique.

Un siècle plus tard, évoquant l'organisation de la prédication dans le diocèse de Meaux par Briçonnet, Guy Bretonneau évoquera

> le temps du Caresme et de l'Advent, qui est la vraye saison de faire la chasse aux ames, et de les envelopper dans les filets de Jesus Christ[16].

Les Carêmes des Années 20

Sachant que la prédication de carême est essentiellement orientée vers la conversion et la préparation aux sacrements, on conçoit quelle possibilité elle offre à des orateurs qui adhèrent à la doctrine de la justification par la foi (ou, pour mieux dire, de la gratuité du salut) au Christ seul médiateur. Inversement, il suffit que le prédicateur n'insiste pas, en dépit de l'usage, sur l'obligation du jeûne et de l'abstinence, sur l'intercession des saints, sur les peines du purgatoire ou sur la confession intégrale des péchés au prêtre, pour déchaîner les foudres des gardiens de l'orthodoxie. Il est certain que dès avant qu'apparaisse Luther, tel ou tel prédicateur, comme Jean Vitrier par exemple, avait pu prêcher dans le même sens, comme cela avait été le cas à propos des indulgences, mais cela avait dû passer quasi inaperçu, car les esprits n'étaient pas encore en éveil, ni les passions encore échauffées.

Il n'en va plus de même après 1520, quand les ouvrages de Luther ont commencé de se répandre en France, et les autorités de s'émouvoir et de condamner. On peut penser que c'est en réaction contre des propos suspects entendus pendant le carême de 1522 que le concile provincial de Rouen, réuni au mois de mai, a pris le décret suivant:

---

[15] La Foi, la Charité, l'Espérance, la Vérité, la Piété se sont récusées l'une après l'autre.
[16] M. Veissière, *op. cit.*, p. 134.

Il nous paraît bon d'interdire à tous les ecclésiastiques, religieux mendiants et autres, de se permettre de prêcher, de publier et de dogma-
tiser certaines idées particulières (*quasdam sectas*) contraires à la vraie
doctrine catholique, qui sont le fruit de l'invention de certains individus (*per quosdam curiose adinventas*)[17].

Il est encore plus évident que les prédications de carême données
dans le diocèse de Meaux, en 1523, par les disciples de Lefèvre
d'Étaples ont suscité des remous. Les cordeliers, jaloux de leur monopole perdu, n'y sont pas étrangers, mais l'évêque Briçonnet a pris
peur et leur a donné raison, quand, le 12 avril 1523, peu de jours
après Pâques, il a révoqué tous les prédicateurs de son diocèse, 'pour
autant, dit-il, que quelques-uns d'entre eux annonçoient au peuple
une faulse doctrine'[18]. On sait que Guillaume Farel se sentit particulièrement visé, puisque, non content de quitter Meaux, il s'exila
à Bâle, où il allait pouvoir exprimer librement sa pensée.

Un autre membre du groupe de Meaux, Michel d'Arande, aumô-
nier de Marguerite d'Angoulême, duchesse de Berry, s'est rendu à
Bourges. Il y prêche l'avent, à la fin de l'année 1523, mais ses propos n'ont pas dû plaire à l'archevêque François de Bueil, car celui-
ci lui interdit de prêcher le carême suivant, sous peine de prison
perpétuelle pour lui et d'excommunication pour ses auditeurs. Fort
ennuyée de cette affaire, Marguerite sollicite Guillaume Briçonnet
d'intervenir auprès de son confrère de Bourges, mais l'évêque de
Meaux se dérobe. Il met en avant l'exemple de Jésus—Christ qui a
'temporisé' quand sa prédication n'était pas reçue, et supporté patiem-
ment la honte d'être expulsé des synagogues. Il veut avant tout éviter le scandale et souhaite que le roi, sa sœur et sa mère réservent
leurs interventions 'à trop meilleur effect'. En fait, comme il le dira
le lendemain dans une autre lettre à la duchesse, Briçonnet veut
avant tout maintenir l'autorité épiscopale sur la prédication, ce qui
est conforme au programme de ce que j'ai appelé ailleurs une
'Réforme gallicane'[19]. Il semble néanmoins que Michel d'Arande ait
réussi à prêcher à Bourges ce carême de 1524, car le chapitre de

---

[17] Mansi, *Conciliorum amplissima collectio*, 32, col. 1078.
[18] M. Veissière, *op. cit.*, pp. 228–229.
[19] M. Veissière, *op. cit.*, pp. 263–265; et *Correspondance* entre Guillaume Briçonnet
et Marguerite de Navarre, II, Genève, 1979, pp. 124–131.

la cathédrale devait se plaindre, le 17 juin, qu'il eût enseigné des
'nouveautés', c'est-à-dire des doctrines hérétiques, à un large auditoire[20].

En ce même carême 1524, le dominicain Aimé Maigret prêche
dans la cathédrale de Lyon, et le franciscain Pierre de Sébiville à
Grenoble. On n'a pas conservé les sermons du premier, mais on
sait que le second s'en est pris aux lois ecclésiastiques—l'obligation
du jeûne et le célibat des prêtres—et qu'il a préconisé la communion sous les deux espèces. C'est le moment où Farel peut écrire,
enthousiaste: 'Notre France reçoit avec la plus grande joie la parole
de Dieu'[21].

Que ces prédications des années 20 aient inquiété l'autorité ecclésiastique et les défenseurs de la religion traditionnelle, cela ressort à
l'évidence de certains décrets des conciles provinciaux de 1528. Le
concile de la province de Sens (réuni à Paris) rappelle qu'il ne faut
pas admettre à prêcher des gens qui ne soient pas approuvés et
envoyés par les évêques, mais il semble craindre davantage les quê-
teurs, les bonimenteurs et les beaux esprits que les semeurs d'hérésies; il reste que la prédication que souhaitent les pères conciliaires
est essentiellement morale et conformisante:

> Ils instruiront le peuple à observer les préceptes divins, à tenir ferme-
> ment la foi et à obéir à tous les commandements de Dieu et de l'Église,
> sans dévier des décrets et des institutions de ladite Église[22].

Prudent, le concile de Bourges, en ordonnant que les évêques fassent faire des sermons contre les doctrines réprouvées de Luther et
de ses sectateurs, précise que cette matière devra être traitée seulement en général, sans entrer dans le détail des erreurs (pour éviter
de les faire connaître), sauf dans les endroits qui auraient déjà été
atteints par ces erreurs[23]. Plus intéressant, peut-être, est le décret du
concile de Lyon, car il indique en creux ce que pouvaient être les
propos des novateurs. Il interdit, en effet, d'enseigner des choses qui
puissent détourner le peuple chrétien de la foi catholique, à savoir

---

[20] P. Imbart de la Tour, *Les Origines de la Réforme*, tome III, Paris, 1914, p. 168,
citant Arch. dép. du Cher G.378. Mais selon G. Devailly, *Le Diocèse de Bourges*, Paris,
p. 105, Michel d'Arande fut empêché de prêcher.

[21] Farel à Corneille Scheffer, 2 avril 1524, cité par Imbart de la Tour, *op. cit.*,
p. 169.

[22] Mansi, 32, col. *Constitutiones*, article 35 et 36.

[23] Mansi, 32, col. 1141.

de croire sincèrement aux sacrements de sainte mère l'Église, de vénérer la très pure Vierge Marie et les saints et saintes du royaume des Cieux, de l'observance et des vœux des ordres religieux, de dire les heures en dehors du chœur, des jeunes et abstinences, des prières et intercessions pour les défunts, et généralement des préceptes et de l'autorité de la sainte Église[24].

En lisant ce décret, on croit entendre l'écho des sermons de Maigret et de Sébiville à Lyon et à Grenoble, et d'Etienne Machopolis à Annonay[25].

Les carêmes des années 40

On a tout lieu de penser que dans les années 1530, il s'est trouvé des prédicateurs de carême pour propager des idées luthériennes, comme dans la décennie précédente, mais nos sources n'en parlent plus guère[26]. Tout au plus l'*Histoire ecclésiastique* mentionne-t-elle un cordelier nommé de Nuptiis qui prêcha à la Daurade de Toulouse sur la recommandation de la reine de Navarre, et, poursuivi par le parlement, fut sauvé grâce à celle-ci. Et un autre cordelier nommé Marcii 'qui feit merveille de prescher à Castre d'Albigeois et en Rouergue', et scella de son sang 'la doctrine de vérité qu'il avoit enseignée'[27]. Dans un cas comme dans l'autre, il est probable que ces religieux mendiants assuraient le carême, mais cela n'est point précisé. En tout cas, c'est bien pour ses sermons de carême, à Nîmes en 1532, qu'un frère augustin fut dénoncé au parlement de Toulouse, tandis que la municipalité prenait sa défense[28].

---

[24] Mansi, 32, col. 1126.

[25] *Histoire ecclésiastique des Eglises réformées au royaume de France*, éd. par G. Baum et Ed. Cunitz, Paris, 1883, I, pp. 16–17.

[26] Cet exposé était sous presse quand j'ai pris connaissance du procès intenté en 1533 à un chanoine d'Amiens, Jean Morand, pour des propos qu'il avait tenus dans des sermons de l'Avent dans l'église Saint-Loup de cette ville (où il aurait sans doute aussi prêché le Carême s'il n'avait été dénoncé et arrêté). L'enquête montre qu'il possédait une belle collection de livres protestants. D'après la rétractation qu'il fut condamné à faire, en 1534, par sentence du parlement de Paris, il avait affirmé que seule la foi justifie, et critiqué la multiplication des lois ecclésiastiques, la distinction arbitraire entre péché mortel et péché véniel, et l'abus des gestes dévots (Arch. dép. de la Somme, 4 G 694).

[27] *Ibid.*, pp. 22–23. Je serais tenté d'identifier ce Marcii avec 'Simon de Marcis, observantin' qui a prêché le carême à Montpellier en 1544. L. Guiraud, *op. cit.*, p. 000.

[28] R.A. Mentzer, *Heresy Proceedings in Languedoc, 1500–1560*, Philadelphia, 1984,

Au contraire, les témoignages redeviennent nombreux et précis dans les années 40, celles—la coïncidence n'est sans doute pas fortuite—où la Réformation, en France, est prise en charge par Calvin et modelée sur l'Église de Genève.

L'*Histoire ecclésiastique* relate longuement le cas de François Landry, curé de Sainte-Croix en la Cité de Paris. C'était un prédicateur à succès, et qui prêchait 'librement', entendons qu'il prenait ses distances avec les doctrines et les pratiques de l'Église établie, ce qui lui valut d'être appelé à prêcher dans des paroisses plus importantes. Mais à la suite de l'Avent 1540, il fut sommé de se présenter devant la Faculté de Théologie, en février suivant. On lui reprochait notamment d'avoir nié l'existence du purgatoire. Mais comme il avait récidivé l'année suivante, il fut incarcéré, puis obligé de souscrire à une rétractation. François Ier, nous dit-on, voulut l'entendre lui-même, mais en présence du roi, le pauvre curé prit peur et resta muet. Finalement, il s'en tira avec l'interdiction de monter en chaire, sauf pour faire le prône dans sa paroisse. Ce qui nous montre bien la différence qu'on faisait alors, dans l'exercice de la prédication, entre la solennité du carême et le modeste prône dominical. Mais ce qui surtout inquiétait les docteurs de la Faculté, c'était que l'exemple de François Landry gagnât d'autres prédicateurs.

> Comme de fait, poursuit l'*Histoire ecclésiastique*, il y eust quelques bacheliers en théologie, preschans le caresme et les advents, qui prindrent ce mesme style'. Et de citer le cordelier Perrucel, qui embrassa ensuite le ministère réformé, et le jacobin Beguetti qui, lui, tourna mal et devint un persécuteur[29].

Pour Paris, le cas le mieux connu est celui de Claude d'Espence. J'avais étudié, il y a assez longtemps, sa prédication du carême de 1543 dans la paroisse Saint-Merry, et la rétractation ('l'abjuration') qu'il fut contraint de faire, en juillet suivant, sous la pression de la Faculté de Théologie. Cet article, je viens de le rééditer avec un post-scriptum qui fait état d'un document supplémentaire: la défense présentée par Espence devant ses pairs, pour expliquer, justifier ou

---

p. 57. Le même auteur étudie en détail (pp. 26–34) le cas du dominicain inquisiteur Arnaud de Badet, qui fut fortement soupçonné d'hérésie, en 1538, mais sera néanmoins chargé de prêcher le carême de 1539 à Montpellier.

[29] *Histoire ecclésiastique*, I, pp. 46–48. Le cas Landry a été étudié avec soin par E. Droz, *Chemins de l'Hérésie. Textes et documents*, Genève, 1970, I, pp. 273–294.

nier les propositions dont on lui faisait grief[30]. Moyennant quoi il est avéré que Claude d'Espence a prêché la justification par la foi: non seulement il ne s'en cache pas, mais il affirme qu'il a tenu les mêmes propos au carême de 1541 à Saint-Germain-l'Auxerrois, et il allègue les autorités d'Origène, Basile, Ambroise, Hilaire, Augustin etc. Il a aussi affirmé que la loi du célibat ecclésiastique pouvait être abolie par un concile général, que les religieux n'étaient pas des chrétiens à part ni supérieurs, mais que 'nous avons tretous un Abbé qui est Jésus Christ'. Que la Légende dorée devrait être appelée légende de fer 'car elle contient beaucoup de mensonges et choses non à croire', propos que l'orateur corrige lui-même de cette façon: c'est le style qui est de fer, et il faut savoir tirer l'or de la boue. En revanche, s'il a dénoncé l'idée que la messe quotidienne était une garantie de salut, il n'a en aucune façon mis en doute la présence du Christ dans l'eucharistie, et personne ne l'accuse sur ce point: c'est sans doute ce qui lui évite le pire. Finalement, Claude d'Espence a eu seulement à prononcer une rétractation humiliante dans la même chaire où il avait prêché le carême précédent. Il est certain qu'il l'a fait sans conviction. Il n'est pas moins certain que bon nombre de ses auditeurs ont dû retenir ses premiers propos, au moins comme des questions ou comme des doutes, plutôt que ceux que les affirmations dogmatiques que nos Maîtres l'ont obligé de prononcer.

A Paris, la semence tombait, si l'on peut dire, au hasard. Ailleurs, le terrain a pu être préparé. Ainsi à Troyes où 'un certain personnage de qualité et de savoir' (Nicolas Pithou?) a pris en main un jeune franciscain de la ville nommé Morel, fraîchement revenu de Paris avec son titre de docteur, en lui donnant 'le goût de la vérité' et quelques bons livres, de sorte qu'il se mit à prêcher, de 1544 à 1547, 'assez purement et avec grande édification'[31]. Mieux encore, à Issoudun, ville du duché de Berry, des officiers des duchesses de Berry, successivement Marguerite de Navarre et sa nièce Marguerite de Valois, firent venir 'des prescheurs doctes au temps des advens et de caresme', entre lesquels un jacobin nomme de Bosco, venu de Bourges, et un cordelier nommé Abel Peppin, qui deviendra ministre à Genève[32].

---

[30] M. Venard, *Le catholicisme à l'épreuve dans la France du XVIe siècle*, Paris, 2000, pp. 67–83.
[31] *Histoire ecclésiastique*, I, p. 82.
[32] *Ibid.*, p. 83.

A Anduze, en 1547, comme le prédicateur de carême, le franciscain Nicolas Ramondy, avait scandalisé le clergé local, le conseil de ville accepta d'organiser une confrontation. Mais celle-ci tourna mal, et le prieur du lieu alla jusqu'à agresser physiquement son confrère. Une assemblée générale des habitants fut aussitôt convoquée, qui condamna le prieur pour avoir insulté la ville et pollué l'église. Il est clair qu'ici, comme à Nîmes en 1532, le pouvoir municipal était déjà acquis aux idées réformées[33].

Nulle part on ne comprend mieux comment une prédication de carême a pu servir à implanter une communauté réformée, qu'à Courthézon, petit bourg de la principauté d'Orange, en 1544[34]. Dans cette paroisse de 2000 âmes environ, cette année-là, le carême a été prêché par un prêtre séculier nommé Raphaël de Podio (Dupuis?). Il n'arrive pas là par hasard: des notables, sympathisants des idées nouvelles, l'ont invité après qu'il eut été chassé de Marseille pour y avoir prêché, peu avant la Noël de l'année 1543, les 'fausses doctrines hérétiques et luthériennes'. Mais dès la première semaine du carême, la paroisse était divisée. Un voyageur, passant par Courthézon, apprit de l'hôtesse 'qu'il y avait eu un gros bruit à cause du prédicaire.' L'hôtesse elle-même vouait le prédicateur au diable: il 'nous a bouta en tel estat que ne sçavons plus à quel sainct nous recommandar'. Un auditeur, sexagénaire, maître Cirgue Alanhol, a été si indigné des propos qu'il a entendus, qu'il a cessé, quinze jours avant Pâques, d'aller écouter les sermons. Voici ce qu'il en rapporte aux enquêteurs envoyés par l'archevêque d'Avignon (dont dépend Courthézon) après le départ du prédicateur:

> Que en l'hostie et sacrement de l'autel n'estoit pas le corps de Dieu, sinon en esperit. Item que quant une personne mouroit, le mesme jour de son trespas l'ame s'en alloit en paradis ou en enfer, et que de prier Dieu pour elle ou faire aulmosne ou aultres suffrages et sollicitations, c'estoit chose perdue. Item que faire oblacion en argent, chandelles ou aultres biens à l'église c'est chose perdue, et que Dieu ne veult point de cela. Item que d'aller en hommage à Notre Dame ou aultres saints et saintes, c'est idolâtrie et mal fait. Et pareillement de soi agenouiller devant les images qui sont en l'église, et que ces peintures ne servaient

---

[33] R.A. Mentzer, *op. cit.*, p. 58.
[34] M. Venard, *Réforme protestante, Réforme catholique dans la province d'Avignon, XVIe siècle*, Paris, 1993; ce passage s'appuie sur Arch. départ. de Vaucluse, 1 G 638, pièces 140 à 143.

de rien. Item que l'eau bénite ne sert de rien, non plus que l'autre eau, et que s'il savoit qu'elle serve aux trespassés, il en feroit à pleines corundes (jarres) et leur jetteroit dessus.

A entendre maître Alanhol, l'enseignement du prédicateur a été essentiellement négatif, mettant en pièce les croyances et les pratiques traditionnelles. A-t-il aussi prêché la justification par la foi et le pur Évangile? En tout cas, son auditoire ne l'a pas suivi sur ces hauteurs. Témoins ces braves femmes qui ont seulement retenu ceci:

Il a dit que n'y a de purgatoire et que ne fault point pregar pour les morts, et que tant vaut l'aigue d'ung poux ou d'un vallat (l'eau d'un puits ou d'un ruisseau) pour baptiser ung enfant, comme l'aigue des fons de l'eglise.

C'est l'écho de la grande désacralisation protestante, provocatrice et acculturante. On a aussi remarqué que le prédicateur parlait souvent de Notre Seigneur Jésus Christ, mais 'jamais guieres de Notre Dame'. Et comme le prédicateur, sentant le roussi, est parti précipitamment, l'hôtesse de conclure: 'Il nous a mis au fangas (dans la m . . .), puis nous a laissas aqui.'

Laissés en plan? Pas tous, car il subsiste à Courthézon, après comme avant le passage du prédicateur, une petite communauté d'adeptes de la Réforme: elle compte un gentilhomme et un notaire, ce qui suffit pour lui donner de l'assurance. Tous les jours, nous dit un témoin, plusieurs personnes se réunissaient au logis du notaire Galopin, et messire de Podio y faisait quelques prêches secrètes. Cette fois, les choses deviennent claire: dans la chaire paroissiale, devant la foule, le prédicateur met en cause la religion traditionnelle; en réunion restreinte, il construit la nouvelle Église. Dès ce moment, le noyau de fidèles est suffisamment fort pour mettre en fuite le commissaire de l'archevêque d'Avignon venu informer contre le prédicateur; et pour interrompre brutalement les réjouissances du feu de la Saint-Jean[35]. L'année suivante, dans la petite paroisse de Sainte-Cécile, proche de Courthézon (mais au diocèse d'Orange), un certain frère Cuirias, religieux mendiant, prêchant le carême, tiendra des propos très voisins de ceux de Raphaël de Podio: 'qu'il n'y avoit

---

[35] On constate également, vers 1545, un effondrement des fondations de messes anniversaires pour les défunts.

point de purgatoire ... que l'eau benite ne prouffitoyt à rien, et aussi (contre) la confession et office de l'Église ...'[36]

Si l'on jette un regard d'ensemble sur ces prédicateurs qui ont utilisé le temps du carême pour mettre en cause la religion traditionnelle, il faut noter que la plupart n'ont pas persévéré dans la foi nouvelle. Il y a ceux qui ont reculé dès qu'ils se sont sentis menacés, comme Landry et d'Espence. Mais plusieurs autres se voient reprocher, dans l'*Histoire ecclésiastique*, leur manque de constance: ainsi le dominicain Beguetti qui, après avoir obtenu son titre de docteur grâce au cardinal de Châtillon, et fait 'un beau commencement' dans une paroisse de Paris, 'eut une fin vraiment monachale': emprisonné à Sens, non seulement il abjura les propos qu'il avait tenus en chaire, mais il devint même persécuteur des Réformés[37]; ou encore le franciscain Morel, de Troyes, qui après avoir prêché si 'purement', allait se rétracter publiquement pour se faire élire provincial, et finit sa vie misérablement[38]. C'est que les choses ont changé, de 1520 à 1540. Il ne s'agit plus seulement de critiquer les pratiques de l'Église établie, d'affirmer une religion christocentrique et d'enseigner la gratuité du salut. Il faut maintenant prendre parti contre les articles de la foi énoncés par la Faculté de Théologie et édictés par le roi comme loi du royaume. Il faut aussi rompre avec l'Église établie et adhérer au système dogmatique et ecclésiologique calvino-genevois. Beaucoup, dès lors, refusent de faire le pas et préfèrent se ranger parmi les moyenneurs et les temporiseurs, tel Claude d'Espence, ou même rentrer tout à fait dans le rang et se faire oublier.

D'autant que la surveillance n'a cessé de se resserrer autour des chaires. Les statuts synodaux font obligation aux curés de paroisse de dénoncer les prédicateurs suspects. Et voici qu'en 1551, le roi lui-même ordonne à tous les évêques de faire le ménage chacun dans son diocèse. La lettre qu'il leur adresse le 18 février, au moment de l'entrée en carême,

en ce temps ... où ung chascun bon et fidelle chrestien doibt penser à son salut et faire toutes oeuvres pieuses et catholicques pour se disposer à plus dignement celebrer la feste de Pasques prochain,

---

[36] M. Venard, *Réforme protestante ...*, p. 343.
[37] *Histoire ecclésiastique*, I, p. 47 et 51.
[38] *Ibid.*, p. 83.

leur enjoint non seulement de se rendre dans leur diocèse et de le visiter, mais très précisément de s'enquérir 'de la doctrine des prédicateurs que vous leur (à vos diocésains) aurez baillé pour les prescher en caresme'[39].

En fait, même quand ils ont exécuté la visite commandée, soit par eux-mêmes, soit en la faisant faire par un vicaire, les évêques semblent s'être assez peu souciés des prédicateurs du carême passé. Pour les quatorze diocèses où les procès-verbaux de ces visites ont été conservés, je n'ai relevé qu'une seule dénonciation, contre le religieux qui a prêché le carême à Crest, dans le diocèse de Die. Le curé et les chanoines ont été scandalisés: le prédicateur a osé s'en prendre à la formule de la consécration eucharistique et au rituel du baptême. Mais les consuls et les notables affirment, eux, qu'ils ne sachent pas que ce religieux ait prêché autrement que 'catholiquement et à l'édification du peuple': ce qui donne à penser qu'ils adhèrent à ses propos et ont déjà opté pour la Réforme. De toute façon, ce 'beau père', dont plus personne ne sait le nom, sera introuvable quand l'évêque voudra le faire arrêter....[40] Comme avait disparu, un an plus tôt, le prédicateur de carême de Pamiers, un carme de Condom nommé Vidal Paris, quand le parlement de Toulouse avait voulu le poursuivre pour avoir dénoncé vigoureusement en chaire l'official et le clergé diocésain; les consuls n'évitèrent le châtiment que parce que leur mandat était expiré avant que le parlement ne prît son arrêt[41].

Conclusion

Nul doute que le carême n'ait été, pour quantité de prédicateurs, l'occasion privilégiée de répandre les doctrines nouvelles. Ils disposent d'un temps de parole considérable. L'auditoire est relativement réceptif, car tout le porte alors à penser à son salut. Le sens même de ce temps liturgique, temps de conversion, invite à proclamer le primat de la foi sur les oeuvres et de la pénitence du coeur sur les privations du corps. Dans le flot des paroles, la Parole peut trouver son chemin, de façon plus ou moins discrète.

---

[39] La lettre du roi est publiée notamment dans J. Roserot de Melin, *Antonio Caracciolo évêque de Troyes (1515?–1570)*, Paris, 1923, pp. 396–398.
[40] M. Venard, *Le Catholicisme à l'épreuve* . . ., pp. 85–114, et spécialement 104–105.
[41] R.A. Mentzer, *op. cit.*, pp. 58–59.

Mais le carême ne permet peut-être pas de faire oeuvre durable. Même s'il est venu en voisin, le prédicateur passe et s'en va: la Parole est semée, l'Église est-elle plantée? Pour que la semence lève, il faut que le terrain ait été préparé, que tel notable ou tel petit groupe influent ait pesé sur la désignation du prédicateur, et qu'après que celui-ci soit parti, un 'conventicule' donne suite à ses propos. Pour cela, il faut le livre, soit directement l'Écriture lue et commentée, soit quelques petits livrets propagés par le colportage. La Parole passe, avec le prédicateur, l'Écriture reste, avec le livre.

Mais quand arrive le milieu du siècle, le courant s'inverse. La prédication de carême cesse de propager les idées réformées, pour devenir le lieu de la riposte orthodoxe. Vient le temps où le minime Jean du Hem se rend célèbre pour avoir 'confirmé les Parisiens dans la vieille religion', comme firent les dominicains Claude Stiventis, à Aix, et Etienne Paris à Rouen[42]. Les historiens se sont intéressés aux diatribes politico-religieuses de François Le Picart et de Simon Vigor, mais assez peu au contenu proprement spirituel et moral de leurs sermons de carême[43]. Il ne faut pas oublier que la chaire, et tout spécialement la chaire de carême, est au XVIe siècle le lieu majeur d'action sur les idées et les comportements des foules.

Or on peut se demander si, à la fin du siècle, l'invasion de la controverse n'a pas fait oublier que la prédication de carême devait être d'abord un appel à la conversion. C'est en tout cas le sentiment qu'en a Pierre de L'Estoile, quand il note dans son journal, en 1609:

> Des predications de Paris pendant ce Quaresme: beaucoup de bruit et peu de fruit. Les Jesuistes y tiennent les premieres chaires; font la guerre aux Heresies, pource que cela les regarde, en parlent d'ardeur et d'affection, mais froidement des grands vices, corruptions et abominations qui regnent ... Ceux de Charenton (les prédicateurs protestants) ne font guère mieux ...[44]

---

[42] Sur ces prédicateurs, voir R. Sauzet, *Les Réguliers mendiants acteurs du changement dans le royaume de France (1480–1560)*, Tours, 1994, sub verbis.

[43] En particulier B.B. Diefendorf, *Beneath the Cross. Catholics and Huguenots in Sixteenth-Century Paris*, New York-Oxford, 1991.

[44] Cité par T. Wanegffellen, *Ni Rome ni Genève. Des fidèles entre deux chaires en France au XVIe siècle*, Paris, 1997, p. 468.

PARTIE II

RÉFORME ET CONTRE-RÉFORME MILITANTES

LES *DISCIPLINES ÉCCLESIASTIQUES* ET LA PREMIÈRE CULTURE DES RÉFORMÉS, 1559–1572

Bernard Roussel

Abstract

From 1559 through 1572, the French Reform have delineated a first specific culture of their own, within a kingdom which would never become protestant. This culture included three major features: the rejection of all kind of hierarchy, be it between the Churches, or between the ecclesiastical officers; the absence of privileges within a non-clerical society, the members of which were given an equal religious status, although they performed different roles; the creation and the protection of social ties within the assemblies, thanks to the Consistory which was given a specific form of authority. This culture cannot be dissociated from religious representations which were inculcated through words and rituals, and were associated with prescriptions as well as practices. Here, one type of sources is used for the analysis of this process, namely the Disciplines which have been discussed and adopted by the national Synods assembled in France between 1559 and 1572. Of course, this has to be completed by other documents which give informations on the conflicts and compromises contemporaneous with the diffusion and the reception of this culture in hundreds of local congregations. Thus are traced the boundaries of «spaces», within which an original, and complex, religious identity, personal as well as collective, took shape, although it remained conformist in the social and political realm of existence. In the territory of the kingdom, the quick surge of this reformed culture altered the understanding of the catholic one, and of the relations between religion and politics, this introducing a new trait of modernity within France.

À partir de 1550, de plus en plus nombreux sont les sujets du roi de France qui délaissent les pratiques et les institutions de leurs paroisses pour se joindre à des 'assemblées' qui bientôt seront 'dressées' en autant d'Églises réformées, là où il leur aura été possible de retenir un Ministre de la parole et de constituer un conseil d'Anciens et de Diacres, le Consistoire. Rompre avec les paroisses traditionnelles est davantage que franchir un pas hors d'organisations ecclésiastiques et administratives de base: c'est sortir de lieux d'expériences religieuses et de sociabilité. En effet, comme A. Bonzon vient de

l'écrire en étudiant le diocèse de Beauvais, 'la religion vécue s'inscrit
dans un espace organisé autour de l'église paroissiale, mais qui le
déborde largement... L'appropriation de cet espace par les fidèles,
plus encore que leur gestion du temps, met en lumière des comportements collectifs qui se placent au cœur de la religion vécue'[1].

Qu'en est-il alors de ceux qui n'ont plus part à ces 'comportements collectifs'? Les premiers Réformés[2] ont rarement, on en convien-
dra, explicité les motifs pour lesquels ils ont délaissé la foi et les
usages de leurs pères et mères et se sont dérobés à l'emprise des
prêtres; ces motifs restent donc pour la plupart hors de portée des
historiens, même épaulés par les sociologues, les psychologues et les
anthropologues[3]. Par contre, il apparaît clairement qu'ils ont créé
des 'espaces' au sein desquels ils disent et écrivent ne souffrir d'aucun déficit en matière d'obtention des biens de salut et de sociabilité 'communautaire'.

Certains de ces espaces, au début des années soixante surtout,
conservent une dimension géographique, quand les Réformés l'ont
emporté par la force ou le nombre dans une localité ou dans un
'pays', ou que le contrôle leur en a été concédé. Dans d'autres lieux
et d'autres circonstances, ce terme *espace* a valeur de métaphore,
encore que les Réformés ne renoncent pas à revendiquer au moins
un droit d'usage du sol pour construire des temples et ouvrir des
cimetières, car ils ont tôt découvert deux libertés indissociables, la
liberté de conscience d'une part, la liberté d'exercice public du culte
d'autre part. Dans l'une et l'autre situations, l'attention de l'historien est cependant retenue par la similitude des relations et des échanges symboliques qui s'établissent entre les femmes et les hommes qui
adhèrent à cette forme de christianisme sans consentir à aucune mar-
ginalisation sociale ni envisager d'émigration massive et durable vers

---

[1] Voir A. Bonzon, *L'esprit de clocher. Prêtres et paroisses dans le diocèse de Beauvais,
1535–1650*, Paris, Les Éditions du Cerf, [Histoire religieuse de la France], 1999,
p. 369.
[2] 'Réformés': l'emploi de ce terme est attesté dès 1563: voir W. Richard,
*Untersuchungen zur Genesis der reformierten Kirchenterminologie der Westschweiz und Frankreichs
mit besondere Berücksichtigung der Namengebung*, Bern, A. Francke AG. Verlag, 1959,
(Romanica Helvetica, vol. 57), p. 20.
[3] Un bilan critique a été rédigé par D. Crouzet, *La genèse de la Réforme française,
1520–1562*, Paris, Sedes, 1996, Regards sur l'Histoire, 109, v. notamment le chapitre V, p. 475 ss.

un *pays de liberté* du fait de ce choix, dont on sait qu'il n'a pas été également volontaire pour tous[4].

Dès leur première formation, l'isolement de ces espaces réformés, inégalement dispersés dans tout le Royaume, a été rompu par la circulation de prédicateurs venus de Genève et d'autres formateurs d'opinion, porteurs d'informations verbales et écrites sur les expériences d'Églises étrangères[5]. Puis très tôt, des liens ont été institutionnalisés—on le verra—entre eux comme au Mans[6]. De ce fait, au printemps 1572, au terme donc d'une longue décennie très mouvementée, on observe que le tissu des homologies et des liaisons entre les Églises locales est devenu si serré que l'on peut évoquer l'existence d'un 'protestantisme français'. Sa visibilité institutionnelle est certes discrète, mais la tenue de synodes nationaux, l'envoi de délégués communs à la cour ou à l'étranger, l'organisation récurrente de moyens politiques et militaires attestent que son existence n'est pas une chimère. L'appartenance de quelques centaines de milliers de femmes et d'hommes à ce protestantisme ne fait aucun doute à leurs propres yeux, non plus qu'à ceux de leurs adversaires ou des observateurs étrangers[7].

---

[4] Penser par exemple à l'entourage et à la domesticité d'un gentilhomme huguenot: dans une société d'Ancien Régime, l'individu n'est pas toujours 'l'unité de base'!

[5] Voir R.M. Kingdon, *Geneva and the Coming of the Wars of Religion in France, 1555–1563*, Genève, Librairie E. Droz, 1956, ('Travaux d'Humanisme et Renaissance' n° XXII); F. Higman, *La diffusion de la Réforme en France, 1520–1565*, Genève, Labor et Fides, 1992, ('Publications de la Faculté de Théologie de l'Université de Genève' n° 17); D. Crouzet, *La genèse de la Réforme française, 1520–1562, op. cit.*

[6] Nous ferons fréquemment référence au Consistoire de l'Église du Mans, l'un des rares dont les *Registres* de ces années ont subsisté et peuvent être aisément consultés: voir Anjubault et H. Chardon (éd.): 'Papier et registre du Consistoire de l'Église du Mans réformée selon l'Évangile, 1560–1561 (1561–1562 *nouveau style*) dans *Recueil de pièces inédites pour servir à l'histoire de la Réforme et de la Ligue dans le Maine*, Le Mans, Imprimerie Éd. Monnoyer, 1867 [désormais cité: Le Mans, *op. cit.*]. Le Synode de Poitiers (Mars 1561) marque une césure dans l'histoire de ce Consistoire que J.R. Merlin réorganise selon les décisions synodales dès le 6 août 1561 (p. 15). Auparavant, ce Consistoire, constitué une première fois le 1.1.1561, avait décidé, trois mois plus tard, d'envoyer deux délégués à Poitiers, pour négocier le maintien sur place du Ministre Salvert et 'apporter le reglement qui se fera au dict synode touchant l'entretenement et gouvernement de nostre eglise' (p. 12). L'Église du Mans a tôt mis fin à son autonomie!

[7] Dans les pages qui suivent, nous pourrions plusieurs fois citer la thèse de Ph.D. de Glenn Sunshine, *Reforming French Protestantism—The Development of Huguenot Ecclesiastical Institutions, 1557–1572*, Kirksville (Mo.), Truman State U.P., "Sixteenth C. Essays and Studies, 66", 2003.

Plus précisément, à la veille de la Saint Barthélemy qui va changer la donne politique et idéologique, on observe que dans quelques
sept ou huit cent Églises réformées:—tous les Ministres de la parole,
les Anciens, les Diacres, les Régents des écoles, souscrivent à une
même *Confession de foi*, règle de l'interprétation des écrits bibliques
et norme doctrinale;—des usages et des pratiques compatibles d'un
lieu à l'autre sont réglés par une même *Discipline ecclésiastique*;—un
Consistoire, conseil formé d'Anciens et de Diacres autochtones, présidé par un Ministre le plus souvent venu de l'extérieur, prend en
charge la vie des Églises locales selon des modalités analogues ici et
là;—entre les Églises, un réseau de concertation et de contrôle est
tissé: il rend possible la tenue de sessions synodales, provinciales et
générales;—une même *Forme des chantz et des prieres ecclesiastiques...*
est observée lors des assemblées, en même temps qu'une même
Paraphrase versifiée des Psaumes sert d'expression commune de la
dévotion[8].

En d'autres termes, entre 1559 et 1572, pour retenir les dates que
la source que nous utiliserons de préférence à d'autres, impose, les
Réformés d'alors ont construit une première culture réformée, en
même temps que nombre d'entre eux découvraient l'ampleur du système religieux auxquels ils s'intégraient après avoir adhéré à l'une
ou l'autre de ses composantes. L'architecture de cette culture, attestée dans les multiples espaces réformés, repose sur les tracés de trois
traits majeurs qui, devenus plus nets, transmis et reçus, détermine-
ront la spécificité d'une minorité religieuse qu'ils ont contribué à rendre irréductible. Ces traits définissent d'une part, l'établissement, au
sein de chaque Église locale et entre ces Églises, d'un ordre qui exige
l'occultation de toute hiérarchie; d'autre part, l'attribution à divers
membres des Églises de rôles parfois éminents, mais sans concession
d'aucun privilège qui y serait associé; enfin, la création et l'entretien
d'un lien social au sein des Églises du fait de l'exercice par le
Consistoire d'une autorité atypique. Ces traits sont indissociables de
représentations religieuses inculquées et réitérées par la parole et les
rites, et donc communément partagées. Leur description et leur analyse conduisent au- delà des limites de l'histoire des institutions et

---

[8] Voir B. Roussel, 'Colonies' de Genève? Les premières années de vie commune
des églises réformées du royaume de France (ca. 1559–ca. 1571)', *Bulletin de la Société
d'Histoire et d'Archéologie de Genève* 1996–1997, pp. 1–13.

de l'histoire des mentalités, car elles renvoient autant à des prescriptions qu'à des constats de pratiques. Les formes prises par la sociabilité réformée sont en effet constamment adossées à des éléments doctrinaux et des orientations éthiques qu'elles rendent perceptibles et dont elles ne sauraient être disjointes, et elles sont constamment amendées au vu des situations qui se présentent. Le premier de ces traits est d'abord une ligne de rupture avec le catholicisme, puis il devient une règle interne; le second relève du projet de constituer une Église sans clercs; le troisième révèle au mieux l'interface—site de conflits et de communications—entre l'espace religieux réformé d'une part, la société globale d'autre part. Chacun de ces traits sera analysé avec précision, après que nous aurons identifié la source qui en fixe les tracés. En conclusion, ce champ restreint de recherches sera ouvert sur des horizons plus larges.

Une source sera donc citée plus que d'autres, à savoir les 'éditions' successives de la *Discipline ecclésiastique*—tôt devenue nationale[9]—élaborées, diffusées et reçues entre 1559 et 1572. Ces 'éditions' sont des compilations manuscrites d'articles, établies à partir des *Actes* des délibérations des synodes nationaux de Paris (1559), Poitiers (1561), Lyon (1563), Paris (1565), La Rochelle (1571), Nîmes (1572)[10]. Nous n'avons retrouvé aucune compilation manuscrite datée des Synodes d'Orléans (1562) et de Vertueil (1567), mais les délibérations de ces assemblées sur la *Discipline*, attestées dans les *Actes* de leurs sessions, sont prises en compte dans les textes établis après les Synodes de Lyon (1563) et de La Rochelle (1571)[11]. Ces Synodes rassemblent

---

[9] Le terme *Discipline* désigne les diverses dispositions qui régissent la vie interne des Églises locales et leurs rapports avec les autres Églises réformées, ainsi que le document qui intègre ces dispositions.

[10] Nous ne discuterons pas ici la sociologie des synodes nationaux: ceux de Paris et Poitiers furent, l'un, une assemblée d'une quinzaine de Ministres, l'autre, vraisemblablement, la réunion de délégués d'Églises de Normandie, du Bassin parisien et de l'Ouest.

[11] Sur les éditions des *Actes synodaux*, voir B. Roussel, 'Pour un nouvel Aymon . . . I. La tradition des Actes des premiers Synodes nationaux', *Bulletin de la Société de l'Histoire du Protestantisme Français* 139 (1993), pp. 545–576. Nous citerons ici, en les modernisant pour la commodité des lecteurs, et sans tenir compte de variantes existantes, les textes établis en vue d'une édition critique prochaine de ces *Disciplines* et des *Actes* des premiers Synodes nationaux. Les citations sont précédées de la date du Synode au cours duquel l'article a été adopté, et du numéro attribué à cet article dans l'édition que nous en proposerons. Les compilations auxquelles nous faisons référence ne sont pas publiées, à l'exception du texte de 1559, dans les éditions des *Actes* des Synodes par John Quick, *Synodicon in Gallia Reformata . . .*, London, 1692, ou par Jean Aymon, *Tous les Synodes . . .*, La Haye, 1710.

peu de délégués. Une quinzaine de délégués, nombre des signatures
relevées dans un manuscrit, siègent à Orléans, au printemps 1562,
dans une ville assiégée et qui abrite alors un grand nombre de
Huguenots: ils y prennent une décision importante, quand ils affirment
leur représentativité, et donc l'autorité de leurs décisions[12].

Les copies manuscrites des Disciplines auxquelles il est fait référence conservent l'énoncé écrit de dispositions—42 en 1559, 158 en
1572—dont l'agencement systématique se précise en 1563, quand
des 'titres' sont distingués[13]. De telles Disciplines incluent des prescriptions brièvement libellées, exceptionnellement argumentées, concernant, pour l'essentiel: (1) la convocation et le déroulement des Synodes;
(2) le recrutement, la formation, les fonctions des Ministres de la
parole; (3) les baptêmes, la cène, les funérailles; (4) l'élection et les
tâches des Anciens, des Diacres, des Consistoires; (5) les excommu-
nications et les réconciliations des membres de l'Église mis en cause;
(6) les règles matrimoniales, qui doivent être étudiés séparément[14].
De plus, dès 1559, un article précise dans quelles conditions la
Discipline peut être modifiée, après délibérations et information et
agrément des Églises[15].

---

[12] C'est le premier article des *Actes*: 'Les Ministres et Anciens convoquez et assem-
blez a Orleans pour le Concile general de France . . . sont d'avis que la presente
assemblee doit avoir nom et authorité de Concile general des deputez de ce Royaume,
nonobstant l'absence de plusieurs desdits deputez qui auraient esté convoquez legitimement'.
[13] Cet agencement sera modifié en 1571. Bien entendu, la *Discipline* est régulièrement révisée par les Synodes successifs, jusqu'au dernier, le vingt-neuvième, ouvert
à Loudun en 1659. Un aperçu de l'histoire du texte est donné par: *Discipline de
l'Église réformée de France, annotée et précédée d'une introduction historique par F. Méjan*, Paris,
Éditions Je Sers, 1947, pp. 187–299: 'L'ancienne Discipline, imprimée d'après l'édition qu'en a donnée le pasteur d'Huisseau, Saumur, 1666'. Sans minimiser l'intérêt de l'histoire comparée de ces textes, nous avons renoncé à faire usage ici des
Disciplines locales de St Lô, Bayeux, Nîmes etc. qui nous sont parvenues, en totalité ou partiellement.
[14] Autre limite imposée à nos propos: nous ne traiterons pas ici avec précision
des règles matrimoniales qui sont un élément essentiel de la culture réformée: elles
posent en effet d'emblée la question du rapport aux Édits royaux et aux Magistrats,
et celle de l'éthique de la sexualité. Un ouvrage fondamental: P. Bels, *Le mariage
des protestants français jusqu'en 1695. Fondements doctrinaux et pratique juridique*, Paris,
Librairie générale de Droit et de Jurisprudence, 1968, ('Bibliothèque d'Histoire du
Droit et Droit romain', Tome XII); un livre récent: J.E. Ford, *Conviction and Necessity
in the Reform of marital Law during the Era of the French Reformation and Wars of Relgion*,
Ph.D. University of Madison-Wisconsin, 1996 (= UMI Dissertation Services, 1997,
Microform 9622486).
[15] 1559, 42: 'Ces articles qui sont ici contenus touchant la Discipline ne sont tel-
lement arrestez entre nous que si l'utilité de l'Eglise le requiert, ils ne puissent être

En lisant ces Disciplines, on a tôt fait d'y repérer des articles qui ont des parallèles dans la *Confession de foi* tenue, elle, pour un résumé autorisé des Écrits bibliques dont elle doit guider l'interprétation[16]. La présence explicite d'une matrice doctrinale calvinienne ne suffit cependant pas à faire de la Discipline, souvent modifiée, un équivalent protestant du *Code de droit canonique*. Elle n'est pas non plus l'équivalent d'une *Kirchenordnung* luthérienne ou des *Ordonnances ecclésiastiques* genevoises, approuvées par le Prince ou les Conseils d'une ville. Les articles des Disciplines, ancrés dans les prescriptions de la *Confession de foi* relatives à l'ordre que l'on doit établir dans les Églises, permettent de décrire un dispositif aussi concret que périodiquement ajusté aux circonstances. Les Disciplines sont portées à la connaissance des fidèles, et éventuellement des Magistrats—elles ne sont pas secrètes—, mais elles ne sont pas imprimées: elles doivent pouvoir être aisément amendées et circuler sous leurs formes les plus récentes. D'une session synodale à l'autre, des articles de la Discipline sont en effet modifiés par déplacement, amplification, ou substitution d'un libellé nouveau à un autre qui est alors abandonné. À cela une raison: des situations imprévues—souvent individuelles et locales—exigent des solutions dont certaines font jurisprudence; des dispositifs doivent être modifiés en fonction des édits royaux, ou devant l'insistance du 'lobby' genevois. La malléabilité de la règle de vie commune des Réformés est à remarquer.

La pertinence de cette source pour les historiens est donc établie. Les règles de leur élaboration et de leur diffusion font des Disciplines successives des témoins de débats et d'usages bien réels. Bien entendu, un dispositif réglementaire ne permet pas d'éviter des conflits personnels

---

changez, mais ce ne sera en la puissance d'un particulier de ce faire sans l'advis et consentement du concile general'. En 1563, 104 est ajoutée une précision: 'On ne divulguera aultres articles de discipline ecclesiasticque sinon ceulx qui sont resoluz par l'advis commung de tous'.

[16] Il s'agit pour l'essentiel des articles sur la doctrine de l'Église et 'l'ordre' qui doit y être établi, articles 25 à 33. Voir le texte de la *Confession des foi des Églises réformées de France*, précédé d'un brève notice sur son histoire—elle a en effet circulé sous deux formes entre 1559 et 1571, dans *Confessions et Catéchismes de la foi réformée*, édités par O. Fatio et al, Genève, Labor et Fides, 1986, (Publications de la Faculté de Théologie de l'Université de Genève n° 11), pp. 111–127. La *Confession de foi* reste quasiment intangible; la *Discipline* est constamment modifiée. Expression de ces statuts littéraires et idéologiques contrastés: des centaines de références bibliques font partie du texte de la *Confession*; par contre les écrits bibliques ne sont que très exceptionnellement cités dans la *Discipline*.

ou 'communautaires', et nous ne prétendons à aucun moment écrire que tout se passe comme les Disciplines l'exigent—loin de là! Cependant, dans les premières années de leur histoire, les Réformés ont bien tenté de définir des règles et de s'y tenir. Quand des conflits surgissent, et il en surgit constamment, il est fait référence à la Discipline pour identifier l'enjeu de ces conflits, les gérer et en donner une représentation au vu de laquelle les réactions s'expriment.

Le thème de ces pages a exigé que le 'politique' soit dissocié de 'l'ecclésiastique', comme le firent un jour de 1562 les Réformés eux-mêmes[17]: cette fiction ne peut évidemment pas être prolongée longtemps. On n'oubliera donc pas que l'histoire de l'aménagement de leur espace spécifique par les Réformés n'est pas comparable au cours d'un long fleuve tranquille. Il n'est, pour s'en persuader, que de faire retour aux documents d'histoire locale, aux biographies, à la 'micro-histoire'.

Si l'on s'accorde sur le statut de ces Disciplines et leur intérêt socio-historique, on peut les lire pour suivre au plus près le tracé des trois traits majeurs de la première culture réformée que nous avons déjà énumérés.

Un ordre, mais pas de hiérarchie

'Nulle Église ne peut prétendre primauté ou domination sur l'autre'. Des Ministres, réunis à Paris à la fin du mois de mai 1559, ont inscrit cette formule en tête du document traditionnellement désigné comme la première *Discipline* nationale[18].

À cette date, cette formule n'a rien d'inouï. Des parallèles s'en lisent dans des textes calviniens[19], dans des *Articles* adoptés au cours d'une réunion analogue tenue à Poitiers en 1557, dans la *Confession*

---

[17] A. Stegmann, *Édits des guerres de religion*, Paris, Librairie Philosophique J. Vrin, 1979, (Textes et Documents de la Renaissance, 2), p. 17, 'Déclaration faite par les Ministres et Députés des Églises de France', le 6.3.1562, sur l'art. VIII de l'Édit de Janvier: 'Le huitième (article) prohibe création de magistrats, lois et statuts.—Faut obéir, et avertir le magistrat de l'ordre qu'on a ci-devant tenu aux églises réformées, sans confondre la vocation ecclésiastique avec le politique'.

[18] Ce premier 'Synode' fut plutôt une 'assemblée générale' rassemblant les Ministres d'une quinzaine d'Églises. La *Discipline* qui en est issue ne peut être établie que par un travail de comparaison et l'adoption de conjectures, à partir de diverses sources imprimées et de copies manuscrites.

[19] Voir J. Calvin *Institution de la religion chrestienne* (éd. de 1560), IV, vi, 2.

de foi adoptée en mai 1559 également[20]. Dans ces occurrences, elle a une portée polémique et anti-catholique évidente. Cette tonalité reste présente dans le contexte immédiat de l'article de la *Discipline* de 1559 où il est précisé que le terme des sessions synodales marque aussi celui des fonctions de leur président: les distances avec un système épiscopal sont donc bien marquées. Ces distances ne seront jamais abolies.

Par la suite, dans les Disciplines compilées à l'issue des Synodes généraux de 1561, 1562 et 1563, 1565, 1567, 1571 et 1572, cet article est amplifié et déplacé. En 1563 notamment, la prohibition de toute primauté est explicitement étendue aux Ministres, aux Anciens, aux Diacres, et aux solliciteurs en cour [avocats des Églises], cet article, le premier dans les Disciplines de 1559, 1561 et 1565, étant déplacé, en 1563, comme en 1571 et 1572, dans le Titre: des *Anciens, des Diacres et du Consistoire*[21].

La prohibition de toute primauté, critique ouverte des institutions catholiques, est étendue à l'ensemble des relations entre les Églises réformées. Cela revient à peser sur le travail de mémoire des premiers Réformés. Énoncer une telle règle, c'est en effet inviter des femmes et des hommes à substituer à l'histoire de leur assemblée, qui leur est familière, une représentation plus stéréotypée et idéologique. À cette date en effet, des Églises-mères ont exercé, ou exercent encore, une primauté de fait sur d'autres, ne serait-ce que par l'envoi de Ministres de la parole, dûment recrutés et formés, pour y dresser un Consistoire, permettant ainsi à une 'assemblée' de devenir une 'Église'. On en lit de nombreux récits dans les chroniques rassemblées dans l'*Histoire ecclésiastique*, éditée en 1580, à partir d'informations recueillies près de vingt ans plus tôt[22]. Genève, bien entendu,

---

[20] Voir E. Arnaud, *Documents protestants inédits du XVIe siècle*, Paris, Grassart, 1872. Nº I. 'Articles polytique (*sic*) pour l'eglise reformee selon le S. Evangile, fait a Poictiers 1557', p. 11, 'Articles politiques': 'Pour autant que toute primauté est dangereuse et aspire à une tyrannie comme en voit l'exemple en la papauté, on se donnera garde de resoudre chose qui touche les autres eglises sans le consentement d'icelles et en estre requis; ce qui se pourra faire en synode legitimement assemblé. . . . .'—Voir aussi *Confession de foi*, art. 30.

[21] 1563, 76. À cette date, les projets originaux élaborés par P. Viret quand il était à Nîmes ont été écartés, cf. B. Roussel, 'Pierre Viret en France: septembre 1561–août 1565', *Bulletin de la Société de l'Histoire du Protestantisme Français* 144, 1998, pp. 803–839. Voir aussi les *Disciplines* de 1571, 51; 1572, 51.

[22] *Histoire ecclésiastique des Églises réformées au Royaume de France*. Éd. nouvelle, avec commentaire, notice bibliographique . . . par feu G. Baum et par Éd. Cunitz, Paris,

mais aussi Poitiers, Paris, Nîmes, Rouen etc. peuvent prétendre à
une telle primauté. L'article premier de la *Discipline* de 1559 invite
donc à faire comme si ces dépendances n'existaient pas, au moment
où ces Églises établissent de fréquents contacts entre elles, au sein
de provinces délimitées dès 1562.

Une telle fiction est fondée sur des représentations doctrinales précises qui la légitiment et en préparent l'accueil. Dans ces milieux en
effet, est 'Église' une 'congrégation' qui a fait bon accueil à la prédication de l'Évangile, sous la forme des sermons et des rites du baptême et de la cène, conforme à l'interprétation calvinienne des écrits
bibliques, et adressée par un Ministre tenu pour légitime. La réception de cette prédication exige en outre la présence des Anciens et
des Diacres qui en assurent le suivi. Ceci est indispensable, sans être
tenu pour suffisant, car la parole reste, de bout en bout de l'histoire
de sa communication, la parole de Dieu dont on dit que l'efficace
ne dépend d'aucune médiation. Un ordre est donc institué auquel
il faut se ranger. Selon cet ordre—et l'accent est mis sur ce point—
toutes les assemblées sont au même plan, car également bénéficiaires
de la prédication de la parole divine par les Ministres, Anciens et
Diacres. L'organisation concrète des relations entre les Églises ne
doit pas déroger à cet ordre fondé en doctrine et tenu pour vrai.

Cette prohibition de toute primauté entre églises exige donc qu'elles
ne prennent pas en compte les conditions socio-historiques de leur
création. Observons ici que, pendant ces premières années, on souhaite qu'il en aille des assemblées comme des individus. En effet,
admis à participer à la cène, chaque fidèle qui a part aux signes du
pain et du vin qu'il ingère ou qu'il boit, se représente comme uni
à un Sauveur céleste, au même titre que chacune et chacun des
autres qui s'associent au même rite. Après quoi, la référence déterminante de l'identité religieuse de chacun n'est plus à chercher
d'abord dans sa biographie, ni dans son statut social, mais dans un
statut religieux qui leur est commun. Reporté sur des Églises, un tel
schéma préside à la création du réseau synodal, provincial et national qui les lie, sans que les unes soient subordonnées aux autres. Les
églises locales du royaume ne sont en effet pas autonomes, comme
avaient pu l'être les assemblées anabaptistes, ou le seront, au siècle

---

Librairie Fischbacher, 1883, 3 vol. Il est d'usage, dans les citations, de renvoyer à
la pagination de l'édition originale, imprimée dans les marges de ces volumes.

suivant, les églises congrégationalistes de la Nouvelle-Angleterre. Des procédures d'information et de concertation avec les églises voisines sont notamment observées quand il s'agit de recruter et d'élire des Ministres de la parole[23], mais ces liens n'engendrent en principe aucune dépendance.

Une telle exigence d'oubli de l'histoire et de ses conséquences n'est pas, notons-le, totalement inconnue en ce temps-là: nombre de 'paix de religion' s'ouvrent en effet sur une prescription royale analogue[24]. Qu'elle reste difficile à inscrire dans les faits est une évidence: mais on ne voit pas surgir de crise qui mette en cause un usage respecté dès le début des années 1560.

Le sens de cette disposition s'enrichit en 1563, quand elle devient un article dans un règlement intérieur dont on attend qu'il aide à la collaboration apaisée de collègues, là par exemple où trois ou quatre Ministres de la parole sont assignés à une Église nombreuse, comme à Paris, Nîmes ou Orléans. Il s'agit alors d'éviter les conflits nés du heurt d'ambitions personnelles, du constat de l'inégalité des compétences entre gens qui peuvent aussi ne pas être d'un même rang social. On va même jusqu'à prescrire que chacun des Ministres préside le Consistoire à tour de rôle.

Le refus de tout hiérarchie ecclésiastique pouvait créer comme un appel d'air et exposer les Églises à faire trop bon accueil aux hiérarchies sociales. Ce danger est reconnu, et les Ministres des Églises de gentilshommes, favorisées par les premiers Édits de pacification et souvent itinérantes, de même que les délégués en cour—souvent des nobles—sont bientôt soumis à la même règle, après le Synode

---

[23] Observer le contraste entre 1559, 6 et 1561, 10: 1559, 6: 'Les Ministres seront esleus au Consistoire par les Anciens et les Diacres et seront presentez au peuple par lequel [ils] seront ordonnez....'; 1561, 10: 'Ung Ministre ne peult estre esleu pour le present par ung seul Ministre avecques son Consistoire, mais par deux ou trois Ministres avecques le Consistoire, ou par le Synode provincial si fere se peult, puis sera presenté au peuple pour estre receu...'. Voir Le Mans, *op. cit.*, p. 48: Le 14.12.1561, Pierre Macé, présenté par Guillaume Thouvoye, un diacre de Chasteau-de-Loir, est examiné par le Consistoire du Mans, avant que Merlin ne le reçoive comme Ministre pour cette bourgade et ne lui impose les mains. P. Viret, à Nîmes, fait de même.

[24] Voir A. Stegmann, *op. cit.*, p. 35 s., Édit d'Amboise: '...avons ordonné et ordonnons, entendons, voulons et nous plait, que toutes injures et offenses que l'iniquité du temps, et les occasions qui en sont survenues, ont pu faire naître entre nosdits sujets, et toutes autres choses passées et causées de ces présents tumultes, demeureront éteintes, comme mortes, ensevelies et non advenues.'

de 1563 qui, sous le régime de la 'paix d'Amboise', marque une
étape importante[25].

Ce trait établit une première distinction entre l'ordre selon lequel
les Réformés vivent au sein de l'espace ecclésial d'une part, et dans
la société environnante, que l'on sait fondée sur des hiérarchies aux
divers degrés desquelles les Réformés entendent bien conserver le
rang qui leur revient éventuellement de droit, d'autre part.

Des Rôles divers, sans concession ni reconnaissance de privilèges

On sait l'extension de la notion de privilège dans une société d'Ancien
Régime, et l'attachement des personnes comme des collectivités à
leur statut de privilégiés, aussi modeste fut-il[26]. Des privilèges ont
d'ailleurs été parfois octroyés aux Églises réformées par des 'paix de
religion', dès avant l'Édit de Nantes, et elles ne les ont pas refusés.

Cependant, ce qui est banal et normal dans la société globale,
cesse de l'être 'à l'intérieur' des Églises réformées des années 1560
où l'absence de hiérarchie pouvait être compensée par la concession
de privilèges. Le rôle éminent confié aux Ministres de la parole,
l'omniprésence dans la société et la mémoire du statut privilégié des
clercs catholiques désignaient la position des Ministres de la parole
comme la niche par excellence du maintien éventuel de privilèges
analogues. On observe au contraire qu'il en va tout autrement—ce
qui s'articule de façon cohérente sur le rejet de toute primauté.

La doctrine invitait, sauf à y prendre garde, à valoriser au plus
haut point les Ministres de la parole. Ainsi l'article 25 de la *Confession*

---

[25] En fait, dès 1561, dans des Églises comme celle du Mans, on constate qu'il
est prescrit aux gentilhommes d'être représentés par des Anciens qu'ils ont le droit
de coopter: voir Le Mans, *op. cit.*, p. 32, à la date du 23.10.1561. Voir aussi 1563,
18: 'Et au cas qu'il y eust plusieurs Ministres desditz Princes et Seigneurs suivant
la court, ilz seront advertis qu'aucun d'eux ne pourra pretendre primaulté ou domination sur les autres . . . et lors que lesdicts Princes et Seigneurs feront sejour en
leurs maisons où il y auroit d'ailleurs eglises dressee, qu'il leur plaise, afin d'obvier
à toute division, de conjoindre l'Eglise de leur famille avec celle du lieu, pour n'en
faire qu'une mesme Eglise'.
[26] G. Cabourdin et G. Viard, 'Privilèges', *Lexique historique de la France d'Ancien
Régime*, Paris, A. Colin, ²1990., pp. 266–267; Y. Durand, 'Privilèges, privilégiés',
dans *Dictionnaire de l'Ancien Régime* (sous la dir. de L. Bély), Paris, P.U.F., 1996, pp.
1024–1206. Sur les privilèges des ecclésiastiques, voir. R. Doucet, *Les institutions de
la France au XVIe siècle*, Paris, Éd. A. et J. Picard et Cie, 1948, T. II, pp. 690–692.

de foi, 'noyau canonique' sur lequel se greffe la *Discipline*, introduit-il de façon solennelle les Ministres:

> L'ordre de l'Église, qui a été établi par son autorité [c. à d. de Jésus Christ] doit être sacré et inviolable; et par suite [. . .] l'Église ne peut exister, à moins qu'il n'y ait des pasteurs chargés d'enseigner, lesquels on doit honorer et écouter en révérence, quand ils sont dûment appelés et exercent fidèlement leur office.

Il est bien écrit: 'sacré et inviolable'[27]. Ces termes indiquent que le Ministre de la parole est, pour les calvinistes, un personnage indispensable, 'incontournable' dirait-on aujourd'hui, nécessairement accompagné, on l'a vu, par des Anciens et des Diacres du Consistoire qui assurent le suivi moral et caritatif du sermon. Le prestige de ce rôle peut être amplifié par des origines sociales fréquemment très honorables, le cursus universitaire suivi, l'envoi, pour ceux qui en bénéficient, par J. Calvin et ses collègues, les qualités de fortes personnalités. Ainsi sont-ils nombreux, ces Ministres bien connus—A. de la Roche-Chandieu, Nicolas des Gallars, Lambert Daneau, Guy des Moranges, Hugues Sureau etc.—qui font parfois de l'ombre à d'autres que l'on ne connaît que par un nom ou par un pseudonyme[28].

Or dès la première, les Disciplines incluent des mesures sans cesse plus précises de contrôle des Ministres, les extraordinaires aussi bien que les ordinaires, par les Consistoires.

Les Ministres extraordinaires: ils pouvaient en effet prétendre, plus que d'autres, à un privilège particulier, attaché soit à un charisme personnel, soit à un charisme de fonction. Le risque est déjoué dès 1563–1565.

En premier lieu, certains, dans les années 1560, se prévalent d'un charisme venu d'En-haut, soit pour s'auto-désigner prêcheurs, soit pour s'offrir aux suffrages 'spontanés' de leur entourage. Ainsi François Chasseboeuf, dit de Beaupas,

---

[27] Des commentateurs s'en étonnent, ainsi R. Mehl, *Explication de la Confession de foi de La Rochelle*, Paris, 'Les Bergers et les Mages', 1959, pp. 112–120.

[28] Pour des listes de nom et des identifications, voir P. Wilcox, 'L'envoi de pasteurs aux Églises de France. Trois listes établies par Colladon (1561–1562)', *Bulletin de la Société de l'Histoire du Protestantisme français* 139 (1993), pp. 347–374, avec les documents et les études qu'il cite. Pour des exemples de Ministres restés presque inconnus, voir par ex. un certain nombre de ceux qui sont nommés, ou évoqués par Ph. Le Noir, *Histoire ecclésiastique de Bretagne depuis la Réformation jusqu'à l'Édit de Nantes . . .*, Paris, Grassart/Nantes, L. et A. Guéraud, 1851.

homme de savoir . . . mais fort particulier & fort subiect à son sens, se
trouvant lors [en 1556] à Blois, (qui) commença d'y prescher sans autre
vocation.

Quelques semaines plus tard, il faillit faire 'avorter' l'Église de Tours,

> où l'appela un assés riche bourgeois . . . nommé Bedoire, homme de
> grand zele, mais extremement presomptueux, (qui) fut le premier qui
> n'epargna ne sa personne, ne son bien, pour dresser forme Église entre
> ceux de la religion à Tours, & auquel ne tint pas puis après, qu'il ne
> fust le ruineur de ce qui avoit esté basty à sa solicitation[29].

La suite des incidents créés par Beaupas suffirait à justifier nombre
de dispositions de la Discipline: il provoque un schisme à Blois, où
'certains esprits fretillans' obtiennent le prêt par Tours de Charles
d'Albiac 'comme ayant le langage plus friant que quelques autres'.
Mais ce dernier quitte sa femme et 'tascha d'avoir en mariage une
fille d'un advocat de Blois, de la religion romaine . . .'[30].

Dès 1563, ces prédicateurs, contemporains d'une période d'extrême
pénurie de Ministres, ne sont plus les bienvenus, sauf s'ils se ran-
gent à l'ordre commun. Dans le même temps en effet, un détour
remarquable est imaginé pour recruter davantage de Ministres: les
fonctions des Diacres sont élargies, de façon à ce qu'ils puissent être
comptés parmi eux, puis un cursus est prévu qui prépare à assumer
le rôle de Ministre de la parole.

Expliquons. Dans la tradition 'genevoise', reçue dans le Royaume,
les Diacres exercent essentiellement des fonctions caritatives, et parfois des fonctions pédagogiques ou liturgiques subalternes:

> Quant aux diacres, leur charge sera de visiter les pauvres, les prison-
> niers et les malades, et d'aller par les maisons pour catechiser. L'office
> des diacres n'est pas de prescher la parole ni d'administrer les sacre-
> mens, combien qu'ils y puissent aider. . . . En l'absence du ministre,
> ou lors qu'il sera malade ou aura quelque autre nécessité, le diacre
> pourra faire les prieres et lire quelque passage de l'Escriture, sans forme
> de predication[31].

---

[29] *Histoire ecclésiastique des Églises réformées, op. cit.,* tome I, p. 105.
[30] *Ibid.,* p. 174 s.
[31] 1559, 24, 25, 26: il se pourrait qu'il y ait, dans l'attribution de charges pédagogiques ou liturgiques aux Diacres, un souvenir soit des 'Diacres' dans l'ordo catholique, soit de pratiques zurichoises: voir E.A. McKee, *John Calvin on the Diaconate and
Liturgical Almsgiving,* Genève, Librairie Droz S.A., 1984, ('Travaux d'Humanisme et
Renaissance', n° CXCVII).

En 1561, après le Colloque de Poissy, dont la fin invite les Réformés à resserrer leurs rangs, on élargit la notion de Diacre, car sont ainsi désormais désignés des hommes que l'on voit prêts à devenir Ministres:

> Quant aux Diacres.... au cas qu'il s'en trouve quelqu'un propre et capable, lequel promette de se dedier et consacrer perpetuellement au service de Dieu et du ministere, alors pourra estre esleu par le ministre et consistoire pour cathechiser en public selon le formulaire receu en Église, sans ce qu'il puisse administrer les sacrements, [jusqu'à] ce qu'ils puissent estre esprouvez. Et seront esleuz le plus tost qu'il sera possible (1561, 29).

La vocation extérieure par les Églises est requise, en sus d'une reconnaissance d'une vocation intérieure. On retrouve aisément des mentions de Diacres qui deviennent ainsi des Ministres[32]: ce dispositif paraît avoir contribué à l'extinction de nombre des prédicateurs charismatiques d'antan dont on ne sait cependant s'ils furent nombreux à en faire usage.

En second lieu, les ex-moines et ex-prêtres[33] pouvaient prétendre à des égards particuliers, puisqu'ils étaient issus d'un ordre aux privilèges particuliers, et ils étaient nombreux dans les rangs des premiers prédicateurs réformés[34]. Certains d'entre eux sont encore actifs vers 1560, et ils forment un tiers de la délégation réformée au Colloque de Poissy, en Septembre 1561[35]. Cependant, dès cette date, les mesures d'accueil des anciens clercs sont durcies, et l'on va vers un tarissement de ce recrutement.

Les réserves s'explicitent:

> Les nouveaulx introduictz en l'Église, et singulierement les moynes et prebstres, ne pourront estre esleuz au ministere sans longue et diligente inquisition et approbation tant de leur vie que de leur doctrine (1561, 24).

---

[32] Voir par ex. *Histoire ecclésiastique. . . ., op. cit.*, I, p. 300: F. Maupeau, à Montpellier (1560); p. 851, Montauban (1561); les *Actes du Synode provincial de Lyon et du Dauphiné*, tenu à Die, le 31.7.1561 etc.

[33] Rappelons que le baptême administré par des prêtres, qui en avaient reçu le mandat, n'est en principe pas réitéré dans les Églises réformées. Il en va autrement du baptême administré par les moines, tenus, comme les sages-femmes, pour des 'personnes privées' non habilitées pour cela.

[34] Lire à par ex. la notice sur Bourges après 1533 dans l'*Histoire ecclésiastique* I, p. 56.

[35] Augustin Marlorat, Jean Malot, Nicolas Folion, Jean de l'Espine, v. *Histoire ecclésiastique*, I, p. 490. Consulter à ce propos: R. Sauzet, *Les réguliers mendiants acteurs du changement religieux dans le Royaume de France (1480–1560)*, Publications de l'Université de Tours, 1994.

En 1563, il est ajouté une clause précise de renonciation aux bénéfices et 'aultres droitz deppendant de l'eglise romaine, et à une protestation de la recognoissance de ses faultes commises' (1563, 22)[36]. À partir de cette date, les *Actes* des synodes nationaux dénoncent des Ministres, ex-clercs ou moines, qui seraient des fauteurs de troubles[37]. À Paris, en 1565, il est longuement délibéré de l'accès à la cène des titulaires de bénéfices: les aventures des évêques Caracciolo, Odet de Coligny et J. Spifame paraissent avoir suscité de l'inquiétude. De toute façon, la présence de ces ex-clercs accroissait à leur détriment la disparité du recrutement des Ministres des Églises de France, à côté par exemple des juristes et des 'fils de famille' formés à Genève, ou des pasteurs chassés du pays de Vaud par les Bernois, en 1559, en compagnie de Pierre Viret.

Les Ministres ordinaires, en troisième lieu: agréés à l'issue d'un cursus ordinaire, indispensables, prestigieux par leur formation ou leur origine sociale, ils sont placés sous la tutelle des Consistoires, et exposés, lors des sessions synodales, aux même censures que les Anciens et les Diacres[38].

Ainsi leurs droits à se présenter d'eux-mêmes dans une Église, à se déplacer, à se passer de l'avis du Consistoire, sont-ils très limités. Il ne s'agit pas de mesures *ad hominem*, mais de dispositions de portée générale qui étouffent toute prétention des Ministres de la parole à un quelconque statut ecclésiastique privilégié.

Quelques exemples:

> 1559, 7: Les Ministres ne seront envoyez aux autres Églises sans lettres authentiques, et sans icelle ou deüe inquisition, ne seront receus.

Cet article est amplifié en 1561, 11:

> Et si n'estant envoyez se presentoient pour estre receuz, ilz ne le pourroient estre sans qu'il apparoisse duement comme ilz se seront gou-

---

[36] C'est en fait une décision prise au cours du Synode d'Orléans (Aymon, *Tous les Synodes*..., La Haye, 1710, p. 24, ad IV), qui s'ajoute à la répétition de 1561, 24 = 1563, 21.

[37] La liste des 'coureurs' ne fait que s'allonger: celle de Paris—1565, 41—compte vingt-huit noms, dont cinq associés à la mention d'appartenance à un ordre, et celui du prêtre bien connu Jérôme Bolsec, Sur les 'bénéficiers', voir 1565, 99.

[38] 1559, 25: 'Les Diacres et Anciens seront deposez pour les mesmes causes que les Ministres de la parole en leur qualité....' = 1572, 50.—1559, 4: 'Ès conciles generaux... y aura une censure de tous ceux qui y assisteront, amiable et fraternelle, apres laquelle sera celebree la cene de nostre seigneur Jesus Christ' = 1572, 90.

vernez et pour quelle cause ilz auront delaissé leur eglise, et s'il y a
opposition, [ce sera au Consistoire d'en juger . . .].

    1563, 25: Les Ministres ne pourront quicter leurs Églises sans le
consentement du Synode provincial ou Ministres voisins ny se joindre
à aultre eglise sans l'auctorité dudit Synode.

    1565, 15: L'autorite est donnee aus Synodes de changer les Ministres
pour certaines considerations avec le consentement de leurs eglises.

On pourrait citer de multiples exemples d'application de ces règles.
Les Synodes ne sont toutefois pas dépourvus d'un certain réalisme.
Ainsi, on ne peut contraindre un Ministre qui refuse une affectation:

> 1559, 10: Celuy qui aura esté esleu à quelque ministere sera sollicité
> et exhorté de le prendre et non toutesfois contrainct.

Ceci, à cette date, peut aussi s'appliquer à des gens pressentis pour
être Anciens ou Diacres et qui manifestent quelques réticences, comme
cela s'est produit au Mans, où nombreux sont ceux qui se récusent[39].
Dès 1561, la mesure vise plus particulièrement les Ministres de la
parole. Cependant, le non-paiement de ses gages libère le Ministre
de ses engagements, et il peut se lier à une autre Église, un déplacement qui, en 1565, est placé sous le contrôle du Synode provincial
(1561, 22; 155, 35). Une certaine latitude lui est aussi laissée dans
la gestion de son éventuelle fortune personnelle:

> Les Ministres qui auront quelques biens pourront neantmoins prendre
> gages de l'Église, et toutefois seront exhortez d'en user selon que la
> nécessité de l'Église et la charité requeront (1571, 28).

Ces dispositions ont d'autant plus d'importance qu'il n'existe entre les sessions synodales aucun détenteur d'un quelconque pouvoir
exécutif.

    D'autres mesures 'distinguent' les Ministres. Pour ce qui est des
censures, on retrouve en France une trace du double inventaire, établi dans les *Ordonnances ecclésiastiques* genevoises, des 'vices qui sont
intolérables en un pasteur' d'une part, des 'vices qu'on peut supporter pourveu qu'on les avertisse' d'autre part, et ce dès 1559[40]. Les
Consistoires peuvent se saisir de plaintes touchant les prédications

---

[39] Voir Le Mans, *op. cit.*, p. 19, ss, le 16.8.1561, quand le Ministre Merlin essaie
de reconstituer le Consistoire selon les règles du Synode de Poitiers.

[40] En 1559, 17, 18, 19, il est question de 'vices scandaleux et punissables par le
Magistrat' de 'vices enormes', d'autres 'vices moins scandaleux'.

ou la conduite des Ministres, plaintes pouvant conduire à une déposition[41]. Leur vie intellectuelle, notamment la rédaction de livres, est
placée sous contrôle[42]. Privilège négatif, si l'on peut dire, ils n'ont
pas droit à une vie privée: leur conduite et leur tenue, comme celles de leurs femmes et enfants, doivent être exemplaires[43]. Leur
réconciliation à l'Église est impossible, 'quelque recognoissance [qu'ils
fassent] de crimes meritant peine capitale ou portant note d'infamie
qu'ils peuvent avoir commis' (1571, 23). Leur dépendance financière
est d'autant plus grande que souvent, les Consistoires ne tiennent
pas leurs engagements. Ministres 'à vie'[44], sauf déposition, ils retrouvent cependant, on l'a dit, une certaine liberté quand leurs gages ne
sont pas versés, sommations faites au Consistoire défaillant. S'ils ont
une fortune personnelle, ils peuvent 'prendre gages' de l'Église, mais
non gérer personnellement leur fortune ou un héritage 'afin que par
telles solicitudes ne soient distraits de leurs charges' (1571, 28 et 35).
On veille également à éteindre toute prétention ou exemption de
l'ordre commun par des précisions concernant les Églises de gentilhommes qui ne doivent pas les considérer comme des aumôniers[45].

Ceci dit, l'éradication des privilèges dans les Églises réformées,
qu'il s'agisse des Ministres ou d'autres personnes, n'a jamais été
totale.

D'une part en effet, des personnalités ont droit à des égards particuliers, qu'il s'agisse de Théodore de Bèze venant présider le Synode
national de La Rochelle, ou de notables qui sont aussi des chefs
militaires et des bailleurs de fonds.

---

[41] Voir 1559, 9 à 16—et les chapitres sur les Ministres dans les *Disciplines* plus
récentes.

[42] 1559, 27: 'Les Ministres ni autres de l'Eglise ne pourront faire imprimer livres
composez par eux ou par autres touchant la religion, ni autrement publier, sans le
communiquer à deux ou trois Ministres de la parole non suspects', voir 1572, 38.

[43] 1565, 32: 'Les Ministres exorteront leurs peuples à garder modestie en leurs
habillemens, et eux mesmes, en cest endroit et tous aultres, se donneront en bon
exemple à eux, s'abstenants de toutes vanitez en leurs habits, ceux de leurs femmes et enfans'.

[44] On ne peut cependant les contraindre à accepter une assignation, et ceci dès
1559, 10: une possibilité est laissée à l'objection de conscience, puisque personne
ne peut juger de la 'vocation intérieure'.

[45] 1571, 28: 'Pour ce que les Ministres sont donnez aux Églises et es lieux et
non aux personnes des Seigneurs, encores que leurs familles fussent si grandes
qu'elles peussent faire une juste Église, seront toutefois admonestes de n'emmener
avec eux les Ministres lors qu'ilz voyageront avec leurs familles, au cas que les lieux
où les Eglises sont establies demeurassent despourveus'.

D'autre part, plus significative est la récupération par les Ministres, en 1572, d'un privilège particulier: celui d'être les seuls à pouvoir voter à l'issue de débats doctrinaux. Dans un premier temps, les Anciens présents au Synode, parfois plus nombreux que les Ministres, purent délibérer de tout et voter sur tout, y compris sur les problèmes doctrinaux. Puis on se soucia de distinguer entre *major pars* et *sanior pars*. S'agit-il des traces des conflits des années 1560–1563? Certains, qui n'étaient pas des Ministres, prirent en effet parti pour Morely, hostile à la délégation de trop de pouvoirs aux Consistoires, d'autres parurent prêter une oreille attentive aux chants des sirènes luthériennes par souci d'unité du protestantisme européen. On regrette donc de ne pas mieux saisir les enjeux d'un débat qui a laissé des traces dans les éditions successives de la Discipline.

En 1559 (3), les Ministres peuvent venir aux Synodes accompagnés d'un Ancien ou Diacre de leur Église, 'ou plusieurs, lesquels auront voix'. En 1561 (6), il est précisé que ces Anciens ou Diacres seront 'esleuz par leur Consistoire'. L'article qui suit apporte une précision (1561, 7): tous les Anciens et Diacres de l'Église-hôte peuvent participer aux discussions mais seuls deux d'entre eux auront voix. Une mesure d'ordre qui a pour effet d'éviter de noyer les voix des Ministres. Puis, aux Synodes généraux (1563, 4), les Ministres sont invités à être accompagnés d'un ou deux Anciens ou Diacres pour le plus! Noter la restriction. Pour ce qui est des Synodes provinciaux, la parité est instaurée: 'Les Ministres, un Ancien ou Diacre de chacune Église s'assembleront au moins une fois ou deux l'an'. La Discipline de 1565 (79) fait moins état d'une contrainte de droit que de circonstance: comme il est 'malaysé et mesme dangereux' d'assembler des Synodes nombreux, il est décidé que les délégués aux Synodes provinciaux

> esliront d'entre eux un ou deux Ministres et aultant d'Anciens compétents pour y [c. à d.: aux Synodes nationaux] envoyer au nom de toute la province.

Mais auparavant, on avait indiqué que lorsqu'une discussion 'es articles de foy, de doctrine ou heresie' n'est pas conclue par un Consistoire, elle se poursuivra après qu'on aura réduit le nombre des voix des Anciens ou des Diacres qui y prennent part 'à pareil nombre que celle des Ministres'. En 1571, au Synode de la Rochelle, il est admis que les Anciens et les Diacres peuvent 'assister aux propositions de la parole de Dieu' au cours desquelles les Ministres démontrent leurs compétences exégétiques et théologiques, assister également à la discussion qui suit et 'dire leur advis, hormis la decision de la doctrine reservee aux Ministres' (1571, 47). Le même Synode a d'ailleurs marqué une réticence plus générale quant à la présence des Diacres et des Proposans à ces séances (1571, 54 et 57), sans toutefois l'exclure. Mais, le Synode est plus ferme 'où il y aura contention en la doctrine'. Colloques et Synodes sont le lieu des débats 'où la décision sera faite selon la parole de Dieu par les seuls Ministres et Professeurs en théologie'. Ces derniers—les professeurs—'pourront être appelés' (1571, 39), et au Synode de Nîmes, on ajoute: 's'ils sont sur les lieux' (1572, 39). Une concession subsiste: 'neantmoins les Anciens pourront dire ce que Dieu leur donnera sur la question proposée' (1571, 60). Faut-il en déduire que, à défaut d'une compétence reconnue, on ne veut pas exclure une possible inspiration! Il est aussi prévu, c'est ce qui s'est passé à La Rochelle, que d'autres Ministres peuvent assister aux sessions du Synode national, y donner leur avis sans toutefois avoir 'voix deliberative ou decisive'. Des dispositions plus restrictives sont inscrites dans la Discipline de 1572: il est bien précisé que les Anciens et les Diacres n'ont pas part à 'la decision de la doctrine' qui reste le privilège—c'est nous qui introduisons le terme!—'des Ministres et professeurs de theologie legitimement et duement appellez en leurs charges' (1572, 47). La même Discipline de 1572 détaille longuement la procédure à suivre

> si un ou plusieurs du peuple emeuvent debat pour rompre l'union de l'Eglises sur quelque point de la doctrine ou de la discipline, ou sur le formulaire du catechisme, l'administration des sacremens ou les prieres publiques (1572, 61),

et ce en développant un article antérieur (il s'agit de 1571, 60). D'une discrète conversation en Consistoire on peut ainsi aller jusqu'à l'excommunication par un Synode national: l'éventuelle sanction disciplinaire—la précision est importante—revient aux délégués, Ministres et Anciens.

Un embarras apparaît donc en 1572. D'une part, il faut compter avec le maintien d'un élément du 'protestantisme primitif', énoncé par Luther avant 1525, maintenu dans bien des assemblées anabaptistes, réaffirmé par les conseils de Berne, Zurich ou Strasbourg: éviter tout ce qui pourrait réitérer de près ou de loin le clivage séculaire entre clercs privilégiés et 'laïcs'. D'autre part, on voit poindre le respect de la compétence des Ministres dans les controverses avec les catholiques et se marquer l'impact du modèle trouvé dans la Vénérable Compagnie des Pasteurs de Genève. Les deux 'pôles' créent une tension au sein de l'espace réformé. Cependant, une dérive vers un quelconque néo-cléricalisme paraît bien difficile: ce qui peut expliquer l'ignorance dans laquelle on demeure quant aux noms, qualités, activités de plusieurs dizaines de Ministres, les 'feux' de l'histoire restant fixés sur un petit nombre d'hommes 'distingués'.

L'autorité des Consistoires

Des Consistoires existent sous des formes diverses dans les Églises réformées de pays différents, et l'on a déjà beaucoup écrit sur l'implantation en France de ces Consistoires 'à la genevoise', qui ne sont en aucun cas des répliques du Consistoire de Genève, présidé par le syndic et réunissant les élus de divers conseils autour des pasteurs[46]. En France, un modèle unique de Consistoire semble avoir existé à partir de 1565—avec cependant encore des variantes, dans son 'élection' et sa composition, selon les situations. Peu de Registres de cette période ont été conservés[47], et leur exploitation statistique ne doit pas faire oublier la grande part de l'oralité dans les interventions des Anciens[48]. Enfin, on le sait, dans le Royaume, l'institution consistoriale a été longuement contestée dans son principe, par Charles du

---

[46] Voir des références à ces nombreuses études dans les travaux de R. Mentzer, qui connaît mieux que quiconque les Consistoires du Royaume, notamment dans: *Sin and the Calvinists. Morals Control and the Consistory in the Reformed Tradition*, ed. by R.A. Mentzer, Kirksville (Mo), Sixteenth Century Essays and Studies, vol. XXXII, 1994; 'Morals and Moral Regulation in Protestant France', *Journal of Interdisciplinary History*, 31.1 (Summer, 2000), pp. 1–20. Consulter également: Robert M. Kingdon (sous la direction de), *Registres du Consistoire de Genève au temps de Calvin*, publiés par Th.A. Lambert et I.M. Watt, avec l'assistance de J.R. Watt, Tome I (1542–1544), Genève, Librairie Droz S.A., [T.H.R n° CCCV], 1996; du même: 'Consistory', *The Oxford Encyclopedia of the Reformation*, New York/Oxford, Oxford University Press, 1996, Vol. I, pp. 416–417; Richard L. Greaves, 'Courts: Church Courts', *Ibid.*, pp. 435–440; Michael F. Graham, *The Uses of Reform: Godly Discipline and Popular Behavior in Scotland and beyond, (1560–1640)*, Leiden/New York/Köln, E.J. Brill, 1996, (Studies in Medieval and Reformation Thought, n° 58), 1996.
[47] Outre ceux du Mans, déjà cités, voir Ph. Chareyre, *Le consistoire de Nîmes, de 1561 à 1685*, Thèse, Université Paul-Valéry-Montpellier III, 1987, 4 vol.
[48] Ainsi Le Mans, *op. cit.*, le 1.2.1560: 'Monsieur de Salvert s'est chargé de parler à monsieur de Béchereau, et monsieur Poinsson, à monsieur des Granges' (p. 9); le 18.2.1560, 'Le Roy est chargé de parler à monsieur de Coulleaux, touchant sa chambrière' (p. 11) etc.

Moulin certes, mais surtout par J. Morély qui a théorisé son point de vue et a obtenu l'assentiment de nombreux partisans[49]. Son refus de déléguer au conseil des Anciens et des Diacres des compétences qu'il attribuait à l'assemblée, ou au cercle des fidèles les plus sûrs, se reconnaît dans l'usage ambivalent du terme 'Église' maintenu dans des articles des *Disciplines* antérieures à 1565[50].

Les textes des années 1559–1572 invitent à la réflexion sur l'originalité de l'autorité qu'exercent les Consistoires quand ils sont saisis sur rapport d'un Ancien, par une plainte, une délation ou la rumeur, du cas d'un mal faisant ou d'un mal croyant. Le délinquant présumé peut être, rappelons-le, le Ministre de la parole ou un membre du Consistoire. En effet, la tenue de leurs rôles respectifs ne leur vaut aucune attribution d'un statut religieux particulier, différent de celui des membres de l'assemblée. Soulignons qu'il ne sera pas question ici du rôle des Consistoires dans la défense des intérêts de l'Église face aux autorités, et que nous réservons pour une autre étude l'examen précis des dispositions relatives au mariage.

L'autorité du Consistoire est celle d'un conseil ecclésiastique qui exerce *in corpore* la juridiction ecclésiastique, laquelle, selon une délibération prise au Mans le 16 août 1561,

> a deux parties principales: la première est la puissance d'ordonner ce qui concerne l'honnesteté qui doibt estre gardée à ce que tout se face par bon ordre en l'Église. La seconde est en la correction et censure de ceulx qui faillent tant à l'observation des commandements de Dieu, que des loix qui auront esté establyes pour la police extérieure de l'église . . .[51]

---

[49] Voir Ph. Denis et J. Rott, *Jean Morély (ca. 1524–ca. 1594) et l'utopie d'une démocratie dans l'Église*, Genève, Librairie Droz S.A., 1993, ('Travaux d'Humanisme et Renaissance', n° CCLXXVIII).

[50] 1559, 29 [= 1561, 34; 1563, 83]. 'Et quant aux autres vices [v. l'article précédent qui mentionne les heretiques, les contempteurs de Dieu, les rebelles contre le Consistoire, les traistres contre l'eglise, ceux qui sont attaincts et conveincus de crimes dignes de punition corporelle et ceux qui apporteroyent un grand scandale à toute l'eglise], ce sera à la prudence de l'eglise de cognoistre ceux qui devront estre admis à la parole apres avoir esté privez des sacremens'. 1559, 31 [1561, 35; 1563, 84]: 'Quant à ceux qui auront esté excommuniez pour plus legeres causes, ce sera en la prudence de l'eglise d'aviser si elle les devra manifester au peuple ou non'. 1559, 37 (= 1561, 41; 1563, 95 . . . 1571, 113): 'Touchant les consanguinitez et affinitez des fideles, ne pourront contracter mariage avec personne dont grand scandale pourroit advenir, duquel l'eglise cognoistra'. Dans ces cas, *église* peut désigner le Consistoire aussi bien que la *sanior pars* de l'assemblée.

[51] Le Mans, *op. cit.*, p. 16.

En d'autres termes, il revient au Consistoire de dire ce qui convient à l'identité réformée et de veiller à l'observance de la 'loi morale'. En référence à l'Évangile de Matthieu (18, 15–18), trois étapes sont prévues, l'insuccès dans une démarche entraînant le recours à une autre:—un entretien personnel d'abord, une convocation—en fait, fréquemment plusieurs—devant le Consistoire ensuite, puis, si nécessaire, une dénonciation publique devant l'assemblée. La conclusion habituelle prend la forme soit d'une réconciliation entre membres de l'Église, ou de l'expression d'un accord avec les admonestations des Anciens, soit d'une suspension de la permission d'accéder à la cène, ou éventuellement d'une excommunication, suspension et excommunication étant clairement distinguées après le Synode parisien de 1565.

La cène est, on le sait, un rite fondamental de la religion réformée[52], et le lien si fréquemment observé entre l'admission à la cène et les décisions du Consistoire indique qu'il exerce le pouvoir des clés: prenant acte de la position du délinquant à l'égard de ses actes et de leurs conséquences, le Consistoire lui déclare, ou lui refuse, un pardon. L'admission à la cène confirme la déclaration du pardon, et l'on n'oubliera pas l'avis, très clair et jamais dénoncé, que formula une assemblée tenue à Poitiers en Décembre 1557:

> Si quelqu'un de l'assemblée avoit esté par malversation ou idolatrie privé de la table du Seigneur, ils l'admonesteront diligemment a repentance; ils les induiront a demander d'estre receus en la communion de l'eglise, leur remonstrants que hors de l'eglise n'y a non plus de salut qu'il y avoit du temps du deluge hors de l'arche de Noe; leur remonstrants aussi que s'ils decedoyent de ce monde en tel estat ils seroyent en danger miserablement[53].

Noter l'euphémisme final! Si les choses de la vie, du métier au mariage ont, pour les Réformés, un goût et un sens particuliers, c'est

---

[52] Voir B. Roussel, "Faire la cène' dans les Eglises réformées du Royaume de France au XVIe siècle', *Archives de Sciences Sociales des Religions* 85 (1994), pp. 99–119. Consulter aussi les études rassemblées dans: *Edifier ou instruire? Les avatars de la liturgie réformée du XVIe au XVIIIe siècle*. VIIIe Journée d'Études (Paris, Juin 1998) organisée par l'Institut d'Histoire de la Réformation de l'Université de Genève et l'École Pratique des Hautes Études, Section des Sciences religieuses. Textes recueillis par Maria-Cristina Pitassi.—Paris, H. Champion, 2000, (coll. '*La Vie des Huguenots*' n° 8).

[53] Voir E. Arnaud, *Documents protestants inédits du XVIe siècle*, Paris, Grassart, 1872. N° I. 'Articles polytiques pour l'eglise reformee selon le S. Evangile, fait a Poictiers 1557, pp. 9–10: 'Charge commune II'.

qu'ils pensent, quand ils en usent selon les règles auxquelles ils acquiescent, y ancrer une première assurance de leur accès paisible à un au-delà de leur existence: la participation à la cène engendre et confirme l'attente et l'assurance de l'obtention de biens de salut, d'où la gravité des décisions consistoriales. Voilà pourquoi l'activité des Consistoires est intense à l'approche de la célébration de la cène[54]. Cependant, les instructions lues quand on 'fait' la cène sont claires: ce ne sont pas des héros, ni des saints, qui y sont admis, mais des gens qui se déclarent en besoin et en attente de pardon[55]. Les réformés ne sont pas des Puritains, et ils ont la phobie des Anabaptistes[56].

Ceci dit, le Consistoire n'a pas non plus vocation à être omniscient et à forcer le secret des consciences. La part du quant-à-soi individuel des réformés est certes restreinte, puisque les Anciens peuvent juger de la validité des scrupules qui retiennent un fidèle de prendre part à la cène, mais la règle n'est pas celle des Anciens 'voyeurs' et collecteurs de ragots, ce qui n'exclut pas qu'il en ait existé! Plus couramment, le Consistoire intervient quand il estime qu'il y a scandale, et il est alors contraint par des règles qui exigent la discrétion et parfois le secret:

> L'office des Anciens sera de rapporter les scandales au Consistoire et autres choses semblables, selon qu'en chacune Église il y aura forme couchée par escript selon la circonstance des lieux et des temps[57].

---

[54] Voir par exemple, Le Mans, *op. cit.*, le 30.10.1561, p. 35. En même temps qu'il est demandé à Nicolas Antin de faire 'deux ou trois mil mereaulx', jetons remis aux personnes admises à la cène, 'Monsieur de la Moysière et Me Jacques Tacheau' se prêtent à un rite de réconciliation quand ils s'embrassent et se mettent la main 'l'une dedans l'autre'. Le même jour, il est question de six autres reconciliations recherchées ou obtenues.

[55] '. . . Qu'un chascun espreuve et examine sa conscience pour sçavoir s'il a vraye repentance de ses faultes, et se desplaist de ses pechez, desirant de vivre doresnavant sainctement et selon Dieu. Sur tout, s'il a sa fiance en la misericorde de Dieu, et cherche entierement son salut en Jesus Christ. . . . Et combien que nous sentions en nous beaucoup de fragilité et misere . . .; soyons tous certains, que les vices et imperfections qui sont en nous, n'empescheront point qu'il ne nous receoyve, et nous face dignes d'avoir part en ceste Table spirituelle . . . Entendons donc que ce Sacrement est une medicine pour les paovres malades . . .', *La Forme des prieres et chantz ecclesiastiques . . .: La maniere de celebrer la cène*, dans *J. Calvini Opera* Vol. VI, c. 198–199.

[56] Ainsi, au Mans, le 16.10.1561, 'Messieurs Le Mercier et Duval (deux Anciens) sont chargés de parler à celuy qui a révélé qu'il y a en ceste ville des anabaptistes', *op. cit.*, p. 32.

[57] 1559, 22; 1561, 28; 1563, 60; 1565, 43; 1571, 44 qui ajoute: 'sur quoy les Anciens seront advertis de ne rapporter les fautes au Consistoire sans grande raison et ne nommeront les personnes au Consistoire sans l'advis d'iceluy'; 1572, 44

L'appréciation de l'autorité des Consistoires exige donc que l'on soit attentif à la notion de scandale. Beat Hodler s'est interrogé sur ce terme, attesté dans les écrits néo-testamentaires, dans les ouvrages théologiques et juridiques, et récurrent dans les *Registres*, les *Actes*, les *Disciplines*[58]: 'Le 'scandale', écrit-il, apparaît . . . comme un crime public qui, loin de ne concerner que le coupable, risque aussi de servir de mauvais exemple au prochain, donc de porter atteinte à toute la communauté des croyants qui, de ce fait, sont obligés de réagir, de réprimer cette menace à l'ordre social'. Puis faisant référence à la distinction faite par Jean Calvin, entre 'scandales pris de l'Évangile'—ceux-là inévitables—et 'scandales donnés aux gens mal affermis' notamment[59], B Hodler observe que dans les Actes synodaux, il n'est fait état que des scandales donnés à autrui[60].

Ainsi dans les *Disciplines*. Est scandale tout comportement susceptible de donner aux gens une raison d'accuser les Réformés d'immoralité ou de trouble à l'ordre public: 'Les fidèles seront [donc] exhortés de ne commettre aucun scandalle en ouvrant aux jours chomables' (1563, 70)[61]; ils paieront la dîme 'en esgard au commandement du roy, comme de chose [religieusement] indifferente' (1565, 132); un délai de viduité de quatre mois et demi est imposé avant un nouveau mariage pour 'obvier aux scandales et inconveniens qui en pourroyent advenir' (1571, 126); de 1559 à 1565, on lit cet article étonnant, car il semble faire peu de cas des Édits royaux et de lois empruntées au Droit canon[62]: 'Touchant les consanguinitez et affinitez, les fideles ne pourront contracter mariage avec personne dont grand scandale pourroit advenir, duquel l'Église cognoistra' (1559, 37; 1565, 107).

Est également dénoncé comme scandale ce qui vient troubler les

---

et 1572, 61. Le règlement du Mans, adopté le 16.8.1568 précise: 'Il faut que [les Anciens] tiennent secret ce qui aura esté traité au Consistoire, s'ils n'ont expresse charge de le dire'.

[58] Voir B. Hodler, 'Le 'scandale' dans les Actes des Synodes', *Bulletin de la Société de l'Histoire du Protestantisme Français*, 139, 1993, pp. 597–604.

[59] Voir J. Calvin, *Des scandales*. Édition critique par O. Fatio, Genève, Librairie Droz S.A., 1984, [Textes Littéraires Français, n° 323].

[60] B. Hodler, *op. cit.*, p. 600.

[61] Bel exemple du contraste qu'on ne saurait oublier entre règle et pratique: au Mans, le 9.2.1562 (*op. cit.*, p. 69), Estienne Morice, boucher, 'a esté advisé qu'il pourra secrettement vendre de la chair ce caresme, moyennnant que ce soit sans scandale si faire ce peult'.

[62] Étonnant, parce que les lois du Royaume sont plus précises!

congrégations elles-mêmes. Quelques exemples: une façon trop brutale de mettre fin à la pratique, adoptée ici et là, des prières publiques (1565, 29); le non-paiement de leurs gages aux Ministres (1565,
35); un second mariage après adultère (1565, 121); la vente de livres
jugés scandaleux (1563, 72). Les relations avec les catholiques sont
un fertile terreau à scandales, qu'il s'agisse de la domesticité des gentilshommes (1565, 127), du baptême administré par un particulier,
moine ou sage-femme, (1563, 44), ou de l'admission à la cène d'un
bénéficier (1565, 99). Il peut aussi s'agir d'une enfreinte à la liturgie, telle l'abstinence de celui qui dit ne pas supporter le vin (1571,
106). Scandaleux par excellence, des comportements des Ministres,
des Anciens ou des fidèles punissables par le Magistrat (1559, 16 et
17)[63], ou inconciliables avec l'exercice d'une fonction dans l'Église[64],
d'autres conduites étant jugées moins scandaleuses, appelant donc
seulement une sanction modérée, telles une admonestation ou une
suspension temporaire de l'autorisation de 'faire la cène' (1559, 18).

Aucune liste exhaustive de scandales ne peut donc être établie, et
l'on est invité à réfléchir sur la situation créée par certaines conduites, plutôt que sur les actes eux-mêmes. La notion de scandale relève
ainsi moins du Droit pénal que de l'anthropologie. Le scandale est
en effet rupture publique d'un ordre. Or la notion d'ordre est cons-
titutive de la théologie calviniste, et cela se retrouve dans la *Confession
de foi*: il y a un ordre de la révélation divine qui oblige à instituer
des prédicateurs; un ordre sur lequel repose le rapport des signifiants
sacramentels à leurs signifiés; un ordre éthique qui subordonne la
chair à l'esprit et conduit par exemple à prohiber la danse; un ordre
de la société conjugale, dont la perturbation autorise le divorce. Le
scandale introduit ouvertement le désordre: il appartient donc au
Consistoire d'y mettre fin, car il en va de la vie de l'Église tout
entière, au delà du fait précis dont il est question. L'ordre est rétabli quand un délinquant est convaincu de mettre un terme à son
déni d'actes ou de propos jugés scandaleux. Mettre fin à ce déni
rétablit la relation qui convient entre le délinquant et l'Église, au
regard de Dieu également. Les conséquences du déni initial peuvent
être alors traitées: le temps des amendements et des réconciliations
est venu. Le Consistoire joue ici un rôle pastoral, ailleurs tenu par

---

[63] Précisé par 1561, 26: meurtre, sodomie, lèse-majesté.
[64] 1571, 31 faisant écho aux *Ordonnances ecclésiastiques* genevoises.

des prêtres. En conduisant du déni à l'aveu, puis au pardon, le Consistoire puise dans un trésor de sagesse psychologique longuement accumulé. Quant aux historiens, ils doivent prendre la mesure de l'ampleur de ce geste, avant de dénoncer une éventuelle 'inquisition consistoriale', quand ils ont sous les yeux des documents qui attestent cette dérive.

Les Consistoires ne disposent donc d'aucun 'code' pour nommer, hiérarchiser, sanctionner les scandales qui leur sont signalés. Ni le *Décalogue* ni le *Sermon sur la montagne* n'en tiennent lieu[65]. En effet, c'est moins en citant ces textes qu'en procédant à une double interprétation que le Consistoire rétablit l'ordre en fonction de la loi morale[66]. Première interprétation: elle consiste à établir le rapport entre une perturbation de l'ordre éthique, s'il s'agit de conduites, et les exigences de la loi morale. Or l'énoncé de la loi morale est la conclusion d'un long travail sur les indications bibliques, du *Décalogue* notamment, avant de parvenir à une parole pertinente à propos d'un cas concret: par exemple pour établir qu'autoriser un divorce, dans une situation bien précise, n'enfreint pas le: 'Tu ne paillarderas point'[67]. S'il s'agit de doctrine, un travail analogue est conduit en référence à la *Confession de foi*. Deuxième interprétation: elle porte sur les attitudes et les propos tenus par le délinquant quand il est interpellé et convoqué, et elle vise à mesurer les chances de résorption du désordre qu'elles ouvrent.

Il y a donc place pour une délibération. Cette délibération définit l'originalité de l'autorité exercée par le Consistoire. En la conduisant à son terme, sous la forme d'une décision d'admission à la cène, ou d'exclusion, le Consistoire définit de façon réitérée, segment par segment, au gré des circonstances, l'identité réformée. La présence

---

[65] Nous hésitons donc à suivre R. Mentzer quand il écrit (v. 'Morals and Moral Regulation . . .', *op. cit.*, p. 5), en évoquant les propos d'historiens récents: 'The goal of the reformed church was an orderly and 'godly' society that closely observed scriptural directives, particularly the ethical code of the Decalogue'.

[66] Dans la rédaction de ces lignes, nous avons été aidé *mutatis mutandis* par la lecture de: M.H. Benkheira, *L'amour de la Loi. Essai sur la normativité en Islam*, Paris, P.U.F., 1997, coll. 'Politique d'aujourd'hui', chap. I, 1: 'L'incorporation de la Loi', pp. 13–44.

[67] Relire à ce propos les pages de Jean Calvin sur l'herméneutique chrétienne du Décalogue: *Institution de la Religion chrétienne* (1560), Livre II, chap. viii. On peut également évoquer combien, dès les années 1530, les Vaudois ont été ébranlés par la consultation de premiers Réformés à propos de leur observance apparemment naïve du *Sermon sur la Montagne*.

au prêche et la participation à la cène sont, on le sait, les façons
ordinaires de marquer son appartenance à une Église réformée où
l'on ignore en principe les observances alimentaires, les jeûnes sai-
sonniers, les temps clos et les pèlerinages[68]. Les baptêmes, les mariages et les funérailles réformés sont certes autant de cérémonies
spécifiques mais, sobres et discrètes, elles ne sont pas, dans ces années,
des substituts véritables aux usages traditionnels[69]. La décision consistoriale d'astreindre à écouter les sermons, ou d'écarter éventuellement de la cène, n'en a que plus de poids. C'est en l'exerçant de
cette façon qu'un Consistoire établit son autorité, et il appartiendra
au conseil des Anciens qui pourrait être formé plus tard, à la suite
d'un renouvellement, de construire et attester à son tour la sienne.

Cette délibération qui, nous en convenons, ne laisse pas de trace
dans les *Registres*, mais est requise par une analyse et une explication des décisions consistoriales, peut ne pas être longue et elle est
sujette à bien des interférences: inflexions personnelles que tout
Ministre imprime à une prédication qui avive la mémoire que les
Anciens ont des normes bibliques et morales; sentiment diffus de ce
qui est supportable dans un temps et un lieu donné; emprise possible d'un homme ou d'une fraction des Anciens sur les autres; mémoire
enfin des incidents passés et de leur résolution[70].

L'autorité du Consistoire est de ce fait contestable et contestée.
Cela, les *Registres* l'attestent: le sieur de Perroux et ses relations avec
la Veuve du sieur de la Jouennerie retiennent sept fois l'attention
du Consistoire du Mans entre le 27.11.1561 et le 23.2.1561, sans
que d'ailleurs on connaisse la fin de l'histoire!

Réticences et éventuellement appels aux synodes sont une première façon de faire échec à la résistible autorité du Consistoire,
même si les Synodes nationaux sont venus à sa rescousse, quand ils
ont tenté de limiter, en 1563, puis en 1571 les possibilités d'appel[71].

---

[68] 'En principe', car il leur arrive d'en tenir compte, soit par l'adoption de comportements provocateurs, soit au contraire par un consentement qu'explique la nécessité de vivre en paix dans une famille, un couple ... catholiques.

[69] Voir B. Roussel, 'Ensevelir honnestement les corps'. Funeral Corteges and
Huguenot Culture', dans *Society and Culture in the Huguenot World*, ed. by R. Mentzer
and A. Spicer, Cambridge University Press, 2002, pp. 193–208.

[70] Du bon usage des *Registres*!

[71] 1563, 85: 'A l'advenir toutes sentences d'excommunication confirmees par le
concile provincial demeureront fermes et sans appel'. 1571, 72: 'À l'advenir toutes
sentences d'excommunication confermees par le Synode provincial demeureront fer-

La proclamation d'une excommunication, le plus fréquemment motivée par un retour avéré au catholicisme, constitue pour le Consistoire une deuxième forme d'échec, irréversible[72]. On le pressent: source éventuelle d'ennuis, la tenue du rôle d'Ancien, peut aussi paraître gratifiante en terme de notabilité reconnue et accrue du fait de l'exercice d'une telle autorité.

Dans des circonstances très concrètes donc, le Consistoire joue aussi un rôle primordial de re-création et d'entretien des liens de sociabilité, dans une société religieuse à laquelle doivent s'intégrer des femmes et des hommes qui ont rompu avec la sociabilité née du lien à un même prêtre—par la confession et la communion—et la participation à des confréries. Ceci est d'autant plus important que, comme nous l'avons dit, chacun a été invité, lors de son entrée dans l'espace ecclésial réformé, à un certain oubli de son identité réelle. Un lien social, parfois marqué par l'inscription des fidèles sur des listes[73], est forgé par les multiples interventions des Anciens, personnelles et orales, ou collectives et donnant lieu à inscription dans les *Registres*: on se parle, on en parle. Au Mans, Église nombreuse il est vrai, près de cent personnes sont mentionnées, à un titre ou un autre dans les *Registres* tenus d'août à décembre 1561! Au sein d'une Église, la sociabilité peut être bien blessée, grâce au Consistoire, elle ne l'est pas à mort, et quand la cène est 'faite', l'écart est restreint au mieux entre le nombre des fidèles nominaux et celui de ceux qui sont admis à donner forme en ce lieu au corps mystique de Jésus Christ.

Les Consistoires exercent donc une autorité originale. Elle est institutionnelle, puisque les Anciens sont, sinon élus, du moins cooptés et présentés au 'peuple' avant d'être publiquement installés dans leurs charges. Elle est acceptable, car les Anciens ne viennent pas d'ailleurs,

---

mes, comme aussi seront les sentences de suspension faites au Consistoire, combien que les suspendus de la cene recourent au colloque ou Synode provincial'.

[72] Au Mans, Ambroys Lemoulnier, convoqué une première fois le 10.1.1561 pour avoir gagné au jeu de l'argent sur un papiste, est excommunié le Février 1562, 'parce qu'il a mesprisé les admonitions qui lui avoient esté faites par cy-devant, et qu'il a assisté [ostensiblement, d'après les indications données] le jour et feste de Chandeleur dernier à la grand-messe de l'eglise de St Juilian . . .', Le Mans, *op. cit.*, p. 67.

[73] Ainsi la décision en est-elle prise au Mans, le 28.10.1561, *op. cit.*, p. 34: '. . . de tous lesquels fidelles [chacun des Anciens] prendra les noms par escript, et sçaura d'eulx s'ils se veullent renger à la discipline de l'Eglise et faire la cène pour estre premierement catechizez'.

les normes d'appréciation sont connues de tous, et une même *Discipline* s'applique à tous. On peut évoquer à ce propos l'autorité des rabbins, ou des muftis, donneurs d'avis éclairés en matière d'observance de la Loi à des gens qui s'interrogent sur ce qu'ils doivent être et faire, ou encore la routinisation du charisme personnel reconnu à Jean Calvin, auteur de tant de *consilia*[74].

Ajoutons encore que les *Disciplines* des années 1559–1572 prescrivent le strict respect des compétences du Magistrat civil par les Consistoires, quand il s'agit de crimes énormes ou d'affaires matrimoniales[75], ce qui ajoute aux motifs de dissociation de la 'discipline consistoriale du péché', aux fins de réconciliation et d'accès au salut, d'une part, de la 'discipline—judiciaire—du crime', aux fins de répression et de réparation, d'autre part. Bien entendu, les apaisements apportés aux conflits conjugaux ou aux litiges financiers, les succès dans la lutte contre des cas d'ivrognerie ou de goût immodéré pour les jeux d'argent, paraissent bien réels, et ils ont vraisemblablement eu valeur d'exemples pour ceux qui étaient concernés ou en étaient les témoins. La réussite est moins évidente dans la prévention des retours au catholicisme: les pressions familiales, les ambitions éducatives, les intérêts personnels, pèsent fort quand il faut organiser un baptême, choisir un collège, ou conclure un mariage, plus fort souvent que des admonestations consistoriales. Il est bien difficile de dresser le bilan sociologique des interventions des Consistoires.

C'est donc avec beaucoup de prudence que nous acceptons, quand les documents y invitent, l'assimilation des premiers Consistoires à des tribunaux de première instance, même en des lieux où la collaboration avec le Magistrat civil était possible, ou de les tenir pour des acteurs de la civilisation des mœurs ou de la mise des sujets sous discipline. En un temps de fortes concurrences confessionnelles et de ruptures, on a certainement cherché à prouver que 'puisque nous sommes meilleurs (selon les critères du temps), nous sommes donc

---

[74] Voir B. Roussel, 'Jean Calvin conseiller de ses contemporains: de la Correspondance à la légende', *Calvin et ses contemporains. Actes du Colloque de Paris 1995, édités par Olivier Millet*, Genève, Librairie Droz S.A., ['Cahiers d'Humanisme et Renaissance', Vol. 53], 1998, pp. 195–212.

[75] 1561, 79: 'Les fideles pourront estre adjurez de dire verité par le Consistoire, d'autant que cela ne derogue aucunement à l'auctorité du Magistrat'. 1559, 38: Devant une situation d'adultère, 'on déclarera [aux conjoints fidèles] la liberté qu'ils ont par la parole de Dieu, mais les Églises ne dissouldront point les mariages à fin de n'entreprendre sur l'auctorité du Magistrat'.

dans le vrai', et des gens ont pu être astreints au respect de règles rigides. Mais l'adoption pas les historiens d'une telle prétention militante se heurte à deux obstacles. Le premier est celui de la rareté et de l'ambiguïté de la documentation disponible, qui établit d'abord que les Réformés ont tenu banalement à une application stricte des Édits royaux en matière de commerce, de luxe etc. Le second obstacle est d'ordre méthodologique: les contrôles exercés, en des lieux précis et dans des groupes restreints, sur des Réformés adultères, escrocs ou danseurs, peuvent-ils avoir des effets qu'il faudrait tenir acquis par héritage par les générations ultérieures, et éventuellement transmissibles par contagion à leur entourage?[76] La production de caractères, dont aurait bénéficié un 'homme protestant' en gestation dès ces années là, nous paraît être une conséquence involontaire des interventions consistoriales trop belle pour n'être pas imaginaire. Nous préférons attendre d'une histoire de l'activité des Consistoires qu'elle montre comment des générations successives d'Anciens, de Diacres et de Ministres, placés dans diverses conjonctures socio-politiques locales et nationale, ont déplacé les seuils de tolérance éthique, et se sont montrés, au terme de leurs délibérations, les uns laxistes, les autres rigoristes[77]. Ensuite seulement viendra le temps d'une difficile histoire comparée, d'un territoire calviniste à l'autre, d'une période à l'autre.

Il demeure que les *Disciplines* et d'autres documents des années 1559–1572, désignent l'autorité originale des Consistoires comme un troisième trait constitutif de la première culture réformée.

Entre 1559 et 1572, une première culture réformée a donc été construite autour des trois traits que nous avons analysés, sur le tracé desquels apparaissent les notions de hiérarchie, de privilèges et d'autorité. Les conditions de construction de cette culture font qu'elle est diffusée et reçue, dans ses racines comme dans ses expressions, par

---

[76] L'exemple de la danse fait douter d'une sédimentation des effets des décisions consistoriales allant jusqu'à provoquer des changements de comportements, voir M. Ruel-Robins, *Les chrétiens et la danse dans la France moderne, XVIe–XVIIIe siècle*, Thèse dactyl., Paris, Université de Paris I (U.F.R. d'Histoire), 1999.

[77] L'importance des études locales et de micro-histoire est attestée par les travaux de R. Mentzer, ou l'article de Ph. Benedict, 'Les vicissitudes des Églises réformées de France jusqu'en 1598', dans *Coexister dans l'intolérance: l'Édit de Nantes (1598)*. Études rassemblées par M. Grandjean et B. Roussel, Paris, Bulletin de la Société de l'Histoire du Protestantisme Français, T. 144 (1998/1–2)/Genève, Labor et Fides, [Histoire et Société n° 37], 1998, pp. 53–73.

le 'peuple', pas seulement par l'élite, de quelques centaines d'Églises locales. Culture de quelques dizaines de milliers de gens qui ont rompu avec le catholicisme, elle est loin d'être 'ablative', comme on le prétendait à la fin du XVIᵉ siècle, c'est-à-dire nourrie de refus et d'anti-catholicisme. Elle emprunte aux protestantismes antérieurs et étrangers, genevois notamment, sans cependant en être la plate imitation, car elle se développe aussi selon ses propres ressources.

Des historiens du droit et des institutions ont proposé de voir dans les Églises réformées des 'corps' s'agrégeant aux autres corps que compte le Royaume de France[78]. Nous avons suggéré, à la lecture des *Disciplines* successives, que la formation de ces 'corps' a requis du temps et a été soumise à diverses pressions et inflexions. Pour en dire l'histoire, un terme doit cependant être mis à la dissociation du politique et de l'ecclésiastique à laquelle nous avons consenti. Il apparaît alors malaisé d'établir des synchronismes entre des événements socio-politiques ou la chronique de la vie des Réformés d'une part, et l'évolution des *Disciplines* d'autre part, sauf à se satisfaire de dire que des événements majeurs tels que l'avènement de Charles IX, le Colloque de Poissy, la Paix d'Amboise ou la conclusion de la troisième 'guerre de religion' ont modifié la représentation que les Réformés avaient d'eux-mêmes et donc de leurs façons d'être. Ce sont fréquemment des incidents locaux et des cas personnels qui ont requis des délibérations tendant à modifier ou peaufiner les *Disciplines*, et il n'y a pas lieu de renoncer à la 'micro-histoire', sans perdre de vue que les Genevois ont été très attentifs à ce qui advenait alors en France et ont été en retour fréquemment sollicités.

Les pratiques acceptées et les valeurs reconnues de part et d'autre de la frontière que nous avons tracée entre les espaces réformés et la société environnante sont fortement contrastées. De ce fait, l'identité des Réformés, celle là même qu'il revient aux Consistoires de modeler, est d'emblée complexe et paradoxale, car ces femmes et ces hommes doivent trouver à conjoindre ce qui constitue comme une double identité pour chacun d'une part, et fait de leurs Églises des 'corps' d'autre part. D'une part, dans la société 'civile', à la cour,

---

[78] Voir à ce propos les travaux de M. Reulos: 'Le chapitre VII du Livre III de *La République* de Jean Bodin: des corps, collèges et communautés', *La littérature de la Renaissance. Mélanges offerts à Henri Weber*, Genève, Éditions Slatkine, 1984, 'Centre d'Études Franco-Italien, Universités de Turin et de Savoie—Bibliothèque Franco Simone 13', pp. 263–276; L. Bely, 'Corps, compagnies, communautés', *Dictionnaire de l'Ancien Régime. Royaume de France, XVIᵉ–XVIIIᵉ siècle*, Paris, P.U.F., 1996, p. 343.

aux armées, les Réformés entendent maintenir leur participation aux ordres, statuts, offices et privilèges auxquels leur naissance ou leurs compétences leur donnent le droit de prétendre. D'autre part, aux heures où ils habitent l'espace réformé, ils entrent dans un système original de relations et de rôles. Assumer l'identité réformée expose donc à des tensions et des conflits. Les affronter peut conduire à l'éclipse ou l'occultation des exigences 'disciplinaires', voire à un compartimentage des conduites selon les temps, les lieux, les témoins, certainement au grand dam des Consistoires le plus vigilants. L'ordre social est moins fréquemment enfreint, car les Réformés d'alors ne sont pas invités à subvertir leur environnement socio-politique[79], dont les us et coutumes sont moins facilement mis en cause que les admonestations consistoriales. Ce n'est guère que dans des moments de paroxysme, au cours d'épisodes de guerre civile par exemple, ou sur le lit de mort, lors de l'affrontement d'une situation-limite donc, que la qualification de 'réformés' englobe les autres déterminants de l'identité de ces gens qui sont aussi des nobles ou des bourgeois, des pères ou des mères, des juges ou des laboureurs. Il revient aux prédicateurs et aux Anciens de veiller à ce que ce paradoxe, source de conflits intérieurs et de tensions sociales, ne s'affadisse pas en une acceptation résignée de contradictions jugées inévitables.

Cette première culture des Réformés intègre-t-elle des traits de modernité? Il nous paraît préférable de répondre par un détour: l'indice d'une première modernité paraît résider dans l'apparition et l'aménagement d'un 'espace' culturel réformé ouvert sur le 'calvinisme international', plutôt que dans tel ou tel des traits qui le caractérisent. La manière dont il est configuré au cours des années 1559–1572 va en effet contraindre à penser à frais nouveaux 'l'espace' catholique d'une part, autant que le rapport de l'un et de l'autre au 'territoire' du royaume, 'espace politique' en construction, d'autre part. Cette perturbation des représentations apparaît comme une première touche de modernité, qui en appelle d'autres.

---

[79] Ainsi le 6.11. 1561, les Anciens du Mans peuvent affirmer au gouverneur de leur province 'que nous avons toujours esté et sommes prestz d'obeyr au Roy nostre souverain Seigneur', *op. cit.*, p. 38. Les travaux de H. Heller, D. Crouzet, O. Christin, obligent cependant à tenir des propos plus nuancés; comme le rappelle en dernier lieu Philip Benedict, 'The Dynamics of Protestant Militancy: France, 1555–1563', dans *Reformation, Revolt and Civil War in France and the Netherlands 1555–1585. Proceedings of the Colloquium, Amsterdam, 29–31 October 1997. Edited by Ph. Benedict, G. Marnef, H. van Nierop and M. Venard*, Amsterdam, Royal Netherlands Academy of Arts and Sciences, 1999, [Afd. Letterkunde, Nieuwe Reeks, deel 176), pp. 35–50.

LES VISITES, INSTRUMENTS DE LA RÉFORME MONASTIQUE À TRAVERS L'EXEMPLE DE CLUNY AU XVIᴱ SIÈCLE

Jean-Loup Lemaitre

Abstract

From the thirteenth century onwards, the centralised monastic Orders, Cîteaux and Cluny in particular, put in place a system of control and permanent reform resting on the practice of canonical visitations, whose reports (*procès verbaux*) were sent on to the chapter general of the Order. The reports from these visitations have not survived for the early-modern period as well as for the Middle Ages. In the case of Cluny, only one visitation has survived for the sixteenth century, namely, that of the priories of Manthes (Drôme) and Artas (Isère), conducted by the prior of Ganagobie, Jean de Visulio, and drawn up on 6 May 1522. The document delineates what happened during a visitation: the choice of visitor, the ceremonial of the visit, the examination in turn of the personnel, the buildings, the particular problems of the priory, all of which was relayed back to the chapter general. What were the general problems that the visitation encountered? It highlighted the use of *in commendam*, difficulties with individual monks and particular religious practices, and the concern to warn against heretical doctrines. The essential rôle of the chapter general, however, was not really to regulate every problem that was discovered in each and every monastery, whether urban or rural, but to reflect on the underlying difficulties that the reports highlighted, especially those which could have serious long-term consequences for the future, such as the development of *in commendam*, the seizure of conventual priories by secular priests, or Lutheranism.

Les ordres monastiques centralisés, comme Cluny ou Cîteaux, ont mis en place dès le milieu du XIIIᵉ siècle, une réforme permanente reposant sur la pratique des visites canoniques de leurs établissements, pratique qui s'est poursuivie jusqu'à fin de l'Ancien Régime. Les informations prises par les visiteurs, lors des visites canoniques, étaient transmises au chapitre général qui, à partir d'elles, pouvait prendre alors les mesures de réforme générales ou individuelles exigées par la situation.

Les visites monastiques médiévales—qu'il faut bien distinguer des visites pastorales[1]—ont fait récemment l'objet d'une excellente étude typologique de Jörg Oberste, *Die Dokumente der klösterlichen Visitationen*[2], dans laquelle l'historien moderniste trouvera tous les éléments nécessaires à l'approche et à l'interprétation des visites modernes. Malheureusement, les procès-verbaux de visite canonique (*carta visitationis*) ont été nettement moins bien conservés pour les Temps modernes que pour le Moyen Âge, tant pour Cluny que pour Cîteaux, et les deux recueils de textes dont nous disposons pour ces deux ordres ne donnent guère que les procès-verbaux des chapitres généraux[3]. De plus, les procès-verbaux des chapitres généraux cisterciens ne font jamais allusion, à la différence des clunisiens, aux rapports des visiteurs. C'est qui rend le modèle clunisien plus intéressant dans cette perspective et qui fait que nous nous en tiendrons à lui seul dans ce bref aperçu.

Pour la période qui nous intéresse ici, le XVIᵉ siècle, nous disposons du texte d'une seule visite en tout et pour tout, celle des prieurés de Manthes (Drôme) et d'Artas (Isère), faite le 6 mai 1522 par le prieur de Ganagobie, Jean de Visulio[4], qui avait été l'un des deux visiteurs de Provence et de Dauphiné désignés par le chapitre de 1521[5]. Elle nous servira de trame.

Les visiteurs

Lors de chaque chapitre général, toujours tenu à l'abbaye chef d'Ordre, à Cluny (Saône-et-Loire), on désignait les religieux qui seraient chargés de procéder aux visites canoniques et d'en rendre

---

[1] Voir pour celles-ci le *Répertoire des visites pastorales de la France*. Première série. *Anciens diocèses (jusqu'en 1789)*, t. I, Paris, 1977—t. IV, Paris, 1985.
[2] J. Oberste, *Die Dokumente der klösterlichen Visitationen*, Turnhout, 1999 (Typologie des sources du Moyen Âge occidental, fasc. 80).
[3] Cluny: *Statuts, chapitres généraux et visites de l'ordre de Cluny*, par dom G[aston] Charvin, t. VI, 1508–1571, Paris, 1972. Le t. VII (Paris, 1975) couvre les années 1600–1714; le t. VIII (Paris, 1978), les années 1715–1746, et le t. IX (Paris, 1979) les années 1747–1790.—Cîteaux: *Statuta capitulorum Generalium Ordinis Cisterciensis ab anno 1116 ad annum 1786 . . .*, ed. D. Joseph-Maria Canivez, t. VI, *ab anno 1491 ad annum 1542*, Louvain, 1938);—t. VII, *ab anno 1546 ad annum 1786*, Louvain, 1939 (Bibliothèque de la Revue d'Histoire ecclésiastique, fasc. 14 et 14 A).
[4] Charvin, VI, pp. 55–57, n° 528.
[5] *Ibid.*, VI, p. 54: 'In provincia Provincie et Delphinatus, prior de Ganagobia, prior Sancti Johannis de Calma'.

compte au chapitre de l'année suivante. Ainsi, lors du chapitre tenu les 21–23 avril 1521, avait-on désigné comme visiteurs: pour la province de France les prieurs de Marcigny (Saône-et-Loire) et de Villers-sur-Fère (Aisne), pour la province de Lyon le prieurs de Rompon (Ardèche) et de Longueville (Seine-Maritime), pour la province de Provence et de Dauphiné les prieurs de Ganagobie (Basses-Alpes) et de Saint-Jean-Lachalm (Haute-Loire), pour les provinces de Poitou et de Saintonge le doyen de Saint-Vivant-de-Vergy (Côte-d'Or) et le prieur d'Albert (Somme), pour la Gascogne et l'Espagne le prieur claustral de Cluny et le prieur de Sauzet (Drôme), pour l'Angleterre et l'Écosse les prieurs de Port-sur-Saône (Haute-Saône) et de Davesne-court (Somme), pour l'Italie les doyens de Gassicourt (Yvelines) et de Cluny, pour l'Allemagne, la Lorraine et la Bourgogne le grand prieur de Cluny et le prieur de Saint-Cydroine (Yonne). Seize prieurs étaient donc chargés de visiter les huit provinces qui leur avaient été assignées et de rendre leur rapport sur la situation de chacune d'elles, ou du moins sur les monastères qu'ils auraient pu visiter, car on imagine difficilement que deux religieux, si zélés qu'ils fussent, aient pu aisément visiter dans le courant de l'année tous les monastères clunisiens d'Angleterre et d'Écosse, de Gascogne et d'Espagne, ou d'Italie. Ce ne pouvait être qu'un choix, et comment choisissaient-ils? Ils se partageaient le travail sur le terrain, comme le montre le procès-verbal de la visite de Manthes: Jean de Visulio n'est pas accompagné de l'autre visiteur, le prieur de Saint-Jean-Lachalm, mais du sacriste de Tain. Ils pouvaient certes être guidés par les procès-verbaux présentés lors du précédent chapitre, mais aussi, lorsqu'ils étaient sur place, par les facilités matérielles de l'itinéraire ou de l'accueil, comme on peut s'en rendre compte à travers le journal de voyage de dom Claude Bronseval, qui accompagna l'abbé de Clairvaux en Espagne et au Portugal dans les années 1531–1533[6]. Ce texte exceptionnel, dont le manuscrit fut donné dans les années 1950 par Marcel Bataillon à la Bibliothèque nationale de France[7], est un journal de voyage, au sens strict du terme, dans lequel le secrétaire de l'abbé dom Edme de Saulieu tient au jour le jour le récit de leur

---

[6] Frère Claude de Bronseval, *Peregrinatio hispanica. Voyage de dom Edme de Saulieu, abbé de Clairvaux en Espagne et au Portugal (1531–1533)*, éd. dom Maur Cocheril, Paris, 1970 (Fondation Calouste Gulbenkian).

[7] Paris, BNF, ms. NAL 3094.

voyage, dans tous ses détails matériels, agréables ou désagréables; il n'est en rien une *carta visitationis*, rédigée pour être présentée au chapitre général à des fins réformatrices, même si, au fil du récit, le déroulement de la visite est souvent décrit.

L'objet de chaque procès-verbal était en effet de pouvoir donner au chapitre général un tableau aussi précis que possible de la situation de chaque prieuré ou monastère visité: pratique de la liturgie, état des bâtiments, état du personnel, problèmes particuliers qui pouvaient s'y poser. On remarquera d'ailleurs que les visites pastorales faites par les évêques, mais mises en places postérieurement aux visites monastiques, suivent pratiquement le même schéma.

Lors du chapitre tenu les 17–19 avril 1524, les définiteurs décident de confier désormais la visite des monastères de femmes à un ou deux visiteurs spécialement affectés à cette tâche, pour l'ensemble de l'Ordre, *qui sint timorati, prudentes et experti*[8] . . . Certains visiteurs avaient sans doute quelquefois manqué de tact ou n'avaient su bien s'y prendre avec les dames. À partir du chapitre général de 1524, on trouve désormais deux visiteurs généraux des moniales[9]. Il n'y avait pas que les moniales qui pouvaient être réticentes: en 1520, à Mozat, en Auvergne, les moines s'abstiennent d'assister à la réception solennelle du visiteur, qui n'était autre que le grand prieur de Cluny, qui le ressent comme un affront[10]! En 1531, les visiteurs se plaignent d'être de moins en moins respectés et que leurs observations ne sont pas prises en compte par de nombreux prieurs. On demande donc au procureur général de l'Ordre d'intervenir contre ces 'rebelles' (*adversus tales sic rebelles et contemptores*)[11].

Matériellement parlant, la pratique de la visite n'était pas toujours aisée. Ainsi, au chapitre des 7–8 mai 1525, on constate que de nombreux visiteurs n'avaient pu se rendre au chapitre en raison de la guerre ou des risques de guerre, des épidémies, des dangers de la route. Cette remarque, qui ne vaut pas seulement pour la venue au chapitre, mais aussi pour l'accomplissement de la visite, revient très souvent, presque comme un leitmotiv, pendant tout le siècle. Ainsi,

---

[8] *Ibid.*, VI, p. 67.
[9] *Ibid.*, VI, p. 67: 'Visitatores generales omnium monasteriorum monialium Ordinis nostri Cluniacensis'—ici le grand prieur de Cluny et le prieur de Marcigny.
[10] *Ibid.*, VI, p. 49.
[11] *Ibid.*, VI, p. 92.

rappelle-t-on au chapitre de 1546 que, durant les deux années précédentes, les visites n'ayant pu avoir lieu à cause de la guerre, en
Picardie, en Champagne, et dans presque toute la France, les visiteurs doivent accomplir leur tâche cette fois avec soin[12]. Le chapitre de 1547 prend aussi une mesure importante à l'égard des visiteurs.
Jusque là, ils étaient élus par le chapitre, ce qui était un gage d'indépendance. Désormais, l'abbé de Cluny peut les changer, sans doute
dans un souci de plus grande efficacité, afin que le procès-verbal de
la visite prévue puisse bien être présenté au chapitre suivant[13]. On
ne dit toutefois pas quelles causes pouvaient motiver ce changement,
sans doute les problèmes ambiants de circulation et de sécurité. On
n'aurait de toute manière pas avancé le choix des personnes.

Si, pour la visite des maisons de Provence et de Dauphiné, le
choix s'était porté pour 1521 sur le prieur de Ganagobie (Basses-
Alpes)—au cœur de la Provence—et sur celui de Saint-Jean-Lachalm
(Haute-Loire)—relativement proche du Dauphiné—, le relevé des
visiteurs qui termine les actes de chaque chapitre général, montre
que la proximité entre le lieu de résidence du visiteur désigné et la
région à visiter n'était pas systématique. Les visites des provinces
étrangères (Angleterre, Italie, Espagne, Allemagne) ne sont jamais
confiées à des religieux de ces pays.

La visite

Résumons la visite des prieurés de Manthes et d'Artas[14], faite le
mardi 6 mai 1522. Le cérémonial est évidemment quelque peu
simplifié par rapport à celui d'un monastère important comme
Marcigny (le plus gros prieuré de femmes de l'Ordre) ou Saint-
Marcel de Chalon (prieuré urbain de vingt-cinq religieux), où les
religieux, convoqués au son de la cloche, sont assemblés au chapi-

---

[12] *Ibid.*, VI, p. 131: 'Quia, his duobus annis ultimo elapsis, visitationis provincia-
rum forsan omisse vel neglecte fuerunt propter notabiles et horrendos bellorum
insultus, quibus Picardia, Campania et tota fere Gallia fuit oppressa; idcirco prece-
pimus visitatoribus anni presentis ut habeant vigilanti cura suas visitationes exer-
cere, et mores atque obedientiam in melius reformare ad Dei laudem et animarum
salutem.'

[13] *Ibid.*, VI, p. 135.

[14] Drôme, cant. Le Grand-Serre. Il reste, avec l'église romane, quelques vestiges
des bâtiments conventuels du XVIᵉ siècle.

tre pour écouter le visiteur leur lire ses lettres de commission après qu'il les leur ait montrées[15].

Ici, le rituel est réduit, disons adapté à la taille d'une maison rurale (Manthes et Artas sont des villages comptant environ cinq cents habitants aujourd'hui). À Manthes, le visiteur, Jean de Visulio, accompagné d'Antoine Chazal, sacriste du prieuré de Tain (Drôme), est accueilli par deux religieux et par le vicaire perpétuel du lieu, portant selon l'usage la croix et l'eau bénite, puis conduit en procession au chœur, devant le maître-autel, accompagné par le chant de répons, et là, après avoir dit une oraison puis célébré la messe, il va examiner le Saint-Sacrement, en chantant l'hymne *Veni creator*: il le trouve correctement conservé dans un vase en argent posé sur le maître-autel.

Le matériel liturgique: L'hymne achevée et l'oraison finale dite, il visite les reliques et les ornements de l'église, les livres nécessaires à la célébration de la liturgie, qu'il trouve en bon état et bien conservés, au regard de l'inventaire qui en a été fait par ailleurs (*secundum inventarium alias desuper factum*). Il ne dit pas qui a fait cet inventaire, s'il a été spontanément fait par le prieur, ou à la suite d'un commandement du chapitre général.

Le personnel: Le prieur est absent, il est jeune et fait ses études à Paris (*prior [. . .] est absens in gynasio[sic] Parisiensi studens juvenis*). Il y a dans ce prieuré le sacriste, un religieux claustral, et le sacriste du prieuré d'Artas qui se charge du service divin à la place du prieur absent. Le visiteur note que ces religieux accomplissent la liturgie correctement, selon les anciennes ordonnances. Toutefois le sacriste du prieuré est momentanément absent, parti s'occuper des affaires de la maison.

Les bâtiments: La couverture des bâtiments du prieuré est ruinée plus que de raison, et, s'ils ne sont pas réparés à temps, les murs d'une tour du prieuré vont s'effondrer. Le fermier des rentes du prieuré (*renderius*) est tenu de faire ces réparations et de s'acquitter d'une aumône selon les intentions du fondateur, aumône qu'il a de lui-même diminuée, en trahissant les désirs du fondateur, et ce au détriment des pauvres qui en bénéficiaient, mais aussi du prieur et de l'Ordre. Le visiteur intime donc, en raison de ses fonctions et de

---

[15] Charvin, V, pp. 157–173, n° 418, Marcigny, 18–28 juillet 1436;—*ibid.*, pp. 261–265, n° 427, Saint-Marcel, à Chalon-sur-Saône, 14 octobre 1450.

la délégation apostolique dont il est investi, sous peine d'excommunication *late sententie*, au prieur et au fermier des rentes de mettre
vingt livres tournois avant la prochaine fête de saint Jean-Baptiste
(le 24 juin) dans les réparations des couvertures, des verrières et des
autres bâtiments du prieuré; de même de rétablir l'aumône à la
mesure prévue par le fondateur, sans compter la réparation du moulin qui tombe en ruines, et qui n'est pas comprise dans ces vingt
livres. Et s'il n'obtempère pas, on introduira un recours contre lui
auprès du parlement de Dauphiné.

Problèmes particuliers: Aux dires de certains (*relatione quorumdam*, une
dénonciation anonyme, les gens du village?), de nombreux prêtres
séculiers douteux s'évertuent à vouloir célébrer des messes votives au
maître-autel de l'église du prieuré, en abîmant les linges, corporaux
et autres ornements du maître-autel, à tel point que les religieux du
prieuré en sont particulièrement gênés, parce que cela retarde la
célébration de la grand messe, mais aussi parce qu'ils dégradent et
usent les amicts et autres vêtements liturgiques, et ce alors qu'il y a
d'autres autels où ces prêtres, qui sont pour la plupart des étrangers
à la paroisse, pourraient célébrer. En conséquence, le visiteur ordonne
au prieur et au sacriste d'interdire à ces prêtres, en particulier aux
étrangers, de célébrer au maître-autel, sans raison valable et sans
l'accord du prieur, ou en son absence du sacriste. En conclusion, le
visiteur ordonne au sacriste, en l'absence du prieur, de veiller à
l'application de ces décisions, mais il en fait part également au seigneur de Bressien, qui est le père du prieur.

Le procès-verbal de la visite du prieuré Saint-Pierre d'Artas, qui
suit immédiatement celui de Manthes, est des plus sommaires. Artas
est situé à une trentaine de km au nord de Manthes. Le visiteur s'y
rend après le repas de midi et y arrive à l'heure de vêpres. Il trouve
le prieuré et l'église fermés, et faute de pain et de vin, est obligé de
se rendre à l'auberge (*in hospitium*), d'autant que d'heure en heure
des hommes d'armes passaient par là. Il doit se contenter d'interroger les habitants du village, qui lui expliquent que le commendataire, Palméry, doyen de Vienne et rentier du prieuré, avait contraint
le sacriste et le vicaire claustral perpétuel qui y vivaient à recevoir
une modeste pension en pain et en vin, dont ils avaient du mal à
extraire la substance des aumônes données aux pauvres de passage.
C'est pour cette raison que le sacriste était parti au prieuré de
Manthes y remplacer un religieux absent (le prieur comme on l'a
vu). On s'étonnera d'ailleurs que le prieur de Ganagobie n'ait pas

été mieux au courant de la situation, puisqu'il avait rencontré le matin même à Manthes le sacriste d'Artas . . .

Le procès-verbal de visite du prieuré de Manthes est assez représentatif: état médiocre des bâtiments, personnel peu nombreux, qui semble de bonne volonté, mais sans grands moyens dans les maisons rurales, problèmes posés par l'affermage des revenus du prieurés;—et surtout, la tentative de régler localement les problèmes qui peuvent l'être, quitte à faire appel à la justice séculière si nécessaire. L'appel au parlement de Grenoble était sans doute plus efficace que la menace de l'excommunication. La pratique de la liturgie ne semble pas, au sein même du prieuré, poser de trop de problème. Les linges et les livres sont en bon état, les seules difficultés venant des abus provoqués par des prêtres extérieurs.

Le chapitre et les réformes

Les visiteurs n'étaient pas seulement des inspecteurs, ils avaient aussi à jouer un rôle de correcteurs, et devaient dans la mesure du possible régler sur place les problèmes qui pouvaient l'être, puisqu'ils agissaient au nom du chapitre général et en vertu d'une délégation apostolique. Si dans les *Cartae visitationis*, ils étaient amenés à relever toutes les négligences et infractions qu'ils avaient pu constater, mais aussi à signaler les prieurs qui avaient un excellent comportement— 'Le prieur de Mouthier-Haute-Pierre dirige bien dans les affaires spirituelles et temporelles'[16]—toutes ces observations n'étaient pas reprises lors du chapitre général, où l'on présentait avant tout une synthèse des problèmes rencontrés. On remarquera d'ailleurs que ces fleurs parfois envoyées aux bons prieurs disparaissent des actes des chapitres généraux au xvie siècle.

Ce sont donc les problèmes graves, ceux qui présentent un caractère général et qui imposent une intervention de l'autorité supérieure, les vices insidieux qui doivent être réformés, qui sont retenus. On en exposera seulement quelques-uns dans les lignes qui suivent. Ceci dit, le rapport des visiteurs pouvait aussi entraîner la convocation au chapitre général d'un prieur accusé de malversations et son audition

---

[16] *Ibid.*, V, p. 88: 'Item prior Alte Petre bene regit in spiritualibus et temporalibus . . .', chapitre général du 11 mai 1427.

par le définitoire. C'est par exemple ce qui arrive lors du chapitre de 1539 au prieur de Villers-sur-Fère (Aisne), accusé par les visiteurs de la province de France, mais aussi par un visiteur envoyé par le prieur de La Charité, dont il dépendait, d'avoir vendu au curé de Forges-les-Bains (Essonne) la plupart des biens du prieuré contre trente-cinq livres de rentes annuelles[17]. Le chapitre casse alors la vente et condamne le prieur à un an de prison. Toujours est il qu'au xvie siècle les cas individuels évoqués au chapitre sont beaucoup moins nombreux qu'aux siècles précédents (peut-être y avait-il trop?, ou s'y occupait-on plutôt d'affaires plus sérieuse?).

La commende

Un des problèmes abordé à Manthes à propos des bâtiments, l'incurie du fermiers des rentes, ou plus souvent des commendataires, est récurrent. Commende et mise à ferme des revenus sont une des préoccupations majeures des visiteurs. Déjà le chapitre général de 1519 avait condamné l'avarice des abbés et des prieurs, tant réguliers que séculiers et commendataires, à l'égard des fondations pieuses et demandait le respect de celles-ci. On revient souvent au chapitre général sur les prieurs qui n'ont pas suivi les injonctions des visiteurs, tel le commendataire de Lagrand (Hautes-Alpes), dont les bâtiments sont toujours en ruines. La (mauvaise) commende n'affecte pas seulement l'entretien des bâtiments, elle a aussi des répercutions sur la pratique religieuse. Le chapitre général de 1523 aborde ainsi, 'sur le rapport des visiteurs' (*ex relationibus patrum visitatorum*), un problème beaucoup plus grave. Nombre de maux, de scandales, la ruine des bâtiments mais aussi des personnes, vient de ce que les monastères de l'Ordre sont donnés à des séculiers, en commende, et que de ce fait la discipline monastique, le salut des âmes et le culte divin sont négligés. On renouvelle l'interdiction, en vertu de l'obéissance et sous peine de suspense, de confier un bénéfice à un séculier. On regrettera ici l'absence des procès-verbaux de visites, car on ne peut 'cartographier' précisément les régions à problèmes et voir le développement du phénomène.

La commende n'entraîne pas seulement l'incurie, parfois aussi elle

---

[17] *Ibid.*, VI, p. 118.

conduit à des abus sur les personnes. On y revient au chapitre de 1531, sur le rapport des visiteurs des provinces de France et de Dauphiné[18]. Dans ces deux provinces fort éloignées l'une de l'autre, des prieurs commendataires séculiers ont en effet osé corriger et incarcérer des moines, et même prendre part aux chapitres réguliers, au mépris du droit commun et des privilèges de l'Ordre.

Le personnel et la vie religieuse

Ces mêmes visiteurs des provinces de France et de Dauphiné ont également attiré l'attention du chapitre général de 1531 sur le fait que de nombreux prieurés manquent de frères, ce qui ne peut que nuire à la qualité de la liturgie, quand elle n'est pas totalement négligée, sans dire toutefois si cette carence était liée à la commende ou à une faiblesse des vocations. Les observations touchant la discipline et la pratique de la liturgie sont relativement rares. Certaines d'entre elles furent parfois accueillies 'non sans plaintes et larmes', ainsi par les moniales de Salles (Rhône), auxquelles le visiteur reprochait l'absence de clôture, et qui avaient été mises en demeure de la rétablir dans les six mois[19].

Le chapitre de 1525 aborde un problème sans doute soulevé par le rapport des visiteurs du Dauphiné; dans cette province en effet des mendiants, franciscains, dominicains, augustins et même des prêtres séculiers résident et officient dans des monastères de l'Ordre. Le chapitre ordonne aux visiteurs concernés de les chasser chaque fois qu'ils en trouvent et d'instituer comme prieur de ces maisons des religieux de l'ordre de Cluny. Là encore, les visiteurs avaient à la fois un rôle d'informateur et de correcteur.

Mais, ce ne sont peut-être pas les visiteurs cette fois qui ont attiré l'attention des définiteurs (*sumus debite informati*) sur la situation de certains frères séjournant au collège parisien de l'Ordre, des docteurs, des hommes savants (*doctores, viros scientia preditos*), qui prennent la place de nombreux jeunes et qu'il convient de faire revenir—à l'exception du prieur du collège bien sûr—dans leurs monastères et

---

[18] *Ibid.*, VI, p. 91: '*ex relatione domnorum visitatorum in provincia Francie et Delphinatus anno preterito deputatorum.*'
[19] *Ibid.*, VI, p. 46.

à la vie régulière. L'étude n'est pas une fin en soi pour les moines clunisiens. On y revient au chapitre de 1534, et cette fois, c'est le travail des visiteurs qui est mis en cause, en particulier celui des visiteurs de la province de France, qui sont priés de faire leur travail 'en homme' (*viriliter*) et à ne pas négliger la visite du collège parisien et du prieuré conventuel de Saint-Martin des Champs[20]. Mais on surveille aussi la tenue des jeunes étudiants, en particulier ceux du collège d'Avignon, auxquels on interdit en 1547, sous peine d'excommunication, le port des habits fantaisistes et déchirés et de barbes hirsutes; ils devront se faire tailler la barbe tous les quinze jours[21].

Les doctrines hérétiques

Au chapitre général tenu du 17 au 19 avril 1524, on évoque la crainte que des moines ne soient entraînés 'par les doctrines luthériennes vaines, perverses et hérétiques et ses erreurs très pernicieuses'[22]. C'est la première allusion au luthéranisme dans les chapitres. La bulle condamnant les doctrines de Luther est du 15 juin 1520, la bulle d'excommunication du 3 janvier 1521, et la condamnation par la Sorbonne du 15 avril suivant. On aimerait savoir si cette inquiétude qui pointe au chapitre était soulevée par les procès-verbaux de visiteurs. Les mises en garde contre la 'secte luthérienne que l'on voit pulluler de plus en plus' sont renouvelées en 1529[23]. En 1550, c'est aux livres suspects, à traquer dans les cellules des moines et des moniales, que le chapitre donne la chasse[24], mise en garde reprise en 1552[25]. En 1561, le chapitre interdit, sous peine d'excommunication et de suspense, d'accueillir des prédicants, la définition étant reprise telle quelle au chapitre de 1571[26].

---

[20] *Ibid.*, VI, p. 102: '... et precipue et specialiter visitatores provincie Francie, quibus expresse injungimus et mandamus ne visitationem Collegii Parisiensis ac prioratus conventualis Sancti Martini de Campis Parisius praetermittant.'

[21] *Ibid.*, VI, p. 136: '*Quibus quidem studentibus et scholasticis interdicimus, sub pena excommunicationis, vestimenta irregularia et difformia, vulgariter deschiqueté, ac barbas suas de quindena in quindena radere faciant.*'

[22] *Ibid.*, VI, p. 66.

[23] *Ibid.*, VI, p. 85: '*Item quia maledictam et utinam inauditam sectam illam Lutheranam occulatim in dies magis et magis pullulare videmus . . .*'

[24] *Ibid.*, VI, p. 143.

[25] *Ibid.*, VI, pp. 148–149.

[26] *Ibid.*, VI, pp. 174–175, et 198.

Le rôle du chapitre général n'était pas de régler au cas par cas les difficultés matérielles ou personnelles rencontrées ici ou là, aussi bien dans les grands prieurés urbains que dans les petites maisons rurales, mais au premier chef de prendre des décisions (*diffinitiones*) qui pouvaient d'appliquer à l'ensemble des maisons de l'Ordre. Il s'agissait aussi de réfléchir sur les problèmes qui pouvaient se poser et avoir des conséquences graves pour l'avenir, comme le développement de la commende, la mainmise des séculiers sur les prieurés conventuels ou le luthéranisme . . . problèmes quelque peu plus sérieux que les barbes hirsutes des étudiants d'Avignon ou les moines-étudiants prolongés du collège parisien. Même si toutes les informations traitées par les définiteurs ne venaient pas des visiteurs, leurs procès-verbaux—rédigés hors des contingences et des coteries locales—et la synthèse qui en était faite pour le chapitre général annuel étaient un instrument de connaissance exceptionnel pour le gouvernement général de l'Ordre, et l'on comprend que le système ait fonctionné sans discontinuer pendant cinq siècles, de 1290 à 1790, pour s'en tenir à la documentation conservée.

LE NONCE EN FRANCE AU XVIᴱ SIÈCLE, AGENT DE DIFFUSION DE LA RÉFORME CATHOLIQUE?

Alain Tallon

Abstract

While it is generally accepted that the nuncios in France played a role in the propagation of the Catholic Reformation in France, this article intends to refocus on the ways in which they proceeded. It would be inaccurate to say that the first legates had a purely political mission: under Paul III, negotiations of a religious nature were also of importance. These pontifical representatives of the Church preferred to show deference to the inner workings of the Gallican Church, this deference being explained by the Crown's feeling of vulnerability. The change in attitude is not so much tied to the developments in Rome as to the political situation in France: beginning in 1560, the monarchy's weakening enabled the pontifical representatives to adopt a more rigid attitude and more aggressive tone, thus commanding respect for the new directives from Rome. At stake was taking advantage of the disintegration of power in order to impose Rome's supremacy in church affairs, rather than just implementing measures taken for the sake of reform. In religious matters, this latter preoccupation almost exclusively dictated any actions the nuncios took. In terms of the concrete application of the measures enacted in Trent and promulgated in Rome or Milan, the record is very modest. Rather than as mere instigators, the nuncios participated in the development of the Catholic Reformation in France. This observation allows for a better explanation of the Catholic Reformation in France and the central role that Rome played.

La présente communication veut revenir sur ce qui est souvent présenté comme une évidence, à savoir le rôle majeur du représentant ordinaire du pape, le nonce, dans la diffusion de la Réforme catholique en France. On peut citer les meilleurs spécialistes, tel Bernard Barbiche:

> À partir du concile de Trente, le pape s'attache à faire des nonces les agents de la Réforme catholique, tâche particulièrement délicate dans un pays comme la France où l'affrontement entre catholicisme et réforme protestante est fort rude[1],

---

[1] B. Barbiche, 'La nonciature de France aux XVIᵉ et XVIIᵉ siècles: les nonces,

ou Olivier Poncet:

> A l'issue du concile de Trente (. . .), les nonces se muent de simples
> diplomates qu'ils étaient avant le milieu du XVIᵉ siècle en véritables
> porteurs des idéaux tridentins[2].

Mais si tous les historiens sont d'accord sur ce rôle du nonce, il
n'existe pas à ma connaissance d'étude précise qui permette de répondre à quelques questions importantes:

Quand et comment le nonce en France se mue-t-il en agent de
diffusion de la Réforme catholique? Parler de l'époque du concile
de Trente est trop vague, étant donné la durée homérique de l'événement que Paolo Sarpi soulignait avec ironie en parlant de 'l'Iliade
de notre temps'. Non seulement le concile lui-même fut interminablе-
ble, mais il faut en plus tenir compte de sa préparation et de ses
conséquences immédiates. Les documents préparatoires au concile
des années 1530 font en effet partie presque intégrante de cette époque, ainsi que les interprétations post-conciliaires, romaines ou bor-
roméennes. Or, ces interprétations ne se fixent et ne se diffusent que
dans les années 1570, voire 1580. 'L'époque du concile' couvre donc
une grande partie du XVIᵉ siècle et ne peut en rien signifier une
rupture chronologique nette.

Quelle Réforme catholique les nonces cherchent-ils à promouvoir?
Nous n'en sommes plus en effet à une vision historiographique qui
conçoit la Réforme catholique comme un mouvement unitaire, avec
un programme d'action immuable et des objectifs constants. Les
décrets tridentins eux-mêmes sont interprétés de façon variée, parfois même contradictoire, suivant la période et les acteurs. Si bien
entendu c'est la vision romaine que défendent les représentants des
papes, cette Réforme catholique romaine est 'plurielle': les différents
groupes qui composent la curie n'en ont pas la même conception
et ces conceptions diverses ont elles-mêmes évolué au cours du siècle.

Enfin quel a été le succès des initiatives des nonces successifs?
Ont-ils pesé sur les destinées du catholicisme français et dans quelle
proportion? L'enjeu de la réponse à cette question est de taille: la

---

leur entourage et leur cadre de vie', *Kurie und Politik. Stand und Perspektiven der
Nuntiaturberichtsforschung*, éd. A. Koller, (Bibliothek des Deutschen Historischen Instituts
in Rom, 87), Tübingen, Niemeyer, 1998, p. 68.

[2] O. Poncet, 'L'édition de la correspondance des nonces en France. Histoire et
avenir d'une entreprise éditoriale française', *Revue d'histoire de l'Église de France*, 86,
2000, p. 636.

Réforme catholique telle qu'elle s'initie dans le royaume au XVIᵉ siècle est-elle majoritairement un élément d'importation, balayant les premières initiatives locales, qui, quand elles divergent de la nouvelle norme, sont reléguées au statut de 'catholicisme critique'? Ou loin d'être des maîtres d'œuvres, les agents romains, dont le nonce n'est que le plus évident, ont-ils été des accompagnateurs? Toute évaluation de l'influence des nonces sur le déroulement de la Réforme catholique en France est bien entendu fort difficile à réaliser, mais cette difficulté même est révélatrice de notre incapacité à penser la Réforme catholique en fonction de paramètres clairs et précis, qui existent pour les Réformes protestantes, ne serait-ce que de façon négative par la rupture du lien avec l'ancienne Église, sa hiérarchie, ses dogmes, sa liturgie. Quels paramètres peuvent faire parler de Réforme catholique? La réception des décrets conciliaires? Leur application? Les conciles provinciaux, les synodes diocésains, les visites pastorales? La résidence? L'arrivée de jésuites, de capucins, d'ursulines, de confréries du Saint-Sacrement, des Quarante-Heures? Les séminaires? Ou encore des éléments éminemment subjectifs comme la bonne moralité ou la bonne formation des clercs? On pourrait multiplier les critères possibles et cette multiplicité fait de la Réforme catholique une sorte 'd'auberge espagnole' historiographique—qualificatif sans allusion aux reproches des parlementaires gallicans. Cela ne doit pas forcément nous faire douter de son existence, mais peut-être de son essence.

Pour répondre aux questions posées en introduction, la source essentielle est bien entendu la correspondance des nonces en France, très largement éditée pour le XVIᵉ siècle et donc facilement accessible, mais pour autant assez rarement utilisée par les historiens français, comme le remarquait récemment Olivier Poncet[3]. Parmi tous les représentants du Saint-Siège auprès des États catholiques, le nonce ordinaire envoyé au roi très chrétien avait la particularité de ne pas posséder les pouvoirs de légat *a latere* et donc de ne pouvoir exercer de juridiction dans le royaume, au contraire par exemple de son homologue en Espagne[4]. Cela ne l'empêche pas d'être plus qu'un simple ambassadeur d'un prince envoyé à un autre prince, mais

---

[3] O. Poncet, *op. cit.*, pp. 637–638.
[4] P. Blet, 'La double mission du nonce auprès du roi très chrétien', *L'invention de la diplomatie. Moyen Age—Temps modernes.* éd. Lucien Bély, Paris, PUF, 1998, p. 249.

réduit considérablement ses pouvoirs dans l'exercice de son autre fonction, celle de délégué apostolique. Certes, des légats *a latere* envoyés en France ont pu suppléer cette carence des pouvoirs du nonce, mais ils sont surtout envoyés pour des missions extraordinaires à caractère politique dans la première moitié du siècle et leur activité de juridiction est étroitement contrôlée par le pouvoir temporel[5]. Après la clôture du concile de Trente, les papes n'envoient plus guère de légats en France. Les quelques facultés spirituelles concédées au nonce en matière d'absolution ne suffisent pas à compenser l'absence de juridiction ecclésiastique, et donc de pouvoir sur l'Église gallicane[6].

À défaut de pouvoirs, le nonce dispose bien sûr d'une grande influence. Ayant le pas sur tous les ambassadeurs, il est le plus souvent traité avec de grands égards par le roi, écouté avec respect sinon toujours entendu. Nombreux sont ceux qui lui font parvenir leurs doléances et souvent attendent son soutien pour des réformes ecclésiastiques. Le nonce Castelli rapporte ainsi la démarche d'un bourgeois de Paris en 1581 venu lui porter un mémoire, présenté comme venant du '*popolo minuto*' de Paris, sur la réforme du clergé.

> Et s'il y a quelques impertinences, toutefois il y a beaucoup de bonnes choses et on découvre bien de celles là qu'il existe une grande avarice et simonie sur quelques points parmi ces curés et aussi parmi les évêques en ce qui concerne le sacrement de confirmation, ce qui est une chose importante[7].

Ce témoignage est cependant assez exceptionnel, mais il prouve que le représentant du pape pouvait apparaître comme un recours à un peuple catholique parisien aussi anticlérical qu'intransigeant. Cependant,

---

[5] B. Barbiche et S. de Dainville-Barbiche, 'Les légats *a latere* en France et leurs facultés aux XVIᵉ et XVIIᵉ siècles', *Archivum Historiae Pontificae*, 23, 1985, pp. 93–165. Les auteurs signalent que deux nonces, en 1522 et en 1538, reçurent les facultés de légats *a latere*, mais plus un seul après 1540, *ibid.*, p. 98. Leurs facultés étaient de toute façon plus limitées que celles habituellement conférées aux légats, *ibid.*, p. 117. Le nonce Ferrerio, le dernier à recevoir ces facultés, se vit purement et simplement interdire de s'en servir par le pape lui-même, afin de ne pas nuire aux intérêts de l'administration curiale, *ibid.*, p. 145.

[6] B. Barbiche et S. de Dainville-Barbiche, 'Les pouvoirs des légats *a latere* et des nonces en France aux XVIᵉ et XVIIᵉ siècles' dans M. Maccarrone et A. Vauchez, éds., *Echanges religieux entre la France et l'Italie du Moyen Age à l'époque moderne*, Genève, Slatkine, 1987, pp. 259–277.

[7] R. Toupin, éd., *Correspondance du nonce en France Giovanni Battista Castelli (1581–1583)*, (Acta Nuntiaturae Gallicae, 7), Rome-Paris, Presses de l'Université Grégorienne-E. de Boccard, 1967, p. 183.

par sa mission même, le nonce évolue avant tout dans le monde de la cour et il doit en adopter les usages. Sa fonction d'ambassadeur l'attache à la personne du roi, ce qui limite évidemment ses possibilités de contact avec le clergé français et les fidèles.

Bien sûr, ce personnage ecclésiastique peut être mal à l'aise dans une cour laïque. 'Qui si negocia a cavallo' soupire le nonce Rodolfo Pio di Carpi après une audience écourtée par le départ de François Ier à la chasse[8]. Agent diplomatique, le nonce peut en outre subir les conséquences des variations et sautes d'humeur dans les relations au jour le jour entre la France et Rome. Ainsi, la fin du pontificat de Grégoire XIII est marquée par le mécontentement français devant une politique pontificale jugée trop favorable à l'Espagne. Le nonce Anselmo Dandino aggrave ce mécontentement en diffusant sans autorisation royale la bulle *In Coena Domini*, véritable provocation pour les parlements. Le nonce subit la disgrâce royale et tous se détournent de lui. En 1581 son successeur Castelli est outré par l'accueil qui lui est fait, par comparaison avec ce qu'il avait pu observer dans les cours espagnole ou impériale, et plus particulièrement par l'attitude des clercs: aucun ne lui a fait de visite de courtoisie après son arrivée à Blois et maintenant que la cour est à Paris, l'évêque de Paris ne lui a même pas envoyé un mot de bienvenue. Castelli craint qu'une telle indifférence ne nuise au bon déroulement de sa nonciature[9]. Avec un mépris assez caractéristique du sentiment de supériorité éprouvé en Italie après le concile de Trente face à la 'corruption' gallicane, il écrit au cardinal de Côme, secrétaire de Grégoire XIII:

> Votre Seigneurie Illustrissime peut comprendre dans quelle estime se trouvent les nonces de Notre Seigneur [le pape] dans cette cour et quel fruit on peut espérer avoir avec ces prélats, qui ont tant besoin d'aide pour eux-mêmes, et pour les si grands abus que non seulement ils permettent, mais qu'ils entretiennent dans leur diocèse, s'ils ne viennent jamais visiter le nonce[10].

Tous les nonces n'ont pas le même sentiment d'isolement que Castelli au début fort difficile de sa mission, mais il est certain que leur sta-

---

[8] J. Lestocquoy éd., *Correspondance des nonces en France Carpi et Ferrerio 1535–1540*, (Acta Nuntiaturae Gallicae, 1), Rome-Paris, Presses de l'Université Grégorienne-E. de Boccard, 1961, p. 113.
[9] R. Toupin éd., *Correspondance du nonce en France Giovanni Battista Castelli . . .*, p. 132, Castelli au cardinal de Côme, Paris, 15 juin 1581.
[10] *Ibid.*, p. 120.

tut d'agent diplomatique, leur séjour à la cour ne leur permettent pas toujours d'intervenir avec efficacité dans la vie quotidienne de l'Église gallicane[11].

L'ont-ils seulement tous voulu? Les fragments que nous avons conservé des correspondances des premiers nonces permanents en France nous montrent des nonces avant tout soucieux de politique internationale. Dans le contexte des années 1520 où se jouent le destin de l'Italie et la survie même de l'État pontifical, quoi de moins étonnant que de voir le représentant du pape s'occuper avant tout de l'urgence politique et se soucier assez peu des cercles évangélistes, des mesures de réforme des conciles provinciaux ou même des premiers témoignages de dissidence religieuse. En l'absence de conservation de la correspondance, il est difficile d'apprécier l'action du dernier nonce en France de Clément VII, Cesare Trivulzio, après la paix de Cambrai. Nous ne voyons vraiment le nonce à l'action qu'à partir du pontificat de Paul III. Contrairement à ce qui est trop souvent avancé, la mission du nonce a déjà son double caractère politique et religieux, bien avant la conclusion du concile de Trente. Pape soucieux de réformer les abus ecclésiastiques, de réprimer l'hérésie, d'assurer la paix entre les princes chrétiens pour résister au Turc, Paul III modifie considérablement la politique pontificale par rapport à ses prédécesseurs Médicis. Cela n'est évidemment pas sans conséquence pour ses agents diplomatiques auprès du roi très chrétien qui doivent faire comprendre ce changement à leurs interlocuteurs. Nonce de 1535 à 1537, Rodolfo Pio di Carpi note au début de sa nonciature que les autres ambassadeurs le regardent avec curiosité car ils commencent à comprendre ce qu'est le nouveau pontificat; mais il n'est pas encore assez clair pour eux qu'on ne négociera plus comme avant et que l'on est entré dans une nouvelle époque[12].

Pour comprendre ce qu'est cette nouvelle époque, et évaluer le rôle du nonce dans la diffusion d'un idéal de Réforme catholique, j'ai relevé les thèmes abordés au cours des audiences royales pour deux nonciatures sous Paul III, celle de Rodolfo Pio di Carpi et la

---

[11] On en trouve un bon exemple dans la correspondance de Girolamo Ragazzoni à propos des assemblées du clergé, P. Blet éd., *Girolamo Ragazzoni évêque de Bergame, nonce en France. Correspondance de sa nonciature 1583–1586*, (Acta Nuntiaturae Gallicae, 2), Rome-Paris, Presses de l'Université Grégorienne-E. de Boccard, 1962, p. 545.

[12] J. Lestocquoy éd., *Correspondance des nonces en France Carpi et Ferrerio . . .*, p. 14.

seconde nonciature de Girolamo Dandino, en 1546–1547, à la fin du pontificat. Au cours des 40 audiences accordées par François Ier à Pio di Carpi, 135 sujets sont ainsi évoqués que j'ai classé, un peu arbitrairement en trois rubriques: affaires politiques (78 sujets, 58%), affaires ecclésiastiques (20 occurrences, 15%), affaires religieuses (37 sujets, 27%). Plus de dix ans plus tard, Dandino, au cours des vingt entretiens avec François Ier puis son successeur Henri II, aborde 90 sujets dont 49 fois des affaires politiques (54%), 24 des questions ecclésiastiques (27%) et 17 des problèmes religieux (19%). La prédominance du politique est donc réelle, mais pas écrasante. Il est vrai que j'ai un peu 'triché' en incluant par exemple dans le religieux le concile, qui est aussi largement un problème politique et ecclésiastique, ou le schisme anglais qui a un aspect purement temporel.

Cependant, malgré ces réserves, il faut bien constater contre l'historiographie traditionnelle l'importance relative des négociations proprement religieuses et s'interroger sur leur contenu. L'aspect proprement ecclésiastique, que j'ai voulu distinguer, concerne surtout la vie de la curie (promotions cardinalices), la juridiction pontificale, notamment en matière de dispense matrimoniale, essentielle pour les unions princières, et enfin les décimes levées sur le clergé français et leur autorisation par Rome. Les questions bénéficiales ne sont abordées que pour des faveurs personnelles (dispenses diverses, exemptions totales ou partielles des taxes curiales, etc.). Les questions plus proprement religieuses tournent essentiellement autour du concile. Le nonce et le roi se préoccupent aussi de la dissidence religieuse, mais presqu'exclusivement hors des frontières du royaume: le schisme anglais, mais aussi les tentatives de médiation de François Ier invitant Mélanchthon à Paris intéressent plus le nonce que la répression intérieure, ou tout au moins ne cherche-t-il pas trop à s'immiscer dans des affaires intérieures françaises.

C'est bien le sentiment qui domine pour ces nonces de la première moitié du siècle, qui ne sont pas plus 'mondains' que leurs successeurs d'après 1563, mais qui respectent une sorte de devoir de réserve dans les affaires ecclésiastiques et religieuses intérieures au royaume. Ils sont capables d'évaluer leur marge de manœuvre, fort limitée face à un pouvoir royal fort et jaloux de son autorité. Toute mesure de réforme qui lui apparaîtrait comme imposée par une autorité extérieure, que ce soit la papauté ou le concile, n'a que peu de chance d'aboutir. On peut prendre l'exemple du décret pris par Paul III le 18 février 1547 contraignant les cardinaux à n'avoir plus qu'un seul évêché et à résigner tous les autres. Le nonce Dandino peut faire part du très mauvais accueil que cette mesure rencontre à la cour[13]. La mort de François Ier et les débuts du règne de Henri II repoussent la négociation pour faire accepter le décret. Le cardinal Du Bellay est un de ceux qui s'y opposent avec le plus de véhémence. En 1549, un représentant français à Rome n'hésite pas à évoquer—déjà!—le péril communiste: si ce décret, qui enlève à leurs légitimes possesseurs des biens accordés par la faveur royale, était suivi d'effet,

> il vaudroit quasi autant introduire la communauté de toutes choses; car les Princes et tous ceux qui ont pouvoir de faire des Loix, pouroient par ce moyen abolir et annuller tous les contracts et traitez faits par leurs Prédécesseurs, et se seroit tous les jours un monde nouveau[14].

Les nonces successifs ne s'engagent pas dans un affrontement direct stérile et laissent au pape le soin de rappeler sa volonté aux ambassadeurs et aux cardinaux français. Pour être discrète, l'action des nonces n'en est pas moins efficace: les quelques années qui suivent le décret de Paul III voient les cardinaux français résigner massivement leurs innombrables évêchés. Le nonce s'efforce d'empêcher que de nouveaux abus ne naissent de ces résignations. Le cardinal Jean de Lorraine, champion incontesté du cumul, avait reçu de François Ier en 1538 l'évêché d'Agen en vue de le donner à Hector Fregoso quand il aurait l'âge. En juin 1548, le cardinal veut le résigner à cause des décisions 'du concile', en fait en raison du décret du pape. Le connétable de Montmorency demande au nonce Della Torre que Fregoso puisse retenir en personne l'évêché bien qu'il n'ait que vingt ans. Le nonce oppose les décisions du concile sur l'âge requis pour être évêque[15]. Finalement, Jean de Lorraine conserve Agen jusqu'à sa mort deux ans plus tard.

Si le nonce en France sous François Ier et Henri II tente bien de diffuser des mesures de réforme prises à Rome ou à Trente, il le

---

[13] J. Lestocquoy éd., *Correspondance des nonces en France Dandino, Della Torre et Trivultio (1546–1551)*, (Acta Nuntiaturae Gallicae, 6), Rome-Paris, Presses de l'Université Grégorienne-E. de Boccard, 1966, p. 174.

[14] G. Ribier éd., *Lettres et memoires d'Estat des Roys, Princes, Ambassadeurs et autres Ministres sous les Regnes de François premier, Henry II et François II . . .*, Paris, François Clouzier et vesve Aubouyn, 1666, t. 2, p. 214.

[15] J. Lestocquoy éd., *Correspondance des nonces en France Dandino, Della Torre et Trivultio (1546–1551) . . .*, p. 317, Della Torre au cardinal Farnèse, Vassy, 12 juin 1548.

fait avec une évidente discrétion qui contraste avec la manière beaucoup plus directe de ses successeurs dans la seconde moitié du siècle.
Ce changement d'attitude n'est pas lié à une directive romaine: Paul
III ou Jules III prennent un certain nombre de mesures de réforme
et encouragent les églises nationales à adopter celles déjà votées au
concile; Paul IV n'est pas précisément un modèle de retenue et de
discrétion diplomatique. Pourtant, les nonces qu'il envoie en France
n'adoptent pas son ton péremptoire pour exiger l'application des
décisions romaines. Ce n'est qu'à partir de 1560 que le changement
de ton devient évident. Sebastiano Gualterio, nonce envoyé par Pie
IV après la conjuration d'Amboise, est le premier à adopter cette
attitude sermonneuse qui est celle de tous ses successeurs, ne per-
dant jamais une occasion de remontrer à leurs interlocuteurs français tous les abus de l'Église gallicane et de leur proposer le modèle
tridentin, ou plutôt son interprétation romaine, comme unique et
souverain remède. Ce changement ne tient pas non plus à la per-
sonnalité des nonces. Dans les années 1560, Pie IV, puis Pie V
envoient en France des nonces qui y avaient déjà exercé cette fonction sous leurs prédécesseurs Paul III ou Jules III. Si Gualterio, Santa
Croce ou Della Torre ont désormais un autre langage, ce n'est pas
qu'eux-mêmes aient changé ou que la papauté ait adopté une politique radicalement différente. Simplement, les représentants de Rome
n'ont plus face à eux la monarchie sûre d'elle-même de la Renaissance,
mais celle inquiète et faible des guerres de religion.

Profitant de cette faiblesse nouvelle du pouvoir royal, les nonces
se font les agents actifs, voire agressifs, d'une Réforme catholique
romaine avant même que le concile ne se soit terminé, que ses modalités d'application ne soient fixées, que la papauté elle-même ne s'en
fasse le champion. Ce fait nous renvoie à l'interprétation du concile
de Trente et de toute la Réforme catholique par Paolo Sarpi comme
un gigantesque bras de fer entre la papauté et les puissances temporelles catholiques, ayant pour enjeu le contrôle des Églises nationales. Pour le servite vénitien, Rome a su profiter de la moindre
faiblesse des pouvoirs laïcs pour prendre l'avantage et finalement tri-
ompher. Pour polémique qu'elle soit, cette interprétation a l'avantage de poser le problème de la diffusion de la Réforme catholique
non pas en termes moraux mais de rapports de pouvoir et même
de rapports de force. Il ne s'agit plus de décrire le triomphe de la
vertu sur le vice—ou l'inverse, suivant l'opinion de l'historien—, mais

de comprendre les mécanismes du pouvoir au sein d'une Église catholique menacée.

Il ne faut cependant pas pour autant adopter sans réserve le cynisme sarpéen: les autorités romaines ont bien un idéal de réforme qu'elles tentent d'imposer en faisant progresser l'absolutisme pontifical de façon concomitante et parfois consubstantielle. Elles sont même parfois capables d'oublier leur susceptibilité au profit du seul résultat. Dès août 1560, quand le parlement menace d'entamer des procédures contre les évêques qui n'obéiraient pas à l'édit royal du 26 juillet leur ordonnant de retourner dans leur diocèse pour y résider, le nonce Gualterio s'indigne devant une telle ingérence des autorités laïques dans les affaires ecclésiastiques[16]. Mais le cardinal Borromée se montre bien plus pragmatique et s'étonne de voir le nonce s'opposer à un dessein aussi louable: peu importe quelle autorité contraindra les évêques à résider pourvu qu'ils le fassent![17] Ce contraste entre un centre romain accommodant et ses agents sur le terrain intransigeants mérite d'être noté, même si on ne peut en faire une loi. De plus en plus, la papauté donne raison à ses nonces quand ils s'opposent aux règlements laïcs en matière ecclésiastique, fût-ce pour la bonne cause. Le cas le plus évident est celui de la grande ordonnance de réforme de Blois, issue des doléances des États généraux de 1576, mais rédigée seulement en 1579. L'ordonnance reprend de nombreuses dispositions du concile de Trente, mais cette fois le pouvoir pontifical et ses représentants ne sont plus disposés à laisser le roi imposer de sa propre autorité des mesures inspirées par la législation conciliaire. Les nonces Castelli, puis Ragazzoni se conforment scrupuleusement à leurs instructions et demandent à plusieurs reprises le retrait de l'ordonnance[18]. Ils surveillent aussi avec inquiétude toute nouvelle velléité de réforme, comme celle que laisse présager l'assemblée de Saint-Germain réunie par Henri III à la fin de l'année 1583. Analysant les débats de Saint-Germain, l'éditeur de la correspondance de Ragazzoni, le père Pierre Blet, traduit bien le paradoxe

[16] J. Lestocquoy éd., *Correspondance des nonces en France Lenzi et Gualterio, légation du cardinal Trivultio (1557–1561)*, Acta Nuntiaturae Gallicae, 14), Rome-Paris, Université Pontificale Grégorienne, Ecole Française de Rome, 1977, p. 249.
[17] *Ibid.*, p. 255.
[18] R. Toupin éd., *Correspondance du nonce en France Giovanni Battista Castelli . . .*, p. 64 sq.

de la position du nonce: 'Salutaires en soi, peut-être, ces réformes risquaient de se trouver viciées dans leur principe, issues qu'elles seraient du pouvoir laïque'[19]. La lutte pour la résidence, contre la confidence, la simonie, objectifs des plus louables, ne doivent pas être des prétextes pour maintenir ou développer la tutelle du pouvoir temporel sur l'Église gallicane.

La diffusion de la Réforme catholique apparaît donc dans la correspondance du nonce comme un problème largement politique, même si les représentants du pape tentent le plus souvent de le placer uniquement sur le terrain religieux. L'interminable question de la réception des décrets du concile de Trente est à ce sujet un bon exemple. Sans entrer dans le détail des négociations, déjà bien connu[20], il faut cependant insister sur un fait: les nonces ne veulent pas tant la réception des décrets que leur réception *inconditionnelle*, sans aucune clause de réserve concernant les libertés gallicanes ou les privilèges du roi. Elle seule marquera à leurs yeux l'indépendance de la sphère ecclésiastique et surtout la supériorité du pouvoir romain sur tout pouvoir local, que ce soit celui de l'Église gallicane ou du roi. La question de l'application devient alors secondaire. Cette dissociation entre combat pour la réception et pour l'application est essentielle pour comprendre l'action du nonce comme agent de la Réforme catholique. Il se soucie finalement assez peu de relever les tentatives du clergé français et de la monarchie pour adopter des éléments du dispositif tridentin, tentatives plus précoces et moins vaines qu'on ne l'a trop souvent dit en adoptant justement le point de vue des nonces. Ces tentatives aboutissent, aux yeux des Français, à des résultats qui valent ceux des 'modèles' méditerranéens et sont la preuve de la vanité du débat sur la réception du concile. En 1579, Anselmo Dandino signale que pour le roi, le Parlement, la Sorbonne, la réforme de l'Église gallicane peut se faire sans la réception officielle des décrets, car les Français ont des cardinaux aussi bons que Borromée ou Paleotti[21]. Si on signale les qualités du clergé français, on souligne

---

[19] P. Blet éd., *Girolamo Ragazzoni*..., p. 37.

[20] Le livre essentiel reste celui de Victor Martin, *Le gallicanisme et la Réforme catholique. Essai historique sur l'introduction en France des décrets du concile de Trente (1563–1615)*, Genève, Slatkine-Megariotis Reprints, 1975 (réimpression de l'édition de Paris, 1919).

[21] I. Cloulas éd., *Correspondance du nonce en France Anselmo Dandino (1578–1581)*, (Acte Nuntiaturae Gallicae, 8), Rome-Paris, Presses de l'Université Grégorienne—Editions de Boccard, 1970, pp. 452–453.

aussi volontiers les travers qui subsistent dans des pays ayant reçu officiellement le concile. Dans un entretien avec le nonce Ragazzoni, Claude d'Angennes, évêque de Noyon,

> Pour défense des nombreux désordres qui se produisent ici en matière de bénéfices et en ce qui concerne la discipline ecclésiastique, dit que les choses ne se passaient guère mieux en Italie, où le concile est publié[22].

Les nonces convaincus de la corruption gallicane peuvent difficilement entendre un tel message, mais il est plus surprenant de voir comment toute l'historiographie a repris jusqu'à une période récente le point de vue romain qui lie étroitement réception et application du concile[23]. Or, la première question relève exclusivement d'un débat juridictionnel entre affirmation de la suprématie pontificale ou conservation des privilèges royaux ou bien d'un conflit politique entre clans catholiques intransigeant et modéré au sein même de la cour. Les nonces successifs pèsent de tout leur poids dans ce débat, mais il n'a qu'un rapport lointain avec la diffusion réelle de la Réforme catholique.

Dans ce domaine, les interventions du représentant pontifical sont nettement moins fracassantes. On peut le constater sur deux exemples précis: les conciles provinciaux et les nominations épiscopales. Le concile de Trente ordonne la réunion régulière de conciles provinciaux, disposition qui n'est appliquée que très rarement dans l'Europe catholique, à l'exception notable de la province de Milan sous le gouvernement de Charles Borromée. Ailleurs, le plus souvent, un concile unique se réunit pour adopter les mesures tridentines et leur ajouter des dispositions concernant leurs modalités d'application. En France, juste après la clôture du concile de Trente, seul le cardinal de Lorraine réunit un concile à Reims, dans la plus grande indifférence du nonce Santa Croce. Son exemple n'est repris dans les autres provinces de l'Église gallicane qu'au début des années 1580, sans que les nonces successifs n'aient vraiment cherché à encourager les archevêques français à remplir les obligations tridentines en ce domaine. Ce manque de zèle des agents romains en faveur des conciles provinciaux n'est d'ailleurs pas particulier à la France. Quand

---

[22] P. Blet éd., *Girolamo Ragazzoni*..., p. 482, lettre au cardinal Rusticucci Paris, 25 novembre 1585.

[23] Voir le constat dressé par M. Venard, *Le catholicisme à l'épreuve dans la France du XVIᵉ siècle*, Paris, Editions du Cerf, 2000, notamment p. 286.

le cardinal de Bourbon réunit enfin le concile de sa province de Rouen en 1581, l'enthousiasme du nonce Castelli est plus que modéré. Les décrets normands 'n'ont pas la majesté ni le sérieux (*'gravità'*) des conciles milanais'; beaucoup de dispositions ne semblent pas relever de la compétence des conciles provinciaux[24]. La seule chose qu'apprécie le nonce est de voir le cardinal de Bourbon soumettre les décrets à l'approbation du pape, même s'il déplore de le voir faire la même chose avec le roi. Une fois de plus, le conflit de juridiction semble occulter complètement les dispositions elles-mêmes. Il est vrai que ce conflit de juridiction peut compromettre l'application des mesures décidées au concile: quand Castelli conseille à l'archevêque de Lyon Pierre d'Epinac de réunir un concile provincial, le prélat se montre sceptique sur son utilité, car le parlement risque de s'ingérer et de censurer les décrets[25]. D'initiative locale, soumis au contrôle du pouvoir temporel, les conciles provinciaux n'ont rien pour séduire les représentants de Rome. On peut multiplier les exemples de leur désintérêt, y compris chez les nonces les plus actifs en faveur de la Réforme catholique. Girolamo Ragazzoni par exemple transmet sans commentaire une demande de Monsieur en faveur du chapitre collégial de Saint-Martin de Tours: les chanoines craignent une limitation de leur exemption par le concile provincial et implorent la protection de Rome[26]. L'archevêque de Bourges se plaint que ses suffragants boudent son concile provincial et demande au nonce d'intervenir auprès du roi et du pape pour les contraindre d'y assister. Ragazzoni préfère esquiver et ne pas s'engager[27]. La seule chose à laquelle les nonces s'intéressent vraiment est l'envoi des décrets à Rome par les métropolitains pour obtenir confirmation et éventuellement correction.

En ce qui concerne les nominations épiscopales, on observe un réel changement après 1560 et on voit les nonces morigéner plus volontiers les rois et leur rappeler leurs devoirs. Mais il leur est difficile d'aller plus loin, car ils n'ont aucun rôle institutionnel dans le processus mis en place par le concordat de 1516, avant l'établissement d'une nonciature permanente. Lors des débats à Trente, il avait bien été proposé de confier aux nonces le soin d'enquêter sur

---

[24] R. Toupin éd., *Correspondance du nonce en France Giovanni Battista Castelli*, p. 150.
[25] *Ibid.*, p. 183.
[26] P. Blet éd., *Girolamo Ragazzoni...*, pp. 186–187, Paris, 27 janvier 1584.
[27] *Ibid.*, p. 263.

les candidats à l'épiscopat, mais cette proposition avait été rejetée avec vigueur par l'épiscopat français. Ce n'est que par la bulle de Grégoire XIV *Onus apostolicae servitutis* du 15 mai 1591 que Rome confie aux légats *a latere* et aux nonces le soin d'établir les procès de *promovendis*[28]. Mais cette mesure valable pour toute la chrétienté n'est pas reconnue dans la France gallicane.

En ce qui concerne la période étudiée ici, les interventions du nonce sont donc ponctuelles et relèvent de la diplomatie d'influence. Il peut mettre en garde le roi ou le pape sur les médiocres qualités d'un candidat à l'épiscopat et bloquer ainsi le processus de nomination. Force est de constater que ces interventions sont rares, y compris chez les nonces les plus zélés. Prenons l'exemple des nonces Giovanni Battista Castelli (1581–1583) et Girolamo Ragazzoni (1583–1586) qui représentent sans aucun doute le modèle du nonce voulant oeuvrer à la diffusion de la Réforme catholique. Tous deux issus de ce groupe d'évêques borroméens de choc qui a mis en application la Réforme tridentine en Italie du Nord, ils ont pour interlocuteur un roi affaibli politiquement et de plus en plus dévot, doublement sensible donc aux pressions du représentant de Rome. Malgré cette situation favorable, malgré leur zèle, les interventions précises de Castelli et de Ragazzoni restent rares. Au-delà des sermons généraux sur les devoirs du roi, dont ils ne se privent pas, on ne peut remarquer que quelques cas où ils s'opposent à une nomination royale précise: Saluces, où il s'agit non pas de défendre la Réforme catholique, mais d'empêcher le roi de nommer à un évêché qui ne relève pas des dispositions concordataires[29]; Verdun où certes le candidat est indigne, mais qui surtout relève exactement du même cas que Saluces[30], et enfin Lisieux où Ragazzoni dénonce la candidature d'un confidentiaire[31]. Mais s'il le fait, alors qu'il ne s'agit certainement pas du seul cas survenu pendant sa nonciature, c'est parce que ce confidentiaire agit pour le compte d'un favori de Monsieur, que la nomination vient de ce dernier et que finalement

---

[28] B. Barbiche et S. de Dainville-Barbiche, 'Les pouvoirs des légats *a latere* et des nonces en France aux XVIe et XVIIe siècles, *op. cit.*, p. 269.

[29] R. Toupin éd., *Correspondance du nonce en France Giovanni Battista Castelli* . . ., p. 216.

[30] P. Blet éd., *Girolamo Ragazzoni* . . ., p. 305.

[31] I. Cloulas, 'Les rapports de Jérôme Ragazzoni, évêque de Bergame avec les ecclésiastiques pendant sa nonciature en France (1583–1586)', *Mélanges d'archéologie et d'histoire de l'Ecole française de Rome*, 72, 1960, p. 518.

Henri III est trop heureux d'opposer à son frère les réticences romaines. Le nonce peut donc à la fois contrecarrer la volonté d'un prince mal vu à Rome pour ses alliances avec les hérétiques et empêcher la pratique détestable de la confidence, sans pour autant déplaire au souverain.

La prudence, le choix très ciblé des interventions semblent caractériser l'action du nonce en matière de nomination épiscopale. Mais on retrouve ces même traits pour d'autres aspects essentiels de la Réforme catholique. Ragazzoni intervient vigoureusement pour envoyer l'évêque de Saluces résider dans son diocèse[32]: il s'agit d'affirmer l'autorité d'un représentant du pape sur le titulaire d'un évêché italien. Castelli comme Ragazzoni font des instances auprès d'Henri III pour obtenir son accord à des visites apostoliques, mais il s'agit à nouveau seulement de visites à Saluces ou dans les Trois Évêchés. Quel que soit le sujet sur lequel ils interviennent, Réforme catholique et défense de la juridiction pontificale sont indissociables dans l'action des nonces.

Cet exposé trop rapide permet néanmoins de tirer quelques conclusions qui ont valeur générale. Le nonce en France a bien été un agent de diffusion de la Réforme catholique, mais la nature de son action, son caractère finalement très limité même après 1560 sont révélateurs du fait qu'il n'est pas l'initiateur, ni même un des acteurs importants de cette Réforme catholique française. Le nonce a surtout voulu affirmer la suprématie pontificale en profitant après 1560 de l'affaiblissement de la monarchie. Certes, cette affirmation n'est justement possible que par la promotion de la Réforme catholique. Dans les faits, ce combat passe par deux types d'actions bien différents: des affirmations générales flamboyantes, mais sans grandes conséquences, et des interventions ponctuelles, calculées avec réalisme. L'ambition des secondes est d'ailleurs fort modeste. Le nonce semble ne pouvoir influencer qu'à la marge le cours de la Réforme catholique dans le royaume.

Cette constatation permet de mieux comprendre les formes de diffusion de la Réforme catholique en France. Loin d'être une importation romaine ou borroméenne, elle est avant tout un phénomène né des appétits réformistes de la fin du XVe siècle, poursuivi par l'évangélisme, puis par les premières mesures de Contre-Réforme

---

[32] P. Blet éd., *Girolamo Ragazzoni...*, p. 165, p. 206.

dont témoignent les conciles provinciaux de 1528. En France comme ailleurs, le cadre de la Réforme catholique a été avant tout national et il est temps d'en finir avec l'opposition traditionnelle entre un protestantisme 'national' et un catholicisme 'international' imposé par Trente et Rome. Mais si l'action romaine, et en particulier celle des nonces, n'a pas eu un caractère initial et décisif, il n'en reste pas moins qu'elle a maintenu une forme de coordination entre les différentes Réformes catholiques nationales, que l'affirmation obstinée de la juridiction pontificale, dans la majesté de son principe tout comme dans la trivialité de ses prétentions, a su, en France comme ailleurs, maintenir un équilibre difficile entre l'universel et le national, entre centralité romaine et dynamisme local.

THE JESUITS IN ETHIOPY AND THE POLEMICS OVER THE SACRAMENT OF THE EUCHARIST*

Leonardo Cohen

Abstract

Aux 16ᵉ et 17ᵉ siècles deux approches différentes de la Chrétienté s'opposaient en Ethiopie. Entre 1622 et 1632, la mission jésuite, désireuse d'assujettir le Royaume d'Ethiopie et l'église orthodoxe éthiopienne n'obtint qu'un relatif succès. Le débat souleva de nombreuses controverses. Cet article en traite une en particulier: la polémique autour du sacrement de l'Eucharistie. Nous étudierons le rituel éthiopien de l'Eucharistie vu par deux missionnaires jésuites, Pedro Paez et Manuel de Almeida et la réaction éthiopienne face à cette critique. Cet article permettra d'apprécier l'effort d'un 17ᵉ siècle à formuler une approche anthropologique à la pratique de l'Eucharistie, en séparant les éléments religieux de base des variations culturelles afin d'obtenir une réelle consécration.

The Jesuit mission in Ethiopia (1555–1632) sought for many years to subdue the Ethiopian Orthodox Church to the Roman Catholic Church. Oriented by a rather basic Ignatian conception that recognized in the church the mystical body of Christ, the Society of Jesus gave the Ethiopian Church the treatment deserving of a schismatic Church. In his letter addressed to the *Neguś*, king of Ethiopia, composed in 1555, Ignatius of Loyola suggests that the patriarchy of Alexandria (upon which the Ethiopian Church formally depended) is a cut off and rotten member of the mystical body of the Church. Therefore 'it has neither movement nor virtue, nor it can receive it from the body itself'[1].

There were various problems at the center of the debate in the Jesuit struggle to subdue the Ethiopian Christianity to the authority

---

* I am grateful to Ernesto Priego for his valuable help on the writing of the English version of this paper and to Steven Kaplan and Amos Megged for their comments on an earlier draft.

[1] J. Santiago Madrigal, 'La carta al Negus de Etiopía' in *Miscelanea Comillas*, 53, 1995, pp. 341–379.

of Rome. Theological issues and problems related to religious practice arose and became the source of bitter discussions at the emperor's court.[2] This paper explores the debate around the specific subject of the eucharistic practice in these two Christian cultures that created an increasingly antagonistic relationship.

The sacraments are known as Catholicism's most important Christian rites of salvation. Starting in the thirteenth century and especially after the Council of Trent, the term 'Sacrament' came to mean only the seven sacramental rites of the Catholic Church. The controversy with Protestantism, which based the essence of a sacrament in the promise made by Christ and the external sign, but not on its effectiveness, led to a stricter definition and usage of the concept. From then on, 'sacrament' would only apply to those realities that met the following requirements: institution by Christ, structure of matter and form, '*ex opere operato*', effectiveness, intention from the minister and the subject's dispositions.[3]

The Ethiopian sacramental rites therefore represented a complex problem for the Jesuit mission. If the legitimacy and the saving power of the Ethiopian sacraments were to be recognized, what would be the need to impose Catholicism? Was the Ethiopian priest authorized to administer the sacrament? Was the Ethiopian priest a legitimate medium capable of confer grace?

Needless to say, the way the Jesuits presented the sacraments is of prime importance for those who intend to reconstruct the history of Ethiopian religious institutions of that time. The Jesuits, in order to elaborate on their critique of Ethiopian sacramental practices and theology, supplied descriptions of a highly valuable ethnographic character. The decisions of the Council of Trent constituted the prism though which the Jesuits viewed and critiqued the way the Ethiopians understood and practiced the sacramental rites.[4]

---

[2] In addition to the sacraments, the veterotestamentary rites were among the rituals that caused tension between both Churches. For instance, the Jesuits displayed an antagonism to circumcision, observance of the Saturday Sabbath, and dietary restrictions practiced by the Ethiopian Church. Doctrinally, the Churches clashed over the monophysite problem, the origin of rational souls, God's corporality and the relation of the Son to the Holy Spirit.

[3] See, D. Borobio, *La Celebraciòn en la Iglesia: Liturgia y Sacramentologìa Fundamental.* Vol. I, Ediciones Sígueme, Salamanca, 1991, p. 372.

[4] It should be remembered that even if at the Council of Florence the seven sacraments were considered to be the path to grace, that belief was just an opinion.

The mission of the Jesuits unfolds in the list of recommendations that Ignatius of Loyola himself suggests to the missionaries who looked forward to traveling to Ethiopia. From a reading of this interesting document, the reformist role that Loyola assigns to the Jesuit missioner is revealed. It is, in this sense, all about reforming the Ethiopian sacramental practice; institutions had to be strengthened and the excesses had to be restrained. Loyola suggests certain modifications with regards to the Holy Sacrament: make the wafer in the Catholic style, and give it after the confession, not whenever people assist at Mass; for those who are sick, the sacrament is to be taken to their home; the confession must be practiced among those who could understand Portuguese and Spanish, and for to those who could not, priests should make the effort to speak the 'Abyssinian' language. Generally, in all sacraments, adds Loyola, the ways and ceremonies to be observed must be introduced gradually.[5]

Two contemporary missionaries in Ethiopia, Pedro Paez and Manuel de Almeida wrote exhaustively about the Ethiopian Church sacramental practices.

Pedro Paez was born in Olmedo in 1564. He had a cosmopolitan erudition, due to his great skills for the study of many diverse languages, among other things. Once in Ethiopia, he apparently did not have much difficulty learning *Amharic* and *Ge'ez*, which enabled him to translate religious works into Portuguese and preach with a certain amount of success. Pedro Paez combined curiosity and reflection about other cultures with the missionary spirit. Beginning with his arrival in Ethiopia in May 1603, Paez obtained a deep knowledge about the land, the customs, and the Ethiopian language.[6] His labor

---

The Council of Trent, in contrast, placed them in the category of dogma. From the seventh session on, the Council dedicated all of the doctrinal work to the sacraments. This was done, mainly, to keep a complete list of the seven sacraments to answer Protestantism who only recognized baptism and Eucharist. The Council of Trent also represents one of the most interesting moments in the history of the Eucharist, because of what it supposed in matter of pastoral reflection and theological tension as an answer to attacks from the reformists. But this Council is also relevant to the topic at hand because of the reflections and definitions that conditioned and permeated the consciousness of the Spanish and Portuguese Jesuits, that arrived in Ethiopia at the end of the Sixteenth and beginnings of the Seventeenth Centuries.

[5] C. Beccari, *Notizia e Saggi di Opere e Documenti Inediti Riguardanti la Storia di Etiopia durante I Secoli XVI, XVII e XVIII, con Otto Facsimili e due Carte Geografiche*, Rome, 1903, pp. 237–254.

[6] About the figure of Pedro Paez, see the prologue of E. Sanceau in the book

as a missionary has been evaluated as prudent, culminating in the embrace of Catholicism by the Emperor Susenyos in 1622. Paez died the same year.

Manuel de Almeida (1580–1646), was assigned visitor of the Ethiopian mission after Emperor Susenyos had already embraced Catholicism. He traveled to Ethiopia at the end of 1622 was received in court, and started his hard missionary labor. His presence in the country coincided with that of the Patriarch Afonso Mendes, who was the last of the Catholic patriarchs. During this period, the Jesuits hardened their position, showing less tolerance for Ethiopian customs and rites, and insisting the *Latinization* of the Ethiopian liturgy. In 1632, the Jesuits were expelled from the country and Ethiopia returned to its ancestral Alexandrian faith.

We now turn to the positions of the missionaries mentioned above, oriented by the continuous dilemma faced by Christian missionaries in various regions: how to separate permissible cultural variation from indispensable religious elements in order to have real consecration.

Eucharist

What eucharistic ritual elements were tolerated as 'local customs' and which, in fact, were indispensable elements for the consecration?

In the case of the Eucharist, Father Manuel de Almeida recognized that Ethiopians were raised and confessed 'in this divine sacrament really and truly', naming it *Qeddus Qwerbän* (Holy Offering) or *Sega Amlek* (Body of the Lord). But there was no sign of a true consecration at his mass—says De Almeida—for a lack of authority from the minister, 'because in fact, they were not real priests' and also because of a problem of substance, since 'it was not wine but water with which they consecrated'[7].

---

edition of Paez, *Historia de Etiópia*, Vol. I, Livraria Civilização, Porto, 1945–1946, pp. IX–XXIII. Also, S. Pankhurst, *Ethiopia: A Cultural History*. London, 1959, pp. 339–358. Specially, the recent articles of H. Pennec, 'La Mission jésuite en Ethiopie au temps de Pedro Paez (1583–1622) et ses rapports avec le pouvoir éthiopien', in *Rassegna di Studi Ettiopici*, 1992–94, vol. 36, pp. 77–115, vol. 37, pp. 135–65, vol. 38, pp. 139–81.

[7] C. Beccari, *Rerum Aethiopicarum Scriptores Occidentales Inediti a Saeculo XVI ad XIX*, vol. VI, Rome, 1903–1917, p. 145. Wine—according to Paez and De Almeida's description—is made with prunes in a house next to the church, briefly before mass.

Father Pedro Paez tells us that the Ethiopians had great devotion and reverence towards the ineffable sacrament of the Eucharist, because they believed that 'once the consecration words are said by the priest, bread is bread no more and wine is wine no more, and under a spell, they *are really and truthfully*, the body and blood of Christ Our Lord, hypostatically united to the person of Divine word'.[8] In other words, the eucharistic presence of Christ is substantial, and at the altar only the appearances of bread and wine remain. This belief, as defined by Paez, would be essentially similar to the Catholic Church's doctrine of transubstantiation. But let us carefully analyze both authors' statements in light of other sources.

There do not seem to have been significant theological controversies within the Ethiopian Orthodox Church regarding the Eucharist. Furthermore, there are no Ethiopian personalities comparable to Wycliffe or Berengar, who questioned the teachings commonly accepted by the Church with respect to this Sacrament. Hagiographic literature shows that the Ethiopian Church did not have such controversies. The belief that implied the idea that 'bread is no more bread and wine is no more wine and underneath, the body and blood of Christ are really and truly found'[9] is reflected in the miracles which occurred during the Eucharist. Even if the transubstantiation concept is essentially Latin, the Ethiopian Church's point of view, is similar: the Eucharist is not just *memorial*, but also *sacrifice (qwerbän)*. Ethiopian liturgy comments at the moment of consecrating the Paten: 'Bless this Paten for pure service so that the holy body of the only-begotten Son Jesus Christ can be ready in it'[10] and also of the chalice; 'O lover of man, bless the Chalice and fill it with pure blood'.[11] The sacrifice also absolves sin, as seen in services preparing for the Mass, stipulated by the Liturgy.[12] In fact, then, there are no sub-

---

The Ethiopians took dry prunes who had been kept for a year and washed them, and put them into a receptacle. Prunes are mashed by hand inside the water and are then filtrated with a clean cloth. In some churches where the prunes are scarce, so much water is added that the mixture looks like dark ink. Because of this, De Almeida considers the consecration to be made with water.

[8] C. Beccari, *Rerum Aethiopicarum* . . . vol. II, p. 440.

[9] Some examples are presented by S. Kaplan in 'The Social and Religious Functions of the Eucharist in Medieval Ethiopia', *Annales d'Ethiopie*, xix, 2003, pp. 7–18.

[10] See M. Daoud, *The Liturgy of the Ethiopian Church*, Berhanena Selam Printing Press of His Imperial Majesty Haile Selassie I., Addis Ababa, 1954, p. 5.

[11] *Ibid.*, p. 6.

[12] *Ibid.*, p. 8.

stantial differences between the Catholic and Ethiopian conceptions of the Eucharist, except that the Catholic Church was forced to present a formulation that would consider the Eucharist presence of Christ as substantial[13] to overcome the reformer's attacks. How was it sustained, then, by the Jesuits, that there is no real consecration in the Ethiopian Church?

Paez, like De Almeida, believed there is no real consecration because the wine is but prunes and water. Wine's 'specie' represents a fundamental problem, as sacrament is not a merely symbolic matter. Jesuits remark, then, that they find the use of this mixture problematic, for achieving real consecration. How then, can wine that is not real wine, be converted into the blood of Christ?[14]

We find an answer to this question in an Ethiopian text dated around the 1620's, '*Asartu Tase'elotät* (The Ten Questions). In it, a disciple presents ten questions related to ecclesiastic subjects, followed immediately by the teacher's answers. Interestingly, in the fourth section devoted to the Eucharist, we are confronted with a special evaluation of water as the source of blood. It is, as we will see next, an answer to the Jesuit accusation of the non-existence of an authentic consecration for being a mixture of water and prunes and not wine, in an attempt to give a theological legitimization of the traditional sacramental practice, to the Ethiopian audience. One fragment of the text says:

> Human blood and flesh descend from bread and water. Then, when Mary carried Our Lord Jesus Christ in her womb, by the hand of the Holy Ghost, immaculate, from the very bread that Mary had day after day, Jesus took a very little piece from which he made his flesh, and from the water that she drank mixed with wine, took a little to make his blood. *Thus is how Our Lady and all the people from this country drink water mixed with wine.*[15]

---

[13] See J. Aldazabal, 'La Eucaristía', in D. Borobio, éd. *La Celebración en la Iglesia*, vol. II Ediciones Sígueme, Salamanca, 1990, p. 291.

[14] Father Manuel Barradas says that 'they know and confess that that is not wine and therefore it is not blood. But in order to not leave their faith or their fathers' custom, which they believe consistent in that abuse, they keep it and fiercely defend it against their own consciences'. See C. Beccari, *Rerum Aethiopicarum . . .* vol. IV, p. 291.

[15] E. Cerulli, *Scritti Teologici Etiopici dei Secoli XVI–XVII*, vol. II, Roma, 1958, p. 201, in Ge'ez, pp. 225–226 in the Italian translation.

Notice that the last phrase reveals why water and wine are drunk
and not why bread is taken. It is evidently a defense of a practice
questioned by the Jesuits themselves, giving elements to the Ethiopian
audience, to evaluate the power of water mixed with wine for
consecration.

The Jesuits also claimed that it was not a real consecration, because
the ministers' lack of power, not being real priests themselves, as De
Almeida says. Nevertheless in the Ethiopian Christian Church, priests
had the power and authority to execute mass and administer the
sacraments.[16] There is no reason to doubt the central role of the
priest in the Ethiopian Eucharist ritual. It is our duty, then, to understand de Almeida's statement in two possible ways: Ethiopian priests
were not real priests 1) due to the deficient and relaxed religious
education and formation they received, or 2) because they were
priests of a 'schismatic' Church that does not recognize the truths
and dogmas of Catholicism.

Due to its historic dependence on the Coptic Church of Egypt,
the Ethiopian Orthodox Church suffered, from time to time, from
a scarcity of clerics. The *Abunä*—Coptic monk sent from Egypt—
was the only bishop of the Ethiopian Church and therefore, the only
one authorized to consecrate and ordain clergy. During his absence,
which sometimes lasted for a long time, there was no possibility to
replace the priests and deacons. Thus, when the *Abunä* was available, priests were ordained en masse and with minimum requirements. Francisco Álvares, chaplain of the first Portuguese embassy
to arrive in Ethiopia (1520–1526) tells how the *Abunä* gave communion to the newly ordained clergy—a class of 2357.[17] Pedro Paez,
about ninety years later, narrates how, before ordination, all who
came from the same area would gather, and the ones who could
read were put up front. When the examiner realized they could read,
he would approve all those who came from that same area to spare
the effort of checking everyone.[18] As a consequence, a large proportion of the clergy was illiterate. Paez himself adds:

> I asked a priest from those more learned, if those who were exam-
> ined were made to pronounce some of the passages of the Scriptures

---

[16] See S. Kaplan, *op. cit.*, pp. 9–11.
[17] F. Álvares, *Verdadeira Informação das Terras do Preste João das Indias*, Publicações
Europa—América, Lisbon, 1989, p. 190.
[18] C. Beccari, *Rerum Aethiopicarum* . . . Vol. II, p. 474.

or if they were asked any theological questions. He answered with a laugh: Not even those who examine, nor the very *Abunä* himself, have knowledge of that, how are they going to question on that? They were only examined in reading.[19]

The Jesuits took advantage of such deficiencies in the training of the Ethiopian clergy in their effort to push the Ethiopian Christian Church to the margins of heresy.

Nevertheless, there are certain details in the Ethiopian Eucharist practice which were tolerated as customs because they did not necessarily obstruct the act of consecration. For example, the two Churches expressed their distinct identities in the manner in which they prepared and cooked bread. The Ethiopians communed with a big, thick piece of bread prepared through fermentation.[20] The Catholics made communion with small and thin wafers, and the Ethiopians speculated the wafers were made with camel's bone marrow or animal and dog blood.[21] The Jesuits did not condemn the manner in which the Ethiopians prepared bread for the communion, but they tried to convince them, especially after the Kingdom's conversion, to prepare the wafers in the Catholic way.[22] There is no doubt of this element's importance for the religious identity of each group.

Another element of importance in defining identity is the communion issue under both species that, according to Paez's description, was administered to all the faithful.[23] The Council of Trent itself referred to this custom as not derived from divine regulation and therefore not necessary to receive salvation.[24] However, de

---

[19] *Ibid.*

[20] Pedro Paez gives a detailed account of the process by which the Ethiopians prepared the bread for communion, C. Beccari, *Rerum Aethiopicarum* . . . vol. II, pp. 439–444.

[21] See, C. Beccari, *Rerum Aethiopicarum* . . . vol. VII, p. 94. Also, M. Barradas, 'Notícia sobre o Reino de Tigré (1626)' in A. de Oliveira, éd. *Cartas de Etiopía*, Edição Livraria A.I., Braga, 1999, p. 60. The Jesuits themselves lamented the existence of these rumors. Nevertheless, Ethiopian sources confirm these beliefs. See, *'Hamara Nafs* (La Nave dell'anima)' in E. Cerulli, *Scritti Teologici Etiopici* . . . vol. I, pp. 188–189 in Ge'ez, p. 230 in the Italian translation.

[22] C. Beccari, *Rerum Aethiopicarum* . . . vol. VII, p. 94.

[23] Once arriving to the Church's entrance, the priest gives the sacrament of body to the seculars, men and women, saying: 'Holy Flesh of Emmanuel . . . etc.' and those who commune reply: 'Amen, Amen'. And then the priest gives the blood with the spoon, saying: 'This is the blood of Jesus Christ for the life of the flesh and the soul and everlasting life'.

[24] H.J. Schroeder, *Canons and Decrees of the Council of Trent*, Rockford, Illinois, 1978, pp. 132–134.

Almeida informs us about a dispute between one Ethiopian monk who accepted Catholicism but insisted with great tenacity to continue to administer the communion under both species, wine and bread.[25] Also father Manuel Barradas wrote that he engaged in polemics with the Ethiopian clergy in the province of Tegrē, on the same subject of the communion under both species.[26] This issue was very controversial and, according to de Almeida 'was one of the major objections that they [the Ethiopians] had to the holy faith of Rome'.[27] The last Catholic Patriarch, Afonso Mendes, wrote to the Emperor Fasiladäs, successor of Susenyos, and told him that the communion under both species could be or could be not against the divine law, but that the Roman Pontiff is the only one who can authorize it.[28]

As for the Eucharist being administered to minors, the Council of Trent determined that it was not necessary. Before being able to reason and, having been recently baptized in Christ, minors cannot lose their just acquired grace as sons of God. The Council determined, then, that communion of minors was not to be compulsory, but nevertheless added that the antiquity of this custom must not be condemned, since in certain times and places it is still observed. In the same way, certain tolerance is expressed by Father De Almeida regarding this Ethiopian custom by not openly advocating for its disappearance.[29]

In conclusion, the answer to whether there had been real consecration or not remains ambiguous. The similarity of belief and opinion between Catholicism and the Ethiopian Church made Jesuits receive it as a related tradition as opposed to Protestantism. But, on the other hand, the Jesuit mission had already entered into a severe political and religious struggle to subdue the Ethiopian Christian Church to the Catholic Church. For the Jesuits, undermining the Ethiopian priests' authority to consecrate the Eucharist was critical in order to gain over that important sacramental act, which identifies the sacred with collective, could be obtained.[30]

---

[25] C. Beccari, *Rerum Aethiopicarum* . . . vol. XII, pp. 264–266.

[26] A. de Oliveira, *Cartas de Etiópia*, p. 27.

[27] C. Beccari, *Rerum Aethiopicarum* . . . vol. XII, p. 265.

[28] See, B. Teles, *Historia Geral de Etihopia a Alta*, Coimbra, 1660, p. 517.

[29] C. Beccari, *Rerum Aethiopicarum* . . . vol. VI, pp. 145–146.

[30] The Eucharistic ritual defined the external limits of the community. Steven

Confession and Penitence

Discussing the role and behavior of the clergy, a reformer of the Ethiopian Church, Emperor Zär'a Ya'eqob (1434–1468), said:

> Every Christian must have his own confessing father to seek after his spiritual welfare. Without his advice, participating in the Holy Communion is forbidden.[31]

Confession as a precondition for access to the Eucharist was surely the ideal within the Ethiopian Church. Hagiographic accounts point out some cases in which the priest prohibits the believer's participation in communion due to a status of impurity or sin.[32] Nevertheless we can ask up to what point we can infer that Zär'a Ya'eqob's decree was issued because was necessary—that is, because the norm was violated.

In their critique, the Jesuits tell us that communion did not necessarily require previous confession. But it is important to point out some problems which these testimonies offer. On the one hand, as we have noted already, the Ethiopian Church was going through a 'heretization' process from the Jesuits' point of view. On the other hand, the evaluation of the kinds of behavior which deserved penitence or confession varied depending on the Jesuits' and the Ethiopians' opinions. Paez says it clearly:

> The penitence which they give is sometimes weak for serious sins, and other times insufferably hard for very weak causes.[33]

Problems emerge, for instance, in the case of Ethiopian marriage, which, though profoundly influenced by Christian teachings, was essentially secular. The contracts of marriage (excepting the few cases of inhabitants who took communion in the wedding ceremony) could easily be dissolved. Furthermore, the secular character of marriage resulted in many cases of polygamy and unmarried cohabitation,

---

Kaplan explains it in regard to the Ethiopian rite and John Bossy performs a similar analysis regarding Western Christianity. See Kaplan, *op. cit.*, p. 12, and J. Bossy, *Christianity in the West (1400–1700)*, Oxford University Press, 1985, p. 67.

[31] T. Tamrat, *Church and State in Ethiopia, 1270–1527*, The Clarendon Press, Oxford, 1972, p. 238.

[32] See S. Kaplan, *op. cit.*, pp. 12–13.

[33] C. Beccari, *Rerum Aethiopicarum. . . .* vol. II, p. 435.

which for practical and moral reasons were tolerated by the Ethiopian ecclesiastical authorities.

According to Paez,

> in many occasions the confessor knows the penitent is at present keeping a concubine and that he will not leave her; and despite this he forgives him. And not only foolish fathers do this, but some of the *Abunä* are so ignorant, they not only forgive penitents keeping concubines but they even tell them to keep the concubines, as one Greek who lived in Ethiopia for years and who converted to our holy faith in 1604 told me. He assured me that, before confessing, he lived with three women and that he was not married to any of them. And, confessing to *Abunä* Petros, who was the *Abunä* at that time, he told him not to kick them out, because they would get lost, but rather kept the women and treat them equal and that then he would forgive him.[34]

At the time for Communion, 'those who had girlfriends, if they were single, had no scruples' and participated in the rite, De Almeida tells us.

> The emperors always had four, six, and more with title of wife, and many more with the title of concubines, and with that they sometimes confessed, but not this sin, since they did not consider it so, and they still had communion every Sunday and some other times in the weekday celebrations, without having, neither them nor their Church priests, any scruples in that matter.[35]

The constant separations and the frequent dissolution of marriage as well as the numerous cases of concubinage were doubtlessly scandalous to the Jesuit mission. That the faithful in such circumstances had participated in the communion act under the permissive tolerance of the preacher is highly possible. As a counterpart, Paez mentions the case of a man, who was punished for having laughed inside the Church, with the penitence of making reverence, his head reaching the floor, one thousand times, during two hours of the evening until night fell. Afraid of suffering excommunication, the man made them, being so tired afterwards that the next day he could not move. According to Paez, repetitive bowing, praying 50 Psalms each day, or praying 150 Psalms during the year were the most common kinds

---

[34] C. Beccari, *Rerum Aethiopicarum* ... vol. II, pp. 434–435.
[35] C. Beccari, *Rerum Aethiopicarum* ... vol. VI, p. 146.

of penitence. Parishoners were 'not to practice communion until they having fulfilled such penitence'.[36]

> To take another man's woman, steal and kill, were the three sins Ethiopians had as most serious and of these sins they confessed. Of the rest they had no scruples.[37]

De Almeida tells us that those Ethiopians who had converted to Catholicism, once they went to Church to confess, were said to have no sins at all, even though they were 40 or 50 years old, since they had not stolen, taken another man's woman or killed.[38]

Confession was performed standing up, and the confessors never ordered to restore anything. They simply said: do it no more. The common practice was to confess in a very general manner, saying 'Forgive me for I have sinned.' 'What should I forgive you of?' 'I lied, I took another man's woman, I did not observe the celebrations'. And so the confessor ordered penitence and forgave him.[39]

In summary we cannot say that for the Ethiopians the two sacramental acts existed separately. Doubtlessly, one was the condition for the other, even though exceptions were common. What we can say with some degree of certainty is that that the Ethiopian Christians and the Jesuits differed over which acts were incompatible with Communion and therefore required Penitence. This issue became one more source of conflict in the already tense relationship between the Churches.

Conclusion

Notwithstanding the resounding criticism expressed by the Jesuits regarding this and the other sacraments, the Jesuit authors—and especially Pedro Paez—show a very sharp interest in the ceremonial aspects of Ethiopian religious life. Their records salvage, in great detail, the ritual elements of the different sacramental practices with

---

[36] C. Beccari, *Rerum Aethiopicarum* . . . vol. II, pp. 435–436. As well as vol. VI, p. 144. The underscoring is mine.
[37] C. Beccari, *Rerum Aethiopicarum* . . . vol. VI, p. 144.
[38] *Ibid.*
[39] *Ibid.*, vol. II, p. 434 and vol. VI, p. 144.

an empathy that suggests a positive evaluation of Ethiopian ceremonial practice and devotion.

Nevertheless, the Jesuits saw themselves as reformers in charge of
increasing the quality of the Christian life of the believers and of
getting the sacramental practice perfect, once Catholicism triumphed.
It was necessary, then, to differentiate between the religious practices needed for consecration and the permissible cultural variations.
Otherwise, how could they question the authority of the local clergy?
The Jesuits tried to weaken the relationship between the local population and the local ecclesiastical authority, in order to strengthen
the influence of the Jesuit missionaries. There were differences in
hue in the fulfillment of this goal, and the demands increased during Alemeida's period, once Catholicism was established as the official
religion of the kingdom, unlike Paez's period, characterized by a
greater wariness towards the missioner's proceedings.

PARTIE III

AGENTS D'ÉDUCATION

RHÉTORIQUE PARENTALE ET RELIGIEUSE: LES VOIES DE LA TRANSMISSION DES VALEURS DE LA RÉFORME AUX ENFANTS

Nadine Kuperty-Tsur

Abstract

Memoirs written by Protestant nobles in the second half of the XVIth Century offer a rich source of informations about the way the ideas of the Reformation were transmitted in every day family life. Based upon the Memoirs of Charlotte Duplessis-Mornay, Henri de La Tour d'Auvergne, Duke of Bouillon, and Agrippa d'Aubigné, this paper aims to show how from their childhood on these people were exposed to an ideological and psychological pressure by their family. The rhetoric used by Madame Duplessis-Mornay in the discourse she addresses to her son while dedicating him her Memoirs, clearly demonstrates those pressures. These authors belonged to the second generation of Protestants and their stories often evoke the way their own parents arrived at the new beliefs.

It emerges that the children's commitment to Protestantism is quite different from their parents'. They lacked the ideological freedom the parents enjoyed when they had to choose between the new beliefs and Catholicism. The children were born and often educated as Protestants and had no choice but to submit to the hard pressure the parents brought to bear so that they should fulfil the commandements of their religion despite harsh persecutions. As nobles, the children were committed not only to respect their parents' choice but also to take part themselves in the struggle to spread Protestantism.

Au-delà de son importance dans la formation de l'individu *a fortiori* au XVIe siècle et davantage encore lorsqu'il s'agit de la noblesse, c'est au sein de la famille et plus précisément par l'intermédiaire des parents, que les enfants sont fréquemment initiés au protestantisme. Gagnés aux idées de la Réforme, les parents lisent la Bible quotidiennement pour eux-mêmes ou à voix haute pour leur entourage et souvent apprennent à lire à leurs enfants directement dans la Bible. C'est encore à la maison, alors que s'assembler est interdit aux protestants, que se disent les prières du soir et du matin, sous l'égide du *pater familias*, revêtu d'une autorité spirituelle qu'il exerce

sur l'ensemble de sa maisonnée: familles, domestiques et clients y
compris. Les parents, notamment les pères choisissent les maîtres de
leurs enfants et assument de façon générale leur première formation
comme on le verra, par exemple, pour Agrippa d'Aubigné, instruit
par Peregim puis par Béroalde mais littéralement voué au protestantisme par son père.

L'intérêt particulier des Mémoires protestants de la seconde moitié du XVIᵉ siècle est de permettre une incursion dans le milieu
familial protestant et d'y observer les modalités de transmissions des
idées de la Réforme. Les Mémoires présentent le souvenir que le
mémorialiste veut donner du rapport de sa famille à la Réforme.
Par le biais de récits d'enfance assez détaillés, les mémorialistes relatent l'histoire de l'engagement religieux de leur famille. L'évocation
des parents et souvent des grands-parents permet de retracer l'histoire des trois premières générations protestantes. Les mémorialistes
retenus pour cette étude sont les fils de la première génération réformée, ils destinent leurs récits à leurs enfants dés la préface, ce qui
les désignent comme un héritage familial et religieux tout à la fois.
Animés par des sentiments dynastiques propres à leur race au sens
défini par Arlette Jouanna[1], ces nobles ouvrent leurs Mémoires par
un bref rappel de leur généalogie familiale. Si cette incursion dans
la galerie des portraits des ancêtres est commune à tous les Mémoires
confondus, aussi bien catholiques que protestants, les mémorialistes
protestants se distinguent néanmoins par le fait qu'en parallèle à
l'histoire de leur noblesse, ils relatent aussi celle de l'engagement de
leurs proches dans le protestantisme. Ce double rappel, celui des origines familiales et glorieuses d'une part et celui de l'origine de l'engagement à la réforme d'autre part, montre bien en prélude au récit,
que les mémorialistes considèrent leur choix religieux comme un des
fondements essentiels de leur identité. Ces textes relatent le passé
pour le transmettre aux générations futures par l'intermédiaire des
enfants qui en sont, dans les trois cas évoqués, les destinataires explicites. Leur histoire, celle de la deuxième génération protestante, est
celle d'un durcissement, l'engagement à la Réforme représente un
acte dangereux car politique dont personne n'ignore les risques. Le
caractère argumentatif très marqué de ces textes montre que le récit

---

[1] A. Jouanna, *L'idée de race en France au XVIᵉ siècle et au début du XVIIᵉ*, Paris, Lille
III, 1976, rééd. Montpellier, Université Paul Valéry, 1981, 2 vol.

de vie qu'ils développent n'est pas gratuit mais vise à persuader les enfants d'épouser la vocation religieuse des parents afin de lui donner un sens dans l'histoire, notamment en lui assurant, par le biais des enfants, un avenir.

Née au début du XVIᵉ siècle, la génération des grands-parents a été mise en contact, lors de sa première maturité, avec les idées de la Réforme à une époque qui ne requérait pas encore un engagement net. Les nouvelles pratiques religieuses s'élaboraient, il était encore possible de jouer sur les deux tableaux que représentent le public et le privé. On pouvait aller à la messe pour la façade mais lire la Bible chez soi par exemple. La génération des parents sera celle de la découverte enthousiaste des idées de la Réforme mais peu de temps après, suite à l'affaire des placards en France et le début des persécutions, l'engagement religieux se politise et partant se dramatise. A l'époque des persécutions, il n'y a plus de compromis possibles, l'engagement doit être clair et total, c'est bien cette exigence que Mᵐᵉ Duplessis-Mornay exprime dans la préface adressée à son fils.

De façon générale, les préfaces des Mémoires sont des textes particulièrement riches pour étudier le mode de transmission des valeurs familiales et religieuses car elles représentent le discours que les parents adressent à leurs enfants en préliminaire au récit de leur vie et comme pour leur en indiquer la manière de le lire et de l'interpréter. Agrippa d'Aubigné et Henri de la Tour d'Auvergne, duc de Bouillon, présentent leurs Mémoires comme une leçon religieuse et séculaire alors que Charlotte Duplessis-Mornay confère à ses Mémoires le rôle d'un guide essentiellement spirituel, à valeur testamentaire. Le climat historique particulièrement hostile aux protestants à l'époque où s'écrivent ces textes, nécessitait l'usage d'arguments particulièrement convaincants car, que dire à son enfant, avant et surtout après le massacre de la saint Barthélemy, pour qu'à son tour, il se risque à défendre la cause protestante?

Partant, bien que visant tous un même but, chaque texte représente un choix d'arguments dont certains se recoupent, d'autres divergent. Ces échantillons de discours seront ici présentés dans leur diversité afin de mettre en évidence les idées, valeurs et croyances qui les sous-tendent et de souligner, au-delà de visées argumentatives identiques, leur spécificité signe de leur subjectivité respective. La dédicace qu'adresse Charlotte Duplessis-Mornay à son fils unique en préface à ses *Mémoires*, réunit l'essentiel des composantes de la transmission parentale, c'est le texte le plus long et peut-être le plus construit sur le plan de l'argumentation. Son analyse permet de poser l'essentiel de la problématique commune aux Mémoires protestants évoqués et explique qu'on lui consacre ici une place plus importante qu'aux deux autres textes qui lui seront comparés.

Analyse de la Préface des Mémoires de Mme de Mornay à son Fils

La préface s'ouvre de façon significative sur la notion de prédestination:

> Mon filz, Dieu m'est tesmoing que, mesme avant votre naissance, il m'a donné espoir que vous le serviriez; et ce vous doibt estre quelque arre de sa grace, et une admonition ordinaire à vostre devoir[2].

La prédestination du fils ressortirait d'un événement lui-même tu dans le texte qui serait de l'ordre d'un signe prémonitoire sur lequel la mère garde le secret mais témoigne de sa vérité en appelant Dieu à témoin. La rhétorique maternelle, grave et solennelle, est doublée d'une secrète connivence entre la mère et Dieu sur la vocation (prénatale) du fils, le ton en est intimidant. Cette idée de destin, révélée par des signes mystérieux ne peut qu'impressionner l'enfant, le '*movere*' au sens rhétorique. Puis il est tout de suite pris dans une comptabilité de la redevance qu'établit sa mère de façon à le convaincre que la grâce que Dieu lui a témoigné l'appelle au devoir.

> Il vous a donné d'estre nay en son Eglize [...] Adorés, mon Filz révéremment ce privilége d'estre nay Chrestien. Il vous a faict naistre en la lumière de l'Eglize [...] Adorez moy de rechef, ceste miséricorde, ce soin special que Dieu a eu de vous, de vous exempter de cette apostasie universelle qui a usurpé et tant de nations et tant de temps[3].

Aux signes du ciel, s'ajoute, plus concrète, l'éducation conjointe des deux parents, Mme Duplessis-Mornay ne se dissocie jamais de son mari pour élever l'enfant 'dans la crainte de Dieu'. L'éducation qu'il reçoit, même si elle déborde l'instruction religieuse proprement dite,

---

[2] *Mémoires de Madame de Mornay*, Mme de Witt éd., Paris, Société de l'Histoire de France, 1868. (Reprinted 1968, Johnson Reprint Corporation, USA), préface. Ce texte sera signalé dans les notes suivantes: MDM.
[3] *Ibid.*, p. 2.

est désignée par 'toutes bonnes lettres', et n'a d'autre finalité que celle de lui permettre de 'reluire en son Eglize'.

> En cette intention nous avons mis pene, vostre père et moy, de vous nourrir soigneusement en sa craincte, que nous vous avons, en tant qu'en nous a esté, faict succer avec le laict; avons eu soin aussy pour vous en rendre plus capable, de vous faire instruire en toutes bonnes lettres, et, grâces à luy, avec quelque succez, afin que vous peussiez non seulement vivre, mais mesmes reluire en son Eglize[4].

On note que cette formulation particulière du succès des études l'impute essentiellement à Dieu, éventuellement aux parents mais évacue presque complètement le mérite de l'enfant. Mais la pièce centrale de l'argumentation de la préface comme dans le reste des *Mémoires* de Mme Duplessis-Mornay, est celle qui fait de son mari, un élu de Dieu pour accomplir sa volonté sur terre. Et comme s'il s'agissait d'un héritage dynastique, à son tour le père, Philippe de Mornay, a élu son fils, pour servir Dieu:

> Mais il vous a faict naistre d'un Père duquel en ces jours il s'est voulu servir et servira encore pour sa gloire, qui vous a, dès votre enfance, dédié à son service [. . .][5].

Dans la rhétorique maternelle, l'enfant est doublement redevable, envers Dieu puis envers son père, du tour que prend son destin:

> Pensez que, par tels chemins, Dieu vous veut amener à grandes choses; pensés à estre instrument, en vostre temps, de la restauration, qui ne peut plus tarder, de son Eglize[6].

Ainsi, la rhétorique maternelle tisse autour de l'enfant un réseau d'appartenances successives de plus en plus rapprochées qui toutes visent à définir son identité et lui imposent ses devoirs de chrétien. Destiné à l'Église et fils d'un élu de Dieu, enfermant l'enfant dans son implacable circularité, l'argument part de Dieu et revient à Dieu par l'intermédiaire du père. Ce que l'analyse fait apparaître comme un 'recrutement forcé' est assimilé par la rhétorique maternelle à un engagement qui ne pourra qu'être récompensé. Elle en fait aussitôt miroiter les enjeux:

---

[4] *Ibid.*, p. 1.
[5] *Id.*
[6] *Ibid.*, p. 2.

moiennant cela, mon Filz, [...] qu'en poursuivant son honneur vous n'en trouviez pour vous, plus que le monde ne vous en scauroit ny donner ny promettre[7].

Mais aux promesses faisant entrevoir la félicité sur terre, succèdent les menaces relevant de la rhétorique de l'intimidation:

> Mais appréhendés aussy ses jugemens, sy vous le néglgés [...] car miséricorde mesprizée retourne en condemnation et plus les grâces sont spéciales, plus le mespris ou l'abus en seroit punissable[8].

L'essentiel du récit de Mme de Mornay est consacré à la vie du père et à la sienne au cours des brimades, des tribulations et des exils qui furent le triste lot des protestants. Tout ceci participe des épreuves et concourt au but essentiel du récit qui vise à souligner la permanence et l'intensité de leur foi. En ce sens, leur vie est exemplaire et, partant, son récit est justifié. Le guide qu'elle offre à son fils alors qu'elle 'le voy prest à partir pour aller voir le monde' est présenté comme un don personnel mêlant autorité, affection et souci maternel. Ce guide, c'est l'exemple du père, figure centrale autour de laquelle s'organise le texte tout entier.

> Mais, afin encor que vous n'y ayés point faute de guide, en voicy un que je vous baille par la main, et de ma propre main, pour vous accompagner, c'est l'exemple de votre père, que je vous adjure d'avoir tousjours devant vos yeux [pour l'imiter, duquel j'ay pris la peine de vous discourir] ce que j'ay peu connoistre de sa vie [...] je desire que vous acheviez ce que j'ay commence à escrire du cours de nostre vie[9].

Ce récit est légitimé par le devoir de transmission, devoir parental, bien sûr mais aussi religieux:

> Or, particulièrement nous sommes ingrats si nous ne reconnaissons cela en la conduite de nostre famille, si nous ne l'avons assiduellement devant nos yeux, si mesmes, pour les obliger tant plus à la crainte de Dieu, nous n'en laissons la mémoire à nos enfans [...][10].

Les parents assument ici un rôle de médiateur entre Dieu et leurs enfants pour qu'ils bénéficient à leur tour de sa grâce, bénéfice mar-

---

[7] *Ibid.*, p. 3.
[8] *Id.*
[9] *Ibid.*, pp. 3–4.
[10] *Id.*, p. 8.

qué par l'usage métaphorique d'un vocabulaire emprunté au domaine matériel 'héritiers de la connoyssance'/'debteurs de la reconnoissance':

> Or, avons nous à esperer, comme il est Dieu de nous, qu'il le sera aussy de nos enfans, car sa promesse y est; mais combien il les saura bien conduire au but de leur election par sa miséricorde, ne faut pas que, de nostre part, nous laissions de les acheminer par le soin paternel de leur instruction, les rendant héritiers de la connoyssance, et debteurs de la reconnoissance de tant de graces que nous avons receu de luy [. . .][11].

Son récit relève à la fois de l'acte de grâce et du devoir d'éducation, il s'en trouve doublement légitimé:

> et ne pouvons mieux les en faire capable qu'en leur représentant devant les yeux ce que nous avons, par la grâce de Dieu, expérimenté en tout le cours de nostre en vie en noz personnes, qui est ce que je leur veux icy descrire particulièrement, ne doutant point qu'ilz ne prennent plaisir un jour de se remémorer les bénédictions que Dieu a espandues sur nous, nommément sur la personne de monsieur du Plessis, leur père [. . .][12]

Quant au fils, chargé du devoir dynastique d'illustrer sa famille, il est également tenu par le lien filial et sommé à ces deux titres de reprendre à son compte l'engagement religieux des parents et des grands-parents. En clôture de sa préface, sa mère lui confie un dernier devoir en lui recommandant ses sœurs, dont il s'acquittera en signe de l'amour qu'il lui porte:

> Je vous recommande, au reste, vos sœurs; monstrez, en les bien aymant, que vous aymez et aurés aymé vostre mère. Pensés mesme, tout jeune que vous estes, Dieu nous retirant d'icy, que vous leur devés estre Père[13].

En se déclarant 'maladive' et près de la mort, au-delà de la légère note de 'chantage affectif' qu'on pourrait lui reprocher, elle donne à son discours des allures de testament, comme si elle y dictait ses dernières volontés et exigeait en signe d'amour filial, leur exécution:

> Mais surtout, mon Filz, je croiray que vous vous souviendrez de moy quand j'oiray dire, en quelque lieu que vous ailliez, que vous servez Dieu, et ensuivez vostre Père; j'entreray contente au sépulchre [. . .][14].

---

[11] *Id.*, pp. 8–9.
[12] *Id.*, p. 9.
[13] *Id.*, p. 3.
[14] Id., p. 4.

La préface ne s'achève pas par hasard sur la figuration de sa mort. Dans un discours aussi construit, conscient de lui-même et de ses effets, ce mimétisme entre la fin du récit et la mort ne fait que souligner le lien qui unit le récit et la vie de la narratrice.

La rhétorique protestante et *a fortiori* celle de Mme Duplessis-Mornay repose entièrement sur la notion de grâce, expression de la volonté divine et qu'illustrent les événements de sa vie et de celle de son mari. De nombreux passages de ses *Mémoires* fonctionnent comme des condensés de son système d'interprétation du monde, en voici un exemple où le détail des événements importent peu parce qu'ils appartiennent à un même paradigme dont seul le sens général compte parce qu'il relève de la volonté divine que le croyant se doit d'interpréter et de transmettre:

> Nous cheminons par le milieu des vices; il nous a destournés de leurs allèchements; il nous en a mesmes viollemment arrachés. C'est une marque qu'il nous ayme, et qu'il se veut servir de nous, il nous a osté des biens qui nous ostaient sans doute à luy, destourné des honneurs mondains, qui nous reculoient de luy. C'est signe qu'il ne veut pas nous perdre, signe qu'il veut nous garder au contraire pour lui. Il nous a mesme envoyé du mal, mais dont nous avons receu du bien; des exilz, où nous avons appris à rechercher nostre vraye patrie; des pertes, qui nous ont enseigné d'acquerir au Ciel; des dangers, qui nous ont ramenteu nostre infirmité en les appréhendant. [. . .] Cette extraordinaire conversion des faux maux qu'on appelle en vrays biens nous fait apprendre que rien ne nous peut faire mal quand nous sommes à Dieu[15].

La foi chez les Duplessis est bien l'affaire de leur vie, leur vocation mais c'est aussi une affaire familiale et rien n'est ménagé pour l'inculquer à leurs enfants. La rhétorique préfacielle est édifiante quant au dosage d'affection, de soin mais aussi d'autorité, voire de pressions exercées par les parents sur leurs enfants pour les rallier à leur cause. Les verbes à l'impératif soutiennent les injonctions d'une rhétorique où se mêlent promesses et menaces, sollicitude et intransigeance.

La génération à laquelle appartiennent ces trois mémorialistes est dépositaire de l'héritage des premiers protestants, mais c'est aussi la génération marquée par la saint Barthélemy. Alors qu'on aurait pu s'attendre à ce que leurs récits soient avant tout des témoignages de victimes, doublés d'accusations envers les assassins—à l'instar de ceux

---

[15] *Id.*, p. 7.

des victimes de la Shoa—les parents protestants retournent cette
image de victimes pour se figurer en élus et donc investis d'une mission divine. Certes, ils transmettent dans leur récit le souvenir des
massacres et des persécutions mais singulièrement, non pas tant dans
leurs dimensions historiques et humaines mais comme une projection de la volonté divine et pour souligner l'ardeur de leur foi. Dans
cette optique spécifique à la rhétorique protestante, le fait même de
leur survivance au massacre est érigé en preuve de leur élection.
Ainsi, orienté par cette rhétorique religieuse, le récit du massacre se
fait aux dépens du témoignage historique. Denis Crouzet l'avait déjà
signalé dans sa pertinente analyse des Mémoires de Mme de Mornay:

> Charlotte Arbaleste de la Borde est en effet un autre de ces survivants
> qui témoignent plus sur eux-mêmes que sur ce qu'ils ont pu entrevoir
> ou savoir de l'événement. Par-delà sa monstruosité, le massacre joue
> pour elle comme une confirmation, il va dans le sens de la ratification
> d'une élection qui peut être pensée comme l'origine du don gratuit de
> la foi, il affermit la conscience d'un pardon divin et la joie d'aimer
> Dieu et de se savoir aimé de lui. Son histoire se perd donc dans une
> errance singulière[16].

Ce qui se perd pour l'historien est versé au profit de la construction d'un sens de l'existence sans lequel les narrateurs n'auraient sans
doute pas pu affronter leur survie ni la relater. La notion d'élection
est centrale au bon fonctionnement du récit de vie protestant car
dès lors que tout émane de la grâce divine, il n'y a plus la moindre honte à raconter ses prouesses puisqu'elles viennent de Dieu. Le
récit a pour rôle de témoigner de la volonté de Dieu et devient dès
lors un acte de grâce, dédouané d'orgueil puisque tous leurs actes
et surtout les actes glorieux sont à imputer à Dieu. Présenté comme
un acte de foi et donc sacralisé, le récit mémorialiste s'affranchit des
liens qui l'inhibaient, le discours sur le moi ne tombe plus sous le
coup de la philautie et du péché d'orgueil. Le sujet, élu de Dieu,
donne sa vie comme un exemple à suivre, proche en ce sens de
l'*exemplum* ou de l'hagiographie, à la différence notoire, cependant,
que son histoire n'est plus prise en charge par un tiers mais est

---

[16] Denis Crouzet, *La nuit de la saint-Barthélémy, un rêve perdu de la Renaissance*, Paris,
Fayard, 1994, p. 68. L'analyse de Denis Crouzet reconstitue 'les imaginaires' des
différentes forces en présence non pas comme arrière fond des événements mais
comme véritables mobiles de l'action. On lira avec profit son analyse des Mémoires
de Madame de Mornay, pp. 68–95.

assumée par le protagoniste lui-même, dans le but louable d'édifier ses enfants. Acte de foi, les mémoires témoignent de la grâce divine, mais représentent aussi l'accomplissement d'un devoir parental, ainsi, motif et contenu se complètent en parfaite harmonie, augmentant la cohésion argumentative de ce texte.

Le récit se scinde ensuite en deux récits d'enfance emboîtés, d'abord celui de l'enfance de son mari, puis le sien jusqu'à leur rencontre après la saint Barthélémy alors qu'ils sont réfugiés à Sedan[17]. De leurs enfances, Mme de Mornay ne retient que ce qui explique leur parcours protestant.

Le Récit de l'Enfance de Philippe de Mornay, Né en 1549

Le récit d'enfance de Philippe de Mornay n'est pas donné en transparence dans son occurrence historique mais ressort d'un choix d'événements significatifs visant à étayer la ligne argumentative de la narratrice. Le récit débute avec la mort du père de Philippe de Mornay et les premiers signes de l'engagement de sa maison au protestantisme. En 1559, à sa mort M. de Buhy, le père de monsieur de Mornay, catholique mais convaincu par les propos de sa femme:

> touchant les abus de l'Eglize Romaine [. . .], ne voulut avoir aucun prebstre ny recevoir aucune cérémonie superstitieuse, s'assurant de son salut par le mérite et passion d'un seul, Jésus Christ[18].

Cet engagement à la Réforme est souligné par la solennité du moment: devant la mort imminente, le père n'écoute que sa conscience et adopte la procédure réformée[19]. Suivant la même logique, le récit relate les détails de l'engagement de mademoiselle de Buhy, que Mme Duplessy-Mornay tient sans doute de son mari:

> Or, y avoit-il six ou sept ans qu'elle avoit congnoissance des abus de la Papauté, et désir de faire profession de la Religion réformée; mais les feus qui estoient lors encor allumés en France, et la crainte qu'elle avoit de la ruyne de sa maison la faisoit dissimuler, joint que feu monsieur de Buhy n'en monstroit aucun sentiment; elle ne laissoit touteffois

---

[17] 'La principauté de Sedan, affranchie en 1556 de la suzeraineté française accueille plusieurs réfugiés de la Saint Barthélemy, dont Duplessis-Mornay, Cappel et Drélincourt.', Myriam Yardeni, *Le refuge protestant*, Paris, P.U.F., 1985, p. 16.
[18] *MDM*, p. 11.

de lui en parler par occasions, et quelquefois aussi il la trouvoit lisant en la Bible, aux Psalmes ou en quelque autre livre, dont il ne s'offensoit point; seulement il l'advertissoit qu'elle ne le mist en paine vu la rigueur du temps[20].

On y lit la détermination mais aussi la présence du danger dont tout le monde est conscient, et qui incitant à la prudence, rencontre la volonté de ne pas heurter l'entourage. La veuve, en dépit de ses convictions personnelles enterrera cependant son mari selon la coutume catholique, notamment pour éviter les reproches de la famille. Ce n'est que se sentant menacée par une grave maladie qu':

> elle se déclara ouvertement, l'an 1560, avec tous ses enfans, et du depuis, en a tousjours fait, comme elle fait encorres aujourd'hui, profession ouverte, et nonobstant les guerres, persécutions et massacres, a continué et persévéré, et n'y a épargné chose qui ait esté en sa puissance; mesmement du temps de la Saint-Barthélemy, 1572, que l'Evangile se taisoit par toute la France, il continua tousjours en sa maison[21].

Au travers d'un récit tout entier destiné à souligner les vertus de la famille de son mari, on observe la progression du protestantisme à ses débuts au sein d'une famille. L'engagement vient d'abord de la mère, qui incarne l'idéal de la femme chrétienne à la Renaissance: Érasme déjà, souhaitait que même 'les femmes lisent les Évangiles et les épîtres de Saint Paul'[22] et c'est un fait que la religion réformée comptait beaucoup d'adeptes parmi les femmes, leur donnant le droit à la lecture individuelle de la Bible et leur permettant ainsi de l'enseigner aux enfants[23]. Melle de Buhy incarne parfaitement cet

---

[19] Pour un débat plus complet sur la mort et la Réforme, voir également: Marianne Carbonnier—Burkard: 'L'art de mourir réformé. Le récit de 'dernières heures' aux XVIIe et XVIIIe siècles.' in *Homo Religious*, autour de Jean Delumeau, Paris, Fayard, 1997, pp. 99–107.

[20] *Mémoires de Madame de Mornay, op. cit.*, pp. 11–12.

[21] *Id.*, p. 12.

[22] F. Higman, *La diffusion de la Réforme*, p. 15.

[23] J. Garrisson, *Les Protestants au XVIe siècle*, Paris, Fayard, 1988; §4 La femme protestante: 'Ainsi naît le rôle assigné aux femmes par la sociologie protestante. On sort enfin de la vieille dialectique médiévale qui, entre la vierge et la putain, n'offre aux filles nulle autre représentation positive. Ici, au même titre que pour les hommes, on ancre le deuxième sexe dans la prodigieuse et dynamique notion de *vocatio* chère à Luther. Aussi demande-t-on aux réformées d'être bonnes épouses, bonnes ménagères, bonnes mères et éducatrices. Ce sont de longue date les devoirs féminins mais désormais ceux-ci s'inscrivent dans la notion de religieuse nécessité voulue par Dieu et celle politique d'exigence de l'ordre social et d'organisation terrestre. La femme joue dans le couple un rôle second, certes, mais pas secondaire, ce qui

idéal de la femme protestante vouée à un 'rôle second peut être mais pas secondaire' puisqu'il est clair que c'est elle qui donne le ton, n'envoyant que les petits enfants à la messe, signe de ce que les autres avaient été formés par elle à la nouvelle religion.

Plus qu'un récit, les Mémoires de Mme Duplessis-Mornay se constituent en une longue démonstration des preuves de l'élection divine de son mari d'abord puis d'elle-même. Son entêtement à tout faire signifier la conduit parfois a des explications scabreuses quand par exemple des décès semblent survenir à point pour déjouer la tentation catholique. Elle insiste particulièrement sur le fait que tout désignait Philippe Duplessis-Mornay a être de l'Église, mais l'oncle qui devait lui résigner les bénéfices de son abbaye meurt, assez opportunément pour permettre à Charlotte d'expliquer cette mort par le fait que: 'Dieu ne vouloit qu'il feust plongé en l'idolâtrie, luy osta tost telz alléchemens'[24]. L'éducation de Philippe de Mornay est tiraillée entre la volonté du père de l'élever en l'église catholique et celle de la mère qui s'emploie à lui faire donner des précepteurs de la religion réformée. Selon la logique protestante qu'applique la mémorialiste en convertissant tous les maux en biens, la perte des bénéfices ecclésiastiques, car l'oncle meurt sans rédiger le testament qui aurait attribué les bénéfices à son neveu—tout comme la mort du père, sont des maux objectifs dont ressort un bien puisque ces décès libèrent en quelque sorte, le jeune Duplessis de l'emprise de la religion catholique. Mme Duplessis donne à ce type de rhétorique, bien que périlleuse, l'évidence d'une vérité divine. La mort du père permettra à la mère d'éduquer son enfant comme elle l'entend. Mais les choses sont loin d'être aussi simples pour l'enfant qui doit lui aussi faire preuve d'un engagement conscient. Le dilemme dans lequel le plonge les dissensions religieuses de son entourage est mis en scène lorsque ramené par un prêtre pour assister aux cérémonies de l'enterrement de son père, celui-ci l'admoneste:

> de continuer toujours d'estre bon catholique et vivre comme on l'avoit apprins, sans se guaster aux opinions luthériennes de sa mère. Cela le

---

lui confère une dignité nouvelle: elle se trouve associée à la réussite du couple et à la progression de la famille.' p. 101.

Voir également l'article 'femme' in *Encyclopédie du protestantisme*, Genève, Labor & Fides, 1995, pp. 571–578 de M. Burkard-Carbonnier à qui je dois et le texte et l'information ainsi que l'article signalé en note 18.

[24] *MDM*, p. 14.

mettoit en pene, et luy fet responce, selon son enfance, que quant à luy il y vouloit continuer; touteffois si on luy mettoit en quelque doubte, il lyroit soigneusement les Evangiles et Actes des âpostres, et s'y conformeroit selon ce qu'il y trouverroit, et disoit cela de son instinct sans y rien penser plus outre[25].

Il est clair que cette anecdote vise à mettre en valeur l'attitude de Philippe, son esprit critique, sa volonté de décider par lui-même en se livrant à l'examen des textes. Cette décision entièrement personnelle est encouragée et comme relayée par l'état d'esprit familial: son frère Pierre de Mornay se met à l'étude diligente des textes sacrés pour en tirer ses propres conclusions

il remarquoit tantost que le purgatoire et prières de saincts n'y estoient pas mentionnées, tantost que l'idôlatrie y estoit expressément défendue[26].

ayant trouvé ces premières incohérences, il se met à vérifier le reste et approfondit ses lectures: 'tellement qu'il vint peu à peu à s'esclaircir du Sacrement de la Cène'[27]. De façon systématique, Mme de Mornay montre que la religion réformée s'acquiert par le biais d'un cheminement personnel, d'un questionnement qui, de part en part, conduit à des lectures et à l'élaboration d'une certitude intellectuelle par le biais de la connaissance, de l'acquisition d'un savoir, de l'exercice de l'esprit critique. En revanche, dans ses *Mémoires*, Mme Duplessis associe de façon tout aussi systématique, le catholicisme à une séduction matérielle qui prend ici la forme, à deux reprises, de bénéfices ecclésiastiques dont pourrait hériter Philippe Duplessis. Trop jeune pour se prononcer et les refuser, pour une première fois, le destin s'en charge avec la mort (providentielle) de l'oncle, la seconde fois, c'est pleinement conscient qu'il refuse cette charge: 'Monsieur du Plessis luy remercya, luy disant qu'il se fioit en Dieu qui ne le lerroit despourvu de ce qui luy seroit besoing [...]'[28].

Le récit d'enfance de Mme du Mornay est en parfaite symétrie avec celui de son mari puisque l'initiateur au protestantisme est cette fois son père dont le parcours religieux est donné en exemple. Ayant abjuré le protestantisme, il revient sur son parjure à un moment extrêmement dangereux pour persister dans son engagement au

---

[25] *MDM*, p. 17.
[26] *MDM*, p. 18.
[27] *Ibid.*
[28] *MDM*, p. 22.

protestantisme. Sa fille s'inspire de sa détermination et il est probable que l'histoire du père motive sa volonté de laisser à son tour,
son récit de vie à son fils. En ayant fait l'expérience elle-même, elle
est intimement convaincue de l'efficacité de l'exemple parental. Mais,
ses *Mémoires* en relatant l'engagement des grands-parents ouvrent un
champ beaucoup plus significatif qui engage davantage les enfants,
à qui ces récits sont destinés, que si elle s'en était tenue à la génération des parents.

L'histoire d'Henri de la Tour d'Auvergne, vicomte de Turenne
puis duc de Bouillon est différente. Il naît le 28 septembre 1555 en
Auvergne et devient rapidement orphelin, de sa mère en 1556, puis
de son père tué, un an plus tard, à la déroute de Saint Quentin.
Les motifs réels de son engagement religieux laissent les historiens
et éditeurs de la grande collection des Mémoires relatifs à l'histoire
de France, sceptiques, ils écrivent, sans détour, que:

> Si le Roi eût accepté ses services et lui laissé entrevoir quelqu'espe-
> rance de fortune, le vicomte serait reté fidèle sujet et catholique. Mais
> parce qu'il fut repoussé par la cour et qu'il n'eut aucun espoir de s'éle-
> ver et de s'agrandir en défendant la cause de la religion du Roi, il fut
> rebelle et huguenot[29].

Le duc de Bouillon qui écrit ses Mémoires à 54 ans et 10 mois sous
le règne d'Henri IV, s'en explique avec une sincérité amusante, le
protestantisme n'était pas de tout repos:

> La nourriture que j'avois prise en la religion romaine, ses exercices et
> cérémonies publiques, la haine qu'on portait à ceux de la religion,
> l'éloignement à tous honneurs et dignités de la cour, se présentèrent
> devant moi qui tâchois à satisfaire mon ame en lui faisant trouver du
> repos, et se promettant de pouvoir faire son salut sans quitter la messe
> et sans faire ouvertement profession de la religion[30].

Son engagement n'est pas comparable à ceux des Duplessis-Mornay
ou de d'Aubigné et bien qu'il passe pratiquement sous silence son
abjuration en 1576, il éprouve tout de même le besoin d'adresser
ses Mémoires à son fils. Il s'agit davantage d'une apologie *pro domo*

---

[29] *Mémoires d'Henri de la Tour d'Auvergne, duc de Bouillon*, Nouvelle collection des
Mémoires pour servir à l'Histoire de France, Paris, Michaud et Poujoulat, tome 9,
1838.
[30] *Ibid.*

que d'un exemple à suivre, mais l'enfant pourra cependant en tirer un enseignement et voici le discours qu'il lui tient:

> Mon fils, j'ay cru n'avoir pas assez fait pour vous en vous mettant au monde par la bénédiction de Dieu, mais que mon amour vers vous, et l'honneste désir de perpétuer l'honneur et la vertu en nostre race, et, plus que tout cela, la reconnoissance que je dois rendre à dieu de nous avoir fait de rien, et m'avoir conservé et gardé comme la prunelle de son oeil; ces choses, dis-je, me convient d'ajouter trois bienfaits à celui de la naissance: en premier lieu de vous faire soigneusement instruire en la vraye religion, et rendre capable de connoistre les fausses et erronées opinions, et cela par la science des saintes Lettres, dans laquelle seulement Dieu nous a donné la règle et le formulaire comment il veut estre servy et honoré de nous, vous exhortant à vous rendre désireux et diligent aux leçons qui vous en seroient faites, comme celles qui peuvent vous faire jouir des biens et honneurs que reçoivent ceux qui craignent Dieu; ensuitte de mettre l'estat de vos biens au meilleur et plus assuré terme que la vicissitude des choses humaines le peut desirer; pour le dernier c'est de vous rendre capable, si Dieu vous continue en ce monde un bon âge, que vous puissiez être instruit aux vertus morales et politiques.
>
> De cecy il y a quantité de livres faits par toutes sortes de personnes [. . .]. Mais d'autant que souvent les préceptes ne peuvent pas tant sur nous que les exemples, mesmement de ceux qui nous sont proches et familiers, j'ay voulu tracer icy le cours de ma vie qui a esté accompagnée de plusieurs contrariétez, de bonheur et de malheur, d'actions louables et d'austres blasmables[31].

Les raisons qui le rapprochèrent du protestantisme ne témoignent pas en faveur d'une conscience théologique particulière, elles sont d'ordre sentimental, relevant de la vive empathie qu'il dit éprouver pour les victimes, à l'issue de la saint Barthélemy:

> le dimanche, 24 aoust, s'executa à Paris cette tant detestable et horrible journée du massacre fait sur ceux de la religion où Dieu me conduisit par la main, en telle sorte que je ne fus massacré, ni massacreur [. . .]. Cet acte inhumain, qui fut suyvi par toutes le villes du royaume, me navra le coeur, et me fit aimer et les personnes et la cause de ceux de la religion, encore que je n'eusse nulle connoissance de leur creance[32].

---

[31] Préface des Mémoires d'Henri, duc de Bouillon, adressez a son fils le prince de Sedan, *id.*

[32] *Id.*, p. 9.

Adressé au fils, ce récit apparaît davantage comme une tentative pour remettre un ordre rétrospectif dans le désordre d'une existence, tout comme dans la mosaïque éparse de ses souvenirs, mais il est dépourvu de l'axe religieux et donc du système argumentatif qui caractérise les récits protestants.

Cette extrême cohérence d'un bout à l'autre du récit, définit en revanche l'écriture albinéenne. Comparés aux Mémoires de Madame Duplessis-Mornay, les Mémoires de d'Aubigné semblent davantage narratifs qu'argumentatifs, mais ce n'est là qu'une illusion, fruit de l'écriture, et qui confère au texte toute sa force dans la mesure où l'argumentation, habilement masquée par une narration trépidante, entraîne l'adhésion du lecteur presque à son insu.

D'Aubigné confère à *Sa Vie . . .* une vertu pédagogique: les enfants à qui il destine son récit y apprendront 'à porter les fardeaux du dessus'. Comparé aux biographies et histoires antiques destinées à éduquer les princes à l'exercice du pouvoir par l'exemple des empereurs prestigieux, le récit de d'Aubigné n'est pas celui d'un roi mais bien d'un sujet soumis aux 'fardeaux du dessus'. Très tôt, il se trouve pris dans une allégeance triple et conflictuelle entre son père, Dieu et le roi. Son récit répond à la demande de ses enfants.

> et voicy le discours de ma vie, en la privauté paternelle qui ne m'a poinct contraint de cacher ce qui en l'Histoire Universelle eust esté de mauvais goust: donc ne pouvant rougir envers vous ni de ma gloire ni de mes fautes, je vous conte l'un et l'autre comme si je vous entretenois encores sur mes genoux. Je desire que mes heureuses ou honorables actions vous donnent sans envie l'emulation pourveu que vous vous attachiés plus exprés à mes fautes, que je vous descouvre toutes nues, comme le point qui vous porte le plus de butin. Espuis espeluchez les comme miennes: mais les heurs ne sont pas de nous, mais de plus haut[33].

Le cadre familial de ce discours en définit les contenus et indique un protocole de lecture: la parole paternelle adressée aux enfants est dépourvue de la solennité et de l'emphase intimidante observée chez Mme de Mornay, le ton, intime et familial, vise à établir une transparence—à bas les masques et les convenances qui marquent l'Histoire Universelle, le cadre du discours familial s'affranchit des règles et des contraintes et vise à persuader que tout sera raconté, le bien

---

[33] *Sa vie a ses enfans*, p. 385.

comme le mal, la gloire comme la honte (rarissime, il faut le dire chez d'Aubigné). La nature de la relation que le mémorialiste cherche à établir avec ses enfants pour leur transmettre son récit est illustrée par l'image suggestive du père, tenant les enfants sur ses genoux, établissant aussitôt un climat de confiance et d'intimité bienveillante que ne parviennent pas à ternir la mise en garde qui clôture la préface:

> J'ay encore à vous ordonner qu'il n'y ait que deux copies de ce livre: vous accordants d'estre de leurs gardiens et que vous n'en laissiés aller aucune hors de la maison. Si vous y faillez, vostre desobeissance sera chastiee par vos envieux, qui esleveront en risee les merveilles de Dieu en mes delivrances et vous feront cuire vostre curieuse vanité.

On notera qu'il s'agit ici de transmission, limitée aux seuls enfants, la diffusion étant sévèrement proscrite. Ce discours s'accompagne d'un protocole de lecture: les actions glorieuses doivent susciter l'émulation, mais l'accent est mis sur les fautes, tel un butin afin d'en tirer des leçons; alors que la morale est celle du destin: 'mais les heurs ne sont pas de nous, mais de plus haut', l'individu n'étant que l'instrument de la volonté divine. Par le biais de ce protocole de lecture de façon plus subtile que dans la préface de Mme de Mornay, un même système de valeur néanmoins est à l'œuvre et travaille à sa transmission par le truchement du père.

Le récit d'enfance met l'accent sur les valeurs de l'éducation:

> Dés quatre ans accomplis le pere luy amena de Paris precepteur Jean Cottin, homme astorge et impiteux, qui luy enseigna les Lettres Latine, Grecque et Hebraique à la fois, ceste methode suivie par Peregim, son second precepteur, si bien qu'il lisoit aux quatre langues à six ans[34].

L'engagement religieux remonte à ses huit ans et demi alors que son père découvre 'encore recognoissables sur un bout de potence', les têtes des protestants exécutés lors de la découverte de la conjuration Amboise. En proie à une extrême émotion, le père fait le geste symbolique et théâtral de la bénédiction paternelle traditionnelle aux enfants en étendant sa main sur sa tête mais au lieu de le bénir, il lui tient ce discours:

---

[34] *Sa vie a ses enfans*, p. 385.

> Mon enfant, il ne faut pas que ta teste soit espargnee après la mienne, pour venger ces chefs pleins d'honneur; si tu t'y epargnes, tu auras ma malédiction[35].

Il ne s'agit pas du tout d'un engagement volontaire mais d'une consécration impressionnante que le petit d'Aubigné ne peut qu'accepter, vu la façon dont elle se présente. L'engagement de d'Aubigné à ce stade relève du recrutement forcé, menacé de la malédiction paternelle, il est sommé d'épouser sa cause[36].

La règle qui régit les récits de vie adressés aux enfants est celle de la transmission des valeurs de la Réforme par les canaux traditionnels de l'instruction religieuse, à savoir les vertus de l'exemple. Mais contrairement aux hagiographies, les protagonistes de ces récits ne sont plus des saints mythiques, lointains et légendaires mais bien les propres parents des destinataires explicitement désignés, incarnant des modèles vivants et proches, de chair et d'os, afin d'obtenir de leurs enfants une identification totale et une adhésion entière à leurs croyances et à leurs combats. A long terme, seule l'adhésion des enfants est susceptible de donner raison à la détermination des parents et légitimera leurs sacrifices et leurs souffrances.

A l'époque de la saint Barthélemy, faire acte de protestantisme n'allait pas de soi. Au-delà de ce qui relève du genre discursif de la parole parentale édifiante et qui se veut, par définition, autoritaire, moralisante car elle est supposée détenir un savoir et transmettre les valeurs de l'expérience, on lit l'espoir anxieux de savoir que la lutte n'est pas vaine parce qu'elle se poursuivra au-delà de leur vie, par leurs enfants. Cet espoir anime le texte et rend compte de la nécessité d'une rhétorique soutenue et souvent même violente.

Les tribunes d'où pouvaient se faire entendre les idées de la Réforme en France, tombent très vite sous le coup des interdictions et des censures, la parole protestante pour se dire doit lutter et chercher d'autres voies d'expression, d'autres canaux de transmission. Les Mémoires, nouveau genre émergeant à la Renaissance, permettent d'énoncer un discours qui pour privé n'en est pas moins exemplaire.

---

[35] *Id.*, p. 386.
[36] Gisèle Mathieu-Castellani donne une éclairante analyse du récit d'enfance de d'Aubigné dans *Agrippa d'Aubigné, le corps de Jézabel*, Paris, PUF, 1991. Se rapportant à la scène d'Amboise elle écrit: (cette scène) 'rappelle qu'il a reçu à l'âge de raison la loi du père, qu'il a été mandaté par la parole paternelle d'une mission sacrée de vengeance, mais aussi qu'il est depuis lors sous le coup d'une malédiction potentielle.' p. 30.

Ce discours qu'adressent les parents protestants à leurs enfants, exprime un souci de transmission et d'émulation mais aussi une bonne dose d'angoisse dont on voudrait préciser la nature. Convaincus de la singularité de leur destin, touchés par la grâce, les parents feront tout pour y associer leurs enfants. Mais, on ne peut s'empêcher de se demander si cette rhétorique ne cache pas l'angoisse du sens de leurs souffrances qui ne seraient pertinentes qu'à condition que les enfants se saisissent à leur tour du flambeau spirituel pour donner une suite à leur propre histoire.

De fait, plus la situation politique des protestants s'aggrave et plus la rhétorique parentale est violente. Si la liberté personnelle et l'engagement mûri et réfléchi caractérisaient le choix religieux de Philippe de Mornay et de son épouse, leur fils en revanche se voit adresser un discours presque tyrannique, passant du registre de la supplique à celui de la promesse, de l'ordre à la menace, pour exiger de lui un engagement inconditionnel. Usant d'arguments différents, le discours maternel de Charlotte Duplessis-Mornay fait cependant écho, par sa violence, à la malédiction paternelle qui hantera d'Aubigné et qui l'aura suffisamment marqué pour que le récit de cet événement qui a décidé de son destin, soit transmis à ses propres enfants.

La foi intense des mémorialistes protestants se convertit dans le récit en énergie rhétorique destinée à assurer une transmission efficace. Pourtant, on avouera que cette énergie déferlante étonne par sa violence car elle présente un étrange contraste entre la libre démarche des premiers protestants, qui assaillis par le doute ou écœurés des abus de l'église, entament un long cheminement intellectuel jalonné de lectures, de réflexions pour élaborer une pratique religieuse épurée et la voie qu'ils tracent à leurs enfants en ne leur laissant pas d'autres choix que celui de leur emboîter le pas.

LES HOROSCOPES DE CALVIN, MÉLANCHTHON ET LUTHER: UNE FORME INATTENDUE DE POLÉMIQUE CATHOLIQUE POST-TRIDENTINE

Max Engammare

Abstract

This brief study of the horoscopes of Calvin, Melanchthon and Luther drawn up by the Catholic polemist Florimond de Ræmond in his *Histoire de la naissance, progrez et decadence de l'heresie de ce siecle* (1605, at least thirteen editions until 1629), brings the reader into the complex world of astrology, a world that we cannot ignore if we want to grasp the concept of providence or time during the Renaissance: Melanchthon practised astrology, Calvin attacked it in his 1549 *Advertissement contre l'astrologie judiciaire,* and Luther mocked it constantly. However, astrology is often considered a 'wretched subject' more so among theologians, and even more so in Ræmond's hands.

From the beginning of the Reforms of the sixteenth century, opponents found signs in the stars of the celestial condemnation of Lutheran reformers, 'Scorpionic Germans' dominated by the sign of Scorpio. Ræmond carries the polemic forward, interested in the conjunction of Mars and Jupiter either in the third or the ninth house of all three Reformers. Since he is French, Ræmond examines Calvin's horoscope, which neither Cardano the heterodox Catholic nor Garcæus the Lutheran, more interested in Erasmus and Luther, had done, but also Melanchthon's and Luther's horoscopes. This paper looks at Ræmond's work as horoscope maker and at his sources.

Le jour où Jacqueline Piatier, la fondatrice du 'Monde des livres', convoqua Jean-Paul Sartre à la sortie des *Mots,* elle le soumit à la question. A la fin de l'entretien, Sartre lui avait demandé sous quel signe astrologique elle était née. 'Les Gémeaux', avait-elle répondu. 'Bien sûr', avait conclu Sartre[1].' Sous le couvert sartrien, l'intérêt astrologique surprend au premier abord, puis s'affiche naturel: 'Bien sûr'.

Calvin n'était pas né sous le signe des Gémeaux, mais sous celui

---

[1] Propos rapportés par F. Bott, dans le '*Monde des livres*' daté du 26 janvier 2001 (p. XI), Jacqueline Piatier étant morte le 20 janvier.

du Cancer. Peut-être qu'un lecteur, connaissant la vie de Calvin et l'astrologie, pense également 'Bien sûr'. Florimond de Ræmond (†1601)[2], dont nous testerons les connaissances astrologiques, s'était évertué, dans son *Histoire de la naissance, progrez et decadence de l'heresie de ce siecle*[3], véritable succès de librairie entre 1605 et 1629 (treize éditions), à dresser l'horoscope de Calvin, mais également celui de Luther et de Mélanchthon. Ce sont ces trois horoscopes, bien peu étudiés par la critique[4], que je souhaite consulter avec vous, en essayant de comprendre à quelle fin le polémiste a dressé ces horoscopes, comment il a travaillé, en un mot comment s'est constitué sa propre évidence, son 'bien sûr'[5].

---

[2] F. de Ræmond fut Conseiller au Parlement de Bordeaux, ayant remplacé Montaigne; cf. Raymomd Darricau, 'La vie et l'œuvre d'un parlementaire aquitain Florimond de Raemond (1540–1601)', *in Revue Française d'Histoire du Livre*, nouvelle série, n° 1–2, 1971, pp. 109–128; Martin Busch, *Florimond de Raemond (vers 1540–1601) et l'anabaptisme*, thèse de l'Université de Strasbourg, 1981, 2 volumes; du même, sous le titre 'Florimond de Ræmond et l'anabaptiste', brève contribution résumant sa thèse, *in Les Dissidents du XVIe siècle entre l'Humanisme et le Catholicisme*, colloque de Strasbourg, février 1982, actes publiés par Marc Lienhard (Bibliotheca Dissidentium, scripta et studia 1), Baden-Baden, 1983, pp. 251–263.

[3] Publiée en huit livres en 1605, par son fils François, à Paris, chez Charles Chastelain, et à Rouen, cf. Louis Desgraves, *Répertoire des ouvrages de controverse entre catholiques et protestants en France (1598–1685)*, 2 tomes (Histoire et civilisation du livre 14 et 15), Genève, 1984, n° 668 et 669. On compte des rééditions à Paris en 1610 (cf. n° 1165 et 1166), à Arras et Cambrai en 1611 (n° 1314 et 1315), à Rouen en 1618 (n° 2268 et 2269), 1619 (n° 2444 et 2445), 1622 (n° 3026), 1623 (n° 3138 et 3139), à Paris en 1624 (n° 3262), à Rouen, chez Pierre de La Motte, en 1629 (n° 3636). Il faut ensuite attendre une vingtaine d'années pour trouver une nouvelle édition, à Rouen en 1647 (n° 4686) et 1648 (n° 4765 et 4766, peut-être simple réémission du n° 4686). On ne trouve plus d'édition relevée par Louis Desgraves jusqu'en 1685. Je cite d'après une réédition également donnée à Rouen, chez Jean Baptiste Behourt en 1629, absente de Desgraves (abrégé par la suite Ræmond, *Heresie*). J'ai consulté l'exemplaire de l'édition originale à Dôle, Bibliothèque municipale, Paris, s. n. [= Charles Chastelain], 1605, (cote: H 557, Pallu). Les coquilles nombreuses—Schomer ou Schover pour Johann Schöner, Bolser pour Bolsec, Du Prean pour Du Preau, etc.—se trouvent déjà en 1605 (et je remercie Isabelle Jourdy, conservatrice à Dôle, pour son aide dans la consultation *on line* de cet exemplaire). Au cours des éditions, ces coquilles ne font qu'augmenter, ainsi Domachares pour Demochares (éd. de 1629), etc.

[4] Pour Calvin, Emile Doumergue a consacré deux pages de son titanesque *Jean Calvin, Les hommes et les choses de son temps*, tome premier *La Jeunesse de Calvin*, Lausanne, 1899, pp. 30–32, à cet horoscope (avec reproduction, p.31), mais pour s'en gausser; voir plus récemment Fragonard, M.M., 'La fonction des arguments tirés de la divination dans 'L'Histoire de l'hérésie' de Florimond de Ræmond', *in Divination et controverse religieuse en France au XVIe siècle* (Cahiers V.L. Saulnier 4), Paris, 1987, pp. 135–146 (les horoscopes sont abordés succinctement et pas techniquement p. 138s).

[5] Je voudrais remercier ici chaleureusement Emmanuel Poulle qui a bien voulu

Il est nécessaire de préciser immédiatement, avec Emmanuel Poulle, non avec le docteur ès-sociologie Elisabeth Teissier, que:

> techniquement un horoscope est un document scientifique et non astro-logique: il fournit l'état du ciel (positions des planètes, division de la voûte céleste en 'maisons', localisation parmi ces maisons des planètes et de quelques points astrologiquement importants du zodiaque) à un moment donné, généralement celui d'une naissance, et c'est d'après cet état du ciel que l'astrologue est amené à élaborer sa pronostication[6].

Quelques siècles auparavant, au début du XVIe siècle exactement, le grand Guillaume Budé donnait dans le *De asse* une définition pres-que aussi 'objective' et tout aussi succincte de l'horoscope:

> L'horoscope est cette partie du ciel qui apparaît dans notre hémi-sphère, au moment de la naissance, à partir de la partie orientale du ciel, et qu'on appelle origine; nous pouvons l'appeler avec Cicéron heure natale et natalité, et de son observation on tire les prédictions natales, comme lui-même le dit. Nous pouvons également l'appeler avec Pline heure du lever. Les Grecs à partir de l'observation de l'heure de la naissance l'ont appelé horoscope[7].

Ce passage du *De asse*, texte pas tout à fait dévolu à l'astrologie, témoigne, s'il était nécessaire, de la présence massive de l'horoscope natal ('*genitura*'), thème astral, et de la '*genethliologia*' (art des horo-scopes, mot que l'on trouve déjà chez les Anciens, ainsi Vitruve)

---

relire cet article et qui m'a fait des remarqus judicieuses. Ainsi E. Poulle ne pense pas que Florimond de Ræmond ait jamais calculé aucun de ces horoscopes, pas même celui de Calvin. Je n'ai cependant trouvé aucune source contemporaine à l'horoscope de Calvin.

[6] E. Poulle, compte rendu de l'édition des *Lettres inédites* de Nostradamus par Jean Dupèbe (*Travaux d'Humanisme et Renaissance* 196), Genève, 1983, in *Bibliothèque d'Humanisme et Renaissance* 47, 1985, pp. 270–274, ici p. 272 (abrégé ci-après Poulle, compte rendu). Cf. également le très précis et dense livre de J. D. North, *Horoscopes and History*, Londres, 1986.

[7] '*Horoscopus est ea pars cæli quæ genituræ tempore ab orientali parte cæli emergit in hemisphærium nostrum, et ortus appellatur; quam ex Cicerone natalem horam et natalitiam appellare possumus* [cf. *De divinatione* II, (xlii) 89], *ex cuius observatione natalitia prædicta fiunt, ut ipse loquitur. Possumus etiam ex Plinio exortivam horam vocare* [cf. *Historia naturalis* VII, 160]. *Græci horos-copum ab horæ natalis notatione appellaverunt. Huic pars per diametrum opposita in septimo (ut diximus) signo in occidua cæli parte, occasus appellatur. Ea autem pars cæli quæ triginta parti-bus ab horoscopo distat, in secundo signo existens ab eo in quo horoscopus incohatur anaphora appellatur, et interdum epanaphora, quasi pars jamjam emersura. Quæ autem pars ... quod significat præcipitem locum cæli in octavo ab horoscopo signo. Reliqua duo loca nomina habent malæ fortunæ et cacodæmonis ... astronomiæ etiam cum genethliologia communis est.*' Cf. Guillaume Budé, *De asse et partibus eius libri V*, Lyon, Sebastien Gryphe, 1551, p. 30s. J'ai sou-ligné le passage que j'ai traduit.

parmi les lettrés de la Renaissance, comme avant eux parmi les hommes de lettres et d'Église au Moyen âge[8]. Ainsi que nous le rappelle Budé, ce savoir est antique.

Florimond de Ræmond vivant à la fin du XVIe siècle, ses 'jugements' (terme technique désignant les pronostications à partir des horoscopes, d'où l'appellation d'astrologie judiciaire) sont évidemment des pronostications *ex eventu* qu'il donne à partir des horoscopes à la naissance de ces 'fameux heresiarques', dont il connaît assez bien la vie.

Ces horoscopes s'inscrivent dans un ciel saturé de signes divins référés ou non à Deutéronome 4, 19, passage qui informe ou légitime l'astrologie judiciaire chrétienne. L'Église, rappelle Ræmond, s'était endormie sur sa paix après avoir vaincu les troubles du début du XVe siècle, et elle n'avait pas été attentive à divers signes célestes:

> Le Ciel courroucé, par divers presages, avoit monstré et aux uns et aux autres les aprests qu'il faisoit pour les chastier [les hommes] par leur propre main. Tousjours ses esclats devancent de bien loing les coups, et les menaces, et les chastimens[9].

Tonnerre et éclairs sont ces présages, 'premieres nouvelles aux hommes, pour les avertir que le Seigneur [est] courroucé'. En effet, poursuit Ræmond avec le soutien d'Eusèbe de Césarée,

> les astres et planettes sont les huissiers et herauts de ce roy souverain qui adjournent [*i.e.* citent devant le tribunal divin] les hommes pour les advertir en general des remuëmens qui se preparent dans les Cieux[10].

On remarque que Ciel et Dieu sont quasi interchangeables, se courrouçant tous deux et envoyant des signes aux hommes. Je ne m'appesantis néanmoins pas sur ces signes célestes nombreux que le polémiste

---

[8] La bibliographie à ce sujet est abondante. Je me limite à celle rassemblée par Anthony Grafton, *Cardano's Cosmos. The Worlds and Works of a Renaissance Astrologer*, Cambridge (MA) et Londres, 1999, pp. 263–279, et p. 14, n. 48, pour un simple renvoi au livre de V. Flint, *The Rise of Magic in Early Medieval Europe*, Princeton, 1991; cf. également Eugenio Garin, *Le Zodiaque de la vie. Polémiques antiastrologiques à la Renaissance*, Paris, 1991 (1e édition italienne, Rome et Bari, 1976). L'intérêt ecclésiastique pour l'astrologie judiciaire reste probant dans la seconde moitié du XVIe siècle. Cf. l'édition procurée par Jean Dupèbe des *Lettres inédites* de Nostradamus (THR 196), Genève, 1983, n° XII, p.e. p. 48s (un moine écrit à Michel de Nostredame en parlant de l'influence de Saturne et de Vénus sur lui, Saturne très présent dans la douzième maison de son thème).

[9] Cf. Ræmond, *Heresie*, p. 7.

[10] *Ibid.*

catholique a relevés lors des premières manifestations publiques de Luther en 1517, puis de l'hérésie, Marie-Madeleine Fragonard l'ayant récemment fait, succinctement, mais précisément[11]. Il s'agit ici de rappeler le contexte de l'élaboration et de la présentation de l'horoscope des 'grands hérétiques'. En outre, et ceci est bien connu, d'autres auteurs, tant catholiques que protestants d'ailleurs, voire tant luthériens que calvinistes, décodaient au XVIe siècle les signes célestes comme messages divins.

Ræmond n'était d'ailleurs pas sans connaître les difficultés astrologiques de certains catholiques, que ce soit la mise à l'index romain de Paul IV de la *Chiromantiæ* de Johannes Indagine (Johann von Hagen)[12] ou la Bulle de Sixte-Quint de janvier 1585, '*Contra exercentes artem astrologiæ judiciariæ*', rappelant que le Concile de Trente avait demandé aux évêques de supprimer les livres d'astrologie judiciaire[13]. Il ne fait toutefois aucun doute que Ræmond reconnaissait les vertus de l'astrologie judiciaire, mais prudemment il entoure ses démonstrations astrologiques d'affirmations d'allégeance pleine et entière à la foi catholique romaine:

> Dieu est (je le dis encor un coup, pour me garder de la dent de la calomnie) la premiere et la souveraine cause de tout... et ne veux en nulle de mes opinions sortir de l'enclos de l'Église catholique apostolique et romaine[14].

Ræmond précise que Dieu peut cependant agir par des 'secondes causes et autres moyens subalternes'[15].

---

[11] Cf. 'La fonction des arguments tirés de la divination dans 'L'Histoire de l'hérésie' de Florimond de Ræmond', *art. cit.* [note 4]. Cf. également mon 'Tonnerre de Dieu et 'courses d'exhalations encloses es nuées'. Controverses autour de la foudre et du tonnerre au soir de la Renaissance', *in Sciences et religions de Copernic à Galilée*, Actes du colloque international organisé par l'École Française de Rome... Rome 12–14 décembre 1996 (Collection de l'École française de Rome 260), Rome, 1999, pp. 161–181.

[12] Cf. J.M. De Bujanda, *Index de Rome 1557, 1559, 1564* (Index des livres interdits, vol. VIII), Sherbrooke et Genève, 1990, n° 504, p. 531. Edition consultée, Strasbourg, Johann Schott, 1531. Le texte comprend plusieurs parties. '2. Physiognomia, ex aspectu membrorum hominis. 3. Periaxiomata, de faciebus signorum. 4. Canones astrologici, de judiciis ægritudinum. 5. Astrologia naturalis. 6. Complexionum noticia, juxta dominium planetarum.' Johann von Hagen avait été astrologue à la cour du cardinal Albrecht de Mayence.

[13] Cf. Jean Céard, *La Nature et les prodiges*. L'insolite au XVIe siècle (Titre courant 2), Genève, 1996², p. 117.

[14] Cf. Ræmond, *Heresie*, p. 30; M.-M. Fragonard, 'La fonction des arguments...', *art. cit.* [note 4], p. 138 (donnant la seconde partie de la citation).

[15] Cf. Ræmond, *Heresie*, p. 30s.

Ces secondes causes ne sont pas négligeables et Ræmond de légitimer l'horoscope, puisque Dieu révèle déjà ses intentions à l'égard de ses créatures au moment de leur naissance:

> Lesquelles [les causes secondes] par une liaison, enchainement et correspondance des unes aux autres se rapportent toutes ensemble et obeissantes au pere de la nature, regarde fixement ses intentions et ses volontez, et nous prononcent souvent les arrests à l'entrée de nostre vie des bons et mauvais evenemens qui nous doivent arriver[16].

Avec l'interprétation d'un arrêt divin à la naissance—'ce que les astres avoient predit à sa naissance'[17], écrit ailleurs Ræmond—balisant la totalité de la vie terrestre d'un humain, permettez-moi cette exagération: nous ne sommes pas loin de la double prédestination . . . et de Calvin.

L'Horoscope de Calvin

L'horoscope que présente Florimond de Ræmond est fondé sur la vie de Calvin que le polémiste connaît bien. Pour ce faire, il a beaucoup lu, mais avec un certain discernement, puisqu'il précise immédiatement une méthode historique moderne:

> Son nom [celui de Calvin] est recogneu de tous, mais l'entrée est incognuë à plusieurs. Qui en voudra sçavoir toutes les particularitez lise les autheurs qui ont pris la peine de l'escriture. J'en laisse à dessein beaucoup de choses, pour la crainte que j'aye que quelquefois la haine ait eu plus de pouvoir sur eux que la verité, car ils l'ont horriblement flestry. Aussi me desplaist-il de mesdire des sourds . . . je n'escriray rien de luy . . . que je ne l'emprunte de bon lieu et de gens qui l'ont cognu dés sa premiere jeunesse, dont je me suis fort particulièrement informé[18].

C'est dire que ce qu'en dit Ræmond n'a rien à voir avec le texte de Bolsec (1577) et de quelques autres, dont les noms sont égrenés, parfois avec une orthographe fantaisiste, dans la marge du passage cité[19]. Il ne s'agit pourtant pas du livre d'un disciple de Calvin et

---

[16] *Ibid.*, p. 31.
[17] Ræmond, *Heresie*, p. 881 (à propos de Calvin).
[18] Cf. Ræmond, *Heresie*, p. 879.
[19] *Ibid.* 'Surius (= Laurent Surius, *Commentarius brevis rerum in orbe gestarum ab anno*

la polémique est vive, elle ne s'abandonne cependant pas à la trivialité ni à l'outrance. Déjà E. Doumergue reconnaissait la valeur
historique du livre de Ræmond et il ne manqua pas de l'utiliser dans
son propre travail sur Calvin[20]. Bolsec, pour sa part, ignora tout à
fait l'horoscope de Calvin, mentionnant en passant la seule année

---

salutis 1500 usque in annum 1567, Louvain, 1568, traduit en français par Jacques
Estourneau, *Histoire ou Commentaires de toutes les choses memorables advenues depuis LXX
ans en ça par toutes les parties du monde, tant au faict seculier que Ecclesiastic, composez premierement par Laurens Surius et nouvellement mis en françois par Jacq.[ues] Estourneau*, Paris,
Guillaume Chaudière, 1573), Du Prean (= Gabriel Du Preau [Prateolus], *De vitis
sectis et dogmatibus omnium hæreticorum*, Cologne, 1569), Bolser (= Jérôme Bolsec, *Histoire
de la vie, mœurs, actes, doctrine, constance et mort de Jean Calvin*, Lyon, 1577), Domachares
(= Demochares, *i.e.* Antoine de Mouchy, chanoine de Noyon, certainement sa
*Christianae Religionis et Apostolicae Traditionis adversùs Misoliturgorum blasphemias, praecipicè
Joannis Calvini et suorum contrà Sacram Missam catholica et historica propugnatio*, Paris,
N. Chesneau, 1562), Vaquerius (= Jean de La Vaquerie, *Remonstrance adressée au Roy,
aux princes catholiques et à tous magistrats et gouverneurs de republiques touchant l'abolition des
troubles . . . qui se font aujourd'huy en France, causez par les heresies qui y regnent*, Paris,
1574), Lindanus (= Wilhelm van der Linden ou Willem van der Lindt, *Recueil d'aucunes mensonges de Calvin, Melancthon, Bucere et autres nouveaux evangelistes de ce temps*, Paris,
1561; ou ses *Contrarietez et contredicts qui se trouvent en la doctrine de Jean Calvin de Luter
et autres . . . avec Les demandes et répliques à Jean Calvin.. recueilliz des oeuvres d'un auteur
incertain et de Guillaume Lindan . . . par Antoine du Val*, Paris, Chesneau, 1567, ou son
*Discours en forme de dialogue, ou Histoire tragique de la source et progres des troubles . . . meuz
par Luther*, traduit du latin par René Benoist, Paris, Chaudière, 1570), Vetus (=
Joannes Vetus, préfacier de la *Francisci Balduini Responsio altera ad Joannem Calvinum*,
Cologne, W. Richwinus, 1562), Sainctes (= Claude de Saintes, *Declaration d'aucuns
atheismes de la doctrine de Calvin et Beze contre les premiers fondemens de la chrestienté*, Paris,
Claude Fremy, 1572; mais l'évêque d'Evreux avait déjà rédigé et publié en 1567
une *Responsio . . . ad Apologiam T. Bezæ editione contra Examen doctrinæ Calviniæ et Bezane
de Cœna Domini*, Paris), Cayer (= Pierre Victor Palma Cayet, *Condamnation de Calvin
par luy mesme*, Paris, F. Duchesne, 1597), Hessußius (= Tilemann Hesshusen, p.e.
son *Adsertio sacrosancti Testamenti Jesu Christi contra blasphemam Calvinistarum exegesin*,
Königsberg, héritiers de Hans Daubmann, 1574), Wesphal (= Joachim Westphal,
pasteur luthérien ayant polémiqué violemment avec les Genevois dans les années
1550 au sujet de la cène, p.e., *Confutatio aliquot enormium mendaciorum Joannis Calvini*,
Urselles, Nicolaus Henricus, 1558), Sclusemp (= peut-être Konrad Schlüsselburg,
ses *Theologiæ Calvinistarum libri tres*, Francfort-sur-le-Main, Johann Spies, 1592, ou son
Hæreticorum catalogus, Francfort-sur-le-Main, Hans Saur pour Peter Kopff, 1597), Voy
Reginald s. 256 (= Guillaume Reginald, *Calvinisticæ perfidiæ cum Mahometana collatio*,
composé vers 1596, mais publié seulement en 1605).' La plupart des coquilles
affectant le nom des auteurs de livres sur Calvin sont déjà présentes dans l'édition
originale (cf. note 3). Ces coquilles sont certainement dues à l'incurie du fils, François,
plutôt qu'à celle des protes lisant difficilement l'écriture de Florimond de Ræmond.
[20] E. Doumergue, *Jean Calvin, les hommes et les choses de son temps*, tome premier,
La Jeunesse de Calvin, Lausanne, 1899, *passim*, mais en part. Appendice I.ii, pp.
522–527. La phrase suivante résume parfaitement la manière dont il faut aborder
Ræmond: 'Il serait aussi facheux de tout accepter, qu'il serait injuste de tout rejeter'
(p. 524).

de sa naissance, pas même le jour[21]. Il semble bien que Ræmond soit le premier à s'être arrêté au thème astral de Calvin[22].

(Illustration 1). On remarque que l'horoscope dressé par Florimond de Ræmond précise avec grande exactitude l'heure de la naissance de Calvin, 1h27 de l'après-midi. Aucune horloge du début du XVIe siècle n'était capable d'offrir une telle précision et aucune source de l'époque ne donne l'heure, même approximative, de la naissance du grand homme; l'heure de la naissance de Calvin qu'invente Ræmond est une heure astrale correspondant à la position des planètes au moment de la naissance[23].

Dans la seconde version de la vie de Calvin, Colladon, aidé par Bèze, donne évidemment la date de naissance de Calvin, le 10 juillet 1509. Dans le texte bref daté d'août 1564, Bèze avait déjà mentionné cette date sans autre commentaire[24]. Dans l'amplification, Colladon précise:

> Je commenceray donc par la nativité d'iceluy, qui fut le 10e jour de juillet l'an 1509. Ce que je note, non pas afin de cercher en son horoscope les causes des evenemens de sa vie, et beaucoup moins des

---

[21] 'De sa nativité en la ville de Noyon en Picardie l'an 1509, je n'en dy autre chose', *in Histoire des vies, meurs, actes, doctrine et mort des trois principaux heretiques de nostre temps, à sçavoir Martin Luther, Jean Calvin et Theodore de Beze, jadis archiministre de Geneve*, 'jouxte la copie imprimée à Douay par Jean Bogard, 1616', f° 39v°.

[22] Dans un des recueils d'Ismaël Boulliau (1605–1694), on trouve une référence à Calvin (Paris, Bibliothèque nationale de France, Ms. Fr. 13028, f° 6v°). Je dois cette information à Emmanuel Poulle. Il ne s'agit en fait que de la mention de l'heure de naissance du Réformateur: 'Jean Calvin, 1509, à Noyon en Picardie, Julii 10, Hor. 1. 27 P.M.'. Il peut s'agir d'une reprise de Florimond de Ræmond, puisque la copie de nombreuses dates entourant celle de la naissance de Calvin est de la fin du XVIIe siècle ('Le fils de Mr le Marquis de Lavardin nay à Paris, 1684, le 15 juillet, H 12'31', *ibid.*). J'ai encore consulté les différents recueils d'horoscopes que mentionne Emmanuel Poulle à la fin de son article, 'Horoscopes princiers des XIVe et XVe siècles', in *Bulletin de la Société nationale des Antiquaires de France*, séance du 12 février 1969, pp. 63–77, ici, n. 4, p. 76s.

[23] Cf. John David North, *Horoscopes and History*, Londres, 1986, en part. pp. 51–56. Etant donné qu'aucune source n'a jamais donné même une heure approximative de la naissance de Calvin, on peut penser que Ræmond a appliqué ici la règle de l'annimodar, c'est à dire la détermination de 'la planète qui est, au moment de la conjonction ou de l'opposition du soleil et de la lune qui précède la naissance, le seigneur du degré du zodiaque où a lieu cette opposition ou cette conjonction' (cf. E. Poulle, 'Astrologie et tables astronomiques au XIIIe siècle: Robert Le Febvre et les tables de Malines' in *Bulletin philologique et historique (jusqu'en 1610)* année 1964, Paris, 1967, pp. 793–831, ici p. 796s. Ce choix est donc purement astrologique, Mars étant le seigneur de l'ascendant Cancer de Calvin.

[24] Théodore de Bèze, 'Vie de Calvin', *Calvini opera* 21, col. 29.

De la Naiſſance de l'Hereſie,
leurs propres hiſtoires, & de pluſieurs petits liurets que la Reformation nouuelle a fait eſclorre, lors qu'elle commença de paroiſtre au monde.

CET homme, qui fut autheur de tant de maux, naſquit à Noyon en Picardie,
le 10. Iuillet 1509, iour infortuné, pour eſtre le iour de la natiuité de nos lōgues
miſeres: Il ſe nómoit Iean Chauuin, fils de Gerard Chauuin & Ieane de France.
Mais comme Luther changea ſon nom: auſsi celui cy print le nom de Caluin.
Et comme ſi ce nom ne lui ſembloit encore aſſez glorieux, ou pluſtoſt infortuné,
parce que l'anagramme de Caluin fait Lucian, il ſe donna le nom d'Alcuin, do-
cte precepteur de l'Empereūr Charlemagne, & fut veuë ſa premiere Inſtitution
imprimee à Straſbourg l'an 1539. où il s'attribuë ce nom. Et puis que i'ay tiré
cy deuant les natiuitez de Luther & Melancthon fameux hereſiarques qui l'ont
deuancé: il eſt raiſonnable que ie les accompagne de celle de Iean Caluin, dont
voicy l'horoſcope.

4
Naiſſance
de Iean Cal-
uin, & ſon
horoſcope.

5
Le iugement
qu'on a fait
de ſa naci-
uité.

La diſpoſition des aſtres en cette figure móſtre que ce perſonnage deuoit eſtre
doüé de belles qualitez, mais qui deuoient eſtre accompagnées de pluſieurs lai-
des parties. Premierement Saturne au ſiege de la Vierge, monſtre qu'il ſeroit
homme d'vn eminent ſçauoir: ſçauoir pourtant mal aſsis, comme a remarqué
Ionctin ſur le 14. chapit. du 3. liure des Iugemens de Ptolomeé. Mercure en la
maiſon du Soleil luy promettoit vne grande memoire, & la grace de bien mettre par eſcrit, ſelon Schover au liure ſecód des Iugemens des natiuitez: car iaçoit
que Mercure ſoit bruſlé & roſti, cela n'empéche pas qu'il n'ait eu ceſte belle partie, laquelle luy eſtoit auſsi promiſe par le cœur du Lion, logé au point du Midy,
eſtant le cœur ſiege de l'entendement & prudence, dit Cardan : non ſeulement
la Lune s'entre-regardât d'vn aſpect ſextil. comme dit Ionctin au meſme lieu, &
Saturne eſtant en la maiſon de Mercure, móſtrent la beauté de ſon eſprit, & ſub-
tilité de ſon iugemét: mais auſsi que ce grãd eſprit auroit la folie pour cópagne

Apho. 126.
Iu. 3.

ſuiuie.

Illustration 1.

vertus excellentes qui ont esté en luy, mais simplement pour le regard de l'histoire[25].

Bèze et Colladon étaient informés des possibilités astrologiques, sans s'y adonner—est-il nécessaire de le préciser—, mais sans les passer sous silence. L'heure d'un horoscope, pour revenir à 1h27 de l'après-midi, reste cependant malléable[26]. L'astrologue, et Florimond de Ræmond en l'occasion, peut modifier l'heure en vertu de la position de l'une ou l'autre planète[27].

Cette modification probable se heurte à mes limites en tant qu'analyste astrologique, puisque je ne sais si Ræmond a défini l'heure et la minute de naissance pour que Mars soit dans la neuvième maison, mais il est évident que le changement de l'heure de naissance d'une unité modifie toute la carte céleste[28]. Ræmond a certainement utilisé un astrolabe[29] et une ou plusieurs tables astrologiques, peut-être les très utilisées 'tables alfonsines'[30], certains de ces instruments

---

[25] Théodore de Bèze et Nicolas Colladon, 'Vie de Calvin', *Calvini opera* 21, col. 53.

[26] E. Poulle, 'Discours du Président de la Société de l'histoire de France en 1998', in *Annuaire-Bulletin de la Société de l'histoire de France 1998*, Paris, 1999, pp. 3–14 (abrégé ci-après, Poulle, 'Discours'), p. 10.

[27] J.D. North, *Horoscopes and History*, *'Ascendants hours by hours. The influence of the clock on astrology'*, pp. 131–137. La 'méthode des ascensions' de Ptolémée est bien compliquée, et North n'entre pas dans le détail des autres manières de modifier un horoscope natal (p. 51s.).

[28] Ce que l'on peut facilement illustrer à l'aide des deux horoscopes de Luther donnés par Garcæus, tous deux à la date du 10 novembre 1483, le premier avec l'heure de 'H. 11. M. 0. P.[ost] M.[eridiem]', le second 'H. 11. M. 20. P.[ost] M.[eridiem]'; le premier de la série autour de la religion et le second avec la mention marginale: 'Alii hoc thema tribuunt Patri Luthero'. Les vingt minutes de différence ont fait tourner la roue des maisons astrologiques d'une maison vers la droite (cf. Johann Gartze—Johannes Garcæus, 1530–1574—, *Astrologiæ methodus, in qua, secundum doctrinam Ptolemæi, exactissima facillimaque genituras qualescunque judicandi ratio traditur* . . ., Bâle, Officina Henricpetrina, 1576, pp. 184 et 194). Ailleurs, Garcæus donne des conseils pour établir un horoscope: dans son *Tertius tractatus de usu globi astriferi, collectus studio Johannis Garcæi junioris*, Wittenberg, Johann Crato, 1565, ch. XLVIII–LX, pp. 76–106. Garcæus relève quatre manières différentes de constituer un thème astral, 'De quatuor modis constituendi themata Cœli' (p. 81ss): celle de Julius Firmicus, Pontano et Cardano; celle d'Alcabitii et de Jean de Saxe; celle de Campanus et Gazulus; la dernière est celle de Regiomontanus. Chaque bref chapitre contient quasi toujours une 'cautela', alors que le traité s'achève sur les qualités des différentes planètes. A lire les travaux de J.D. North et d'Emmanuel Poulle, on perçoit la grande difficulté de l'analyse mathématique de la science astrologique.

[29] Cf. en part. J.D. North, 'The Astrolabe', in *Stars, Minds and Fate. Essays in Ancient and Medieval Cosmology*, Londres, 1989, pp. 211–220. Cf. aussi *idem, Horoscopes and History*, Londres, 1986, pp. 56–69.

[30] Cf. J.D. North, 'The Alfonsine Tables in England', in *Stars, Minds and Fate. Essays in Ancient and Medieval Cosmology*, Londres, 1989, pp. 327–358; *idem, Horoscopes*

étant présents dans les ouvrages qu'il fréquentait. Ce que je remarque cependant, c'est que Ræmond commence le jugement de l'horoscope par 'Saturne au siege de la Vierge', c'est-à-dire par une planète aux effets reçus comme néfastes au XVIᵉ siècle comme déjà au Moyen âge, Saturne[31]; alors que le critique ne dit rien de Vénus[32]. Si, plus loin, Ræmond ne décèle pas la conjonction de Mars et de Jupiter dans la neuvième maison dévolue à la religion[33], qu'à cela ne tienne :

> Quoy que le Scorpion ascendant ne luy ait permis de tenir rang et dignité en la vraye Église, tant parce que Jupiter est ennemi de Mars, seigneur de l'ascendant, qu'aussi d'autant que l'Ecrevice [= Cancer], qui est l'exaltation de Jupiter, signifiant naturellement le clergé, est à la neufiesme maison attribuée à la Religion et à l'Église, comme le lecteur desireux de ces curieuses recerches pourra voir plus particulierement dans le Donatus chez Jonctin, sur le 4e chapitre du livre 3 des *Jugemens* de Ptolomee[34], dans Schomer [= Schöner], au livre premier des *Jugemens*, où je le renvoye, pour suyvre la vie de cet homme, qui nous a fait sentir par effet ce que les astres avoient predit à sa naissance.

C'est bien la vie de Calvin qui informe l'horoscope posthume que dresse Ræmond, le renoncement à ses privilèges ecclésiastiques ('rang et dignité en la vraye Église) étant marqué dès la naissance.

On peut toutefois s'étonner de voir à la fois 'Saturne au siege de

---

and History, Londres, 1986, pp. 9–17, 27–43, 81–84, 91–94; Grafton, *Cardano's Cosmos*, pp. 22–37. Ces tables ne sont pas dues à Alphonse X de Castille, comme on le lit encore trop souvent. Cf. E. Poulle, 'Les tables alphonsines et Alphonse X de Castille', in *Académie des Inscriptions et Belles-Lettres*, comptes-rendus des séances de l'année 1987, janvier-mars, Paris, 1987, pp. 82–102.

[31] Cf. R. Klibansky, E. Panofshy et F. Saxl, *Saturne et la Mélancolie*. Etudes historiques et philosophiques: nature, religion et art, Paris, 1989 (1ᵉ édition anglaise de 1964), pp. 201–210; 264–287.

[32] S'il peut s'agir d'un oubli du fils ou de l'imprimeur, le jugement ignore lui aussi Vénus. Vénus était comprise comme planète de nature bonne depuis l'Antiquité (*ibid.*, p. 218).

[33] Interprétation acceptée par de nombreux astrologues, également Mélanchthon. Cf. A. Grafton, *Cardano's Cosmos*, *op. cit.* [note], p. 76 et n. 37, p. 224.

[34] Cf. avec le commentaire de Giuntini, *Speculum astrologiæ universam mathematicam scientiam, in certas classes digestam, complectens . . . Accesserunt etiam Commentaria absolutissima in duos posteriores Quadripartiti Ptolemæi libros . . .*, Lyon, 'In Officina Q. Phil. Tinghi, Florentini, Apud Simphorianum Beraud', 1583. Le chapitre 4 du livre III, 'Περὶ γονέων', (De Parentibus), donne de très nombreux horoscopes et commentaires, t. 1, pp. 153–192; sur Mars et Jupiter, p. 171s. Sur l'ascendant Scorpion que vient de gloser Ræmond, cf. le commentaire au livre IIII, ch. 1, p. 628: 'Nativitas diurna ascendete Scorpione'.

la Vierge' et 'Saturne estant en la maison de Mercure' et le Scorpion joint à Mercure, alors que Mercure est dans le Cancer. Cela pose la question des connaissances astrologiques de Florimond de Ræmond, avant celle d'une probable manipulation du thème astral.

Connaissances Astrologiques de Ræmond

Ræmond cite ses sources, plus même, il s'appuie constamment sur elles, ne lâchant quasi aucun mot de son propre chef, Cardan et ses *Aphorismes astronomiques* étant les plus sollicités[35]—'selon la doctrine de Cardan', 'c'est le jugement de Cardan', 'dit Cardan'—, mais également les commentaires de Francisco Giuntini, comme nous venons de le voir[36]—'comme enseigne Jonctin'—et les *Tabulæ astronomicæ* de Johann Schöner—'c'est la doctrine de Cardan et Schoner'. Parfois même, Schöner peut être allégué grâce à une citation de Cardan, puisque ce dernier s'y réfère volontiers. Quand Ræmond avance:

> La lune avec l'œil du taureau a bien descouvert ce naturel vicieux et cet esprit turbulent qui ne respiroit que trouble et sedition. C'est le jugement de Cardan en ses Aphorismes[37].

On trouve en effet chez Cardan l'affirmation . . . reprise de Schöner que

> l'œil du taureau, comme le dit justement Johann Schöner, s'il est dans l'ascendant ou s'il est avec la lune rend l'être inquiet, turbulent, se réjouissant de la sédition populaire[38].

Cardan ajoutait pourtant 'parfois bon compagnon', remarque positive abandonnée par le polémiste catholique. Si la critique n'est pas toujours outrée, elle ne se veut pas favorable. Dans le même esprit, le luthérien Garcæus est régulièrement sollicité, mais son nom n'apparaît

---

[35] Cf. *Aphorismorum astronomicorum segmenta septem in Hieronymi Cardani Mediolanensis philosophi ac medici celeberrimi opera omnia . . . cura Caroli Sponii*, Lyon, Jean Antoine Huguetan et Marc Antoine Ravaud, 1663, tome 5, pp. 29–92.

[36] Cf., parmi plusieurs publications, les deux tomes de son *Speculum astrologiæ, op. cit.* [note 34].

[37] Ræmond, *Heresie*, p. 881.

[38] 'Oculis tauri, ut recte inquit Joannes Schonerus, facit natum inquietum, turbulentum, seditione populari gaudentem, *interdum bonum socium*, si in ascendete, vel cum Luna fuerit' (*Aphorismorum astronomicorum segmenta septem, op. cit.*, p. 54). J'ai souligné le passage abandonné par Ræmond.

jamais. En revanche, Ræmond ne cite pas Regiomontanus, il se limite
aux travaux plus récents[39].

Pour comprendre comment se répartissent généralement les maisons d'un thème au XVIᵉ siècle, voici une gravure (Illustration 2)
tirée d'un des ouvrages composés par l'une des sources de Ræmond,
le commentaire sur la Sphère de Giovanni de Sacro Bosco de
Francisco Giuntini[40]. La première maison est à gauche sur la ligne
de l'horizon, et les douze maisons se répartissent dans le sens inverse
des aiguilles d'une montre, le coin extrême gauche de la neuvième
maison étant au zénith et expliquant l'importance de cette neuvième
maison[41]. Il faut se représenter que la forme carrée de l'horoscope
découle en fait de la répartition des étoiles disposées sur un astrolabe (Illustration 3). Cette figure de l'astrolabe montre bien l'espace
de tolérance dont dispose l'astrologue selon qu'il choisit l'un ou l'autre
mode de partition[42].

Les coquilles sont nombreuses dans le texte et dans les marges du
livre—et l'on peut imaginer soit que l'éditeur de *L'Histoire* de Florimond
de Ræmond, son fils François, ne connaissait rien à l'astrologie judiciaire, soit que l'écriture de son père était particulièrement difficile
à déchiffrer. Ces horoscopes ne sont pas aussi précis qu'on a pu
l'écrire[43]. On constate que Florimond de Ræmond ne maîtrisait pas
tout le donné astrologique, à l'instar de tant de consultants, ainsi
Jérôme Purpurat écrivant à Nostradamus en 1560[44], mais quand

---

[39] Cf. Johann Müller, sous le pseudonyme de Regiomontanus (1436–1476), a
composé des *Ephemerides* et de nombreux textes astrologiques dont des *Tabulæ direc-
tionum profectionumque in nativitatibus multum utiles*, Augsbourg, Erhard Ratdolt, 1490,
souvent rééditées.

[40] Cf. *Fr.[anscici] Junctini Florentini, sacræ theologiæ doctoris, Commentaria in Sphæram
Joannis de Sacro Bosco accuratissima*, Lyon, Philippe Tinghius, 1578, p. 596. On sait
que Mélanchthon édita et préfaça ce texte en 1531. Cf. Stefano Caroti, 'Melanchthon's
Astrology', in *'Astrologi hallucinati'. Stars and the End of the Word in Luther's Time*, edited by Paola Zambelli, Berlin et New York, 1986, pp. 109–121, ici p. 115s.

[41] Il existait plusieurs possibilités de répartir les douze signes, mais Ræmond
adopte la plus courante. Cf. J.D. North, *Horoscopes and History, op. cit.*, en part. pp.
1–3, 14–17, 46–49.

[42] Sur la figure de l'astrolabe, l'un des modes de partition est représenté par les
lignes notées 'maison n', l'autre par les lignes des heures inégales numérotées de 1
à 12 en chiffres arabes. Je dois ces renseignements à Emmanuel Poulle (cf. Surtout
son 'l'Horlogerie a-t-elle tué les heures inégales ?' in *Bibliothèque de l'Ecole des Chartes*
157, 1999, pp. 137–156, article qui démontre que les heures inégales sont toujours
représentées sur les astrolabes au XVIᵉ siècle).

[43] Cf. M.-M. Fragonard, 'La fonction des arguments...', *art. cit.* [note 4], p. 138
(la critique vaut également pour l'horoscope de Luther).

[44] Nostradamus, *Lettres inédites, op. cit.* [note 6], n° XVII, p. 61s.

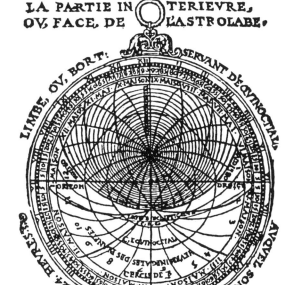

594 FR. IVNCT. IN SPHAERAM

LA PARTIE INTERIEVRE, OV, FACE DE L'ASTROLABE,

De esse circuli accidentali, seu de duodecim domibus quæ sunt in cælo.

SED rursus intelligūtur in sphæra alij septem vel octo circuli, per quos distinguuntur super vnumquenq; sitian duodecim domus in cælo. Quorum apud iudicantem est cura permaxima. Imaginamur enim duo Azimuth, vnum secantem æquatorem in duobus punctis, in quibus Horizon secat ipsum in oriente & occidente : & alium transeuntem per polos æquatoris. Iste secundus cum Horizonte diuidit primum in quatuor quartas : quarum prima est à puncto

Illustration 2.

596 PR. IVNCT. IN SPHAERAM

prima, quarta, septima, & decima: & istæ quatuor sunt fortes in significatione sua ad bonū & malum. Succedentes dicuntur secunda, quinta, octaua, & vndecima: & istæ sunt mediocres in sua significatione. Cadentes verò dicuntur tertia, sexta, nona, & duodecima: & istæ quatuor debilem habent significationem.

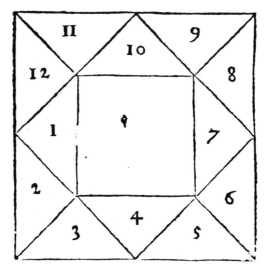

Sunt autem nonnulli, qui duodecim domos prædictas penes æquatoris diuisionem dicunt esse distinguendas. Constat enim quòd Horizon & orbis Meridiei diuidunt in omni situ æquatorem in quatuor partes æquales. Quarum quælibet si in tres alias intelligatur esse diuisa, penes ipsas duodecim partes dicunt duodecim domos esse distinguendas, & eas inueniunt in hunc modum: Gradum orbis signorum, qui est in Oriente, ponunt super orbem Meridiei, voluentes ipsum ad Occidentem, quousq; cum eo vltra orbem prædictarum voluatur duodecima pars æquatoris, quod est 30 gradus ipsius: & gradum orbis Signorum, qui tunc

Illustration 3.

Ræmond dit que la Vierge est le domicile de Mercure, c'est bien ainsi que cela était compris à son époque[45]. On peut également formuler l'hypothèse que Ræmond a consulté les autorités astrologiques pour choisir chez elles les éléments qui lui permettaient d'annoncer l'hérésie de Calvin, comme celle de Mélanchthon et Luther avant celle-là.

Mélanchthon

On connaît l'intérêt de Mélanchthon pour l'astrologie et l'on sait qu'il a, entre autres écrits, préfacé deux ouvrages de Johann Schöner, les *Tabulæ astronomicæ* en 1536, et le *De judiciis nativitatum* en 1545[46]. C'est dans les *Initia doctrinæ physicæ* de 1549 qu'il aborde le plus longuement les horoscopes, de l'influence de telle ou telle planète présente dans telle ou telle maison[47]. Le choix de Mélanchthon est cependant étonnant dans l'histoire de Florimond de Ræmond. On se serait attendu à trouver ici Théodore de Bèze, comme chez Bolsec, d'autant plus que Ræmond consacre un chapitre au successeur de

---

[45] Cf. Johannes Garcæus, *Astrologiæ methodus . . ., op. cit.* [note 24], p. 203: '[Virgo] Est sterile signum, propter domicilium et exaltationem et [Mercurius].' Voir également, pour aujourd'hui, Maria Maitan, *Fatevi il vostro oroscopo. Guida all'astrologia*, Milan, 1992 (1ᵉ éd. 1968), pp. 109–114. Je remercie tout particulièrement Giulia Giacomini qui m'a prêté ce dernier livre et a guidé mes pas dans l'appréhension du monde astrologique contemporain.

[46] Cf. Stefano Caroti, 'Melanchthon's Astrology', *art. cit.* [note] (n. 1, p. 109, pour la bibliographie ancienne sur le sujet); Isabelle Pantin, 'La lettre de Melanchthon à Simon Grynaeus: Avatars d'une défense de l'astrologie', in *Divination et controverse religieuse en France au XVIᵉ siècle* (Cahiers V.L. Saulnier 4), Paris, 1987, pp. 85–101, ici n. 2, p. 85. Sur Mélanchthon et l'astrologie, cf. également K. Hartfelder, 'Der Aberglaube Philipp Melanchthons', *Historisches Taschenbuch*, Leipzig, 1889, pp. 233–269; plus récemment, W. Maurer, *Der junge Melanchthon zwischen Humanismus und Reformation*, Göttingen, 1967, t. 1, pp. 129–170; et dernièrement Dino Bellucci, 'Mélanchthon et la défense de l'astrologie', in *Bibliothèque d'Humanisme et Renaissance*, 50, 1988, pp. 587–622; et *id., Science de la Nature et Réformation*, Rome, 1998, en part. la 3e partie, 'Le ciel et la terre', pp. 221–317. J'ai consulté les ouvrages de Schöner dans l'édition suivante: *Tabulae astronomicae . . . per Joannem Schonerum, . . . correctae et locupletatae. Praefatio D. Philippi Melanchthonis in easdem astronomiae commendatoria.— Joannis Schoneri, . . . Aequatorium astronomicum . . . Item: Planisphaerium . . . Item: Organum uranicum . . . Item: Instrumentum impedimentorum lunae . . .*, Nuremberg, J. Montanus et U. Neuber, 1551.

[47] On trouve le texte des *Initia* dans le *Corpus Reformatorum*, vol. XIII, Halle, 1846, col. 179–412; ici col. 323–329. Cf. Dino Bellucci, 'Mélanchthon et la défense de l'astrologie', *art. cit.* [note 46], p. 601s.

Calvin[48], à sa naissance 'à Veselay, l'an 1519, le jour de S. Jean' et
au 'favorable accueil' que lui firent les muses dès sa naissance, avant
de condamner comme tant d'autres 'ses lascifs epigrammes'[49]. Faudrait-
il interpréter cette présence comme un légitime retour de bâton provoqué par l'intérêt de Mélanchthon pour l'astrologie? Rien n'est
moins sûr.

(Illustration 4). A la différence des deux autres horoscopes, celui
de Mélanchthon n'est guère glosé. Florimond de Ræmond se satisfait
d'une brève notice, contenant toutefois un renseignement primordial:

> Or Melanchthon nasquit au monde en un bourg du Palatin, pres le
> Rhin, le 16 fevrier, à sept heures six minutes apres midy, l'an 1497.
> Et fut remarqué depuis par les Judiciers qu'à sa naissance Mars estant
> conjoint quasi en mesme degré à Jupiter en la troisiesme maison,
> laquelle par les Arabes est attribuée à la Religion, monstroit qu'il seroit
> heretique et adversaire de la foy de ses peres, comme on peut le voir
> par sa nativité, dont voicy la figure, sur laquelle je n'ay voulu m'esten-
> dre plus longuement[50].

Donnant la date et le lieu précis de la naissance du *præceptor Germaniæ*,
Ræmond pouvait en dresser l'horoscope, mais là n'est pas l'essentiel, il ne fait que recopier Garcæus[51], lui, son fils ou son imprimeur,
ayant introduit des différences (Illustration 5). La modification la plus

---

[48] Cf. Ræmond, *Heresie*, chapitre XVII du livre VIII, pp. 1045–1051.

[49] *Ibid.*, p. 1045. Ræmond ajoute même que 'la rencontre de sa nativité en ce
jour a fait dire à ses disciples qu'en Beze un autre S. Jean estoit né'. On peut supposer que Ræmond n'a rien trouvé dans l'horoscope de Bèze, si tant est qu'il ait
cherché à en dresser un, annonçant un 'fameux hérésiarque' à venir. Bèze, pour
sa part, vers la fin de 1568, avait écrit à Thomas Eraste une lettre sur l'astrologie,
dans laquelle il distinguait à l'instar de Calvin astrologie judidiciaire, divinatoire, et
astrologie utile pour les médecins. Pour lui, comme pour d'autres critiques de l'astrologie, l'heure de la conception devrait être plus importante que celle de la naissance: 'Sed primum omnium illud plane subit mirari, quinam ausint astrologi ex
nativitatis puncto, quod vocant, de corporis nascentis temperamento pronunciare.
Cur non enim potius conceptum considerant, utpote qui sit ipsius coagulationis corporis initium?' Cf. *Correspondance de Théodore de Bèze* recueillie par Hippolyte Aubert,
publiée par Henri Meylan, Alain Dufour, Claire Chimelli et Béatrice Nicollier,
tome IX, 1568, (*Travaux d'Humanisme et Renaissance*, 164), Genève, 1978, n° 651, pp.
208–214, ici p. 210. Je remercie vivement Alain Dufour de m'avoir signalé cette
lettre peu connue.

[50] Ræmond, *Heresie*, p.179. Le texte donne 'Indiciers', mais j'ai restitué 'Judiciers'.

[51] Cf. Garcæus, *Astrologiæ methodus . . .*, *op. cit.* [note 28], p. 142. Ræmond n'a certainement pas connu la compilation manuscrite de Nicolaus Gugler conservée à la
BNF à Paris. On trouve là un horoscope de Mélanchthon. Signes et planètes correspondent, mais quasi aucun chiffre (cf. BNF, ms. lat. 7395, f° 330v°, l'heure étant
également 7 heures et 6 minutes). Cf. également Anthony Grafton, *Cardano's Cosmos*,
op. cit. [note 8], p. 74s et n. 23, p. 223.

Liure ſecond. 179

dire que Luther eſt leur Eſaye, Melancthon Ieremie , nom que luy meſmes a-
uoit pris pour ſoy,& donné auſsi à ſon Philippe,comme on peut voir au ſecōd
tome de ſes œuures:Ie ſuis,dit-il,Eſaye,& Melancthon Ieremie. Iamais , eſcri- *Tom.2 fol.*
uent ſes diſciples , Luther ne puſt ſouffrir aucun moderateur de ſes opinions *488.*
que Melācthon, ceſte horrible diſpute qu'il eut contre Eraſme pour leLiberal
Arbitre le montre:car comme Luther fut ſorty hors des gons de raiſon, celuy-
cy le remit en ſon bon ſens,ſe donnant du tout à ſon opinion.Ce futvne choſe *Eſtrange*
eſtrange qu'vne ame ſi polie cōme eſtoit celle de Melancthon , ſelon leur auis, *folie de Me-*
& qui auoit plus que nul autre de ſon aage gouſté la douceur & les beautez de *lanĉth.*
la Philoſophie & bonnes lettres,ſoit entré en ceſte imagination de les bannir:
Car,comme j'ay dit ailleurs,ayant ouy diſcourir ſon Maiſtre Luther ſur le paſ-
ſage de S.Paul de la 1. aux Coloſsiens,quand il dit, *Prenez garde que la Philoſo-* *Naiſſance*
phie ne vous deçoiue, il dit Adieu à ſon Ariſtote,&aux bons liures , & ne les re- *de Melan-*
prit que par le commandemēt deceluy qui auoit cauſé ce diuorce : Or Melan- *ĉthon.*
ĉthon naſquit au monde en vn bourg du Palatin,prez le Rhin,le 16. Feurier à
ſept heures ſix minutes apres midy , l'an 1497. & fut remarqué depuis par les *Iacques*
Indicieres, qu'à ſa naiſſance Mars eſtant conjoint quaſi en meſme degré à Iu- *Herbram*
piter en la troiſieſme Maiſon,laquelle par les Arabes eſt attribuee à la Reli- *en l'Oraiſon*
gion , monſtroit qu'il ſeroit heretique, & aduerſaire de la Foy de ſes Peres, *funebre pour*
comme on peut voir par ſa Natiuité, dont voicy la figure, ſur laquelle ie n'ay *Melāĉthon*
voulu m'eſtendre plus longuement.

MELANCTHON marry de ceſte malheureuſe diuiſion qui ſe gliſſoit dans l'E-
gliſe nouuelle,lors qu'elle commençoit à jetter ſes premiers rayons, ne ceſſa *2.*
tant qu'il peut reſpirer de ſe trauailler à la reünion de ces opiniōs diuerſes que *Melācthen*
»Luther, Zuingle, & autres bons ouuriers auoient ſemé par le monde. Ie *autheur de*
»deſeſpere , diſoit-il, de la Paix de l'Egliſe. Nos ennemis en leueront les d' *la Conſeſ.*
d'Amb.

L ij.

Illustration 4.

» Tovt le monde, dit Ionctin, fut embrasé de son schisme, lequel à cause *Lib.5.*
„du Mars meslé auec la queüe du Dragon se dissout en soy-mesme, & réd vne
„infinité de testes.(remarque icy les Heresies sorties de Luther) afin que s'il
„n'y auoit autre tesmoignage de son erreur, le grand nombre d'opinions en
„peust faire preuue, veu qu'il n'y a qu'vne verité. Il faut necessairement que
„toutes les autres opinions soient faulses. Mars, Venus, & Iupiter, dit Cardan,
parlant de la natiuité de Luther, prés l'espi de la Vierge, s'assemblent pres le *Li. de cent.*
Meridié de l'Emisphere de nos Antipodes, & de leur assemblee quelque puis- *Geniu.*
sance est decernee, mais sans sceptre, parce que toutes les Planettes sont en
l'autre Emisphere, & tousiours l'épi de la Vierge se rapporte à la Religió, selon
qu'elle est constituée. Au reste le Soleil & Saturne auec l'Etoille qui est à la balance Australe, au lieu de la future grande conjonction, montre la fermeté de
son Heresie, puis que ceste triplicité a desia longuement dominé. Mais Saturne
joint au Soleil par vn si grand remuëment, ne luy promet aucune dignité.

Voila le iugement qu'on fait ces Astrologues, de la natiuité de Luther, 3.
& quelques autres apres eux, montrant par le Mars & Iupiter, se rencontrans *Le Mars*
en la troisiesme Maison, sa reuolte en la foy: car comme Saturne & Iupiter, for- *& Iupiter*
ment des grands esprits, mais douteux & chancelans, Mercure & Venus des *ont montré*
eloquens & disers, mais menteurs, Mars & Mercure se rencontrans au Scor- *fa reuolte*
pion des gens sujets à tromper, en erreur grands Sofistes. Mars, Mercure & la *en l'Eglife.*
Lune, si rien ne se met entre-deux, des esprits aigus, prompts, & subtils, mais
cauteleux & plains de ruses. Et comme le Mars & Venus broüillent merueilleusement la concupiscence, mémement si ces deux Planettes s'assemblent au
siege de Capricorne, & que Mercure s'y trouue: aussi le Mars & Iupiter se rencontrans au Scorpion troublent merueilleusement la conscience comme ils
ont fait celle de Luther, montrant qu'il deuoit renier sa foy, & se rendre ad-

Illustration 5.

flagrante est la rotation d'une maison de tous les signes. Chez Garcæus, la première maison est Balance, la deuxième Vierge, etc., chez Ræmond, la première est Scorpion, la deuxième Balance, etc. Par ailleurs, quelques chiffres ont été mal recopiés (Mercure en 27.56 contre 27.57 chez Garcæus; un 25 ajouté au 7.53 du Soleil; Scorpion en 28.23 contre 18.23 chez Garcæus; etc.) et une planète oubliée (la Lune en Lion).

Plus significative pour mon propos est la seule remarque horoscopique: la conjonction de Jupiter et de Mars en la troisième maison, marque céleste de l'hérésiarque, conjonction que l'on trouve bien dans cette maison chez Garcæus. De tout temps, même sans être strictement prédestinationiste, Dieu avait décidé que Mélanchthon, à l'instar et Luther et de Calvin, serait hérétique. Telle est la dimension, me semble-t-il, qui a fait préférer Mélanchthon à Bèze dans cette triade horoscopique: les astres ont prédit le sectarisme et l'hérésie. Traitant de Luther et de la conjonction de Mars et de Jupiter en Scorpion, Ræmond prévenait déjà que là

> est signifié un esprit douteux, chancelant et schismatique, comme on a remarqué à la naissance de Philippe Melancthon son disciple, qui forgea une nouvelle secte, comme je diray en son lieu[52].

C'est dire que le geste de dresser le thème astral de Luther, Calvin et Mélanchthon semble premier et quasi précéder l'écriture du livre.

On peut cependant relever que Ræmond mentionne ici que la troisième maison est attribuée par les Arabes à la Religion. Pour Calvin, Ræmond en était resté à la neuvième maison 'attribuée à la Religion et à l'Église'[53], mais la conjonction de Mars et de Jupiter en la troisième maison est bien présente chez Luther[54] comme chez Mélanchthon, alors que chez Calvin, seul Mars est en la neuvième maison. En fait les troisième et neuvième maisons étaient dévolues à la religion, ainsi que l'explique Garcæus:

> Le jugement sur la religion discerne la piété de la personne dans les troisième et neuvième maisons. Il s'appuie d'ailleurs plus sur l'autorité des théologiens que sur celle des mathématiciens; il dépend cependant des exemples de nombreux horoscopes (geniturarum)[55].

---

[52] Ræmond, *Heresie*, p. 30.
[53] Ræmond, *Heresie*, p. 881.
[54] Ræmond, *Heresie*, p. 29: '. . . monstrant par le Mars et Jupiter, se rencontrans en la troisiesme maison, sa revolte en la foy'.
[55] 'Judicium de Religione, etsi Theologorum magis, quam Mathematicorum auctoritate nitatur; tamen plurimarum geniturarum exemplis constat, ex tertia et nona

Garcæus rappelait d'ailleurs, immédiatement après cette remarque initiale, que les maisons trois et neuf sont opposées, et l'on connaît l'importance de la symétrie en astrologie. Il mentionnait surtout les planètes néfastes touchant la religion:

> Quand donc les planètes négatives, Saturne ou Mars, de même le Bélier sont dans la neuvième maison, ou à son opposé, c'est-à-dire la troisième, dans un signe mobile—Jupiter en exil ou en chute, c'est-à-dire sans pouvoir ou sans force (étranger à son signe), et tombant dans une maison marquée par les planètes négatives ou quand les planètes négatives gouvernent en maison trois et neuf—, la personne méprisera la religion et sera d'une piété inconstante[56].

En revanche quand Jupiter, Vénus et le Lion occupent ces maisons, elles indiquent la constance chrétienne et l'amour de la Parole de Dieu. Saturne contre Jupiter! Il faut d'ailleurs relever que chez Garcæus la conjonction de Mars et Jupiter n'apparaît pas aussi désastreuse que chez Ræmond[57].

Il est dès lors instructif de poursuivre l'examen avec l'horoscope de Luther qui se trouve à la page suivante[58], présentant la conjonction du Soleil, de Vénus, de Jupiter, de Mercure et de Saturne en Scorpion. Dans les quelques lignes de commentaire à la fin de ces horoscopes (p. 195), Garcæus ne relève pourtant pas cette conjonction étonnante sinon détonnante.

Luther

(Illustration 6). Le cas de Luther, premier horoscope donné par le polémiste catholique, apparaît plus simple, puisque pour dresser son horoscope, Ræmond s'est inspiré de Cardan, le citant ouvertement,

---

de pietate nati dijudicandum.' Cf. Johannes Garcæus, *Astrologiæ methodus . . .*, op. cit. [note 28], ch. XIIII, 'De religione', p. 183.

[56] 'Cum igitur mali Planetæ [signe de Saturne] vel [signe de Mars], item [signe du Bélier] sunt in nona, aut huic opposita, videlicet tertia, in signo mobili, Jove dejecto sive in casu, in detrimento suo aut peregrino, ac cadente in loco a maleficis damnato, aut malefici Planetæ hæc loca 3 et 9 domus gubernaverint; natus religionem contemnet, et in pietate inconstans erit' (*ibid.*). Je remercie Jean-François Cottier qui m'a aidé à traduire ici un vocabulaire très technique.

[57] 'Observent et hoc studiosi, quod Religioni Judaicæ secundum Astrologos [Saturne], Christianæ [Jupiter] et [Mercure], Mahometicæ [Soleil] et [Mars], Idolatricæ [Venus] præsideant. Quandocunque igitur in genesi Christiani 9 vel 3, [Jupiter] cum [Mercure] præfuerit, natum in sua Religione constantem futurum significabunt, etc.' *Ibid.*

[58] *Ibid.*, p. 184.

612   Francifci Iunctini Comment.

oppofitum afpectum, recedat etiam per aliquot gradus Luna ipfa à Sole: fi verò fint folitariæ ftellæ maleficæ, vt Saturnus vel Mars in cardinibus, diu durabunt in delirio. Si autem contingat, quòd adfint cum eis felices ftellæ, cum hoc quod Iupiter fit in horofcopo, & malefica ftella in occafu, vel fi non Iupiter fit Venus in horofcopo, poteft liberari & quomodo? per Iouem liberantur per abftinentias & per medicinam, fi autem fit Venus, liberatur aut per orationes, vel per carmina, vt quos adducunt ad columnam Diui Petri Romam, vt liberentur à Dæmone. Quò ad verba Ptolemæi dico quòd per bonum fitum Veneris difponuntur ifti vexati, vt conuertantur ad amorem Dei per bonâ inclinationem ex parte naturæ, ita quod poteft effe adeò bona conftitutio Veneris, quòd difponatur ad recipiendum Dei gratiam, fed fi fit benefica ftella in occafu, malefica autê in horofcopo, afsiduè affligtabuntur ifti delirantes: confequenter declarat quænâ conftitutiones faciat magis ad infaniam, & quæ magis ad melancholiâ: vel quid fi coueniat Sol cu Marte vel per coiunctione vel per quadraturâ, aut oppofitione cu hoc, cp fit i angulis i genitura diurna, reddetur hoies furiofi & infani.

Si verò inter eos fuerit ibi Iupiter & Venus & Mercurius malè conftituatur, facit hæc pofitio fiderum ad epilepfiam.

Si verò fit Saturnus & Luna cum illa conditione, quod fint in angulis in genitura nocturna, facit ifta conftitutio ad dæmoniacam infirmitate. & fi Venus fuerit, adiuuabit ad infirmitatem prædicendi futura.

Quòd verò attinet ad vitia, quæ ex habitu & côfuetudine funt, vult quod aduertamus ad lumina, & dicit, ficut in offenfis animi examinauimus Lunam, nunc debemus obferuare Solem, quia vt alias dixi, eius potentia & exiftentia magna eft: vnde fi

Sol & Luna fint in fignis mafculinis, tunc viri erût in omnibus fuis actionibus mafculi & fortes, mulieres verò fi habuerint in fignis mafculis ambo lumina, imitabuntur mares in fuis actionibus, vt vifum fuit in domina Imolæ matre Ioânis Medicis.

Quòd fi contingat Mars & Venus effe in fignis mafculis, vel alter eorum, tunc qui habebit illam conftellationê, erit fornicator, adulter, & reddetur pronus ad illecebras: vnde fi quis non fit bene circûfpectus, & caueat ab iftis difpofitionibus, faciet eas poftmodum trâfire in habitum, & fic exiftet infirmitas animæ, efficit'.n. etiam ifta conftitutio Sodomiticum fcelus, & maximè fi fint orientales, vel alter horum.

Si vero côtingit hos duos planetas effe in fignis fœmininis, côtingit oppofitum, nâ fi fit vir, erit effœminatus valdè, & faciet omnia quæ fpectant ad fœminâ. Si vero fit mulier, erit meretrix magna, & exponet corpus fuû omnibus: quod nifi quis reprimat pafsiones iftas, inde contrahet habitum.

Et fic fi conuenerit Mercurius cum his, erit peior côfuetudo quo ad vitia. Et ad hoc intelligendum notandû eft quod dicitur ab Albubatre c.22. quod fi quis habuerit Martem in nona cæli domo, valdè mendax erit.

Rurfus ab eodem dicitur cap.45. quod fi Saturnus & Venus refpexerint Lunam, & fuerint in angulis, erit natus adeò fuperbus, & tumidus, vt nihil fupra, quod obferuaui in genitura F. Hieronymi Sauonarolæ, qui habet Venerem & Saturnum fimul iunctos, & Luna in medio cæli quadrangulata. Fuit ifte adeò fuperbus, & tumidus, vt perfuaferit ciuitati Florentiæ, fe effe prophetam. *[marge: Vide erge nctim fupr: pag.424.]*

Item dicitur ab eodem cap. 26. & ab Omare in 3.lib.de natiuitatibus, quod fi fit Iupiter cum Marte in tertia cæli domo, retrahet fe natus à fua lege femper, vt patuit in genitura Martini Lutheri.

Additio.

MARTINVS fuit Monachus per multos annos, demum expoliauit habitum monachalê, duxitq; vxorê Abbatiffam altæ ftaturæ Vittembergenfem, & ab illa fufcepit duos liberos. Et mira fatifque horrenda fuerunt eius dogmata. Incredibile autem eft, quantum augmenti breui têpore habuerit eius hærefis. Nam Germaniæ maximâ partem infecit, Angliam totam, multafq; alias regiones, nec vlla eft puincia ab huius fectatoribus immunis, prçter Italiâ, & Hifpanias. Feruet mundus huius fchifmate, quod, quia Marte admixtû habet, & Caudâ, foluitur in feipfo, infinitaq; reddit capita, vt fi nihil aliud errore côuincat, multitudo ipfa opinionum oftêdere tamê pofsit, cû veritas vna tâtû fit, plurimos necefsariò aberrare.

In ordine fpeculi noftri Aftrologici poft caput de animi qualitate fequitur cap.16.f.de actionib': qd nûc omifimus: fed hæc tractatio eft requirenda in ca.3. lib.4.vbi eft fecundû doctrinâ Ptolemæi. Et ibi ex

1 4 8 3.
Die 22. Octobris hora 11.mi.
36.poft meridiem.

[marge droite: Martini Lutheri Natiuitas.]

ponetur cum pluribus obferuationibus, fecûdum decreta ipfius auctoris.

Finis tertij Libri.

CLAVDII

Illustration 6.

à son habitude, mais avec des différences. (Illustration 7). 11h36 du
soir, contre 10h00 du soir chez Cardan pour le 22 octobre 1483.
En fait, Ræmond avait commencé par citer Giuntini (Jonctin), et la
figure de l'horoscope est entièrement reprise du commentaire de ce
dernier à la *Tetrabiblos* de Ptolémée[59] (Illustration 8). Dans la figure
de l'horoscope, on trouve les redoublements de signe (deux fois le
signe de la Vierge, des Gémeaux, des Poissons et du Sagitaire) et
même l'invention d'un signe dans la 4ᵉ maison, au lieu de 8.12
(8 degrés, 12 minutes) on voit un 8 suivi d'une sorte de 5 couché.
Là encore, le fils ou un prote peuvent être fautifs.

La date et l'heure de naissance de Martin Luther ont donné lieu
à de nombreuses variations au XVIᵉ siècle. Ainsi Nicolaus Gugler
donne-t-il deux heures pour Luther: 3h22 de l'après-midi et 9h du
soir le 22 octobre 1484[60], se distançant de la référence donnée par
Paul Eber, la onzième heure du soir le 10 novembre 1483[61]. Si la
date a donné lieu à des variations, Mélanchthon reconnaissant lui-
même l'imprécision de l'année de naissance de Luther, la massive
conjonction des planètes en Scorpion, en revanche, était connue et
désolait l'ami astrologue du Réformateur[62]. Avec le 22 octobre 1483

[59] Giuntini, *Speculum astrologiæ . . ., op. cit.* [note 34], t. 1, p. 612. C'est dans une
'Additio' que Giuntini dresse l'horoscope de Luther et le commente. Il le compare
d'ailleurs à celui de Savonarole qu'il avait donné plus haut (*ibid.*, p. 424).
[60] Cf. BNF, ms. lat. 7395, fᵒ 326rᵒ (Poulle, 'Discours', p. 13, n. 24, ne signale
que celui avec 3h22), et Anthony Grafton, *Cardano's Cosmos, op. cit.* [note 4], p. 75.
[61] *Ibid.* On trouve en effet la mention de la naissance de Luther en 1483 au 10
novembre 'hora XI. post meridiem', in *Calendarium historicum*, Bâle, s. n., 1550, p. 380.
Gugler a écrit entre les deux horoscopes de Luther: '*Paulus Eber dicit quod natus sit
1483, die 10 Novembris Hor. 11 post m.[eridiem]*' (cf. BNF, ms. lat. 7395, fᵒ 326rᵒ).
Emmanuel Poulle a trouvé six témoignages donnant cinq horoscopes de Luther (cf.
'Discours du Président', *art. cit.*, p. 12s), auxquels on peut ajouter celui de Francesco
Giuntini, repris par Ræmond ('Livre III des Jugemens de Ptolomée', *i.e. Speculum
astrologiæ . . ., op. cit.* [note 34], p. 612).
[62] Cf. lettre de Mélanchthon à Andreas Osiander du 30 janvier 1539 (in *Corpus
Reformatorum* 4, col. 1052s). Référence donnée par Anthony Grafton, *Cardano's Cosmos,
op. cit.* [note 4], p. 76 et note 37, p. 224. Le texte précise (col. 1053): '*De Lutheri
genesi dubitamus. Dies est certus, hora etiam pene certa, mediæ noctis ut ipsam matrem affirmantem
audivi. Anno puto esse 1484. Sed plura themata posuimus. G(r)auricus probabat anni 1484.
thema*'. Sur Luther et l'astrologie à partir des *Tischreden*, au bref article énumératif
d'Ingetraut Ludolphy, 'Luther und die Astrologie' in '*Astrologi hallucinati*'. . ., *op. cit.*
[note 4], pp. 101–107 (réf. bibliographiques en note *, p. 101) on préférera la
contribution de Klaus Lämmel, 'Luthers Verhältnis zu Astronomie und Astrologie
(nach Äußerungen in Tischreden und Briefen)', in *Lutheriana. Zum 500. Geburtstag
Martin Luthers von den Mitarbeitern der Weimarer Ausgabe*, herausgegeben von
Gerhard Hammer und Karl-Heinz zur Mühlen, Cologne et Vienne, 1984, pp.
299–312. On trouve encore, au siècle suivant, le 22 octobre 1484, à l'10, avec la
mention 'Martin Luther, ceste figure est fort asseurée' (Paris, BNF, Ms. Fr. 12293).

Centum geniturarum. 465

XI.

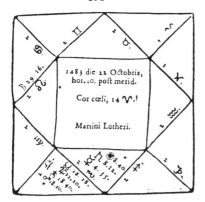

148; die 11 Octobris,
hor. 10. post merid.

Cor cœli, 14 ♑.!

Martini Lutheri.

HĀnc veram genituram Lutheri , non
eam quæ fub anno 1484. publicè cir-
cumfertur , effe fcito. Nec tanto negotio minor genitura debetur , aut tali genituræ minor euentus. Exiftimo autem non intelligen-
tes huius artis fundamenta , eam corrupiffe:
nam nec illa robore huic æqualis eft , nec fi
damnare velis, deeft hic quod poffis accufare.
Nam Mars, Venus Iupiter que, iuxta virginis
fpicã coëunt ad cœli imum ad vnguem, vt ex
horum confpiratione regia quædam poteftas
decernatur , fine fceptro : funt enim erraticæ
fub terra. Porrò quòd ad religionem pertineat , iam fæpius adeò dictum eft , propter
fpicam virginis , vt repetere pigeat. Incredibile igitur quantum augmenti breui tempore habuerit hoc dogma : nam Germaniæ
maximam partem adegit , Angliam totam,
multasque alias regiones , cum adhuc viuat,
nec vlla eft prouincia ab huius fectatoribus
immunis , præter Hifpanias. Feruet mundus
huius fchifmate , quod, quia Martem admix-
tum habet & caudam , foluitur in feipfo:
infinitaque reddit capita , vt fi nihil aliud
errorem conuincat , multitudo ipfa opinionum oftendere tamen poffit , cum veritas
vna tantum fit , plurimos neceffariò aberrare. Porrò firmitatem dogmatis Sol. & Saturnus cum lance meridionali , in loco fu-
turæ coniunctionis magnæ oftendunt , cum
diu trigonus ille iam dominaretur. At Luna
iuxta afcendens , longitudinem decernit vitæ:
verum cum Soli Saturnus adiungatur , pro
tanto rerum motu , nullam dignitatem præ-
ftat. Obiit 17 Februarij , hora 14. minu. 50.
poft meridiem , Eislebij vbi natus erat.

Illustration 7.

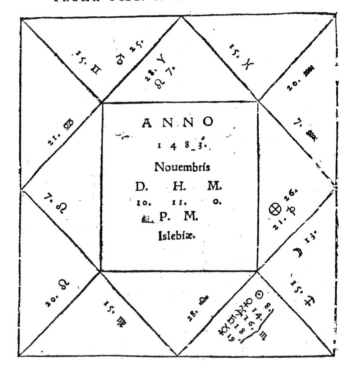

Illustration 8.

à 11h36 du soir, Ræmond recopie simplement les données de Giuntini.

Dans sa copie de Cardan, Ræmond traduit un '*sæpius*' (le plus souvent) en 'tousjours': 'et tousjours l'espi de la Vierge se rapporte à la Religion, selon qu'elle est constituée' traduisant '*Porro quod ad religionem pertineat, jam sæpius adeo dictum est, propter spicam Virginis...*'[63] Ræmond reprend précisément l'élément négatif donné par Cardan, 'Mais Saturne joint au Soleil par un si grand remuëment ne luy promet aucune dignité'[64], mais il ajoute un qualificatif absent de chez Cardan, tout en laissant croire que Cardan l'a donné, puisque ce passage est commandé par 'Cardan dit' et que la phrase finale du paragraphe est bien une traduction parfaite de l'horoscope du médecin italien:

> Au reste le Soleil et Saturne avec l'estoille qui est à la Balance australe, au lieu de la grande conjonction [celle de 1484], monstre la fermeté de son heresie.

Cardan n'avait parlé que de '*firmitatem dogmatis*'. On constate que les légers glissements sémantiques, un souvent en toujours, la doctrine en hérésie, confirment le discours de Ræmond, mais que ces glissements ne faussent pas le jugement de Cardan, ils l'infléchissent à peine.

Cardan mentionnait évidemment, il commençait même son jugement par là, la conjonction de Mars, Jupiter et Vénus près de l'épi de la Vierge ('*juxta Virginis spicam*') qui signifiait une puissance sans sceptre, puisque les planètes étaient sous la terre, c'est-à-dire dans l'hémisphère austral ('*sunt enim erraticæ sub terra*'). Dans un premier temps, Ræmond reprend bien l'assertion dans sa citation de Cardan, puis il y revient.

La conjonction de Mars et Jupiter dans la troisième maison montre chez Luther, affirme Ræmond, 'sa revolte en la foy', ce que disait déjà Giuntini, il est vrai en des termes différents et plus mesurés[65]. Les différents couples en Balance permettent ainsi de dévoiler le

---

[63] Cf. Ræmond, *Heresie*, p. 29; Cardano, *Liber de exemplis centum geniturarum*, in *Opera*, Lyon, tome 5, *op. cit.* [note 35], p. 465.

[64] *Ibid.* Le texte latin de Cardano dit: '*verum cum Solis Saturnus adjungatur, pro tanto rerum motu, nullam dignitatem præstat.*'

[65] 'Item dicitur ab eodem cap. 26 ab Omare in 3. lib. De nativitatibus, quod si sit Jupiter cum Marte in tertia cæli domo, retrahet se natus a sua lege semper, ut patuit in genitura Martini Lutheri' in Giuntini, *Speculum astrologiæ...*, *op. cit.* [note 34], p. 612.

caractère de Luther: si Saturne et Jupiter forment de grands esprits, ils sont 'douteux et chancelans'; Mercure et Venus, des esprits éloquents et diserts certes, 'mais menteurs'; Mars et Mercure se rencontrant en Scorpion—et l'on pourrait conjecturer ici que c'est l'imprimeur de l'horoscope qui s'est trompé, intervertissant Balance et Scorpion,— font 'des gens sujets à tromper, en erreur grands sophistes'[66], etc.

Quand Ræmond revient sur Mars et Jupiter pour affirmer qu'ils se rencontrent en Scorpion, ce qui ne se trouve pas chez Cardan qui montre cette conjonction en Balance[67], il faut en fait revenir à Garcæus qui place la grande conjonction des planètes (Soleil, Vénus, Jupiter, Saturne et Mercure) en Scorpion[68] (Illustration 9). Une nouvelle fois il est avéré que Ræmond a sous les yeux la méthode astrologique du pasteur luthérien.

Cette conjonction néfaste renforce le jugement de Florimond de Ræmond:

> . . . monstrant qu'il devoit renier sa foy, et se rendre adversaire de la vraye religion. Que si ces deux planettes, Jupiter et Mars, se fussent trouvez és signes de la Balance et du Verseau, et rencontré la Lune és Gemeaux ou en la Balance, ceste assiette eust produit un naturel parfait et accomply, capable d'atteindre la cognoissance de toutes choses. Mais icy tout au rebours est signifié un esprit douteux, chancelant et schismatique, comme on a remarqué à la naissance de Philippe Melancthon, son disciple, qui forgea une nouvelle secte, comme je diray en son lieu[69].

Or, la conjonction de Mars et Jupiter est bien en Balance chez Luther (Cardan, p. 465), non en Scorpion, Scorpion qui est le signe de Luther, accueillant le Soleil le 22 octobre. Le discours de Ræmond montre que Luther avait presque tout pour être un esprit supérieur, mais que le léger décalage astrologique le destinait à l'erreur, au doute, en un mot à l'hérésie. Le moment de la naissance, projeté sur un horoscope, indique donc de manière indélébile le caractère d'une personne et sa destinée: quasi une prédestination au bien ou au mal.

---

[66] Cf. Ræmond, *Heresie*, p. 29.
[67] Cf. Ræmond, *Heresie*, p. 29s.
[68] Cf. Johannes Garcæus, *Astrologiæ methodus . . .*, *op. cit.* [note 28], p. 184. Garcæus a donné un second horoscope de Luther, 'Alii hoc thema tribuunt Patri Luthero', *ibid.*, p. 194, l'heure n'est plus 11h du soir, mais 11h20 du soir (cf. Illustration). Ræmond n'a cependant pas utilisé ce second horoscope.
[69] Cf. Ræmond, *Heresie*, p. 30.

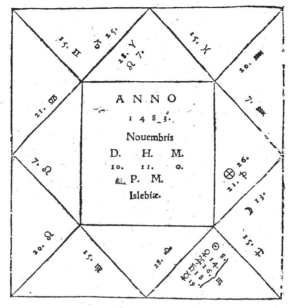

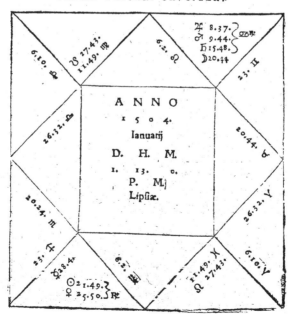

Illustration 9.

Pour appuyer son jugement sur Luther, Ræmond évoque un Ancien, Cicéron, et quelques contemporains, dont Erasme, Bembo, Savonarole—ce qui est l'occasion d'une attaque des positions anti-astrologiques du franciscain florentin soutenu par Pic de La Mirandole[70]. Pour Erasme, Ræmond donne l'une des dates et heures qui circulaient: 17 octobre 1467 à six heures trente et une minute apres midi (p. 30). Cardan, en revanche, affichait le 28 octobre 1467 à 3h45 de la nuit[71], alors que Garcæus proposait le 27 octobre 1466 à 16h31[72]. Emmanuel Poulle vient enfin d'établir qu'Erasme est né le 28 octobre 1467[73]. Petit détail qui confirme, s'il en était besoin, que l'horoscope est bien un document scientifique et historique.

Florimond de Ræmond croit aux vertus de l'astrologie, le baroud d'honneur contre Savonarole et Pic de La Mirandole[74] en étant l'ultime vérification, et à la possibilité de dresser un thème astral, mais là n'est pas l'essentiel. Ce qu'il souhaite, c'est ajouter une condamnation à l'hérésie protestante, déjà vouée à l'erreur à la naissance de ses chefs, *incunabulis damnatio*.

Conclusion

En étudiant succinctement les horoscopes de Calvin, Mélanchthon et Luther que le polémiste catholique Florimond de Ræmond a dressés, nous sommes entrés dans le monde délicat de l'astrologie, un monde que l'on ne peut ignorer si l'on veut appréhender les notions

---

[70] *Ibid*.: 'C'est pourquoy [les conjonctions astrales] il [Savonarole] fut si aspre ennemy de l'astrologie, ayant mis les armes en main contre elle à Pic de La Mirandole.'

[71] Cardano, *Liber de exemplis centum geniturarum, in Opera*, Lyon, tome 5, *op. cit.* [note 35], p. 465. Il faut cependant relever que dans le *Liber duodecim geniturarum* Cardano donne un autre horosocope d'Erasme avec la date du 18 octobre 1467 (*ibid.*, p. 551s). Il ne s'agit pas d'une coquille, puisque des planètes ont changé de maison et de nombreuses données numériques sont différentes.

[72] Poulle, *'Discours du Président'*, p. 13.

[73] *Ibid.*, p. 13s. Cf. Johannes Garcæus, *Astrologiæ methodus . . ., op. cit.* [note 28], p. 144, date répétée p. 210. Poulle, p. 13, donne 1466 en se référant à Garcæus p. 144, mais ajoute bien quelques lignes plus tard que Garcæus donne le 28 octobre 1467, la première date copiée n'étant qu'une coquille.

[74] A ce sujet célèbre de la polémique anti-astrologique à la Renaissance, cf. Eugenio Garin, *Le Zodiaque de la vie, op. cit.* [note 8], en part. ch. IV, pp. 103–132. Ræmond loue, en revanche, Panigarolle, evêque d'Ast et 'tres-eloquent prescheur' (cf. *Heresie*, p. 30).

de providence ou de temps à la Renaissance, monde que connaissaient Mélanchthon en pratiquant l'astrologie, Calvin en l'attaquant
dans son *Advertissement contre l'astrologie judiciaire* de 1549[75], Luther en
s'en moquant constamment. Pourtant l'astrologie est souvent regardée comme un 'wretched subject', d'autant plus en milieu théologique[76], et d'autant plus entre les mains de Florimond de Ræmond.

Si l'horoscope est un document scientifique quand il dresse la position des planètes à un moment donné, dans l'*Histoire* de Florimond
de Ræmond, il ne l'est plus. Il ne conserve que l'apparence de la
scientificité au service d'une cause de perdition des hommes auxquels il s'applique. Il s'agit de trouver au cours du jour, autour des
heures de la naissance supposée, la conjonction la plus favorable, en
l'occurrence la plus défavorable: conjonction de Mars et Jupiter dans
la maison dévolue à la religion.

Les hommes de la Renaissance, et j'inclus Florimond de Ræmond
dans cette cohorte, croyaient massivement et sincèrement à une
influence du ciel sur la terre, le macrocosme influençant le microcosme, autrement dit en termes aristotéliciens: les corps inférieurs
étant gouvernés par les supérieurs, cela est bien connu. Dieu n'est
pas absent de cette astrologie divine, il est le grand ordonnateur des
planètes, le maître du temps et de l'espace, et il n'est d'ailleurs pas
aberrant de dresser l'horoscope de Jésus, puisque Dieu a décidé précisément du moment de l'incarnation[77]. En outre, le patronnage de
Moïse, initié par les Chaldéens à la cour de Pharaon aux arcanes
de l'astrologie, s'il n'est pas toujours allégué, et pas chez Ræmond,
est une justification tout aussi séculaire qu'assurante[78].

S'arrêtant sur Luther, Ræmond utilise Garcæus, mais n'avoue pas
cet emprunt luthérien. En copiant l'horoscope de Mélanchthon, en
glosant celui de Luther, le polémiste catholique révèle l'utilisation
d'une source 'hérétique'. Il est vrai que Garcæus, bien que pasteur

---

[75] Cf. l'édition procurée par Olivier Millet (*Textes littéraires français*, 329), Genève, 1985.

[76] L'expression est d'Otto Neugebauer (1951) faisant écho à George Sarton. Elle est reprise par J.D. North à l'entame de son livre *Horoscopes and History*, *op. cit.*, p. xi. Dernièrement, Jean Dupèbe l'a également adoptée et commentée dans sa communication sur les types d'analyses en histoire au colloque de la FISIER, Genève, septembre 2001.

[77] Cf. Grafton, *Cardano's Cosmos*, pp. 151–155; North, *Horoscopes and History*, pp. 163–173.

[78] Nicolaus Gugler en 1536 produit en plus d'un horoscope de Jésus celui de Moïse (cf. Paris, BNF, ms. lat. 7395, f° 323r°).

luthérien, ne faisait pas de prosélytisme évangélique en rédigeant sa *Methodus astrologiæ* et qu'un catholique non extrêmiste, ce qu'était Ræmond malgré les apparences, pouvait lire sa méthode. Dans le même esprit, Ræmond utilise des polémistes luthériens contre Calvin, ainsi Westphal. On pourrait presque parler d'une *res publica astrologorum*, prolongeant l'*universitas astrologorum* dont parlait Abū Ma'shar[79]. Ræmond fait feu de tout bois astrologique, usant des écrits du médecin hétérodoxe Cardan, du catholique romain Giuntini, du luthérien Garcæus. Il cite Ptolémée bien sûr, mais également, de seconde main, 'Albupater et Homar'[80], recopiant mal les noms données par Giuntini, ceux des astrologues arabes Albumasar (Abū Ma'shar) et Omar de Tibériade (Omar ibn Farkhan, al-Tabari), '*Omare in 3. lib. de nativitatibus*' écrit Giuntini[81]. Le jeu des références comme la consultation de toutes les autorités diverses montrent que Ræmond croit à un absolu entièrement prédéterminé qui pèse sur une existence humaine mécanique.

L'initiative et la liberté humaine sont limitées, strictement limitées même, dans la conception du monde de Ræmond, tout étant déterminé par 'les astres qui président à nostre naissance' 'en despit de nous'. Le polémiste, en cette occasion, asservit l'existence humaine:

> L'expérience, sage maistresse d'école... a fait voir... que les astres qui president à nostre naissance monstrent non seulement quelle doit estre la closture de nostre vie, mais aussi les qualitez ou loüables ou vicieuses de nostre ame, l'evenement tire de nous en despit de nous ceste confession, et les raisons qu'on peut alleguer ne peuvent démentir l'expérience[82].

Je disais plus haut que cette conception du monde n'était pas loin de la double prédestination de Calvin, ce qui se vérifie en effet 'en despit de nous' ici valant un 'en despit de nos dentz' là. L'accent sur l'expérience 'sage maistresse d'école' rappelle également l'expression de Calvin, alors que les deux conceptions du temps qui soustendent les deux conceptions de la vie présentent maints points communs que je me promets de traiter en un autre lieu. Ræmond, qui fut un temps un protestant réformé, a ainsi pu conserver un déterminisme calviniste. Nous avons souvent tendance à catégoriser

---

[79] Cité par R. Klybansky et al., *Saturne et la mélancolie...*, *op. cit.*, p. 202.
[80] Cf. Ræmond, *Heresie*, p. 28.
[81] Cf. Giuntini, *Speculum astrologiæ...*, *op. cit.* [note 34], t. 1, p. 612.
[82] Cf. Ræmond, *Heresie*, p. 30.

les gens et les idées au XVIe siècle, Ræmond inventant l'horoscope de Calvin nous montre à nouveau que tout n'est pas si simple.

L'attaque astrologique des hérétiques par Florimond de Ræmond n'est pas une nouveauté. Elle prolonge des attaques antérieures, telle celle lancée contre les luthériens par Pierre Turrel vers 1531 dans son *Periode, c'est à dire la fin du monde*[83]. Dès l'origine des réformes protestantes, des opposants trouvèrent dans les astres des signes de la condamnation céleste des 'germains scorpionistes' dominés par le signe du Scorpion. L'astrologie est souvent la servante d'une propagande, un simple instrument au service d'une démonstration. Ræmond poursuit la polémique sur le terrain des 'génitures'. Français, il scrute l'horoscope de Calvin, ce que n'avaient fait avant lui ni le catholique hétérodoxe Cardano ni le luthérien Gartze (Garcæus)[84], davantage intéressés aux grandes figures que furent Erasme et Luther.

Enfin, si Ræmond ne fut ni un théologien ni un astrologue distingué, il est cependant pour nous du plus haut intérêt, car cet astrologue amateur est un témoin précieux de la pratique diffuse de l'astrologie dans des milieux non professionnels. Force est d'ailleurs de remarquer que si l'Eglise condamna officiellement le recours à l'astrologie, le livre de Florimond de Ræmond ne fut pas mis à l'index, ni même amendé. Dans la traduction latine du XVIIIe siècle, deux des trois horoscopes sont toujours imprimés[85]. Paradoxe de l'astrologie, condamnée, mais jamais extirpée, haïe . . . mais attirante.

---

[83] Sur ce texte, dont le titre complet est *Le Periode, c'est à dire la fin du monde contenant la disposition des chouses terrestres, par la vertu et influence des corps celestes*, composé par feu Maistre Pierre Turrel, philosophe et astrologue, recteur des escoles de Dijon, s.l. s.d., cf. J.-P. Boudet, 'L'astrologie, la recherche de la maîtrise du temps et les spéculations de la fin du monde au Moyen Age et dans la première moitié du XVIe siècle, in *Le Temps, sa mesure et sa perception au moyen âge*, Actes du colloque d'Orléans 1991, publiés sous la direction de B. Ribémont, Caen, Paradigme, 1992, pp. 19–36.

[84] Johann Gartze (Johannes Garcæus, 1530–1574), *Astrologiæ methodus, in qua, secundum doctrinam Ptolemæi, exactissima facillimaque genituras qualescunque judicandi ratio traditur . . .*, Bâle, Officina Henricpetrina, 1576.

[85] Cf. *Floremundi Ræmundi . . . Synopsis omnium hujus temporis controversiarum tam inter Lutheranos, Calvinistas, quam alios plurimos, sive Historia memorabilis de ortu, progressu ac ruinis hæresum XVI. sæculi*, Cologne, Johann Schlebusch, 1717, p. 24 pour l'horoscope de Luther (dans une nouvelle taille, mais en conservant les fautes originales, alors que les éditeurs rouennais n'ont fait que se passer les trois gravures sur bois, ainsi Jean-Baptiste Behourt reprenant en 1629 les bois publiés par Estienne Vereul en 1618), p. 697 pour celui de Calvin. L'imprimeur ne s'est pas donné la peine de faire tailler la figure de l'horoscope de Mélanchthon, peut-être parce que Ræmond l'exploite si peu.

LA CARTOGRAPHIE DE LA RÉFORME DANS LE *JOURNAL DE VOYAGE* DE MONTAIGNE

Ilana Zinguer

Abstract

During his travel, among the objects described with high precision—architecture, distances, nosography of his sickness—Montaigne, in his *Journal de Voyage*, reports on different religious usages in Jewish and Christian communities. His curiosity, towards Protestants in Germany and Switzerland, is acute; Montaigne gave them an intense scrutiny in order to evaluate the diffusion of the very New Religion. He undertook to report on numbers of faithful believers and took upon himself to report if their choice was well based.

Nous ne saurons probablement jamais si Montaigne était investi d'une mission diplomatique, lors de ce voyage en Italie, en 1580; le grand nombre de personnalités importantes rencontrées ne confirme en rien cette hypothèse. De toutes les façons, se faire une opinion personnelle de l'Italie et de Rome à l'époque des conflits religieux est un but digne de tout honnête humaniste. Nous connaissons par contre les raisons personnelles déclarées, la thérapie de la gravelle qui lui fait passer trois mois à la station thermale de Lucques. Période assez longue pour nous convaincre de ses intentions. L'évaluation médicale des eaux, la nosographie de sa santé occupent une place abondante dans le *Journal*. L'itinéraire est long, les étapes nombreuses; les lieux fameux défilent sous la plume de son secrétaire et plus tard de la sienne.

Le circuit s'inscrit dans la tradition des Voyages de la Renaissance; chaque relation qu'elle se rapporte au *Nouveau Monde*, à la Terre Sainte, à l'Europe ou encore à la Laponie voulait être présentée comme un ensemble d'objets à faire connaître. Les informations géographiques ou topographiques du parcours montaignien, les descriptions des monuments historiques et particulièrement des engins et des machines, le rapport exact de tous les groupes sociaux et religieux semblent inscrire ce voyage dans la tradition des relations viatiques, malgré les réserves de Marie-Christine Gomez dans son dernier ouvrage *Écrire le Voyage au XVIe siècle en France* qui considère ce *Journal* comme 'un voyage pour soi'[1]. R. Chevalier voit le *Journal de Montaigne* comme guide[2] mais, dira François Rigolot, un guide contre tous les guides. En effet, la précision avec laquelle sont rapportées les distances et les orientations placent cet ouvrage, par devers lui, parmi les guides de voyage de l'époque, vers et en Italie; il indique les routes, leurs conditions, les auberges, les prix en cours, les conditions[3] mais il ne fut publié que deux siècles plus tard.

Le voyage, par sa mobilité, a tendance à transformer paysages et objets rencontrés; le point de vue devient alors geste narratif partiel ou complet, en tout cas il se veut omniscient. De son côté, le lecteur a tendance à élargir la vision proposée par le texte. Il voit au-delà du décrit, il ne place pas l'objet saisi dans quelque lieu reculé du passé mais dans un présent dynamique non encore révolu, ouvrant la description, par la multiplicité de ses signes à des généralisations historiques ou sociales, à une prégnance de sens où la subjectivité prend une forme inattendue. Toute une cartographie se constitue alors, j'ai recours à cette notion de carte (*mapping*) car là les signes recouvrent d'autres signes et par analogie les réalités, cachant d'autres réalités, se dégagent plus nettement. Il est remarqué peu de différence, entre les relations de voyage et les observations de sociologues. Invariablement, Montaigne note les modes de vie différents des siens, la communication avec ses représentants, la reconstitution de leurs unités mentales. La mise en mémoire et la description, en principe établies pour un usage ultérieur de la communauté sont destinées, dans le cas présent, pour usage intertextuel ultérieur des *Essais*[4].

Pour retenir les grandes lignes de différence, Montaigne a eu recours à une rhétorique en usage. S'il n'a pas vraiment retenu la leçon des guides et des relations de voyage, il a simplement mis en application les méthodes de l'art de la mémoire[5].

---

[1] M.-C. Gomez-Géraud, *Écrire le voyage au XVIe siècle en* France, PUF, 2000.

[2] R. Chevalier, p. 361.

[3] Néanmoins son écriture trahit la connaissance des ouvrages du genre. (Il a consulté des guides comme *La cosmographie universelle* de Munster et le manuel de Theodore Zwinger. Cf. Préface *Le Voyage*, Rigolot.) Il ne peut pas avoir oublié les usages du genre quoiqu'il se méfie fort des généralités.

[4] Dans son *Journal*, Montaigne a éprouvé et vu plus que ce qui est inclus, il a fait rédiger et a rédigé ce qu'il considérait digne de mémoire. Si une fréquence d'observations et de sujets émerge de cette écriture sélective, elle permet de formuler une thématique de l'œuvre.

[5] A.M. Rieu, 'Montaigne: Physiologie de la mémoire et du langage dans le *Journal*

Document plus que texte littéraire, le *Journal* est considéré généralement comme un prétexte, nous n'y trouvons pas de traces du
travail d'écrivain, pas de réflexion ni sur le projet ni sur sa forme.
Il se contente d'enregistrer les faits. Il relève de *l'Ars dictaminis*, traité
à l'usage des secrétaires. L'on exigeait qu'un bon secrétaire soit 'cultivé, discret' et ait 'des bonnes manières' mais on demandait pour
ce genre, en rhétorique, le minimum: le raisonnement le plus faible
pour rédiger ou reporter des témoignages, des sentences, proverbes,
paraboles, des faits constatés. Les témoignages humains n'ayant pas
de valeur universelle, sont tous singuliers, leur diversité ne se compose pas en une loi générale. C'est sur un matériau brut que Montaigne
applique cet art de raisonner. Il enregistre opinions et coutumes sans
chercher à les comparer (à une exception près, ce que nous verrons), sans juger; il refuse catégoriquement les opinions établies, les
préjugés et les propositions générales. En effet, il ne voyage pas pour
trouver des généralités ou pour vérifier une assomption sur l'homme
et la société. Il veut tout simplement se dégager de l'emprise de la
philosophie en adoptant une autre attitude qui suppose une autre
définition de la pensée et énumérer 'tout ce qu'on dit être remarquable'. Or mémoriser une chose par ce qui la singularise relève de
l'art de la mémoire, le réel étant ce dont on se souvient et ce qui
fait impression. Le *Journal* se présente comme une suite d'images
décrivant les lieux visités sur un certain itinéraire, il constitue une
mnémotechnique portant les marques d'un commentaire ou d'un
essai possibles. Ainsi y sont inscrits des éléments propres qui rendent
le voyage inoubliable, devant représenter, il ne retient pas les images
des œuvres d'art (Michel Ange, Vasari contemporain de Montaigne),
par contre il s'intéresse fort aux machines et artifices et la Rome
Antique est elle-même fragmentée en lieux de mémoire. D'autre part,
cette écriture a une valeur thérapeutique pour celui qui dit ne pas
avoir de mémoire; il prend des notes et enregistre l'événement dans
toutes ses dimensions: politique, psychologique, physiologique, historique; il note les idées soudaines, la douleur, la jouissance.

C'est ainsi que notre étude se veut centrée sur une démarche de
langage. Elle rapporte une expérience relatant le rapport de l'auteur
à l'objet décrit, dans notre cas les scènes de la vie religieuse telles

---

de *Voyage en Italie*' in Moureau et Bernouli, *Autour du Journal de Voyage de Montaigne
1580–1980*, Genève-Paris, Slatkine 1982.

que Montaigne les voit pendant son voyage. C'est une métaphore, pour ainsi dire qui suscite la discussion que je présente: la description de l'objet donné ainsi que les silences qui l'accompagnent inventent-ils l'objet ou portent-ils une intention, autrement dit, y a-t-il exagération ou retenue dans la description pour qu'elle véhicule un sens. Cette structure, en représentant l'objet, instaure-t-elle une distance afin de marquer la dichotomie nécessaire à la création du symbolisme qui générera un champ sémantique autre ou supplémentaire.

Comme le texte a servi d'aide-mémoire à Montaigne pour interroger, puiser des notes directes, spontanées et porteuses d'instantanés précieux, il nous sert à reconstituer ses rencontres en particulier avec les communautés religieuses. Les études consacrées à l'étude de la religion de Montaigne rappellent sa religion officielle, le catholicisme, ses ascendances juives, ses proches parents protestants et sa fidélité à la fois à Henri III et à Henri de Navarre qu'il reçoit chez lui alors qu'il n'est pas encore Henri IV[6]. Sa modération en matière de religion est célèbre, chrétien avant tout, il révèle son impartialité et son texte est exemplaire à cet égard. C'est une véritable topographie des cultes et en particulier des religions réformées en voie de diffusion ou même déjà largement diffusées. En effet, parmi toutes les informations recueillies, celles qui ont trait à la religion, aux religions, à la vie religieuse, donnent à ce document le caractère d'une enquête assidue comme préparatoire de son entrevue pontificale (en effet, après la visite à Rome, les notations sur les communautés religieuses sont quasiment inexistantes).

Dès le départ, il développe une curiosité infinie à chacune des étapes, à l'égard des protestants de l'Allemagne et de la Suisse aussi bien qu'à l'égard des catholiques et des juifs en Italie; partout, il cherche à rencontrer des interlocuteurs fiables, il s'entretiendra avec eux directement ou à l'aide d'intermédiaires. Riche de ses expériences personnelles et livresques, il pouvait mieux comprendre la démarche des réformés, puisque c'est d'eux qu'il s'agit aujourd'hui, apprécier l'impact de leurs doctrines, connaître leurs usages. L'époque est propice à ce genre d'enquête, les populations encore dans l'apprentissage de leurs voies nouvelles, les querelles sinon présentes du moins

---

[6] Dedayan, p. 391. Ce qui n'est qu'un semblant, nous révèle l'anthropologue Paul Jorion dans son étude 'Vraisemblance du préjugé' que je cite.', pp. 67–73 (Rapports étroits entre la relation de voyage et l'ethnologie). Voir *L'Homme*, *Revue Française d'anthropologie*, 'Littérature et anthropologie'.

non éloignées dans le temps; la Saint Barthélémy a eu lieu huit ans avant le voyage; l'Indépendance des Provinces Unies se produira en 1581 alors qu'il est encore en route. Pendant les guerres de religion, il visite tous les cultes, s'applique à son reportage en essayant de ne rien omettre. Il se laisse imprégner par les informations qui lui arrivent, qu'il provoque le plus souvent, à toute occasion, à table, dans les réceptions, en route, après les offices, les baptêmes, lors des visites des lieux de culte. Il veut se rendre compte des chiffres et compte les fidèles chez les uns et chez les autres, combien de personnes fréquentent les églises, s'ils savent le bien fondé de leur choix.

A Lindau, il n'y a que deux ou trois catholiques. A Augsbourg, 'il y avait beaucoup plus de presse en cette église seule qu'en deux ou trois catholiques'. 'Ils sont asteure plus de catholiques en autorité et beaucoup moins en nombre'. Il a observé et interrogé; il a précisé la situation des catholiques, il a marqué les divisions des protestants non seulement entre les différentes obédiences mais parfois dans la même obédience. De Mulhouse à Augsbourg il se livre à une enquête auprès des ministres, des gens de savoir pour se rendre compte de la pluralité des doctrines et de leurs contradictions. A Bâle, il remarque les variations des Eglises protestantes. Il rencontre Platter le médecin et François Hotman

> mal d'accord de leur religion pour les réponses diverses qu'il en reçut: les uns se disant zwingliens, les autres calvinistes et les autres martinistes; et si fut averti que plusieurs couvaient encore la religion romaine dans leur cœur.

A Lindau, il remarque les variations dans le luthéranisme. A Augsbourg le luthéranisme et le catholicisme coexistent.

Il interroge des responsables du culte

> ce jeudi il parla à un ministre de Zurich et natif de là qui arriva là et trouva que leur religion première était zwinglienne de laquelle ce ministre lui disait qu'ils étaient approchés de la calvinienne qui était un peu plus douce. Et interrogé de la prédestination, lui répondit qu'ils tenaient le moyen entre Genève et Auguste mais qu'ils n'empêchaient pas leur peuple de cette dispute.

A tout moment, il est attentif à l'hésitation et à la fluctuation des opinions et des choix, moments uniques de la marche plus ou moins lente de l'invasion spirituelle de la 'religion'. Il se tient au courant des 'opinions et des erreurs estranges comme l'Ubiquisme maintenant le corps de Jesus Christ estre partout comme en l'hostie', c'est d'ailleurs la seule occurrence où une explication du dogme si détaillée[7] approfondit l'enquête théologique à Isny.

Il note à Kempten de la bouche d'un ministre luthérien qui tenait 'leurs bons disciples les zwingliens incités du malin esprit' ce propos de table: 'qu'il aimerait mieux ouïr çant messes que de participer à la cène de Calvin', à Lindau il a vu un ministre luthérien 'de qui il n'apprit pas grand chose, sauf la haine ordinaire entre Zwingle et Calvin' et ajoutant:

> on tient qu'à la vérité il est peu de villes qui n'ayent quelque chose de particulier en leur créance et sous l'autorité de Martin, qu'ils reçoivent pour chef, ils dressent plusieurs disputes sur l'interprétation du sens ès escrits de Martin Luther.

Voulant sans doute vérifier le fait, l'enquêteur, en visite chez un 'docteur théologien' luthérien d'Isny

> s'avisa qu'aucuns calvinistes l'avoient adverty en chemin que les Luthériens mesloient aux antiennes opinions de Martin plusieurs erreurs estranges.

Il est dommage, bien entendu, que le secrétaire n'ait pas relevé les arguments des disputes entre les convives, ce qui laisse le texte dans des généralités visant à décrire un état de conflit d'opinions: Montaigne ne semble aucunement soucieux de nous rapporter le fonds des querelles, ce qui le préoccupe davantage c'est de décrire le bien être, la paix, l'entente; il a bien vu que les gens cohabitaient fort bien, cet état, même précaire, lui convient: il a pourtant traversé des régions secouées; il ne veut rien remarquer d'inquiétant, signe visible de sa volonté de laisser des écrits où la censure ne trouvera rien à reprocher, car parler des hérésies était aussi considéré comme hérétique.

Pouvait-il rester réellement impartial?

> comme nous disons aux débats de la religion, qu'il nous faut un juge non attaché à l'un ny à l'autre party, exempt de choix et d'affection, ce qui ne se peut parmy les Chrestiens, il advient de mesme en cecy.

Il laisse aux réformés le nom de chrétiens, il les englobe dans le 'nous' car le dialogue est encore possible.

Toutes les réflexions n'avaient pour seul but de plaire au lecteur censeur, elles témoignent des positions connues de Montaigne:

---

[7] La présence du Christ dans l'Eucharistie due à l'Ubiquité de Dieu et non à la transsubstantiation.

> on m'a dict que ceux mesmes qui ne sont pas des nostres défendent
> pourtant entre eux l'usage du nom de Dieu, en leurs propos com-
> muns. Ils ne veulent pas qu'on s'en serve par une manière d'interjec-
> tion ou d'exclamation, ny pour tesmoigner ni pour comparaison: en
> quoi je trouve qu'ils ont raison.

Les calvinistes refusent d'invoquer le nom de dieu en vain, éloge du
calvinisme. Cet exemple n'est pas unique, il va même jusqu'à avouer
qu'il serait en faveur des Huguenots 'qui accusent nostre confession
privée et auriculaire; je me confesse (dit-il) en public, religieusement
et purement.'

A propos du mot Huguenot il ne renvoie pas dans les six occurrences du *Journal de Voyage*, notées par Michel Hermann, à l'habituelle satanique connotation mais plutôt aux affaires françaises[8].

Ces conflits ne lui semblent nullement dramatiques, au contraire,
ils lui inspirent des réflexions pacifiques; il élargit ses observations:

> les catholiques sont plus dévotieux à la circonstance quand la confu-
> sion et le mélange se fait dans mêmes villes et se sème en une même
> police, cela relâche les affections des hommes, la mixion se coulant
> jusques aux individus, comme il advient en Augsbourg et villes impé-
> riales: quand une ville n'a qu'une police les villes qui font une cité à
> part et un corps civil à part entier à tous les membres, elles ont de
> quoi se fortifier et se maintenir; se resserrent et se rejoignent par la
> secousse de la contagion voisine.

Il est conforté et peut-être cherche-t-il une confirmation à sa thèse
lorsqu'à Mulhouse 'du canton de Bâle', ville protestante, il est enchanté
d'observer la tolérance des habitants 'il prit un plaisir infini à voir
la liberté et bonne police de cette nation' 'qu'ils ne font nulle difficulté,
pour leur religion, de servir le roi contre les huguenots mêmes' paroles plusieurs fois entendues par la suite 'plusieurs autres en disaient
autant sur le chemin'.

Il va même jusqu'à y voir un effet de

> la Providence divine de permettre sa saincte Esglise estre agitée, comme
> nous le voyons, de tant de troubles et d'orages pour esveiller par ce
> constraste les ames pies et les r'avoir de l'oisiveté et du sommeil où
> les avait plongez une si longue tranquillité.

---

[8] Voir article de M. Herman, 'L'attitude de Montaigne envers la réforme et les
réformés dans le *Journal de Voyage*' in *Autour du Journal de Voyage de Montaigne*, Moureau
et R. Bernoulli, cité, décrit l'attitude des autorités romaines envers les hérétiques.

L'état des lieux de culte constitue également un témoignage de la propagation des religions réformées. Montaigne n'est pas vraiment curieux d'architecture par contre il visite tous les édifices et devant ceux-ci il ne s'intéresse qu'à leur bon état ou à leur état délabré (dévastés par les guerres), aux images qui s'y trouvent, à l'emplacement de l'autel. 'Nous fusmes voir l'Eglise Catholique bastie en 866 où toutes choses sont en leur entier' et bien d'autres luthériennes 'usurpées' des églises catholiques. Il lui arrive comme à Augsbourg de compter les églises: les 'catholiques en grand nombre et six luthériennes'. Il a parfois la surprise de voir que 'les églises n'ont pas changé' sauf 'les autels et les images qui en sont à dire sans difformité'. Une église luthérienne à Augsbourg lui semble comme

> une grande salle de collège: ni images, ni orgues, ni croix. La muraille chargée de force écrits en allemand, des passages de la Bible, deux chaises, l'une pour le ministre, et lors il y en avait un qui prêchait et au-dessous une autre où est celui qui achemine le chant des psaumes.

Les cérémonies, qu'elles soient fastueuses ou sobres, l'occupent particulièrement; il est, en effet, surprenant de voir comment les pratiques religieuses de l'église romaine, si anciennes, sont si vite remplacées. Il note tout d'abord les différences:

> la forme de donner le sacrement, c'est en la bouche communément; toutefois tend la main qui veut et n'osent les ministres remuer cette corde de ses différences de religions.

Il recherche *in situ* les nouvelles pratiques, vérifie en quelque sorte qu'il n'y a vraiment plus de messe, plus de confession, plus de génuflexion ni signe de croix; pour en montrer l'absence, il signale les pratiques dans l''autre église' où le service est décrit comme toujours parfait. A Hornes, petit village autrichien, dans une église où ils 'ouirent la messe, les femmes tiennent tout le costé gauche de l'église et les hommes le droit, sans se mesler' . . . Au lieu que nous joignons les mains pour prier Dieu à l'Elévation, ils les escartent l'une de l'autre toutes ouvertes et les tiennent ainsi eslevées jusqu'à ce que le prestre montre la paix 'c'est à dire l'hostie'.

Tous les rites nouveaux sont recueillis soigneusement. La liturgie luthérienne est décrite longuement, puisque celle-ci a opté pour une forme moins fastueuse, il verra qu'elle se pratique, en cette période d'hésitation, avec ou sans musique. A Augsbourg, à chaque verset ils attendent que le préposé au chant donne le ton au suivant; ils

chantent pêle-mêle, qui veut, et couvert qui veut'. A Isny il enten-
dit un

> psaulme en Alleman, d'un chant un peu éloigné du nostre. A chaque
> verset il y avoit des orgues... qui répondaient en musique; autant
> de fois que le prescheur nommait Jesus Christ et luy et le peuple
> tiroient le bonnet.

Il ne se prononce aucunement sur l'usage des orgues, sur le chant
qui accompagne les *Psaumes*; il le fera dans les *Essais*, au chapitre
XXVIII du II livre, où il attaque les calvinistes sur un problème de
liturgie sur les *Psaumes*:

> Ce n'est pas sans grande raison, ce me semble, que l'EGLISE Catholique
> défend l'usage téméraire et indiscret des saintes et divines chansons
> que le Saint Esprit a dicté à David. Il ne faut mesler Dieu en nos
> actions qu'avec reverence et attention pleine d'honneur et de respect.
> Cette voix est trop divine pour n'avoir autre usage que d'exercer les
> poumons et plaire à nos oreilles: c'est de la conscience qu'elle doit
> estre produite, et non pas de la langue. Ce n'est pas raison qu'on per-
> mette qu'un garçon de boutique parmi ces vains et frivoles pensemens
> s'en entretienne et s'en joue.

Les Réformés s'appliquent à simplifier les cérémonies à l'essentiel,
ils n'engagent pas de protocole compliqué. En le décrivant, Montaigne
ramène l'événement à sa signification symbolique. Les deux cérémonies essentielles de la religion réformée à caractère social, le mariage
et le baptême méritent qu'on s'y arrête.

  Le mariage luthérien auquel il assiste est très sobre. Dans la même
ville d'Isny, après le chant des *Psaumes*, et après le sermon, il dicte
ainsi:

> l'autre minitre s'alla mettre contre cet autel, le visage tourné vers le
> peuple, ayant un livre à la main, à qui s'alla présenter une jeune
> femme la teste nue et les poils espars, qui fit là une petite révérence
> à la mode du pays, et s'arresta là toute seule debout. Tantost après
> un garçon qui estoit un artisan, à tout une épée au costé, vint aussi
> se présenter et mettre à costé de cette femme. Le ministre leur dit à
> tous deux quelques mots à l'oreille et puis commanda que chacun dist
> le patenostre et après se mit à lire dans un livre. C'estoient certaines
> regles pour les gens qui se marient, et les fit toucher à la main l'un
> de l'autre, sans se baiser.

A la suite de la cérémonie, il interroge le ministre, là encore nous
n'avons pas la teneur de leur dialogue mais nous pouvons comprendre qu'il se fait expliquer les pratiques comme il le fera dans d'autres

circonstances pour le culte juif à Vérone et à Rome, par exemple. Toujours dans le même esprit d'harmonie, il mentionne les mariages mixtes; à Mulhouse 'ils espousent indifferemment les fames de nostre religion au prestre, et ne les contraignent de changer' et à Augsbourg 'les mariages des catholiques aux luthériens se font ordirairement, et le plus désireux subit les lois de l'autre' 'il y a mille tels mariages, notre hôte était catholique sa femme luthérienne'.

La cérémonie du baptême, elle, revêt un caractère anthropologique plus accentué, tout comme le texte qui décrit la circoncision des juifs vue à Rome. Ces deux épisodes offrent, curieusement, des parallèlismes inattendus. A Augsbourg, après l'office du dimanche matin, le pasteur célèbre un baptême devant toute la communauté:

> après qu'il eut achevé de lire découvert, il avait sur l'autel une serviette, une aiguière et un saucier où il y avait de l'eau; une femme suivie de dix ou douze autres femmes lui présenta un enfant emmailloté, le visage découvert. Le ministre à tout ses doigts prit trois fois de l'eau dans le saucier, et les vint lançant sur le visage de l'enfant et disant certaines paroles. Ce fait, deux hommes s'approchèrent et chacun d'eux mit deux doigts de la main droite sur cet enfant: le ministre parla à eux et ce fut fait.

Le ministre 'parla à eux et ce fut fait', phrase laconique et lacunaire qui ne fait que souligner la simplicité exagérée et la mécanique schématique en regard d'un cérémonial connu. Aucun mot d'identité ou de sympathie, la vue reste focalisée sur la scène centrale—l'enfant et le ministre—les femmes qui portent l'enfant (où est la mère?) et les hommes qui imposent leurs doigts (où est le père?), en réalité les omissions de cette description sont replacées plus tard indirectement dans la page décrivant la circoncision, 'la plus ancienne cérémonie du monde' ou 'mystère'.

Ce qui frappe Montaigne, c'est un comportement similaire à la Synagogue et en l'Eglise 'le chant désordonné des juifs comme en l'Eglise calvinienne' rapprochent les deux institutions, le manque 'd'attention en leurs prières que nous faisons aus nostres'. Devant la cérémonie de la circoncision il rappelle le baptême chrétien; il est observé que les juifs 'donnent aus enfants un parrain et une marraine comme nous' que 'l'enfant est enveloppé à nostre mode, le vêtement de l'enfant, son cri sont pareil aux nostres qu'on baptise comme lors du baptême chrétien', l'appellation est donnée par 'le père'. Il va jusqu'à voir parmi les ustensiles servant à la cérémonie

> un instrument d'argent, rond comme un esteuf qui se tient à une lon-
> gue queue, lequel instrument est percé de petits trous comme nos cas-
> solettes, et le porte au nez . . . ils présupposent que ce sont des odeurs
> pour fortifier et esclaircir les esprits à la dévotion.

Comme pour la circoncision, tout cet ensemble fait partie d'un rite
de passage, son importance sociale est nettement mise en évidence
par le nombre des assistants et leur comportement. Dans certains de
ces gestes hermétiques du baptême protestant (l'eau trois fois lancée
sur le visage de l'enfant, les hommes qui mirent deux doigts de la
main droite sur l'enfant) et du mystère des juifs 'le geste exécuté par
la droite, de l'opération exécutée au-dessus d'un bassin plein d'eau'.

L'on peut voir quelque réminiscence d'une cérémonie commune
ancienne, peut-être d'origine cabbaliste[9], qu'il ne cherche pas à expliquer comme il n'a pas, non plus, cherché à expliquer les nombreux
gestes rituels du rabbin. Dans une simultanéité étudiée, le discours
'anthropologique' alterne avec le discours récitatif en phrases circons-
tanciées et relativement brèves suivant la succession des actes; rien
n'est laissé à l'oubli, les actants décrits sont peu nombreux, le reste
de l'assistance ne reçoit pas l'attention du narrateur; le regard est
porté sur les gestes du ministre et des deux hommes, la rapidité de
l'événement est reproduite par des raccourcis narratifs. Des textes
nus dans lequel les latences seraient plus éloquentes; même banalité
des lieux (salle ou seuil de la maison des parents), aucun 'mystère'
comme il dit dans le service, ni dans les 'chansons qui accompagnent' ni des psaumes ni des oraisons et des révérences, aucune sainteté. Comme si ce qu'il avait choisi de souligner aurait comme
fonction de faire 'disparaître la ligne de démarcation entre réel et
irréel'[10]. Reste alors à vérifier si Montaigne est préoccupé, dans le
cas de la circoncision, par une identification qu'il cherche soigneusement à cacher comme le suggère l'article de Elisabeth Da Costa[11]
qu'elle conclut en ces termes:

---

[9] Bonfil, p. 193.
[10] Tetel, chap. 9, p. 161. L'intertextualité de nature différente par des résidus
non textuels, p. 3; '. . . le *Journal* signifie par le biais du choix des situations et objets
observés'.
[11] E. Mendes Da'Costa 'The Jews and Montaigne's *Journal de Voyage*', in *French
Studies Bulletin A Quarterly Supplement England*, 1998, Winter 69, pp. 10–13. 'Although
Montaigne's contact with the Jews initially appears straightforward, various issues
have remained unsolved. The key to a better understanding seems to lie in taking
account both of Montaigne personal connection with Judaism, and of the unforgiving attitude in Renaissance Europe towards this faith. The latter has a significant

L'attitude impardonnable de la Renaissance envers les juifs a eu une telle influence qu'elle a déformé l'information que Montaigne pouvait donner sur les juifs même dans un journal privé. Seules les lacunes dans les commentaires de Montaigne sur cette communauté permettent d'en mesurer l'entière valeur.

En réalité, Montaigne s'interroge et dans le *Journal de Voyage*, en particulier, il prend des précautions: il avertit qu'il n'est pas théologien, plusieurs fois il affirme avoir tort et l'église a raison, il réserve les éléments de la dénonciation calvinienne pour les *Essais*. La dictée du texte au secrétaire et non l'écriture directe présentait une mesure supplémentaire de cette distanciation de même que la réalité objective présentait des garanties de rigueur et de rationalité que le discours littéraire, bien que lisible, ne lui garantissait pas. Sa curiosité a été foncièrement motivée par la quête d'un savoir réel, à l'exemple peut-être de son contemporain Lery (dans *Le Voyage en Terre de Brésil*, 1578) par la recherche 'd'emblèmes' ou d'images 'exemplaires' et édifiantes des peuples rencontrés. Par contre, les tentations de la forme littéraire, considérée alors seul mode de transmission de savoir humain, ont été soigneusement évitées.

Cependant il n'y a, comme l'anthropologue devrait le faire, ni sympathie criante ni identification visible à l'objet, dans notre cas l'Eglise Réformée. Nous ne sommes pas en présence d'une œuvre documentaire faite de relevés précis mais plutôt d'une ethnographie interprétative (dépourvue de tout jugement) où les latences que nous avons signalées, font, pour le lecteur moderne et non pour le censeur éventuel italien, figure de vérités. L'ensemble, l'écrit et ses latences, revendique la fonction anthropologique puisque la forme du texte véhicule les aspirations de l'esprit montaignien, avec ses réserves et ses ambiguïtés, et l'objet, une fois nommé ou représenté comme dans notre texte, perd son objectivité originelle[12] et offre une perception renouvelée dont il reste à percer la valeur.

---

influence to the extent that it distorts the information that Montaigne is able to convey concerning the Jews, even in a private diary. Paradoxically, it is perhaps only the lacunae surrounding Montaigne's comments on the Jews that permit one to comprehend their full significance'.

[12] D. Dubuisson, *Anthropologie poétique, Prolégomènes à une anthropologie du texte*, pp. 222–236, définit la fonction textuelle, au-delà de ses expressions ponctuelles bien connues, elle caractérise fondamentalement l'homme.

CARTOGRAPHIE ET THÉÂTRE AU SERVICE DE LA RÉFORME: L'EXEMPLE DE LA 'MAPPE-MONDE PAPISTIQUE'

Frank Lestringant

À la mémoire de Claude Gandelman

Abstract

Published in Geneva in 1567, the *Mappe-Monde Nouvelle Papistique* by Jean-Baptiste Trento and Pierre Eskrich is a complex document, providing a work of great importance to a book of commentary of about two hundred pages. Beginning with an analysis of its three principal sources, the *Pasquillus extaticus* by Celio Secondo Curione, the *Tragedie du Roy Franc-Arbitre* by Francesco Negri, and the *Dialogues* of Alfonso de Valdès, the present paper places the *Mappe-Monde* within the context of three traditions: the tradition of the *pasquinades*, the tradition of tragedy or rather of morality as a theological subject, and finally of the tradition of allegorical cartography. One sees through this example what degree of sophistication could characterize Reformation propaganda at its peak.

Je partirai du polyptote que propose le titre de ce colloque: *Formes de diffusion de la Réforme,* ou pour le dire en bref, 'formes de la Réforme'. La Réforme a recouru pour sa diffusion à toutes sortes de médias: le livre imprimé, le placard, à commencer par les Placards contre la Messe d'Antoine Marcourt en 1534, le théâtre, du mystère à la sotie et à la farce, la prédication publique, le chant des psaumes. La carte allégorique est une variante du placard ou gravure satirique. Mais elle se rattache aussi au théâtre, dans la mesure où elle donne à voir et où elle met sous les yeux du spectateur un tableau complexe et animé, qu'il faut du reste un acteur ou un meneur de jeu pour commenter et faire entendre au public. La carte offre une image du monde, au propre et au figuré.

Tout comme le théâtre, la carte est riche de virtualités allégoriques. Elle représente le monde comme il est et le monde comme il va—le 'monde à l'empire', comme eût dit Pierre Viret[1], le monde

---

[1] P. Viret, *Le Monde à l'empire et le monde demoniacle, faict par dialogues,* Genève, J. Berthet, 1561.

dans un bonnet de fou, pour reprendre un célèbre exemple de mappemonde à sens moral et satirique, accompagnée de cette sentence de Salomon: *Stultorum infinitus est numerus*, 'le nombre des fous est infini'[2]. Le monde, par métonymie, c'est l'humanité qui le peuple. La mappemonde permet dès lors de mesurer avec la règle et le compas l'étendue de la folie humaine.

Se rattachant tout à la fois à la cartographie, à l'emblématique et au théâtre, la carte allégorique est l'un des instruments privilégiés pour observer un transfert de formes, et la fusion des formes entre elles. Elle fait communiquer divers ordres de grandeur, télescope les échelles, représente le petit monde par le grand et le microcosme humain par le macrocosme universel. Illustration parmi d'autres de ce principe métamorphique: la carte anthropomorphe étudiée en ses divers avatars par Claude Gandelman[3], auquel je voudrais aujourd'hui dédier ces pages.

Déjà dans les mappemondes médiévales, en particulier dans celle d'Ebstorf, le corps du Christ se confondait avec le corps du monde: la tête à l'Orient, les pieds à l'Occident, les deux bras étendus au Septentrion et au Midi. Le corps de l'Église épousait la forme de l'œkoumène, menacé sur ses confins par les légions de Gog et de Magog. Ces corps unitaires et emboîtés, au XVIe siècle, sont disloqués tout à la fois par les grandes navigations et l'émergence des Réformes. Car la crise religieuse trouve aussitôt dans un univers élargi et morcelé son expression géographique. Le monde plein et solidaire du Moyen Âge est démembré, faisant place à un univers ajouré, en archipel.

Dès lors, on observe une sorte de convergence formelle entre ces deux phénomènes d'émiettement. Les nouveaux espaces vont pouvoir servir de support allégorique à la fragmentation nouvelle des croyances et des Églises. D'autant qu'ici et là se déroule, par des voies diverses mais concomitantes, une expérience inouïe de l'altérité.

---

[2] Carte gravée et aquarellée, *circa* 1590, Paris, BNF, département des Cartes et Plans, Rés. Ge. DD. 2987 (63). Reproduite dans M. Pastoureau, *Voies océanes. De l'ancien aux nouveaux mondes*, Paris, Editions Hervas, 1990, ill. 67, p. 92.

[3] Cl. Gandelman, 'Le texte littéraire comme carte anthropomorphe', *Littérature* no 53, février 1984, pp. 3–17. Repris dans *Le Regard dans le texte. Image et écriture du Quattrocento au XXe siècle*, Paris, Méridiens-Klincksieck, 1986, ch. IV, pp. 77–93, et en anglais dans *Reading pictures, viewing texts*, Bloomington & Indianapolis, Indiana University Press, 1991, ch. VII, pp. 81–93: 'Bodies, maps, texts'. Cf. du même, 'Le corps du roi comme "carte du royaume"', in M. Yardeni éd., *Idéologie et propagande en France*, Paris, Picard, 1987, pp. 19–29.

L'une des questions que pose l'archipel utopique, qu'il soit exotique
ou religieux, est la suivante: comment appréhender l'autre et, le cas
échéant, vivre avec lui? Se peut-il qu'il y ait des peuples nus vivant
sans foi, sans loi, sans roi? Comment est-il possible d'être papiste?
ou prétendu réformé? Ces interrogations finiront par se rejoindre et
n'en faire bientôt qu'une.

À cet égard déjà, l'ancienne mappemonde offrait de vastes possibilités d'allégorisation. Tramée de symboles, elle servait de cadre
d'exposition à une histoire théologique, avec le Paradis terrestre à
l'Orient, l'entrée du Purgatoire en Irlande, les montagnes de Gog et
Magog au Septentrion. On se souvient des voyages de saint Brendan
sur la mer Occidentale et des îles fabuleuses de l'imaginaire médiéval. Mais avec l'image du monde qui surgit à l'aube du XVIᵉ siècle,
se découvre un support plus riche et plus complexe, assurément
moins lisible. Dans ce nouvel espace, l'utopie, en tant qu'*eu*topie ou
lieu idéal, va pouvoir voisiner avec des contre-utopies, îles ou régions
répulsives, qui aggraveront, au lieu de les corriger, les défauts et les
vices de la société de référence. Cet archipel des mers nouvelles
offrira des développements inédits à la satire, permettant de réifier
ou même de pétrifier les peuples, les groupes, les sectes ou les confessions que l'on veut discréditer. Dans l'odyssée que décrivent les *Quart*
et *Cinquième Livres* de Rabelais, on est à peine étonné de rencontrer
l'île des Papefigues, dont les habitants 'font la figue' au pape, et juste
en face, après un jour de navigation sereine, celle des Papimanes,
les adorateurs du même pape sous la figure de 'Dieu en terre'.

Anti-mondes

L'étrange monde de l'isle Sonnante, première escale de la navigation du *Cinquiesme Livre*, est un monde de cloches, qui sont aussi des
chaudrons, les poêles et les marmites où cuit la soupe grasse du
Pape, en une équivalence que manifeste à la même date de 1562
une gravure satirique d'inspiration protestante, *Le Renversement de la
grand marmite*: une cloche retournée, fêlée et débordante de soupe, où
nagent mitres et crosses, y bout sur un feu alimenté par le corps de
trois martyrs réformés. Surgie du ciel, la Vérité armée du glaive des
Saints Évangiles renverse le tout[4].

---

[4] Paris, BNF, Estampes, Qb 1 (1585). Bois gravé colorié au pochoir, 370 ×

L'anti-monde de l'*Isle Sonnante*, peuplé d'oiseaux nommés Clergaux, Evesgaux, Cardingaux et Papegaut, dénonce d'affilée la hiérarchie ecclésiastique, les ordres nouveaux, les ordres de chevalerie—leurs commanderies ou 'gourmanderies'[5]—, l'avidité, la gloutonnerie, la paresse et la luxure qui règnent à la cour du pape. C'est le réceptacle de tous les résidus de notre monde, le déversoir où la pauvreté et l'indigence rejettent leur trop-plein d'enfants, à savoir les plus vils et disgraciés d'entre eux, les 'bossus, borgnes, boiteux, manchots, podagres, contrefaits, et maleficiez', ou, comme le résume la formule homérique, 'poix inutile de la terre'[6]. Une allusion est introduite à la Réforme conquérante, présage de la défaite: 'Depuis certaines eclipses s'en est revolé une grande mouée par vertu des constellations celestes'.

L'île Sonnante fait figure aussi de monde des morts, un monde stérile et sans génération, sans culture et sans renouvellement, un monde qui ne s'accroît que de la destruction de l'autre. C'est là que règne la tyrannie du Pape, qui brûle, frappe, fulmine, extermine.

> Si une fois, prévient maître Aeditue, il vous entend ainsi blasphemans, vous estes perdus bonnes gens, voyez vous là dedans sa cage un bassin? D'iceluy sortira foudre, tonnoirre, esclairs, diables et tempeste: par lesquels en un moment serez cent pieds souz terre abismez[7].

Ce monde renversé, qui est aussi un monde des morts, ce monde perverti, qui est en même temps un monde infernal, et qui effraie plutôt qu'il ne fait rire, se retrouve quelques années plus tard—tout juste un lustre—dans une grande fiction cartographique protestante publiée à Genève et intitulée *La Mappe-Monde nouvelle papistique*. Cette fiction, qui a pour auteurs l'Italien Jean-Baptiste Trento[8] et le Français Pierre Eskrich, comporte un texte ou *Histoire* et une carte de vastes

---

475 mm. Sur ce document, voir Ph. Benedict, 'Des marmites et des martyrs: images et polémiques pendant les guerres de Religion', *La Gravure française à la Renaissance à la Bibliothèque nationale de France*, catalogue de l'exposition, Los Angeles et Paris, 1994–1995, pp. 108–137. A compléter par mon article 'Le Cannibale et la Marmite', *Bulletin du Bibliophile*, 1996–1, pp. 82–107.

[5] Rabelais, *Cinquiesme Livre*, in *Œuvres complètes*, éd. M. Huchon, Paris, Gallimard, 'Bibliothèque de la Pléiade', 1994, ch. V, p. 736.

[6] Rabelais, *Cinquiesme Livre*, IV, p. 734.

[7] *Ibid.*, VIII, p. 744.

[8] Sur ce personnage, voir A. Preda, 'L'*Histoire de la Mappe-Monde Papistique* de Jean-Baptiste Trento et ses sources italiennes', *B.S.H.P.F.* 145, avril–juin 1999, pp. 245–261.

dimensions ou *Mappe-Monde*[9]. L'*Histoire* se distribue en chapitres et
rubriques, dressant le cadastre d'un nouveau monde analogue en
tous points à celui que les rois d'Espagne et de Portugal ont découvert et conquis outre-Océan. Or dans la carte, cet 'autre monde' est
en réalité la ville de Rome, dont la 'muraille'—le mur d'Aurélien,
incluant la pyramide de Caius Cestius—est parfaitement reconnais-
sable. Cette *Mappe-Monde nouvelle* constitue une allégorie cosmographique de l'Église catholique, tout comme l'*Isle Sonnante*. Et comme
l'île Sonnante, ce monde nouveau et 'monstr[u]eux'—termes à peu
près équivalents[10]—est placé dans l'Enfer, en l'occurrence dans la
bouche du diable démesurément agrandie. Le fils de perdition, identifié
par les protestants au pape, ne sera-t-il pas, aux derniers temps, vomi
par la bouche de l'Enfer, selon l'avertissement de l'apôtre Paul
(2 Thessaloniciens 2, 1–12), qu'illustre de manière saisissante tel bois
gravé de Lucas Cranach, d'inspiration luthérienne[11]? C'est pourquoi
Rome, siège de l'Antéchrist, est ici logiquement située, entre vomis-
sement et avalage, dans la gueule de Satan.

La ville de Rome s'inscrit dans l'ovale vorace des lèvres du diable, qui forment les contours de la *Mappe-Monde*. C'est donc, comme
l'île Sonnante, *l'autre monde* dans les deux acceptions du terme, cosmographique et eschatologique, un nouveau monde et le monde de
l'au-delà, qui convergent ici dans une fin du monde imminente. Déjà,

---

[9] J.-B. Trento et P. Eskrich, *Histoire de la Mappe-Monde Papistique, en laquelle est declairé tout ce qui est contenu et pourtraict en la grande Table, ou Carte de la Mappe-Monde: Composée par M. Frangidelphe Escorche-Messes,* 'Imprimée en la ville de Luce Nouvelle [= Genève], Par Brifaud Chasse-diables [= François Perrin], 1567.—Alors qu'il existe des dizaines d'exemplaires de l'*Histoire*, la *Mappe-Monde* proprement dite ne subsiste aujourd'hui qu'en trois exemplaires. J'ai consulté celui de la British Library, conservé sous la cote: c. 160. c. 7. Mme Krystyna Szykula m'a aimablement com-
muniqué une reproduction de l'exemplaire, assemblé et colorié, conservé à la Bibliothèque de l'Université de Wroclaw en Pologne. Un troisième exemplaire est signalé au Musée de Sondershausen en Allemagne par Dror Wahrman, 'From Imaginary Drama to Dramatized Imagery. The *Mappe-Monde nouvelle papisti-
que*, 1566–1567', *Journal of the Warburg and Courtauld Institute*, vol. 54, 1991, p. 188, note 4. Cet exemplaire est également colorié. Les deux exemplaires présents à Berlin avant guerre paraissent avoir été perdus.—Cf. F. Lestringant, 'Une cartographie iconoclaste: la 'Mappe-Monde Nouvelle Papistique' de Pierre Eskrich et Jean-Baptiste Trento', in M. Pelletier éd., *Géographie du monde au Moyen Age et à la Renaissance*, Paris, Editions du CTHS, 1990, pp. 99–120; du même, *'L'Histoire de la Mappe-Monde Papistique'*, *Comptes rendus de l'Académie des Inscriptions et Belles-Lettres*, juillet–octobre 1998, pp. 699–730.

[10] Rabelais, *Cinquiesme Livre*, III, p. 734.

[11] Pour cette image du Pape-Antéchrist, voir mon livre *La Cause des martyrs dans 'Les Tragiques' d'Agrippa d'Aubigné*, Mont-de-Marsan, 1991, p. 18.

armés de bibles et de frondes, les réformateurs montent à l'assaut pour mettre à sac la Ville Éternelle, quarante années à peine après le siège historique de 1527. Ils sont au nombre de vingt-quatre, comme les vieillards de l'Apocalypse, et l'on reconnaît parmi eux Luther, Zwingli, Bullinger, Œcolampade, Calvin et Théodore de Bèze. Les canons de la 'Parole de Dieu' pointés au-dessus des tranchées et les armées descendues du Nord de l'Europe secondent efficacement leur effort. Ce nouveau monde, que le pape, comme l'Espagnol, a conquis par la violence et par la ruse, brûlant, détruisant, asservissant tout, est appelé à disparaître dans les entrailles de l'Enfer—là même d'où il est sorti. On voit de quelles sombres couleurs est parée cette création satirique exceptionnelle qui rappelle Rabelais.

La fiction d'une *Mappe Romaine* sera reprise au siècle suivant par l'Anglais Thomas Taylor, pour servir de frontispice à cinq traités polémiques décrivant respectivement la fournaise romaine, d'après Daniel 3, 22, l'Edom romain, d'après Amos 1, 11, l'oiseleur romain, d'après le psaume 124, 7, la conception romaine, d'après le psaume 7, 15–17, et enfin la réjouissance, au ciel, de l'Église véritable. Mais la carte, désormais, en est à peine une. Ce n'est plus que l'espace compartimenté destiné à réunir diverses allégories satiriques visant la papauté, et non plus l'image d'horreur d'une géographie démoniaque[12].

Pasquin cosmographe

Sans vouloir reprendre l'analyse d'un objet iconographique et littéraire particulièrement complexe, déjà étudié ailleurs, je me limiterai ici à l'examen des formes échangées entre la *Mappe-Monde Papistique* et deux de ses modèles, le *Pasquillus extaticus* de Celio Secondo Curione et la *Tragédie du roi Franc-Arbitre* de Francesco Negri. On observe en effet un extrême nomadisme des thèmes et des messages d'un support et d'un genre à l'autre. Le premier modèle est un dialogue satirique qui met en scène Pasquinus—le fameux Pasquin ou Pasquil dont la statue est à Rome, à deux pas de la Piazza Navona—et

---

[12] T. Taylor, *La Mappe Romaine, contenant cinq traitez representez en ceste figure. Le tout extrait de l'Anglois de T.T.* [par Jean Jacquemot,] Genève, par J. de la Cerise, 1623 (BNF: Rés. D2.15966).

Marphorius. Ce *Pasquino in estasi* circulait à Venise dès 1542 en langue italienne. C'était la traduction par le Florentin Francesco Maria
Strozzi du *Pasquillus extaticus* de Celio Secondo Curione (1530–1569),
composé par ce dernier avant son exil dans les cantons suisses[13].
Curione, converti au protestantisme vers 1520, exilé à partir de 1542,
séjournera dans les Grisons et à Lausanne, avant de se fixer comme
professeur à Bâle. Se situant dans la tradition satirique des pasquinades, il prête à Pasquil ou Pasquin, citoyen romain, le récit d'un
voyage en songe dans les sphères célestes. Au cours de son ascen-
sion sur un char de feu, Pasquin découvre, aux antipodes du Paradis
céleste, le Paradis des papes, ceint d'une muraille et divisé en régions
et quartiers: *regio Fratrum, regio Confessorum, regio Martyrum, chorus
Prophetarum, chorus et regio Virginum*, etc. C'est là la structure embryon-
naire de la future *Mappe-Monde Papistique*. Un détail est directement
passé du *Pasquillus extaticus* à la grande carte allégorique de 1567. Le
Paradis des papes, comme leur mappemonde, est un royaume en
sursis. Sa muraille menace ruine, d'autant que les réformateurs,
conduits par Zwingli et Œcolampade, ont commencé leur travail de
sape. C'est du reste par une galerie de mine que Pasquin est entré
dans la ville, après qu'on lui en a refusé l'entrée. Or les fondations,
qu'il découvre par en-dessous, suscitent la stupeur et bientôt le rire:
'*Nam fundamentum habebat admodum imbecille, et ridiculum, pro tam vasto
aedificio*'[14].

Ces fondations sont faites de capuchons de moines, de rosaires,
de vêtements malpropres, de tonsures, de sandales et de mille formes d'habits, de souliers, de rites. On y trouve encore des poissons
pourris, des mitres, des triples couronnes, des liasses de libelles, le
tout mêlé aux pierres et à la chaux. Rien d'étonnant si, bâtie sur
de tels fondements, la cité des papes est près de s'écrouler!

---

[13] C.S. Curione, *Pasquillorum tomi duo. Quorum primo versibus ac rhythmis, altero soluta
oratione conscripta quamplurima continentur, ad exhilarandum, confirmandumque hoc perturbatis-
simo rerum statu piï lectoris animum, apprime conducentia*, Eleutheropoli, 1544; exemplaire
consulté: Paris, Bibliothèque de la SHPF, R 4923, in-8°. Ce rapprochement a été
suggéré par D. Wahrman, *art. cit.*, pp. 197–198. Sur Curione, voir, outre l'ouvrage
classique de M. Kutter, *Celio Secondo Curione: Sein Leben und sein Werk (1503–1569)*,
Bâle, 1955, la synthèse d'Alfred Berchtold, *Bâle et l'Europe. Une histoire culturelle*,
Lausanne, Editions Payot, 1990, t. II, pp. 578–584: 'Celio Secondo Curione 1503–1569
ou le salut du plus grand nombre'.
[14] C.S. Curione, *Pasquillus extaticus et Marphorius*, in *Pasquillorum tomi duo, op. cit.*,
p. 458.

La carte allégorique de 1567 traduit de la manière la plus littérale cet étrange mode de construction. On aperçoit, en bas de la composition, au pied, ou, plus exactement, *sous* la muraille où des diables montent la garde, des chapelets, des cloches, des croix, des hosties, des mitres, des aubes et surplis, dont la jonchée hétéroclite ne manque pas de surprendre au premier regard[15].

Du reste, les personnages évoqués par le voyageur transporté 'en extase' se retrouvent dans la *Mappe-Monde papistique*: la comtesse de Guastalla, les frères *Chiettini*, les *pizzochere*, qui, dans les diverses régions du Paradis des papes, représentent les attitudes vicieuses et corrompues. La république Guastalienne de la *Mappe-Monde* tourne en dérision la congrégation religieuse fondée par Ludovica Torelli, comtesse de Guastalla, et consacrée à l'éducation des orphelines pauvres. Les Pinzocari ou Pizzocari, confréries dévotes, symbolisent la bigoterie et l'hypocrisie, et forment une province. La république Quiétine renvoie quant à elle à l'ordre des Théatins ou Quiétins, créé en 1526 à l'initiative de Gaetano da Thiene.

Si l'ouvrage de Curione se rattache évidemment à la tradition populaire des pasquinades, ne serait-ce que par le personnage qu'il met en scène, il se situe également, par la forme dialoguée et par le motif du voyage aérien, dans la lignée lucianique. De fait, le *Pasquillus extaticus* contient plusieurs allusions explicites à Lucien. Au début du dialogue, Marphorius s'indigne, ou feint de s'indigner, de la liberté avec laquelle Pasquin parle des statues et images des chrétiens, qu'il assimile à des idoles: *'mittamus nugas Lucianicas suo authori'*[16] ('Laissons ces plaisanteries lucianiques à leur auteur'). Plus loin, Pasquin avoue s'être inspiré de Protée et d'Icaroménippe[17], le Ménippe aérien qui chez Lucien s'élève jusqu'à la Lune pour mieux contempler de loin et d'en haut la vanité des fourmis humaines. La référence à Lucien, tout comme le patronage de Pasquin, autorise toutes les insolences. Mais elle ouvre aussi à des espaces imaginaires et à des mondes de fantaisie qui sont en vérité le reflet déformé du nôtre: ainsi en va-t-il de l'Anti-Paradis des Papes, qui tient tout à la fois du labyrinthe de Crète où était enfermé le Minotaure[18] et du

---

[15] Trento et Eskrich, *Mappe-Monde Papistique*, f. 15 et 16.
[16] C.S. Curione, *Pasquillus extaticus*, p. 428.
[17] *Ibid.*, p. 445.
[18] *Ibid.*, p. 454.

pigeonnier, avec ses rangées régulières de cases où prennent place, en bonne hiérarchie, les différents ordres religieux.

Chez Rabelais également l'association entre satire et fiction spatiale procède en droite ligne de Lucien. Sont à cet égard de lignée lucianique le monde que l'auteur vit dans la bouche de Pantagruel et les mondes insulaires des *Quart* et *Cinquiesme Livres*. Ici et là, chez Curione comme chez Rabelais, et toujours sur le modèle de Lucien, deux formes s'interpénètrent, le dialogue et la description géographique, en d'autres termes le théâtre et l'atlas. Les *Quart* et *Cinquiesme Livres de Pantagruel* se ramènent pour l'essentiel à une suite de dialogues entre Pantagruel et ses amis, enfilade de conversations disposées au long d'une trame itinéraire, à travers les 'Sporades de l'Océan'[19], pour tromper l'ennui du navigage. Quant au *Pasquillus extaticus*, il s'agit, à l'inverse, pourrait-on dire, d'une description cosmographique présentée sous forme de dialogue. Marphorius interroge et s'étonne; Pasquillus explique et raconte son voyage extraordinaire. D'une œuvre à l'autre, géographie fantastique et dialogue échangent leurs fonctions respectives de contenant et de contenu.

Tragédie et Mappemonde

La même association et la même interpénétration des deux formes se rencontrent dans *La Tragédie du Roy Franc-Arbitre* de Francesco Negri, publiée en italien à Bâle chez Oporin en 1546. Ce texte est venu s'interposer entre le *Pasquillus extaticus* et la *Mappe-Monde*, et c'est la source principale de cette dernière. Cette tragédie en prose est l'œuvre d'un autre compatriote et coreligionnaire de Trento, un moine défroqué, le bénédictin Francesco Negri, originaire de Bassano da Grappa, près de Vicence. La *Tragedie du Roy Franc-Arbitre*, dont la traduction française est publiée en 1558 à Genève chez Jean Crespin[20]

---

[19] Rabelais, *Quart Livre*, XXVI, p. 599.
[20] F. Negri (ou Negro), de Bassano, *Tragedie du Roy Franc-Arbitre, en laquelle les abus, pratiques et ruses cauteleuses de l'Antechrist sont au vif declarées, d'un stil plaisant et recreatif. Nouvellement traduit d'Italien en François*, 'Imprimé à Villefranche' (= Genève, J. Crespin), 1558; autre émission en 1559. L'original italien est publié sous l'anonymat à Bâle en 1546: *Tragedia di F.N.B. intitolata Libero arbitrio* [s.l. = J. Oporin]. Pour l'identification de cette source de Trento, voir D. Wahrman, *art. cit.*, pp. 191–195. Ce critique attribue à Negri une part, peut-être déterminante, dans la conception et la réalisation tant de la *Mappe-Monde* que de *l'Histoire* qui l'accompagne. Après la mort de

et la traduction latine l'année suivante chez le même éditeur[21], contient au deuxième acte l'inventaire topographique des villes, provinces et royaumes du Pape, dont les richesses temporelles, aussi bien que les 'inventions' en matière de sacrements, d'ordres et de rites, sont aussi nombreuses que les empires de la terre. La *Mappe-Monde* reprend à Negri, qui la tenait lui-même de Curione, cette idée d'une satire cartographique, qui doit beaucoup aux 'arts de la mémoire' toujours en vogue. Le notaire Triphon (ou Trifone) remplit tout le second acte par ses énumérations fastidieuses, sans cesse interrompu par Bertuccio ou Bertrand, qui a le bon sens et l'insolence joyeuse de Pasquin.

L'espace du *Pasquillus extaticus* était des plus sommaires. Celui de la *Tragedie* compte désormais huit provinces que Triphon énumère avec leurs châteaux, villes et bourgs. En voici la liste: Moinerie, Service des saints, Fabrique ou bâtiment des saints lieux, Pénitence, Jeûne, Oraison, Aumône, Messe. Dans la *Mappe-Monde*, ce catalogue est fortement augmenté. De huit dans la pièce, les provinces allégoriques passent à dix-neuf, qui sont parcourues dans cet ordre: Scolie ou École, Pinzocarie, des Nonnains, Service des saints, Bâtiment des lieux dévots, Pèlerinages, Hermitages, Laïque, Oraison, Aumône, des Clercs, Moinerie, Compagnie, Fragique, Jeûne, Sacrés Soldats, Pénitence, Messe et Sacramentaire. Six 'républiques' autonomes complètent l'inventaire, à savoir Sorbonne, Quiétine, Jésuite, Pauline ou Guastalienne, Antoniane et Ninivitique, dite aussi des Flagellants ou des Battus.

Outre cette structure générale qui permet d'assimiler les rites et institutions de l'Église romaine à un monde composé de divers pays et d'en lever la cartographie accidentée et pittoresque, l'*Histoire de la Mappe-Monde Papistique* doit à la *Tragedie du Roy Franc-Arbitre* une foule de notations extrêmement précises. Souvent elle se borne à en amplifier

---

Negri à Cracovie en 1563 ou 1564, Trento se serait chargé de conduire à son terme cette complexe entreprise éditoriale. L'hypothèse n'est confirmée par aucun document d'archive.

[21] F. Negri, *Liberum arbitrium, tragoedia Francisci Nigri Bassanensis. Nunc primum ab ipso Authore Latinè scripta et edita*, [Genève,] apud Joannem Crispinum, 1559. Cette traduction latine est dédiée au prince polonais Nicolas Radzivil, converti au protestantisme. La 'tragédie' de Negri fut encore traduite en anglais sous le titre: *A certayne Tragedie wrytten fyrst in Italian, by F.N.B. entituled, Freewyl, and translated into Englishe, by Henry Cheeke*, Londres, J. Charlewood, 1589. L'ouvrage est dédié par le traducteur à Lady Cheynie of Toddington.

la matière. La généalogie des 'inventions' papistiques, dont l'idée remonte au traité *De inventoribus* de l'humaniste Polydore Vergile, un des best-sellers de la Renaissance et l'une des références les plus constantes dans le texte de l'*Histoire*[22], connaît ici de nouveaux développements. Par exemple, la Messe, décrite comme un *patchwork* d'inventions ou plutôt un 'raboblinage' de divers morceaux, est littéralement mise en pièces au fil d'un inventaire de cinq longues pages, qui est en même temps une histoire chronologique, siècle après siècle, de ses 'enrichissements' successifs: introït, encens, épître, génuflexions, *Kyrie eleison*, alléluia, offertoire et préface, Agnus Dei, Eucharistie, canon[23]. De plus, la *Mappe-Monde* accentue le caractère polémique de son modèle. La *Tragedie* paraît bien mesurée en comparaison de certaines outrances verbales de la *Mappe-Monde*, où les 'putains d'images' sont traitées sans ménagement, l'auteur appelant à la destruction pure et simple de 'ces vilaines paillardes et puantes'[24]. La scatologie est présente ici et là, mais l'assimilation de la Messe à une boucherie anthropophage, la chair surchargeant l'autel, tandis que les prêtres, ou plutôt les 'bouchers', débitent la viande, boivent le sang cru et 's'ensanglantent le museau', confère à la critique de la *Mappe-Monde* une dimension hallucinatoire inconnue de la *Tragedie*[25]. La *Tragedie* est à tout prendre moins 'tragique' que la *Mappe-Monde*, laquelle baigne tout entière dans une atmosphère de fin des temps.

La *Tragedie du Roy Franc-Arbitre* mérite que l'on s'y arrête un instant. En dépit de son titre, qui renvoie à une forme du théâtre humaniste ressuscitée d'après l'antique, il s'agit plutôt d'une moralité à sujet théologique, en cinq actes et en prose, dans laquelle comparaissent à la file l'interprète Hermès, le roi Franc-Arbitre (personnification du Libre-Arbitre cher à l'Église catholique), le secrétaire Discours humain, messire Clergé, Pierre et Paul apôtres, l'ange Raphaël, et, pour finir, la princesse Grâce justifiante qui secrètement tranche la tête de Franc-Arbitre. Genre éminemment médiéval, la

---

[22] Sur le *De inventoribus* de Polydore Vergile, voir surtout D. Hay, *Polydor Vergil, Renaissance Historian and Man of Letters*, Oxford, Clarendon Press, 1952, ainsi que l'article de J. Céard, 'Inventions et inventeurs selon Polydore Vergile', in M.T. Jones-Davies éd., *Inventions et découvertes au temps de la Renaissance*, Paris, Klincksieck, 1994, pp. 109–122.
[23] *Histoire de la Mappe-Monde Papistique*, pp. 125–129: 'Messe, Province XVIII.'
[24] *Ibid.*, pp. 26–29: 'Service des saincts, Province IIII.'
[25] *Ibid.*, pp. 133–134: 'Messe, Province XVIII.'

moralité a connu une longue survie à la Renaissance, sous les habits d'emprunt de la comédie et de la tragédie, lesquelles, le plus souvent, ne sont comédie ou tragédie que de nom. La propagande réformée en particulier a recouru très volontiers à cette forme traditionnelle qui permettait d'animer et de vivifier les sèches démonstrations de la théologie, et de donner corps et voix, chair et sang aux controverses les plus abstraites. De ce théâtre tout à la fois satirique et théologique, on pourrait donner maint exemple, depuis *La Farce des théologastres* du chevalier de Berquin en 1526, jusqu'à *La Comédie du Pape malade et tirant à la fin* de Conrad Badius en 1561, ou encore à la *Comédie du Monde malade et mal pensé* [= pansé] de Jacques Bienvenu, 'récitée' à Genève le 2 mai 1568. On peut encore citer, de l'année 1558, *Le Marchant converti*, 'tragédie nouvelle, en laquelle la vraie et fausse religion, au parangon l'une de l'autre, sont au vif representées'.

La *Tragédie* de Francesco Negri, dont aucune représentation n'est attestée, manque d'une réelle action dramatique: elle se borne à donner une forme vivante et animée à la polémique protestante contre le libre-arbitre. Dans l'épître liminaire 'au lecteur chrétien', l'auteur reconnaît lui-même les limites de son choix formel:

> [. . .] mosse anchor me da principio a scrivere di simil cose sotto nome di Tragedia: persuadendomi che forse per tal via alquanto dilettevole, se ben non di molta arte poetica, ne di molto bel parlare ornata, piu facilmente gli huomini potrebbono leggendola avedersi de gli errori gia molti anni introdotti nella Chiesa di Christo[26].

La pièce porte le nom de tragédie, mais ce n'en est pas une *stricto sensu*. Elle est destinée à être lue, et non pas vue, ce qui n'exclut pas absolument l'hypothèse d'une représentation, peu vraisemblable au demeurant. On peut toutefois penser à une mise en scène dans le cadre d'un collège, ou peut-être à une lecture à plusieurs voix, aux fins de l'instruction religieuse et théologique des étudiants. Car le but poursuivi est avant tout didactique. La *Tragedie* de Negri serait donc un artifice pédagogique destiné à rendre accessible et même plaisante la doctrine calviniste de la justification par la grâce, et à ridiculiser par contrecoup le dogme catholique du salut par les œuvres.

Dans la préface qu'il substitue à celle de Negri dans l'édition française de la *Tragedie du Roy Franc-Arbitre*, l'imprimeur Jean Crespin

---

[26] F. Negri, *Tragedia di F.N.B. intitolata Libero arbitrio*, *op. cit.*, 'Francesco Negro Bassanese al Christiano lectore salute', f. A2 r°.

parle lui aussi d'une lecture, et non d'une représentation. 'La lecture de ceste description tragique du roy Franc-Arbitre' procurera
plaisir et délectation, mais plus encore 'cognoissance' et instruction
'de ceste noble Grace justifiante, qui nous rend agreables devant la
majesté de Dieu, comme au vif elle est icy descrite et representée'.

'Description tragique', 'vive description', ces expressions renvoient
à la rhétorique de l'évidence ou de l'*enargeia*[27], c'est-à-dire à un théâtre au sens large et métaphorique, qui s'adresse à la vue et aux sens
pour mieux s'ancrer dans l'intelligence et s'inscrire dans l'âme. De
sorte, ajoute Crespin, que

> chacun cognoistra trop mieux que ce livre n'est pas mis en lumiere
> pour servir de passe-temps: mais pour faire sentir à bon escient de
> quel horreur on doit fuir les abus du monde, et de quel desir on doit
> embrasser la cognoissance de la verité[28].

Trois théâtres

La notion de 'théâtre' permet en effet, me semble-t-il, de réconci-
lier les caractères apparemment disparates des trois objets ici étudiés, la *Mappe-Monde*, le *Pasquillus extaticus* et la *Tragedie du Roy
Franc-Arbitre*. Le théâtre, dans son extension large du XVIᵉ siècle,
renvoie à l'univers de la vue, de la contemplation et du spectacle.
Il désigne, au sens étymologique du grec *theaomai*, un dispositif, matériel ou formel, permettant d'assister à une représentation. C'est en
outre un mot à la mode, qui apparaît dans les titres d'ouvrages
appartenant à des genres très divers: *Theatrum Galeni* (1568), *Theatrum
diabolorum* (1569), *Theatrum orbis terrarum* ou *Théâtre de l'univers* d'Abraham
Ortelius (1570), *Théâtre de la vie humaine* de Theodor Zwinger (1571),
Theatrum instrumentorum et machinarum de Jacques Besson (1578), *Gynaecum
sive theatrum mulierum* de Jost Amman (1586), *Theatrum crudelitatum haereticorum nostri temporis*, ou dans sa version française, *Theatre des cruau-
tez des hereticques de nostre temps* du catholique anglais Richard Rowlands,
alias Verstegan (1587–1588)[29]; plus tard encore *Théâtre des martyrs*,

---

[27] Pour ce concept, voir P. Galand-Hallyn, *Les Yeux de l'éloquence. Poétiques humanistes de l'évidence*, Orléans, Editions Paradigme, 1995.
[28] J. Crespin, préface à la *Tragedie du Roy Franc-Arbitre*, op. cit., f. a iii rº.
[29] R. Verstegan, *Théâtre des cruautés des hérétiques de notre temps*, éd. Frank Lestringant,
Paris, Editions Chandeigne, 1995.

depuis la mort de J. Christ jusqu'à present, representé en tres belles tailles-dou-
ces, par le celebre graveur Jean Luyken, un martyrologe d'inspiration anabaptiste qui recrute saint Jean-Baptiste, les premiers chrétiens et les
Albigeois, les Vaudois et les Mennonites, dans le combat contre les
persécutions[30].

Comme l'a rappelé Ann Blair, le terme de théâtre comporte au
XVIe siècle trois types de significations[31]. En premier lieu, il caractérise une réflexion morale sur la vie humaine. 'All the world is a
stage', est-il écrit au fronton du Globe Theatre à Londres. La vie
de l'homme est une mascarade, tantôt comédie et plus souvent tragédie; le monde une estrade, où des fantoches grimaçants se bous-
culent et passent en coup de vent. Le diable en coulisse tire les
ficelles. Le Juge suprême regarde et attend son heure[32].

Dans une seconde acception, le théâtre, au sens de *Théâtre de la
nature universelle*, invite à considérer la nature animée par la providence divine. L'*Universae naturae theatrum* que décrit Jean Bodin dans
son dernier ouvrage est à cet égard un théâtre de Dieu et de ses
merveilles.

Enfin le mot de théâtre désigne un livre à caractère encyclopédi-
que gouverné par un schéma d'ensemble. Quand Ortelius en 1570
publie à Anvers le premier atlas moderne, il l'intitule *Theatrum orbis
terrarum*[33].

Commune à ces trois définitions, la vue. Dans tous ces ouvrages,
la visibilité tend à supplanter la lisibilité. Qu'il soit anatomique, moral,
théologique ou cartographique, le 'théâtre' donne à voir un spectacle.

Le 'théâtre' cartographique de Trento et Eskrich, qui procède du
théâtre tragique de Negri, lui-même héritier du dialogue satirique
de Curione, relève surtout de la première et de la troisième acception.

---

[30] J. Luyken, *Theatre des Martyrs, depuis la mort de J. Christ jusqu'à present, representé
en tres belles tailles-douces, par le celebre graveur Jean Luyken. Schau-buhne der Martyrer, gezeich-
net und in kuppfer gestochen von Johann Luyken*, Leyde, Pierre Van der Aa, s. d. [après
1685].

[31] A. Blair, *The Theater of Nature. Jean Bodin and Renaissance Science*, Princeton
University Press, 1997, ch. V, p. 153.

[32] Sur ce *topos*, voir J. Jacquot, 'Le 'théâtre du monde' de Shakespeare à Calderon',
Revue de littérature comparée, 31e année, 1957, pp. 341–372. Cf. L.G. Christian, *Theatrum
Mundi. The History of an Idea*, thèse Harvard University 1969, New York et Londres,
Garland Publishing, 1987.

[33] Voir notamment J.-M. Besse, *Les Grandeurs de la Terre. Essai sur les transformations du savoir géographique au XVIe siècle*, thèse de doctorat de l'Université de Paris I,
1999, 3e partie: 'Voir la terre comme un théâtre: Abraham Ortelius', p. 345 *sqq*.

De la première acception tout d'abord: c'est une méditation en images sur le mal qui envahit le monde, le cauchemar d'un monde devenu papiste. Comme l'a rappelé Denis Crouzet à propos de Calvin, le 'labyrinthe entortillé' est la figure spatiale du péché et de l'être englué dans la chair, qui tourne et retourne sur lui-même, pour se précipiter en définitive dans l'abîme, tête baissée[34]. Doute et angoisse au cœur de la représentation, d'autant que l'apocalypse est au bout de ce monde papistique, renfermé d'ores et déjà dans la bouche du diable, assiégé de toutes parts par les réformateurs armés de bibles enflammées, battu aux quatre points cardinaux par les 'canons de la Parole de Dieu'.

Mais ce théâtre se donne aussi pour une encyclopédie aussi exhaustive que possible, et l'on rejoint alors la troisième acception du terme. La *Mappe-Monde* de Trento est la somme articulée et construite d'une imposture multiforme. En témoignent les cent trente et une rubriques du commentaire encadrant la carte, auxquelles correspondent autant de chapitres du livre, et qui s'efforcent tout à la fois d'épuiser et d'ordonner la matière enchevêtrée de l'image.

Ce recensement presque maniaque des abus papistiques et cet arpentage du territoire ennemi préparent une revanche—une vengeance, pour reprendre un mot du vocabulaire biblique, très exactement les vengeances de Dieu. Plutôt qu'une reconquête, ce théâtre universel préfigure *hic et nunc* le triomphe du bien sur les forces du mal. De sorte que ce tableau d'apocalypse, qui est un théâtre des derniers jours, est aussi un message d'espérance.

La Carte et son cadre: Théâtre dans le théâtre

Les considérations qui précèdent n'empêchent pas que la *Mappe-Monde* ne soit aussi, en dernier lieu, un théâtre au sens usuel du terme. La référence à un spectacle est explicite au début et à la fin de l'*Histoire de la Mappe-Monde*. Au seuil du livre, la Préface insiste sur la relation entre le théâtre et la peinture:

---

[34] D. Crouzet, *Jean Calvin. Vies parallèles*, Paris, Fayard, 2000, p. 62 et 211. L'expression de 'labyrinthe entortillé' se trouve dans Trento et Eskrich, *Histoire de la Mappe-Monde Papistique*, 'Preface', f. *iiii v°.

ou bien il semble, qu'il [= le Pape] ait fait jouer une farce ou come-die avec tous ses actes et toutes ses parties pour faire rire les gens: de sorte que plusieurs nations en sont presque crevées de rire, comme les Allemans, les François, Anglois, Polonois, et tous les autres peuples qui ont cognoissance de l'Evangile. Le tout est tres bien peint en ceste Table[35].

L'invite à voir et à entendre, et à rire en conséquence, est typique de certains prologues dramatiques du XVIe siècle. Cette Préface rap-pelle le 'cri' des farces, soties et moralités médiévales, qui, devan-çant de quelques heures ou de quelques jours le spectacle lui-même, rameutait le public aux principaux carrefours de la ville. On pense aussi, cette fois en contexte réformé, au Prologue de l'*Abraham sacrifiant* de Théodore de Bèze, qui invitait en ces termes le public au silence:

> Je vous requier tant seulement silence,
> Je vous supply d'ouir en patience.
> Petis et grans je vous diray merveilles,
> Tant seulement prestez moy voz aureilles[36].

Cette bonhomie du ton se retrouve dans les dernières lignes de la préface de Trento qui expose, en même temps que l'intention de l'auteur, l'historique et 'l'invention' de la *Mappe-Monde Nouvelle Papistique*. Déjà les acteurs se mettent en place:

> Or on voit ci-auprès une grande trouppe de gens de toutes les Provinces du Royaume des Bonnes-œuvres: escoutez bien je vous prie tous ceux-ci, pource qu'ils commencent à jouer la farce: et vous verrez que tous joueront fort bien leurs personnages, et si j'espere qu'ils vous feront rire à bon escient, pource qu'on verra de belles choses. Soyez donc-ques tous bien attentifs, et escoutez diligemment: et ce qui s'ensuit vous servira de prologue pour la farce[37].

Ce qui suit n'est évidemment pas une pièce de théâtre, mais un commentaire de carte, de près de deux cents pages d'une typogra-phie serrée, présenté sous la forme d'un catalogue de lieux et com-mençant par les 'Provinces du monde Papistique en general'. Et pourtant le rapprochement avec la comédie ou la farce n'est pas aussi arbitraire qu'il peut sembler, même en ce sens étroit. En effet,

---

[35] *Histoire de la Mappe-Monde*, f. *iiii v°.
[36] Th. de Bèze, *Abraham sacrifiant*, v. 15–18, éd. K. Cameron, K.M. Hall, F. Higman, Genève, Droz, 1967, p. 56.
[37] *Histoire de la Mappe-Monde Papistique, loc. cit.*

dans son usage, la *Mappe-Monde* se prête à une démonstration. Une phrase de la Préface délivre une information précieuse à cet égard. Rappelant la sentence de saint Grégoire, souvent alléguée par les catholiques et qui soutient que 'les Images et peintures sont les livres des simples gens et idiots, qui ne scavent ne lire ni escrire, et que ce sont leurs pedagogues et maistres'[38], l'auteur ajoute cette remarque: 'Et pourtant [= pour cette raison] le populaire voyant ces Images et peintures-ci, pourra estudier en son livre en un instant, et estre conduit par son pedagogue'[39]. L'image, en l'occurrence la mappe-monde allégorique, conduit au livre et en facilite la lecture. Est-ce à dire qu'elle soit elle-même ce 'pédagogue' qui prend l'auditoire par la main et l'achemine vers l'intelligence du sens? Ou bien qu'à la carte figurée se surajoute la présence effective d'un pédagogue, pasteur ou ancien, qui, muni d'une baguette et joignant le geste à la parole, en explique et détaille le contenu? Toujours est-il que la *Mappe-Monde* entre dans une relation pédagogique active et qu'elle est partie intégrante d'une performance.

De même qu'elle s'est ouverte sur le registre oral, par un prologue ou un 'cri', l'*Histoire de la Mappe-Monde* se referme par un morceau de théâtre. Il s'agit du long monologue de Charon ('Caron', comme l'écrit l'*Histoire*), le nocher des Enfers, qui transporte dans l'au-delà les âmes des ecclésiastiques trépassés. Ce monologue théâtral est émaillé d'injures, animé d'apostrophes véhémentes fustigeant les membres du clergé rétifs à monter dans la barque et qui, une fois morts, n'ont point honte de piller l'Enfer même, en refusant de donner l'obole du passage. Charon les menace et les frappe à coups d'aviron, 'chargeant sur bras et jambes, et à travers le visage'[40]. Alessandra Preda a établi la source de cet épisode: il s'agit du *Dialogo de Mercurio y Caron* d'Alfonso de Valdès, écrit probablement dans les années 1528–1529, resté manuscrit jusqu'en 1543, et traduit en italien par Giovan Battista Clario trois ans plus tard[41]. L'auteur de

---

[38] *Patrologie Latine*, t. 77, col. 1027 et 1128. Cf. *Decretum Gratiani* (Paris, I. Bonhomme, 1550), f. 646, IIIe Partie, *Distinctio* III, canons XXVII, XXVIII et XXIX.

[39] *Histoire de la Mappe-Monde*, loc. cit.

[40] *Ibid.*, p. 171.

[41] A. de Valdès, *Due Dialoghi, l'Uno di Mercurio, et Caronte [. . .]. L'altro di Lattantio, et di uno Archidiacono*, Venise, 1546; éd. critique par G. De Gennaro, Naples, Istituto Universitario Orientale, 1968. Alessandra Preda prépare avec l'auteur de la présente étude une édition critique de l'*Histoire de la Mappe-Monde*, à paraître à Genève, chez Droz, en 2004.

l'*Histoire* a donc opéré la 'réduction', au sens musical du terme, de ce dialogue en un monologue, compensant cette simplification par une surenchère dans la violence verbale et la gestuelle. Le résultat en est une excellente scène de farce.

'Je les donne incontinent au diable'. Après cette ultime sortie de Charon contre ses passagers, à comprendre littéralement et qui résume très exactement sa fonction de passeur[42], l'*Histoire* s'achève par un double épilogue où l'auteur s'adresse tour à tour 'Aux fideles chrestiens' et 'A quelque Fantastique'. Les premiers sont les convaincus, auxquels s'adresse par priorité la *Mappe-Monde*, alors que le 'fantastique' est un hypothétique contradicteur, fâché des injures faites au clergé, choqué surtout du ton trop âpre et libre adopté en une matière aussi grave. Le premier de ces deux épilogues développe dans ses moindres composantes le parallèle entre l'*Histoire de la Mappe-Monde* et 'une fort belle Comedie ou farce magnifique, et entiere avec toutes ses parties, Actes, et Scenes'[43]. À tous les points de vue, lieu, décor, éclairage de torches et chandelles, costumes, personnages de divers âges et conditions, la mappemonde du pape ressemble à une comédie. On y retrouve sans surprise les principaux types de la comédie antique: entremetteurs ou 'maquereaux', amoureux, valets, courtisanes, soldats fanfarons, barbons, eunuques, nourrices, larrons et trompeurs, badins donnant à rire. La fin poursuivie est l'instruction du public que le rire favorise. Enfin la *Mappe-Monde* observe les mêmes divisions qu'une comédie bien composée, quoiqu'elle l'excède en toutes dimensions:

> Les Commedies ordinaires se divisent en cinq actes, et ces Actes en plusieurs Scenes qu'ils appellent, et ce poinct devoit estre dit des premiers. Ainsi la Commedie de ceux-ci est bien divisée, mais c'est en dix-neuf Actes, c'est-à-dire Provinces, et ont fait bonne mesure de leur Commedie, et la bonne mesure monte quasi plus que l'aulne. Ils ont semblablement divisé les Actes en plusieurs autres Scenes, ou citez[44].

Dans l'équivalence posée entre les actes et les provinces, les scènes et les cités, on peut voir une tentative pour accorder *in extremis* la fiction cartographique et la fiction théâtrale. Inscrire la carte à l'intérieur d'un cadre théâtral, c'est aussi pour l'auteur une manière de

---

[42] *Histoire de la Mappe-Monde*, p. 172.
[43] *Ibid.*, p. 173.
[44] *Ibid.*, p. 183.

produire une 'mise en abyme', un 'théâtre dans le théâtre', afin de tirer de cette distanciation tout l'effet critique souhaitable. D'évidence, la bouche vorace du diable fait office de manteau d'arlequin, de cadre de scène, creusant et éloignant le spectacle de l'Enfer papistique. Inversement l'image gravée et la comédie représentée au vif exposent l'une et l'autre aux yeux du spectateur une 'cartographie morale', au sens où l'entend Louis Van Delft[45], un arpentage méthodique et inlassable, par monts et par vaux, des vices et abus de la papauté.

---

[45] L. Van Delft, *Littérature et anthropologie. Nature humaine et caractère à l'âge classique*, Paris, PUF, 1993, pp. 32–37 et *passim*.

Illustration 1. Jean-Baptiste Trento et Pierre Eskrich, *Mappe-Monde Nouvelle Papistique*, Genève, 1566–1567. Exemplaire de la British Library. Détail: Le Pape trônant en Enfer, où affluent évêques et abbesses tout nus. La barque de Caron, le nocher des Enfers, est chargée de 'Cardinaux, Jesuistes, Moines et Sorbonistes'. Un peu plus à l'Ouest, Calvin brandit un glaive à travers une bible, devant la muraille de Rome qu'il assiège en compagnie des autres réformateurs.

ENTRE SATIRE ET PRÉDICATION: PIERRE GRINGORE (1470–1539) ET LA RÉFORME EN FRANCE

Nicole Hochner

Abstract

This article explores the literary production written during the first Gallican crisis of the sixteenth century. Indeed the struggle between Pope Julius II and King Louis XII in the early 1510s was an unprecedented moment of virulent attack against the papacy in French pamphlets and propaganda. One of the most popular and prolific writers of this vein was Pierre Gringore, a well-known playwright and moralist. Four of his texts—the *Jeu du prince des sotz, la Chasse du cerf des cerfs, l'Entreprise de Venise* and *l'Espoir de paix*—discredited the papacy to support the French monarchy wishing to depose Julius II. However, Gringore is careful to distinguish Giuliano della Rovere from the Holy See, in other words the incumbent from the office. A decade later these texts are a source of inspiration for Lutherian and Protestant reformers. Despite his active part in denouncing the corruption within the Church, in 1524 Gringore is one of the first to condemn Luther and his adepts both in the *Blason des Hérétiques* and in the *Complaincte de la cité crestienne*. In the *Blason des Hérétiques* a long history of heresies is recorded. If Gringore had earlier attributed corruption and division within the Church only to the papacy, here popes are almost completely absent. Luther, on the other hand, becomes the incarnation of malice and perversion. The question resulting from this study is why Gringore turns from a fervent supporter of Church Reform to a conservative catholic? How should we understand the 'conversion' of Gringore who within a decade moved from satirical writing to preaching?

La réforme de l'Eglise et la dénonciation du clergé sont des lieux communs dans la littérature du début du XVIe siècle. Pourtant les pièces et poèmes écrits lors des années 1510–1513, c'est-à-dire lors du conflit qui opposa Louis XII à Jules II, se démarquent par le style passionné et âpre des rhétoriqueurs. Ils dénoncent le vice et la licence qui s'étaient emparés de l'Eglise d'un ton qui aujourd'hui nous semble annoncer la Réforme par sa virulence et son agressivité. Ces textes de propagande sont écrits entre autres pour justifier la position de la France face au pape Jules II, à savoir convoquer un concile général qui déciderait de la réforme de l'Eglise et de la déposition du pape[1]. Louis XII espérait, en effet, battre le pape sur ce terrain théologique afin d'éviter de l'affronter militairement. Comme le pape Jules II avait bien évidemment refusé de provoquer sa propre déposition, Louis XII prit l'initiative de convoquer un concile connu sous le nom des villes où se réunirent les assemblées, c'est-à-dire Pise et Milan. La politique française fut un échec total, qui, au demeurant, annonçait le crépuscule du règne de Louis XII. En effet la moitié de l'Europe s'unifia derrière Rome pour contrer les ambitions françaises. Le Milanais et le comté d'Asti furent perdus, la Picardie et l'Artois furent menacés. En septembre 1513 les Suisses envahirent la Bourgogne. De défaite en défaite ce fut une véritable débâcle. Mais ce n'est pas l'histoire qui me préoccupera ici mais bien la mobilisation des écrivains ou propagandistes, soit principalement Jean d'Auton, Jean Lemaire de Belges, Jean Bouchet, Guillaume Crétin, et Pierre Gringore, qui à l'unisson condamnent tous à leur façon le pape Jules II et la politique de l'Eglise.

Il m'a semblé intéressant d'essayer de suivre l'évolution de ces hommes, ceux-là mêmes qui défendaient l'entreprise de Louis XII et la supériorité du concile, ceux-là mêmes qui avaient esquissé un bilan des iniquités de l'Eglise. Que prêchent-ils dix ans plus tard? Que reste-t-il de leurs accusations et revendications dans les années 1520 lorsque les thèses luthériennes se propagent et menacent de diviser la Chrétienté? Comment réagissent-ils à la condamnation de Luther et qu'écrivent-ils lorsque l'opinion se mobilise et la répression s'annonce? Ce sont des témoins fort curieux de cette période puisque leur représentation de l'Eglise égarée entre excès et licence fut justement celle adoptée par les sympathisants de la réforme luthérienne.

Une telle étude a été menée à ma connaissance au sujet de Jean Bouchet. En effet son traité *La Déploration de l'Eglise militante* publié à l'origine en 1512 fut reçu et corrigé pour une seconde édition en 1525. Jennifer Britnell en a donné une édition chez Droz et il est passionnant de voir les modifications ou rajouts que Bouchet se sent obligé d'introduire dans sa nouvelle version pour répondre à une toute autre réalité et à des intérêts bien différents que ceux de la France à l'époque de Louis XII[2]. Pour ma part, comme il n'est pas

---

[1] Voir F.J. Baumgartner, *Louis XII*, Phoenix Mill, Far Thrupp, Stroud, Gloucestershire: Alan Sutton Publishing Limited, 1994, pp. 209–227.

[2] J. Bouchet, *La Déploration de l'Eglise militante*, ed. J. Britnell, Genève, Droz, 1991.

possible dans le cadre d'une étude restreinte d'embrasser l'ensemble de la question des rhétoriqueurs et de la Réforme, j'ai choisi de me pencher sur le cas de Pierre Gringore.

Pour rapidement justifier ce choix je soulignerais que certaines oeuvres que j'aborderai ici n'ont pas été commentées et interprétées depuis le monographe de Charles Oulmont publié en 1911. C'est à ma connaissance le seul ouvrage jamais écrit sur l'ensemble des oeuvres de Pierre Gringore, et de toute apparence le dernier en date[3]. De plus Gringore est de loin le plus productif et le plus critique. Il est en effet l'auteur de quatre pièces directement liées au conflit Louis XII-Jules II écrites dans les années 1509–1512 auxquelles on peut ajouter bien d'autres oeuvres où comme une constante Gringore accuse et dénonce les abus du clergé. Son nom fut à tel point associé à l'anti-papisme qu'on lui attribua pour un temps le *Julius exclusus*[4]. Finalement et ultime raison de mon choix, sans être totalement inédite, l'oeuvre de Gringore n'a en partie jamais été réimprimée depuis le XVIe siècle, puisque le projet d'Anatole de Montaiglon de publier les oeuvres complètes de Pierre Gringore ne fut réalisé qu'à moitié et que sur les quatre volumes prévus seuls deux ont vu le jour[5].

Si aujourd'hui Gringore est encore lu, il l'est principalement pour ses oeuvres politiques et en particulier pour son *Jeu du Prince des Sotz*. C'est le satiriste et l'homme de théâtre qu'on connaît le mieux. Ce qu'on ignore souvent c'est que Gringore est également l'un des premiers auteurs français à condamner les réformateurs. Si l'on croit Charles Oulmont Gringore serait peut-être même le premier à faire référence à Luther dans une pièce de circonstance[6]. cela me

---

[3] C. Oulmont, *Pierre Gringore. La Poésie morale, politique et dramatique à la veille de la Renaissance*, Paris, Honoré Champion, 1911, on peut toutefois citer l'ouvrage de W. Dittmann qui traite du corpus théâtral, *Pierre Gringore als Dramatiker: ein Beigrag zur Geschichte des französischen Theaters*, Berlin, 1923.

[4] J.-C. Margolin, 'Pamphlets gallicans et antipapistes (1510–1513) de *La Chasse du Cerf des Cerfs* de Gringore au *Julius Exclusus* d'Erasme', *Cahiers V. L. Saulnier*, 2, 1984, pp. 21–36 (24).

[5] P. Gringore, *Oeuvres complètes*, Ch. d'Héricault, A. de Montaiglon et J. de Rothschild (éds.), 2 vols, Paris, Jannet, 1858, Daffis, 1877. Depuis l'écriture de cet article Cynthia Brown a publié chez Droz une excellente édition critique d'un premier volume des oeuvres de Pierre Gringore. Cet ouvrage *Oeuvres Polemiques rédigées sous le règne de Louis XII* est paru en 2003 mais helas il ne m'a pas été possible d'en tenir compte ici.

[6] C. Oulmont, *Pierre Gringore*, p. 55.

paraît douteux mais que cela soit chronologiquement juste ou pas ne change en rien au fait que dans ces textes Luther et ses adeptes sont condamnés nommément et sans équivoque. Je fais ici référence à deux ouvrages en particulier *Le Blason des Hérétiques* publié en 1524 et *La Complaincte de la cité crestienne* qui date sans doute de l'année suivante.

A mes yeux le *Blason* dévoile la contradiction—tout au moins apparente—qui caractérise l'oeuvre de Gringore prise dans son ensemble. En effet il y a un contraste important entre sa production des années 1510 et des années 1520. Dans les années 1520 Gringore écrit une poésie religieuse plutôt rébarbative, répétitive et surtout totalement dénudée d'aspects satiriques, qui ne rappelle en rien les pamphlets grinçants qu'il avait signé ultérieurement et qui firent sa renommée. Le contraste est frappant entre la prédication morale d'un côté et la diatribe politique de l'autre, entre ce que Gringore compose dans les années 1510 à Paris sous la protection du roi Louis XII et ce qu'il écrit dans les années 1520 à Nancy sous la protection du duc Antoine de Lorraine[7].

En dix ans Gringore passe donc de celui qu'on accuse d'être un agent du pouvoir, puisqu'il attaque le pape pour justifier la politique du roi, à celui qui aurait le premier attaqué les courants luthériens. Gringore n'est évidemment pas le seul à faire cette manoeuvre de repli, prier pour la réforme de l'Eglise et dénoncer la corruption du clergé en 1510, puis en 1525 afficher un ton conservateur immobiliste et blâmer la moindre tentative de changement. Mais puisque l'oeuvre de Gringore n'a pas encore été considérée de cette perspective-là, et qu'une telle lecture n'a pas encore été faite, il me semble important de redécouvrir cet autre témoin de la Pré-Réforme, sans divorcer celui qui chez Gringore porte le masque de la folie et le bonnet de Mère Sotte, de celui qui revêt religieusement la robe du prédicateur. Son témoignage relatif à la Réforme en France mérite sans nul doute d'être redécouvert et analysé.

Je diviserai donc l'oeuvre de Gringore en deux. Il faut distinguer en effet deux groupes de textes, et deux époques bien différentes. Dans un premier temps il y a les pamphlets que Gringore écrit lors du concile gallican de Pise-Milan qu'il faut associer à la vaste campagne de propagande qui vise à défendre la position de la France

---

[7] Rappelons qu'à Nancy, Gringore est au coeur de la révolte des Rustauds avec lesquels il avait tenté de négocier en vain, voir C. Oulmont, *Pierre Gringore*, p. 24.

face au pape. Les poèmes de Gringore circulent ainsi aux côtés de
ceux de Jean Lemaire de Belges, Jean Bouchet, Guillaume Crétin
et Jean d'Auton qui composent tous dans les années 1510–1513 des
pièces de circonstance, citons par exemple *Le Traicté de la difference
des schismes et des conciles de l'eglise* et *L'Invective contre la guerre papale*[8].
Gringore est sans conteste le plus inventif de tous ces rhétoriqueurs.
Il met en scène le fameux *Jeu du prince des sotz* qui comporte un cry,
une sottie, une farce et une moralité[9]. *La Chasse du cerf des cerfs* (1509)[10].
L'Entreprise de Venise (1509)[11] et *L'Espoir de paix* (1510)[12]. Quatre pièces au total où le pape est systématiquement incriminé.

Dans un second temps il y a *Le Blason des Hérétiques*[13], *La Complaincte
de la cité crestienne*[14] et les *Heures de Nostre Dame* qui datent des années
1524–1525[15]. Tous ces écrits sont composés dans le feu et l'émotion
de l'actualité, celui des deux conciles pour une part, celui de la
Réforme, pour une autre.

Débutons par *Le Blason des Hérétiques* puisque c'est sans doute le
texte le moins connu et qu'il est directement relatif à la Réforme
qui nous concerne ici. *Le Blason des Hérétiques* est un poème assez
long qui dresse le portrait de l'hérétique et de l'hérésie à travers
l'histoire. Henri Guy dans son ouvrage sur les rhétoriqueurs n'y voit
qu''âneries exprimées en vers atroces'[16]. En réalité Gringore y donne
un récapitulatif de tous ceux qui depuis l'existence de la foi chrétienne ont tenté de semer la confusion dans le message évangélique.
On trouve près de cinquante différentes hérésies répertoriées. Gringore

[8] J. Lemaire de Belges, *Le Traicté de la difference des schismes et des conciles de l'eglise*,
J. Britnell (éd.), Genève, Droz, 1997, et *L'Invective contre la guerre papale* qui se trouve
dans le recueil des *Oeuvres poétiques* édité par K. Chesney, Paris: Firmin Didot, 1932;
Genève: Slatkine, 1977, pp. 58–59. On peut aussi citer le poème de J. Marot,
'Epistre d'ung complaignant l'abusift gouvernement du pape', dans G. Defaux et
T. Montovani, *Jehan Marot, les deux recueils*, Genève, Droz, 1999, pp. 168–178, pp.
420–451.
[9] P. Gringore, *Le Jeu du prince des sotz et de mere Sotte*. Edition critique par A. Hindley,
Paris, Honoré Champion, 2000.
[10] P. Gringore, *Oeuvres complètes*, I, pp. 157–167 (*La Chasse du cerf des cerfs*).
[11] P. Gringore, *Oeuvres complètes*, I, pp. 145–156 (*L'Entreprise de Venise*).
[12] P. Gringore, *Oeuvres complètes*, I, pp. 169–184 (*L'Espoir de paix*).
[13] P. Gringore, *Oeuvres complètes*, I, pp. 295–336 (*Le Blason des Hérétiques*).
[14] *La Complaincte de la cité crestienne* (S.l.n.d. [1524]). J'ai consulté l'exemplaire BNF
Rés Ye 2947.
[15] *Heures de Nostre Dame* (S.l.n.d. [1525]).
[16] H. Guy, *Histoire de la poésie française au XVIe siècle*, Paris, Champion, 1910,
vol. I, p. 288.

donne le nom de chaque secte ou chaque individu qui voulut plonger
la Chrétienté dans l'erreur, parfois Gringore précise la teneur de leur
égarement, la punition qui leur a été infligée ou envoyée du Ciel,
et même parfois le nom de ceux par qui leurs forfaits furent mis à
terme. Or l'histoire tend à prouver que l'hérésie est inexorablement
démasquée. La liste s'achève au temps présent où il est question de
l'hérésie la plus récente, c'est-à-dire celle de 'Luther et ses complices'
à laquelle Gringore consacre plus de 140 vers[17].

Luther aux yeux de Gringore n'est que le 'colecteur' de toutes les
hérésies passées. En ce sens il lui dénie le privilège d'avoir innové
en la matière. Rien de neuf, l'Eglise depuis quinze siècles lutte avec
succès contre tous ces ennemis, de sorte que l'Eglise n'a rien à craindre d'un hérétique de plus. Aussi la menace que présente Luther est
minimisée puisqu'il est noyé dans une foule d'hérétiques auxquels il
n'apporte pas d'idées très neuves. D'un autre côté Gringore souligne que l'hérésie des 'Lutheriens pervers' est cependant plus importante en 'volume'[18]. Si Luther n'est pas inventeur de nouveaux
mensonges et ne fait que répéter ce que d'autres ont fomenté avant
lui, il a par contre beaucoup plus de succès que ses prédécesseurs,
et diffuse avec beaucoup plus d'habilité ses idées pécheresses. Gringore
parle de lui et de ses 'consors et vassaulx' en terme d'experts 'en
subtilles malices'[19]. Leur triomphe est tel que Gringore avoue que
cette fois-ci il ne sera, semble-t-il, pas si aisé de 'corriger' le mal qui
a été fait et que le peuple est 'tiré et tourné' dans ces erreurs[20]. La
manipulation est si judicieuse qu'elle risque bel et bien de mettre la
'foy' de Jésus totalement 'à l'envers'[21].

Mais quel est le contenu de l'hérésie luthérienne selon Gringore?
Que retient-il des thèses de Luther? Quel portrait en donne-t-il? On
pourrait en trouvant ce qui choque le plus notre satiriste déduire ce
qui frappe le plus ses contemporains. On trouve d'abord le reproche que l'on vient d'évoquer que Luther provoque la discorde dans
la Chrétienté et rejette outrageusement l'autorité ecclésiastique. Puis
Gringore s'élève contre le déni des prières et cérémonies dues aux

---

[17] P. Gringore, *Oeuvres complètes*, I, pp. 329–336.
[18] P. Gringore, *Oeuvres complètes*, I, p. 330.
[19] P. Gringore, *Oeuvres complètes*, I, p. 331.
[20] P. Gringore, *Oeuvres complètes*, I, p. 331: 'Que à corriger n'est une chose aisie'.
[21] P. Gringore, *Oeuvres complètes*, I, p. 296.

défunts[22], contre le mariage des hommes d'Eglise, il consacre un long
passage sur la négation des pouvoirs et des miracles de la Vierge
Marie[23], sur l'outrageuse permission de manger lors du Carême[24], et
sur la soi-disante obsolescence des sacrements et du devoir de confesse[25].
Ce qu'il faut souligner à propos de ces récriminations, c'est la relative absence d'exagération. Cette liste qui par ailleurs est loin d'être
exhaustive—elle passe par exemple sous silence les thèmes de la foi,
de la pénitence et de la transcendance—donne une image assez fidèle
des thèses luthériennes. Cela pourrait, ou devrait, nous étonner. Car
si Gringore traite les luthériens de 'pourceaux' lubriques, gourmants,
'enfens de l'Antechrist' pleins de luxure et damnés à finir en enfer,
il n'empêche qu'il ne déforme absolument pas leur position théologique.

Je dirais qu'il y a en ces premières années de la Réforme encore
une certaine capacité à écouter l'autre, les émotions ne sont pas
encore si vives, la violence omniprésente. Jean Bouchet dans ses
Annales de 1524 parle également de Luther en termes modérés, comme
un 'homme de grant esprit de l'ordre des Augustins' ou bien comme
'le pauvre et imprudent Luter' qui laisse percevoir une certaine sympathie pour l'homme qui s'égare mais n'est pas perfide[26]. Chez
Gringore même, Luther est loin d'avoir avancé les pires opinions,
dans son long récit de l'hérésie Gringore avait également évoqué
ceux qui déniaient l'unité de la Trinité, ceux qui refusaient de croire
que Jésus était fils de Dieu, ceux qui prétendaient qu'il n'avait pas
souffert sur la croix, ceux qui soutenaient que la Vierge n'avait pas
porté l'enfant en elle mais l'avait juste enfanté, que les apôtres ne
bénéficiaient pas du don du Saint Esprit, qu'il y avait deux dieux . . .
Bref Luther n'a rien à envier à ses prédécesseurs hérétiques des
quinze siècles passés. Mais ce qui est remarquable c'est qu'à notre
insu Gringore s'est transformé en théologien, et qu'il aborde pour
la première fois de véritables questions religieuses.

Cette longue liste pour le lecteur familier des oeuvres de Gringore
fait immédiatement songer à l'*Espoir de paix*. En effet l'*Espoir de paix*
publié en 1510, est très similaire et pourtant tout l'inverse du *Blason*.
On y trouve à nouveau une longue liste, mais cette fois au lieu des

---

[22] P. Gringore, *Oeuvres complètes*, I, p. 330.
[23] P. Gringore, *Oeuvres complètes*, I, pp. 331–333.
[24] P. Gringore, *Oeuvres complètes*, I, p. 334.
[25] P. Gringore, *Oeuvres complètes*, I, p. 335.
[26] Cité par J. Britnell, *Jean Bouchet*, Edimbourg, Edinburgh University Press, 1986,
p. 171.

hérésies Gringore dresse la liste des papes corrompus, ceux par la faute de qui l'Eglise est aujourd'hui plongée dans le péché et l'erreur. Il se lamente amèrement sur la chute qui depuis 1500 ans éloigne inexorablement l'Eglise du bon chemin.

On ne peut ne pas songer à la similarité des deux textes, non seulement par la technique mais également par les topiques. *L'Espoir de paix* cherche à démasquer ceux qui rompent la paix[27], le *Blason* accuse ceux par qui la guerre règne[28]. *L'Espoir* dénonce l'accumulation de biens, dans le *Blason* Gringore répertorie comme première cause de discorde l'habondance de biens'[29]. La grande fierté des papes est parallèle à l'arrogance et l'orgeuil des hérétiques[30]. A l'écho des pompes et gloires de Rome répondent les 'pompes et délices du monde avec richesses, avarices, luxure' attribués aux hérétiques[31]. La 'fraude et rapide', les 'abus et faintise' des prélats rivalisent avec la 'lubricité, erreur et gourmandise' des 'luthériens plains de faintise', et de 'fraulde vulpine'[32].

Les iniquités des papes dans *L'Espoir de paix* sont comme remplacées par celles des hérétiques dans *Le Blason*. Ici et là Gringore accuse, dans *l'Espoir de paix* c'est l'Eglise et la papauté qui sont en cause, dans le *Blason* ce sont les hérétiques et Luther qui couronnent la généalogie du péché. Ici Jules II, là Luther. Il faut avouer que le parallèle est troublant.

L'Espoir de paix est rappelons-le une pièce de circonstance. Pourtant Gringore ne s'y contente pas d'attaquer uniquement le pape Jules II en conflit avec le roi de France. Il en profite pour dire également un mot sur les prédécesseurs du pape qui ne sont pas beaucoup plus dignes que lui. 'Tous pasteurs n'ont les consciences nettes', écrit Gringore[33]. Ce poème donne en effet le sentiment qu'au cours de l'histoire, les papes ont systématiquement trahi le message de Jésus. Ce sont eux qui ont plongé l'Eglise dans l'erreur. Jules II qui est désigné sous le terme de 'ce pasteur' est l'anti-thèse du successeur de Saint Pierre. Au lieu de 'l'eau beniste', ce pasteur par son glaive répand le sang humain, au lieu de chanter 'sanctus, sanctus, sanc-

---

[27] P. Gringore, *Oeuvres complètes*, I, pp. 169–170, 179.
[28] P. Gringore, *Oeuvres complètes*, I, p. 328.
[29] P. Gringore, *Oeuvres complètes*, I, pp. 170, 328.
[30] P. Gringore, *Oeuvres complètes*, I, pp. 171, 181, 307, 328.
[31] P. Gringore, *Oeuvres complètes*, I, pp. 181, 307.
[32] P. Gringore, *Oeuvres complètes*, I, pp. 181–182, 326, 334.
[33] P. Gringore, *Oeuvres complètes*, I, p. 172.

tus', 'ce pasteur veult qu'on chante sans cesse: 'A mort, à mort, à l'assault ou à l'arme'[34], au lieu de faire chanter canon, préface et messe, il fait 'tyrer traitz, canons et couleuvrines, courtaulx, faulcons, bombardes, serpentines', au lieu d'organiser des processions religieuses il défile avec 'devise [...], bannières, guidons et estendars'[35]. Au lieu de faire sonner les cloches il fait sonner les trompettes[36], au lieu de réciter les psaumes il revêt un heaulme, au lieu d'être miséricordieux, il est vindicatif, 'il fait, deffait, excommunie, assoult'[37]. En deux mots Jules II est l'antithèse du pasteur accompli.

> Et ce pasteur prent espée, lance, espieu
> Pour par orgueil y mettre contreditz;
> De tous mondains il veult par ses editz
> Estre seigneur par force et violence:
> Moult demeure de ce que le fol pense[38].

On sent que le fol—Gringore—s'est laissé emporter par sa plume et littéralement s'insurge contre le scandale que Jules II incarne à ses yeux.

Ce poème s'achève par l'imploration de l'Acteur, c'est-à-dire Gringore lui-même, qui prie l'Eglise militante de laisser Louis XII restaurer la paix. Gringore joue ici sur deux faces de l'Eglise, la militante et l'impie, entre le contraste du pasteur envoyé par le diable et du roi envoyé par Dieu[39]. Il fait effectivement référence au roi Louis XII par le terme de 'flagellum Dei'. Ainsi le verset des proverbes que Gringore avait mis en exergue de *L'Espoir de paix* c'est-à-dire 'Cor regis in manu Dei' désigne bel et bien le roi Louis XII qui va sauver l'Eglise du schisme dans lequel Jules II l'a plongé[40]. Aussi Gringore précise à la fin de son poème que Louis XII n'a

---

[34] P. Gringore, *Oeuvres complètes*, I, p. 173.
[35] P. Gringore, *Oeuvres complètes*, I, p. 177.
[36] P. Gringore, *Oeuvres complètes*, I, p. 178.
[37] P. Gringore, *Oeuvres complètes*, I, p. 176.
[38] P. Gringore, *Oeuvres complètes*, I, p. 178.
[39] P. Gringore, *Oeuvres complètes*, I, pp. 180, 182–183.
[40] Cette image se trouve également dans les *Abus du Monde*, un miniaturiste a illustré ce topoi dans le manuscrit des *Abus* à New York, Pierpont Morgan Library, mss. 92, fol. 44[v] imitant sans doute les bois l'édition imprimée British Library C. 124 dd, 27 fol. F7r. Par ailleurs Gringore met en scène Dieu tenant un coeur dans sa main pour l'entrée de Marie Tudor à Paris en 1514, *Pageants for the Entry of Mary Tudor in Paris. An Unpublished Manuscript*, Ch. Baskervill (ed.), Chicago: University Press of Chicago, 1934, p. 7. Voir également BNF f. fr. 702, fol. 1[r] (traduction de l'Anabase de Xenophon par Claude de Seyssel).

nullement l'intention de porter atteinte à l'Eglise, s'il combat Jules II c'est justement pour la sauver.

La distinction est importante entre les pasteurs corrompus et l'Eglise militante esseulée et négligée. Le sauveur qu'est Louis XII entend bien châtier l'homme Jules II et non pas l'institution :

> Car leur prince fait protestations
> Qu'il n'entend point contre l'Eglise aller[41].

Le malaise en France est vif puisque l'on conçoit difficilement le Très Chrétien attaquer le Saint-Siège. S'il est vrai que la virulence de ce texte par son ton annonce déjà la Réforme, il ne peut pour autant être considéré comme une attaque contre l'Eglise.

La précaution de distinguer les deux visages de l'Eglise, l'église rebelle et impie d'un côté et l'église fidèle et pieuse de l'autre est en effet récurrente. Gringore traite de ce motif comme d'un perpétuel face à face entre le pape qui ébranle et détruit d'un côté, et celui qui prie et protège de l'autre. La condamnation de l'Eglise est peut-être sans équivoque mais ses péchés ne sont pas fatals, Gringore n'invite aucunement à la rébellion.

On retrouve d'ailleurs cette même distinction dans le *Jeu du Prince des Sotz* et la *Chasse du Cerf des Cerfs* où Gringore condamne le pape sans manquer de respect pour l'Eglise. Il s'agit à nouveau de deux institutions bien différentes. Cette même démarche se retrouve également chez Bouchet qui fait débattre le pape et l'Eglise, chez Lemaire qui dans *Le Dyalogue de jeunesse et de vertu françoyse* présente le siège apostolique vide, et une simple chaise de bois sur laquelle est assis le pape Jules II[42] et chez Jean d'Auton où Dissolution portant la tiare papale fait face à une dame qui pleure et prie sous un édifice, incarnant l'Eglise, symboliquement en train de s'effondrer[43]. Tout tend ainsi à prouver qu'on peut distinguer entre della Rovere et le Saint Siège, entre la dignité du pape et son titulaire, et ainsi lutter contre Rome sans pour autant être soupçonné de faire outrage à l'Eglise. Guillaume Crétin conclut dans ce même esprit son *Invective*

---

[41] P. Gringore, *Oeuvres complètes*, I, p. 183.
[42] Voir la miniature BNF f. fr. 25295, fol. 12ᵛ. P. Jodogne, *Jean Lemaire de Belges, écrivain franco-bourguignon*, Bruxelles, Palais des Académies, 1972, pp. 386–395 et A.-M. Lecoq, *François Premier imaginaire*, Paris, Macula, 1987, p. 133, fig. 57.
[43] Voir la miniature Saint-Petersbourg, Bibliothèque Nationale de Russie, Fr. f. v. XIV 8, fol. 100ᵛ.

contre la guerre papale: 'la loy permect se deffendre à l'espée'[44]. Il est motivé par le même désir que Gringore, à savoir justifier l'offensive de Louis XII contre Jules II. Aussi dans le *Jeu du Prince des Sotz* un des seigneurs dit 'Il est permys de nous deffendre/Le droit le dit, se on nous assault'[45]. Cependant le roi hésite toujours, non convaincu du cas de légitime défense, et surtout incapable de prendre une décision. Le troisième sotz insiste auprès du roi: 'Prince, vous vous povez deffendre/Justement, canoniquement'[46]. Louis XII incarné par le prince convoquant ses 'sotz' assure fermement: 'Je ne vueil point nuyre à l'Eglise'[47].

Dans le monde à l'envers du Mardi Gras 1511 le prince est donc un homme démuni de charisme et d'autorité, un leader peureux et confus, le pape est un imposteur colérique et blasphémateur. Seul le peuple est suffisamment intelligent pour comprendre les véritables motifs de cette guerre, la gloire et l'ambition vaine dont à lui seul il paye le prix. On a ici un véritable monde à l'envers typiquement carnavalesque, typiquement médiéval, typiquement gringorien.

Mais ce qu'on a rarement souligné à propos du *Jeu du Prince des Sotz* et que j'aimerais faire ici, c'est que le peuple au début de la pièce déclare son indifférence pour ce conflit. La Sotte Commune en effet s'exclame:

> Et que ay je à faire de la guerre
> Ne que à la chaire de sainct Pierre
> Soit assis ung fol ou ung saige?
> Que m'en chault il se l'Eglise erre[48]

L'indifférence du peuple va ainsi de pair avec sa clairvoyance puisque c'est nul autre que Sotte Commune—c'est-à-dire le peuple—qui révèle au terme de la pièce la supercherie que Saincte Mère Eglise n'est autre que Mère Sotte.

Malgré toutes ces précautions Gringore n'hésite pas à attaquer le clergé, les prélats, les prêtres, et tous les membres des institutions monastiques et religieuses sans aucune ambiguïté. Il les blâme systématiquement d'induire l'Eglise dans l'erreur.

---

[44] G. Crétin, *Oeuvres poétiques*, pp. 58–59.
[45] P. Gringore, *Le jeu du prince des sotz*, p. 110.
[46] P. Gringore, *Le jeu du prince des sotz*, p. 112.
[47] P. Gringore, *Le jeu du prince des sotz*, p. 114.
[48] P. Gringore, *Le jeu du prince des sotz*, p. 86.

Alors comment concilier ce bilan très grave avec le contenu du *Blason*? Selon Charles Oulmont la solution est simple, Gringore a toujours été au fond conservateur et moraliste, il n'a jamais souhaité la réforme de l'Eglise. Il s'est élevé très violemment contre le pape Jules II mais pour Oulmont Gringore est invariablement l'ennemi des prêtres coupables, des réformateurs et des hérétiques. Il est par définition le fils soumis de l'Eglise[49]. La satire de Gringore n'est nullement à interpréter comme un acte d'hostilité contre l'Eglise, Gringore n'est pas un révolté mystique comme Luther. Il accuse les hommes, dit Oulmont, mais il respecte les institutions.

A première vue l'argument semble convaincant. J'appuierai même la thèse d'Oulmont en citant ces vers fort intéressants tirés des *Abus du Monde*, qui est un poème satirique datant de 1509. Gringore y fait défiler tous les vices de la société. Les premiers à comparaître sont les membres du clergé. Gringore leur consacre plus de six cent vers. Il explique l'erreur tragique dans laquelle se trouve l'Eglise par le manque de foi. Mais ce qui est curieux justement est de signaler ce que Gringore a à dire de la réforme:

> Il est bien vray que prestres dissoluz
> A mal faire reiglez et resoluz
> Ont tout besoing destre bien reformez

Cette réforme—dit il—ne peut réussir,

> Quant reformez sont par gens difformez
> Vous qui lhonneur de gens deglise aimez
> Reformez les non pas publiquement [. . .]
> Tel cas se doit faire secretement[50].

La réforme oui, mais secrètement, discrètement, sans que la chose soit publique. Comment s'étonner que celui qui écrit de telles lignes en 1509, se range du côté des conservateurs en 1525?

Soit, mais cela reste tout de même en complète contradiction avec ce que compose Gringore, car la corruption des prélats et du clergé est sans aucun doute l'un de ses sujets de prédilection. Gringore ne passe absolument pas sous silence leurs vices et péchés. Il n'a jamais hésité à dénoncer les abus de l'Eglise dans ses écrits, que ce soit les *Folles Entreprises*, les *Abus du Monde*, les *Fantasies de Mère Sotte* et autres.

---

[49] C. Oulmont, *Pierre Gringore*, p. 188.
[50] P. Gringore, *Abus du monde*, fol 5ᵛ.

Lui-même n'a donc jamais appliqué ce devoir de discrétion. C'est pourquoi il m'a semblé nécessaire de trouver une justification sup-plémentaire à la démarche de Gringore lorsqu'il publie le *Blason des Hérétiques*.

A mon avis Gringore n'écrit pas le *Blason des Hérétiques* par convic-tion. Aussi j'ai souligné auparavant que Gringore qui d'habitude se fait le porte parole du peuple, avait fait déclarer à Sotte Commune son désintérêt et son désengagement par rapport aux conflits reli-gieux. Gringore qui avait tenté de négocier avec les Rustauds abhorre la guerre, il consacre dans le *Blason* un long passage au sujet de la guerre et la discorde[51]. Il explique le cercle vicieux de l'envie, l'indi-gence et l'orgeuil qui enfantent Bataille qui à son tour enfante 'Necessité, Malheur et Povreté'. Ces cinquante-six vers s'éloignent a priori du sujet de l'hérésie. En réalité Gringore ne craint pas tant les hérétiques qu'il pressent les guerres de religion et son cortège de misère[52]. S'il écrit le *Blason* il le fait donc pour un autre motif qui est à mon avis celui de se blanchir.

La satire de Mère Sotte qui 'grumele' vaille que vaille, comme le dit Gringore n'est pas oubliée en ces temps incertains[53]. Gringore doit choisir son camp. La Faculté de Théologie en Sorbonne ne semble d'ailleurs pas se suffire du *Blason* puisque en cette même année 1525 lorsque Gringore demande à faire publier les *Heures de Nostre Dame* qui ne sont qu'une anthologie de psaumes et de passa-ges de la Bible et des Evangiles traduit du latin, suivis de chants royaulx et rondeaux à thèmes religieux, il voit sa demande refusée. En effet il reçoit en l'espace de trois jours et à sa grande surprise une réponse négative[54].

Guillaume Du Chesne, docteur en Sorbonne lui annonce que la

---

[51] P. Gringore, *Oeuvres complètes*, I, 328–329.

[52] La condamnation de la guerre est assez courante sous la plume des rhétori-queurs, Marot parle de 'boucherie' dans son *Voyage de Venise*, et Marot rythme ses *Epistres* par un 'mauldicte soit la guerre en qui sont tant de maux'. Mais ici Gringore—qui ne parle pas des horreurs des guerres d'Italie ou d'autres batailles—adresse le problème de la discorde au sein de la Chrétienté comme d'un véritable conflit, une guerre. L'intuition de Gringore est ici prémonitoire.

[53] P. Gringore, *Le jeu du prince des sotz*, p. 88.

[54] Voir l'exemplaire de la Bibliothèque de l'Arsenal, 8° T. 2518. Cette traduc-tion française avait été commandée par Renée de Bourbon. Le 28 août la Faculté de Théologie et le Parlement défendent son impression et sa vente, le 10 octobre le roi François Ier accorde à Gringore un privilège pour ce livre, bel exemple de conflit de pouvoir entre le roi et le Parlement comme l'avait très justement remar-qué Brigitte Moreau.

Faculté de Théologie a jugé qu'il n'était 'ni expédient ni utile à la chose publique qu'aucunes translations tant de la Bible que des autres livres de l'Escripture Sainte soient permis estre imprimées. Le livre d'ung nommé Mère Sotte tombe ainsi sous l'arrêt de la censure et la vente des *Heures* est prohibée'[55].

Après cela Gringore tombe dans un long silence rompu par une seule ultime et dernière publication des *Notables* qui est un long recueil de proverbes où Gringore 'versifie en plus de 500 quatrains des lieux communs'[56]. L'originalité de Gringore qui fit son succès, sa critique personnelle et son langage ironique sont comme évanouis. Pourquoi? Pourquoi notre comédien convertit-il sa verve en prêche et sa satire en propos bien pensants? Pourquoi n'écrire plus qu'adages, proverbes et prières religieuses?

J'aimerais suggérer que pour répondre à ces questions il ne faut pas forcément invoquer la peur de la censure qui se durcit dès les premiers mois du règne de François I[er57], ou l'amertume d'un homme qui fut toujours proche du pouvoir, et se retrouve soudainement marginalisé, puis finalement évincé de la cour qui lui préfère les comédiens italiens. J'y vois plutôt l'influence de la Réforme. La similarité entre *l'Espoir de paix* et le *Blason* suggère que Gringore n'est pas dupe. Jules II ici, Luther là, il n'est l'adepte de personne. Il ne soutient pas la Réforme il la craint. Après sa condamnation en 1525 son ironie est tarie. Lui qui attaquait ouvertement et Louis XII et Jules II, plonge dans un quasi-silence. La clairvoyance de Gringore, comme celle jadis de Sotte Commune, va de pair avec son sentiment prémonitoire—témoin des violences en Lorraine—qu'il assiste au prélude des guerres de religion.

En guise d'épilogue, l'anecdote que rapporte Anatole de Montaiglon prouve le curieux destin du *Blason des Hérétiques*[58]. A l'insu de Gringore et à titre posthume *Le Blason* fut curieusement son livre le plus lu. Le bibliophile Brunet constata à la fin du XIXe siècle que cet imprimé qu'on croyait perdu et en tout cas très rare avait été maquillé par l'éditeur Guillaume Nyverd connu pour ses contrefaçons. On dispo-

---

[55] C. Oulmont, *Pierre Gringore*, pp. 25–26.
[56] C. Oulmont, *Pierre Gringore*, p. 62.
[57] H.G. Harvey, *The Theatre of the Basoche: The Contribution of the Law Societies to French Medieval Comedy*, Cambridge, Harvard University Press, 1941, pp. 228–231.
[58] Voir P. Gringore, *Oeuvres complètes*, I, pp. 291–294.

sait donc du texte de Gringore sans le savoir. Nyverd en effet repu-
blia le *Blason* avec des enrichissements de son cru et avec ce nouveau titre *La Cronique des Lutheriens et outrecuidance d'iceux, depuis Simon
Magus jusques à Calvin et ses complices et fauteurs Huguenotz, ennemis de la
foy divine et humaine.* La mise à jour de Nyverd est éclairante puisqu'elle
nous renseigne sur les points qu'il juge devoir amplifier que ce soit
en introduisant Calvin qui n'existait pas dans le texte d'origine ou
en noircissant les hérésies répértoriées par Gringore. L'exemplaire
de Nyverd fut détourné une troisème fois par un éditeur à Poitiers
en 1573 puis à Paris en 1585. De sorte qu'il existe en réalité de très
nombreux exemplaires du *Blason*. Mais l'analyse de ces contrefaçons
est déjà un tout autre sujet. La longue liste d'hérésies de Gringore
est loin d'être sa meilleure production mais le sort fit qu'elle fut—
anonymement—la plus populaire de ses oeuvres.

PARTIE IV

IDÉOLOGIE ET COMPORTEMENT

IDÉOLOGIE RÉFORMATRICE ET COMPORTEMENT QUOTIDIEN

Raymond A. Mentzer

Abstract

Protestants in the Reformed tradition undertook a meticulous reorganization and close supervision of the entire community. The primary institution for accomplishing this 'reform of lifestyle', which complemented the 'reform of doctrine', was the consistory. It exercised strict morals control and sought to maintain proper ecclesiastical order. Each local church had a consistory composed of pastors, elders and deacons. They clearly sought to reform the community and, in particular, refashion the behavior of ordinary people through the inculcation of new habits and values—a dynamic that some scholars have labeled social discipline. To better appreciate the notion of social discipline, this article explores its relevance to the liturgy, catechism and social welfare. In each instance, the consistory created models for appropriate conduct and then promoted compliance by means both ecclesiastical and social.

Les spécialistes de l'ancien régime reconnaissent que la Réforme des XVIᵉ et XVIIᵉ siècles fut davantage que l'introduction de nouvelles idées théologiques ou la mise en place d'une nouvelle liturgie et des prières en langues vulgaires. Bien que les développements théologiques et liturgiques aient été importants, il s'agissait aussi d'une transformation de la culture populaire et de la vie quotidienne de chacun des fidèles. Les protestants de la tradition réformée s'intéressaient à une réorganisation méticuleuse et une surveillance étroite de toute la communauté. C'était pour eux une tentative monumentale de traduire une idéologie religieuse en système de comportement et usages habituels. Les protestants, surtout ceux qui ont construit leurs églises sur le modèle genevois proposé par Jean Calvin, étaient déterminés à consolider l'identité confessionnelle et à établir la discipline ecclésiastique. Ils s'engageaient à faire une réforme de la vie quotidienne afin d'achever et compléter la réforme de la doctrine. Plusieurs historiens des deux côtés de l'Atlantique ont commencé à examiner ces questions pour Genève, la France, l'Allemagne, les Pays-Bas et l'Écosse[1]. Ils ont concentré leurs recherches sur les activités des Églises Réformées et leurs consistoires dans les villages ruraux aussi bien que dans les voisinages des grandes villes. Leur intérêt principal dans ces différentes études était de comprendre comment le consistoire essayait de contrôler le comportement des fidèles.

Conformément à ces perspectives, les historiens ont traditionnellement regardé le consistoire comme un tribunal—une cour religieuse qui s'occupait du contrôle des mœurs et de la répression des péchés. Plus récemment, certains spécialistes ont suggéré que ceux qui exerçaient un office au sein du consistoire avaient cherché à modifier et façonner le comportement des habitants de leurs villes dans un autre sens. Ils ont mis l'accent sur les aspects constructifs et améliorants du système. Robert Kingdon et Heinz Schilling, par exemple, ont signalé que l'on pourrait considérer le consistoire comme un service obligatoire d'aide ou de conseil afin de renforcer les liens entre les époux et de résoudre les conflits au sein de la famille[2]. Mes propres recherches sur les consistoires français établissent que les délibérations des consistoires réformés sont une source à la fois exceptionnelle et essentielle pour étudier la sociabilité et les comportements populaires, la vie quotidienne et la mentalité du peuple.

L'institution capitale pour effectuer cette 'réforme de la vie' et qui, en même temps, nous informe de la culture religieuse populaire est

---

[1] Raymond A. Mentzer (éd.), *Sin and the Calvinists: Morals Control and the Consistory in the Reformed Tradition*, Kirksville, MO, Sixteenth Century Journal Publishers, 1994. Robert M. Kingdon, 'The Control of Morals in Calvin's Geneva', dans L.P. Buck and J.W. Zophy (éd.), *The Social History of the Reformation*, Columbus, Ohio State University Press, 1972, pp. 3–16. Heinz Schilling, *Civic Calvinism in Northwestern Germany and the Netherlands: Sixteenth to Nineteenth Centuries*, Kirksville, MO, Sixteenth Century Journal Publishers, 1991. Herman Roodenburg, *Onder Censuur. De kerkelijke tucht in de gereformeerde gemeente van Amsterdam, 1578–1700*, Hilversum, Verloren, 1990. Michael F. Graham, *The Uses of Reform: 'Godly Discipline' and Popular Behavior in Scotland and Beyond, 1560–1610*, Leiden, Brill, 1996. Geoffrey Parker, 'The 'Kirk By Law Established' and the Origins of 'The Taming of Scotland': St. Andrews, 1559–1600', dans Leah Leneman (éd.), *Perspectives in Scottish Social History: Essays in Honour of Rosalind Mitchison*, Aberdeen, Aberdeen University Press, 1988, pp. 1–32. Janine Garrisson, *Protestants du Midi*, 1559–1598, Toulouse, Privat, 1980.

[2] Robert M. Kingdon, *Adultery and Divorce in Calvin's Geneva*, Cambridge, MA, Harvard University Press, 1995, pp. 4, 99. Heinz Schilling, 'Reformierte Kirchenzucht als Sozialdisziplinierung? Die Tätigkeit des Emder Presbyteriums in den Jahren 1557–1562', dans Wolfgang Ehbrecht et *idem* (éds.), *Niederlande und Nordwestdeutschland. Studien zur Regional- und Stadtgeschichte Nordwestkontinentaleuropas im Mittelalter und in der Neuzeit*, Cologne, Böhlau, 1983, pp. 261–327.

le consistoire, qui exerçait la censure des mœurs et veillait à la conservation de l'ordre ecclésiastique. Chaque église locale possédait un consistoire, composé de pasteurs, anciens et diacres. Ils se réunissaient toutes les semaines, à jour fixe pour discuter des questions d'administration ecclésiastique, d'action charitable et de contrôle moral. Dirigé par le pasteur, le consistoire organisait le prêche et les prières, préparait les quatre services annuels de Sainte Cène, et à intervalles plus irréguliers annonçait les jeûnes. Les anciens, en particulier, veillaient attentivement sur la congrégation. Ils notaient les écarts de conduite survenus dans leurs quartiers et normalement ils rendaient visite une fois par an à tous les fidèles. Lors des séances hebdomadaires du consistoire, ils relataient toutes les infractions dont ils avaient pu avoir connaissance et le plus souvent, ensuite, décidaient de convoquer la personne soupçonnée de faute pour qu'elle s'explique à la séance suivante. Les responsables protestants visaient plus que la réforme des croyances et des institutions. Ils avaient très clairement le projet de réformer la communauté et, en particulier, de remodeler le comportement du peuple en lui instillant de nouvelles habitudes et de nouvelles valeurs—un projet que certains spécialistes appellent la discipline sociale.

L'idée de la discipline sociale comme un élément primordial de la Réforme est l'une des interprétations les plus remarquables proposées par les historiens depuis vingt ans. Selon certains historiens, la discipline sociale induisait une vaste métamorphose sociale qui entraînait la diffusion des valeurs bourgeoises, le renforcement des structures familiales et la redéfinition des limites sexuelles. De plus, elle menait à l'intériorisation de la discipline et à la répression ou, au moins, la canalisation de la violence et de la colère. Les transformations concernaient tous les aspects de la vie publique et privée. Parce que l'église et l'état étaient liés au point de vue de la structure économique, sociale et politique dans l'Europe préindustrielle, les changements lancés par les protestants au XVIe siècle allaient au-delà du milieu ecclésiastique. La discipline sociale touchait la totalité de la vie communautaire[3].

---

[3] R. Po-Chia Hsia, *Social Discipline in the Reformation: Central Europe, 1550–1750*, London, Routledge, 1989. Heinz Schilling, 'Confessionalization in the Empire: Religious and Societal Change in Germany between 1555 and 1620', dans H. Schilling (éd.), *Religion, Political Culture and the Emergence of Early Modern Society: Essays in German and Dutch History*, Leiden, E.J. Brill, 1992, pp. 205–246. Heinrich

Bien que ces interprétations et leurs explications aient provoqué
des discussions intellectuelles et des débats vivants entre spécialistes,
très peu d'historiens, en tout cas pour la France, ont examiné les
aspects positifs de la discipline ecclésiastique. Ils ont plutôt mis l'accent
sur les éléments répressifs, surtout l'établissement des normes sévères de comportement et des modalités pour contraindre les fidèles à
y obéir.

Pour introduire une perspective plus positive de la discipline sociale,
je propose d'examiner trois éléments. D'abord, je traiterai les rites
et cérémonies religieuses. La liturgie offrait la nourriture spirituelle
et l'édification religieuse, tout en encourageant un comportement à
la fois respectueux et attentif. Deuxièmement, le catéchisme faisait
aussi partie de la discipline administrée par les responsables de l'église.
L'enseignement religieux—c'est-à-dire l'acculturation ecclésiastique—
était essentielle autant pour les adultes que pour les enfants. Troisièmement, le consistoire possédait des mécanismes d'assistance aux
pauvres. On les aidait et en même temps on intégrait au sein de la
communauté les gens qui étaient souvent marginalisés. De plus, les
pasteurs et anciens voulaient inculquer un sens de responsabilité
morale parmi les donateurs. Bien que les Églises Réformées se soient
intéressées à la punition des pécheurs, elles ont aussi établi toute une
série d'initiatives pour l'encouragement de la vertu chrétienne.

La liturgie

Notre analyse des différentes perspectives de la discipline sociale commence avec les deux points focaux de la liturgie Réformée, le prêche et la Cène. Les protestants français ont même modifié l'architecture
des lieux de culte pour accommoder les changements dans la liturgie. Ils ont abandonné l'église cruciforme en faveur des bâtiments
sur plan basilical (ou rectangulaire) tel que le temple de Charenton,
d'une part, ou sur plan centré comme le temple du Paradis à Lyon,
d'autre part. Les deux plans étaient bien adaptés aux impératifs du
culte fondé sur la prédication. L'autel et le 'faux service de la messe'

Richard Schmidt, 'Sozialdisziplinierung? Ein Plädoyer für das Ende des Etatismus
in der Konfessionalisierungforschung,' *Historische Zeitschrift*, 265, 1997, pp. 639–682.

avaient été remplacés par[4] la chaire et la table de communion. La communauté se rassemblait dans ces amphithéâtres pour entendre la Parole de Dieu et participer à la Cène.

Autour de la chaire, les calvinistes arrangeaient les bancs en demi-cercle tel que l'on voit dans la représentation célèbre de l'intérieur du temple du Paradis à Lyon ou en forme de 'grilles' comme au temple de Charenton. Les bancs étaient essentiels quand la messe avait cédé place au prêche dans la nouvelle liturgie. Chaque dimanche les fidèles venaient pour entendre la vérité des Saintes Écritures. On les contraignait d'y assister et de se tenir bien. Il n'était plus possible de se balader pendant le service comme, si nous y sommes bien renseignés, beaucoup de gens faisaient dans les cathédrales médiévales au cours de la messe. Chez les protestants, il s'agissait de discipliner le peuple en l'obligeant de rester assis et écouter le prédicateur.

Si les protestants ont incorporé certains éléments de discipline dans le prêche, on les a construit autour de la Cène aussi. La célébration communale et sacrée du sacrement avait lieu quatre fois par an—à Pâques et Pentecôte, au mois de septembre et à Noël. D'habitude le pasteur annonçait le service deux ou trois semaines en avance afin de donner aux fidèles le temps suffisant pour se préparer. Les anciens tenaient une liste des membres de l'Église susceptibles d'y participer et distribuaient les méreaux—petits jetons en plomb—à ceux qui étaient en règle avec le consistoire. Les gens dont le caractère et la conduite laissaient à désirer étaient convoqués devant le consistoire—occasion de se repentir ou de se justifier—pour en obtenir, le cas échéant, la permission de communier. A l'heure du service, un ancien recueillait les méreaux de chacun des participants à l'entrée du temple ou à la table de communion. Personne ne pouvait communier sans être muni d'un méreau. Le repas sacré et la capacité de participer sont devenus les symboles puissants de l'établissement du corps moral et social.

---

[4] Hélène Guicharnaud, 'An Introduction to the Architecture of Protestant Temples Constructed in France before the Revocation of the Edict of Nantes', dans P. Corby Finney (éd.), *Seeing Beyond the Word*, Grand Rapids, MI, Eerdmans, 1999, pp. 133–161; Raymond A. Mentzer, 'The Reformed Churches of France', *idem*, pp. 200–216.

Le Catéchisme

Un deuxième élément de la discipline sociale est le catéchisme et l'édification religieuse. Les réformés avaient pour un de leurs objectifs primordiaux l'enseignement du peuple dans les rudiments de la foi. Par exemple, l'Église de Pont-de-Camarès et beaucoup d'autres demandaient à chacun des fidèles une bonne connaissance des prières, c'est-à-dire le Notre Père et le Symbole des Apôtres, avant d'être reçu dans l'église, au sacrement, ou à la bénédiction du mariage[5].

Calvin lui-même a rédigé un *Formulaire d'instruire les enfants en la Chrétienté* en 1542. A son retour de Strasbourg à Genève, il déclarait, '. . . je ne voulus jamais accepter le ministère qu'ils ne m'eussent juré ces deux points, à savoir le Catéchisme et la discipline'. Le *Formulaire* est divisé en 55 'dimanches' ou leçons qui expliquent les articles de la foi, la loi, les prières et les sacrements. Construit en forme de brèves questions et réponses, ce manuel était estimé susceptible d'être retenu et récité de mémoire par les personnes illettrées. Donc le catéchisme cherchait à présenter les croyances et prières chrétiennes d'une manière et dans un langage accessible à tous. Les délégués au synode national tenu à Sainte-Foy en 1578 exprimaient ce sentiment lorsqu'ils ont conseillé aux pasteurs d'enseigner et expliquer le catéchisme 'succinctement, par des demandes et des réponses simples et familières, s'accommodant à la capacité et rudesse du peuple'.

En principe, les églises donnaient des leçons de catéchisme à deux niveaux: un petit catéchisme pour les enfants et un grand catéchisme pour leurs mères et leurs pères. Le consistoire de Layrac ordonnait que 'chaque dimanche il y aura prêche sur le petit catéchisme que les petits enfants répondront'. A La Rochelle, Montauban et Nîmes, le petit catéchisme avait lieu le dimanche après-midi. Le pasteur ou ancien faisait entrer les prières et les croyances dans les têtes des enfants qui de leur part répondaient 'par tour'.

Le grand catéchisme par contre était tout à fait intégré dans la vie liturgique de l'église. Les mesures de discipline que les pasteurs et anciens ont établies autour de la célébration de la Sainte Cène s'étendaient à la catéchèse des adultes. Les femmes et les hommes

---

[5] Bibliothèque de l'Arsenal, ms. 6563, fol. 8, 10, 11.

étaient tenus de se présenter au grand catéchisme qui avait lieu dans les deux semaines avant la Cène. Personne ne pouvait recevoir le méreau de communion sans y assister. La coutume à Montauban était de catéchiser les adultes avant de leur distribuer les méreaux. Au milieu du XVIIe siècle, le pasteur de Durfort dans le Gard tenait à la veille de chaque Cène un catéchisme dans le temple où il interrogeait les adultes. Les anciens d'Aimargues et Vendémian ont maintenu des listes[6] de 'ceux qui ont été catéchisés' et qui en conséquence avaient le droit de s'approcher de la table de communion[7].

L'aspect le plus frappant de la tentative réformée de l'enseignement religieux universel est la grande concentration sur l'instruction des adultes. Tout catéchisme, soit protestant, soit catholique, avait l'intention d'édifier les gens simples. Les protestants en France avançaient le projet plus loin en exigeant que tous les fidèles—enfants et adultes—assistent au catéchisme et rendant celui-ci nécessaire pour participer à la Cène. Le catéchisme aussi bien que la liturgie sont devenus un moyen d'inculquer l'unité confessionnelle et le comportement chrétien.

La lutte contre la pauvreté

Un troisième aspect de la tentative protestante pour 'réformer' la société toute entière était l'assistance aux pauvres. Chaque consistoire consacrait énormément d'énergie et de ressources financières à l'aide des nécessiteux. Les pasteurs, anciens et diacres considéraient qu'ils obéissaient aux injonctions bibliques quand ils donnaient à manger à ceux qui avaient faim, revêtaient ceux qui étaient sans habits, et rendaient visite à ceux qui étaient malades.

Au point de vue financier, les plus lourdes dépenses de l'église étaient destinées aux pauvres. Le consistoire plaçait les garçons en apprentissage chez les cordonniers, forgerons et imprimeurs. Les diacres trouvaient des emplois pour les jeunes filles, et finalement l'église leur donnait les dots pour se marier. Un emploi rémunéré, un mariage

---

[6] Béatrice Ducret, *Le consistoire et la communauté réformée de Durfort au XVIIe siècle (1634–1667)*, (Mémoire de maîtrise: Université Sorbonne—Paris I, 1994), pp. 77–78.
[7] Archives Communales, Aimargues, GG 30, fols. 25–30. Archives Nationales, TT 275A, dossier 3, fol. 39–44.

stable, et une famille solide étaient des clés du maintien régulier et la protection du bien commun.

Le consistoire fournissait des vêtements, de la nourriture et parfois de l'argent aux aveugles, boiteux, veuves, orphelins, personnes de passage, réfugiés et chômeurs malades—toutes sortes de gens qui n'avaient pas d'autre moyen de gagner leur vie. Un des projets le plus remarquable se déroulait à Nîmes où le consistoire en coopération avec le consulat dressait des listes détaillées des membres imposables de l'église aussi bien que de leurs voisins appauvris. Finalement, les anciens et diacres redressaient ces listes pour n'en faire qu'une, où figuraient aussi bien les riches que les indigents. Le résultat était un long inventaire avec environ 700 donateurs arrangés par catégories—juges, gentilshommes, avocats, bourgeois et marchants, médecins, notaires, et artisans—dans la colonne de gauche et environ 500 bénéficiaires—veuves, orphelins, etc.—dans celle de droite. Les riches contribuaient de l'argent et les pauvres recevaient du pain[8].

La structure de cette liste pour la distribution du pain est aussi intéressante que les personnes qui y étaient inscrites. Les anciens et diacres ont pris grand soin de lier chaque donateur avec un bénéficiaire précis. Ils ont arrangé les noms sur la liste l'un à côté de l'autre. Le tout ressemble à un registre de comptabilité en partie double. Cette organisation résolvait sans doute certains problèmes de comptabilité. Pourtant il s'agissait aussi d'un style de bienfaisance. Les protestants à Nîmes et ailleurs voulaient souligner la responsabilité individuelle de chaque personne dans la communauté envers chaque autre. L'église réformée a créé une bureaucratie complexe pour l'administration de la charité et elle l'a imprégnée d'objectifs moraux et spirituels.

Conclusions

La Réforme à laquelle les Français étaient appelés aux XVIe et XVIIe siècles visait à transformer la société. Pour les calvinistes la question se posait très nettement. Comment devaient-ils organiser la communauté? Quel était le rôle de l'église? Pour répondre à ce besoin, ils

---

[8] Archives Municipales, Nîmes, RR 60. R.A. Mentzer, 'Organizational Endeavour and Charitable Impulse in Sixteenth-Century France: The Case of Protestant Nîmes', *French History*, 5, 1991, pp. 1–29.

fondèrent une église et un consistoire qui s'efforceraient de renouveler et purifier la communauté.

Les pasteurs, anciens et diacres étaient fort confiants en leur capacité d'établir ou, plus précisément, de rétablir l'église primitive sinon le paradis terrestre. Ils ont travaillé sans relâche à faire disparaître les 'mauvais' usages et coutumes immorales d'autrefois. En même temps le consistoire a défini des modèles de conduite et en a exigé l'observance par des moyens à la fois ecclésiastiques et sociaux. L'obligation d'être assidu au prêche, assis et attentif sur les bancs, et le contrôle de l'accès à la Cène par un système de méreaux pesaient sur les comportements. Personne ne pouvait faire partie de la communauté des saints sans obéir à certaines règles de sociabilité. Le catéchisme et l'instruction des prières mettaient l'accent sur l'importance de la réforme comme occasion d'un enseignement moral donné à un peuple qui avait ignoré l'Évangile et la loi divine. La charité et l'aide aux pauvres visaient à la meilleure intégration possible des gens qui vivaient en marge de la société. Le comportement harmonieux était le devoir de chacun des fidèles. La surveillance ecclésiastique et la discipline chrétienne étaient en fin de compte une entreprise communale.

Les fidèles pour leur part ont souvent trouvé que la Réforme était une expérience ardue. Ils avaient intériorisé la culture religieuse et l'univers spirituel de leurs ancêtres—les habitudes quotidiennes et rassurantes apprises de leurs parents et grands-parents. Les Églises Réformées, leurs nombreux adhérents, leur attrait indéniable et leur signification unique, représentaient l'intervention d'une autorité et le changement. Les transformations nécessaires, malgré l'encouragement et le soutien de l'église, n'étaient pas toujours accueillies avec enthousiasme, même dans le cas où elles étaient correctes du point de vue théologique et promettaient le salut éternel. La mise en oeuvre par les consistoires d'une discipline ecclésiastique, fit que pour beaucoup de gens, l'adhésion à la Réforme fut à la fois gratifiante et difficile.

TRAITÉS MONARCHOMAQUES ET PROPAGATION DE LA RÉFORME

Myriam Yardeni

Abstract

Prior to the Massacres of St. Bartholomew's, one can find many parallels between the various 'anti-monarchial' trends in French political thought. After the Massacres, Calvinist monarchomachs adopt a new line of propaganda, linked not only to their concept of religion but also to their 'religion vécue'. Their conclusion is clear: one cannot realize political reform without the moral reform of the individual. Moral reform is unimaginable without religious reform. Therefore, political reforms and religious reformation have to go hand in hand simultaneously in order to establish not just a better 'state' but also a better international order. As a result, the major monarchomach tracts after the Massacres deploy also an intensive campaign for the advancement and propagation of the new religion.

La première grande vague de traités monarchomaques[1] se situe après le massacre de la Saint Barthélémy. Elle se prolonge jusque dans les années 80 du siècle. La deuxième vague, comme on le sait, se situe à l'époque de la Ligue[2]. Les premiers traités viennent du camp protestant et expriment la réaction due aux traumatismes ressentis après le massacre.

Les écrits monarchomaques de cette époque, dont on trouve les racines lointaines au Moyen âge, commencent à ressurgir déjà dans les années 60 ou même avant, si on pense à Etienne de La Boétie et son *Discours de la servitude volontaire*[3]. Ils traitent tous, comme leur

---

[1] Terme utilisé pour la première fois par William Barclay en 1600 dans son *De regno et regali potestate adversus Bucharum. Brutum et Boucheriam et reliquos monarchomaquos libri rex*. Cf. A. Jouanna, 'I monarchomachi protestanti francesi e il dovere di rivolta', *Rivista di storia della filosofia*, 1995, p. 499.

[2] Ch. Labitte, *De la démocratie chez les prédicateurs de la Ligue*, Paris, 1866, F.J. Baumgarten, *Radical Reactionaries: The Political Thought of the French Catholic League*, Genève, 1976.

[3] A.-M. Cocula, *Etienne de La Boétie*, Bordeaux, 1995, surtout pp. 56 et ss. et la présentation de F. Bayard dans son édition du *Discours de la servitude volontaire*, Paris, 1992, pp. 7–41.

nom l'indique, du pouvoir royal, de sa nature et de ses limites. Pourtant, sur le plan religieux ils sont moins monolithiques qu'ils ne semblent au premier abord, surtout si on place dans leur orbite les ouvrages qu'on qualifie d'anti-machiavéliques.

La grande différence entre les deux catégories réside dans le fait que les trois grands classiques monarchomaques, la *Franco Gallia*, *Du Droit des Magistrats*, et les *Vindiciae contra tyrannos* sont l'œuvre des grandes figures du camp protestant. La *Franco Gallia* (1573) est l'œuvre du célèbre juriste François Hotman, l'un des chefs de la campagne de propagande navarriste, puis royaliste[4]. Théodore de Bèze, l'auteur du *Droit des magistrats sur leurs sujets* (1575) est le successeur de Calvin à Genève, tandis que les *Vindiciae* (1576) sont attribuées conjointement à Hubert Languet et à Philippe Duplessis Mornay, surnommé aussi le pape des Huguenots[5]. D'ailleurs, aucun doute n'existe quant à l'inspiration protestante des autres grands traités monarchomaques de l'époque, comme le *Réveille Matin* (1574) attribué à Nicolas Barnaud ou la *Résolution claire et facile* (1575).

Les traités anti-machiavéliques qui connaissent eux aussi une recrudescence impressionnante après le massacre de la Saint Barthélémy cherchent à réintroduire la dimension morale dans la politique. Leur cible préférée est la reine mère italienne abhorrée, Catherine de Médicis[6]. Ces pamphlets se distinguent généralement des traités monarchomaques en ce qu'ils cherchent à constituer un front commun entre protestants et catholiques mécontents, contre l'athéisme, générateur de toutes les déviances morales. Ils cherchent à renforcer les bases communes aux deux grandes religions chrétiennes et mettent l'accent sur le christianisme commun à tous comme citadelle de toute morale. Ce qui ne veut pas dire bien sûr qu'Innocent Gentillet, auteur du célèbre *Anti-Machiavel* (1576) par exemple occulte son

---

[4] D.R. Kelley, *François Hotman. A Revolutionary's ordeal*, Princeton, 1973.

[5] R. Patry, *Philippe du Plessis-Mornay. Un huguenot homme d'état (1549–1623)*, Paris, 1933, B. Nicollier—De Weck, *Hubert Languet (1518–1581). Un réseau politique international de Melanchthon à Guillaume d'Orange*, Genève, 1995. Sur le problème de la 'paternité' des *Vindiciae*, voir l'Introduction à l'édition procurée par A. Jouanna, J. Perrin, M. Soulié, A. Tournon et H. Weber, Genève, 1979, surtout pp. I–V. Voir aussi la somme de H. Daussy, *Les huguenots et le roi. Le combat politique de Philippe Duplessis-Mornay (1572–1600)*, Genève, 2002.

[6] Voir par exemple le *Discours merveileux de la vie, actions et deportements de Catherine Médicis, Royne-mère*. Edition critique sous la direction de N. Cazauran, Genève, 1995, avec une introduction substantielle.

protestantisme. D'autre part, l'un des traités les plus radicaux et si on peut dire les plus monarchomaques de ces jours, *Le Réveille Matin* envisage aussi une collaboration catholico-protestante contre la tyrannie. Parmi les pièces préliminaires aux deux dialogues qui composent le traité proprement dit on trouve aussi le 'Double d'une letre missive escrite au Duc de Guise par un gentilhomme, duquel on n'a peu sçavoir le nom', qui va dans ce sens.

Cette missive contient quelques constatations assez surprenantes. Il apparaît que le rôle et les motifs du Duc dans le meurtre de Coligny furent l'effet d'une querelle particulière et non pas de sa haine à l'égard des huguenots, dont il aurait sauvé la vie de plusieurs selon les rumeurs[7]. De là que 'les Huguenots ne desireroyent rien mieux, que de vous voir remis au throsne que Hugues Capet usurpa sur les Roys vos predecesseurs'. Dans ce front commun contre la tyrannie des Valois, Henri de Guise, à ce qu'on présume, laissera aux huguenots la liberté de conscience 'ains aussi tout exercice de leur religion sain, sauf et libre par toute la France'.

Innocent Gentillet pour sa part minimise les points contentieux qui séparent catholiques et protestants. Pour lui, il s'agit de la même religion chrétienne[8]. Il le 'démontre' pour ce qui est de la messe, les bonnes oeuvres, le pape et les ordres religieux. Il est vrai que nulle part il ne parle de prédestination, d'élection ou de libre arbitre.

Bien évidemment, en ce qui concerne les monarchomaques il ne s'agit que de prises de positions tactiques et stratégiques, afin d'assurer la survie des protestants et du protestantisme en France[9]. Dans cette phase du déroulement des événements, ceci n'est plus possible que par l'intermédiaire d'un changement de régime. Ou, pour reprendre le langage de l'époque, par la réformation de l'état, c'est à dire à un retour à la *Gaule Françoise*.

Et ce n'est pas un hasard si dans la *Gaule-Françoise* de Hotman il n'est nulle part question de religion ni de liberté de conscience. Cependant, il ne fait pas de doute que la corruption de l'état le plus

---

[7] Pour une vue innovatrice des Guise: J.-M. Constant, *Les Guises*, Paris, 1984.

[8] 'Je repeteray doncques icy ma proposition et maxime, c'est a savoir, Que les catholiques tiennent les mesmes poincts de la religion chrestienne, que nous tenons nous autres de la religion réformée ou évangélique' (Innocent Gentillet, *Anti-Machiavel*, édition de 1576 avec commentaires et notes par C. Edward Rathé, Genève, 1968, p. 171).

[9] M. Yardeni, 'French Calvinist Political Thought (1543–1715), M. Prestwich (ed.), *International Calvinism, 1541–1715*, Oxford, 1985, pp. 315–337.

proche de la perfection biblique arrive à cause de l'introduction du droit romain. Le parallèle entre ce qui est arrivé dans le domaine de l'État et celui de l'Église est évident même s'il n'est pas explicite[10]. De là, que dans la *Gaule Françoise* la propagation de la réforme est sous-jacente et pourtant omniprésente.

Dans la plupart des autres écrits monarchomaques, la propagation de la réforme n'est plus occultée. Certes, dans chacun des traités on souligne des aspects et des motifs qui conviennent aux circonstances spécifiques de leur composition, en tenant compte aussi du public visé. Ainsi, dans les pamphlets et traités antimachiaveliques[11], l'accent est mis sur l'anti-papisme et l'anti-italianisme. Dans l'un de ses rares chapitres qu'il appelle maximes, dans lequel il est d'accord avec Machiavel, Gentillet démontre que 'l'Église romaine est cause de toutes les calamitez d'Italie'[12]. Le *Discours merveilleux* qui s'inspire pour sa part de Guichardin met aussi l'accent sur l'anti-italianisme, en attaquant de front les papes Médicis, Léon X et Clément VII.

Bien sûr, les attaques contre la papauté ne constituent pas un monopole protestant. Cependant, il ne faut pas oublier que nous ne sommes plus à l'époque de *Julius exclusus*, mais quelques trente ans après l'ouverture officielle du Concile de Trente. De là, que seul le motif 'Antéchrist' garde encore quelque vigueur dans la panoplie des attaques contre le pape.

Après la Saint Barthélemy, les thèmes de propagande et les voies de la propagation de la Réforme traversent une transformation profonde dans les traités 'purement' monarchomaques, y compris les attaques contre le pape et la papauté. Désormais, il ne s'agit plus, ou du moins il ne s'agit pas uniquement d'attaquer les institutions et les dogmes catholiques, mais d'implanter en même temps aussi une nouvelle vision du monde et un nouveau mode de vie qui ont déjà fait leurs preuves et qui ont déjà donné des résultats tangibles là où le protestantisme s'est installé.

---

[10] *Id.*, 'Hotman et l'essor de l'histoire 'propagande' à l'époque des guerres de Religion', M.T. Bouquet – Boyer – P. Bonniffet (éds.), *Claude Le Jeune et son temps en France et dans les États de Savoie, 1530–1600*, Berne, 1996, pp. 377–385, repris dans *Repenser l'histoire. Aspects de l'historiogrpahie huguenote des guerres de Religion à la Révolution*, Paris, 2000, pp. 39–49.

[11] Ch. Benoist, *Le machiavélisme*, 3 vols., Paris, 1907–1936, A. Chérel, *La pensée de Machiavel en France*, Paris, 1935, E. Thuau, *Raison d'État et pensée politique à l'époque de Richelieu*, Paris, 1966.

[12] Gentillet, *Antimachiavel*, pp. 240–248.

Il s'agit d'un curieux mélange. D'une part, l'actualité de la Bible devient de plus en plus pressante. L'auteur des *Vindiciae* implore ses lecteurs 'de fueilleter diligemment l'Histoire Saincte, spécialement ès livres des Rois et es Chroniques'[13]. D'autre part, nous assistons en même temps à la normalisation de cette sensation d'urgence et d'inévitable par les exemples fournis par l'histoire contemporaine. L'Angleterre, la Suède et l'Empire germanique illustrent ces faits. Pour Bèze, le Royaume d'Angleterre est 'le plus heureux qui soit auiourd'hui au monde'[14]. Un bonheur, qui pourra être assuré par une Ligue des pays protestants.

La perception de la Réforme après la Saint Barthélemy comme un nouveau chapitre de l'Histoire Sainte n'a rien d'inédit[15]. Elle apparaît dès les premières années de la Réforme luthérienne et elle se forge une place bien circonscrite entre l'intervention divine perpétuelle dans l'histoire et le précepte suivant lequel Dieu ne se manifeste plus, depuis l'apparition de Jésus, ni par la révélation, ni par l'intermédiaire des saints. De là, que c'est à l'homme, au croyant, d'interpréter suivant ses lumières les paroles de l'Écriture Sainte, guidé par son sens de la justice et la morale. Et c'est ici qu'interviennent les monarchomaques établissant un pont étroit entre morale individuelle et morale politique. Pour eux, la réformation de l'état doit commencer par la réformation de l'individu. Dans un passage très calviniste, l'auteur anonyme de la *Résolution claire et facile sur la question tant de fois faite de la prise des armes par les inferieurs* (Bâle, 1575) précise:

> Or il faut bien noter que combien que l'hypocrisie, perfidie et desloyauté des Princes en la Republique, procede purement et simplement de leur coeur pervers et maling, Dieu cependant s'en sert pour chastier et punir la rebellion et opiniastreté d'un chacun, ainsy qu'il est dit. Que c'est luy qui fait regner le Roy hypocrite, à cause des pechez du peuple. Ainsy pour oster le mal du milieu de nous il faudroit que chacun commenceast à soy-mesme, combatant son ennemi domestique, ceste concupiscence mauvaise, afin de l'assubjectir à la raison, reformée en la foy et crainte de Dieu (p. 7).

---

[13] *Vindiciae*, p. 71.
[14] *Du Droit des magistrats sur leurs subjets*, v. 1, 1575 (réimpression Paris EDHIS, 1977), p. 60.
[15] Pour un large éventail d'interprétations: P. Joutard (éd.), *L'Historiographie de la Réforme*, Paris, Neuchâtel, Montréal, 1977: voir surtout la communication de B. Dompnier, 'L'Histoire religieuse chez les controversistes réformés du début du XVIIᵉ

Dans les pages suivantes, l'auteur de la *Résolution* démontre que le chrétien ne vit pas dans l'isolement. Il possède une patrie et il fait partie de cette patrie, en l'occurrence, la France. Bien plus, il a de lourds devoirs à l'égard de cette patrie:

> car c'est une chose toute notoire par tout droit divin et humain, qu'un chacun particulier mesmes doit secourir sa patrie offensée de tout son pouvoir, sur tout quand il est question de la Religion et de la liberté tout ensemble (p. 19).

Ce sont les aspects religieux de ces devoirs qui nous intéressent ici. Les auteurs monarchomaques distinguent soigneusement sédition et droit de révolte, du devoir d'intervention. Pour eux, la sédition appartient au domaine de la politique, tandis que le devoir d'intervenir devient aussi une obligation religieuse. Il procède de ce que Dieu n'aime pas les passifs et la passivité. Il veut que l'homme assume sa responsabilité morale d'une manière active.

Les monarchomaques savent bien mettre en évidence à cet égard les différences entre protestantisme et catholicisme. Pour Innocent Gentillet, vocation et vie active sont intimement liées. Pour lui, la vie active est l'un des principaux composants de la religion protestante, ou pour lui, tout simplement la religion: 'Car elle nous commande de travailler, de n'estre point oyseux, et d'exercer chacun loyaument sa vocation' (p. 218).

Les auteurs monarchomaques élargissent insensiblement cette vie active aussi à l'utilisation des armes, si besoin est. Pour eux, il y a un temps pour le martyre et ils ne diminuent en rien les mérites et l'exemple des martyrs[16]. Mais les enseignements de la Saint Barthélémy commandent l'action. Vie active et exercice des armes deviennent de plus en plus imbriquées:

> Si Dieu eust voulu, ne pouvoit-il pas mettre ses enfans en possession de la terre de Chanaan sans armes, puisqu'il n'en veut point pour sa gloire?[17]

---

siècle. L'apport de Du Plessis Mornay et Rivet' (pp. 16–36) ainsi que le 'Rapport' d'E. Labrousse, surtout p. 110.

[16] *Résolution claire et facile*, p. 69 cf. M. Soulié, '*La Résolution claire et facile*: le problème du destinataire', *Traditions polémiques*, Actes du colloque du Centre V.L. Saulnier, E.N.S.D.F., Paris, 1987, pp. 45–53, *id.* 'La Bible au temps des guerres de Religion et dans les traités monarchomaques', G. Bedouelle, B. Roussel (eds.), *Le Temps des Réformes et la Bible*, Paris, 1989, pp. 559–652.

[17] *Résolution claire et facile*, p. 69.

Sous la plume des monarquomaques, les Écritures Saintes et en premier lieu l'Ancien Testament deviennent un manuel d'art et d'action militaires. Le grand exemple à imiter est Matthatias, père des Macchabées, qui refuse d'obéir aux ordres injustes du roi Antiochus en lui déclarant:

> Nous n'obéirons point et ne ferons rien contre nostre Religion ... Mathatias amasse des troupes et fait la guerre contre Antiochus pour la religion et pour la patrie[18].

Les monarchomaques rappellent aussi que 'le Christ n'a point défendu les armes'[19]. Dieu récompense ceux qui n'obéissent pas à des ordres iniques:

> Le mandement de Pharaon ordonnant qu'on tuast les petits enfans masles des Hebreux, estoit tres inique, auquel aussi n'obeirent les sages femmes: et pourtant est-il dit que Dieu leur bastit des maisons, c'est à dire, beneit leurs familles[20].

Ne pas obéir aux ordres iniques est un impératif divin et moral, chacun doit suivre cet impératif,

> chacun de nous, selon sa vocation, vocation dis-je génerale ou particulière, generale par laquelle chacun est appelé à pratiquer la charité envers ses prochains, particuliere selon l'estat et office auquel un chacun est appellé[21].

On voit que la vocation calviniste s'étoffe ici d'un sens moral bien adapté aux circonstances bibliques, historiques et actuelles. D'ailleurs, les trois niveaux de temps se confondent souvent chez les monarquomaques, conséquence inévitable d'avoir transformé les Écritures Saintes en manuel militaire et la Réforme en un nouveau chapitre de l'Histoire Sainte.

Dans cette perspective, la Réforme devient en quelque sorte une deuxième création du monde, un nouveau *fiat lux*:

> La lumière de l'Évangile ... commençant par la voix et les escrits de Luther, Bucer, Zuingle, Ecolampade, Melancthon, et autres doctes personnages, commence de nouveau à se manifester[22].

---

[18] *Vindiciae*, p. 68. Voir aussi *Le Réveille Matin*, Dialogue I, p. 152.
[19] *Résolution claire et facile*, p. 72.
[20] Bèze, *Du Droit des Magistrats*, p. 4.
[21] *Le Réveille Matin*, Dialogue II, p. 78. Et selon Bèze: 'Un chacun doit avoir esgard en tel cas à sa vocation, soit generale ou publique, ou particuliere'. (*Du Droit des Magistrats*, p. 7.)
[22] *Le Réveille Matin*, Dialogue I, p. 5.

Ce fut en quelque sorte une deuxième instauration de la vraie religion et ceux qui suivaient ses lumières constituent la vraie Église de Dieu.

> Les Luthériens et Huguenots de la France, n'ont tenu, comme ils ne tiennent aucune erreur ne proposition fausse en matiere de la foy et religion, ains tienent la pure, vraye et saincte doctrine chrestienne, que la vraye Église catholique (de laquelle Jesus Christ est le chef), a tenu et confesse, tient et confesse, avec tous les saincts martyrs qui sont morts pour la sceller de leur sang[23],

précise l'auteur du *Réveille Matin*. Interpréter les Écritures Saintes à la lumière de cette nouvelle instauration par le retour aux origines exempte les monarquomaques de toute erreur.

Le massacre de la Saint Barthélemy s'inscrit aussi dans cette perspective et le meurtre de ses martyrs et de ses innocents rappelle aux monarquomaques la mort de Jésus:

> Ce n'est pas le Juif qui tue Jesus Christ, car il attend son Messie. Que ce n'est pas aussi le Turc, que le Papiste ne tue non plus par maniere de dire Jesus Christ en ses membres. Il pense (comme dit l'Escriture) faire un sacrifice à Dieu, en ce faisant qu'il n'y a personne qui tue plus veritablement Jesus Christ en ses membres, que les Rois, Princes, Potentats et peuples, qui cognoissent Jesus Christ, qui l'ont receu et laissant neantmoins, et comme en leur presence, massacrer leur frères, combourgeois et citoyens, sans leur donner aucune aide ne secours[24].

La mort de Jésus fut une phase décisive dans l'histoire du christianisme et dans sa propagation. Il en sera de même pour la propagation de la réforme, de la vraie religion et du vrai christianisme après la Saint Barthélemy comme le pensent quelques uns des monarchomaques. Pour eux, un événement porteur de tant de messages divins n'est pas facile à décrypter. La théorie du complot, celle du roi criminel se doublent chez eux bien sûr des explications traditionnelles. Dieu éprouve ceux qu'il aime:

> ce n'est pas tousjours pour leurs pechés que les fideles sont affligés, mais qu'il y a une autre cause proche, ascavoir, afin d'examiner et esprouver leur foy à ce qu'elle produise les fruicts de patience[25].

---

[23] *Le Réveille Matin*, Dialogue I, p. 135.
[24] *Le Réveille Matin*, Dialogue II, p. 56. Même interprétation dans les *Vindiciae*, pp. 60 et 256–257.
[25] *Résolution claire et facile*, p. 82.

L'explication la plus commune reste bien sûr, que Dieu punit nos crimes: à cet égard, l'exemple classique reste la destruction de Jérusalem. Mais, parmi les crimes, on a vu, il y a aussi la passivité et le manque d'action de ceux qui devaient réagir aux injustices et les persécutions, intervenir ou se révolter. On prie même Dieu 'Que tu vomis les tièdes, et ne prets point loisir à ceux qui clochent de deux costez'[26].

Mais au delà de ces explications, quelques uns des monarchomaques perçoivent aussi une certaine 'positivité' dans le massacre de la Saint Barthélémy. Positivité—pour reprendre une expression de Denis Crouzet[27] qui s'exprimera sur deux plans. Le premier, c'est le renforcement du protestantisme par de nouvelles conversions. L'autre, c'est son renforcement sur le plan international, par la formation d'une grande ligue protestante, annonciatrice d'une grande utopie pacifique et chrétienne, prélude, après les guerres de Gog et Magog, au règne des Justes.

C'est dans *Le Réveille Matin* qu'on trouve l'exposition la plus élaborée de la thèse qu'une meilleure connaissance de la martyrologie protestante française et des persécutions culminant dans la Saint Barthélemy devaient aboutir à la conversion de tous ceux qui ne sont pas corrompus, hypocrites et injustes. Ces protestants potentiels sont représentés par le politique et par l'historiographe qui participent aux deux dialogues du *Réveille Matin*.

Deux sujets majeurs composent le premier dialogue. Le premier, c'est le récit de l'histoire du protestantisme français, dès les premiers martyrs[28], 'luthériens' jusqu'au massacre de la Saint Barthélemy. L'autre c'est l'exposition détaillée du programme monarchomaque pour l'établissement d'un gouvernement juste et équitable et qu'on nomme 'l'arrest de Daniel', au nom de Daniel qui le présente aux participants du premier dialogue[29].

---

[26] *Le Réveille Matin*, Dialogue I, p. 90.

[27] D. Crouzet, *Les Guerriers de Dieu. La Violence au temps des troubles de Religion vers 1525—vers 1600*, Paris, 1990, t. III, notes du chapitre IX (note 4), p. 63.

[28] Pour une histoire de cette martyrologie: D. El Kenz, *Les bûchers du Roi: La culture protestante des martyrs (1523–1572)*, Paris, 1997.

[29] En effet, il s'agit du règlement de Millau. Voir: N. Cazauran, 'La tragique peinture du premier Dialogue du *Réveille Matin*', *Etudes seizièmistes*, Genève, 1980, pp. 327–334, *id.*, 'Exemples antiques dans quelques pamphlets des guerres de religion', *Actes du IXᵉ Congrès de l'Association Guillaume Budé*, Paris, 1975, Appendice A, pp. 605–607.

Le récit de faits et l'alternative monarchomaque de Daniel pour la réformation de l'Etat et le rétablissement de la vraie religion entraînent la conversion au protestantisme du politique et de l'historiographe. Même plus. Ils reçoivent de l'Église (un autre participant du dialogue) une grande mission:

> Vous Historiographe, irez par devers les Rois, Princes et Nations, qui ont receu l'Evangile, leur faire entendre tout ce qui s'est passé en France contre les Chrestiens, et l'arrest que Daniel en a donné, afin qu'ils advisent de près à leur devoir. Et vous Politique, irez trouver nos freres et membres François, pour leur declarer l'arrest, l'advis et ordonnances que Daniel a donné sur ce faict. Et tiendrez la main avec ceux, à ce que le tout s'effectue pour la gloire de nostre Dieu et conservation de ses enfans[30].

La tâche de l'historiographe serait donc d'avertir les potentats protestants étrangers de ce qu'il est arrivé à leurs frères français avant et pendant la Saint Barthélémy, en faisant appel à leur solidarité. Cette solidarité a fait déjà ses preuves dans le passé, quand les princes allemands

> envoyerent au prince de Condé et aux Huguenots François pour leur aide et defense un brave et puissant secours de Reystres et Lansquenets, sous la conduite du duc Jean Casimir, fils du comte Palatin[31].

L'idéal d'une *Respublica Christiana*, réformée et idéalisée réapparaît dans les traités monarchomaques. Le rôle de l'ennemi incroyant, le Turc est rempli désormais par le tyran français et autochtone[32]. L'altérité change de camp.

A la fameuse quatrième question des *Vindiciae*,

> Assavoir, si les princes voisins peuvent ou sont tenus de droit donner secours aux sujets des autres Princes, affligez à cause de la vraye Religion ou opprimez par tyrannie manifeste,

l'auteur répond sans hésiter:

> 'Qu'il y a une seule Église, de laquelle Jesus Christ est le chef, et dont les membres sont tellement unis et conjoincts que le plus petit d'entre

---

[30] *Le Réveille Matin*, Dialogue I, p. 159.

[31] *Le Réveille Matin*, Dialogue I, p. 22.

[32] C'est un thème développé dans plusieurs pamphlets de l'époque, dont *La France-Turquie, c'est à dire conseil et moyens tenus par les ennemis de la couronne de France pour réduire en tel estat que la tyrannie turquesque*, Orléans, 1576, Jean du Laurier, *De l'estat présent de ce Royaume*, Paris, 1583, etc.

eux ne peut estre offensé, que les autres n'en sentent le coup et la
douleur, comme tout l'Escriture Sainte en fait foy[33].

La sauvegarde de la vraie Église est la tâche commune de tous les
Princes chrétiens, c'est à dire, protestants,

> tellement que si un Prince a soin d'une portion de l'Église, comme de
> celle de l'Alemagne ou d'Angleterre, et cependant mesprise et aban-
> donne une autre partie oppressée, laquelle il pouvoit secourir, il a
> abandonné l'Église, veu que Christ n'a qu'une seule espouse, laquelle
> le Prince doit tellement defendre et garder, qu'elle ne soit violée ni
> corrompue nulle part s'il est possible[34].

Ne pas venir en aide à ses frères persécutés devient un crime majeur,
comparable à la mise à mort de Jésus:

> Que ceux là donc ne pretendent rien en la Chanaan celeste, qui ne
> veulent tendre la main à Christ crucifié, mourant tous les jours mille
> fois en ses membres[35].

Pourtant, cette nouvelle Respublica Christiana n'a pas pour but d'éliminer l'état national naissant. Au contraire, son rôle, voire, sa vocation serait d'assurer un petit Eden individuel à chaque nation. Pour
les Français, comme l'explique l'historiographe dans les conclusions
du *Réveille Matin*, ce serait le rétablissement

> de quelque belle forme d'administration de l'estat, de la justice et de
> la police, approchante à celle que nos anciens Peres avoyent parmy
> eux, du temps que les Estats estoyent en regne, dont M. Hottoman
> nous a fait un fort gentil et riche recueil . . . On verroit bien tost l'aage
> d'or, que les Tyrans ont effacé de France, pour planter celuy de fer,
> d'oppression et d'infameté, reluire comme auparavant, la paix, l'ami-
> tié et concorde surgir et croistre à veue d'oeil, et faire à jamais sa
> demeure parmy nos naturels François[36].

Si on compare les tendances monarchomaques d'avant la Saint
Barthélémy avec celles qu'on trouve dans plusieurs traités monarchomaques après le massacre, une première grande différence saute
aux yeux. Avant la Saint Barthélémy, les appels à l'intervention ou
à la prise d'armes se plaçaient sous l'égide de la politique et reflétaient
parfaitement les conceptions politiques et la mentalité nobiliaire dans

---

[33] *Vindiciae*, p. 295.
[34] *Vindiciae*, p. 247.
[35] *Vindiciae*, p. 255.
[36] *Le Réveille Matin*, Dialogue II, pp. 190–191.

le cadre de ce qu'Arlette Jouanna appelle le devoir de la révolte[37]. Les pamphlets et les traités publiés après la conjuration d'Amboise de 1560 affirment que 'l'intervention' huguenote eut pour but de libérer le roi prisonnier des mains des Guise et n'avaient rien à voir avec leur religion. Les huguenots meurent pour leur religion, mais ne se révoltent pas. S'ils sont 'intervenus', ce fut à cause de leur amour de la patrie, qu'ils voulaient sauver de la tyrannie des étrangers[38].

Jusqu'au massacre de la Saint Barthélémy, la thèse de base des huguenots reste que leur religion n'a rien à voir avec leur fidélité et soumission au roi. La liberté de conscience en matière de religion pour laquelle ils plaident n'interfère pas avec leur qualité de Français. Même plus. Ils sont meilleurs Français et plus fidèles au roi que les catholiques, qui reconnaissent comme leur chef une puissance étrangère, en l'occurrence le Pape.

Après la Saint Barthélémy, cette belle théorie s'effondre. Les monarchomaques réalisent qu'on ne peut pas séparer chirurgicalement religion et politique, Église et Etat et que les mêmes préceptes moraux doivent servir de guide dans tous les domaines. Désormais, Église et Etat deviennent inséparables. Pour la plupart des monarchomaques, c'est l'évidence même que la réforme de l'Etat doit passer par la réforme de la Religion.

De là, que leurs traités deviennent des apologies enflammées pour la réforme protestante. Chaque dogme, chaque précepte trouve sa place naturelle et bien définie dans cette construction harmonieuse qu'est la *Gaule Françoise* et biblique. Faire avancer la cause de la religion c'est faire avancer la cause de l'Etat. Et faire avancer la cause de l'Etat c'est faire avancer la cause de la Religion. Retour passager à une théocratie biblique qui se dissoudra comme on le sait sous le faix des événements à venir.

Cependant, l'épisode monarchomaque n'est pas dépourvu d'importance dans la propagation de la Réforme. En effet, elle illustre la conception suivant laquelle l'homme réformé, politique, social et religieux est un et indivisible. Et par là, la propagande politique monarchomaque perce de nouvelles voies de propagande religieuse.

---

[37] A. Jouanna, *Le devoir de révolte. La noblesse française et la gestation de l'Etat moderne, 1559–1661*, Paris, 1989.

[38] M. Yardeni, *La conscience nationale en France pendant les Guerres de Religion (1559–1598)*, Paris-Louvain, 1971, pp. 121–140. Pour une excellente analyse de la pensée politique de ces années: V. de Caprariis, *Propaganda e pensiero politico in Francia durante la guerre di Religioni (1559–1572)*, Naples, 1959.

CONTRE-RÉFORME ET CONFESSIONNALISATION EN BAS-LANGUEDOC AUX XVIIᴱ ET XVIIIᴱ SIÈCLES

Robert Sauzet

Abstract

In the greatest part of France, the attitude of mind towards revolutionary principles is identifying rather than religious adherence. It is not the same with Germany. Nevertheless, the concept of confessionalization (Konfessionalisierung) brought out by German historians (W. Reinhard, H. Schilling) seems suitable to eastern Languedoc, that is to say Nîmes, flat open country around and Cévennes mountains. The paper below—built upon recent researches and books, published in 1998 and 2002 in Paris, Plon-Perrin ed.—studies this sight of collective psychology through the family record book of the lawyer Etienne Borrelly and moreover public and private papers from catholic places in the Cévennes. Modern local catholicism was built facing a by turns oppressive and by turns oppressed calvinism. Roman religion became together a fighting faith and a renewed confession, taking up catholic reformers' requirements.

La notion de confessionnalisation est un apport important de l'historiographie allemande récente à l'étude des sociétés de l'Europe moderne. Ce terme est particulièrement adapté aux expériences germaniques, au *jus reformandi* des souverains territoriaux, au principe *cujus regio ejus religio*. En Allemagne, l'appartenance religieuse est devenue identitaire. En France, c'est davantage l'attitude à l'égard des principes de 89 et de l'apport révolutionnaire. Comme l'écrit Robert Descimon,

> l'histoire religieuse allemande est obnubilée par la lutte des confessions et traumatisée par le *Kulturkampf*, la française l'est par le défi de la déchristianisation et de la laïcité[1].

Wolfgang Reinhard définit ainsi la restructuration confessionnelle de la société:

---

[1] Préface à W. Reinhard, *Papauté, confessions, modernité*, Paris, éd. E.H.E.S.S., 1998, p. 9.

ayant pour objectif commun une orthodoxie mesurée à l'aune de la *confessio*, le cas échéant de la *professio*, s'appuyant pareillement sur la législation, l'endoctrinement, les visites pastorales... les trois confessions ont imposé à leurs membres une discipline qui conduisait à des comportements uniformes[2].

Pour Heinz Schilling, la confessionnalisation est un 'processus fondamental qui fait sentir des effets de grande importance sur la vie publique et privée'[3]. Si j'ai repris ce terme en l'appliquant au Bas-Languedoc, ce n'est pas pour participer à une mode, c'est pour souligner la particularité d'une région très originale, en France, sur le plan religieux.

Je rappellerai le particularisme qui fait des régions nîmoise et cévenole, l'exception française avant d'évoquer deux recherches menées récemment ou en cours sur deux aspects précis (micro-historiques) de la diffusion de la Réforme catholique dans ce secteur: l'un urbain à partir et autour du livre de raison du notaire nîmois Borrelly, l'autre rural fondé sur des archives publiques ou privées appartenant ou relatives à des communautés cévenoles catholiques.

L'originalité majeure du Bas-Languedoc oriental au XVIe et au XVIIe siècles, c'est la force numérique, économique et spirituelle du protestantisme qui s'est implanté très fortement—mais pas partout—dès la mi-XVIe siècle[4]. (Il y a pour cette région un problème—non totalement éclairci—de formation de multiples frontières religieuses). En tout cas, pour prendre une statistique fiable, celle donnée par l'intendant du Languedoc, Nicolas de Lamoignon de Basville, dans son fameux *Mémoire* de 1698[5], nous avons:

---

[2] W. Reinhard, 'Gegenreformation als Modernisierung? Prolegomena zu einer Theorie des Konfessionellen Zeitalters', in *Archiv für Reformationsgeschichte*, t. 68, 1977, pp. 226–252 repris in *Papauté, confessions, modernité, op. cit.*, pp. 154–16 et 229–238.

[3] H. Schilling, 'Die Konfessionalisierung im Reich-Religiöser und gesellschaftlicher Wandel in Deutschland zwischen 1555 und 1620' in *Historische Zeitschrift*, t. 246, 1988, pp. 1–45 repris in *Religion, Political culture and the emergence of early modern society*, Brill, Leyde, 1992, pp. 205–245 sous le titre 'Confessionalization in the Empire: Religious and societal change in Germany between 1555 and 1620'.

[4] L'adhésion à la Réforme n'était nullement une réaction contre l'État: les hommes de l'oligarchie urbaine qui devaient adhérer majoritairement au calvinisme, avaient adopté le français pour les documents officiels 29 ans avant l'édit de Villers-Cotteret et attendaient surtout de l'autorité royale qu'elle confirmât les privilèges urbains, R. Sauzet, 'La ville et le Roi. Nîmes et François Ier', *Actes du Colloque de Pérouse*, 1997 (dir. A. Bartoli), à paraître, Napoli, ed. Scientifiche Italiane.

[5] Ed. critique par F. Moreil, Paris, C.T.H.S., 1985, p. 131—N.C. 'nouveaux catholiques', A.C. 'anciens catholiques'.

– dans le diocèse d'Alès (diocèse des Cévennes qui venait d'être créé)	41.000 N.C.	30.000 A.C.
– dans le diocèse de Nîmes	39.000 N.C.	40.000 A.C.
– dans le diocèse d'Uzès	23.000 N.C.	78.000 A.C.
– dans le diocèse de Montpellier	10.000 N.C.	20.000 A.C.
	113.000 N.C.	168.000 A.C.

soit la plus grande partie des protestants du Languedoc où il y avait 198.000 N.C. face à 1.500.000 A.C. Dans l'ensemble de la France, les réformés constituaient 5% de la population, dans le Languedoc 13%, dans les diocèses de Nîmes et Alès 53%. Cette région est vraiment l'exception française.

Major pars les calvinistes étaient aussi la *sanior pars*[6] en ce sens qu'ils tinrent longtemps la première place dans la vie politique et qu'ils dominaient l'économie locale. Toutes les recherches sont convergentes à cet égard. Basville le savait bien qui se félicitait de ce que les marchands 'convertis' nîmois, s'ils n'étaient pas encore de bons catholiques (ils ne le furent jamais) 'n'avaient pas cessé d'être de bons négociants'. A Nîmes, longtemps après que les catholiques en 1631 aient récupéré la moitié des postes de consuls, les protestants dominèrent la municipalité en jouant sur les divisions des catholiques, s'appuyant sur 'les catholiques paisibles'. Encore en 1679 où le gouvernement les exclut du corps de ville, ils répliquèrent par un lock-out d'ouvriers catholiques.

Sur le plan proprement religieux, la force du protestantisme se manifestait par un courant constant de conversions équilibrant les passages au catholicisme. Le protestantisme bas-languedocien (en vif contraste avec le protestantisme ligérien ou parisien) faisait preuve d'un attachement sans faille à l'orthodoxie prédestinationiste calvinienne. Peu importe qu'Amyraut ne fut pas objectivement un hérétique du calvinisme: ses idées étaient considérées comme hétérodoxes par les huguenots nîmois! C'est par un refus hautain que le synode du Bas-Languedoc entraîné par le pasteur de Nîmes, Jean Claude, répondit, en 1661, à 'l'artifice pernicieux de l'union et de l'accommodement de religion'. Lorsque—il y a plus de quarante ans—je commençai à travailler sur le diocèse de Nîmes, je fus surpris de

---

[6] L. Teisseyre-Sallmann, *Recherches sur les structures sociales urbaines. Nîmes de l'édit de Nantes à sa révocation*, thèse Ec. Chartes dactyl. 1974 et *L'industrie de la soie en Bas-Languedoc*, Paris, Mémoires et documents de l'école des Chartes, 1995, diff. Champion.

rencontrer la vitalité extraordinaire des communautés réformées... En effet, je me fondais alors sur les travaux d'E.G. Léonard dont l'*Histoire du protestantisme* parut en 1961[7]. J'étais convaincu—et j'enseignais—d'après ce savant auteur que le protestantisme du XVIIe siècle était, après la défaite de 1629, anémié et d'un loyalisme monarchique absolu. Cette analyse, certainement exacte pour le calvinisme parisien ou tourangeau, ne correspond à aucune réalité pour le Bas-Languedoc où la révolte des camisards n'est pas seulement un 'réveil'. Cette insurrection comme le prophétisme qui l'a précédée se situe dans une continuité. Je ne développerai pas ces points que j'ai traités longuement dans ma thèse ainsi que les formes de diffusion de la Réforme catholique[8]. Comme ailleurs, et plus difficilement qu'ailleurs en raison des problèmes de tous ordres posés par 'ceux de contraire religion'—les moyens utilisés par la Réforme catholique furent les statuts synodaux, les visites pastorales, les conférences ecclésiastiques, la catéchèse, la prédication, l'enseignement (jésuites, petites écoles) les missions. Ces dernières étaient à la fois '*ad fideles et ad haereticos*'. L'échec piteux des efforts convertisseurs conduisit de plus le catholicisme local à faire appel au roi, seul capable de faire entrer par la force les réformés dans la 'bergerie des élus'.

Le travail sur les sources catholiques aussi bien que protestantes (délibérations consistoriales et synodales) atteste que la Réforme catholique en Languedoc oriental est incompréhensible si non ne la lie pas à la Contre-Réforme. La nécessité pour cette dernière de fonder ses espérances sur le gouvernement monarchique créa une association durable dans les mentalités papistes de la région entre la fidélité au souverain et à la religion[9]. C'est pourquoi j'ai intitulé *Le notaire et son roi* l'essai 'micro-historique' que j'ai consacré au tabellion nîmois Etienne Borrelly.

Originaire du village de Bezouce, dans la plaine vieille catholique de l'est nîmois, le notaire Etienne Borrelly (1633–1718) est un exemple

---

[7] Paris, P.U.F., 1961, 3 vol. et 'Le protestantisme français au XVIIe siècle', *Revue historique*, 1948, pp. 153–179.

[8] R. Sauzet, *Contre-Réforme et Réforme catholique en Bas-Languedoc. Le diocèse de Nîmes au XVIIe siècle*, doctorat d'Etat, Paris-Sorbonne, 1976, publ. abrégée Paris, Publ. Sorbonne et Louvain-Nauwelaerts, 1979, texte intégral, Lille 3, 1978.

[9] G. Lewis, *The second Vendée. The continuity of Counter-Revolution in the department of the Gard*, Oxford, 1972. B. Fitzpatrick, *Catholic royalism in the Department of the Gard 1814–1851*, Publ. Univ. Warwick, 1977. S.R. Schramm, *Protestantism and politics in France* (Ph.D. Columbia), Alençon, 1954.

remarquable de fidèle urbain marqué par l'esprit de la Réforme
catholique et la piété post-tridentine. Il manifesta un loyalisme sans
faille à l'égard d'un souverain qui restreignait de plus en plus, pour
sa plus grande joie, les droits des religionnaires[10].

Greffier de l'officialité et du chapitre cathédral, le tabellion était
à la fois un dévot et un militant de la Contre-Réforme. Il avait été
impressionné, dans sa jeunesse, par le souvenir de l'oppression protestante d'avant 1629 et par le spectacle des 'émotions' sanglantes
de la mi-siècle suscitées par le désir protestant de contrôler la municipalité[11]. Il garda toute sa vie une rancune tenace contre les calvinistes qui avaient tenu les papistes nîmois dans 'l'esclavitude'. Les
500 pages de son livre de raison jointes aux archives de son étude
et aux nombreux papiers qu'il a laissés, permettent de retrouver sa
vie quotidienne et ses passions religieuses et politiques. Ce n'est pas
un 'catholique moyen' mais un intransigeant pour lequel la Réforme
catholique est inséparablement liée à la nécessité de lutter contre
l'hérésie. La 'confessionnalisation' de Borrelly est d'abord anti-protestantisme. La politique de Louis XIV, de plus en plus répressive
à l'égard des huguenots, fut une 'divine surprise' pour le notaire qui
avait déploré l'indulgence de Mazarin pour la sédition urbaine de
1657. Il approuva, de point en point, les mesures royales même les
plus rigoureuses comme la possibilité, pour les enfants, de se convertir à sept ans. Les exécutions de prédicants et de camisards le réjouis-
saient. La violence de son vocabulaire concernant les réformés est
telle ('maudite race', 'canaille', 'maudit peuple', 'diables mal inten-
tionnés' . . .) que, horrifié, l'éditeur de l'édition (partielle) du livre de
raison en a expurgé le texte[12].

La religion de Borrelly n'est pas seulement un combat. Elle est
aussi intériorisation du programme réformateur d'un catholicisme
rénové, presque une nouvelle religion comparée à celle des papistes
du début du XVIᵉ siècle: témoin le manque d'intérêt du notaire pour

---

[10] R. Sauzet, *Le notaire et son roi. Etienne Borrelly (1633–1718). Un nîmois sous Louis
XIV*, Paris, Plon, 1998.

[11] Le sage loyalisme prêté aux réformés au temps de la Fronde est à nuancer
pour ceux du midi. R. Sauzet, *Contre-Réforme . . . op. cit.*, pp. 305–324. J. Solé, 'Le
gouvernement royal et les protestants du Languedoc à la veille de la Fronde',
B.S.H.P.F., 1968, pp. 5–32. A. Cochin, 'Les conquêtes du consistoire de Nîmes pendant la Fronde', *Revue des Etudes historiques*, 1903, pp. 498–514.

[12] Dr. A. Puech, *La vie de nos ancêtres d'après leurs livres de raison*, Nîmes, 1888. La
sollicitude épuratrice du Dr. Puech s'est étendue au style et à l'orthographe qu'il a
corrigés.

le discret renouveau du culte du martyr local saint Baudile, thaumaturge et gardien des récoltes, objet d'une vénération passionnée au temps de François Ier. Les dévotions de Borrelly étaient celles promues prioritairement par la Contre-Réforme: le Saint-Sacrement (il appartenait à la confrérie) et la Vierge (il était membre de la 'congrégation des Messieurs' établie par les Jésuites). Très attaché à la pratique et à la morale, il notait soigneusement ses confessions générales et se préoccupait de l'éducation de ses enfants ('je me veux efforcer d'élever mes enfants à la vertu').

Comment s'était formé ce catholique exemplaire ou, pour reprendre l'intitulé du présent colloque, quelles formes de diffusion de la Réforme catholique l'ont-elles touché? Il était en contact quotidien avec le clergé local, comme notaire de l'évêque et du chapitre cathédral, comme greffier de ce dernier et de l'officialité. Peu instruit—hormis dans le domaine de la pratique notariale—il ne fait guère mention d'achats de livres pieux que pour ses enfants: l'*Introduction à la vie dévote* et l'*Office de la Vierge* pour son fils cadet partant à Toulouse étudier le droit, les *Confessions* de saint Augustin, l'*Histoire* (certainement celle de Pallavicini) et le *Catéchisme du concile de Trente* ainsi que les *Méditations* de Beuvelet pour son fils aîné entrant au séminaire. Admirateur des évêques, surtout Cohon et Fléchier, il était ami de plusieurs chanoines mais il lui arrivait de critiquer discrètement le manque d'ardeur du chapitre dans l'œuvre de reconquête catholique. Assurément très influencé par les Jésuites, son ultramontanisme avait cependant des limites: il avait admiré l'intransigeance d'Innocent XI dans l'affaire de la Régale ('Le pape qui est un grand homme et qui ne lâche rien pour ce qui est des intérêts de l'Église, ne craignant pour cela aucun Roy...') mais ne pouvait comprendre pourquoi le pontife prenait position contre Louis XIV au moment de la Ligue d'Augsbourg. Seule explication plausible pour le notaire qui ne pouvait concevoir les préoccupations pontificales à l'échelle de la catholicité européenne: l'influence néfaste de son entourage sur un vieillard ('ses courtisans lui faisoient croire tout autre chose' au lieu d'admettre le zèle catholique du roi qui venait de révoquer l'édit de Nantes).

L'anti-protestantisme resta également jusqu'à une date récente, partie intégrante de la religion des catholiques des Cévennes...[13]

---

[13] Je reprends ici les principales conclusions de mon livre *Les Cévennes catholiques. Histoire d'une fidélité*, Paris, Perrin, 2002.

Car il subsista des catholiques cévenols quoique d'excellents auteurs
aient, un peu rapidement, affirmé que le massacre de la Michelade
(mise à mort d'une centaine de notables catholiques à Nîmes, d'une
cinquantaine à Alès pour la saint Michel, 29 septembre 1567) avait
entraîné l'abjuration des derniers papistes des Cévennes, terrori-
sés . . .[14] Il n'est pas de mon propos aujourd'hui de revenir sur les
raisons de cette résistance d'une minorité de catholiques cévenols
(pas plus du quart de la population) mais de rappeler qu'ils furent
souvent en guerre contre leurs voisins protestants et qu'ils furent souvent opprimés.

Dès le début des guerres civiles, les adeptes du catholicisme prirent les armes: c'est un gentilhomme cévenol Balthazar de Saint
Etienne qui, à la tête de soldats venus de ses seigneuries de Saint-
André-de-Majencoules et de Saint-Martial, s'empara de la ville fortifiée
de Sumène tenue par les protestants, en février 1568. Huit jours
plus tard, les calvinistes reprirent la place, située sur la route de
Nîmes-Millau, axe stratégique vital pour les Réformés. Balthazar de
Saint-Etienne périt dans le combat avec 200 de ses hommes. Je ne
développerai pas les aspects militaires. Je noterai seulement que la
domination protestante désormais assurée dans les Cévennes occidentales, par le contrôle de la 'voie des Ruthènes' (malgré des retours
offensifs des catholiques) entraîna lors des guerres civiles jusqu'à 1598
et de 1622 à 1629, de lourdes contraintes pour les catholiques: sur-
charge d'impôts ('on pourra se soulager (*sic*) sur les papistes' avait
décidé en 1570 l'assemblée générale des Églises réformées du Bas-
Languedoc), obligation d'exécuter des travaux de fortification. La
situation de ces minoritaires évoque celle des '*dhimmis*' dans l'Empire
ottoman et, de 1598 à 1621, l'évêque de Nîmes ne parvenait pas à
faire appliquer partout les clauses de l'édit de Nantes qui prévoyaient
la récupération des églises occupées par les huguenots et celle des
dîmes. La vérification des dettes des communautés, en 1634, montre la lourdeur de la fiscalité de Rohan[15].

L'affrontement militaire interconfessionnel resurgit lors de l'insurrection des camisards, de 1702 à 1705: milices bourgeoises exclusivement formées d'A.C. ou de N.C. 'sûrs'—irréguliers catholiques

---

[14] E. Le Roy-Ladurie, in *Histoire du Languedoc* (dir. P. Wolf), Toulouse, Privat,
1967, p. 327.
[15] A.D. Gard C 436.

souvent féroces comme les 'Florentins' (de Saint-Florent-sur-Auzonnet)—
compagnies franches de partisans incorporées dans les troupes royales. Il en alla de même pendant la Révolution qui fut comme un
avatar des luttes religieuses. Certes il y eut des 'catholiques patriotes' comme il avait existé des 'catholiques paisibles' ou 'politiques'
mais les protestants firent massivement bon accueil à la Révolution
alors que les papistes cévenols prirent majoritairement parti contre
elle, surtout à cause de la Constitution civile du clergé, un des 'déra-
pages' majeurs de la Révolution[16]. Les prêtres constitutionnels furent
parfois molestés par les habitants. Si la 'Vendée cévenole' avorta
(camp de Jalès en 1792), les cantons catholiques accueillirent et cachè-
rent les prêtres réfractaires et les 'brigands' contre-révolutionnaires[17].

Au XIXe et au XXe siècle encore, la persistance des antagonis-
mes religieux se manifesta par des votes contrastés entre les cantons
protestants et catholiques légitimistes ou partisans des candidats de
droite[18]. Au début du XXe siècle, la résistance aux inventaires prévus par la loi de séparation des Églises et de l'État eut, dans les
mêmes secteurs, une grande importance en 1906. Les gouvernements
radicaux durent envoyer des troupes pour défoncer les portes des
églises barricadées. Cet épisode, comme le 'Désert' de l'époque révolutionnaire, laissa dans la mémoire collective des cévenols de religion romaine un souvenir profond: ils retrouvaient des souvenirs
glorieux de lutte contre un État oppresseur à l'instar de leurs frères
ennemis, fiers descendants des Camisards[19].

Adeptes convaincus de la confession redéfinie à Trente dans son
ecclésiologie cléricale, les papistes des Cévennes n'étaient pas pour
autant prosternés devant l'institution ecclésiastique. En 1709, devant
la misère ambiante et l'épuisement des fonds du bureau des pauvres, les habitants du village presque entièrement catholique de
Saint-Martial font instance auprès de leur prieur (le bénéficier dont
la paroisse dépendait, l'illustre Esprit Fléchier évêque de Nîmes)
pour qu'il accepte une augmentation substantielle de l'aumône qu'il
mesurait chichement à ces montagnards[20]. En 1789, les cahiers de

---

[16] D. Richet et F. Furet, *La Révolution française*, Paris, Fayard, 2e ed., 1973, p. 128.
[17] A. Durand-Tullou et Y. Chassin du Guerny, *L'abbé Jean-Louis Solier dit Sans-Peur (1734–1801)*, Alès, 1989.
[18] Voir note 9 et carte n° 3. Sur l'ancrage à gauche des protestants, P. Cabanel, *Les protestants et la République*, Paris ed. Complexe, 2000.
[19] P. Joutard, *La légende des Camisards. Une sensibilité au passé*, Paris, Gallimard, 1977.
[20] Fléchier donna 20 livres en plus des 50 livres qu'il versait annuellement. Le

doléances des communautés restées fidèles à la religion romaine sont les plus véhéments dans leurs plaintes contre la dîme.

Cependant, ces hommes et ces femmes ont été marqués profondément par une Réforme catholique véhiculée par les missions et par un clergé de plus en plus autochtone (au XVIIe siècle, rouergats et gévaudanais dominaient). Le 'triomphalisme', au sens le plus étymologique, a marqué ces régions: processions, chants, théâtralisation de la prédication, exaltation de la croix objet en Cévennes d'une hostilité particulière des protestants. Le célèbre abbé Bridaine dirigea des missions et nous avons de nombreux signes de son influence chez les catholiques qui, non contents de l'accueillir chez eux, allaient renforcer la maigre assistance des villages N.C. voisins. Un rapport des missionnaires envoyés, en 1727, dans le village protestant de Valleraugue, l'avoue clairement: 'sans les catholiques des paroisses du voisinage, nous aurions été obligés de quitter au bout de quatre jours'[21]. Les dévotions qui se diffusèrent dans ces régions aux XVIIe et XVIIIe siècles sont, comme ailleurs, les confréries du Saint-Sacrement et du Rosaire aux quelles les testaments prévoient parfois des dons et, toujours, aux 'bureaux des pauvres' établis à la fin du XVIIe siècle pour gérer l'assistance. Le jansénisme, marginal au XVIIe siècle dans les Cévennes, malgré l'influence de Mme de Portes dans la région alésienne, eut un succès relatif à la mi-XVIIIe siècle dans le clergé du nouveau diocèse d'Alès grâce à l'action de l'évêque Mgr de Beauteville.

Très sobres, les testaments nous renseignent peu sur les sentiments profonds des Cévenols catholiques. Le dépouillement des registres notariaux m'a cependant permis de faire une découverte intéressante. Dans la période 1600–1635, Balthazar Emenard notaire à Saint-Martial ouvrait et terminait ses recueils annuels de minutes par de solennelles élévations qui révèlent, à cette date précoce, une intériorisation de l'esprit du catholicisme rénové. En ce même temps des guerres de Rohan, Emenard fut un adversaire résolu des protestants qui le bannirent de son village. Son fils, engagé dans l'armée du

---

Parlement de Toulouse estimait que les 'fruits-prenants' auraient dû fournir le sixième des revenus de leurs bénéfices, ce qui aurait représenté pour Fléchier 280 livres, Arch. com. Saint-Martial (délib. du bureau de charité).

[21] A.D. Hérault C 514. Les pamphlets jansénistes reprochaient à Bridaine de chercher des effets faciles, en produisant à l'appui de ses sermons, une tête de mort coiffée d'une perruque, maquillée, ornée de mouches et de rubans.

prince de Condé, fut tué en mai 1628, lors d'un assaut contre les troupes protestantes qui assiégeaient Meyrueis.

Dans ses invocations liminaires et conclusives, Emenard (dont les difficultés stylistiques et les occitanismes sont un test de véracité: il ne copie pas) proclamait sa catholicité:

> je toy (sic pour te) remercye, mon Dieu, de tout cœur de ce que par ta miséricorde tu m'as daigné prendre naissance de parents chrétiens et catholiques par la soigneuse diligence desquels j'ay esté ... endoc-triné en la foy de ton Eglise catholique, laquelle est l'unique maison de salut.

Il manifestait un sens aigu de la transcendance divine:

> Ô Dieu tout puissant et éternel ...

> Dieu immortel, invisible, éternel, sans commencement ni fin, créateur du ciel et de la terre, conservateur des choses terrestres

> Père de lumière, Sapience infinie, soleil de justice, pleze toy de faire reluire par l'opération du Saint Esprit dans mon âme quelque petit rayon de ta lumière et une étincelle de ta sainte sapience afin d'illu-miner mon entendement.

En 1626, en un temps où, sous l'impulsion des chartreux puis du Bérullisme se mettait en place la dévotion au cœur du Christ, l'im-age du cœur est appliquée à l'amour divin: 'ô cœur royal je te salue d'un cœur abaissé et honteux'. Il s'adressait parfois au Christ, comme en 1614 'ô bon Jésus, souleil de (déchirure) grâce' ou, en 1628, 'ô bon Jesus, sapience infinie, dresse mes pas et bénis mon labeur'. S'il s'embrouille parfois un peu dans les personnes divines 'souverain rédempteur ... je te semonds (convie) au nom de ton fils', il invo-que peu les saints ('les œuvres de tous vos bons saints') et la Vierge. Du moins l'élévation qu'il consacre à celle-ci en 1630, sept ans après les *Grandeurs de Jésus* évoque l'Incarnation et fait penser au christo-centrisme Bérullien 'ô sérénissime Vierge, royne du ciel, *temple de Dieu*': avant les jansénistes, Emenard blâmait implicitement les 'dévots indiscrets' de Notre-Dame. A ses effusions mystiques, il joignait des préoccupations morales très typiques de l'esprit de la Réforme catho-lique: conscient de sa condition pécheresse, il évoque souvent son besoin de la grâce divine, demande l'humilité et espère, Dieu aidant, extirper sa 'vanité misérable'[22].

---

[22] A.D. Gard 2 E-68 (201 à 229).

Au temps du 'Désert' catholique, à l'autre bout de la période
moderne, les mémoires encore inédits d'un bourgeois d'Alès, Antoine
Lascombes, sont un bon témoignage sur la piété fervente et engagée d'un paroissien cévenol au temps du schisme révolutionnaire en
même temps que sur la 'promotion du laïcat' suscitée, paradoxalement, par son attachement à la si cléricale Eglise post-tridentine. Dès
l'installation du curé constitutionnel à la cathédrale d'Alès (le diocèse d'Alès qui existait depuis 1694 avait été supprimé par la constitution civile), Lascombes estima que son devoir était d'empêcher
'qu'on portât les enfants à l'intrus pour baptiser, qu'on se mariât
devant lui, qu'on portât les morts au cimetière' (dans ce dernier cas,
si l'on ne pouvait faire autrement il fallait pour le moins 'qu'on
n'assistât pas aux enterrements'). Par la suite ce dévot militant—en
accord avec le petit nombre de prêtres qui n'avaient pas émigré—
établit chez lui

> l'usage d'entendre la sainte messe et les autres offices *en esprit* après
> lesquels je lisais ou me permettais de faire des instructions *à l'exemple
> des premiers fidèles*.

Pour accomplir ce ministère laïc il se servait de plusieurs ouvrages
dont il donne la liste: le *Missionnaire paroissial* (1753) du curé comtois
Joseph Chevassu, propagateur de la dévotion domestique, le rituel
diocésain, le catéchisme[23], des instructions clandestines de l'évêque
(non jureur) d'Alès Mgr de Bausset, du bref pontifical condamnant
la Constitution civile du clergé. Il continua ces réunions clandestines—qu'il appelait 'assemblées de fidélité'—jusqu'en 1801[24].

Lascombes, comme au siècle précédent Emenard ou Borrelly, est
un type de fidèle modelé par une confessionnalisation qui devait se
poursuivre au XIXe siècle. Il y eut alors de nouvelles missions tandis qu'à côté des dévotions mises en place aux XVIIe et XVIIIe
siècles se développait le culte du Sacré-Cœur. Un essor considérable
des prières pour les âmes du Purgatoire s'épanouit dans la confrérie (érigée en archiconfrérie par Pie IX) de Notre-Dame du Suffrage,
créée en 1858 par un ecclésiastique nîmois le chanoine Serre. Elle
fut approuvée avec enthousiasme par Mgr Plantier, le très ultramon-

---

[23] Il existe un catéchisme diocésain œuvre de Mgr de Hénin-Liétard, évêque de
1713 à 1720, *Répertoire bibliothématique des catéchismes diocésains français d'Ancien Régime*,
Institut catholique de Paris, dactyl, s.d., p. 22.
[24] A.D. Gard 1 F 198.

tain évêque de Nîmes ('la négation du Purgatoire proclamée par l'erreur qui nous entoure a produit dans l'âme même des catholiques . . . une fâcheuse indifférence pour les morts') et par son vicaire général Emmanuel d'Alzon. Ce dernier, fondateur des assomptionnistes et éminent représentant de la droite catholique est un cévenol, descendant d'une victime des camisards. Simultanément combatif et créateur le catholicisme bas-languedocien a une place originale dans l'Histoire. Il a été souvent occulté, souvent victime de discours édifiants ou hostiles. Jusqu'à une date très récente l'historiographie concernant cette région a été extrêmement partiale sous des plumes cléricales ou militantes. Philippe Joutard a pu parler d'une 'camisardisation' de l'Histoire des Cévennes. Les recherches actuelles traduisent une beaucoup plus grande sérénité[25]. En ce début de troisième millénaire, il est heureux qu'on ait perdu les clefs confessionnelles ou idéologiques qui, de Bossuet à Karl Marx en passant par Hegel permettaient, faute de comprendre, d'expliquer et surtout de juger (seule hérésie pour un historien) les événements et les hommes.

---

[25] Ph. Joutard, *La légende . . .*, *op. cit.* P. Cabanel, *Itinéraires protestants en Languedoc*, Montpellier, Presses du Languedoc, 3 vol., 1998–2000.

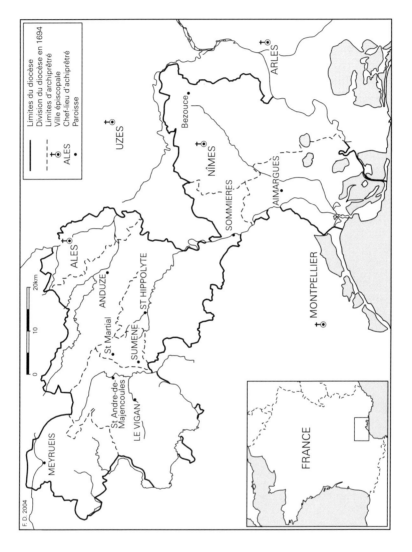

Map 1. Carte de Repérage

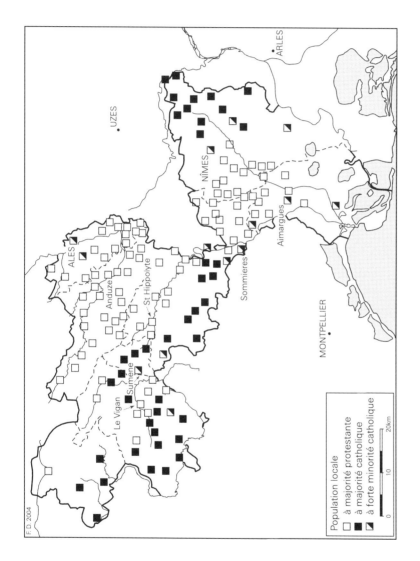

Map 2. Catholiques et Protestants (XVIIᵉ s.)

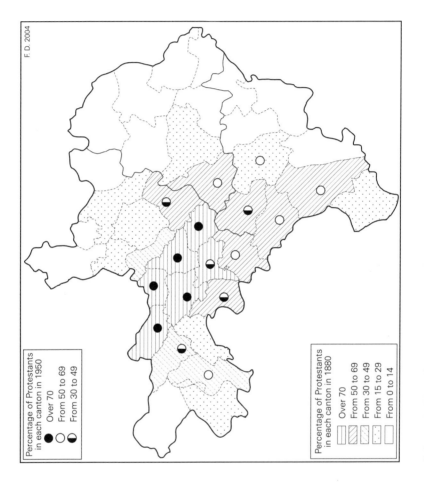

Map 3A. The Geography of Protestantism in the Gard in 1880 and in 1950, from S. Schramm, *op. cit.* note 9

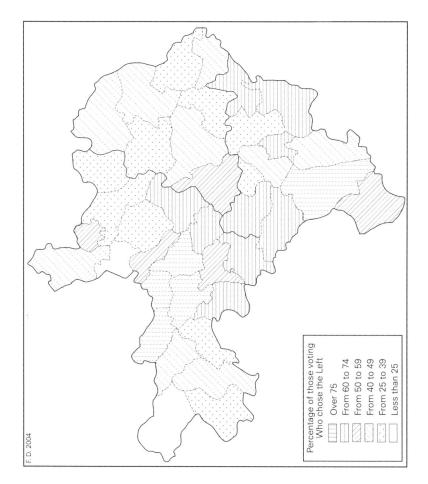

F. D. 2004

Percentage of those voting
Who chose the Left

Over 75
From 60 to 74
From 50 to 59
From 40 to 49
From 25 to 39
Less than 25

Map 3B. Results of the Elections of 1877 in the Gard, from S. Schramm, *op. cit.* note 9

CONTINUITÉ OU RUPTURE? UN MIRACLE CATHOLIQUE AU SERVICE DE LA RÉFORME EN HOLLANDE

Myriam Greilsammer

Abstract

In the last quarter of the 16th century, the belief in the miracle of the Countess Margareta of Henneberg and the cult that surrounded it, pillars of the Catholic faith in the region of the Hague, were reinstitutionalized by the church of Loosduinen where they were born in the 14th century. This was a paradoxical decision, because despite the strongly catholic connotations of the miracle, this renewal was decided by the pastor of the same church that had been converted, since the war of independence of the Northern Provinces, to Calvinism. This article attempts to reconstruct, first of all, the primary causes of the development of this legend which tells how the Countess gave birth on Holy Friday 1276 to 365 children and died along with them on the same day, after their baptism, and of the birth of the cult of fertility that resulted from it and gained renown well beyond the region of the Hague. It appears that the legend and cult were the product of the joint efforts of the Cistercian convent of Loosduinen to assert itself in the region and to reinforce its ties to the dynasty of the Counts of Holland, as well as of the efforts of the Counts of Holland themselves, who used it as an instrument of propaganda for their dynasty, in order to reinforce their prestige in the area. Furthermore, the adoption of the cult by the Calvinist Church at the end of the 16th century was caused by the continuity of the ties that bound the Dutch Church with the national political powers. Simultaneously, the renewal of the cult was backed up by the dynasty of Orange, the new political head of Holland and its new symbol of national unity, in search of legitimation and of popular support.

Dans le dernier quart du XVIᵉ siècle, la croyance dans le miracle de la comtesse de Hennebergh et son culte, piliers de la foi catholique dans la région de La Haye ont été adoptés et réinstitutionnalisés par l'église calviniste de Loosduinen, avec l'appui de l'Église réformée de la Hollande. Pour pouvoir expliquer ce phénomène, il est indispensable de reconstituer la naissance de la légende et d'analyser son évolution en la replaçant dans son contexte historique.

Malgré les nombreuses études de folkloristes et historiens locaux[1], personne n'a étudié les circonstances de ce développement. Les croyances populaires ont joué un double rôle fondamental dans l'histoire de la légende et du culte de Margareta de Henneberg. Dans un premier temps, leur influence dans l'élaboration de cette légende a été à tel point primordiale qu'elles ont réussi à détrôner les adaptations savantes et à forcer l'establishment ecclésiastique et laïque à adopter leur version locale de l'histoire. A l'aide de cette analyse, il me sera ensuite possible d'expliquer comment, dans un second temps, la persistance de la pensée magique (les croyances dans les pouvoirs bénéfiques ou maléfiques de personnes, d'objets ou de lieux) et la force du culte populaire ont paradoxalement aidé l'Eglise calviniste hollandaise, malgré tous ses à-prioris, à intégrer ce culte catholique local. Je tenterai ensuite d'analyser les causes profondes de cette adoption.

Samuel Pepys (1633–1703), auteur du célèbre *Journal* qui a fait son renom[2], nous raconte qu'il visite le village de Loosduinen (Illustration 1) dans la région de La Haye lors d'un voyage aux Pays-Bas en mai 1660. Ce n'est pas par intérêt pour le 'tout petit village', ou la taverne locale 'où se trouvaient un grand nombre de paysans hollandais qui mangeaient du poisson avec des façons paysannes mais qui étaient très joyeux à leur manière.'

Il s'y rend au lieu de pélerinage visité depuis 200 ans par des milliers de voyageurs qui affluent de toute l'Europe. Il est venu voir le monument situé dans l'église locale, qui célèbre l'histoire de l'infortunée comtesse Margareta de Henneberg, qui a donné naissance le

---

[1] Voir les références diverses dans le corps de cet article. L'étude de Jan Bondeson et Arie Molenkamp, publiée récemment et à laquelle je me réfère tout au long de cet article, est un bon exemple de ce genre de travaux (*Margaret of Henneberg and her 365 Children. A Legend Once Famous in Europe*, Den Haag, no date). Le lecteur se référera avant tout à l'excellente étude de l'histoire de l'abbaye jusqu'en 1572 par Willem E. de Hertog, *De abdij van Loosduynen, Cisterciënzenrinnenklooster van 1229–1572*, Den Haag, 1997, en particulier les pages 127–153 ('het mirakel van Loosduinen') et l'annexe n° II qui donne la liste des versions diverses de la légende, pp. 412–413. Je n'ai malheureusement pris connaissance de cette dernière parution qu'après la rédaction de cet article.

[2] Il débute le 1er janvier 1660. R. Latham and W. Matthews, *The Diary of Samuel Pepys, a New and Complete Transcription*, Vol. 1, 1970, University of California Press. Je me sers de la traduction française de cette édition établie sous la direction de André Dommergens, Samuel Pepys, *Journal*, I, 1660–1664, Paris, 1994, pp. 125–126.

jour du vendredi saint 1276 à 365 enfants. Nous apprenons aussi qu'il a eu le privilège de voir les deux 'bassins qui servirent à baptiser les enfants mâles et femelles'. On peut les voir aujourd'hui encore encadrés avec un texte bilingue en néerlandais et en latin de l'histoire (Illustration 2).

Cette légende concerne un réel personnage historique de la plus haute noblesse hollandaise: la comtesse Margareta de Henneberg, dernière fille du comte de Hollande et de Zélande Floris IV et de Machteld (Mathilde) de Brabant, mariée en 1249 à 15 ans, au comte allemand Herman I[e] von Henneberg[3]. L'un de leurs châteaux est situé sur les terres du couvent de Loosduinen[4]. Des sources nous apprennent la maladie et la mort de la comtesse Margareta à 42 ans à Loosduinen sans rien nous signaler de particulier concernant ces événements[5]. Elle a été enterrée dans l'église abbatiale[6].

A la base de l'élaboration de la légende se trouvent donc les quelques faits historiques que je vient de citer et un texte, celui de l'épitaphe de la tombe de Margareta, aujourd'hui disparu: (texte n° 1)

> Ista tenet fossa matronae nobilis ossa,
> Quae dum vivebat Lausdunis laeta manebat,
> Atque vocabatur Margrêta, quiete fruatur,
> Quae fuit Germana Wilhelmi Illustris
> Regis Germaniae & Comitissa in Hennebergh
> Quae obiit anno Domini M CCLXXVI. ipso die
> Parasceves horâ nonâ. Orate pro eâ[7].

[Cette tombe contient les os de l'épouse noble qui lorsqu'elle vivait, aimait demeurer à Loosduinen. Et elle était appelée Margrêta, qu'elle

---

[3] W.E. den Hertog, *Machteld van Brabant, Gravin van Holland ca. 1200–1267*, Stichting Oud Loosduinen, 1992, *passim*. Willem II, le frère de Margareta ayant été élu roi du Saint Empire et non pas Herman qui aspirait au trône, celui-ci décida de lui donner sa sœur en mariage pour s'en faire un allié (4000 marks de dot).

[4] Les comtes ont deux enfants survivants: un garçon, Poppo, et une fille Jutta. Cette information se trouve dans le *Oorkondenboek of Holland* (*Livre des Chartes de Hollande*) in J. Bondeson et A. Molenkamp, *Margaret of Henneberg*, p. 18.

[5] Son frère Willem II, roi des Romains, la visite sur son lit de mort et se charge à sa demande de distribuer des biens à ses dames de compagnie.

[6] Cette information est donnée par le chroniqueur Jan van Naeldwijck (XVIe siècle) qui nous dit que la tombe se trouve à gauche du mur Nord de l'église *midden in der Kercke daer die ghemeint van den volcke mach comen*. W.E. den Hertog, 'De legende van Hennenberg', pp. 91–92, in Hildebrand V., *Zeven en een halve Abdijkerk in Loosduinen*, Loosduinen, 1981.

[7] L'auteur a noté ses sources: *Terrae etiam mandata est in hac Ecclesia Margareta Comitissa de Henneberch, cujus hoc Epitaphium nobis ex veteri MS. dedit Scriverius in notis ad Chron. Goudan. pag. 255. Batavia Sacra*, Fr. Foppens ed., Bruxellis, MDCCLIV, p. 245.

jouisse du sommeil de la mort. Elle était la sœur de l'illustre Willem, roi d'Allemagne et comtesse de Hennebergh. Elle mourut en l'an de grâce 1276 le jour même du vendredi saint à la neuvième heure. Priez pour elle.]

La légende a subi de nombreuses évolutions et forme un corpus que je simplifie et schématise pour le besoin de cette conférence. Ma classification est basée avant tout sur le niveau d'évolution du narratif. Nous verrons qu'alors que les documents qui contiennent cette légende sont tous des produits de la culture savante, ils ont été influencés par des croyances populaires locales sans que nous puissions connaître les modalités de cette influence. Bien que la légende de Margareta[8] contienne divers motifs connus dans la littérature orale et écrite[9] elle est, selon mes connaissances, unique en son genre.

Dans quelles circonstances cette légende s'est-elle développée[10]?

1. *Naissance de la légende: la version de base de la légende (vers 1350 ou avant?)*

Le texte qui reproduit la version la plus ancienne de la légende (sans doute l'une de ses premières mentions) se trouve selon moi dans la chronique intitulée *Tabula Egmundana*[11] (texte nº 2):

---

[8] Cette étude ne peut en aucune façon être aussi détaillée que l'analyse élaborée par Jean-Claude Schmitt de la légende de Saint Guinefort. Il est impossible de connaître les conditions dans lesquelles cette légende fut collectée, les traditions locales auxquelles elle est liée, ni de réunir des informations expliquant les différentes versions qui nous sont connues, comme le préconise J.-C. Schmitt dans *The Holy Greyhound*, Cambridge, 1983, p. 46.

[9] Cette légende a été répertoriée dans les deux oeuvres de S. Thompson, *The Types of the Folktales. A Classification and Bibliography*, Helsinki, 1961, p. 264; et également dans *id., Motif-Index of Folk-Literature*, vol. 5, 1936, p. 24.

[10] Première constatation d'ordre général: comme l'*exemplum* de Stephane de Bourbon étudié par Jean-Claude Schmitt et qui raconte le miracle de Saint Guinefort, il s'agit d'une légende (*Sage*) à la fois dans le sens usuel du terme (il ne s'agit pas d'une histoire vraie) et aussi dans le sens technique du terme: la légende appartient à ce genre particulier de narratif car on y trouve une perspective historique, un cadre concret, le thème de la famille, un narratif qui se termine avec la mort du héros et la présence fragmentaire seulement de motifs chrétiens. Je me base sur et je cite ici les références données par J.-C. Schmitt dans *The Holy Greyhound*, Cambridge, 1983, pp. 39–40.

[11] Cette chronique date d'environ de 1464 mais est basée sur un écrit de 1381

Anno M.cclxxvj in Parasceve Margaretha de Henneberch comitissa, soror regis Wilhelmi, peperit *filios et filias ccclxiiij* et obiit eodem (die) simul cum eisdem sepulta in Lausdunis cum tali epytaphio, sculpto in lapide sarcophagi litteris metallinis (suit la mention de l'épitaphe, texte n° 1)[12].

[L'année 1276, le vendredi saint, la comtesse Margareta de Henneberg, sœur du roi Wilhelm, donna naissance à *364 fils et filles* et mourut le même jour avec eux, elle est enterrée à Loosduinen, avec l'épitaphe suivante sculptée dans la pierre du sarcophage, en lettres de métal].

Premièrement, il paraît fort plausible que ce récit a été inspiré par des croyances, une dévotion, voire un culte populaire local préexistant autour de la tombe de la comtesse dans l'abbaye de Loosduinen. Il est clair que l'élément primordial de cette tradition populaire qui raconte la mort de la comtesse après avoir accouché de 364 enfants est la fertilité prodigieuse de cette mère, perçue comme bénéfique et positive.

Les éléments qui ont pu contribuer à l'élaboration de cette dévotion locale sont multiples. Comme on le sait, cette région est le berceau de la famille des comtes de Hollande et leur est intimement liée: le nom du château (*die Haghe*) construit par Willem II, le frère de Margareta, dans la périphérie de son pavillon de chasse, donnera son nom à toute la région[13]. Ensuite, Loosduinen est lié dans la conscience populaire aux enfants décédés de la maison de Hollande. Le fait que l'abbaye de Loosduinen est l'une des nécropoles de la famille des comtes de Hollande, et en particulier de ses enfants morts en bas âge a certainement aidé à enraciner la légende et la dévotion locales: le premier fils de Margareta, Herman, mort peu après sa

---

supposé avoir été recopié d'une chronique plus ancienne dont on ne connait pas la date. J. Romein, *Geschiedenis van de Noord-Nederlandsche geschiedschrijving in de Middeleeuwen*, Haarlem, 1932, pp. 95–97 et pp. 112–114. *Tabula de hiis que habentur in hoc volumine et que contigerunt in Egmunda vel etiam que contigerunt monasterio per succedencia tempora (863–1464).* Romein écrit déjà qu'il s'agit 'peut-être' de la version la plus ancienne de la légende de la comtesse, *ibid.*, p. 113. Voir aussi Th. Enklaar, *Herfslicht op velden van cultuur*, Assen, 1961, pp. 66–7 et W.E. den Hertog, *De Abdij*, 1997, p. 135.

[12] A. Hulshof, *Egmondsche annalen uit de veertiende eeuw. Bijdragen en Mededelingen van het Historisch Genootschap*, 35, pp. 40–60, 1914. La légende p. 68.

[13] Au XVᵉ siècle le Hof van Holland y est établi. Pillée en 1574 par les troupes espagnoles, elle voit s'y établir le Prince Maurits (Maurice) en 1585 et trois ans plus tard les Etats-Généraux (Staten-Generaal) s'y installent. *Nijhoffs Geschiedenis-lexicon, Nederland en België*, 's Gravenhage-Antwerpen, 1981, pp. 231–232.

naissance, y est enterré, de même que d'autres enfants de la lignée des comtes[14].

Mais il y a plus: c'est la propre mère de Margareta, Mathilde (Machteld) comtesse de Hollande, qui a fondé la chapelle et le cloître à Loosduinen 'in honore Dei et Beatae Dei genitricis Mariae'. Il est évident que l'abbaye cistercienne de femmes de Loosduinen a encouragé voire initié cette dévotion envers l'une des filles de leur patronne, fondatrice et donatrice, d'autant plus que Mathilde a demandé à ses descendants de la dynastie régnante des comtes de Hollande et de Zélande de perpétuer cette tradition de patronage et de donations après sa mort[15].

Enfin, j'attribue une importance énorme à la concurrence qui devait certainement exister entre les deux fondations préférées de la comtesse Mathilde, c'est-à-dire Loosduinen et l'église voisine de 's-Gravenzande, créées presque simultanément par celle-ci, après qu'elle ai décidé de s'établir dans la région (1235)[16]. Ces deux établissements religieux étaient en perpétuelle compétition afin de bénéficier de la libéralité de leur fondatrice et par la suite de l'appui des comtes de Hollande. Or l'église de 's-Gravenzande a un énorme avantage sur l'abbaye de Loosduinen: elle possède une relique précieuse offerte par sa patronne elle-même. Il s'agit d'une image mariale miraculeuse ayant appartenu à Sainte Elisabeth de Thuringia[17]. Il me paraît

---

[14] W.E. de Hertog, *De Abdij*, 1981, p. 11; *Id.*, *Machteld*, 1992, p. 23. Les enfants morts en bas âge de Floris V, son neveu, comte de Hollande. E.H.P. Cordfunke, *Gravinnen van Holland. Huwelijk en huwelijkspolitiek van de graven uit het hollandse huis*, Den Haag, 1987, pp. 110–111.

[15] La chapelle de Loosduinen fut créée par les comtes de Hollande à la moitié du XIIe siècle. Le comte de Hollande Floris IV et sa femme Machteld créent le couvent de femmes à Loosduinen en lui faisant don de terres et diverses possessions dans un acte du 5 mai 1234. Il s'agit du premier couvent cistercien de femmes dans le comté de Hollande. Le chapitre général de Cîteaux admet son affiliation en 1233. Machtelt fera de nombreuses donations à l'abbaye (1235, 1247, 1249, 1266). Elle meurt le 22 décembre 1267 et est enterrée dans l'église abbatiale. Ses enfants maintiennent et renforcent les liens de la dynastie des comtes de Hollande avec l'abbaye et continuent à faire bénéficier le cloître de leurs dons. La haute noblesse hollandaise et zélandaise y envoie ses filles. W.E. den Hertog, 'De Abdij', pp. 6–8, in V. Hildebrand, *Zeven en een halve Abdijkerk in Loosduinen*, Loosduinen, 1981. Van Heusse, *Batavia Sacra*, MDCCLIV, pp. 243.

[16] En 1235 elle fait don de terres à la fois à Loosduinen et à 's-Gravenzande, W.E. den Hertog, *Machteld*, 1992, pp. 13–15.

[17] Machteld l'avait reçue de sa belle-sœur Sophia, mariée à son frère Hendrik II, comte de Brabant, qui l'avait elle même reçu en cadeau de Sainte Elisabeth de Thuringia, sa propre mère, (†1231 et canonisée en 1235 par Gregorius IX). Cette

plus que probable que les sœurs de Loosduinen, premier couvent cistercien créé en Hollande, ont encouragé la naissance d'une dévotion populaire à Margareta dès sa mort (1276) pour s'attribuer l'élément surnaturel qui leur manquait, s'affirmer dans la région et par la même occasion renforcer leur lien avec les comtes de Hollande[18].

Autre élément qui renforce ma thèse: personne n'a jamais relevé le fait que cette légende apparaît pour la première fois dans une chronique qui a précisément été rédigée dans l'abbaye bénédictine de St. Aldebert à Egmond[19], fondée en 922 par l'un des ancêtres de Margareta, Dirk I (916–939?) comte de Hollande. L'abbaye d'Egmond devenue rapidement un centre intellectuel de grande réputation[20] a rapidement joué le rôle de centre historiographique de la dynastie, comparable à celui de Saint Denis pour la dynastie capétienne.

Ma première conclusion est que cette légende écrite est le fruit de l'action conjugée de ces deux agents: l'abbaye de Loosduinen et les comtes de Hollande. Remarquons que la chronique cite l'épitaphe de la comtesse précisément pour renforcer l'élément chrétien et souligner la sainteté de l'épisode. En effet, selon l'épitaphe (texte n° 1) l'accouchement a non seulement eu lieu le jour du vendredi saint, mais encore, la comtesse meurt à la 9ᵉ heure, c'est à dire précisément à trois heures de l'après midi, heure où Jésus lui-même rendit l'âme sur la croix (Luc, 23:44–46)[21].

église, finalement dédiée à Sainte Elisabeth bénéficie elle aussi de très nombreuses donations de la comtesse. *Ibid.*, p. 15.

[18] Je ne pense pas que ce soit par hasard qu'un chroniqueur du XVIᵉ siècle, Wilhelmus Heda, mort en 1525, fait directement le lien entre l'image possédée par l'une et le prodige qui s'est produit dans l'autre: 'Sub hoc quoque Episcopo *imago* Divae Virginis, quam Sancta Elisabeth tunc clarens, Machtildi filiae Ducis Brabantiae, ac Comitis Hollandiae dono dederat apud Harenam Comitis, sive 't Sgravezande in pretio haberi coepta: Et *similiter prodigium* tunc contigisse ferunt de Machtilde filiâ Comitis occisi, uxore Comitis Hennebergensis, pariente ad numerum dierum anni numerosam prolem apud Losidanum . . .' *Ioannes de Beka canonicus Ultrajectinus et Wilhelmus Heda Praepositus Arnhemensis de Episcopis Ultraiectinis*, Doornik, 1643, p. 206 et notes f, g, h, p. 207.

[19] W.E. den Hertog, *Machteld van Brabant, Gravin van Holland ca. 1200–1267*, Stichting Oud Loosduinen, 1992, pp. 8–9.

[20] Bondeson et Molenkamp, p. 23.

[21] Selon une explication scientifique moderne de cet accouchement extraordinaire, il pourrait s'agir d'une 'grossesse molaire, les vésicules hydropiques du placenta, en grappe de raisin, auraient pu faire croire à de nombreux sacs amniotiques de très petite taille'. J.-Cl. Pons et Frydman R., *Les jumeaux*, Paris, 1994, pp. 92–93.

2. *La légende s'élabore (moitié du XIVe siècle)*

La seconde version de la légende est intéressante car plus détaillée (texte n° 3). On la trouve dans la *Kronyk van Holland*[22] écrite par le 'clerc uten laghen landen bi der see (le clerc des Pays-Bas à côté de la mer)', un clerc anonyme, entre 1349 et 1356[23]. C'est alors que la légende s'enrichit de certains détails importants qui feront désormais partie de la version 'officielle'.

Un miracle de tous les enfants qu'une comtesse mit au monde

A cette époque arriva un beau et étrange *miracle* de Dame Machtelt, comtesse de Hennenbergen, fille du comte susdit Floris, que Dieu Tout-Puissant laissa se produire afin de révéler publiquement que lui seul règne sur toutes choses dans le ciel comme sur terre. Cette femme honorable, bien qu'elle fut mariée au comte de Hennenbergen, logeait pourtant longuement en Hollande à Loosduinen où elle possédait des biens, et jusqu'au jour d'aujourd'hui leur château est appelé Hennenbergen. Elle n'était pas prête à croire en quelque manière que ce soit qu'une femme puisse avoir plus d'un enfant en une portée d'un seul homme, de telle sorte que lorsqu'une bonne femme accoucha d'un seul coup de deux enfants de son vrai époux, elle déclara crûment que celle-ci avait connu deux hommes, et qu'elle n'était pas prête à croire autre chose, malgré le fait qu'on lui démontra, et que des maîtres l'informèrent qu'il était naturel qu'une femme puisse avoir par un seul homme (jusqu'à) 7 enfants[24]. Et parce qu'elle n'était pas prête à reconnaître la puissance de Dieu qui est maître de la nature, Dieu décida

---

[22] Je joins en appendice uniquement les trois textes en néerlandais qui sont difficilement accessibles. Voir appendice n° 1.

[23] J. Romein, *Geschiedenis van de Noord-Nederlandsche geschiedschrijving in de Middeleeuwen*, Haarlem, 1932, pp. 100–102. La plupart des auteurs citent à tort cette chronique comme la plus ancienne version, voir par exemple D.Th. Enklaar, *Herfslicht op velden van cultuur*, Assen, 1961, p. 66. Enklaar est cependant bien conscient qu'il ne s'agit pas de la version la plus ancienne 'Het is duidelijk dat dit verwaterde verhaal, waaruit de pointe is weggevallen, onmogelijk de oorspronkelijke tekst kan zijn: de schrijver begrijpt zelf niet meer wat hij vertelt'.

[24] Une théorie médicale est reprise dans la légende: l'école médicale de Salerne a développé la théorie selon laquelle la matrice de la femme comporte sept cavités (appelées aussi logettes utérines) et qu'elle peut pour cette raison accoucher de sept enfants à la fois, trois du côté droit (garçons), trois du côté gauche (filles) et un hermaphrodite au milieu. On retrouve cette position dans le traité gynécologique flamand *Der Mannen en vrouwen heimelijcheit* (fin XIIIe siècle). Ainsi Albert le Grand qui traite du phénomène de la gemelléité donne également des exemples de grossesses multiples. Son cas le plus extrême est celui d'une noble allemande qui lorsqu'elle accouche d'un coup de 150 enfants croit qu'il s'agit de vers. Ils sont gros comme le petit doigt d'un homme et certains d'entre eux sont vivants. Albert le Grand, *De Animalibus*, Livre IX, traité 1, chapitre V, Lyon 1651, p. 291.

qu'elle soit enceinte de son époux, et elle mit au monde autant d'enfant qu'il y a de jours dans l'année, c'est à dire IIIcLXV, qui furent baptisés tous ensemble *dans une grande bassine, et ils était aussi grands que de jeunes souris*, mais ils moururent tous, de telle manière qu'il n'en resta pas un seul en vie, et c'est pourquoi cette femme étant honteuse, *abandonna son incrédulité* et vécu une vie sainte après la mort de son mari, et donna des belles possessions et des rentes à l'abbaye de Loosduinen, où elle fut enterrée. Après cela quitta ce monde, en l'an de Notre Seigneur MCCXXXVIII, Dame Machtelt, la fille de Heynric Duc de Brabant, et comtesse de Hollande, la mère de la comtesse de Hennenberghen, et elle fut enterrée dans le cloître à Loosduinen, qu'elle avait elle même fondé[25].

Cette version élabore le récit du drame. L'histoire de la naissance monstrueuse est beaucoup plus longue et détaillée dans la *Kronijk*[26]. Ce deuxième texte confirme le fait que l'Eglise tente de détourner et d'intégrer à son avantage une croyance qui existe dans la région de Loosduinen. Pour la première fois l'histoire est qualifiée dès le début de *miracle*[27], et est attribuée directement à la volonté de Dieu qui voulait démontrer *que lui seul règne sur toutes choses, dans le ciel comme sur terre*[28].

---

[25] B.J.L. De Geer van Jutphaas, *Bronnen van de Geschiedenis der Nederlanden in de Middeleeuwen, Kronijk van Holland van den ongenoemde geestelijke gemeenlijk geheeten kronijk van den clerc uten laghen landen bi der see*, Utrecht, 1867, pp. 87–88. L'une des sources de cette chronique est la chronique latine contemporaine du chanoine d'Utrecht Iohannes de Beka, historiographe des évêques d'Utrecht et des comtes de Hollande, elle aussi dédiée au comte Willem V, *De Episcopis Ultraiectinis*, Utrecht, 1643. La légende y apparaît dans le chapitre consacré à l'évêque Otto d'Utrecht III (l'oncle de Margareta). Il s'agit de la plus importante chronique du Nord des Pays-Bas (±1356–7), principale base des chroniques postérieures. P.J. Blok, *Geschiedenis van het Nederlandsche Volk*, Leiden, 1912, pp. 663–664 et B.J.L. De Geer van Jutphaas, *Bronnen*, 1867, pp. VII–IX.

[26] Pour ajouter de la vraisemblance à son récit l'auteur a ajouté des détails 'véridiques': les avortons sont décrits pour la première fois: ils ont une taille de souris.

[27] Selon la définition minimaliste de Saint Augustin 'j'appelle miracle, tout ce qui apparaît dur (à comprendre) et insolite, et dépasse l'attente ou les capacités de l'homme qui s'émerveille'. *De l'utilité de croire*, I, 16, 34. J. Le Goff, J.-Cl. Schmitt, *Dictionnaire raisonné de l'Occident médiéval*, Paris, 1999, p. 729.

[28] Ce développement s'inscrit bien dans la vaste campagne qui s'effectue depuis le XIIIᵉ siècle en Occident, qu'André Vauchez a qualifiée de 'christianisation du miracle'. Cet effort de l'Eglise 'pour christianiser les manifestations sensibles du surnaturel' a emprunté deux voies antagonistes. D'un côté, des théologiens comme Saint Thomas d'Aquin s'efforcent de restreindre de plus en plus la définition du miracle. D'autre part, ces réserves des théologiens et canonistes influent peu sur les croyances des fidèles et sur les méthodes des clercs et éducateurs qui s'efforcent d'intégrer le maximum de croyances populaires en les christianisant in J. Le Goff, J.-Cl. Schmitt, *Dictionnaire raisonné de l'Occident médiéval*, Paris, 1999, pp. 736–739.

Dans cette version, l'accouchement multiple[29] est présenté comme une punition divine contre l'attitude incrédule de la comtesse qui n'a pas reconnu les pouvoirs illimités et les mérites de Dieu. Confrontée au mystère de la gémelléité[30], elle n'est pas prête à croire que des jumeaux puissent être oeuvre divine et issus du même père. On trouve la trace de diverses croyances populaires au Moyen âge s'efforçant de rationaliser la naissance de plus d'un enfant[31]: la femme est soupçonnée de bestialité, d'adultère. Si la doctrine médicale ne trouve pas de relation causale directe entre une naissance multiple et l'adultère, elle contient certains éléments qui ont permis à ces croyances de se renforcer. En effet, on croit depuis Aristote qu'une seconde conception est possible après que la mère soit déjà enceinte, ce qui donne une explication possible à la croyance dans des naissances multiples issues de pères différents[32].

Deuxièmement, pour chasser toute équivoque quant à la parfaite orthodoxie de ce miracle, l'auteur étoffe le récit d'attributs chrétiens. Deux nouveaux détails apparaissent: nous apprenons pour la première fois non seulement que les enfants furent baptisés, mais encore l'existence de la grande bassine dans laquelle s'est fait le baptême. Il semble probable qu'un tel ustensile existe et soit l'objet de dévotions au plus tard au moment où le clerc écrit, c'est à dire dans la seconde moitié du XIVe siècle. L'épisode de la mort de la comtesse aussi est christianisé. Il s'agit d'une bonne mort[33]: la comtesse se

---

[29] Notons qu'il s'agit sans que nous sachions pourquoi de *364 enfants* dans la *Tabula* et de 365 enfants dans la *Kronijk*, deux traditions ou sources différentes?

[30] Comme le dit bien René Zazzo 'la naissance gémellaire n'est jamais traitée comme un phénomène ordinaire'. R. Zazzo, *Les jumeaux, le couple et la personne*, Paris, 1986, p. 340. 'La dualité de naissance, insolite pour l'espèce humaine, induit l'hypothèse d'une procréation elle-même insolite: procréation animale ou procréation divine, ou l'une et l'autre à la fois, ce qui est parfaitement conciliable (. . .). Dans des civilisations plus évoluées et d'un esprit plus malveillant, on dira que la gémélléité est le fruit de l'adultère, d'une procréation par deux hommes', *ibid.*, p. 344.

[31] Paul V. Rockwell a déjà attiré notre attention sur le fait qu'au Moyen-Age 'multiple birth do indeed lead to numerous kinds of disaster, both for the mother and the children', P.V. Rockwell, 'Twin mysteries: Ceci n'est pas un Fresne. Rewriting Resemblance in Galeran de Bretagne', in K. Busby and N.J. Lacy, *Conjunctures: Medieval Studies in Honor of Douglas Kelly*, Amsterdam, 1994, pp. 487–505.

[32] Reinhold Köhler a fait une analyse extensive de récits populaires médiévaux où sont combinés gémélléité et accusations d'adultère. La majorité de ceux-ci est allemande. *Die Lais der Marie de France, herausgegeben von Karl Warnke mit vergleichenden Anmerkungen von Reinhold Köhler*, Halle, 1925, pp. CXI–CXXI.

[33] L'histoire rappelle en fait les *exempla* du point de vue de sa structure: introduction et présentation des personnages, récit du péché, morale de la fin. C. Brémond, J. Le Goff et J.C. Schmitt, *L'Exemplum*, Turnhout, 1982, 164 p.

repent comme il se doit. Elle survit à cette mésaventure et gagne la vie éternelle à l'heure de sa mort en faisant la donation du couvent à Loosduinen pour racheter ses péchés. Le fait qu'elle est enterrée dans le cimetière de l'abbaye est présenté ici comme la preuve de sa quasi-sainteté.

Cette seconde version vient confirmer ma théorie: l'élaboration de cette légende découle de la volonté consciente de la part de la maison de Hollande de se construire une réputation de sainteté et de renforcer son prestige avec l'aide de ses historiographes et la complicité de l'église locale. Cette dernière y trouve un double bénéfice, puisqu'elle consolide à la fois sa position dans la région, et ses liens avec la dynastie régnante. N'oublions pas que la lignée des comtes de Hollande a été détentrice de la couronne d'Allemagne: la dimension mythique est recherchée tant par les dynasties royales que nobles (Mérovingiens, Guelfes, Capétiens, Plantagenêts etc. . . .). Or tous les historiens s'accordent pour dire que l'auteur de cette chronique est un clerc hollandais de l'entourage du comte de Hollande Willem V (ou VI)[34] qui écrit à la glorification de la dynastie de Hollande à la fin du XIVᵉ siècle. Tout comme les Capétiens qui se bâtissent une aura spéciale, entre autre, par leur réputation de rois thaumaturges[35], cet effort historiographique se base sur une dévotion populaire déjà existante qu'il vient renforcer. Le but est d'élaborer une légende dynastique magnifiant la noble lignée de Hollande. L'Eglise hollandaise participe à cet effort, décision qui est issue de la longue tradition et des liens durables de patronage de la maison de Hollande[36].

---

[34] 'Een hollandsche wereldlijke priester uit de omgeving van graaf Willem V waarschijnlijk', B.J.L. De Geer van Jutphaas, *Bronnen van de Geschiedenis der Nederlanden in de Middeleeuwen, Kronijk van Holland van den ongenoemde Geestelijke gemeenlijk geheeten kronijk van den clerc uten laghen landen bi der see*, Utrecht, 1867, pp. VII–IX. Citation p. IX. Voir l'introduction de la chronique, tout à la gloire de la maison de Hollande. Lire également sur cette chronique et son auteur H. Obreen, *Floris V, Graaf van Holland en Zeelant, Heer van Friesland*, Gand, 1907, pp. XIX–XXIII. Il écrit lui même que son seul but est de raconter l'histoire des comtes de Hollande 'alleen mitten historien der vorsten van Hollant'.

[35] Ch. Petit-Dutaillis, *La monarchie féodale en France et en Angleterre*, Paris, 1933, pp. 23–26, M. Bloch, *Les rois thaumaturges*, Paris, 1983.

[36] Voir la note 25 concernant la chronique du chanoine d'Utrecht Beka, publiée par A. Buchelius (1643). In H. Obreen, *Floris V, Graaf van Holland en Zeeland Heer van Friesland, 1256–1296*, Gand, 1907, pp. XXX–XXXI.

3. *La légende dans une version savante moralisante et nobiliaire (XVe siècle)*

Une troisième version du miracle de Loosduinen est inclue dans la *Chronica Novella* de Herman Korner, un historiographe allemand qui rédige sa chronique au début du XVe siècle (entre 1416 et 1435)[37]. Korner raconte à la date de l'année 1300 l'histoire suivante (texte n° 4):

> Dans la ville de La Haye vivait une femme noble appelée Katherine. Elle était mariée à un chevalier appellé Simon qui était très aprécié par tous, y compris le roi Willem II. Comme elle était agréable dans ses manières et prenait du plaisir à rencontrer des gens, elle était généralement bien aimée et était une invitée populaire aux fêtes et réunions. La comtesse Margareta, la femme du comte Johan de Hollande était son unique ennemie, et plus les autres appréciaient l'honorable Katherine, plus elle la haïssait. Il arriva alors que Katherine fut enceinte de son légitime mari, et lui enfanta deux jumeaux de sexe masculin. Quand la comtesse entendit cela elle dit: 'Ceci est le résultat de la vie immorale de cette femme, car je suis persuadée qu'il est tout aussi impossible pour une femme de mettre au monde deux jumeaux par un seul et unique père, qu'il est impossible pour moi de mettre au monde autant d'enfants qu'il y a de jours dans l'année'. A cause de ces paroles de la comtesse, Simon divorça de sa femme et elle fut emprisonnée dans un couvent. *Là, elle pria avec ferveur Dieu afin qu'il révèle son innocence, et ses prières furent entendues.* Peu de temps après, la comtesse donna naissance à 364 enfants d'un coup: *ils étaient tous comme des petits crabes, bien que tout à fait humains dans leur structure, et avec tous leurs membres intacts*; lorsque les sages-femmes les eurent mis *dans un grand bassin*, ils furent baptisés dans l'eau consacrée. Après cela ils moururent tous, chacun d'entre eux. La croyance générale fut que Dieu voulut punir la médisance envers la noble Katherine, en frappant la femme qui avait médit d'elle par cette punition miraculeuse. Quand Simon fut persuadé de l'innocence de sa femme, il la reprit comme son épouse avec beaucoup de cérémonie. Il l'aima à nouveau et ils vécurent heureux ensemble.

Cette version est très intéressante. D'un côté le corps de l'histoire correspond en bien des points à la *Kronyk van Holland*: la protagoniste est punie par Dieu pour sa médisance. Cependant une analyse plus fouillée révèle que le fonds du message diffère énormément.

---

[37] H. Korner, *Chroniqua Novella*, J. Schwalm ed., Göttingen, 1895. K. Nyrop, qui a écrit une étude sur la légende, pense à tort qu'il s'agit là de la première version connue de celle-ci. Il la répertorie dans la série de type (A) de la légende (la version inégalitaire est qualifiée par lui de type (B). *En kuriositet I kunstkammeren. Aarboger for Nordisk Olkyndighed og Historie*, 2r. 20, 1–44, Kopenhagen, 1905. Voir Bondenson et Molenkamp, p. 27.

1) Les détails rajoutés transforment le récit et lui font prendre des dimensions légendaires. L'identité des protagonistes et le cadre historique ne correspondent plus à la réalité. Le récit est transposé dans un autre contexte, proche mais anhistorique. Le rôle de Margareta de Henneberg est joué chez Korner par la femme du comte Johan de Hollande (son vrai nom n'apparaît même plus). Bien que le récit soit déplacé vers la ville de La Haye, il concerne toujours la dynastie des comtes de Hollande, ce qui atteste de son origine.

2) Dans la version précédente datant du XIVe siècle, la faute découle d'une réflexion de Margareta concernant l'impossibilité de mettre au monde des jumeaux issus d'un même père, c'est à dire d'une déclaration mettant en doute la toute puissance divine, acte frisant l'hérésie. Dans cette version le crime est tout autre, il s'agit d'un des crimes féminins les plus courants au Moyen âge et très sérieux: la calomnie. La comtesse est punie pour avoir faussement accusé un personnage déterminé, une dame de noble naissance, d'un crime extrêmement grave, l'adultère. Le châtiment de la comtesse est subi comme une punition divine pour une conduite immorale. Le récit est devenu celui d'une injustice envers un pair du même niveau social et non plus d'un péché devant Dieu. La femme innocente est abandonnée par son mari de peu de foi et demande par ses prières vengeance à Dieu, sans pour autant spécifier comment elle veut être vengée. Le texte dit explicitement qu'il s'agit d'une punition voulue par Dieu en contrepartie d'une conduite morale répréhensible. La protagoniste immorale est la comtesse alors que sa paire est décrite ici comme sa victime.

3) Le texte a pris une forme beaucoup plus littéraire: on pourrait même dire que le contenu chrétien didactique a laissé la place à la morale laïque conjugale: il n'est plus question pour la comtesse de se repentir de ses fautes ni de préparer chrétiennement sa mort. De même, la fin n'est plus chrétienne mais morale: l'ordre conjugal est sauf, mari et femme se retrouvent après que la vérité soit connue du mari. En fait, on retrouve dans la légende retranscrite au XVe siècle par Korner un motif littéraire déjà repris vers 1170 par Marie de France[38] dans son lai *Frêne*[39]. Les récits de naissances plurielles et

---

[38] Elle dit elle même avoir été inspirée par des sources orales et populaires. Elle écrit au début de son lai *le lai del Freine vus dirai sulunc le cunte que jeo sai*: ses sources sont bretonnes, et seront intégrées plus tard par la culture savante. A. Micha, éd. trad., *Lais de Marie de France*, Paris, 1994, p. 99.

[39] A. Micha, *Lais*, pp. 99–103. Shulamit Shahar résume succinctement le thème

les réactions désespérées des mères (de peur d'être accusées d'adultère) sont un motif récurrent dans la tradition littéraire écrite et orale européenne[40].

4) Le prodige prend du corps: pour la première fois les avortons sont décrits. Alors que jusqu'ici on nous avait renseignés uniquement sur leur taille (de souris), Korner nous signale qu'ils sont bien humains: (voir texte n° 4) 'ils étaient tous comme des petits crabes, bien que tout à fait humains dans leur structure, et avec tous leurs membres intacts'. Les enfants ont acquis une dimension humaine: il s'agit réellement de bébés et non pas d'avortons monstrueux de la taille d'une souris, ni de créatures diaboliques[41].

Cette version est importante car elle révèle l'hiatus criant entre la perception populaire et le point de vue savant: le motif littéraire a pour thème principal la culpabilité, l'arrogance et l'immoralité de la comtesse qui joue le mauvais rôle dans la légende. Cette version met en évidence la noirceur du personnage principal et lui oppose celui de la victime innocente, accusée à tort, héroïne de cette version, qui, abandonnée par son mari s'en remet à Dieu pour que justice lui soit rendue. Cet aspect est totalement en contradiction avec la perception positive et superstitieuse du peuple pour qui la comtesse est à la fois l'héroïne, la victime, et surtout la dépositaire d'une fertilité bénéfique dont il implore une part.

4. *La version inégalitaire (XVI*[e] *siècle)*

Cornelius Aurelius (ca. 1460–1531), chanoine augustinien à Leiden, a introduit l'histoire de la légende dans sa *Divisiekroniek* écrite dans le second quart du XVIe siècle (ca. 1516)[42] (texte n° 5):

> Concernant la Comtesse de Hennenberch qui donna naissance en une fois à autant d'enfants qu'il y a de jours dans l'année.
>
> Le comte Floris, le 13e comte de Hollande/père du roi Willem, avait parmi d'autres enfants une fille nommée Machtelt/qu'il donna en

---

très semblable de ce lai 'the birth of twins is the punishment for the mother since she once slandered a pious and chaste woman for giving birth to twins'. Sh. Shahar, *Childhood in the Middle Ages*, London/New-York, 1983, p. 122.

[40] Lire à ce sujet Sh. Shahar, *Childhood*, 1983, pp. 122–123.

[41] Un détail réaliste est rajouté pour rendre l'histoire plus vraisemblable: la présence des sages-femmes au baptême.

[42] C. Aurelius, *Die Chronycke van Hollant, Zeelant ende van Vrieslandt*, Dordrecht, 1595, f° clxxxiiii, dat x Capittel. Voir appendice n° 2.

mariage au comte Herman van Henneberch. Son frère était Willem,
roi de Rome/comte de Hollande, l'évêque Otte d'Utrecht était son
oncle du côté paternel/et le duc Heinrick de Brabant était son oncle
du côté maternel/et Alijt comtesse du Hainaut était sa tante et Otte
comte de Gelre et Henri évêque de Ludich son frère étaient ses cousins.

Un jour il arriva que cette comtesse de Hennenberch vit à sa porte
une *pauvre femme dont le mari était mort, en train de mendier son pain selon la
volonté du seigneur,* alors qu'elle portait sur chacun de ses bras un petit
enfant/qu'elle avait mis au monde d'une même gestation. En voyant
la femme, la comtesse la repoussa et l'injuria en disant qu'il n'était
pas possible d'enfanter d'une fois plus d'un enfant d'un seul homme.

Cette femme lui répondit avec correction en disant que cela pouvait
arriver *selon la volonté de Dieu* mais la comtesse *n'était pas prête à le croire
et lui parla en lui faisant honte et la renvoya de manière humiliante.* Voilà pourquoi très irritée, *la femme leva ses yeux au ciel en priant Dieu omnipotent* afin
qu'il veuille bien donner en une grossesse à la comtesse autant d'enfants
qu'il y a de jours dans l'année, ce qui arriva. La comtesse tomba
enceinte de son mari, le comte de Hennenberch. Et étant lourde, elle
descendit en Hollande. Et lorsqu'arriva le moment où elle devait accoucher, *elle devint anormalement grosse et pesante, et personne n'avait jamais vu ou
entendu quelque chose de semblable.* Et comme cette comtesse était une tante
du comte Floris de Hollande, elle se rendit chez lui à Loesdunen, et
comme il a été écrit, en MCC. et LXXVI, le jour de Notre Dame
pendant le carême, et elle accoucha le jour du vendredi saint, et ainsi
elle donna naissance et eu CCC. et LXV enfants qui était tous bien
formés des membres. *Et l'évêque Otte d'Utrecht son oncle, baptisa tous ces
enfants dans un bassin, et les garçons furent baptisés Johannes et les filles Elizabeth.*
Et tout de suite, après qu'ils aient été baptisés, ils sont tous morts au
même moment que leur mère la comtesse, et ils ont tous été enterrés
de concert dans le cloître, comme on on peut encore le voir aujour-
d'hui à ce jour dans l'histoire écrite sur sa tombe.

Soulignons les détails qui complètent et transforment la légende[43]:

1) Il apparaît clairement que l'évolution de la légende va dans le
sens de son orthodoxisation. Les détails liés à toute forme de mécréance
ont été écartés de même que tous les éléments qui s'en rapprochent.

---

[43] Des chercheurs ont trouvé des preuves que l'auteur de cette chronique connait
la chronique du clerc ce qui pourrait expliquer que Cornelius Aurelius baptise la
comtesse de Henneberg du nom de sa mère Machteld, bien qu'il lui établisse une
généalogie juste dans l'ensemble (Son père est Floris IV comte de Hollande, ses
frère et sœur sont Willem II (1227–1256) et Aleidis (†1284) et son oncle Otto est
bien évêque d'Utrecht).

Plus question de faire douter la comtesse des oeuvres divines: elle accuse la mendiante d'adultère. Le baptême gagne en sainteté: c'est l'évêque d'Utrecht lui-même, identifié sous le nom d'Otto qui baptise les nouveaux-nés[44]. La mère et ses enfants sont enterrés dans le cimetière de l'abbaye. Dans le même esprit la comtesse arrive à l'abbaye le jour saint de l'Annonciation (ce détail est nouveau, contrairement à la date de la mort le jour du Vendredi Saint). Ceci ne fait que renforcer l'aspect divin et miraculeux de l'histoire et amène une 'preuve' supplémentaire de l'aspect positif de la maternité de Margareta par le lien qu'on établit avec Marie, mère de Jésus. L'orthodoxie de la mendiante est également soulignée: c'est Dieu et non pas le diable que l'on prie ici. Toute équivoque concernant l'orthodoxie des protagonistes est dissipée, de même que tout développement dans le sens d'activités diaboliques[45]. L'auteur s'applique à établir les preuves qu'il s'agit bien là d'un miracle divin.

2) Le texte a transformé l'identité sociale de la seconde protagoniste: la comtesse insulte dans ce texte une mendiante, mère de jumeaux. Nous trouvons ici la trace d'un autre motif très répandu de la littérature populaire orale européenne: celui du manque de charité chrétienne d'une femme de condition supérieure envers une mendiante, mère de jumeaux, qu'elle accuse d'adultère, renvoie hautainement et qui ne comprendra son erreur qu'après avoir vécu la même expérience. Ici la mendiante s'en remet à Dieu pour la venger du double affront qu'elle a subi: elle a été à la fois accusée du grave péché d'adultère et de plus elle est renvoyée les mains vides. La punition est liée et proportionelle au crime: la comtesse est punie par un enfantement monstrueux qui prouve l'innocence de la femme accusée injustement.

---

[44] Ce détail biographique est correct: Otto, l'oncle de Margaretha, frère de son père Floris IV était évêque d'Utrecht, mais il mourut en 1249, bien avant 1276. A.W.E. Dek, Genealogie der Graven van Holland, s'Gravenhage, p. 5. Lire également B.J.L. De Geer van Jutphaas, *Bronnen van de Geschiedenis der Nederlanden in de Middeleeuwen, Kronijk van Holland van den ongenoemde Geestelijk gemeenlijk geheeten kronijk van den clerc uten laghen landen bi der see*, Utrecht, 1867, p. 87.

[45] Il est fondamental de dissiper toute question concernant une possible intervention maléfique dans ce miracle. Sous l'influence de la philosophie naturelle d'Aristote la conception augustinienne a été remplacée par 'l'idée d'un partage plus affirmé entre la 'nature', à laquelle est reconnu un certain degré d'autonomie, et le 'surnaturel', que celui-ci soit divin ou diabolique'. Le Goff, Schmitt, 1999, p. 1090.

3) L'influence des traditions populaires locales transparaît dans la description de la grossesse et les noms donnés aux enfants (Johannes et Elisabeth)[46].

5. *La version finale 'officielle' du monastère de Loosduinen*

Ce n'est pas par hasard que la version finale de la légende se trouve dans la *Chronique* rédigée au début du XVIe siècle par Jan van Naaldwijck, prêtre de la paroisse de Loosduinen[47]. L'évolution constatée dans la chronique précédente est renforcée et vient à son terme dans cette seconde chronique qui lui est contemporaine (texte n° 6).

L'auteur vit sur place et connaît de près la légende: son information est construite à la fois sur la base des versions savantes diverses (ainsi l'auteur connaît le texte encadré qui raconte la légende et il en reproduit le nom de l'évêque qui baptise les enfants[48]) et la tradition locale (ainsi l'accouchement a lieu dans le château du couple et non plus à l'abbaye). De même c'est la seule version selon laquelle le mari est présent, en perspective de l'accouchement[49]. L'influence

---

[46] Johannes est traditionnellement donné aux enfants mourant à leur baptême.

[47] J. van Naaldwijck, *Chronijck van Hollandt ende Zeeland totten jare 1414*, I, *British Library, British Museum London, Department of Manuscripts n° 41188, Fonds Cotton, Vitellius F XV*, f° 51. Terminée vers 1517 elle est en très mauvais état, le livre ayant été gravement endommagé par un incendie. Voir également: Bondeson et Molenkamp, *The Prolific Countess*, pp. 31–32 et W.E. de Hertog, 1997, pp. 141–143 et 439–443 dont j'ai pris connaissance après la rédaction de cette conférence.

[48] 'Ce jour là, (. . .) la comtesse Margrijet donna naissance à 364 enfants vivants, mais elle mourrut à la même heure. Les Princes et les Princesses furent présents pour voir cela. Et un évêque nommé Guido baptisa tous les enfants dans un bassin. Et tous les enfants mâles furent nommés Jan et les enfants féminins Elizabeth'. Un certain Guido est titularisé évêque d'Utrecht en 1301 (1301–1309). Avant sa consécration, il avait été envoyé par l'ordre de Cîteaux auquel appartient Loosduinen pour y être le confesseur du couvent. W.E. den Hertog, 'De abdij', p. 14, in Hildebrand V., *Zeven en een halve Abdijkerk in Loosduinen*, Loosduinen, 1981.

[49] On nous donne la date de la rencontre de la comtesse avec la mendiante (8 ans environ après la mort de sa mère, le 22 décembre 1267). 'Il est dit que la comtesse de Henneberg Margriet vit un jour une femme avec deux enfant qui était nés lors d'un seul (accouchement), ce qu'elle trouva très étonnant. La mendiante lui dit: 'vous vous étonnez que j'ai deux enfants avec moi et que je les ai conçus avec un seul homme (. . .) (je souhaite) que (. . .) vous-même conceviez et mettiez au monde autant d'enfants (que les jours de l'année à) venir. La comtesse lui répond avec dédain "je devrais alors connaître pour cela un même nombre d'hommes".' L'auteur raconte également que le comte de Hennebergh a invité le jour du dimanche des Palmes des gentilhommes et des femmes nobles afin qu'ils soient les parrains des nouveaux nés, l'auteur ajoute ironiquement qu''ils ne s'attendaient pas à plus de 7 enfants'.

locale va à la fois lui procurer des détails jusque là inédits et surtout le mener à une réinterprétation de la légende[50].

1) Il est clair que le poids des traditions locales et des liens avec
la dynastie des comtes de Hollande ne permet plus aucune critique
de Margareta. La tendance est à disculper la comtesse

> qui était bonne et naïve concernant la vie, et elle ne comprenait pas,
> alors qu'elle avait dépassé l'âge de 41 ans, qu'une femme puisse avoir
> et mettre au monde en même temps et dans une seule portée, deux
> enfants. Le fait qu'elle passait plus de temps dans le couvent avec les
> nonnes, sœurs et vierges pour entendre les louanges de Dieu et de ses
> saints aimés favoris, qu'avec les laïcs, hommes ou femmes qui cher-
> chent à parler de choses futiles et séculières ou à les écouter, en est
> une bonne indication[51].

L'auteur excuse par une trop grande innocence la réaction répréhensible de la comtesse.

2) Plus encore que dans la chronique précédente, l'auteur insiste
sur l'aspect merveilleux de l'histoire. Il la convertit en miracle divin
qu'il positive, même si il s'agit de la punition divine d'un péché
grave qui entraîne la mort de la mère et de ses nombreux enfants.
L'auteur a procédé à l'inversion totale et à la conversion définitive
de la légende en un miracle divin[52].

> Cependant, il faut comprendre que cette *malédiction* (*maledixien*) que la
> femme fit ou demanda par ses prières afin qu'elle se réalise pour la
> sus-dite Margrijet, a été changée en *bénédiction* (*benedixien*). Et la preuve
> en est que dame Margrijet a donné naissance à de nombreux enfants
> par la grâce de Dieu, cependant (elle a accouché) d'un (enfant) de
> moins que les jours de l'année, de telle manière que cette femme de
> peu d'importance ne puisse pas avoir la satisfaction (de croire) que
> Dieu a exaucé sa prière. Et ces enfants moururent ensemble avec leur
> mère le jour du vendredi saint et ils furent enterrés avec pompe avec

---

[50] Il ne fait pas d'erreurs de détails la concernant: tout d'abord il identifie avec
justesse la protagoniste (il la nomme Margrijet). Il critique les chroniqueurs qui ont
fait une telle erreur d'identification.
[51] 'die goet was ende onnosel van leven dat sij nijet en wiste doe sij out was
boven xlj jaeren dat een wijff hebben mocht ende ter werelt brenghen op eenen
tijt tot eenre dracht twee kinderen. Dat een goet teijken was dat sij meer met die
nonnen susters ende maechden was int cloester om goet te horen van God ende
van sijn lieve uutvercoren heijlighen dan mitten waerlijcken menschen heren oft
vrouwen die van ijdelheit ende tijtlicken dinghen lust te spreken off te horen'.
[52] On peut trouver le texte néerlandais de cette version dans W. den Hertog,
1997, p. 142.

leur mère et à ses côtés à Loosduinen. Et sur la pierre tombale sont
écrits les vers latins suivants en lettres de métal (voir le texte n° 1 plus
haut).

Il y a plus: non seulement tout l'aspect maléfique de l'histoire est
escamoté, mais le sens de l'histoire a été complètement transformé. La
comtesse n'est plus le personnage méchant et hautain qui s'attire la
colère divine par son péché d'orgueil, au contraire, elle est devenue
la victime d'une mendiante vindicative qui voit sa malédiction trans-
formée en une bénédiction par la volonté divine (*Gods gracien*). Dieu
n'accorde pas à la mendiante la satisfaction d'exaucer ses prières:
contrairement à sa demande, il a donné à la comtesse un enfant de
moins que le nombre des jours de l'année.

Cette version finale orthodoxisante et bénéfique de la légende,
semble, après divers développements qui ne prirent pas racine, avoir
été dictée sous l'influence et la pression redoublée des croyances
populaires locales la concernant. Ce n'est pas par hasard qu'elle a
été élaborée sur place à Loosduinen même, fief de la puissance des
comtes de Hollande, mais aussi dépositaire des traditions populaires
enracinées dans le pays.

En conclusion, je pense que la légende a été l'un des instruments
de propagande de la maison des comtes de Hollande. C'est avec
l'aide de l'église locale que la version officielle a été élaborée en plu-
siers étapes par des chroniqueurs au service de la maison de Hollande.
A travers le filtre de l'évolution de la légende il est apparu clairement combien la perception populaire et savante de la légende se
contredisent. En fin de compte, c'est la version populaire qui perçoit l'accouchement comme un miracle, et la comtesse comme un
personnage bénéfique qui l'emporte. Cette perception locale s'oppose
à la version savante, influencée par divers récits issu du folklore, plus
machiavélique, et beaucoup moins bien disposée envers le personnage de la comtesse. Les versions savantes entérinent finalement
l'aspect bénéfique et s'attachent également à démontrer l'aspect divin
du phénomène en chassant toute équivoque d'intervention diabolique. Les tentatives répétées de transformer la légende (en présentant
Margareta comme une figure noire, négative) et de détourner le culte
(par exemple vers la mère de la protagoniste) se sont révélés infructueuses devant la force de la tradition populaire locale.

Le culte

S'il y a plus d'un aspect paradoxal dans l'histoire de cette légende, l'histoire du culte qui lui est lié n'est pas moins bizarre. Les informations le concernant sont peu nombreuses.

Nous ne savons pas depuis quand ce culte local existe mais il me paraît probable qu'il date au plus tard du début du développement de la légende à la moitié du XIVe siècle[53]. Il est plausible que le culte soit né assez rapidement après l'événement de 1276, à Loosduinen, à l'initiative de l'abbaye locale et avec la bénédiction des comtes de Hollande.

Nous connaissons déjà par les textes les objets qui sont les supports de ce culte: la tombe de la comtesse et son épitaphe, la bassine dans laquelle ont été baptisés les enfants. Nous savons que des femmes infertiles venaient en pélerinage à l'église de Loosduinen, y visitaient la tombe de la comtesse et lavaient leurs mains dans cette bassine, espérant que ce contact les rendraient fertiles. Nous apprenons qu'au XVIe siècle ce bassin se trouve dans un encadrement de bois qui contient également un texte bilingue qui raconte les faits miraculeux[54].

C'est à la même époque que la réputation de la légende dépasse les frontières du comté de Hollande: non seulement des chroniques flamandes et allemandes rapportent la légende avec engouement, mais encore de nombreux livres d'histoire, cosmographies et diverses oeuvres relatant des événements extraordinaires rapportent la légende avec engouement[55]. De nombreuses versions pirates et fantaisistes de l'histoire circulent[56]. Enfin, dès la fin du XVIe siècle, la

---

[53] Rappelons que Samuel Pepys parle en 1660 d'un pélerinage vieux de 200 ans, voir note n° 2.

[54] On peut en trouver une retranscription dans *Le très heureux voyage fait par Très-Haut et Très-Puissant Prince Don Philippe fils du grand empereur Charles-Quint depuis l'Espagne jusqu'à ses domaines de la Basse-Allemagne avec la description de tous les États de Brabant & de Flandre*, écrit en quatre livres par Juan Christoval Calvette de Estrella, traduit de l'Espagnol par Jules Petit, Bruxelles, 1884, pp. 18–19.

[55] Parmi les plus célèbres je citerai les *Descrittione di Tutti I Paesi Bassi* du fameux historien et diplomate Ludovico Guicciardini. La première illustration connue de cette légende, de Pieter Kaerius, apparaît précisément dans l'édition française de Guicciardini (1613). W.E. den Hertog, 'De legende van Hennenberg', p. 84, in V. Hildebrand, *Zeven en een halve Abdijkerk in Loosduinen*, Loosduinen, 1981. Pour tous les détails concernant les tribulations de l'histoire, voir mon livre en préparation.

[56] Elles donnent des détails totalement faux: le nom de la protagoniste, l'endroit de l'événement, le nombre des enfants nés de l'accouchement, l'année du prodige

légende apparaît dans des versions littéraires, ballades et chansons[57]. Le site et l'abbaye de Loosduinen sont devenus de ce fait très célèbres: on y acceuille des pélerins de toute l'Europe venus sur les lieux du 'miracle de Loosduinen'[58].

Mais il s'avère que la légende et son culte ont eu deux vies, l'une avant et l'autre après la Réforme. C'est la seconde vie de la légende qui me paraît être la plus fascinante: en effet, après que l'Eglise Réformée se soit imposée dans le comté de Hollande et que l'église de Loosduinen a été convertie en temple protestant, son premier recteur, le Révérend Jacobus Corneliszoon Meursius (1578–1616), décide peu après sa nomination en 1578 de rétablir le culte de Margareta. Quels ont pu être être les mobiles d'une telle décision?

De prime abord, il me paraît évident que c'est la pression de la population locale et la masse des pélerins qui continuent à affluer à l'abbaye en quête de la bassine de baptême des 365 enfants, afin d'y bénéficier de la fertilité de la comtesse qui l'y ont poussé. Mais le pasteur a été confronté à au moins deux problèmes de taille.

Le premier est d'ordre matériel et non des moindres: que faire alors que les objets liés à la légende ont été détruits dans la tourmente de la guerre? En effet dès 1572, la guerre avait fait rage en Hollande entre Philippe II et les troupes de Guillaume d'Orange. L'armée espagnole détruit l'abbaye en 1574 afin d'empêcher les insurgés de s'en servir comme place fortifiée. Par la suite, lorsque les Gueux occupent Loosduinen, ils démolissent ce qui reste de l'abbaye: il est clair que le cadre de bois contenant le texte bilingue et la bassine originale de baptême des enfants ont été détruits.

La suite est amusante: Meursius a acheté deux plateaux de cuivre au marché aux puces ('lommert of oumerkt') de Delft, la ville voisine et leur a fait fabriquer un nouvel encadrement de bois avec un texte bilingue qu'il a lui-même rédigé en latin et en hollandais. Les deux plateaux sont encadrés au dessus des textes surplombés par

---

deviennent tout à fait fantaisistes. La légende est également reprise par des chroniqueurs flamands divers du XVIe siècle qui donnent des informations de seconde main basées sur telle ou telle version ou chronique hollandaise, ce qui témoignage de la célébrité acquise par la légende. Pour plus de détails voir mon livre à paraître.

[57] La première connue est une chanson espagnole intitulée *Caso raro y milagroso de una mujer que pario 360 hijos de un parte* où la mère prolifique est la princesse d'Irlande *Madama Margerita*, in Bondeson et Molenkamp, p. 47.

[58] *wonder van Loosduinen.*

l'inscription en Néerlandais: 'dans ces deux plateaux furent baptisés tous les enfants'[59].

Le second problème, d'ordre spirituel celui-là, n'est pas moins sérieux: la Réforme mène une offensive féroce contre les superstitions, la magie, les danses et les masquarades, et lutte contre les formes de croyances populaires comme la vénération des saints, les processions et les pélerinages. Or, quelque soit l'angle sous lequel on examine la légende, on y trouve une forte connotation catholique non seulement dans l'idée même du miracle, des croyances et rites magiques liés à ce culte et l'attente d'une gratification qui en serait issue, mais encore dans de nombreux détails, comme tous les éléments liés au baptême où officie l'évêque d'Utrecht, prélat de l'Eglise papiste.

Plus encore, le culte est non seulement lié depuis des générations à la dévotion populaire papiste mais il a joui précisément de l'attention des monarques très catholiques combattus par la Hollande: il existe un témoignage très documenté de la visite de l'abbaye en 1549 par le Prince héritier Philippe d'Espagne venu se receuillir sur le lieu du miracle et y entendre le récit de la légende, lors de son tour des Pays-Bas[60].

L'adoption du culte paraît pour le moins cocasse pour diverses raisons:

1) Le texte de Meursius qui commémore la légende est rédigé en des termes contraires à l'idéologie de la Réforme: ainsi par exemple le nouveau texte néerlandais qui reprend la tradition populaire parle de miracle (*miraculeuselyck*).

2) Plus encore, il s'agit en fait d'une véritable supercherie orchestrée par le pasteur fraîchement élu, à l'intention de la masse des croyants. Ce Meursius, catapulté par ses supérieurs dans le comté de Hollande et chargé d'organiser sur place la nouvelle Eglise a tout bonnement pris la décision de manipuler la foule des croyants. Si les circonstances exactes du renouvellement du culte ne sont pas connues, il est clair que le pasteur organise sciemment une imposture: je viens d'expliquer comment il a lui-même acheté ou fait

---

[59] 'In dese twee beckens syn alle dese kinderen ghedoopt'. Voir illustration 2.

[60] *Le très heureux voyage fait par Très-Haut et Très-Puissant Prince Don Philippe fils du grand empereur Charles-Quint depuis l'Espagne jusqu'à ses domaines de la Basse-Allemagne avec la description de tous les Etats de Brabant & de Flandre*, écrit en quatre livres par Juan Christoval Calvette de Estrella, traduit de l'Espagnol par Jules Petit, Bruxelles, 1884, pp. 16–19.

fabriquer les objets nécessaires au culte. Personne ne sait pourquoi Meursius décida de transformer l'unique plateau de baptême en deux plateaux. Je le soupçonne d'avoir voulu (sous l'influence de la morale calviniste?) séparer les sexes lors du baptême en destinant l'un des plateaux aux garçons et l'autre aux filles. Mais peut-être n'a-t-il tout simplement pas trouvé de plateau assez grand à ses yeux pour contenir 365 avortons, aussi petits soient-ils. Je n'ai pas encore trouvé de témoignage concernant les mobiles du pasteur.

Il y a ainsi deux versions finales de la légende et du culte: celle qui précède et celle qui suit la Réforme. Le nouveau texte racontant la légende[61], encadré par les soins de Meursius, a été rédigé par lui *après qu'il se soit procuré les deux plateaux*. Il contient de ce fait une nouvelle version de la légende. Les visiteurs d'avant la guerre civile contre l'Espagne ont donc vu un plateau et lu le texte bilingue original encadré. Après la révolte ils voient deux plateaux et lisent un texte différent qui évoque l'emploi de deux bassines (*in twee beckens*)[62].

Toujours est-il que ces changements n'ont eu aucune répercussion sur la dévotion et le culte de Margareta qui continuera d'attirer pendant des décennies après la Réforme de nombreuses femmes stériles en quête d'un miracle[63] et des foules de pélerins et de curieux. A tel point qu'il existe un véritable parcours touristique à l'abbaye (visite de la tombe de la comtesse, plateaux de baptême et tableau commémoratif). Les guides y ont ajouté la visite d'un site voisin qui aurait abrité le chateau où seraient nés les 365 enfants, et supposé

---

[61] Voir appendice n° 3.

[62] L'épisode de la mendiante est définitivement relégué à l'arrière plan et n'est plus au centre des intérêts: ce qui eût pu devenir (aux XVIᵉ et XVIIᵉ siècles, époque de la chasse aux sorcières) l'histoire maléfique d'une malédiction envoyée par une sorcière contre une femme noble qui accouche d'un nombre invraisemblable d'enfants et en meurt, est également resté chez les Calvinistes l'histoire merveilleuse d'une femme qui est béni par une fertilité quasi-illimitée. Le texte néerlandais parle de fait *miraculeux* (*miraculoeslick*) donc reprend la tradition populaire qui voit cette légende comme totalement inoffensive et positive. Notons que le texte emploie des mots qui ne laissent aucun doute quant au caractère non maléfique des actes de la mendiante. Elle souhaite (*wenschte*, qui n'a pas de connotation négative, traduit en latin par *imprecabatur* qui a plusieurs sens: souhaiter quelque chose de bénéfique ou de maléfique ou dans le sens neutre de prier).

[63] Le signe héraldique de la comtesse qui se trouvait au dessus des plateaux fut perdu après la révolution française (1795) (un ovale couronné, divisé par une ligne latérale, dans son côté droit se trouve un coq, et dans le côté gauche un lion). W.E. den Hertog, 'De legende van Hennenberg', p. 96, in Hildebrand V., *Zeven en een halve Abdijkerk in Loosduinen*, Loosduinen, 1981.

selon la tradition locale, avoir été englouti dans les sables[64]. Pepys dit bien en 1660: 'Nous vîmes la colline où on prétend que se trouvait la demeure qui s'est enfoncée dans la terre et où les enfants naquirent'[65].

Loosduinen est toujours un lieu de pélerinage pour les femmes stériles dans la première moitié du XVIIIᵉ siècle[66]. Elles visitent l'Eglise, disent une prière et sont persuadées que tout contact avec les plateaux baptismaux leur accordera la fertilité. Comme ils sont suspendus très haut dans l'église, elles lancent leurs gants et leurs mouchoirs sur les plateaux et sont convaincues qu'elles seront enceintes dès le premier contact sexuel avec leur mari à leur retour de pélerinage. Au XIXᵉ siècle le pasteur local vend encore des copies imprimées des textes inscrits sur le tableau.

Au premier niveau, on a là une confirmation peu banale de la justesse du schéma braudélien: les mentalités, prisonnières du temps long et partie intégrante de l'histoire quasi-immobile[67] ne se sont pas plus transformées soudainement qu'ailleurs dans les Pays-Bas du Nord avec l'adoption du protestantisme. La pensée magique persiste et ses croyances dans les pouvoirs surnaturels de certaines personnes, endroits ou objets. Keith Thomas a été parmi les premiers à mettre en évidence une réelle continuité des croyances et des comportements dans son désormais classique *Religion and the Decline of Magic* paru en 1971. Ainsi dans l'Angleterre du XVIIᵉ siècle, des Anglicans se signent encore, jurent par le nom de la Vierge, et croient à la protection des reliques contre le Diable, ou encore aux miracles. Thomas en

---

[64] Cette seconde légende circule au plus tard à la moitié ou la fin du XVIᵉ siècle puisqu'Estrella en évoque une variante dans son compte-rendu du voyage de Philippe II qui eut lieu en 1549: 'On dit qu'en souvenir du miracle, on bâtit au bord du Vahal une forteresse percée d'autant de fenêtres qu'il y eut d'enfants, garçons et filles: on l'appella Proyen, mais les citoyens de Bois-le-Duc & les Hollandais la détruisirent pendant la guerre de Gueldre', *Le très heureux voyage*, p. 19.

[65] S. Pepys, *Journal I*, R. Latham, 1994, p. 125.

[66] Ce témoignage de la continuation du culte est donné par W. Mylius, un médecin de Leiden qui compose dans la première moitié du XVIIIᵉ siècle un ouvrage consacré à l'étude 'des vestiges de superstitions dans l'exercice de la médecine par les Hollandais'. Il cite les deux bassines exposées et les visites qui leur sont faites et 'une peinture qui explique les événements' dans *Bijgeloovige Overblijfselen onder Geneeskundige Oeffeningen by de Hollanders bespeurd ende nagedacht van Willem Mylius*. A. de Cock dans *Volkssage, Volksgeloof en Volksgebruik*, Antwerpen, 1918, pp. 9–21 et p. 10 et M.A. Van Andel, *Volksgeneeskunst in Nederland*, Utrecht, pp. 96–97.

[67] 'Celle de l'homme dans ses rapports avec le milieu qui l'entoure'. F. Braudel, *La Méditerranée*, Paris, 1985, pp. 13–14.

conclut que 'All this merely goes to show that fundamental changes are not accomplished overnight'[68].

Mais je ne pense pas que cette pression des croyances populaires soit suffisante pour expliquer la continuation du culte de Margareta après la Réforme. Notre cas est différent de celui d'un autre culte catholique qui réussit a résister à l'implantation de la Réforme dans la province hollandaise: la dévotion et la fête de Saint Nicolas, le 6 décembre. Une brève comparaison de la continuation de ces deux cultes nous permet de mieux mettre en évidence la complexité des causes qui ont mené à la réinstauration du culte de Loosduinen.

Premièrement le culte de Margareta a été rétabli par un pasteur de l'Eglise calviniste sans provoquer l'opposition des autorités religieuses ou politiques, loin de là. Meursius lui même est titularisé dans sa chaire par les Etats de Hollande qui lui accordent dès 1580 (donc après la restauration du culte) des grandes sommes pour la reconstruction de son temple et y font transférer la chaire d'une église voisine détruite elle aussi[69]. En 1587 on lui alloue 60 livres pour installer une horloge dans la tour de son temple.

Au contraire, la fête de Saint Nicolas a été maintenue malgré l'opposition de l'Eglise réformée qui n'a pas réussi à éradiquer la piété du peuple qui continue à fêter le Saint. L'Eglise réformée hollandaise et les autorités séculières se sont efforcés sans succès pendant plusieurs générations de faire disparaître les célébrations de la fête du Saint des enfants qui datent du XIIe siècle. Il est paradoxal de constater que c'est précisément dans la Hollande calviniste que la fête de Saint Nicolas a survécu. Au contraire, et bien qu'il fête encore selon la tradition la fête de Saint Nicolas avec ses jeunes enfants, Luther finit par prendre position contre elle et déclare que 'Dieu ne connaissait pas d'évêque Nicolas'[70]: on transfère chez les Luthériens la tradition des cadeaux aux enfants au jour de Noël.

En Hollande au temps de la Réforme, l'iconoclasme détruit les représentations du Saint, et des mesures contre la fête de Saint Nicolas sont prises: les célébrations publiques de la fête sont interdites (on permet cependant aux Catholiques de continuer de véné-

---

[68] K. Thomas, *Religion and the Decline of Magic*, London, 1971, p. 84.
[69] V. Hildebrandt, 'Na de reformatie', in V. Hildebrandt, Loosduinen, 1981, pp. 20–21.
[70] L. Janssens, *Nicolaas, de duivel en de doden*, Baarn, 1993, p. 15.

rer leur saint en privé). Ce qui est intéressant, c'est que bien que les prêcheurs itinérants dénoncent la fête et que les pasteurs s'y opposent, elle continue à être fêtée par le peuple dans les provinces du Nord. Le fait qu'elle soit populaire auprès de deux publics primordiaux comme les enfants et les marchands, explique sûrement sa persistance. Les nombreux édits qui sont publiés contre la fête n'y peuvent rien (en 1663 l'un de ces édits provoque la révolte des enfants à Amsterdam).

Lorsqu'en 1795 la liberté de culte est instituée, la fête redevient publique et est rétablie dans toute sa splendeur[71]. Elle devient rapidement la célébration la plus populaire après les fêtes nationales hollandaises. En 1980, 70% des Hollandais fêtent encore la Saint Nicolas[72]. Dans ce cas précis, le culte de Saint Nicolas doit réellement sa persistance à son succès dans la culture populaire.

Mais l'histoire du culte de Margareta ne peut être expliqué par le seul argument de la piété populaire. Trois questions se posent à nous: premièrement, pourquoi un pasteur hollandais a-t-il sciemment renouvellé ce culte de la fertilité, et deuxièmement, comment se fait-il que l'Eglise réformée hollandaise a accepté l'adoption de ce culte et ne l'a jamais combattu? Enfin, troisièmement, y a-t-il d'autres motivations qui ont joué en faveur du rétablissement du culte?

En ce qui concerne Meursius, il y a tout d'abord ici une volonté consciente de la part du pasteur fraîchement titularisé d'attirer ses ouailles vers la nouvelle religion tout en lui conservant un îlot de connaissance. On sait que le pasteur a eu énormément de difficultés à son arrivée dans le village: il a lui même dirigé les travaux de reconstruction de l'église dont il ne restait plus que les murs, et des années de travaux agraires lui ont été nécessaires afin de rendre ses terres à nouveau labourables. Il me semble clair que son intention est de conquérir les croyants sur leur propre terrain et de les amener par ce biais à la vraie religion. Comme on le voit, la fin justifie ici les moyens: rappelons que jusqu'au XVIIe siècle, même en Hollande et Zélande, premiers bastions de l'indépendance ayant privilégié la religion réformée (il n'y a pas dans les Pays-Bas d'Eglise d'Etat), la progression de la Réforme est très lente. Si l'Eglise de Hollande a rapidement adopté la confession, l'organisation et la pratique quoti-

---

[71] L. Janssens, 1993, p. 34.
[72] L. Janssens, 1993, p. 42.

dienne calvinistes[73], le Calvinisme a mis de nombreuses années avant
d'être finalement adopté par la majorité des Hollandais, malgré sa
position privilégiée. Vers 1650 encore, seule la moitié de la population de la Hollande appartient à l'Eglise réformée. Dans les autres
provinces, le calvinisme progresse avec encore plus de lenteur et de
difficultés[74]. Ceci est du à l'extrême sévérité de la religion de Calvin.
Le gouvernement de l'Eglise est très structuré, et permet une supervision théologique qui garantit la pureté de la doctrine et surtout,
contraint les croyants à une vie sobre et droite. L'une des caractéristiques de cette Eglise est sa discipline ecclésiastique. Une fois leur
choix fait, les membres (qui partagent la communion) doivent en
comprendre l'aspect extrêmement sérieux. Tous doivent souscrire aux
confessions de foi formulées par l'Eglise et se plier à leurs exigences. Voilà pourquoi pendant longtemps, seule une petite minorité est
prête à recevoir la confession, la majorité gardant le statut de *Liefhebber*,
c'est-à-dire de 'sympathisant' ne faisant pas partie intégrale de la
congrégation locale et par là même ne tombant pas sous la discipline ecclésiastique. Ces 'compagnons de route' assistent aux services, font baptiser leurs enfants et participent à la vie de l'Eglise sans
être admis à la communion. Ces deux catégories de croyants illustre bien le caractère ambivalent de l'Eglise calviniste hollandaise et
les difficultés qui ont du se présenter à des pasteurs comme Meursius.
Etant donné que l'adhésion des fidèles doit se faire sur une base
volontaire (on n'essaie ni d'obliger ni de forcer qui que ce soit à
joindre l'Eglise), on peut comprendre qu'il a espéré rallier des nouveaux fidèles par ce biais.

Cette première conclusion n'est pas novatrice: dès 1975, Gerald
Strauss a suggéré de réévaluer le succès présumé de la nouvelle religion auprès des masses, car il attribuait à la Réforme peu d'impact
réel au niveau populaire. C'est dans ce but que Bob Scribner a analysé l'emploi qui a été sciemment fait par l'Eglise réformée de croyances et pratiques catholiques pour faciliter son intégration en Allemagne.
L'un des exemples les plus hauts en couleurs est la croyance dans

[73] Comme le dit bien Pieter Geyl, au début de la révolte, 'Protestants were only
a minority in Holland and Zeeland'. P. Geyl, *The Revolt of the Netherlands, 1555–1609*,
London, 1945, p. 16.
[74] Wiebe Bergsma, 'The Low Countries', in B. Scribner, R. Porter and M. Teich,
Cambridge, 1994, pp. 67–79. Les chiffres avancés par Bergsma sont éloquents: en
1600, les membres de l'Eglise réformée représentent au mieux environ 20% de la
population des diverses provinces. Bergsma, pp. 74–75.

l'incombustibilité de Luther (ses images, sa maison natale etc. . . .) documentée depuis le début du XVIIIe siècle, mais qui remonte à un pamphlet écrit en 1521[75]. En 1717, les histoires sont tellement nombreuses que Justus Schoepffer, le pasteur d'Eisleben où naquit le réformateur, leur consacre un tract. Ce véritable culte de Luther en Allemagne apparu au début des Temps Modernes, subsistait encore au XVIIIe siècle[76]. Scribner dit bien que 'such reports show unmistakable traces of the Catholic cult of the Saints'[77], puisque les Saints (ainsi que l'hostie) sont réputés incombustibles, ainsi que leurs reliques et images. Il s'agit là, selon Scribner d'un réel 'syncretism with Catholic forms, which occurred in the use of images and of elements from pre-Reformation religious culture'. Il attribue la pleine responsabilité de cette politique de récupération aux cadres de l'Eglise Luthérienne:

> we are not dealing here with the 'Catholic survival' rooted in the ignorance of a peasant mentality. The mythology of the 'incombustible Luther' was produced by the very leaders of the Lutheran Church themselves.

L'étude de Scribner démontre bien que 'the Reformation was neither as radical nor as successful a break with the past as traditional Reformation historiography has led us to believe' et suggère de mener des nouvelles recherches concernant la nature du Luthéranisme populaire: 'the results could be quite surprising'. Effectivement, on ne peut s'empêcher d'être surpris de constater que la réalité du calvinisme populaire en Hollande n'est pas très différente de celle du luthéranisme du peuple allemand.

Mais comment se fait-il que l'Eglise réformée hollandaise a accepté l'adoption de ce culte et ne l'a pas combattu[78]?

---

[75] R. Scribner, 'Incombustible Luther: the Image of the Reformer in Early Modern Germany', in R. Scribner, *Popular Culture and Popular Movements in Reformation Germany*, London, 1987, pp. 324–325.

[76] 'There is no doubt that we can speak of a Luther-cult in Early Modern Germany, although the concept of Luther as a saint did not embed itself in Lutheranism in any form strong enough for us to see it as strictly comparable to Catholic's saints cult'. R. Scribner, *Popular Culture and Popular Movements in Reformation Germany*, London, 1987, p. 350. Scribner ajoute 'What is surprising is that they remained until well into the eighteenth century'.

[77] R. Scribner, *Popular Culture and Popular Movements in Reformation Germany*, London, 1987, p. 328.

[78] Un argument religieux qui a pu jouer en faveur du renouveau du culte est le fait que nous n'y trouvons aucun élément lié au culte de Marie ou des saints.

Qu'on ne s'y trompe pas: il ne s'agit pas là d'une démonstration de tolérance de sa part, même si le mythe de la tolérance hollandaise est tenace jusqu'à nos jours. Si elle admet l'existence des catholiques et d'autres obédiences de la religion réformée, l'Eglise calviniste mène une lutte implacable contre toute déviance en son sein. En 1618, le synode national réuni à Dordrecht marque le triomphe de l'aile dure de l'Eglise calviniste (le courant précisianiste ou les contre-Remonstrants) puisqu'il condamne le courant 'de l'Eglise libertine ou latitudinarienne' (les Remonstrants) et les chasse de l'Eglise réformée[79]. Il me paraît clair que l'attitude de l'Eglise calviniste doit être expliquée par des arguments qui ne tiennent pas au domaine du religieux.

Ainsi, les seules motivations culturelles ou religieuses ne suffisent pas à expliquer la renaissance de ce culte catholique après l'adoption de la Réforme en Hollande, et le fait qu'il persistera au moins jusqu'au XVIIIe siècle dans une province à quasi-majorité calviniste et dans la République elle-même. Dans ce cas précis, l'élément religieux ne peut être dissocié de l'élément politico-national qui me paraît avoir joué un rôle fondamental dans la continuation du culte de Margareta van Henneberg, tout comme il l'a été dans le développement de la Réforme dans l'Allemagne de Luther. Car comment expliquer que le culte, loin s'en faut, n'a été ni combattu ni censuré par les autorités séculières? Loosduinen se trouve précisément dans les faubourgs de La Haye, l'épicentre nerveux de la révolte et du gouvernement des Provinces en sécession. La décision de rétablir le culte de Margareta ne pouvait donc pas passer inaperçue des autorités, et de Guillaume d'Orange en particulier. Quelle est donc la raison qui a mené Guillaume, lui-même très tolérant, mais d'orientation érasmienne, donc partisan d'une religion épurée, à permettre, voire à encourager cette décision? Les pouvoirs politiques endossent

---

[79] Ces deux courants sont contradictoires. Le courant précisianiste demande que la foi et la vie quotidienne soient conformes aux normes religieuses. A côté de cette sévérité, existe le modèle de l'église libertine d'Utrecht qui offre ses services à tous sans rien leur demander en échange: l'assistance aux services et la communion sont optionnels. Le courant latitudinarien, préfère une Eglise plus relachée et élargie à un large public. Pour simplifier, je me base ici sur J.C.H. Blom and E. Lamberts, *History of the Low Countries*, Oxford, 1999, pp. 128–201. Le triomphe de l'Eglise calviniste est totalement soutenu par les autorités séculières qui ne renoncent pas du tout à leur tutelle. L'Eglise est partisane du pouvoir en place et lui accorde toute sa confiance.

totalement les actions du pasteur Meursius qui, titularisé à son poste
par les Etats Généraux de Hollande, continue a en recevoir périodiquement des sommes d'argent importantes pour continuer ses travaux de reconstruction. De même, comment expliquer que ses
successeurs ont continué à tolérer ce culte qui persiste au moins
jusqu'au XVIIIᵉ siècle?

Je pense que cette légende a eu deux vies liées à la volonté consciente de la dynastie régnant en Hollande de renforcer son assise
populaire: une première fois dès le XIVᵉ siècle, dans sa lutte pour
l'hégémonie dans sa région et contre ses rivaux, et plus tard, après
la Réforme, dans son effort d'affirmer à la fois son pouvoir en
Hollande, dans les Pays-Bas du Nord et contre les ennemis du dehors.
Le fait que la légende concerne l'un des membres de la lignée des
comtes de Hollande, prédécesseurs du chef de la révolte, Guillaume
d'Orange, a certainement joué un rôle de poids dans le rétablissement du culte populaire à l'époque de la lutte pour l'indépendance
nationale.

L'hypothèse du fait que Guillaume d'Orange et ses successeurs
ont compris le gain qui pouvait en résulter pour aider à consolider
la prééminence de la Province de Hollande dans la lutte contre les
Espagnols et en particulier rehausser l'aura de leur dynastie me paraît
plausible. Celui qui veut contrôler la République doit avant tout être
maître de la Hollande, fer de lance de la révolte des Pays-Bas contre
les Espagnols[80], mais il doit également savoir convaincre les autres
Provinces de se joindre à la lutte contre la tyrannie espagnole.
Loosduinen se trouve dans les faubourgs de La Haye, la capitale et
le centre stratégique des Provinces Unies. Les organismes administratifs centraux des Provinces (comme les Etats généraux, le Conseil
d'Etat, les Conseils de l'Admiralité, et l'office d'Auditeur de la
Généralité) y sont regroupés. Or à la fin du XVIᵉ siècle, le miracle
de Margareta peut précisément jouer ce rôle unificateur tant recher-
ché par les Oranges puisqu'il appartient à la fois au consensus local
et national.

L'Eglise calviniste y trouve également son avantage: l'histoire politique et religieuse des provinces est inextricablement lié: si le Calvinisme
avec sa théorie de la résistance a joué un rôle fondamental dans la
lutte contre le tyran espagnol, il a joui d'une position privilégiée dans

[80] P. Geyl, *The Revolt of the Netherlands, 1555–1609*, London, 1945, pp. 116–117.

la Hollande des Oranges. Ainsi, lorsque les Hollandais en révolte négocient avec Requesens, gouverneur-général espagnol des Pays-Bas de 1573 à 1576, pour la protection de leurs anciens privilèges, ils sont priés de commencer par restaurer le catholicisme dans leurs provinces. Mais l'idéal qui anime alors les insurgés est celui de la liberté, y compris la liberté de pensée, incompatible avec le catholicisme à la même époque. Voilà l'une des raisons qui ont mené les Provinces Unies libres à privilégier la Réforme[81]. Né Luthérien mais élevé à la cour de Bruxelles dans le Catholicisme, Guillaume d'Orange lui-même se convertit définitivement au Calvinisme en 1573. Depuis lors, l'appui de l'Eglise réformée ne s'est pas démentie vis-à-vis de la famille des Oranges et leurs destins ont été inextricablement liés.

Si l'Eglise calviniste n'a pas cherché par la suite à faire supprimer le culte de Loosduinen, malgré des interventions répétées concernant le dogme, le culte, la vie publique et vie privée des croyants, n'est ce pas du fait de sa nette orientation orangiste? Tout au long de l'histoire de la Hollande, l'Eglise réformée a pris fait et cause pour la famille d'Orange. Lors des divers troubles de succession au XVIIᵉ siècle, elle se range aux côtés du fils de Guillaume, Maurice (Maurits) de Nassau (stadholder), contre son adversaire Johan van Oldenbarnevelt, lui même partisan d'une Eglise ouverte et pro-français (Pensionnaire de Hollande exécuté en 1619), ou encore pour son arrière petit-fils Guillaume (Willem) III (1672–1702) lors des graves conflits de succession[82], contre ses adversaires, moins proches de l'Eglise nationale. L'appui de l'Eglise a de même contribué au rétablissement de Guillaume III dans la charge héréditaire de Stadholder qui lui revient par sa naissance, malgré l'opposition de l'Angleterre d'Oliver Cromwell[83]. Ainsi, les destins de l'Eglise et des Oranges étaient inextricablement liés dans les Provinces Unies.

---

[81] 'For that reason, the Church in the Free Netherlands should have to be protestant'. Blom, 1999, pp. 151–153.

[82] 'Their sympathies lay instead with the House of Orange', Blom, 1999, p. 190.

[83] Les régents qui exercent à cette époque le pouvoir local, sont opposés aux Orangistes. Cromwell était parvenu à extorquer des Hollandais, après leur défaite lors de la première guerre anglo-hollandaise, par l'*Acte d'Exclusion* de 1654, la promesse de ne jamais rétablir Willem III ou ses descendants à ce poste. Lorsqu'en 1672 la guerre est déclarée avec la France et l'Angleterre, Willem III ayant atteint l'âge adulte est rétabli dans ses fonctions de stadholder et le 20 août 1672, De Witt est sauvagement assassiné par la foule à La Haye après sa démission. Blom, p. 194.

On en trouve une confirmation très symbolique dans le fait qu'il existe une copie du tableau pendu dans l'Eglise de Loosduinen qui commémore la légende. Ce second encadrement contient un texte rimé racontant la légende, rédigé uniquement en Néerlandais, surplombé par la représentation iconographique des deux bassins du baptême. Selon la tradition locale, il fut commandé par un groupe de poètes et d'artistes locaux et ardents patriotes[84] et pendu dans l'auberge de Loosduinen appellée *L'arme du Prince d'Orange* (*Het Wapen van de Prins van Oranje*)[85]. Il y a quelques années, cet objet qui date d'avant 1625, donc de la période de lutte de la Hollande pour son indépendance, a été transféré par la municipalité de La Haye dans l'église du lieu et suspendu sur son mur nord, en face du tableau confectionné par le pasteur Meursius.

L'adoption du culte par l'Eglise calviniste hollandaise a donc résulté à la fois de la continuité des croyances dans le culte de Margareta, de la persévérance du fort lien traditionnel unissant l'Eglise hollandaise (catholique puis calviniste) à la lignée de Hollande (comtes et dynastie des Orange), et de la continuation de la volonté des chefs politiques de la Hollande, symboles de l'unité nationale, d'affirmer leur prééminence chez eux, vis-à-vis des autres Provinces et par la suite face à leurs ennemis politiques, et contre les ennemis du dehors.

---

[84] Ils sont qualifiés de 'Rederijkers' 'Rhétoriqueurs'. W.E. den Hertog, 1981, pp. 98–99.

[85] Sous le texte se trouvait une illustration de la légende, aujourd'hui disparue. On pense qu'il s'agissait d'un dessin de Pieter Karius (début XVIIe siècle) représentant la traditionelle chambre d'accouchée (mère alitée et sages-femmes s'affairant autour d'elle et devant la cheminée) et le plateau contenant les 365 enfants trônant sur une table.

Illustration 1. Le village de Loosduinen au XVIIIᵉ siècle. *De Nederlandsche Stad- en Dorpbeschrijver*, Amsterdam, 1793.

Illustration 2. Le tableau confectioné par les soins du pasteur Meursius, racontant la légende (à gauche texte néerlandais, à droite texte Latin) et les deux plateaux de cuivre suspendus. Le tableau a subi une restauration en 1980. Reproduit par permission de *Stichting Oud Loosduinen*.

APPENDIX

Appendice N° 1

Een mirakel van alle die kynderen, die een gravinne ter werelt bract
In desen tiden soe gheschiede een *scoon vreemd mirakel van vrouwe Machtelden gravinne van Hennenbergen,* grave Florijs dochter voers., dat die overste God geschien liet om openbaerlic te kennen te geven, dat hi aller dingen volmachtich is in den hemel ende inder aerde. Dese eerbaer vrouwe, hoe wel si anden grave van Hennenbergen gehilict was, so woende sy nochtan veel in Hollant tot Lausdunen, daer si gegoet was, ende noch hudens dages hoir hofstat geheten is Hennenbergen. Si en woude in geenre wys geloven, dat een wijf meer dan een kint tot eenre dracht hebben mocht bi enen man, so dat tot eenre tijt een goet wijf genas van tween kinderen tot enen male bi horen echten man, daer si slechts seyde, dat si twe mannen gehadt hadde, ende en woudes anders niet geloven, hoewel dat men haer bewijsde, ende meesters haer informeerden dattet natuerlic waer, dat een wijf bi enen man hebben mochte zeven kinderen. Ende want sy Gods mogentheit, die meester is der natueren, daer in niet bekennen en woude, so gaft God dat si mit vruchte wort bi horen man, ende genas van alsoe veel kinderen alser dage int iaer sijn, dat te weten IIIcLXV, die alte zamen in een groet becken gekerstent worden, ende waren alsoe groot als jonge muse, mar si storven alle, soe datter niet een te live en bleef, waer om dese vrouwe zeer beschaemt was, ende bekeerde hoir vander ongeloue ende leefde een salich leven na hoirs mans doot, ende gaf scoen goede ende renten ter abdien van Lausdunen, daer si begraven leyt. Daer na inden iaer ons Heeren MCCXXXVIII voir vrouwe Machtelt, hertoge Heynric dochter van Brabant, ende gravinne van Hollant, van deser werelt, der gravinnen moeder van Hennenbergen, ende wart begraven int cloester te Lausdunen, dat si selve gestict hadde.

B.J.L. De Geer van Jutphaas, *Bronnen van de Geschiedenis der Nederlanden in de Middeleeuwen, Kronijk van Holland van den ongenoemde Geestelijke gemeenlijk geheeten kronijk van den clerc uten laghen landen bi der see*, Utrecht, 1867, pp. 87–88.

Appendice Nº 2

Dat X. Capittel.

Van die Gravinne van Hennenberch die tot eener dracht also veel kinder ter werelt brochte als daer daghen int Iaer zijn.

Grave Floris die xiii. Grave van Hollant/Coninc Willems vader hadde onder andere kinderen een dochter gheheeten Machtelt/die hy te man gaf Graef Herman van Hennenberch. Hare broeder was Coninc Willem van Roome/Grave van Hollant. Bisschop Otte van Utrecht was haer oom van svaders wegen/ende Hertog Henrick van Brabant was haer oom van smoeders wegen/ende Alijt Gravinne van Henegouwe was haer moye/ende Otte Grave van Gelre ende Henric Bisshop van Ludic zijn broeder waren haer neven. Het geutel tot eener tijt dat dese Gravinne van Hennenberch een arm vrouken wiens man ghestorven was/by der deuren sach gaen bidden haer broot om Gods willen/hebbende op elcken arm een kindeken/die welcke sy tot eener dracht ter werelt hadde gebrocht. Die Gravinne dit vrouken siende/heeft se versmaet ende versproken/segghende dattet niet mogelick en waer/meer dan een kint van eenen man tot eener mael mogen ontfangen. Dat vrouken heeft haer betamelicken verantwoort/segghende: dattet by Gods ghehenghenisse wel gheschien mochte/maer die Gravinne en woude dat niet gelooven ende heeft dese vrouwe schoffierlicken toegesproken/ende schandelicken van haer verdreven. Waeromme dit vrouken seer ghestoort was/ende heeft haer oogen ten Hemel gestegen/God die alle ding machtich is/biddende oormoedelicken dat hy die Gravinne also veel kinderen wilde verleenen tot eener dracht/als daer dagen int Jaer comen/dwelcke also is gheschiet. Die Gravinne is bevrucht geworden met kinde/van haren man de Graef van Hennenberch/ende swaer wesende/is sy nederwaert ghetogen in Hollant. Ende als die tijt aen quam dat sy baren soude/is sy *also uutermaten gros ende swaer geworden/dat noyt mensch des ghelijcx ghesien ofte gehoort hadde.* Ende also dese Gravinne een moeye was van Graef Floris van Hollant/so quam sy tot hem in Loesdunen/ende *alsmen schreef M.CC ende LXXVI. op onser liever vrouwen dach in die vasten/*ende was doe die goede vrydach/ Soo beviel dese Gravinne ende baerde CCC. ende LXV. kinderen die alle volmaect van leden waren. Ende Bisschop Otte van Utrecht

haer oom doopte alle dese kinderen in een becken/ende die knechtkens worden geheeten Johannes/ende die meyskens Elizabeth. Ende
so gering als sy waren gedoopt/storven sy alle gader met haer moeder die Gravinne/ende worden alle gelijck daer int Clooster begra-
ven/alsmen noch huyden des daghes sien mach in haer Historie over
dat graf ghemaect.»

*Die Kronyck van Hollant, Zeelant ende van Vrieslandt, Die Neghenthienste
Divisie,* fº CLXXXIIII, Dordrecht, 1595.

Appendice N° 3

(Ma retranscription partielle du texte néerlandais encadré dans l'église de Loosduinen).

Dans la première partie du texte est présentée la généalogie de la comtesse. L'histoire apparaît ensuite:

Dese hoochgebooren Gravinne, out zijnde ontrent xlij iaer, heeft ter werelt voortgebracht opten goeden vrijdach, *ontrent negen uuren* int iaer m.cc.lxxvi. *drie hondert ende vijf en sestich kinderen*, die altesamen eerst gedoopt zijn, *in twee beckens* van Guido den Wijbisschop van Uutrecht, van de welcken knechtkens, alle Johannes, die maechkens alle Elizabeth genaemt zijn, die altesamen met den moeder op eenen dach ghes-torven, ende hier te Lausdunen in die kerck begraven zijn. Twelck geboert is door eenen armen vrouw die twee kinderen van eender dracht op haeren armen droech, waer van die Gravinne verwondert zijnde, sprack dat sulckes bij eenen man niet mochte geschien, ende heeftse met schofierlicke woorden verstooten. Waer door desen arme vrouw verstoort zijnde, haer wenschede soe veele kinderen tot een-der dracht te verkrijghen, alser daghen in een iaer mochten wesen, Twelck oock *miraculoeslick* alsoe gheschiet is, ghelijck hier tot een memorie uut den ouden, soe wel gheschreven als ghedruckte chro-nijcken in desen tafereel int kortste ghestelt ende verhaelt is. *God sij hier van ghevreest, gheeert ende gepresen inder eewicheijt,*
    Amen.

PARTIE V

VOIES DE PROPAGATION ET DE PERCEPTION

DE L'ÉVÊQUE AU CURÉ: LA COMMUNICATION DES RÉFORMES VERS LES PAROISSES ET SES MUTATIONS (XVᴱ–XVIIIᴱ SIÈCLES)

Nicole Lemaitre

Abstract

How did information spread among catholics in the early-modern period, and how was the commitment to reform transmitted from the episcopal to the parish level? We can distinguish three enduring forms of communication (over and above those involving letter correspondence): visits and synods, which generated personal contacts; synodical statutes and episcopal ordinances which provided a veritable legislative framework; and, finally, liturgical books which inspired new interpretations.

These forms of information exchange changed over time. Established initially on the basis of personal contacts during visitations and synodical meetings, they emphasised the primacy of oral as opposed to written means of communication. Gradually, however, these became transfused into communication by means of print. After the institution of conferences (towards the close of the 17th century) which instituted an intermediate oral level of information exchange, contacts between bishops and parishes only survived in the form of bureaucratic visitations and parochial enquiries. In the 18th century, forms of direct communication seem to break down in France, both as a result of the development of syndicates of parish priests as well as the failure of the church to create an official journal. Innovation no longer took place through bishops on the eve of the Revolution.

Replacer la Réforme catholique dans une histoire de l'information, c'est étudier l'histoire de la Contre-Réforme par celle de sa diffusion. Si nous connaissons assez bien l'élaboration de ses thématiques, c'est beaucoup moins vrai pour la réalité de leur transmission en effet. Les problèmes de l'information, de la communication et de la diffusion de l'innovation appartiennent à l'histoire des institutions religieuses tout autant qu'à l'histoire économique ou culturelle, mais ils sont en général traités par des spécialistes de la presse et de la ville et s'intéressent d'abord aux rythmes courts des événements, fort peu aux respirations lentes auxquelles appartiennent généralement les phénomènes religieux[1]. Or, sans revenir sur les théories de la communication au XXe siècle, il est évident pour un historien que les modalités de l'information d'une société ou d'une institution constituent une donnée anthropologique et historique fondamentale. C'est le cas en histoire religieuse, où il n'est pas nécessaire de défendre comme historiques l'analyse des moyens employés par les fidèles pour transmettre la foi droite et fustiger les comportements hérétiques; d'autant qu'il s'agit là d'une préoccupation originelle, au même titre que convertir ou convaincre, en particulier face aux schismes. Tout cela suppose de transmettre de l'information, une information maîtrisée par les autorités. C'est tellement vrai dans l'aventure chrétienne que les lettres des apôtres reconnues par les Églises sont entrées dans le canon des Écritures et que tout au long de l'histoire des Églises, les lettres encycliques, statuts synodaux et livres liturgiques circulent de façon ordinaire et créent le consensus nécessaire à la cohérence de chaque camp. Ceci suppose que l'information atteigne assez rapidement l'ensemble des fidèles. Or, si nous connaissons relativement bien, depuis les travaux de Jean Delumeau, la vitesse des communications entre Rome et l'ensemble de la chrétienté, celle des courriers à cheval extraordinaires ou ordinaires; il n'en est pas de même des niveaux intermédiaires et surtout inférieurs de la communication.

Au XVIe siècle, il faut compter dix à douze jours entre Rome et Lyon, vingt pour Paris, vingt-six à vingt-huit pour Londres ou Madrid, contre six ou sept à Gênes et quatre ou cinq à Venise. Le temps de transmission est en fait élastique par essence. Il est toujours possible d'user des chevaux sous un bon cavalier, mais un courrier extraordinaire est considéré comme un phénomène lorsqu'il rejoint Paris à Rome en dix jours[2]. Il faut ajouter les aléas de la météo et des routes inondées ou enneigées. Ce qui est vrai dans l'espace européen, entre Rome et les évêques, l'est tout autant, à une moindre échelle, entre un évêque et ses curés. Vers 1771, il faut deux jours pour acheminer un pli de Rodez à Saint-Antonin, à l'extrême ouest du diocèse[3]. Il faut également tenir compte du fait que l'espace français, pas plus que l'espace européen ne sont homogènes à cet égard:

---

[1] Voir en particulier les contributions très remarquables de *La ville et l'innovation en Europe. XIVe–XIXe siècles*, éd. B. Lepetit et J. Hoock, Paris, 1987, 222 p.
[2] Jean Delumeau, *Rome au XVIe siècle*, Paris, 1975, pp. 17–19.
[3] Louis Lempereur, *État du diocèse de Rodez en 1771*, Rodez, 1906.

même les grandes villes ne sont pas égales devant l'accès à l'information, en raison des discontinuités entre moyens de transport et des ruptures de charges[4]. Avant le XVIIIe siècle, nous connaissons mal l'état des communications dans un royaume comme la France. Les travaux en cours de Michel Cassan sur les temps de diffusion de nouvelles comme celle de la mort de Henri IV, montrent un mitage du territoire dont les explications ne sont pas simples à fournir: absence de carte, état des chemins, manque de courrier professionnel, insécurité périodique...

Nous pouvons suivre assez facilement le courrier des grands points de communication, qui s'adapte au réseau urbain. C'est beaucoup moins évident pour la communication qui lie de façon ordinaire un évêque et ses curés, de l'évêché au fin fond des paroisses du diocèse, même si la quantité de correspondances du XVIIIe siècle permet d'en savoir plus. L'une de ses caractéristiques, de la transmission des lettres royales aux enquêtes de justice et aux renseignements qui président à la confection de la carte de Cassini, par exemple, montrent que tout passe en effet par le réseau paroissial. Le curé est un centre d'accueil et de redistribution de l'information, du Moyen âge à la Révolution; par conséquent, c'est sur lui que repose la diffusion ou non de l'innovation. Ce réseau paroissial élémentaire fonctionne donc, même si c'est sur un temps élastique selon l'environnement guerrier et les catastrophes naturelles. Dans le monde bouleversé du christianisme du XVIe siècle, pouvoir communiquer, c'est pouvoir, tout simplement: pouvoir agir rapidement contre les mauvais comportements en particulier. Face à ce problème, qui n'est pas nouveau, l'Église a élaboré des procédures de communication régulière renforcée et contrôlée. On rappellera le legs médiéval de cette administration vénérable avant d'observer comment les évêques réformateurs s'y prennent pour mieux surveiller et convaincre leur clergé et avant de dire les conséquences de leurs choix.

---

[4] Les cartes et organigrammes des moyens de transport avant le chemin de fer en France sont particulièrement révélatrices de ces inégalités: Bernard Lepetit, *Chemins de terre et voies d'eau. Réseaux de transports. Organisation de l'espace, 1740–1840*, Paris, 1984, en particulier p. 103.

Avant le Concile de Trente: Priorité au Contact Personnel

Le lien organique entre la ville épiscopale et les paroisses est originel puisque les paroisses, dans leur première couche de fondation, dérivent de l'église matrice du diocèse. Aussi la rencontre périodique du clergé ayant charge d'âme autour de son évêque (une évolution du *presbyterium*) est-elle plus qu'une sociabilité de bon aloi. Du point de vue symbolique, les rencontres synodales sont au fondement de la communion du diocèse, au même titre que les rencontres provinciales, générales ou œcuméniques entre évêques. En témoigne par exemple, le succès et l'influence durable des *Actes de la province de Milan* de Charles Borromée, bien au-delà de la Lombardie.

Le synode comme fondement de l'ecclésialité

Contrairement à ce qu'on imaginerait à partir de notre expérience récente, à la fin du Moyen âge, le synode n'a rien d'une assemblée délibérante convoquée par l'évêque; il est plutôt une réunion de contrôle, voire un tribunal et un lieu d'information à la périodicité variable, annuelle ou bisannuelle, qui semble fixée dans ses rythmes et ses procédures depuis le XIe siècle, et devient obligatoire après le concile de Latran IV (1215)[5]. Le curé (dénomination employée à partir de la seconde moitié du XIIIe siècle) est, dans la paroisse, le représentant de l'évêque auquel il reste soumis. L'une de ses obligations canoniques est de répondre aux convocations. Le synode se réunit une ou deux fois l'an, au printemps, après Pâques et à l'automne, autour de la Saint Luc (18 octobre); parfois après la Pentecôte et à la Toussaint. Ce fut longtemps le seul moyen de faire connaître les décisions de l'Église et d'éduquer le clergé, d'une *ignorantia crassa et supina* nous disent, de façon invariable et parfois excessive, les services épiscopaux. C'est aussi le moyen de diffuser de façon précise la législation romaine interprétée par l'évêque. C'est pourquoi l'assistance au synode est une obligation strictement contrôlée et sanctionnée par des amendes, voire l'excommunication; ce n'est pas un hasard si nous possédons encore en grand nombre des listes

---

[5] L'ensemble des remarques qui suivent est tiré l'introduction de O. Pontal, *Les statuts synodaux français du XIIIe siècle*. t. I, *Les statuts de Paris et le synodal de l'Ouest*, Paris, 1971.

de présence pour des synodes anciens. La liste des absents non excu-
sés était lue et ils étaient publiquement excommuniés, à Autun par
exemple. La sujétion du curé est également financière, marquée par
le paiement de la taxe synodale (*cathedraticum, synodaticum*).

La durée, d'une seule journée en général, n'excède jamais trois
jours. Le synode est d'abord une liturgie, qui renouvelle la communion autour de l'évêque, mais c'est aussi le lieu de promulgation des
statuts, relus et remaniés par les services épiscopaux. Tout prêtre
ayant charge d'âmes devait présenter l'exemplaire de sa paroisse à
l'évêque, qui vérifiait son état. Pendant la séance du synode d'Albi,
les curés l'ouvraient sur leurs genoux tandis que l'archidiacre en faisait le commentaire suivi. L'évêque zélé pouvait interroger les curés
à l'improviste sur le contenu de leur livre, comme c'était le cas à
Troyes. Le concile de Trente se bornera à rappeler le principe d'une
ou deux réunions synodales par an dans sa dernière session.

À partir du XIVe siècle, ces statuts synodaux sont disponibles à
la fois en latin et en langue vulgaire et il est prévu que des parties
en soient lues aux fidèles régulièrement. À Albi, il est même prévu
qu'on les lira au prône, en entier, deux fois par semaine. L'évêque
dispose donc d'un instrument de pouvoir à la fois précis, car écrit,
et contrôlé, car mis régulièrement à jour. Le concile de Bâle (1433)
ne manque pas de rappeler que le synode doit être convoqué de
façon régulière 'pour conserver les mœurs antiques' et que les statuts provinciaux et synodaux doivent y être lus, qu'on y jugera les
crimes les plus graves comme la simonie, l'usure, le concubinage,
l'aliénation des biens de l'Église, la violation de la clôture des cou-
vents . . . [6] Le plus souvent, ce sont pourtant les questions les plus
terre à terre qui sont abordées, sans plan d'ensemble en général,
mais qui créent une sorte de jurisprudence concrète du diocèse en
toute chose. Dès la fin du siècle, les statuts véhiculent des éléments
de la future réforme catholique[7]. C'est surtout la pratique sacra-
mentelle qui est ainsi encadrée, en particulier la confession et le
mariage, mais on y trouve aussi toutes les questions graves du moment,
même si les réunions synodales sont loin de toujours donner lieu à

---

[6] Sess. XV, 26 nov. 1433.
[7] Et pas seulement dans des diocèses isolés, voir l'étude d'ensemble de J.M.
Hayden, M.R. Greenshields, 'Les réformations catholiques en France. Le témoignage des statuts synodaux', dans *Revue d'Histoire Moderne et Contemporaine*, 48-1, 2001,
pp. 5–29.

rédaction et, qu'à l'évidence, une part de l'information nous échappe, celle qui se diffuse dans les couloirs. En dépit du nombre de manuscrits dont nous disposons encore pour étudier les statuts, nous n'accédons qu'à une part minime de ce qui est transmis. Ce qui nous est conservé constitue cependant une norme absolue, sauvegardée régulièrement.

Les visites, expression du lien féodal

L'autre moyen traditionnel de transmettre la volonté de l'évêque ou de son équipe réformatrice est, tout au long de notre période, les visites. Tout comme le synode, la visite est un devoir de l'évêque, un acte de construction de l'Église locale. Mais plus que le synode, qui est une réunion juridique, la visite est la marque de la fonction de pasteur de l'évêque, un moyen d'identification de celui-ci au premier évangélisateur du diocèse et à la prédication itinérante du Christ, ainsi que l'explique Guillaume Durand dans son pontifical[8]. Elle offre aussi, comme le synode, une occasion de contact personnel avec le clergé et le moyen d'imposer des idées de réforme tout en éduquant et en contrôlant. Pour ce faire, la méthode est éprouvée puisqu'il existe des questionnaires d'enquête systématiques depuis le début du Xe siècle, la législation est définitivement en place lors de la promulgation de la constitution *Romana Ecclesia* d'Innocent IV, en 1246. La visite est en principe annuelle, mais l'étendue des diocèses ne le permet pas toujours et surtout, la fréquence des visites subit des hauts et des bas en fonction des évêques, des événements militaires ou épidémiques, de l'état économique et démographique du diocèse... et d'autant plus que la perception répétée du droit de gîte (procuration) pose des problèmes localement. Pourtant, dès que l'on accède à la réalité de la pratique elle-même, on voit fonctionner ce rôle d'information. Les tournées régulières supposent l'organisation d'une prédication régulière, qui accompagne aussi bien la visite elle-même que la confirmation des fidèles ou la consécration d'un objet.

Au cœur de la féodalité classique, la tournée de visites était déjà pour l'évêque le moyen d'affirmer des droits sur un territoire et ses sujets, bien plus que d'exercer une action pastorale. En Rouergue,

---

[8] Les remarques qui suivent proviennent de N. Coulet, *Les visites pastorales*, Turnhout, 1977 (Typologie des sources du Moyen Age occidental, 23).

c'est dans les régions périphériques que les évêques sont le plus souvent passés entre 1418 et 1530, preuve que la défense de leur pouvoir aux marges importait au moins autant que la pastorale[9]. La qualité de la visite peut en effet varier de façon considérable selon qu'elle est ou non véritablement pastorale. Le chancelier de l'Université de Paris et théologien gallican, Jean Gerson, ne s'est d'ailleurs pas privé de dénoncer, au début du XVe siècle, les visites qui ressemblent plus à des quêtes en grande pompe et détruisent la communion au lieu de l'édifier. Ici, les situations sont très variées et un diocèse bien entretenu voisine avec un diocèse abandonné, à peu près partout en Europe, jusqu'à la veille du Concile de Trente, mais la grande nouveauté est que l'on garde désormais les documents de visite.

Avant de se mettre en chemin, l'évêque dispose depuis fort longtemps de questionnaires-types qui ont pu être envoyés à l'avance pour annoncer son passage. Gerson estime que les paroissiens doivent être avertis plusieurs jours à l'avance. Il emmène un ou plusieurs scribes chargés de rédiger les procès-verbaux confidentiels, qui serviront ensuite de base aux mesures disciplinaires et aux ordonnances rédigées dans une forme juridique précise. Les procès verbaux de visite permettent de saisir l'organisation du temps, différente selon que l'évêque réside en un point d'où il fait rayonner ses envoyés ou qu'il passe lui-même d'un lieu à l'autre. Dans le premier cas, la petite troupe se transforme en tribunal périodique. Dans le second, on privilégie le contact direct, avec la population chez elle. La qualité du scribe nous donne parfois des indications précieuses sur la façon dont l'évêque aborde les hommes et les problèmes, sur le contact, souvent marquant pour les uns et les autres, qui est ainsi établi par le prélat. Le contact physique, bien que hiérarchisé, est privilégié. L'évêque, identifié à l'évangélisateur, est assimilé aux puissances protectrices du lieu: reliques, images, seigneurs, notables. Il est reçu, lui ou ses collaborateurs, comme un maître du salut commun, bientôt, au XVIe siècle, comme le successeur du premier apôtre du lieu, même s'il reste surtout un seigneur. Pourtant, il ne reste pas grand chose des paroles qui sont échangées, que ce soit pendant les liturgies, pendant les enquêtes ou à la table du curé.

---

[9] N. Lemaitre, 'Les visites pastorales témoins de la christianisation? L'exemple du diocèse de Rodez (XIVe–XVIIIe siècles), dans *La christianisation des campagnes. Actes du colloque du C.I.H.E.C. 1994*, t. I, Bruxelles-Rome, 1996, pp. 199–220.

Le primat de l'oralité et l'impact de l'imprimé

L'enquête orale est l'une des composantes principales de la visite. La déposition des laïcs et des prêtres appartient depuis toujours à la procédure de visite. Mais, si elle a pour but de juger de la qualité de l'administration de la paroisse, elle peut ne porter que sur des faits statistiques: nombre de communiants, de livres ou de calices; elle n'est jamais transcrite dans son intégralité, pas plus que le contenu des sermons du jour. L'information réciproque orale nous échappe donc. Il faudrait pouvoir disposer des enquêtes de justice de l'official pour retrouver la vie brute, à travers les litiges. Si le scribe note si peu de choses, c'est qu'il n'est pas facile d'écrire en se déplaçant. C'est aussi que le temps passé dans chaque paroisse est fort restreint. Si l'on compte les temps de trajet et de liturgie, à raison de trois à quatre paroisses par jour en moyenne, le contact direct avec les fidèles ou même le clergé est fort restreint. Moins d'une heure probablement. On ne peut guère que rompre la glace et manifester quelques gestes de dévotion ou de respect nouveau, qui transmettent des valeurs essentielles. Si les ordonnances sont publiques, les procès-verbaux sont confidentiels et les discussions interpersonnelles sont donc considérées également comme confidentielles. L'oralité est pour nous perdue dans le silence de la confidence accueillie ou refusée. Les visites pastorales ne sont jamais imprimées à la fin du XVe siècle, pas même le traité de la visite de Gerson. Et ce n'est pas seulement parce que les évêques auraient méprisé cette tâche à la veille de la Réforme, mais parce que, par nature, le contact personnel édifie la communion sans laisser de traces.

Le décalage de cette attitude avec la législation synodale ou avec la nécessité de l'uniformisation liturgique est très net. Au début du XVIe siècle, les prélats croient en la qualité du média imprimé puisqu'on voit des synodes provinciaux comme ceux de Sens et de Bourges engager la lutte contre l'hérésie protestante et contre ses supports, l'imprimerie en particulier, en 1528 et 1529. Mieux encore, à la veille du concile de Trente, les statuts commencent à être diffusés par l'imprimerie, par exemple ceux de Louis d'Amboise à Albi (1499), suivi par ses successeurs, en 1528, 1553 ... Un diocèse sur huit a imprimé ses statuts, les diocèses les plus vastes et les plus proches des centres d'imprimerie en général[10]. Les évêques ont donc été cons-

---

[10] A. Artonne, L. Guizard, O. Pontal, *Répertoire des statuts synodaux des diocèses de l'ancienne France*, Paris, 1963.

cients de l'intérêt de l'imprimerie pour imposer à leurs curés des textes sans fautes, mais ils n'ont pas cherché à uniformiser les statuts de leur diocèse autant que les livres liturgiques, les rituels par exemple. Ceci montre la grande maturité du système des rencontres synodales au début du XVIe siècle. Il faut attendre l'explosion de la Réforme (et de l'imprimerie) pour que les éditions se multiplient, en particulier dans les années 1550, quand l'épiscopat prend, relativement tardivement, conscience de la gravité de l'expansion calviniste. Alors seulement, un évêque zélé commencera son épiscopat en éditant les statuts synodaux, c'est-à-dire la norme de son diocèse.

La Contre-Réforme du Côté des Paroisses: Priorité aux Visites Pastorales?

Le concile de Trente ne fait que reprendre ces deux moyens de réforme des diocèses que sont les synodes et les visites. En 1563, il défend à nouveau la régularité annuelle des synodes et la visite personnelle du diocèse comme un devoir de l'évêque[11]. Pourtant l'accent change.

La transmission des décisions du concile

Le concile de Trente prévoit le 'rétablissement des conciles provinciaux partout où ils ont été supprimés, pour régler les mœurs, corriger les excès, accommoder les différends'. Les évêques seront tenus de s'y trouver, quitte à choisir la métropole la plus commode pour eux et 'ils observeront et feront observer ce qui y aura été décidé'. Il s'agit de transmettre au plus vite les décisions du concile. Si l'Italie, la Pologne, l'Espagne, pour des raisons différentes et sous des modalités différentes, l'adoptent assez vite, la France n'est pas aussi réticente qu'on l'a longtemps cru. Après quinze ans d'une circulation intense des décrets du concile parmi les élites cléricales les plus convaincues de son intérêt, les proches du cardinal de Lorraine en particulier[12], l'assemblée des évêques à Melun en 1579–1580, provoque l'adoption rapide dans les faits, sinon dans le droit, des

---

[11] Sess. XXIV, ca. II–III.
[12] Ce groupe est revenu de Trente avec l'enthousiasme de ceux qui ont découvert que les décrets préservent l'essentiel de ce qui compte dans l'Église gallicane: A. Tallon, *La France et le concile de Trente (1518–1563)*, Rome, 1997, pp. 804–824.

principales décisions conciliaires qui pouvaient être appliquées du point de vue de la Contre-Réforme.

Bien entendu, la guerre retarde la réforme. On le perçoit particulièrement bien dans la province de Rouen, par exemple, où les statuts provinciaux de 1581 dressent un cadre général de réforme du clergé, qui n'est vraiment appliqué qu'après 1613. De même, pour d'autres raisons, la guerre retarde cette introduction par exemple dans les Pays-Bas du Sud, où elle ne commence qu'après 1585, avec la reconstruction des églises et la réinstallation des curés. Encore ceux-ci sont-ils loin d'être immédiatement réformés partout. Le décalage entre la ville, où la vie religieuse est rapidement établie sous ses nouvelles modalités et la campagne, où la reconstruction est plus longue, est évident. Mais la réforme s'implante de façon plus profonde et plus durable dans les campagnes, en raison de la persistance des privilèges urbains et d'une sécularisation croissante en ville[13].

Les synodes: nouveau fonctionnement

Non seulement les synodes doivent se tenir tous les ans, mais les exemptions sont désormais supprimées:

> C'est à cause des églises paroissiales ou d'autres églises séculières, même simples annexes, que doivent être présents au synode ceux qui ont la charge de celles-ci, quels qu'ils soient.

Toutefois, le concile s'intéresse aux conciles provinciaux comme premier cercle de diffusion; il souhaite même en faire une structure universelle et permanente. Le succès immense de ceux de Charles Borromée dans la province de Milan, ne doit pas cacher l'effacement non programmé de ces conciles provinciaux, qui vont disparaître en deux générations.

Les synodes diocésains sont revivifiés, dans un premier temps au moins, comme on le voit dans la France d'après les guerres de religion. Ils restent pour l'évêque d'un vaste diocèse le meilleur instrument de contact, surtout si, informé par les archidiacres ou doyens,

---

[13] M.-J. Marinus, 'Une Contre-Réforme à deux vitesses. La christianisation des campagnes et des villes dans les Pays-Bas méridionaux du XVIIe siècle', dans *La christianisation des campagnes. Actes du colloque du C.I.H.E.C. 1994*, t. II, Bruxelles-Rome, 1996, pp. 355-364.

celui-ci prend la peine d'admonester les curés qui lui sont signalés[14]. Les statuts synodaux reflètent dans leur vocabulaire les transformations des politiques épiscopales. Ainsi à Beauvais, la simple comparaison entre le vocabulaire des statuts de 1531 et de 1646 révèle bien le basculement de la hiérarchie entre le prêtre ministre du culte (*sacerdos* et *presbyter*) et le curé pasteur (*curatus, rector*), responsable de ses ouailles[15]. L'analyse des verbes montre par ailleurs que les curés sont moins remis dans leurs devoirs, réformés donc, que considérés comme acteurs de la réforme: le curé du XVIIe siècle doit surveiller, contrôler, vérifier, informer sur ses paroissiens. Nous passons d'un monde où l'on vérifiait avant tout les capacités personnelles du curé à celui où l'on privilégie désormais celles qu'il peut montrer comme agent de conformisme auprès de ses fidèles.

Au XVIIIe siècle, le synode reste l'affaire de l'évêque: dans les deux réunions synodales de Haute-Bretagne, les curés viennent rendre compte de

> l'état et de la conduite de leurs paroisses et prêtres, et les prêtres craignant leurs recteurs se tenaient en leurs devoirs au moins quatre à cinq mois de l'année, un mois devant et un mois après chaque synode[16].

La délation devient une activité normale pour les jeunes clercs carriéristes: être bien vu de son supérieur est dans l'air du temps.

Si au XVIIe siècle, les synodes sont vraiment réguliers, à l'image des modèles que furent Charles Borromée ou François de Sales (treize synodes annuels entre 1603 et 1614) sans donner toujours des statuts imprimés, il semble bien qu'au XVIIIe siècle la régularité se tarisse, au moins dans le diocèse de Nantes. Quand la régularité est conservée coûte que coûte, comme c'est le cas dans les diocèses de Saint-Brieuc et Saint-Malo, l'absentéisme passe du quart vers 1760 au tiers, voire plus, des recteurs vers 1780; ils préfèrent payer l'amende car ils voient de toutes façons leurs supérieurs dans d'autres circonstances. Encore ne décompte-t-on pas les autres participants. Dans le diocèse de Rouen, c'est à partir de 1651 qu'on soupçonne une

---

[14] A. Bonzon, *L'esprit de clocher. Prêtres et paroisses dans le diocèse de Beauvais. 1535–1650*, Paris, 1999, pp. 60–61.

[15] *Ibid.*, pp. 178–181.

[16] Ch. Berthelot Du Chesnay, *Les prêtres séculiers en Haute-Bretagne au XVIIIe siècle*, Rennes, 1974, pp. 418–422.

modification des modalités de contrôle du clergé, qui passent par des réunions plus restreintes, les calendes[17].

Les visites, instrument de disciplinarisation

Le concile de Trente est revenu sur les visites pastorales à plusieurs reprises. Dès 1547 (sess. VII, de ref., can. 8), il a rappelé l'obligation de visite annuelle, sans tenir compte d'aucune exemption. Désormais, l'évêque a donc les mains libres dans les églises paroissiales tenues par les ordres religieux. Autant le concile ne s'étend pas sur les synodes, autant il est très précis sur les visites, rappelant l'abolition des exemptions dès lors qu'il y a charge d'âmes en 1563 (Sess. XXIV, de ref., ca. 10–11). Il s'agit de 'maintenir dans ses devoirs et dans l'obéissance le peuple qu'ils gouvernent' et les évêques ont donc le 'droit et le pouvoir d'ordonner, de régler, corriger et exécuter tous ce qui leur semblera nécessaire'. Mais il ne s'agit pas seulement de rétablir l'ordre.

> Le but principal de toutes ces visites sera d'établir une doctrine saine et orthodoxe en chassant les hérésies, de veiller aux bonnes mœurs, d'en corriger les mauvaises, d'animer le peuple par des exhortations et des admonitions en faveur de la religion, de la paix et de l'innocence, d'établir tout le reste pour le bien des fidèles selon la prudence des visiteurs, dans la mesure où le permettront le lieu, le temps et les circonstances. Pour que ceci réussisse plus facilement et plus heureusement, il est demandé à tous et à chacun des hommes susdits que concerne la visite, qu'ils embrassent tous les hommes avec une charité paternelle et un zèle chrétien; c'est pourquoi, se contentant d'un train de vie et d'une suite modestes, ils s'efforceront d'achever cette visite le plus rapidement possible, mais cependant avec toute la diligence due. Durant ce temps, ils veilleront à ne pas être pénibles et à charge à personne par des dépenses inutiles.

En rappelant les décisions du concile de Latran III, Trente insiste sur la frugalité du repas dû par les visités et sur la nécessité de ne pas l'imposer aux paroisses, là où ce n'était pas la coutume. La visite n'est donc plus d'abord une manifestation du pouvoir temporel, pas même un marquage du territoire, qui n'est plus nécessaire. Elle doit réformer les mœurs et la doctrine; elle est conditionnée par la néces-

---

[17] Ph. Goujard, *Un catholicisme bien tempéré, la vie religieuse dans les paroisses rurales de Normandie, 1680–1789*, Paris, 1996, p. 27.

sité de s'informer et d'informer sur les défauts à redresser. L'évêque et ses collaborateurs veulent connaître pour gouverner, mais aussi pour réduire aux normes morales et doctrinales édictées par le concile et qui permettent de distinguer l'hérétique du bon catholique. Cette exigence et cette souplesse dans la reprise en mains vont provoquer le redémarrage des visites, une charge lourde, pour laquelle la plupart des évêques du siècle précédent attendaient les ordres du concile, c'est pourquoi on a beaucoup dit que la visite pastorale était une caractéristique de l'Église tridentine, ce qui est faux...

Le concile de Trente n'a rien inventé: il suffisait d'appliquer à la lettre les textes législatifs anciens et de supprimer les exemptions pour affermir le pouvoir épiscopal sur les paroisses et en faire le pivot du gouvernement du diocèse. La fin du XVIe siècle voit donc la multiplication consensuelle de ce devoir qui n'avait jamais été totalement oublié. Les premières visites françaises du XVIIe siècle montrent l'apparition d'un souci nouveau, celui du catéchisme, du savoir des fidèles. Pendant une génération au moins, les visites vont porter ce thème, en même temps que celui de la moralisation du clergé. La répression commence, dans le diocèse de Beauvais par exemple, alimentée par des dénonciations, justifiées 'la larme à l'œil', dans une atmosphère qu'on ne connaissait pas un siècle plus tôt[18]. Les visites restent, longtemps encore, une liturgie et une fête, parfois agréable. Mais le but n'est plus que secondairement le contact de l'évêque avec les curés et les fidèles. C'est ainsi que l'archidiacre de Vendôme, François Chaudet de Lazenay se voit accusé, avant 1643, d'être 'un homme de plaisir et de bonne chaire qui alloit en visites plutôt pour se divertir avec ses curés que pour les régler et mettre le bon ordre dans leur paroisse'[19]. La promotion des visites archidiaconales ou décanales, comme moyen d'être plus efficace dans la réforme en l'adaptant mieux au terrain, est partout une réalité. La réforme atteint le petit groupe de paroisses où chacun des curés se surveille ou rivalise d'émulation. La dimension de disciplinarisation déborde désormais la dimension de communion dans la foi.

Si l'*Ordo visitationis* est de plus en plus fourni et précis (soixante-trois points dans le diocèse de Saint-Malo au XVIIIe siècle), l'esprit de la visite change également. Mgr de La Bastie se contente, de plus

---

[18] A. Bonzon, *op. cit.*, pp. 181–95.
[19] R. Sauzet, *Les visites pastorales dans le diocèse de Chartres pendant la première moitié du XVIIe siècle*, Rome, 1975, p. 85.

en plus, de 'convoquer les paroisses', pour arriver à boucler sa visite en moins de trois ans[20]. Pour ceux-là, le recteur avec ses registres et les trésoriers de la fabrique avec leurs comptes sont seuls convoqués. En 1749, il visite directement trente-deux paroisses et en fait venir vingt-deux, mais en 1764, il n'en visite plus que vingt et une et envoie un délégué dans quarante autres. Les curés sont surveillés, l'information religieuse circule, mais par petits groupes. Et c'est désormais par lettres de cachet que l'évêque de Saint-Malo sanctionne le clergé scandaleux (pour éviter que le Parlement ne s'empare de l'affaire). La bureaucratie sans discussion remplace la commensalité.

L'article 'visite' du Dictionnaire de Durand de Maillane rend bien compte de cette évolution[21]. Pour expliquer la visite, il se fonde sur la vieille antienne inventée par les canonistes débutants pour mieux retenir les buts de la visite: *Quis, quid, ubi, quibus auxiliis, cur, quomodo, quando.* S'il traite les trois premiers chapitres ensemble, c'est pour insister sur les droits de l'évêque, mais la quantité de texte est plus grande sur le *ubi* et le *quid*, signe qu'on s'intéresse à nouveau plus aux choses qu'aux hommes. La visite est redevenue une liste de critères à remplir et, lutte contre le jansénisme aidant, des critères de plus en plus uniformes d'un diocèse à l'autre.

Avant la Révolution: Des Rouages Administratifs trop Huilés?

L'inconvénient des synodes du Moyen âge tenait à la masse de curés à rencontrer en quelques heures. Il n'y avait donc pas d'évaluation possible de la qualité intellectuelle des pasteurs. On peut en dire de même des visites pastorales. Quand le visiteur n'accordait qu'une heure à la visite, la rencontre avait toutes les chances d'être superficielle. Les évêques résidents et responsables du XVIIe siècle en avaient certainement conscience. C'est pourquoi ils ont développé d'autres formules pour hausser le niveau de leurs curés.

---

[20] Ch. Berthelot du Chesnay, *op. cit.*, pp. 423–424.
[21] D. de Maillane, *Dictionnaire de droit canonique et de pratique bénéficiale*, t. IV, Paris, 1770, pp. 698–714.

Un nouveau cercle de diffusion, les conférences

La formule la plus courante a été la démultiplication des synodes au niveau local. Les conférences sont en effet encore définies par Durand de Maillane comme 'une espèce de synode particulier qui se tient par les curés ou prélats inférieurs à l'évêque et de son ordre', tout en attribuant leur création à Charles Borromée, de façon à en établir l'autorité indiscutable[22]. La création de cet échelon intermédiaire d'information et de formation répond à une logique d'efficacité; elle vise à limiter la superficialité de plus en plus manifeste des rencontres ordinaires. A l'évidence, les visites sont moins nombreuses dans les diocèses bretons du XVIIIe siècle. En Normandie, on voit aussi disparaître les synodes bisannuels. C'est que l'évêque de Saint-Malo, La Bastie, a d'autres moyens d'informer ses curés: les conférences ecclésiastiques, qu'il a réorganisées en 1748. Désormais, c'est au sein de ce petit groupe de paroisses que passent les ordres venus d'en haut, bien plus que dans les visites personnelles de l'évêque, qui se raréfient. Il y avait déjà eu des réunions de ce genre, pour des conférences 'sur les cas de conscience', mais pas de recyclage systématique. Cette nouvelle méthode de surveillance mutuelle du clergé évite l'inspection régulière. Pourtant La Bastie n'y a pas trouvé le succès escompté puisque l'absentéisme y reste fort. Mais le geste révèle une transformation profonde du rapport de l'évêque au clergé et aux fidèles de son diocèse. Dans l'immense diocèse de Rouen, dès 1651, les synodes sont confondus avec les calendes, l'assemblée des prêtres du doyenné, dans lesquelles l'évêque ou le vicaire général publiaient les textes réglementaires, où les curés rendaient compte de leur gestion paroissiale et recevaient la décision du magistère[23]. Or la substitution de l'un par l'autre après 1680 est riche d'enseignements. Dans ces rencontres locales, le clergé d'un diocèse ne fait plus corps.

Il faut bien voir cependant que leur présence annuelle ou bisannuelle, obligatoire au synode, était jusque-là bien faible pour entretenir les bonnes habitudes du séminaire. Les choses changent de façon radicale avec l'organisation de conférences ecclésiastiques au

---

[22] *Ibid.*, t. I, p. 648.
[23] Ph. Goujard, *Un catholicisme bien tempéré, la vie religieuse dans les paroisses rurales de Normandie, 1680–1789*, Paris, 1996, p. 27.

niveau des doyennés ou archiprêtrés. Dans le diocèse de Clermont (sept cent paroisses), soixante-quinze centres de conférences sont créés, où les curés se retrouvent tous les quinze jours en été et tous les mois en hiver. Cette 'formation permanente' du clergé paroissial (B. Dompnier) approfondit et renforce la cohésion cléricale d'un petit pays. Les curés se voient en effet chaque mois et chacun des curés prépare à tour de rôle la liturgie et le thème de la réunion (tenue dans l'église, à huis clos, après la messe), mais celui-ci est déterminé au préalable par les services épiscopaux et les débats sont dirigés par les doyens ruraux ou les vicaires forains, choisis avec soin par les services épiscopaux. Si les questions morales et pastorales dominent les débats, la spiritualité sacerdotale y est également sans cesse revivifiée. Les curés sont invités à poursuivre la réflexion par un programme de lectures personnelles. Bientôt, des collections comme celles des *Conférences ecclésiastiques du diocèse d'Angers*, rédigées par Babin, doyen de la faculté de théologie, leur fournissent une véritable encyclopédie. Surtout, les conférences créent une sociabilité à la fois humaine et spirituelle propice à la sauvegarde du moule du séminaire et à la création d'un conformisme clérical de bon aloi, même si les agapes inévitables de ces rencontres effarouchent encore quelque peu les évêques les plus sévères, tel celui de Nîmes, Séguier, qui leur interdisait de 'festiner' lors de leurs réunions[24].

Le succès de cette forme d'organisation cléricale, destinée à la fois à la formation et à la surveillance de ceux qui ont la charge des âmes, est très rapide, à l'image de ce qu'on observe en Bohême. Dans ces régions d'Europe centrale, où l'annualité des synodes ne peut être tenue, au XVIIIe siècle encore, on voit l'archevêque de Prague, le cardinal Harrach, tourner la difficulté en instituant, entre 1631 et 1640, dans chaque cercle de Bohême, un réseau de vicariats regroupant une quinzaine de paroisses et des assemblées du clergé par vicariat. De vingt-quatre environ en 1640, leur nombre passe à trente-cinq en 1700 et soixante-cinq en 1756. Les vicaires, choisis parmi les titulaires des paroisses concernées, contrôlent et encadrent le clergé au nom de l'administration épiscopale[25]. Le temps des doyens commence et ceux-ci ne sont pas toujours appréciés

[24] R. Sauzet, *Contre-Réforme et réforme catholique en Bas-Languedoc au XVIIe siècle*, t. I, Lille, 1978, p. 407.
[25] M.-E. Ducreux, 'La reconquête catholique de l'espace bohémien', dans *Revue des Études slaves*, 60, 1988, pp. 689–690.

puisqu'on se venge de leur surveillance par un anagramme: *Denuntians Episcopo Crimina Aliorum Non Vero Sua*[26].

En même temps, les visites pastorales, plus espacées dans le temps, changent également d'accent. Dans le diocèse de Rouen, le contenu des visites effectuées par les archidiacres s'appauvrit. Après 1755, l'état du culte, des lieux de culte et de leurs finances importe plus que celui des personnes[27]. De même, les évêques de Coutances ou de Sées visitent bien toutes leurs paroisses, mais par délégués interposés. En cas de difficulté cependant, l'administration diocésaine intervient très vite, preuve que le contrôle n'a cessé de se renforcer. Mais le lien direct entre le curé et son évêque est bien affaibli, d'où ce sentiment d'être méprisé qui monte dans les rangs du clergé du second ordre. L'administration pastorale promue par le concile de Trente est donc retombée dans la routine. Y a-t-il au moins d'autres moyens pour convaincre les curés? Le XVIIIᵉ siècle est la grande époque du développement de la presse. Or le catholicisme a une relation ambivalente avec ce média.

La réticence face à la presse: Effet des 'nouvelles ecclésiastiques'?

La presse périodique naît entre XVIᵉ et XVIIIᵉ siècle et elle joue un rôle considérable dans la formation des mentalités, un rôle d'ailleurs assez évident pour que les pouvoirs, et en particulier le pouvoir royal, en contrôle l'essor[28]. L'Église était bien placée pour utiliser cet outil nouveau. Rome était, depuis le concile de Trente, un centre important de diffusion d'*avvisi* et de nouvelles à la main. L'information périodique, manuscrite ou imprimée, a largement servi la diffusion de la réforme catholique romaine dans toute l'Europe. Partout, 'le peuple est fort curieux de nouvelles', y compris religieuses[29]. Or la controverse religieuse passe au XVIIIᵉ siècle par la presse et acquiert par là une virulence nouvelle, ce qui explique sans doute la méfiance de la hiérarchie[30]. Le mouvement s'est cependant rapidement assagi

[26] M.H. Vicaire, 'Le clergé catholique du XVᵉ au XXᵉ siècle', dans *Prêtres d'hier et d'aujourd'hui*, Paris, Cerf (col. 'Unam Sanctam, 28'), 1954, p. 214.
[27] Ph. Goujard, *op. cit.*, pp. 164–169.
[28] P. Rétat, 'Bilan et perspectives de recherches sur les gazettes', dans *L'information à l'époque moderne. Association des Historiens modernistes des Universités*, Paris, 2001, pp. 5–24.
[29] J.-P. Vittu, 'Le peuple est fort curieux de nouvelles: l'information périodique dans la France des années 1690', dans *Studies on Voltaire*, 320, 1994, pp. 105–144.
[30] J. Sgard, 'La presse militante au XVIIIᵉ siècle. Les gazettes ecclésiastiques', dans *Textologie du journal*, 1990, pp. 7–34.

en France. Les nouvelles à la main ne semblent pas avoir servi de véhicule des idées religieuses réformatrices aux XVIIe–XVIIIe siècles, peut-être parce que les *Nouvelles ecclésiastiques*, qui ont commencé de cette façon, ont servi de repoussoir[31].

En dehors des *Conférences* publiées et des *Procès-verbaux du Clergé*, l'Église de France ne possède pas de véritable périodique au XVIIIe siècle[32]. A l'âge des Gazettes, l'information passe soit par les autorités royales, soit par le courrier individuel des curés. L'absence d'un organe d'opinion peut certes s'expliquer par l'organisation ancienne de l'information de l'Église, qui peut estimer superflue une Gazette particulière. Mais lorsque les Intendants diffusent des *Feuilles* hebdomadaires de leur Généralité, quand les jésuites sortent les *Mémoires de Trévoux*, le silence des évêques se fait étourdissant[33]. Il est bien difficile de le comprendre. Ce n'est pas un problème d'argent ou de méconnaissance de l'intérêt de la communication. C'est probablement le choc en retour du succès sulfureux du plus célèbre périodique du siècle, les *Nouvelles ecclésiastiques*. Cette étonnante publication clandestine janséniste, qui a paru, à la barbe des policiers, de 1728 à 1803, était tirée chaque semaine à six mille exemplaires (trois fois plus que le *Mercure*, la revue mondaine la plus répandue) et propagée en France, mais aussi des Provinces Unies à l'Autriche et à l'Italie; elle témoigne d'un succès médiatique incontestable. Ce périodique, a tenu en haleine ses lecteurs tout en échappant à la censure durant plus de soixante ans[34]. Parmi ceux qui ont pris position, les curés et leurs fidèles jouent un rôle indéniable, bien que décalé, par rapport au débat sur la grâce.

[31] F. Moureau, 'Enjeux de la communication manuscrite: nouvelles à la main et gazettes imprimées', dans *L'information à l'époque moderne, op. cit.*, pp. 73–90 et *De bonne main. La communication manuscrite au XVIIIe siècle*, Paris, 1993.

[32] Seules ont été publiées les conférences de La Rochelle (1676), Luçon (1680–1704), Périgueux (1683–1717), Paris (1684–1775), Langres (1693), Condom (1701), Angers (1709–1749), Lodève (1749) Jean Sgard (dir.), *Dictionnaire des journaux*, Paris, 1991.

[33] Le périodique a tenu de 1701 à 1767. Sgard, *op. cit.*, N° 889.

[34] F. Bontoux, Paris janséniste au XVIIIe siècle. Les Nouvelles ecclésiastiques, dans *Paris et Ile-de-France. Mémoires*, t. VII, 1955, pp. 205–220. Bernard Plongeron, Une image de l'Église d'après les *Nouvelles ecclésiastiques* (1728–1790), dans *Revue d'Histoire de l'Église de France*, t. LIII, 1967, pp. 241–268. M. Albaric, Regard des Jansénistes sur l'Église de France de 1780 à 1789, d'après les *Nouvelles ecclésiastiques* et D. Julia, Conclusions, dans *Jansénisme et Révolution*, éd. C. Maire, *Chroniques de Port Royal*, 1990, pp. 65–69 et 273–290. C. Maire, *De la cause de Dieu à la cause de la Nation*, Paris, 1998, pp. 137–162.

Si l'on observe l'ensemble des titres, en excluant les Conférences, la place des périodiques ecclésiastiques est bien faible dans le paysage français de la presse: moins de treize titres, soit 10% des titres connus environ. Encore faut-il éliminer les périodiques jansénistes (outre les *Nouvelles*, les *Annales de la société des soi-disant jésuites* 1764–1774, le *Journal universel ecclésiastique* 1788, et le *Mercure ecclésiastique* 1733)[35]. Et le nombre de journalistes convaincus de leur métier est bien faible parmi les ecclésiastiques, même si l'on peut citer l'abbé Joannet, à la tête du *Journal chrétien* (1754–1764), le recollet Hubert Hayer, pour la *Religion vengée* (1757–1763), ou l'abbé Dinouart pour le *Journal ecclésiastique* (1760–1792), qui fournissent aux curés des arguments apologétiques pour défendre le christianisme contre l'esprit du siècle[36].

En dehors de la polémique, la presse ordinaire ne fait donc pas partie des préoccupations épiscopales. Ce sont les élites urbaines marchandes urbaines qui demandent de l'information régulière, utile pour leur vie quotidienne. C'est pour elles que paraissent les *Affiches* qui marquent le développement de la presse provinciale française dans la seconde moitié du XVIIIe siècle[37]. Mais, comme l'annonce le prospectus des *Affiches d'Angers*, on rapportera 'tout ce qui est d'utilité générale et ne concerne ni la religion, ni les lois du royaume'[38]. Dans le développement de la presse locale, les services épiscopaux sont fort silencieux alors qu'une partie de l'information de ces périodiques est fournie par les curés, voire par le chancelier de l'évêché lui-même, comme à Carpentras.

Si les évêques n'ont pas éprouvé le besoin de passer par ce média, c'est qu'ils pouvaient contrôler autrement leur diocèse. Ils le contrôlent en le connaissant de mieux en mieux, par les pouillés, mais aussi par les cartes de diocèses et par les enquêtes, initiées par Loménie de Brienne à Toulouse (1763), Champion de Cicé à Rodez (1771), Rohan-Guéménée à Bordeaux (1772), Talleyrand à Reims (1774)... La Révolution seule interrompra cette nouvelle méthode de centralisation de l'information dans les diocèses, au moyen d'enquêtes

---

[35] Sgard, *op. cit.*, 1027, 111, 788, 934.
[36] *Ibid.*, 627, 727, 1189.
[37] G. Feyel, 'La presse provinciale française dans la seconde moitié du XVIIIe siècle: géographie d'une nouvelle fonction urbaine', dans *La ville et l'innovation*, dir. B. Lepetit et J. Hoock, Paris, 1987, pp. 89–111.
[38] Sgard, *op. cit.*, t. I, p. 12.

régulières. Or la connaissance d'un diocèse par le menu permet certes
de rédiger facilement des rapports *ad limina* brillants pour Rome ou
de présenter une question dans les Assemblées du Clergé, elle ne
remplace pas le contact direct qui permet à l'évêque de saisir la
réalité locale de façon intuitive. Les évêques n'ont jamais été d'aussi
bons administrateurs des choses et des biens mais ils n'ont jamais
été non plus d'aussi piètres pasteurs qu'à la veille de la Révolution.
Ce qui explique sans doute les difficultés futures. Pour l'heure cependant, tous ne sont pas entrés dans cette logique administrative moderne
bureaucratique. Le lien entre les curés et les évêques reste largement
médiéval, du moins quand l'on peut encore parler de lien.

Bureaucratisation de la réforme ou archaïsme à la fin du XVIIIe siècle?

Les synodes ne fonctionnent plus que dans la routine. Les conférences fonctionnent souvent de façon intermittente et les visites pastorales sont parfois, comme à Tohogne, dans le diocèse de Liège,
qualifiées 'd'inutiles et infructueuses puisque l'on commande mais
qu'on n'obéit point', mais au fond, c'est parce que l'agitation semble inutile à beaucoup de clercs qui ne voient pas l'intérêt d'une
réforme. Les défauts les plus criants concernant les personnes et les
choses semblent en effet désormais corrigés. La Contre-Réforme
est bien une réalité inscrite dans la vie des paroisses au XVIIIe
siècle[39].

Bien des aspects de la diffusion de l'innovation religieuse nous
échappent, on pourrait les retrouver en travaillant mieux dans la
masse de la production manuscrite, dans les correspondances en particulier. Mais force est de reconnaître que l'Église post-tridentine a
bien su profiter de l'imprimerie, même au niveau élémentaire des
diocèses. Quelques grandes familles d'imprimeurs, comme les Cramoisy
à Paris, ont d'ailleurs fait leur métier de la diffusion religieuse
catholique à partir du XVIIe siècle. Pourtant, au XVIIIe siècle, la
communication semble inutile au niveau local. Certes, les services
épiscopaux sont toujours bien présents sur le marché du livre, même
si l'on connaît mal les effets de la diffusion des liturgies néo-

---

[39] A. Deblon, 'La visite des paroisses dans le diocèse de Liège aux XVIIe et
XVIIIe siècle: un instrument de réforme?', dans *La christianisation des campagnes. Actes
du colloque du C.I.H.E.C. 1994*, t. II, Bruxelles-Rome, 1996, pp. 445–455.

gallicanes dans les paroisses par exemple. Certes, la production imprimée catholique existe toujours, mais elle ne domine plus le marché
du livre. Deux décennies avant la Révolution, la qualité de la documentation bureaucratique diocésaine atteint un niveau de raffinement
étonnant, comme les montrent les enquêtes à la fois précises et maî-
trisées de Champion de Cicé arrivant dans ses diocèses de Rodez
et de Bordeaux[40]: dès la première section du questionnaire, juste
après l'identification du lieu, on demande sa distance par rapport à
Rodez et les moyens d'y envoyer lettres et paquets.

Une autre dimension apparaît alors, celle du temps de réaction
de l'information: il faut encore deux jours à un courrier extraordinaire pour aller à l'autre bout du diocèse, à Saint-Antonin, et les
porteurs ordinaires, royaux ou marchands pour la plupart, ne par-
tent pas tous les jours. On a trop oublié cette inertie, fort domma-
geable pour un pouvoir dans le cas d'événements rapides. Dans le
diocèse de Rodez, la poste royale permet certes, comme partout en
France depuis le règne de Louis XI, de relier les principales villes,
mais ensuite, c'est le courrier d'occasion ou l'exprès qui transmettent la missive. Avec l'amélioration du maillage des postes sous le
règne de Louis XIV, avec surtout le paiement de porteurs réguliers
par les consulats, nul doute que la bureaucratie ne gagne également les structures religieuses locales mais les villes et non pas les
campagnes[41]. Une paroisse sur deux en bénéficie en 1771. Les autres,
trop loin des routes de poste ordinaires ou de villes assez puissantes
ou assez actives, doivent se contenter des occasions ou payer des
courriers spéciaux. Certes, il y a toujours une solution pour échan-
ger des documents écrits, mais le caractère exceptionnel du courrier
échangé par express ne permet pas d'en faire un instrument de
réforme. Pour longtemps encore, l'administration épiscopale ne peut
joindre ses curés que de façon aléatoire et surtout fort inégale, même
si elle finit par les joindre. Le contact direct entre curés et magistère est donc de moins en moins réel. Le doyen ou le grand vicaire
forment désormais écran au contact direct. Le temps de la pape-
rasse anonyme est arrivé.

---

[40] L'enquête de Rodez a été publiée intégralement: L. Lempereur, *État du diocèse
de Rodez en 1771*, Rodez, 1906.
[41] H. Affre, *Dictionnaire des institutions, mœurs et coutumes du Rouergue*, Rodez, 1903,
art. 'poste'.

Au XVIIIe siècle, la diffusion des réformes ne se fait plus, peut-être parce qu'elle s'est trop bien faite auparavant. Tout se passe comme si, satisfaite de son image et confiante en ses rouages, l'Église catholique française se contentait de la diffusion des documents officiels, issus soit du Clergé de France, soit des mandements épiscopaux. En dépit de quelques belles batailles comme celle des liturgies néo-gallicanes, l'Église d'Ancien Régime ne sait pas communiquer et convaincre le monde qui l'entoure autrement que par oral, dans le prône ou le sermon. Tout ceci dans une culture qui change. Le constat français vaut-il pour d'autres pays catholiques? Ce n'est pas si sûr car les Lumières catholiques sont une réalité du Portugal à l'Espagne et à l'Autriche. C'est surtout en France que la réforme semble en panne et le fonctionnement de plus en plus hiérarchique et administratif de la communication institutionnelle en est peut être responsable.

Si la lecture du journal ne remplacera la chaire pour former l'opinion publique qu'un siècle plus tard, ce défaut de communication se mesure, en creux, par la création d'outils non contrôlés et d'assemblées non reconnues par le magistère. A la veille de la Révolution, les Assemblées de curés mécontents sont, tout autant que les Assemblées protestantes du Désert une génération plus tôt, le signe avant-coureur de l'explosion révolutionnaire; en Italie, les thèses jansénistes du synode de Pistoia (1786) cachent des aspirations collectives différentes de celles qui sont promues par la hiérarchie. La Révolution balaye donc une Contre-Réforme à bout de souffle et pose la question de la perfection chrétienne et de l'engagement religieux sur de toutes autres bases[42]. Mais dès avant les événements, des comportements collectifs et des formes nouvelles de communication, comme les syndicats et les périodiques, bouleversent l'accès à la nouveauté. Les curés accèdent à une parole qui n'est pas totalement contrôlée par le magistère, dans les espaces des conférences ecclésiastiques où cède la langue de bois: les apartés, les conversations de couloir et les discussions informelles. Un nouveau monde est bien en gestation, dans lequel la réception de l'information compte au moins autant, sinon plus, que son émission ou sa transmission, mais le magistère ne le sait pas encore.

---

[42] La mise en place de cette nouvelle problématique du rapport entre Révolution et christianisme après 1791 commence avec l'analyse serrée de T. Tackett, *La Révolution, l'Église, la France*, Paris, 1986, 485 p.

La Réforme catholique s'est endormie sur sa perfection et son succès; elle va se réveiller instrumentalisée par l'État royal révolutionnaire et impérial. Faute d'avoir su construire des processus modernes
de communication de son interprétation du monde et des choses,
elle ne saura que réagir en forteresse assiégée et non en institution
communicante.

LES DIFFÉRENTES FACES DE LA CONTRE-RÉFORME: ANGELUS SILESIUS (JOHANNES SCHEFFLER, 1624–1677)

Jacques Le Brun

Abstract

The two aspects of the Counter-Reformation represent first the tendency for a spiritual deepening, secondly to a certain mystical rivalry of Catholicism toward the Protestantism. On the other hand, a polemical controversy—attempt to reduce the rivals to silence—aimed to convert them, at any price, even by force. The case of the poet, Angelus Silesius, is significant: in order to reach spiritual freedom into the Catholicism, he wrote few years after his conversion, a harsh and violent polemical text, signs of not only a personal evolution but also of a change in orientation of the Counter-Reformation.

La notion même de Contre-Réforme est ambiguë, contestable, contestée par les historiens, même s'il apparaît difficile de lui substituer une autre notion plus satisfaisante. Parler de Réforme catholique, de tridentinisme, etc. se heurte à chaque fois à d'autres difficultés; on peut s'en rendre compte à lire, sur ces questions de vocabulaire qui ne sont pas indifférentes parce qu'elles entraînent des différences considérables d'interprétation, la synthèse récente de John W. O'Malley qui apporte des réflexions subtiles et suggestives[1].

Cependant les historiens français avaient depuis longtemps souligné la dualité de ce qu'on appelle la Contre-Réforme: ainsi dans la grande étude qu'il consacra à Angelus Silesius et qu'il publia en 1951, peu avant sa mort, *Création religieuse et pensée contemplative*[2], Jean Baruzi avait distingué dans la vie et dans l'œuvre du poète silésien deux grands moments, d'abord, dans le protestantisme puis juste après la conversion, le désir et la possibilité de s'exprimer spirituellement, de devenir avec Dieu un esprit, une lumière, une vie, comme l'écrivait Angelus Silesius en 1652 dans l'éloge posthume de son

---

[1] J. O'Malley, *Trent and all that. Renaming Catholicism in the Early Modern Era*, Harvard University Press, 2000.
[2] Paris, Aubier, 1951.

maître et ami Abraham von Frankenberg[3], et ensuite un second moment, après la publication en 1657 des 5 livres des *Geistreiche Sinn- und Schlussreime*, le passage à la lutte confessionnelle, au désir de convertir à tout prix, la publication en 1675 du 6e livre de ce qui devient alors le *Cherubinischer Wandersmann*, le *Pèlerin chérubinique*, d'un ton et d'une pensée assez éloignés de ceux des 5 premiers livres[4].

Cette rupture, que Jean Baruzi découvrait et analysait dans la vie et dans l'œuvre de Johannes Scheffler, et dont nous devrons définir et mesurer l'importance, Jean Orcibal, en janvier 1974, dans la *Revue de l'histoire des religions*[5], à propos d'un travail sur Bossuet, la définissait comme le passage, dans la seconde moitié du XVIIe siècle, de ce qu'il appelait une Contre-Réforme positive à une Contre-Réforme négative, l'œuvre et l'action de Bossuet entre l'*Exposition de la foi de l'Église catholique sur les matières de controverse* en 1671 et les luttes contre protestants, critiques et mystiques à partir de la fin des années 1670 étant une bonne illustration de ce passage. Ce sont ces ambiguïtés, d'éventuelles évolutions ou d'éventuelles simultanéités, c'est-à-dire différents aspects de la Contre-Réforme que l'œuvre de Johannes Scheffler, Angelus Silesius, nous permettra de mettre en lumière[6].

---

[3] '*Du bist nunmehr mit Gott ein Geist, ein Licht, ein Leben, / Du bist wie Gott mit Schmuck und Herrlichkeit umgeben; / Du bist ein Gott mit Gott und eine Seligkeit,* [. . .]', dans *Christliches Ehrengedächtnis Abrahams von Franckenberg*, strophe 6, voir A. Silesius, *Pèlerin chérubini-que*, traduit par Henri Plard, Paris, Aubier, 1946, pp. 34–35; A. Silesius, *Sämtliche poetische Werke und eine Auswahl aus seinen Streitschriften*, mit einem Lebensbilde herausgegeben von Georg Ellinger, Berlin, in Propyläen-Verlage, [1923], t. I, p. 1. Sur l'influence de Jacob Boehme et les aspects Rose-Croix de cet éloge, voir W.-E. Peuckert, *Die Rosenkreutzer. Zur Geschichte einer Reformation*, Iena, Eugen Diederich, 1928, pp. 374–377, 434.

[4] Nous citerons le *Pèlerin chérubinique* d'après l'édition et la traduction de Henri Plard citées plus haut et d'après l'édition de Louise Gnädinger, A. Silesius (Johannes Scheffler), *Cherubinischer Wandersmann, Kritische Ausgabe*, hrsg. von Louise Gnädinger, Stuttgart, Reclam, 1984. Eugène Susini publia aussi en 1964, texte et traduction avec une bonne annotation, A. Silesius, *Le Pèlerin chérubique*, Paris, P.U.F., 1964, 2 vol., mais le parti-pris de donner une traduction en alexandrins, même si c'est à l'origine de belles trouvailles, introduit de nombreuses approximations et faux-sens. Des traductions, plus ou moins partielles et plus ou moins satisfaisantes, ont paru en français, nous ne pouvons les énumérer ici, et elle sont peu utiles à notre propos. Signalons néanmoins, disponible en librairie, A. Silesius, *Le Pèlerin chérubinique*, Traduction par Camille Jordens, Paris, Cerf-Albin Michel, 1994.

[5] *Revue de l'histoire des religions*, janvier 1974, pp. 91–93.

[6] Sur Angelus Silesius la bibliographie est considérable. Contentons-nous d'indiquer ici, outre les éditions que nous avons citées ou que nous citerons, et outre le livre de Jean Baruzi cité plus haut, les travaux suivants: J. Orcibal, *La formation spirituelle d'Angelus Silesius (1624–1677), Mystique et Contre-Réforme*, Mémoire de l'Ecole

Le silésien Johannes Scheffler était né en 1624 dans une famille protestante, mais, du fait de ses études à Strasbourg, à Leyde et à Padoue et des influences mystiques qui s'étaient exercées sur lui, il souhaitait des horizons plus larges que ceux de l'orthodoxie luthérienne peu ouverte à la mystique. C'est une des causes de sa conversion au catholicisme en 1653, après la mort de son ami Abraham von Frankenberg qui l'avait introduit aux œuvres de Valentin Weigel et de Jacob Boehme et à celles des mystiques rhéno-flamands et modernes. Johannes Scheffler publia alors son recueil de *Geistreiche Sinn- und Schlussreime* en 1657, et la même année la *Heilige Seelenlust oder Geistliche Hirten-Lieder*[7], vaste poème pastoral de plus de 200 morceaux composés chacun de nombreuses strophes, sur l'amour de Jésus et de Psyché, l'âme. Il se livrait aussi de plus en plus à la controverse antiprotestante, proche des jésuites et des franciscains. Il fut ordonné prêtre en 1661 et désormais toute son action s'inscrivait dans le cadre d'une Contre-Réforme militante. En 1675, il publia, comme nous l'avons dit, augmentée d'un 6e livre, une seconde édition des *Geistreiche Sinn-und Schlussreime* qui prendra désormais le nom de *Cherubinischer Wandersmann*; il publia aussi la même année un grand poème de plus de 300 strophes de 8 vers, la *Sinnliche Beschreibung der Vier letzten Dinge*[8]. Il mourut peu après, en 1677, au couvent Saint-Matthias de Breslau [actuelle Wroclaw]. Il fallait rappeler ces grandes lignes d'une biographie qui résument la carrière d'un converti comme il y en eut beaucoup au temps de la Contre-Réforme. On réduit en effet trop souvent son œuvre à la rédaction et à la publication de son texte à vrai dire le plus fulgurant, du recueil de plus de 1600 distiques, quatrains ou courts poèmes, qui constituent le *Pèlerin chérubinique*; et cela particulièrement en France où seule cette

---

pratique des Hautes Etudes, Section des sciences religieuses, exemplaires dactylographiés, 1937 [un exemplaire à la bibliothèque de la Section des sciences religieuses]; *id., Etudes d'histoire et de littérature religieuses, XVIe–XVIIe siècles*, Paris, Klincksieck, 1997, pp. 33–45, 233–239, 241–268; H. Plard, *La mystique d'Angelus Silesius*, Paris, Aubier, 1943. L'interprétation de la poésie d'Angelus Silesius par le 'panthéisme' (interprétation reprise dans S. Wollgast, *Philosophie in Deutschland. 1550–1650*, 2e éd., Berlin, Akademie Verlag, 1993, pp. 871–887) n'est pas entièrement convaincante.

[7] 'La sainte joie de l'âme ou poèmes spirituels pastoraux'. Voir A. Silesius, *Sämtliche poetische Werke*, herausgegeben und eingeleitet von Hans Ludwig Held, 3e éd., München, Carl Hanser Verlag, 1949, t. II, pp. 29–370.

[8] 'Description sensible des quatre fins dernières', la mort, le jugement dernier, les peines éternelles des damnés, les joies éternelles des bienheureux. On trouvera le texte de ce poème dans l'édition H.L. Held citée à la note précédente, t. III, pp. 221–312.

œuvre a été traduite (et pas toujours de façon satisfaisante) et où la meilleure traduction, celle de Henri Plard, publiée en 1946, est depuis longtemps épuisée. Cependant cette constatation vaut aussi, dans une certaine mesure pour le champ de la langue allemande: on n'a réédité au XXe siècle, dans des éditions sérieuses et accessibles, que les œuvres poétiques: Georg Ellinger avait publié en 1923 des *Sämtliche poetische Werke*, qui comportaient aussi trois courts extraits des œuvres de controverse[9], et Hans Ludwig Held, aussi en 1923 des *Sämtliche poetische Werke* dont une 3e édition fut publiée en 1949[10]. Tout le reste des œuvres de Johannes Scheffler, une très vaste littérature de controverse, abondante et violente, ne subsiste que sous la forme de libelles ou d'opuscules conservés en quelques bibliothèques allemandes, donc difficilement accessibles aux lecteurs d'aujourd'hui. Cet état de la documentation, qui marque dans l'œuvre de Johannes Scheffler pour ainsi dire trois couches successives (1° le *Pèlerin chérubinique* seul traduit en français, 2° l'œuvre poétique disponible en allemand encore au milieu du XXe siècle, 3° l'œuvre de controverse conservée dans les seuls originaux), peut servir de révélateur de trois aspects de la Contre-Réforme; aussi pourrons-nous organiser selon ces trois points notre étude de l'œuvre d'Angelus Silesius.

Le premier aspect, incarné dans le chef d'œuvre spirituel et poétique qu'est le *Cherubinischer Wandersmann*, sans cesse réédité et traduit, correspondrait bien à ce que Jean Orcibal, que nous citions plus haut, appelait la Contre-Réforme positive, et que nous pourrions aussi appeler la Contre-Réforme mystique, en précisant tout de suite le sens de cet adjectif. Il s'agissait d'une forme de controverse confessionnelle tendant à doubler, pour ainsi dire, le protestantisme sur le terrain de la spiritualité et en particulier de la mystique. Ce fut pendant un certain temps, presque officielle sous le généralat de Claudio Aquaviva (1581–1615) et ensuite avec des réticences sous celui de Muzio Vitelleschi à partir de 1615, une des politiques de la Compagnie de Jésus[11], mais c'était aussi l'intention profonde

---

[9] A. Silesius, *Sämtliche poetische Werke und eine Auswahl aus seinen Streitschriften*, mit einem Lebensbilde herausgegeben von Georg Ellinger, Berlin, im Propyläen-Verlage, [1923], 2 vol.

[10] A la fin du tome III, une note indique: 'Eine Auswahl *Theologischer Streitschriften* von Angelus Silesius wird als Supplementband zu dieser Ausgabe vorbereitet'; à ma connaissance, ce volume supplémentaire ne vit pas le jour.

[11] Voir M. de Certeau, *La Fable mystique. XVIe–XVIIe siècle*, Paris, Gallimard, 1982, pp. 330–373.

de François de Sales qui, après avoir publié des *Controverses*[12] traditionnelles, pensait, avec l'*Introduction à la vie dévote* et avec le *Traité de
l'amour de Dieu*, apporter aux âmes pieuses ce que le protestantisme
devenu de plus en plus une orthodoxie, voire une scholastique, ne
pouvait plus, selon lui, leur apporter.

Cette Contre-Réforme mystique n'était pas seulement un vœu de
dévot, mais était appuyée sur un certain nombre de conditions qui
la rendaient possible. La première était la constitution d'un corpus
des œuvres mystiques anciennes et des grandes œuvres de la spiritualité rhéno-flamande accessibles en latin et dans des éditions
sérieuses. Je pense moins aux grandes éditions savantes de Denys
l'Aréopagite ou de Clément d'Alexandrie réalisées qu'début du XVIIe
siècle, qu'à l'entreprise éditoriale qui s'est développée au XVIe siècle autour de la Chartreuse de Cologne, avec les chartreux Thierry
Loher et Laurent Surius. Grâce aux remarquables travaux de Gerald
Chaix[13], nous connaissons bien cette entreprise, ce milieu, les pro-
ductions éditoriales qui en sont issues. Les traductions réalisées par
la Chartreuse de Cologne ont ainsi fait connaître en latin à toute la
chrétienté occidentale, au delà même des barrières confessionnelles,
les œuvres de Tauler, celles de Ruysbroeck, celles de Harphius[14]. Or
nous savons que toutes ces grandes traductions figuraient dans la
bibliothèque d'Angelus Silesius, certaines annotées de sa main. Ces
notes écrites par le poète permettent de reconstituer la genèse de la
création poétique qui aboutit au *Pèlerin chérubinique*[15]. De plus la bibliothèque du Silésien renfermait un exemplaire de la *Pro Theologia mystica Clavis* (Cologne, 1640) du jésuite Maximilien Sandæus, champion
de la Contre-Réforme en pays germaniques et auteur d'une œuvre
spirituelle et théologique immense destinée à permettre aux catholiques d'exceller dans le domaine spirituel et à ouvrir le champ des

---

[12] Voir *Œuvres* de saint François de Sales, édition complète, t. I, *Les Controverses*,
Annecy, J. Niérat, 1892.

[13] G. Chaix, *Réforme et Contre-Réforme catholiques. Recherches sur la Chartreuse de Cologne au
XVIe siècle*, 'Analecta Cartusiana', n° 80, Salzburg, Universität Salzburg, 1981, 3 vol.

[14] Cette dernière en 1538, rééditée en 1556 avec une dédicace à Ignace de Loyola
et à ses compagnons, adresse qui symbolise bien l'importance de ces éditions de
textes mystiques dans les perspectives de la Contre-Réforme. Sur le mouvement
d'édition de textes spirituels au XVIe siècle, on pourra consulter J. Dagens, *Bibliographie
chronologique de la littérature de spiritualité et de ses sources (1501–1610)*, Paris, Desclée de
Brouwer, 1952.

[15] Voir sur ce point J. Orcibal, 'Les sources étrangères du *Cherubinischer Wandersmann*
(1657) d'après la bibliothèque d'Angelus Silesius', dans *Etudes d'histoire et de littérature
religieuses, op. cit.*, pp. 33–45.

diverses sciences humaines à des perspectives mystiques. Or Angelus
Silesius a considérablement annoté son exemplaire de cette *Clavis*
qui, sous une forme alphabétique, présentait et illustrait de nombreuses citations antiques, médiévales, rhéno-flamandes et modernes
les grandes notions de la théologie mystique. Les travaux de Karl
Richstätter[16] et d'Hildburgis Gies[17] dans les années 1920 et de Jean
Orcibal dans les années 1930 et 1950 ont montré que nombre d'aphorismes du poète sont la traduction fulgurante des idées, des images
et des exemples présents dans les citations de Tauler, de Ruysbroeck,
de Harphius, de Hugues de Balma, de Louis de Blois, qu'on peut
lire dans la *Pro Theologia mystica Clavis* de Sandæus. C'est le cas, parmi
des centaines, des quatrains qui, au tout début du livre I, ouvrent
le *Cherubinischer Wandersmann* sur la vision de la Déité:

> Gott kann allein vergnügen
> Weg weg ihr Seraphim ihr könnt mich nicht erquikken:
> Weg weg ihr Engel[18] all; und was an euch thut blikken:
> Ich will nun eurer nicht; ich werfe mich allein
> Ins ungeschaffne Meer der blossen Gottheit ein.

> Dieu seul peut satisfaire
> Arrière, arrière, Séraphins, vous ne pouvez apaiser ma soif:
> Arrière, arrière, anges[19], et ce qui brille en vous:
> Je ne veux plus de vous; je me jette seulement
> Dans la mer incréée de la nue Déité[20].

Ou, peu après dans le recueil:

> Du must was Gott ist sein
> [...] Ich muß ein Schein im Schein
> Ich muß ein Wort im Wort, ein Gott in Gotte sein.

> Tu dois être ce qu'est Dieu
> [...] Je dois être une clarté dans la clarté,
> Un Verbe dans le Verbe, un Dieu en Dieu[21],

---

[16] Articles dans *Stimmen der Zeit*, n° 111, 1926, pp. 361–381, & n° 121, 1931, pp. 326–340.

[17] H. Gies, *Eine lateinische Quelle zum 'Cherubinischer Wandersmann' des Angelus Silesius. Untersuchung der Beziehungen zwischen der mystischen Dichtung Schefflers und der 'Clavis pro theologia mystica' des Maximilian Sandäus*, 'Breslauer Studien zur historischen Theologie, Bd. XII', Breslau, Verlag Müller & Seiffert, 1929.

[18] Texte de 1675; en 1657: *Heiligen*.

[19] En 1657: saints.

[20] Quatrain I, 3.

[21] Quatrain I, 6.

vers où une note du poète renvoie aux *Institutions spirituelles* qui sont
attribuées à Tauler dans l'édition latine de cet auteur traduite par
Surius, mais que nous savons aujourd'hui être l'œuvre, pour le texte
cité par Angelus Silesius, de Maître Eckhart sous le nom de Tauler;
translation inattendue de l'héritage mystique rhénan dans les vers du
poète de la Contre-Réforme.

La biographie même d'Angelus Silesius et la chronologie permettent de confirmer ces faits. En effet, le poète a lu ces livres avant
et après la mort de son ami Abraham von Frankenberg qui l'y avait
initié, donc déjà à un moment où il ne s'était pas encore converti
au catholicisme, et ce sont ces lectures mystiques, pratiquées dans
les milieux protestants weigeliens et boehmistes qu'il fréquentait, qui
ont contribué à sa conversion. Réalisation des vœux d'une Contre-
Réforme s'appuyant sur l'expérience spirituelle et ouvrant au sein
même des Églises établies et volontiers soupçonneuses une voie pour
la liberté du mystique. Cette liberté intérieure, que le converti avait
espéré trouver dans un catholicisme moins moraliste et qui lui sem-
blait pratiquer un moindre contrôle social que l'Église luthérienne,
il continuera à la mettre en œuvre lorsque, longtemps après sa conversion, il rééditera le recueil qu'il appellera *Pèlerin chérubinique* et il lui
adjoindra un 6e livre. En apparence, ce 6e livre est en retrait par
rapport aux audaces métaphysiques des cinq premiers, comme si le
poète manifestait sa prudence en une époque où la mystique se trouvait, particulièrement dans le catholicisme, sur la défensive. Cependant
il convient de noter qu'en les rééditant il n'atténue aucune des audaces de ses premiers livres et qu'il reproduit tels quels les distiques et
les quatrains les plus hardis. Par ailleurs en 1657[22] il y avait longtemps que la mystique était l'objet de critiques et de suspicions, non
moins dans le catholicisme que dans le protestantisme[23], et que la
liberté que manifestait le converti pouvait ne pas plaire à tous les
théologiens de sa nouvelle confession. Bien plus, en 1675, Angelus
Silesius glisse dans ce 6e livre, qu'il ajoute à ses cinq livres de 1657,
bien des vers hardis. Ne donnons qu'un exemple, d'autant plus
significatif que c'est le distique qui termine tout le recueil:

---

[22] C'est l'année même où en France, il est vrai dans un autre contexte, paraît
l'*Examen de la théologie mystique* du carme Jean Chéron, violente charge contre les
mystiques (voir J.-J. Surin, *Guide spirituel*, texte établi et présenté par Michel de
Certeau, Paris, Desclée de Brouwer, 1963, *passim*).
[23] H. Bremond, *Histoire littéraire du sentiment religieux en France*, t. XI, *Le Procès des
mystiques*, Paris, Bloud et Gay, 1933.

Beschluß
Freund es ist auch genug. Im Fall du mehr willst lesen
So geh und werde selbst die Schrift und selbst das Wesen;

Conclusion
Ami c'en est assez. En cas que tu veuilles lire plus,
Va, et deviens toi-même l'Ecriture et l'Essence[24].

Distique saisissant, dont l'audace autorise l'usage des majuscules en français et qui fait écho à l'injonction du distique 30 du livre II intitulé *Zufall und Wesen*, 'Accident et essence':

Mensch werde wesentlich [. . .]

Homme deviens essentiel [. . .].

Peut-être dans le distique VI, 263, se joignent d'intime façon deux des aspects de la Contre-Réforme, d'une part, la controverse contre les protestants avec l'invitation à dépasser le seul recours à l'Écriture, le croyant devenant lui-même l'Écriture et cela en se formant sur ce que de l''homme' l'écriture du poète a fait advenir, et, d'autre part, la mystique 'essentielle', l'héritage des rhéno-flamands, peut-être déjà anachronique, auquel le génie poétique du silésien a su donner une vie nouvelle, comme si cet héritage n'avait pu se transmettre aux temps modernes que par la médiation du Verbe poétique.

Si nous lisons les distiques et les courts poèmes du *Cherubinischer Wandersmann*, même dans les 5 livres de l'édition de 1657, nous remarquons un certain nombre de morceaux d'un ton assez différent de celui des distiques ou des quatrains d'une radicalité métaphysique et mystique qui constituent l'essentiel du livre. Nous y remarquons nombre de distiques sur l'enfant, le devenir enfant, l'Enfant Jésus[25], par exemple tous les morceaux qui, au début du livre III, évoquent l'enfant à Bethléem, l'étable, les bergers. Ainsi le distique III, 4:

Ein Seufftzer
Man legte Gott aufs Stroh als Er ein Mensch ward hin:
Ach daß ich nicht das Heu und Stroh gewesen bin.

---

[24] Distique VI, 263.
[25] Voir notre contribution, 'La dévotion à l'Enfant Jésus au XVIIe siècle', dans E. Becchi et D. Julia éd., *Histoire de l'enfance en Occident*, t. I, *De l'Antiquité au XVIIe siècle*, Paris, Seuil, 1998, pp. 402–431.

Un soupir
On coucha Dieu sur la paille quand il devint homme:
Hélas, que n'ai-je été ce foin et cette paille.

Ou le quatrain III, 7, 'Le foin couvert de la bonne rosée'; ou encore,
parmi beaucoup d'autres, le quatrain III, 18:

Die beweglichste Musika
O seht, das liebe Kind wie es so süsse weint!
Daß alle Stösserlein Hertz-grund-beweglich seind. [. . .]

La plus émouvante musique
Oh, voyez le cher enfant, comme il pleure suavement!
Tous ses petits soupirs m'émeuvent au fond du cœur. [. . .]

Et en III, 54, le poète médite 'Sur l'image du petit saint Jean avec
le petit Enfant Jésus' (*Auf das Bildnuß deß kleinen Johannis mit dem Jesus
Kindlein*): l'accumulation des diminutifs, l'attendrissement sur 'un petit
agneau' (*ein lautres Lämmelein*), bien des vers assez mièvres, ici inspirés par une image de piété, qui se glissent parmi les distiques métaphysiques découvrent une autre face de la Contre-Réforme, chez un
homme même qui, à l'école des rhéno-flamands et de Jean de la
Croix, a poussé à l'extrême l'épuration de l'imagination et du sentiment et l'effort de la pensée.

Les sonnets qui, en 1657, terminaient le livre 5, et qui, en 1675,
constitueront le début du livre 6, associent la sensibilité de la piété
mariale (le sonnet 2 est une longue variation sur 'le lys mystique',
Die geheime Lilie, où sont convoqués Phaéton, Salomon, les Séraphins,
les martyrs) avec une extrême violence dans l'évocation de l'enfer,
du démon, de la mort, des punitions des damnés et, en brutal
contraste, du bonheur des bienheureux. On qualifierait volontiers
cette violence de baroque si l'on pouvait donner à ce terme un sens
précis; en tout cas ces vers font penser aux sermons des prédicateurs
et des missionnaires maniant ce qu'un peu hâtivement on a appelé
une pastorale de la peur, ou aux vers les plus vengeurs et sanglants
des *Tragiques* d'Agrippa d'Aubigné:

Überschrifft der Verdamnüß
Hier ist ein' Ewge Nacht: man weiß von keinem lachen
Ein Jammer Ach und Weh ach ewig seyn verlohrn!
[. . .]
Man sieht den Basilischk mit Kröten Schlangen Drachen
Und tausend ungeheur: Man ist für Kält' erfrohrn
Und schmeltzt für grosser Glutt [. . .]

Man stirbt und stirbt doch nie man ligt im ewgen Tod
Man wüttet tobt und zörntman flucht und lästert Gott. [. . .]

Inscription sur la porte de la Damnation
Ici tout est Nuit: on ne sait rien du rire,
Une plainte, des 'hélas' et 'Malheur' être perdu pour jamais!
[. . .]
On voit le basilic avec crapauds, serpents, dragons
Et mille monstres: On est transi de froid
Et on fond de l'ardeur brûlante [. . .]
On meurt et pourtant ne meurt jamais, on gît en une éternelle mort
On crie, rage et hurle, maudit et blasphème Dieu [. . .]

Le lecteur est saisi par cette mise en scène, cette accumulation d'images, dont la pastorale de l'époque baroque offrait bien des exemples. Ces vers, antérieurs à 1657, datent des tout débuts du temps de la conversion de Johannes Scheffler. Ils peuvent paraître isolés dans le *Cherubinischer Wandersmann*, bien que le sixième livre rende un son différent des précédents. Mais surtout ils sont en parfait accord avec les deux autres œuvres poétiques du silésien, la *Heilige Seelenlust* de 1657, et la *Sinnliche Beschreibung der Vier letzten Dinge* de 1675. Le premier de ces recueils, contient plus de 200 poèmes, certains assez longs; son sous-titre, *Geistliche Hirten-Lieder*, 'Poèmes spirituels pastoraux' définit bien le genre de ces vers; le poète chante les états intérieurs de Psyché, l'âme, et son amour pour Jésus. Nous y trouvons de longs développements d'une poésie soit nuptiale, soit enfantine, des variations sur les amours pour le *Jesulein*, sous la forme d'un itinéraire qui suit celui des mystères de Jésus. Le recueil, organisé en cinq livres, nous fait passer de l'Enfance à la Passion où la dévotion envers le Crucifié prend une couleur sanglante, puis à la Résurrection. Le livre 4 inspiré par le *Cantique des Cantiques* et utilisant toutes les ressources de la poésie pastorale du temps chante les amours du bon Pasteur avec Psyché, et le dernier livre évoque les manifestations de la grâce divine en l'âme.

Citons quelques vers du poème 184 du cinquième livre, paraphrase du *Cantique des Cantiques*:

Ihr Geliebter ist ihr und sie ihm
Mein Lieb ist mir und ich bin ihm
Ein unverwendter Cherubim.
Wir schaun einander immer an,
So viel er mag, soviel ich kann.
[. . .]

Er sucht in meinem Herzen Ruh
Und ich schrei seinem immer zu.
Er wünscht zu sein in meiner Höhl
Und ich in seiner süßen Seel.

Son bien-aimé est à elle et elle est à lui
Mon amour est pour moi et je suis pour lui
Un immuable Séraphin
Nous nous contemplons toujours l'un l'autre
Autant qu'il le veut, autant que je le peux.
[...]
Il cherche en mon cœur repos
Et je crie toujours vers le sien
Il désire être en mon vide
Et moi en sa douce âme[26].

Il ne faut pas croire que cette poésie pastorale, parfois assez naïve, et que la représentation de la vie spirituelle sous la forme des aventures de Psyché soient propres à Angelus Silesius. Il serait facile de citer nombre d'œuvres spirituelles, de poésies, de tableaux et de gravures, point seulement en pays germaniques, du même ton. Ne songeons qu'aux recueils d'emblèmes d'Othon Vænius[27] ou à ceux du jésuite Hermann Hugo[28] qui pourraient facilement illustrer les poèmes de la *Heilige Seelenlust*: Psyché, sous la figure d'une petite fille, rencontre l'Enfant Jésus en petit berger, et leurs amours, inspirées du *Cantique*, sont prétexte à de charmantes scènes champêtres allégoriques qui inspireront poètes et spirituels jusqu'au début du XVIIIᵉ siècle, Mᵐᵉ Guyon utilisant à son tour les emblèmes d'Hermann Hugo pour illustrer ses poèmes.

Pas plus propres à Angelus Silesius sont les poèmes évoquant les quatre fins dernières dans la *Sinnliche Beschreibung der Vier letzten Dinge*, publiée en 1675, où sont évoqués avec un réalisme, soit tragique, soit enthousiaste, la mort, le jugement dernier, les peines éternelles des damnés, les joies éternelles des bienheureux. l'ensemble intitulé *Die ewigen Freuden der Seligen* débute ainsi

Ich bin voll Trost und ewger Freud,
Voll himmelischer Güte,
Voll Lebens, voller Seligkeit,

[26] *Sämtliche poetische Werke*, hrsg. von H.L. Held, *éd. cit.*, t. II, pp. 328–329.
[27] O. Vænius, *Amoris divini Emblemata*, plusieurs éditions, encore à Anvers, 1660.
[28] H. Hugo, *Pia desideria*, nombreuses éditions, 5ᵉ éd., Paris, 1654.

Voll Jauchzens im Gemüte,
Wenn ich an dich, du werte Stadt,
Jerusalem, gedenke
Und in dich meiner Sinnen Rad,
Du Liebesland, versenke.

Je suis plein de consolation et d'éternelle joie,
Plein de vie, plein de béatitude,
Plein de jubilation dans le cœur,
Quand à toi, toi ville de grand prix,
Jérusalem, je pense
Et qu'en toi j'engloutis
La roue de mes sens, toi pays d'amour[29].

Ce qui étonne, ce ne sont pas les caractères de cette poésie pieuse, pastorale ou visant à émouvoir, à consoler et à effrayer le lecteur; il y a là un ensemble de traits fort répandus dans la spiritualité de ce temps. Ce qui étonne, c'est plutôt la simultanéité de ces tendances contradictoires, ce que l'on appellerait la poésie mystique et la poésie dévote. La plénitude du Paradis (on a remarqué la répétition de *Voll* dans les vers que nous venons de citer), l'insistance sur la joie des sens (*meiner Sinnen*) et sur le prix (*werte*) des récompenses éternelles semblent être en contradiction avec la mystique sanjuaniste, le vide et la nuit, le radical dépouillement des sens, l'absolu renoncement. Or c'est au même moment que dans l'œuvre d'Angelus Silesius se développent ces tendances contradictoires, même si la conversion et ses suites entraînaient de plus en plus le poète dans le sens de la poésie dévote et sensible et l'écartaient de ce qui prédominait au temps de sa rencontre avec Frankenberg et avant sa conversion. L'hypothèse provisoire que l'on pourrait formuler serait que la conversion au catholicisme réformateur et l'engagement dans l'apostolat ne l'avaient pas conduit à se renier et que c'était la possibilité de tenir ensemble les deux bouts de cette chaîne, en une apparente contradiction, qui l'avait poussé à quitter une Église luthérienne incapable de lui laisser cette liberté. L'étude d'un troisième aspect de l'œuvre du silésien nous permettra peut-être de préciser les contours de cette hypothèse.

Il s'agira d'un considérable ensemble de textes inspirés par la controverse confessionnelle, lutte âpre et violente contre les protestants, et cela avec toutes les ressources d'une polémique dont Johannes

---

[29] *Sämtliche poetische Werke*, hrsg. von H.L. Held, *éd. cit.*, t. III, p. 268.

Scheffler n'a pas l'exclusivité, mais qu'on s'étonne de rencontrer sous la plume de l'auteur du *Pèlerin chérubinique* et des poèmes pastoraux. L'œuvre polémique de Scheffler est difficile à aborder: il est difficile de rassembler les 63 titres de ces textes polémiques, de les lire, de comprendre les circonstances précises dans lesquelles ils ont été écrits, les débats auxquels ils se rattachent, s'agissant souvent de controverses inscrites en un temps et un lieu, enfin d'apprécier exactement la doctrine qui s'y exprime. Heureusement nous disposons d'une étude approfondie qui nous permet de bien connaître cet aspect de l'activité et des écrits du poète après sa conversion; il s'agit du livre de Ernst Otto Reichert, *Johannes Scheffler als Streittheologe dargestellt in den konfessionspolemischen Traktaten der 'Ecclesiologia'*[30].

Cette activité de controversiste de Johannes Scheffler est d'autant plus importante à considérer que c'est elle qui a fait particulièrement connaître notre auteur dans les vingt dernières années de sa vie et après sa mort. Sa poésie n'était vraiment connue que dans les milieux dévots puis piétistes ou par ceux qui en discernaient la portée métaphysique. Ainsi seuls des penseurs perspicaces comme Leibniz et Gottfried Arnold pouvaient à la fin du XVIIᵉ siècle reconnaître que l'importance du *Cherubinischer Wandersmann* était plus grande que celle des textes de controverse. Un bon témoignage de cette perception des contemporains serait le nombre et l'ampleur des écrits publiés contre ses œuvres de controverse. Ces faits nous aident peut-être à comprendre l'équilibre des divers éléments qui constituent ce qu'on appelle la Contre-Réforme.

Quelques données chiffrées sont ici éclairantes: la bibliographie de Johannes Scheffler controversiste comporte 63 titres, de 1653 (année de sa conversion) à 1677 (année de sa mort), et en cette année 1677 il publia lui-même un recueil de 39 traités de controverse, certains déjà publiés, mais révisés en 1677, d'autres inédits. Et dans le même espace de temps on compte 39 traités dirigés contre lui et contre ses œuvres de controverse. C'est dire l'étendue de cette production et la place qu'a tenue la controverse dans ses activités.

Au centre de ces œuvres se trouve l'Église. Scheffler écrit en 1664: 'Mes écrits ne sont pas sur des questions subtiles concernant la Déité [*Gottheit*], mais sur les signes de la vraie Église[31]. Ce n'est donc pas

---

[30] Gütersloh, Gerd Mohn, 1967.
[31] Dans E.O. Reichert, *op. cit.*, p. 117.

un hasard si le titre de son recueil de 1677 est *Ecclesiologia*. Mais ce
faisant il se démarquait de ses positions 'mystiques', des nombreux
poèmes du *Pèlerin chérubunique* qui analysaient subtilement les profon-
deurs insondables de la 'Déité'. Cette dualité des orientations de
l'œuvre d'Angelus Silesius peut s'expliquer par la différence des publics
auxquels il s'adressait[32], mais elle révèle la dualité des conceptions
de l'Église chez les catholiques du XVIIe siècle, comme l'avait montré en 1955 Jean Orcibal dans un article pionnier sur 'L'idée d'Église
chez les catholiques du XVIIe siècle'[33].

   Une fois posé ce point de départ, Scheffler analyse les signes de
la vraie Église qui ne peut être qu''une' et qui possède les quatre
marques qui étaient devenues alors des titres exclusifs[34]. Et hors de
cette Église ne peuvent être ni salut, ni béatitude, comme il l'affirme
continuellement. Dans l'Église, Scheffler voit avant tout celui qui a
la suprématie, le pape, ce qui dessine une ecclésiologie assez différente,
sinon dans le fond, du moins dans la forme, de celle qui prévalait
en France: '*Die Oberhauptmanschaft des Römischen Bischofs ist ein Catholischer
Glaubens-Artikel*', 'La suprématie de l'évêque de Rome est un article
de foi catholique'[35]. On pourrait suivre à travers ces œuvres de circonstance tous les traits d'une théologie de Contre-Réforme antiprotestante et polémique: insistance sur la tradition, sur la place des
Pères dans l'enseignement, réfutation pas à pas des thèses ou des
principes luthériens, conception de l'hérétique comme ennemi de
Dieu, même s'il ne s'écarte que sur un point de la doctrine romaine.
Et si l'hérétique est 'obstiné', il faut exercer contre lui la puissance
séculière. Cependant ces appels à la guerre contre les hérétiques
trouvèrent alors peu d'écho; les temps n'étaient plus à la guerre. Le
point extrême de la position de Scheffler le montre à contre-courant
de son temps. En effet, si le temps d'une émulation dans la sainteté
et la mystique est passé, celui de la confrontation armée l'est aussi.
La contrainte n'est pas rejetée, mais ses moyens sont devenus plus
subtils, comme le montrent à la même époque les mesures de Louis
XIV contre les protestants. Une opinion publique est en train de

---

[32] Cf. J. Orcibal, *Etudes d'histoire et de littérature religieuses, op. cit.*, p. 45 n. 53: 'Ses
diverses œuvres, polémiques et mystiques, s'adressaient à des publics très différents,
mais avaient le même but'.
   [33] Repris dans *Etudes d'histoire et de littérature religieuses, op. cit.*, pp. 337–355.
   [34] Voir G. Thils, *Les notes de l'Eglise dans l'apologétique catholique depuis la Réforme*,
Gembloux, Duculot, 1937.
   [35] Cité dans E.O. Reichert, *op. cit.*, p. 129.

naître, la controverse prend des formes de plus en plus académiques et érudites[36], un Etat moderne se laïcise et lutte avant tout contre la dissidence. Scheffler est un converti du milieu du siècle, un contemporain de Pascal, et son radicalisme catholique s'embarrasse peu de considérations politiques. C'est le même radicalisme qui s'exprime dans sa conception de la mystique et dans la controverse qu'il mène contre les protestants, même si les moyens de conversion sont différents. L'homme seul devant la nue Déité, contemplant les mystères de l'union avec Dieu, de la déification et de l'assimilation à Jésus-Christ, est le même homme qui ne voit pas de compromis possible avec l'exigence d'une vérité définie et soutenue dans une Église, comme si la Contre-Réforme avait abouti avec la considération d'une institution comme absolue. C'était peut-être refaire en sens inverse le chemin fait jadis par saint François de Sales de la controverse à la mystique, et passer désormais de la mystique à la controverse. C'était aussi signer le déclin de la mystique dans l'Église catholique. Mais, alors que Scheffler revendiquait pour l'Église un caractère absolu, une autre institution, l'État moderne, revendiquait ce caractère absolu, l'Etat, que dès 1651 Hobbes peignait dans son *Leviathan*, rassemblant en lui tous les traits, mystique et autorité absolue, que Scheffler attribuait à son Église de la Contre-Réforme.

---

[36] Voir M. Gierl, *Pietismus und Aufklärung. Theologische Polemik und die Kommunikationsreform der Wissenschaft am Ende des 17. Jahrhunderts*, 'Veröffentlichungen des Max-Planck-Instituts für Geschichte, Bd. 129', Göttingen, Vandenhoeck & Ruprecht, 1997.

LES ORIGINES AMBIGUES D'UN MANUEL D'ÉDUCATION DE LA CONTRE—RÉFORME DANS LES PAYS-BAS

Myriam Greilsammer

Abstract

The *Spiritual Testament* of one Lowijs Porquin, edited about 1560 by its author for his own children, was adopted in the Low Countries as a schoolbook at the end of the 16th century and remained in use at least until the 18th century. The purpose of this article is to try to explain the strange destiny of this work: despite its private motives, the author composed a work that was strangely fitting to the two antagonistic religions in the Low Countries. Indeed, it was used at the same time for the indoctrination of Catholic pupils in the Southern Netherlands—after a draconian inspection of its contents—and equally for the education of the children in the independent Reformed Northern Provinces, at the same stage of their education. The analysis of the book's contents and of its iconography allows us to explain how enemy ideological systems with antagonistic ideas could make a parallel use of the same work to indoctrinate their youth. At the same time, the common substratum of both religions at the beginning of the Modern Era is underscored. Lastly, it is argued that we find here an interesting illustration of the fact that, even in dictatorial systems, there always exist fragments of liberty and subversion, even if they are quite small: for instance, the Catholic Church choose to educate its pupils with this work, although its author was a usurer, one of the most abominated sinners in the eyes of Catholicism.

Le succès des idées de la Réforme, amorcé dans les Pays-Bas dès 1520[1] et la résistance des 17 Provinces, suivie de la guerre d'indépendance contre le gouvernement des Habsbourg, ont déclenché une

---

[1] Dès 1523 deux moines sont brûlés à Anvers pour avoir prêché les idées luthériennes. J.H.C. Blom and E. Lamberts, *History of the Low Countries*, New-York, 1999, p. 130. Les Habsbourgs réagissent durement à la Réforme: Charles-Quint publie ses édits contre l'hérésie dès 1529 (1535, 1538). Entre 1527 et 1555 plus de 1700 hérétiques sont brûlés dans le Sud et 240 dans le Nord. Dès 1541, 94 éditions des œuvres de Luther sont publiées dans les Pays-Bas. Le protestantisme néerlandais se développe dès 1555. Dans les années 60 le calvinisme se propage tout d'abord dans

série de mesures visant à y revitaliser l'Église et à lutter contre la croissance du Protestantisme. Philippe II se heurte à une opposition généralisée lorsqu'il réorganise les évêchés (1559) dans le but de mieux contrôler la région et d'améliorer la répression des mouvements hérétiques. De même, la régente Marguerite de Parme introduit en 1565 l'application des décisions du Concile de Trente (1545–1563), ponctuée de quelques réserves[2]. C'est en ce qui concerne la persécution des hérétiques que la coopération entre l'Église et l'État est la plus notable: l'Empereur interdit l'hérésie, les courts ecclésiastiques poursuivent et condamnent les réformés, l'État applique les peines. Mais la Contre-Réforme catholique ne prend réellement son essor que pendant le règne des Archiducs Albert et Isabelle (1598–1621), après la longue et fastidieuse reconquête à la foi catholique des provinces méridionales (et des villes comme Anvers, Bruxelles, Malines ou Gand) par le Duc de Parme[3] entre 1583 et 1585.

La réforme catholique se concentre principalement sur le terrain de l'éducation et de l'enseignement[4], comme l'illustre bien l'un de ses principaux motos '*Ex bona educatione ac institutione juventutis pendet, pro magna parte, salus totius reipublicae*'[5]. Dès 1585 (et plus intensive-

---

les régions francophones et gagne les provinces néerlandophones dès 1570. Dès les années 70, la révolte et le protestantisme se déplacent vers le Nord, avant tout vers les Provinces de la Hollande et de la Zélande. La division entre les deux confédérations du Nord et du Sud en 1579 mène à la fin de l'allégeance des Provinces du Nord à Philippe II en 1581. Les provinces du Sud en révolte (1577–1585) sont définitivement ramenées dans le giron de l'empire entre 1583 et 1585 par Alexandre de Parme, fils de Marguerite. E. Cameron, *The European Reformation*, Oxford, 1991, 376–381.

[2] Le 11 juillet 1565.

[3] Les progrès enregistrés par le Duc d'Albe, gouverneur-général depuis décembre 1567 et en activité pendant six ans, sont réduits à néant tant il a provoqué l'opposition de toute la région à sa politique brutale d'oppression des habitants. Après divers essais infructueux d'arriver à des accords de paix (dont la Pacification de Gand signée le 6 novembre 1576) la radicalisation des opposants au régime mène à l'*Acte d'abjuration* et au rejet de la tyrannie de Philippe II par les États Généraux en juillet 1581. Alexandre Farnese, Duc de Parme, le nouveau gouverneur-général, pacifie l'Artois, le Hainaut, Namur, Luxembourg et le Limburg par l'Union d'Arras le 6 janvier 1579 et reconquiert dans les Pays-Bas méridionaux les villes de Flandre et de Brabant (Gand est reconquise en septembre 1584, Bruxelles en mars 1585 et après la reddition de Malines, Anvers capitule le 17 août 1585). J.H.C. Blom and E. Lamberts, *History of the Low Countries*, New-York, 1999, pp. 133–140.

[4] La Contre-Réforme se concentre sur trois fronts: en plus de l'éducation, elle lutte pour une uniformisation théologique et la formation du clergé. J.H.C. Blom and E. Lamberts, *History of the Low Countries*, New-York, 1999, pp. 232–236.

[5] E. Put, *De Cleijne schoolen. Het volksonderwijs in het Hertogdom Brabant tussen Katholieke Reformatie en Verlichting (einde 16de eeuw-1795)*, Leuven, 1990, pp. 20–25.

ment encore dès 1607), la Contre-Réforme catholique procède à une réforme fondamentale de l'enseignement dans les Pays-Bas. L'organisation et le contenu des études seront soumis pendant deux siècles à son autocratie, jusqu'à ce que l'État intervienne dans la seconde moitié du XVIIIᵉ siècle. La Contre-Réforme veut une école 'christianisatrice et acculturante'[6], instrument de la lutte contre l'hérésie. Dans la pratique, les 'petites écoles' ('*cleijne schoolen*') des Pays-Bas, c'est à dire les écoles élémentaires de jour, sont réglementées jusque dans leurs moindres détails, par de multiples ordonnances urbaines consacrées à l'éducation, sous l'influence des artisans de la Contre-Réforme[7]. La priorité y est accordée à la formation religieuse.

Comme le résument bien Roger Chartier et Dominique Julia, instruire acquiert dès lors 'une triple signification: catéchiser, moraliser, et en dernier lieu, apprendre l'ABC'[8]. Les études profanes, reléguées au second rang, consistent principalement à l'apprentissage de la lecture et de l'écriture, l'apprentissage des opérations de calcul étant réservé uniquement aux meilleurs élèves. En 1616, Johannes Malderus, évêque d'Anvers, publie son 'Instruction et ordonnance pour la promotion de la Catéchisation dans l'Évêché d'Anvers'[9]. Les instructions envoyées aux maîtres des 'petites écoles' leur ordonnent de subordonner tout leur enseignement au catéchisme et à l'enseignement religieux en général: l'apprentissage de la lecture et de l'écriture doit se faire sur la base des textes de base du catéchisme (comme le *Pater*) enseignés dans la langue flamande[10]. A la fin de chaque journée, un élève est tenu de lire à haute voix devant sa classe un extrait du catéchisme. Les maîtres sont appelés à s'appliquer le samedi à l'enseignement des principes de la foi, afin de préparer les enfants au catéchisme du dimanche, enseigné par le curé. Les petites écoles et leurs maîtres d'écoles, satellisés par le monde ecclésiastique, sont

---

[6] R. Chartier, D. Julia, M.-M. Compère, *L'éducation en France du XVIᵉ au XVIIIᵉ siècle*, Paris, 1976, p. 11.

[7] E. Put, *De Cleijne schoolen*, p. 15. Ainsi à Anvers on connaît l'influence prépondérante au XVIIᵉ siècle de l'écolâtre de la ville, Maximilien van Eynatten. E. Put, 1990, pp. 31–32.

[8] R. Chartier et al., *L'éducation*, 1976, p. 6.

[9] E. Put, *De Cleijne schoolen*, p. 26. Ces mesures sont rééditées en 1630 et 1647.

[10] Sur la base des décisions du Concile de Trente, la rédaction d'un nouveau manuel de catéchisme en langue vulgaire est ordonnée: il paraîtra en 1609. Ce catéchisme rédigé par le Jésuite Ludovicus Makeblijde sera remplacé en 1623 par un texte rédigé par W. de Pretere, qui sera employé jusqu'à la fin du XVIIIᵉ siècle. Eddy Put, 1990, p. 26.

devenus les instruments privilégiés de la Contre-Réforme[11]. Les efforts de l'Église ont pour but d'étendre cet endoctrinement à toute la société et de ne plus le restreindre aux seuls élèves nantis des villes. Diverses législations s'efforcent de rendre l'éducation obligatoire et universelle[12]. Notons que cette politique généralisée d'endoctrinement chrétien qui s'attache également à contrôler l'orthodoxie des maîtres d'école est précoce dans les Pays-Bas[13] et précède d'au moins un demi siècle la France[14].

Les livres de classe sont également objets d'un contrôle sévère à la même époque. Le nombre de titres publiés en Néerlandais (livres de chevalerie, récits d'aventure, livres de dévotion et, en plus petit nombre, des livres publiés spécifiquement pour l'enseignement), principalement dans la ville d'Anvers[15], est très élevé dès la seconde moitié du XVIe siècle. Le premier synode diocésain d'Anvers (1571) oblige les maîtres d'école de soumettre les livres de classe au doyen ou tout au moins au curé. En 1607, le concile provincial requiert des évêques de s'assurer que des livres, qualifiés d''obscènes', ou des livres 'interdits' ne soient pas lus dans les écoles. Le synode diocésain de Malines (1610) exige du maître d'école le serment qu'il n'emploiera pas de livre interdit et qu'il obéira aux instructions des synodes et conciles.

---

[11] Le maître est tenu d'amener ses élèves au catéchisme du dimanche et quatre fois par an à confesse. E. Put, 1990, p. 27.

[12] Ainsi les villes sont contraintes d'obliger les parents à envoyer leurs enfants à l'école. Une attention extrême est accordée aux écoles du dimanche (créées par un placcart de Charles-Quint du 7 octobre 1531 qui les destine aux enfants qui travaillent) et à la catéchisation des enfants. C'est dans ce but que la législation synodale (1576, 1610) et laïque (placcart du 31 août 1608) ordonnent la création d'écoles de jour ou 'petites écoles' et d'écoles du dimanche dans les villes et villages qui n'en possédaient pas jusque là. Dans les campagnes, l'enseignement du catéchisme est assigné aux curés les dimanches et jours de fête. Les pauvres qui retiraient leurs enfants risquaient de perdre leurs droits à l'assistance publique, J.H.C. Blom and E. Lamberts, *History of the Low Countries*, New-York, 1999, p. 234. Voir également les décisions du concile provincial de Malines (1570).

[13] Après les premières mesures dans ce but de l'ordonnance de Charles Quint du 30 juin 1546, les décisions des conciles provinciaux subordonnent l'admission des maîtres à leur approbation par les écolâtres ou les doyens de la région. Les visites des évêques dans les paroisses, innovées par le Concile de Trente, comprennent l'inspection des maîtres d'école: les actes des conciles de 1565 et 1608 en prévoient les moindres détails. Voyez par exemple le placcart du 31 août 1608 qui reprend de telles décisions. E. Put, 1990, p. 28 et lire p. 29.

[14] Le règlement qui date de 1676, parle d'inculquer 'une pédagogie de la pratique chrétienne' qui consiste à 'apprendre aux enfants le *Pater*, l'*Ave*, le *Credo* en latin et en français, les commandements de Dieu et de l'Église, l'abrégé des mystères de notre religion et l'exercice du chrétien'. Chartier et al., 1976, p. 10.

[15] E. Put, 1990, pp. 196 et suivantes.

Dès le début du XVIIe siècle, les livres d'école sont soumis à une censure draconienne dans les Pays-Bas méridionaux. Des listes des livres scolaires autorisés sont éditées dans la plupart des diocèses. Ainsi c'est à l'initiative de Johannes Malderus qu'est publiée en 1619 la 'Liste ou registre de tous les livres qui pourront être employés dans les écoles de l'Évêché d'Anvers'[16], liste apparemment établie par son écolâtre, le chanoine Maximilien van Eynatten, censeur des livres dans la ville. Sont interdits 'Toutes les histoires ou livres traitant de choses amoureuses et de sujets proches, qui nuisent plus à la jeunesse qu'ils ne lui portent profit'[17]. Le même Malderus prohibe définitivement en 1621 dans une liste de livres interdits, la lecture et le commerce d'une grande partie des livres populaires parce qu'ils contiennent trop 'd'impuretés, de sorcellerie, de superstitions, d'erreurs dogmatiques, de manquements à la civilité, de faux miracles et d'histoires inventées'[18]. L'usage et la vente sont autorisés pour les versions expurgées d'autres livres mutilés et défigurés[19].

Si j'en reviens à la liste de 1619 des livres de lecture autorisés dans les petites écoles, on y trouve la mention d'un livre intitulé *Den Uuterste wille* (*Les dernières volontés* ou *Le Testament*[20]). Cet ouvrage a fait l'objet d'inspections répétées: déjà autorisé à l'emploi par les autorités

---

[16] 'Lijste oft Register van alle de Boeken die in de scholen des Bisdoms van Antwerpen sullen moghen geleert worden', Kryuskamp C., *Nederlandsche volksboeken*, Leiden, 1942, pp. 36–40.

[17] 'alle historien oft boecken trasterende amoreusheydt ende dierghelycke dingen daer de jonckheydt meer pleegh door vererghert te worden dan yet goedts uut te leeren'. Van Eynatten y censure la majorité des romans d'aventure populaires ou les autorise après les avoir remodelés. Kryuskamp C., *Nederlandsche volksboeken*, Leiden, 1942, pp. 36–40. Des listes sont publiées en 1618, 1619 et 1621, E. Put, 1990, p. 30.

[18] On a retrouvé les notes manuscrites de l'enquête vraisemblablement établie pour Malderus et qui portent le titre de 'Livres qui sont achetés et qui sont très nuisibles à la jeunesse catholique'. Son auteur anonyme y a noté le nom de douze ouvrages populaires en les accompagnant de ses commentaires. Ainsi il qualifie *L'histoire de Valentin et Ourson de* 'plena amatoris nugis'; *l'histoire du chevalier au cygne* de 'fabulosa mendax inqua miscentur prophana divinis'; *l'histoire du fils inconnu de l'Empereur Barberousse* de 'falsa, turpis, venerea'; *les histoires de Flore et Blanchefleur* de 'venerea fabulosa', *de la belle Mélusine* et de *Maijken van Numwegen* de 'ubi necromentia docentur'. In E. Van Heurck, *Voyage autour de ma bibliothèque*, Anvers, 1927, p. 2.

[19] La liste malinoise porte déjà la trace de ces décisions puisque la dernière rubrique concerne les livres qui 'doivent encore être corrigés ou préparés à l'impression' *Die noch moghen ghecorrigeert worden ofte ghereet syn om te drucken*. Cette liste comporte à la fois des récits religieux (*Les 12 S. Apôtres, De 12 H. Apostelen*, ou *Le Royaume d'Israel Het Rijck van Israel*, etc. . . .) et une partie des livres cités par Malderus. Robert Foncke, 'Schoolboeken', *Het Boek*, 15 (1926), p. 266.

[20] Je me réfère dorénavant à ce livre en le désignant comme *Le Testament*.

ecclésiastiques d'Anvers le 15 octobre 1588[21], il reçoit son imprimatur respectivement en 1612 et 1622 des évêques de Bruges[22] et de Gand[23]. Ce texte est lu dans les petites écoles des Pays-Bas méridionaux en quatrième année d'étude[24], soit à un niveau supérieur d'apprentissage de la lecture, comme nous le démontre le curriculum des écoliers:

La première année consiste avant tout à façonner les âmes à l'aide du catéchisme et d'histoires édifiantes bibliques[25] et à apprendre à lire et à écrire à l'aide de méthodes élémentaires (abécédaires et autres livres d'initiation à la lecture). Le synode diocésain d'Anvers de 1610 stipule qu'en première année, le (nouveau) catéchisme diocésain doit être inculqué immédiatement après l'enseignement de l'A.B.C.[26].

La seconde année est consacrée en priorité à l'endoctrinement religieux[27]: les élèves lisent des textes comme le *Catéchisme en 41 leçons*, la *Longue Passion*, le *Livre domestique chrétien* et divers ouvrages didactiques religieux versifiés (*La couronne de la jeunesse; Le Christ: leçons pour les enfants* etc. . . .).

L'enseignement de la troisième année semble plus diversifié: à côté des 'histoires tirées des écritures saintes' (comme *Jesus, Samuel, Daniel, le roi David, Tobias, Judith et Esther*); et des 'histoires de Saints' (*Vie de*

---

[21] Il s'agit de la première autorisation connue pour ce texte. Elle a été décernée par Michael Hetsroey Breugelius, et postérieurement par Reynerius Bervoets de Brakel, licencié en théologie, chanoine de l'Église Notre-Dame d'Anvers. De Brakel est mort à Anvers le 15 février 1608 à l'âge de 77 ans. E. Van Heurck, *Voyage autour de ma bibliothèque*, Anvers, 1927, p. 119. Son autorisation date donc au plus tard de l'année de sa mort.

[22] De l'évêque de Bruges Karel van Rodoan dans sa liste de 1612. E. Van Heurck, *Voyage autour de ma bibliothèque*, Anvers, 1927, p. 122.

[23] Antonius Triest dans sa liste de 1622. Il y est intitulé *Den utersten wil*. O.Dambre, *De dichter Justus de Harduijn (1582–1641)*, Gent, 1926, p. 327 et E. Van Heurck, *Les livres populaires*, p. 132.

[24] Ceci est confirmé par une autre liste malinoise établie au début du XVIIᵉ siècle qui contient un cursus précis des ouvrages autorisés à l'emploi par les autorités ecclésiastiques pour les cinq classes élémentaires. Robert Foncke pense qu'elle date d'environ 1623 et qu'elle a été établie par l'écolâtre-recteur des écoles latines (supérieures) et responsable des écoles paroissiales, François van Ophem, qui fut titularisé à ce poste le 8 octobre 1612. 'Schoolboeken te Mechelen in de 17 de eeuw', *Het Boek*, 15, 1926, pp. 263–268.

[25] '*Eerste Classe: Den A.B.C. 1621; De 7. Psalmen; 100 Kyndervraghen; Corte Passie; Cleynen Catechismus 1623*'. Robert Foncke, 'Schoolboeken', *Het Boek*, 15, 1926, p. 263.

[26] Eddy Put, 1990, p. 26.

[27] Première catégorie de livres sous la rubrique '*Onderwysinghe des Gheloofs ende der manieren begrypende*' et seconde catégorie '*Dichten*', Robert Foncke, '*Schoolboeken*', *Het Boek*, 15, 1926, p. 264.

Saint François; Trois apôtres des Pays-Bas, etc. . . .) figurent des 'histoires laïques' comme *Julius Caesar, Charles Quint, Alexandre le Grand ou Godefroid de Bouillon* et des 'fables' (*Les quatre fils Aymon, les fables d'Esope, le siège de Troie* etc. . . .).

La quatrième année est plus spécialement vouée à l'apprentissage de la lecture de livres imprimés dans une lettre d'écriture dite de civilité: le premier titre qui apparaît dans cette catégorie est précisément *Le Testament, Den Wtersten wil*[28]. On constate que comme le manuel d'Érasme, ce texte trouve sa place en fin de cursus[29]. Ce livre a eu un destin assez exceptionnel puisqu'il a été employé dans les écoles élémentaires tout au long du XVIIe siècle[30], voire même au delà de cette époque. Plus encore: la popularité de cet imprimé est soulignée par les chercheurs qui établissent qu'il est encore en usage au XIXe siècle[31]: It was long after 1800 that Dutch and Flemish (. . .) older people ceased to derive comfort from such pious works as *The Testament* of Lowys Porquin (. . .).

L'emploi de ce livre dans la longue durée, lu et relu au fil des générations, conforte le schéma constaté par Peter Burke selon qui A Historian who sits down to read through a series of chap-books published between 1500 and 1800 is likely to be impressed by the overwhelming importance of tradition: the same genres, the same texts[32]. La genèse de l'emploi de ce manuel n'est donc pas à négliger.

---

[28] Willems, *Verhandelingen*, Antwerpen, 1820–1824, pp. 249–250, Ch. De Chénedolle, *Bulletin du bibliophile belge*, VII, 1850, pp. 257–261, Schotel, *Vaderlandsche volksboeken*, Haarlem, 1873, pp. 221–222. La cinquième année est également consacrée à l'apprentissage du français: la liste contient des ouvrages en français et des dictionnaires.

[29] Jacques Revel, 'Les usages de la civilité', in Ph. Ariès et G. Duby, *Histoire de la vie privée*, III, Paris, 1986, p. 179.

[30] E. Van Heurck, *Voyage autour de ma bibliothèque*, Anvers, 1927, pp. 119–122. Lorsque le Magistrat d'Anvers fixe le 10 février 1642 le prix des ouvrages scolaires courants, on trouve mention de ce livre vendu pour un prix modique. Le prix est établi proportionnellement au nombre de feuilles imprimées. Placcart intitulé '*Taxatie oft prijsen vande ghemeyne School-Boecken*'. Le prix de l'ouvrage de Porquin qui y figure sous le titre '*Uutersten Wille*' et contient 9 à 10 feuilles de papier, est de 4 stuivers, prix de la majorité des livres dont le montant varie de 2 (peu nombreux) à 7 stuivers. *Ibid.*, p. 133.

[31] H. Carter and H.D.L. Vervliet, *Civilité Types*, Oxford U. Press, 1966, p. 36.

[32] Il s'agit là d'une preuve supplémentaire de la continuité dans l'emploi des imprimés entre 1500 et 1800, telle que l'a mise en évidence Peter Burke. Peter Burke parle de la 'force d'inertie' qui a existé dans ce domaine. *Popular Culture in Early Modern Europe*, Cambridge, 1994, pp. 256–257. La citation: p. 257.

Ce manuel est en fait une portion du *Livre de Mémoires* d'un certain Lodovico Porchini, dit Lowys Porquin, un marchand d'origine pié-montaise immigré dans les Pays-Bas[33] dans les années vingt, publié pour la première fois à Anvers en 1563[34].

La première partie de cette œuvre contient le récit de la vie de l'auteur, comme l'indique son titre 'Un gracieux livre de mémoire rimé, contenant les naissances, lignages, armes, devises, voyages, avec les noces de LOWYS PORQUIN et MAGDALENA son épouse légitime ainsi que les naissances et les décès de leurs enfants à tous deux'[35]. Elle n'a plus été rééditée après son édition princeps, contrairement à la seconde partie de cette œuvre. Le titre du *Livre* explicite la partie qui suit les *Mémoires* à proprement parlé: 'Après cela suivent encore les dernières volontés du même LOWYS accompagnées d'instructions plus admirables encore qu'il a laissées comme souvenir à ses chers enfants'[36].

Comme nous l'indique son titre 'Les dernières volontés de LOWYS PORQUIN composées par lui en prose sous la forme d'un charmant Testament contenant nombre de bons enseignements pour l'instruc-tion et l'édification de ses enfants'[37] (*Testament*, page de titre, voir illustration n° 1) il s'agit d'un testament spirituel où l'auteur lègue à

---

[33] Pour plus de détails, voir mon livre à paraître en 2004 aux éditions Unicopli, Milano (en italien). Nous ne connaissons pas la période exacte de la rédaction de son livre mais il paraît plausible de penser qu'elle a pris plusieurs années. Il existe un *terminus ad quem*: je pense que Lowys a terminé sa composition presque immé-diatement après la mort de son cinquième fils et onzième enfant, le second Lowys, le 29 septembre 1563, date qu'il rapporte dans le *Livre de Mémoire* (f° I). Il est sûr que la rédaction s'est close avant le 21 janvier de la même année, jour de l'enter-rement d'un autre de ses enfants, qu'il n'a pas pu inclure dans son ouvrage déjà remis à l'imprimeur. L'œuvre est publiée en 1563. Lowys Porquin meurt environ dix ans plus tard, en 1573.

[34] Le livre est réédité des dizaines de fois, depuis 1575 jusqu'au XIXe siècle. Voir mon livre concernant cet ouvrage, Milan, 2004.

[35] *Mémoires*, page de titre. *Een lieflick memorie boeck// Rhetorijckelijc ghestelt/ Inhoudende die gheboorten/ // gheslachten/ wapenen/ deuijsen/ reysen met den trouwedach// van LOVVYS PORQUIN ende MAGDALENA zijn wettighe// hyusvrou/ oock die gheboorten en sterfdaghen van haer beyder// kinderen.* Dès ici, j'emploierai le titre *Livre* pour cette première partie du livre, et celui de *Testament* pour la seconde partie.

[36] '*Noch volcht daer naer den UUTERSTEN WILLE vanden seluen LOVVYS vol schoonder Instructie/ dwelck hy zijn// lieue kinderen tot een ghedenckenisse heeft achterghelaten.//* En bon publi-ciste, Porquin rappelle dès l'introduction à son *Livre de Memoires*, l'existence de la seconde partie de son texte: *vous trouverez également à la fin de cet excellent Livre de Mémoires, un texte à la manière d'un Testament* (*Livre*, f° a).

[37] *Den UUtersten wille van// LOVVYS PORQUIN deur hem// ghecomponeert in prose by maniere van een Lieflijck// Testament/ Inhoudende veel schoone Leeringhen / tot// Instructie ende sticht-inghe van zijnen kinderen. Oock seer// nut/ oorboor ende nootsakelijck allen ouders/ om haren*

sa progéniture des préceptes de conduite en deux cent quatre-vingt onze strophes de huit vers rhétoriciens, dont le dernier est toujours un proverbe[38].

Quelle est la raison du choix de cette ouvrage, composé à l'origine par un père pour ses enfants, comme manuel d'apprentissage de lecture, d'écriture et d'édification des écoliers des Pays-Bas, et plus encore, son étonnante longévité dans la culture populaire de ces régions?

Étonnamment, c'est la juxtaposition fortuite de composantes anodines qui a dicté son adoption comme livre d'école et manuel didactique par les autorités de la Contre-Réforme. Un peu comme un Monsieur Jourdain, Lowys Porquin compose vers 1560 un livre pour son usage privé, sans savoir qu'il sera intégré au grand projet pédagogique de la réforme post-tridentine, et ce, parce qu'il répond précisément aux besoins communautaires du moment de former 'un sujet policé, instruit et chrétien'[39]. Mais nous verrons que ce choix apparemment anodin du livre de Porquin, soulève plus de questions qu'il n'en résout. Son étrange destin dépasse le cadre familial dans lequel il a été produit et révèle à la fois une machinerie de propagande sophistiquée et les étonnantes contradictions internes de celle-ci. Je commencerai par essayer de reconstituer brièvement les critères qui ont mené les autorités ecclésiastiques à sélectionner ce texte pour leur projet pédagogique dans le dernier quart du seizième siècle:

1° Le texte est rédigé en flamand.

Porquin a épousé une brugeoise. Il a donc choisi de publier son texte en flamand puisqu'il le destine à ses enfants qui sont néerlandophones. Dans les Pays-Bas, en écho à la Réforme, l'un des instruments fondamentaux de l'endoctrinement de la Contre-Réforme consiste principalement dans l'emploi de textes didactiques en langue vulgaire. Son texte a été sélectionné pour l'enseignement, tout d'abord parce que les manuels didactiques pour enfants composés en flamand sont encore relativement rares dans la période qui suit directement le Concile de Trente. Le livre de l'Italien comble un vide non seulement parce qu'objectivement le nombre des recueils pédagogiques

---

kinderen// hier mede tonderwijsen/ om daer te comen (met GODS// *hulpe) tot een goet eerlijck leven/ ende een salich sterven.//,* Testament, f° a.

[38] Robert Foncke, 'Schoolboeken', *Het Boek*, 15, 1926, p. 266.
[39] Chartier, 1976, p. 145.

en flamand est encore très limité dans la seconde moitié du XVIe
siècle, mais encore parce que les rares textes existants ont rapidement été interdits par l'Église. Ainsi la traduction flamande du manuel
de *La civilité puérile* d'Érasme (premières éditions flamandes en 1546
et 1559) et deux des trois principaux manuels pour la jeunesse, à la
fois traités didactiques et d'apprentissage de la lecture parus à la
même époque, (1543, 1564 et 1567)[40] sont à l'*Index* presque immédiatement après leur publication[41]. Vers les années 80, le texte morali-
sateur de l'Italien n'a donc pas de réels concurrents.

2° Les caractères d'impression du manuel: les lettres de civilité.

Porquin a choisi de faire imprimer son œuvre dans des nouveaux
caractères d'imprimerie, les caractères dits 'de civilité', quatre ans
seulement après leur création dans les Pays-Bas (voir illustrations n°
1,2,3). Une fois de plus, ce choix typographique fortuit coïncide avec
les objectifs de ceux qui se sont appropriés son texte. En effet, ces
nouveaux caractères ont une particularité fondamentale[42]: ils ont été
l'instrument d'une gigantesque entreprise idéologique et didactique
d'inculcation et de pédagogie des comportements et des mœurs.
L'emploi de ce caractère d'imprimerie est lié au mouvement plus
large de la 'civilité', cette nouvelle forme d'éducation qui a pour but

---

[40] Il ne subsiste plus qu'un seul exemplaire connu des quatre premières éditions
de ces livres dont les trois premiers ont été interdits dès 1570: Desiderius Erasmus,
Goede manierlijcke zeden (Civilité puérile), Jan van Waesberghe, Anvers, 1559; Cornelis
Crul, *Eenen geestelycken A.B.C. getogen uit de psalmen van David (A.B.C. spirituel, tiré des
Psaumes de David, très utile et nécessaire à tous les chrétiens, et surtout aux jeunes écoliers...)*
Ameet Tavernier, Anvers, 1560; Dirck Volckertsz Coornhert, *Een nieuwen A.B.C. of
materieboeck (Nouvel A.B.C. ou livre de matières, contenant plusieurs sentences et préceptes, à
l'usage des maîtres d'école ainsi que des jeunes garçons et filles, qui n'ont pas l'avantage d'apprendre à l'école le bon usage de la plume...)*, Guillaume Silvius, Anvers, 1564; Peter
Heyns, *A.B.C. oft exemplen om de kinderen bequamelijck te leeren schrijven (A.B.C. ou exemples pour apprendre aux enfants l'art de l'écriture contenant beaucoup de belles sentences à l'instruction de la jeunesse)*, Plantin, Anvers, 1567.

[41] Voir plus loin pour une discussion des aspects liés à la lutte contre le protestantisme. Dir. J.M. de Bujanda, *Index des livres interdits, Index d'Anvers, 1569, 1570,
1571*, Genève, 1986. L'*ABC spirituel* de Crul est mis à l'index dès 1546 (n° 467,
p. 309), le *Goede manierlijke zeden* d'Erasme est mis à l'index en 1570 (n° 557, p. 352),
l'*ABC* de Coornhert en 1570 (n° 466, p. 308).

[42] Le livre de Porquin 'contient deux sortes de caractères de civilité': le texte est
imprimé dans 'la plus grande lettre-Tavernier', alors que 'le privilège de la seconde
partie, et six lignes du titre, sont imprimées dans les plus petits caractères-Tavernier'
*'bevat twee civilité-soorten', 'de grootere Tavernier-letter', 'het privilege voor het tweede deel, en zes
regels in den titel daarvan, in de kleinere Tavernier-civilité staat'*: L. Willems, *Het Boek*, 5,
1907, pp. 241–258, pp. 246, 251.

de 'soumettre les émotions, brider les affects, dissimuler les mouvements de l'âme et du cœur'[43]. La civilité a débuté avec le *De Civitate
Morum Puerilium Libellus (La Civilité Puérile)*, l'ouvrage d'Érasme publié pour la première fois à Bâle en 1530 et promis à un énorme
succès. Ce traité didactique en latin est un répertoire de bonnes
manières destiné à l'éducation des enfants par les parents ou un pré-
cepteur. Selon son idéologie, 'le corps dit tout sur l'homme profond'.
La civilité propose de 'réformer les dispositions intimes en réglant
correctement les manifestations du corps'[44]. Le succès de ce traité
est immédiat en Europe septentrionale: traduit dans diverses langues,
il est publié en néerlandais dès 1546[45]. Parallèlement, dès les années
1550, un travail collectif a terminé de transformer les intentions et
les usages du texte d'Érasme en une multitude d'ouvrages inspirés
de celui-ci et basés plus ou moins fidèlement sur lui[46]. Rapidement,
le monde réformé adopte la civilité et la scolarise. En Europe du
Nord, elle est inculquée dans les petites écoles aux enfants qui
apprennent entre sept et douze ans les premiers rudiments du savoir.
Elle devient l'un des éléments de base de l'enseignement élémentaire.
Dès 1550, son succès dépasse le monde protestant, puisque la civilité
devient également l'un des fleurons de la lutte de la réformation
catholique[47].

---

[43] Pour un exposé clair et concis de la civilité, le lecteur voudra bien se référer
à J. Revel, 'Les usages de la civilité', *Histoire de la vie privée*, III, pp. 169–209 dont
je me sers principalement ici. Citations, *Ibid.*, p. 166. N. Elias, *La civilisation des
mœurs*, Paris, 1973 et *Id.*, *La société de cour*, Paris, 1974.

[44] Norbert Elias a consacré des pages passionnantes à la littérature des civilités,
et a démontré, entre autres, qu'il s'agit là 'd'une œuvre collective répondant à un
besoin dont elle a même révélé l'importance'. La civilité propose un 'langage commun et des nouveaux repères à une époque de déséquilibre et de transition', alors
que le monopole de l'Église est brisé, l'unité du monde chrétien rompue à tout
jamais et que des mutations profondes ébranlent les fondements de l'ancien monde.
Voir l'article de Jaques Revel, 'Les usages de la civilité', dans Ph. Ariès et G. Duby,
Histoire de la vie privée, III, Paris, 1986, les deux dernières citations p. 175; et
N. Elias, *La civilisation des mœurs*, Paris, 1973, pp. 77–120.

[45] *Goedemanierlijcke seden. Hoe de Jonghers gaen, staen, eten, drincken, spreken, swijghen, ter
tafelen dienen, ende de spijse onttghinnen sullen: met meer schoone onderwijsen, uut D. Erasmus
van Rotterdam ende meer ander gheleerde boecken, doer vraghe ende antwoorde ghestelt. Ghedruckt
Tantwerpen by Steven Mierdmans*, M.D.XLVI. (Gent, *Universiteits bibliotheek*, R.82040 vy).
(*Des manières de la civilité. Comment les jeunes doivent marcher, se tenir debout, manger, boire,
parler, se taire, servir à table et prendre les mets: avec de très beaux préceptes d'Érasme de
Rotterdam et d'autres livres savants, présenté par des questions et réponses. Imprimé à Anvers par
Steven Mierdmans, MDXLVI*).

[46] La littérature de civilité 'prescrit les comportements licites et interdit les autres'.
Revel, p. 180.

[47] En 1550 l'université de Louvain prescrit la lecture de la *Civilité* d'Erasme. Les
diverses adaptations du texte et son emploi au service de la réforme catholique

Le typographe français Robert Granjon a publié en 1558 l'adaptation en français de la *Civilité puérile* d'Érasme, dans des caractères qu'il vient de créer un an plus tôt, 'la lettre française d'art de main', imitant l'écriture cursive en vogue en France à l'époque. Après cette publication, ces nouvelles lettres (communément baptisées 'lettres de civilité' depuis l'emploi de ce terme par les imprimeurs français au XVIIIe siècle[48]) serviront à l'impression de la littérature de civilité, livres d'école, d'éducation morale et de bonnes manières[49], et également pour des manuels d'éducation religieuse.

Ces caractères typographiques ont eu un plus grand rayonnement encore dans les Pays-Bas[50] où le style d'écriture cursive français était en vogue. Un an après les premières publications de Robert Granjon, Christophe Plantin a acheté les matrices de ces caractères et les a utilisées pour publier la même année un manuel de formation religieuse pour enfants[51]. Le même type de caractères a été acheté par un autre imprimeur d'Anvers, Willem Silvius, qui les emploie dès 1562[52]. Plus encore, inspiré par ces caractères français, le typographe Ameet Tavernier[53] a créé un an plus tard des caractères de civilité flamands originaux en imitant fidèlement l'écriture gothique en usage dans les Pays-Bas[54]. Le premier livre publié dans les Pays-Bas avec les nou-

---

aboutissent à l'œuvre de Jean-Baptiste de la Salle *Les règles de la bienséance et de la civilité chrétienne*, paru en 1703, éditée plus de cent vingt six fois jusqu'en 1875. Revel, pp. 181–182.

[48] En 1742, Claude Lamesle emploie cette expression au lieu de l'ancien nom 'lettre françoise'. Le terme sera accepté par tous après la parution du *Manuel du libraire* de Brunet (1810), Carter and Vervliet, pp. 9–10.

[49] Carter and Vervliet, 1966, pp. 15–17.

[50] H. de la Fontaine Verwey, 'Les caractères de civilité et la propagande religieuse', *Bibliothèque d'humanisme et Renaissance, Travaux et documents*, XXVI, 1964, pp. 17–19.

[51] Il s'agit de l'*ABC ou instruction chrestienne pour les petits enfants. Reveue par venerables docteurs en théologie: avec l'instruction chrétienne par F.J. de Ravillan*. Ce livre a été mis à l'index en 1570. De la Fontaine Verwey, 1964, p. 22. Il s'est également procuré les caractères de civilité de Pierre Hamon, calligraphe et 'escrivain du Roy et secrétaire de sa chambre' qui sera condamné à mort en 1569 et exécuté en place de Grève pour ses opinions religieuses. *Ibid.*, p. 16.

[52] Carter and Vervliet, 1966, p. 35.

[53] Ce tailleur de pierres à lancé en 1559 le premier caractère flamand 'façon d'écriture', dit 'de civilité' en prenant pour modèle l'écriture en vogue à son époque dans les Flandres. Dans les Pays-Bas, en écho à la Réforme, l'un des instruments fondamentaux de l'endoctrinement de la Contre-Réforme est rapidement l'emploi de textes en langue vulgaire pour son enseignement. *Biographie Nationale*, T. 24, 1926–29, p. 628. Sur Ameet Tavernier, lire également F. Olthoff, *De boekdrukkers, boekverkoopers en uitgevers in Antwerpen*, Antwerpen, 1891, p. 99; A. Rouzet ed., *Zestiende-eeuwse drukkers in onze provincies*, Brussel, 1985, pp. 69–71.

[54] Si il est, selon certains 'moins élégant, plus robuste que la civilité française créée par Robert Granjon en 1557', c'est ce type de lettres qui eut le plus de suc-

velles lettres de civilité de Tavernier est précisément *La civilité puérile* d'Érasme (Jean Bellère, Anvers, 1559). La même année, le traité est publié en Néerlandais sous le titre *Goede manierlijcke zeden*, avec les caractères du même tailleur de lettres[55].

De nombreux chercheurs attribuent la vogue des lettres de civilité au *Testament* même de Porquin qui a popularisé les caractères de Tavernier dans les Pays-Bas[56]. Le choix typographique de l'auteur a vraisemblablement été influencé par les conseils de Tavernier qui édita son livre et destinait avant tout ses nouveaux caractères à des livres de piété, d'éducation et d'instruction pour la jeunesse[57]. A l'inverse, le choix de ces caractères d'imprimerie très spéciaux, créés pour l'apprentissage de la lecture et de l'écriture des enfants, et faciles à déchiffrer a été décisif pour le livre de Porquin. Il permet d'expliquer en grande partie l'emploi et le succès scolaire de ce texte et sa longévité[58]. Le rôle crucial joué par les lettres de civilité dans le succès du *Testament* est mis en évidence par le fait que sa seconde impression, cette fois en caractères gothiques, ('chez la veuve Salençon en 1575', illustration n° 3) n'a eu aucun retentissement et n'a jamais été réimprimée. C'est à partir de 1582 et de sa première réimpression en lettres de civilités que le livre va connaître ses heures de gloire[59]. Pour paraphraser un chercheur selon qui, en France comme dans les Pays-Bas, 'ce sont les traités pédagogiques et les livres scolaires qui ont fait la réussite des lettres de civilité[60], on peut dire que

---

cès dans les Pays-Bas. *Ibid.*, pp. 626–630. A. Rouzet, *Dictionnaire des imprimeurs, libraires et éditeurs des XVe et XVe siècles dans les limites géographiques de la Belgique actuelle*, Bruxelles, 1975, pp. 215–217.

[55] Le livre est publié chez Jan van Waesberghe, à Anvers. H. de la Fontaine Verwey, 1964, p. 23. Sur la lettre gothique écrite d'Ameet Tavernier et plus particulière les deux types Parangon et Médiane (types C1, C2) utilisés dans le *Testament*, Carter and Vervliet, pp. 67–68.

[56] Leonard Willems Az, 'Ameet Tavernier en de invoering der civilité-letter in Zuid-Nederland', *Het Boek*, 1907 (5), pp. 241–258.

[57] Carter and Vervliet, 1966, p. 34. Granjon a lui aussi avant tout employé ces caractères pour trois catégories de publications: les belles-lettres, les livres didactiques pour enfants et les livrets de chansons mises en musique. Carter and Vervliet, 1966, p. 19.

[58] L. Willems attribue à l'inverse le succès de ces caractères à leur emploi pour le livre de Porquin. Notons que 'de volksboeken uit de tweede helft der 16e, uit de 17e en de 18e eeuw zijn veelal met schriftletter gedrukt en het Vlaamsche karakter dier verschillende civilité's blijft zoowel in Noord- als in Zuid-Nederland behouden'. L. Willems, *Het Boek*, 1907, p. 257.

[59] Pour la liste des nombreuses réimpressions jusqu'au XVIIIe siècle, voir M. Greilsammer, *Een pand voor het paradijs. Leven en zelfbeeld van Lowys Porquin, Piëmontees zakenman in de zestiende-eeuwse Nederlanden*. Tielt, 1989, pp. 179–181.

[60] H. de la Fontaine Verwey, 1964, p. 21.

dans ce cas précis, ce sont en grande partie les caractères de civilité qui ont fait le succès du *Testament* de Porquin. Même si ce choix
des caractères d'imprimerie a été fortuit pour l'auteur, peut-être par
souci de démontrer son bon goût, ses larges moyens, de surprendre,
d'innover, ou tout simplement parce qu'il destinait son œuvre avant
tout à ses enfants, il a eu des conséquences capitales pour l'avenir
et la longévité de ce texte. Le caractère et le contenu de ce livre ne
suffisent cependant pas à expliquer sa vogue dans la longue durée.

Le choix des caractères de civilité a eu, *a contrario*, une seconde
répercussion positive et inattendue sur le destin du *Testament*. Ce n'est
pas seulement l'engouement pour les lettres de civilité et leur emprise
fondamentale dans le système d'éducation des Pays-Bas qui a fait le
succès de cet ouvrage, mais encore la méfiance qu'a provoqué la
majorité des autres publications éditées avec ces caractères.

Il est établi que 'ce qui a fait surtout le succès des caractères de
civilité, c'est l'usage que la propagande religieuse en a fait'[61]. D'une
part, les réformés français les ont employés pour diffuser leur doctrine sous la forme de petits traités pédagogiques ou simples abécédaires destinés aux enfants des écoles. Plus encore, ces manuels de
Civilité qui réunissent non seulement l'apprentissage des éléments de
la foi, de la morale, de la lecture et de l'écriture, ont disséminé leur
idéologie bien au delà des bancs des écoliers. Comme ces 'petits
livres du XVIᵉ siècle', comme les a qualifiés Henri Hauser[62], contiennent entre autres, la version simplifiée et populaire de diverses œuvres
des réformateurs[63], ils ont contribué à colporter la réforme aux quatre coins de la France. Jacques Revel explique l'énorme retentissement de ces publications par leur 'forme éditoriale' innovatrice et
très moderne: ils allient prix réduit et petit format[64]. Ainsi les lettres
de civilité sont-elles très marquées idéologiquement puisqu'en France,

---

[61] H. de la Fontaine Verwey, 1964, p. 22.

[62] Henri Hauser, 'Petits livres du XVIᵉ siècle', *Études sur la Réforme française*, Paris,
1909, pp. 282–283.

[63] Ainsi le livre d'instruction primaire du calligraphe Pierre Habert, *Le moyen de
promptement et facilement apprendre en lettres françaises à bien lire*... publié à la fois par
R. Granjon et ses concurrents Danfrie et Breton en 1558, reproduit un sermon de
Calvin et passe sous silence des éléments fondamentaux du Crédo papiste. En 1562,
Granjon publie *Règle de vivre d'ung chascun chrestien selon la pure doctrine de Dieu de nos-
tre sauveur Jesu Christ* qui contient nombre de passages de la *Kurtze Form* de Luther.
De la Fontaine Verwey, 1964, pp. 15 et 17.

[64] Revel, p. 183.

selon de la Fontaine Verwey, 'tous ceux qui se sont occupés des nouveaux caractères ont eu des rapports plus ou moins étroits avec le protestantisme'[65].

J'ai dit plus haut combien l'adoption des caractères de civilité dans les Pays-Bas a un lien étroit avec l'influence culturelle française et par conséquent avec la propagande protestante: les autorités religieuses et politiques catholiques ont eu une attitude soupçonneuse voire hostile envers tout texte éducatif imprimé dans les lettres de *Civilité*. La grande majorité de ces ouvrages destinés à la jeunesse ayant été interdite, le *Testament* est resté pendant longtemps, conséquemment à ce choix typographique, un des rares textes didactiques en caractères de civilité autorisé dans les écoles des Pays-Bas méridionaux[66].

3° Les visées pédagogiques de l'ouvrage sont clairement énoncées.

L'auteur défini lui-même son livre comme un ouvrage chrétien didactique destiné à la jeunesse dès le titre de son *Testament*: 'Les dernières volontés de LOVVYS PORQUIN composées par lui en prose sous la forme d'un charmant Testament contenant nombre de bons enseignements pour l'instruction et l'édification de ses enfants'. L'un des buts principaux de l'auteur, selon le concept de 'la mort longue et proche'[67], est d'inculquer un 'art de vivre'[68] chrétien à ses descendants afin qu'ils s'assurent une 'bonne mort'. Il considère son *Testament* comme la clé de leur salut éternel, préoccupation au centre de la polémique religieuse du XVIe siècle. Le père qui recommande à ses enfants une hygiène corporelle et mentale qui les 'mènera certes à une fin chrétienne'[69], s'inscrit en droite ligne dans le projet pédagogique de

---

[65] On citera deux autres concurrents de Granjon, Richard Breton et Jean le Royer, qui sont parmi les éditeurs de la traduction des *Psaumes* par Marot et Bèze, et qui furent poursuivis par la justice pour protestantisme. De la Fontaine Verwey, 1964, p. 17.

[66] Un bon exemple de cette censure de livres éducatifs est celui des livres d'écriture typographiés, un genre de publications inconnu en France, édité uniquement à Anvers. Les caractères de civilité ont permis de confectionner à l'aide de la typographie des livres de calligraphie gothique. Mais des trois livres de ce type qui sont parvenus jusqu'à nous, deux ont été rapidement mis à l'index par l'Église qui soupçonnait (erronément) leur orientation protestante. H. de la Fontaine Verwey, 1964, pp. 24–25.

[67] Ph. Ariès, *L'homme devant la mort*, Paris, 1977, II, pp. 9–24.

[68] Comme le dit bien Ariès, 'la méditation de la mort est au centre de la conduite de la vie', 'il s'agit autant et plus d'un art de vivre que d'un art de mourir'. *Ibid.*, p. 16.

[69] *Tsal u certeyn tot een salich ende bringhen* (*Mémoires*, f° a iiii).

MYRIAM GREILSAMMER

384

réformation catholique et de la mise en place 'd'une discipline qui doit soumettre les corps, les mœurs et les âmes'[70].

4° Il faut immédiatement ajouter que c'est le contenu inoffensif et anodin du texte, plus que ses prétentions pédagogiques qui l'ont fait adopter.

Le fait que ce texte ne contient que des valeurs consensuelles et les idées reçues de la société traditionnelle chrétienne, sans souci de les remettre en question ou d'innover, explique précisément sa sélection par l'Église post-tridentine, préoccupée avant tout par l'influence pernicieuse d'idées nouvelles, quelles qu'elles soient. Ce Piémontais émigré, qui n'avait d'autre but dans sa quête de reconnaissance sociale, que de vivre selon les conventions, de s'assimiler à la bonne société des villes où il séjourna, et de se fondre dans le consensus collectif a écrit un texte consensuel. Loin de composer des recommandations personnelles et intimes à ses enfants, ce parfait conformiste reproduit les poncifs, les idées reçues de la société qui l'entoure non pas pour s'en démarquer, mais au contraire pour démontrer qu'il y vit en parfaite unisson. S'il fallait résumer la matière du texte, je dirais qu'il s'agit d'un mélange de principes et de lieux communs véhiculés par la tradition savante et semi-savante, et par la culture populaire: traités didactiques de courtoisie et de pédagogie pour les enfants des deux sexes, encyclopédies en vogue, sermons et exempla des prédicateurs médiévaux, fabliaux, proverbes, écrits d'écrivains marchands[71] etc. . . . additionnés d'un vernis de références antiques et d'un zeste édulcoré et inoffensif des principes éducatifs de l'humanisme chrétien érasmien (la *Civilité puérile* d'Érasme)[72]. Il traite des sujets traditionnels de ce genre de traités didactiques: la femme et l'épouse idéales, l'éducation des enfants, la relation aux parents, la conduite exemplaire à adopter dans la vie et dans les affaires, etc. . . .[73]

---

[70] R. Chartier, D. Julia, M.-M. Compère, *L'éducation en France du XVIe au XVIIIe siècle*, Paris, 1976, p. 145.
[71] Voir à ce sujet sur les traités destinés aux femmes (comme *Le Ménagier de Paris*, 1393; *le Traité du Chevalier de la Tour-Landry pour ses filles*, 1371) C. Casagrande, '*La femme gardée*', G. Duby, M. Perrot, *Histoire des femmes*, II, Paris, 1990, pp. 97–98 et sur la littérature médiévale qui a également servi de source à Érasme pour la rédaction de sa *Civilité*, Revel, p. 171. Par exemple les œuvres des écrivains marchands florentins, dans C. Bec, *Les marchands écrivains à Florence 1375–1434*, Paris, 1967.
[72] Il est vrai que le manuel d'Érasme lui-même ne fait que prolonger une tradition préexistante destinée à l'éducation et à l'édification des jeunes gens. Érasme a lui aussi emprunté à diverses sources, de la littérature savante à la culture populaire. Revel, pp. 171–175.
[73] Rappelons que le traité de la *Civilité puérile* d'Érasme considéré par ses con-

5° On observe la même innocuité du point de vue de l'enseignement chrétien et des textes cités.

Selon les usages, le *Testament* débute par une prière de l'auteur à son créateur. Le père quémande l'aide du Créateur afin que son Testament soit écouté 'en son honneur et à sa gloire'. Le don de l'auteur à Dieu est total 'je suis ton enfant et ton fils'[74]. Surtout, il ambitionne de transmettre ses préceptes de bon père de famille chrétien. Pour cela, il se contente la plupart du temps de citer ou de paraphraser les *Psaumes* et les *Proverbes* (un *Proverbe* à la fin de chaque strophe) l'*Ecclésiaste*, l'*Ecclésiastique* et le *Livre de Job*, et de puiser dans divers textes didactiques religieux en vogue. Je pense que le fait que l'auteur paraphrase les écrit saints et ne les cite jamais en tant que tels et surtout qu'il ne donne aucune citation suspecte du *Nouveau Testament*, est un élément important de sa sélection par l'enseignement catholique[75].

Porquin enseigne l'idéologie traditionnelle chrétienne concernant les deux sexes, traite du mariage chrétien, de l'éducation des enfants. Ainsi, à ce sujet le marchand italien recommande à ses enfants la dureté envers leurs rejetons[76]. Rien d'innovateur dans l'idée que l'amour des enfants signifie pour lui un modelage sans complaisance. Lorsque Porquin écrit 'on se doit de corriger les enfants que l'on aime'[77], il reproduit le topos défendu par Bartholomeus Anglicus qui écrit quelques siècles plus tôt 'tant comme le père aime plus l'enfant, tant l'enseigne-t-il plus diligemment et le bat plus souvent'[78]. En fait cette maxime n'est que l'écho maintes fois rabâché de l'*Ecclésiastique* (**XXX**,1) selon qui 'Qui aime son fils se hâte de le châtier'. Le

---

temporains comme une œuvre mineure et triviale, n'est pas non plus original. 'Érasme prolonge en effet une tradition très ancienne, composite, et qui a finit par constituer un savoir largement partagé', Revel, p. 171.

[74] '*Ick bin u knecht ende uus diensmaetchs zone*' (*Testament*, f° a iiii).

[75] Il introduit une dimension éthique et religieuse à sa leçon concernant le comportement idéal à adopter dans la vie: l'intégrité et la foi sont au centre du message que Porquin a décidé de léguer à ses descendants. Ainsi, s'il est nécessaire aux enfants de s'instruire, c'est que la sagesse les mènera à une conduite probe 'un bon enfant craint et rejette le mal, ... tandis qu'un imbécile agit mal' 'een wijs kindt vreest ende schuwt het quade' (*Testament*, f° c iiii v°) (...) 'mer een sot doet quaet' (*Testament*, f° di).

[76] '*Troetelt u zone, en hy zal u maken schromende en bedroeven*'.

[77] '*Kinderen diemen lief heeft, die werden ghecastijt*' (*Testament*, f° giiii). Voir également 'un père qui épargne le fouet hait son enfant' ('*Een vader die de roey spaert, die haet syn kint*').

[78] Sh. Shahar, *Childhood in the Middle-Ages*, London, 1997, pp. 173–174.

père doit afficher de l'insensibilité envers ses fils. C'est pourquoi 'ne rit pas avec lui, puisque tu ne pleures pas avec ton enfant lorsque ta colère s'est levée contre lui'. Une fois encore, comme *l'Ecclésiastique* (XVI, 1–3), Porquin déclare 'qu'il vaut mieux un enfant qui craint Dieu que mille enfants qui chacun engendrent l'affliction'[79].

Porquin ordonne aussi aux enfants d'obéir et de révérer leur père: ceci est la volonté du Créateur 'Dieu ordonne que les enfants fassent preuve de révérence à leur père'[80]. On retrouve le modèle qualifié de 'monarchique' par Jean-Louis Flandrin, qui établit l'autorité du père sur sa famille et les devoirs d'amour et de correction qu'il a vis-à-vis des siens, resté inchangé pendant près de deux millénaires.

> Dès l'origine du christianisme, la famille a été considérée comme une monarchie de droit divin. Femmes, enfants, serviteurs doivent, selon Saint Paul, obéir au maître de maison de la même manière que les chrétiens obéissent à Dieu[81].

A l'époque de la Contre-Réforme, l'apprentissage et l'inculcation de ce devoir de subordination au père de famille sont d'autant plus importants qu'il s'applique par extension aux autorités religieuses et politiques. L'ordre familial est garant de l'ordre social, politique et cosmique.

La pédagogie post-tridentine qui s'efforce d'endiguer les pensées, cherche également à étouffer les sens, à juguler les corps. Elle accueille donc avec bonheur les recommandations de Porquin qui vont dans ce sens. Ainsi l'auteur ordonne-t-il le contrôle du corps: la gourmandise (il cite à ce sujet le proverbe 'mieux vaut manger pour vivre que vivre pour manger'), l'ébriété sont condamnés, la sobriété recommandée dans tous les domaines par le père à ses fils[82]. L'Italien

---

[79] '*Dus en lacht niet met hem, op dat ghy met den jongen niet en weent als hy uwen dwanck is ontsprongen*'. Voir *Ecclésiastique* (XXX,10). '*Want beter is een sone die God ontsiet/Dan duysent kinderen die elck een doen verdriet*' (*Testament*, f° c ii). Le père Alard Leroy reprend la même idée. J. Delumeau, D. Roche, *Histoire des pères et la paternité*, Paris, 1990, p. 134.
[80] '*God wilt dat de kinderen met diligentie/haren vader zullen betooghen alle reverentie*' (*Testament*, f° c i v°). *Ecclésiastique* (III).
[81] *Ephésiens*, 5, 22 à 6,9 in J.L. Flandrin, 1976, pp. 117–119.
[82] Gourmandise '*gulsicheyt*' et ébriété '*dronckenschap*' sont réprouvées. L'estomac doit être dompté '*dus wilt heerschappie over uwen buyck verwerven*', et comme dit aujourd'hui encore le proverbe, '*eet om te leven mer niet om te eten leeft*' (*Testament*, f° diiii v°). L'intégrité et la foi sont le pivot du message que Porquin a décidé de léguer à ses descendants '*want gulsicheyt sal den suypers ter aermoe iaghen*'. L'homme de bien se garde de 'repas grandioses' '*groote maltien*' et doit 'boire peu de vin' '*weinich wijns te drincken*', de peur des insomnies '*wakijnge*', des brûlures d'estomac '*brandicheyt*', des coups de

véhicule les recommandations érasmiennes du juste milieu[83]. On constate une fois de plus le manque d'originalité de ses propos et leur adéquation aux normes collectives visant à la mise en place d'une discipline qui soumet les corps et les âmes.

Ainsi, à la fois par son message éducatif et par le contenu de son enseignement religieux, Porquin met à la disposition des autorités religieuses et politiques des Pays-Bas, un texte didactique qui véhicule à la fois les valeurs traditionnelles du Christianisme et certaines des idées en vogue de son temps, sans en présenter les dangers: on a là la *Bible* sans Luther ou Calvin et La *Civilité puérile* sans Érasme.

6° Le style didactique de l'ouvrage.

L'auteur s'adresse directement à ses enfants et les apostrophe continuellement tout au long du texte, tout en leur prodiguant ses conseils. Ainsi, dans le prologue intitulé 'Lowys Porquin à ses enfants', il les enjoint d'adopter ses préceptes de conduite 'Écoutez mes enfants l'enseignement d'un père... Suivez mes conseils, et ainsi vous vivrez'[84]. Le texte convient donc particulièrement bien aux méthodes d'enseignement dans les écoles et au cadre éducationnel de l'école où le maître rempli les fonctions du chef de famille.

7° La forme rimée du texte destiné à l'origine à ses enfants a contribué à la sélection de ce texte car il est facile à mémoriser, se prête à être répété et déclamé *ad libitum*, et convient de ce fait parfaitement aux méthodes employées pour l'éducation du public juvénil.

Comme le précise le titre du *Testament*, Lowys Porquin a fait remodeler en vers rhétoriciens[85] par un poète de l'époque son texte écrit à l'origine en prose. 'Et afin d'encourager les inclinaisons du jeune

---

sang '*beronnen bloet verbult*' et des palpitations de cœur '*steecten dies hem thertte (...) leyt*' (*Testament*, f° diiii v°). Voir *Proverbes* (XXIII,20–21)

[83] Érasme refuse tous les excès dans son traité de la *Civilité puérile*. Voir à ce sujet J. Revel, 'Les usages de la civilité', *Histoire de la vie privée*, III, pp. 171–210. Les inquiétudes du bourgeois qui travaille affleurent ici: le marchand a besoin de toute sa santé et de toute son énergie, donc de sommeil, pour pouvoir remplir ses fonctions. Seul '*een sober mensche heeft een slaep der ghesontheyt*' (*Testament*, f° d iiii v°).

[84] *Testament*, f° a iii v°. Il aspire à leur léguer un testament spirituel qui leur achètera à lui comme à eux la porte du Paradis et ainsi '*Een goed leven volcht een goed sterven*' (*Testament*, f° b). Voir *Proverbes* (VII,1–2).

[85] Voir E. Van Heurck, *Voyage autour de ma bibliothèque*, Anvers, 1927, pp. 118–120; *Id.*, *Les livres populaires flamands*, Anvers, 1931, pp. 132–134.

lecteur, le même a fait transcrire son texte de prose en vers par un
certain Anthonius Verensis[86], que le sus-dit LOWYS a laissé par amour
pour ses chers et bien aimés enfants en tant que mémorial à sa
mémoire'[87]. Porquin est un marchand d'origine italienne, le néerlandais n'est pas sa langue maternelle: c'est sans doute à l'occasion
de la correction de son texte que Verensis lui a proposé de le réécrire
en vers, selon la mode littéraire en vogue à l'époque[88].

8° Les illustrations du texte correspondent au programme didactique
post-Tridentin qui privilégie l'emploi de l'iconographie.

Lowys Porquin a fait illustrer son livre par l'un des graveurs-illustrateurs
sur bois les plus renommés dans les Pays-Bas au XVIe siècle[89], un
maître-artiste, Arnold Nicolaï. On trouve dans le livre des vignettes
sur bois de différentes dimensions qui représentent l'auteur lui-même
et sa famille[90].

L'emploi de la civilité par la Contre-Réforme a amené la codification
des comportements corporels. Ces contraintes exercées sur le corps
depuis l'enfance ont à la fois permis de discipliner l'âme des croyants et ont forgé des normes de comportement sociable collectif.
Comme l'a bien expliqué Louis Châtelier, le corps est l'instrument
de ce processus de transformation et d'éducation: chaque geste (et

---

[86] On ne connaît rien sur lui si ce n'est qu'il est un habitant de la ville de Veere
en Hollande.

[87] 'Ende *tot meerder affectie vanden jonghen Leser*/ heeft tselfde *by*// *eenen Anthonius
Verensis uuter prose in Rhetorijcke doen stellen.*// Het welck LOWYS voornoemde/ uut
liefden zijne lieve ende beminde// kinderen tot een memoriael in zijnder ghe-
heuchnisse heeft achtergelaten.//'

[88] Nous ne nous attarderons pas ici sur la forme de cette œuvre: le lecteur peut
se référer à l'abondante bibliographie liée à ce sujet. Rappelons brièvement que la
forme adoptée par Verensis est celle de '303 couplets de 8 lignes chacun' '*303 koe-
pletten van 8 regels*'. G. Schotel, 1873, p. 222.

[89] 'Arnout Nicolai graveur (*figursnyder*)' est accepté comme maître de la gilde de
Saint-Luc en 1550. Il est ensuite marchand d'estampes et de cartes géographiques
et commence à travailler comme graveur pour Plantin dès 1555. Ses œuvres sont
très nombreuses. Il a contribué à illustrer des ouvrages importants comme la *Biblia*
latine (1570). Les dernières illustrations de Nicolaï datent de 1597. Une fois de plus,
Porquin choisit un maître lié au génie de Christophe Plantin. Les détails biographiques
le concernant proviennent des archives de l'architypographie plantinienne. Il est
amusant de noter que trente et un ans après la parution de l'œuvre de Lowys, la
nièce de celui-ci, Barbe de Porquin demande au même Nicolaï d'illustrer son *Petit
Pourmain dévotieux*, Anvers, imprimé chez Gilles Beys. On y trouve un petit bois signé:
une sainte Barbe de deux centimètres de hauteur.

[90] Quatre sont monogrammées par Arnold Nicolai (A). *Mémoires*, page de titre,
f°s aiv°, ciiv°; *Testament*, page de titre, f°s a iiii; o iii, p. i, p. iiii.

d'autant plus les gestes pieux) a valeur d'enseignement. Les mouvements corporels du chrétien en prière en font partie intégrante et ont un sens propre[91].

On comprend le succès des illustrations de ce livre qui comporte à la fois le modèle familial monarchique prôné par la réforme post-tridentine et les techniques du corps au service de l'Église. Un bon exemple de ce modèle idéal de la famille chrétienne apparaît dans l'illustration de la famille rassemblée (illustration n° 4)[92]. Un père est attablé d'un air grave avec sa famille, la main gauche posée sur un crâne humain (*memento mori*). Dans sa dextre il tient un texte enroulé (son testament), devant lui est ouvert un livre. A sa gauche, sa femme toute obéissance, le regarde avec admiration et l'invite à prendre la parole. Leurs onze enfants par ordre d'âge décroissant le regardent avec déférence. Les garçons ont retiré leur couvre-chef en signe de respect. Les plus jeunes ont leurs mains jointes en dévotion. Tous les regards sont fixés sur lui, le silence règne dans la pièce[93].

De même, dans le *Testament* qui débute par une prière de l'auteur à son créateur, une petite miniature à gauche du texte représente Porquin agenouillé en position de suppliant, en prière solitaire devant le créateur qui émerge d'un nuage le surplombant et semble répondre favorablement à ses invocations[94].

Ainsi, les enfants apprennent par l'image la hiérarchie familiale, le comportement filial idéal, et plus encore, la nouvelle gestuelle et sa signification tels qu'ils seront théorisés par la suite par le mouvement

---

[91] Chaque acte pieux, chaque geste, chaque parole ont une signification, une valeur d'engagement. Dans le *Livre de la Compaignie c'est à dire les Cinq livres des institutions chrestiennes dressées pour l'usage de la Confrérie de la très heureuse Marie, mis en français du latin de François Coster*, Anvers, Plantin, 1588, in-8° in F. Châtelier, *L'Europe des dévots*, Paris, 1987, pp. 56–57.

[92] *Testament*, f° a iiii. Le lecteur est incité à admirer la valeur de la famille qui lui est ainsi présentée. Les armes de la famille qui apparaissent sur chaque portrait de famille, sur le siège où trône le paterfamilias (*Mémoires*, f° a i, *Testament*, f° p), sur son écritoire (*Testament*, f° ai), sur l'autel de prières (*Testament*, f° o iii) sont là, tout comme les détails vestimentaires et le cadre luxueux représenté, pour supprimer tout doute possible concernant leur statut social supérieur, pour faire valoir leur prospérité.

[93] *Testament*, f° p. Voir aussi Illustration n° 2.

[94] De ses enfants Jacques, César, Marguarita, Innocentia, Maria, Lucretia, Caerle, Lowys, Beatrice, le seconde Lucretia et le second Lowys, représentés sur les illustrations, Lowys rapporte la mort de Jacques, Margarita, Innocentia, Lucretia, Caerle, et des deux Lowys. Nous savons que César, Béatrice, Maria et (la seconde) Lucrétia vivent encore au moment de la rédaction du livre et de la distribution de ses exemplaires.

Jésuite: ployer le genou et rester prosterné à terre signifie que le chrétien se reconnaît coupable de la mort du Christ, les yeux levés montrent que sa pensée est proche de Dieu, les yeux baissés montrent sa peur de la punition divine et la honte de ses péchés. Les mains levées font élever le cœur vers Dieu; les mains jointes démontrent sa concentration dans la prière[95].

Ces illustrations correspondent à tel point au programme d'endoctrinement qu'elles sont reproduites rapidement après leur première publication dans de nombreux autres manuels à caractère principalement didactique et religieux. Ainsi le manuel de civilité puérile *Le miroir de la jeunesse servant de miroir à toute jeunesse aimant la sagesse et la vertu*, a sur sa page de titre depuis 1576 et jusqu'au XVIIIᵉ siècle[96], la gravure sur bois représentant la famille Porquin en prière (voir l'illustration d'une édition de 1675, n° 3).

Mais il y a plus. Avant d'aller plus de l'avant, il est nécessaire de dévoiler des aspects plus cocasses du choix de ce texte par l'Église post-tridentine. Contrairement à ce qu'il suggère, Lowys Porquin n'écrit pas son ouvrage pour le seul plaisir d'enseigner la morale à ses enfants et de leur léguer un testament spirituel. Porquin occulte dans son œuvre le fait qu'il a exercé jusqu'à ses derniers moments les activités répréhensibles d'usurier, tant décriées par l'Église[97]. Selon la doctrine de l'Église, les usuriers sont excommuniés et mis au ban de l'assemblée des fidèles: interdits de service divin, ils ne sont ni admis aux sacrements (y compris l'interdiction d'entrer à l'église pen-

---

[95] L. Chatellier, *L'Europe des dévots*, Paris, 1987, p. 56.

[96] Son auteur est H. Aerst van Bockstel. *Den Spieghel der jonckheydt, dienende Voor alle Jonckheydt d'Eerbaerheydt ende Deughtheminnende tot eenen spieghel. Daer sy in siende, moghen leeren hoe sy hen behooren te houden in hun inwendich ghemoet, in hun uytwendich gaen, staen, cleedinghe, spreken, eten, Ende alle ander ghelaet. Rethorijckelijck ghemaeckt by H.A., Van nieuws oversien ende verbetert.* Anvers, J. Mesens, 1675. In-4°, 80 pp. (caractères de civilité). Paru chez Anthoine Tielens à Anvers en 1576. A.J.J. Delens, *Histoire de la gravure*, 2è partie, *le XVIᵉ siècle, les graveurs illustrateurs*, Paris, 1934, p. 105. E. Van Heurck, 1931, pp. 130–131.

[97] On le sait, tous ceux qui exercent cette profession 'ne peuvent que difficilement plaire à Dieu'. Je me contente ici d'évoquer brièvement l'évolution de l'attitude de l'Église envers l'usure. A consulter à ce sujet, entre autres, article 'Usure' in *Dictionnaire de théologie catholique*, vol. 15, 2: A. Bernard, *La formation de la doctrine ecclésiastique sur l'usure*, cols. 2316–2336, G. Le Bras, *La doctrine ecclésiastique de, l'usure à l'époque classique (XIIᵉ–XVᵉ siècle)*, cols. 2336–2372; H. du Passage, *La doctrine à partir du XVIᵉ siècle*, cols. 2372–2390; l'ouvrage classique de J.T. Noonan, *The Scholastic Analysis of Usury*, Cambridge Mass., 1957 et l'étude passionnante de J. le Goff, *La bourse et la vie, économie et religion au Moyen-Age*, Paris, 1986. La citation est issue du droit canon, XIIᵉ siècle, in J. Le Goff, *Marchands et banquiers du Moyen-Age*, Paris, 1972, p. 70.

dant les mystères de l'Eucharistie), ni ne peuvent être enterrés en terre consacrée s'ils meurent en état de péché[98]. Nous savons depuis les travaux de Jacques le Goff qu'en définitive, la condamnation doctrinaire adoptée envers l'usure par l'Église dès le bas Moyen Age a été atténuée à partir du XIIIe siècle par divers arguments et a permis une certaine intégration de l'usurier dans la société chrétienne. Depuis la création du Purgatoire, l'usurier peut désormais espérer accéder à la fois à la fortune et au salut par la contrition et la restitution des usures. J'ai démontré ailleurs que Lowys Porquin convoite 'la bourse et la vie' (éternelle)[99] d'une manière originale: il s'efforce précisément d'obtenir le salut de son âme à sa façon, par la rédaction de son livre. Voilà l'un des réels buts de Porquin lorsqu'il écrit en paraphrasant Job *Mon âme est meurtrie, mes jours s'éteignent, la tombe m'attend*[100]. Sentant sa fin venir, il écrit pour quémander son pardon. Or la sélection de ce texte par l'Église post-tridentine est d'autant plus étrange qu'on assiste à l'ère de la Contre-Réforme à un durcissement dans l'attitude de l'Église et à un retour à une extrême sévérité vis-à-vis des usuriers[101]. Aux Pays-Bas, l'Église réaffirme après 1550 sa doctrine traditionnelle concernant l'usure et revient à une attitude sans compromis. En théorie tout au moins, elle se refuse à accorder des dispenses aux usuriers qui sont excommuniés d'office et interdits de communion[102].

---

[98] Comme le résume bien Jacques Le Goff 'Oui, Usure ne pouvait avoir qu'un destin, l'enfer (. . .) L'usure c'est la mort'. J. Le Goff, 1986, pp. 33–34.

[99] Je reprends ici le titre du livre de J. le Goff, 1986, voir M. Greilsammer, 1989.

[100] Chap. XVII, 1–2. Il est persuadé qu'il va mourir: *'le nombre de mes années est venu à sa fin, l'homme part mais il ne revient pas', 'la tombe est ici, mes jours sont comptés'*.

[101] La lutte contre les Réformes a fait revenir l'Église à sa sévérité première. Celle-ci subsistera jusqu'aux changements qui transformeront définitivement vers 1750 la position de l'Église envers l'usure. La condamnation ecclésiastique regagne sa prééminence dans la réalité, malgré les développements positifs apparus à l'époque classique et au XVe siècle. Paradoxalement, c'est alors que l'Église rendra licite le prêt et permettra le développement des Monts-de-Piété que le sort de l'usurier va singulièrement se détériorer au début de l'époque moderne, jusqu'à sa disparition et son remplacement définitif par les Monts-de-Piété (1618) et les banques. M. Greilsammer, à paraître.

[102] En 1550, le synode de Cambrai prend encore des mesures contre les 'manifestos usurarios, qui tenent *signa et habent ante domos et fenestras per quae quod sint usurarii divulgantur*'. En 1577, le Synode d'Ypres leur interdit d'assister au service divin sous peine de perdre leur octroi. Ces décisions sont réitérées en 1586 au Synode de Cambrai qui prive les usuriers de l'eucharistie et interdit aux prêtres d'avoir un quelconque contact avec eux. Ces mesures sont reprises par le synode de Malines en 1607. De Decker, *Études historiques sur les Monts-de-Piété en Belgique*, Bruxelles, 1844, p. XXII.

Je pense qu'il est clair que le choix de l'ouvrage de Porquin s'est fait, comme j'ai tenté de le démontrer, sur la base d'un assemblage fortuit d'éléments divers qu'il a introduits dans son œuvre pour des raisons plus liées à sa quête personnelle de salut qu'à des fins pédagogiques. Il paraît plus que douteux que l'auteur ait envisagé une telle diffusion de son ouvrage.

Premier problème: comment expliquer que l'Église a donné comme livre d'éducation morale un ouvrage rédigé par un usurier, actif jusqu'à sa mort, qui n'a pas rempli toutes les conditions nécessaires à son absolution?

Tout d'abord, on s'interroge quant à la bonne foi de l'Église qui a désigné Porquin pour remplir un rôle de père et d'éducateur chrétien exemplaire dont l'œuvre a été sélectionnée afin d'être étudiée dans les écoles comme un modèle à imiter. Dans le meilleur des cas, et si on pense que ce fait n'était pas connu des cadres éducatifs qui ont fait ce choix, nous avons là une illustration amusante de l'existence de brèches qui existent même dans les systèmes les plus intolérants. Si ce choix a été involontaire, il apparaît que tous les efforts employés par l'Église à condamner et à interdire tout comportement, idée ou texte contraires à son projet d'endoctrinement, les Index, censures, procès, enquêtes et condamnations, n'ont pas pu lui épargner le fait d'employer un texte écrit par un pécheur notoire qui ne s'est pas plié à ses exigences et œuvre pour son salut de manière aussi personnelle et indépendante. Au pire, on trouve une fois de plus la preuve de son hypocrisie et de son cynisme qui ne visent qu'à arriver au but requis, même lorsqu'il s'agit d'agir à l'encontre des principes idéologiques les plus fondamentaux.

En définitive, c'est la coïncidence entre le message de Porquin, à la recherche de son salut personnel, qui exprime sa peur de la damnation et s'en remet directement à Dieu pour être sauvé, et le programme éducatif de l'Église post-tridentine, qui s'attache à inculquer une religion de la crainte et une piété de la confiance, qui ont contribué à l'adoption et au succès de ce manuel. Ce texte qui unifie l'enseignement de la foi, de la morale et de la lecture a également servi d'ersatz à la *Civilité puérile* d'Érasme, censuré depuis 1570. C'est ainsi que ce texte, facile à être lu, appris par cœur et récité, est devenu un pivot important de la formation scolaire catholique dans les Pays-Bas.

Il existe un second aspect amusant lié à ce livre: le fait que, malgré ses mobiles totalement privés discutés plus haut, Porquin a composé malgré lui une œuvre dont le message de base a convenu aux deux religions antagonistes.

En effet, non seulement le texte de cet usurier non repenti a-t-il été désigné pour l'endoctrinement des élèves de l'enseignement catholique des Pays-Bas méridionaux, mais encore a-t-il été choisi par l'enseignement réformé pour l'éducation et l'édification morale des enfants dans les Provinces indépendantes du Nord, au même stade de leur éducation[103]. Son succès y est encore plus remarquable, puisqu'il est réédité au moins jusqu'en 1726 en Hollande (Amsterdam). Également incorporé dans la méthode de pédagogie d'un maître d'école hollandais qui a plagié ce texte, il y est employé bien au delà du XVIIIe siècle[104]. Cet emploi conjugué n'est pas un cas isolé: Dominique Julia et Roger Chartier ont bien mis en évidence 'les profondes convergences qui unissent programmes et méthodes (catholiques et protestants) par delà le clivage religieux'. Leurs travaux ont révélé l'emploi conjugué des livre d'école: 'les mêmes textes sont étudiés suivant un ordre identique' par les écoles protestantes et catholiques[105] (le meilleur exemple est bien sûr l'emploi des manuels de civilité puérile).

Si je reprends les sept critères qui ont causé le choix de ce texte comme instrument didactique de la Contre-Réforme, je constate qu'ils sont également valables pour le projet éducatif protestant, soit parce que l'idéologie sous-jacente est commune aux deux camps, soit que ce texte et ses illustrations anodines possèdent la vertu de permettre une lecture différente selon l'angle idéologique du lecteur.

1° Ainsi la langue du texte: on n'a pas besoin de revenir sur l'importance du vernaculaire dans la doctrine protestante.

---

[103] Pour un compte rendu succinct du développement de la Réforme dans les Pays-Bas: B. Scribner, R. Porter, M. Teich, *The Reformation in National Context*, Cambridge, 1994, pp. 67–80.

[104] Dirk Adriaensz Valcoogh conseille à ses collègues de faire lire à leurs élèves après les premiers rudiments de lecture 'Louwijs Porquin' et l'histoire de David pour apprendre les lettres de civilité (donc au même stade que leurs collègues catholiques). *Een nut ende profytelijck Boecxken, ghenaemt Den Regel der Duytsche schoolmeesters*, Amsterdam, 1591. Les écoliers hollandais lisent la *Historie van David*, l'*Histoire de David* (texte qui contient uniquement les chapitres bibliques de l'histoire de David accompagnés d'illustrations in 4° et in-8°) et *Lowys Porquin*.

[105] Chartier, et al., p. 160.

2° Même chose en ce qui concerne l'adoption des caractères d'impression du manuel: les lettres de civilité. J'ai discuté plus haut de l'emploi et de la scolarisation rapide par les réformes protestantes, luthériennes et calvinistes (pour qui le problème de l'éducation était fondamental) de la *Civilité* sous toutes ses formes et de ces nouveaux caractères typographiques. L'intégration de cette méthode par la Contre-Réforme (et avant tout par les Jésuites) a été bien postérieure à celle de la Réforme[106].

3° Les visées pédagogiques de l'ouvrage clairement énoncées conviennent parfaitement au mouvement de la Réforme qui a été la première a faire de la *Civilité* un instrument de dressage corporel et d'instruction religieuse et civique. Comme l'a écrit Myriam Yardeni, 'on ne peut pas assez souligner l'importance que tient l'éducation dans la vie des protestants'[107]. Le fait qu'il ait été écrit par un père de famille qui s'adresse directement à ses enfants n'est pas non plus négligeable: le père, détenteur de l'autorité dans la famille, charge accordée par Dieu, est devenu la pierre angulaire de la christianisation[108].

4° Le contenu inoffensif et anodin du texte et le fait que ce texte ne contient que des valeurs consensuelles et les idées reçues de la société traditionnelle chrétienne, ancrées dans la conscience collective, sans souci de les remettre en question ou d'innover convient tout autant au modèle protestant.

Ainsi, l'attitude misogyne traditionnelle de l'Église pour qui depuis Saint Paul la femme coupable du péché originel est une créature inférieure à l'homme, qui doit être reléguée à une position subalterne et surveillée, est partagée par les deux confessions. Les préjugés anti-féminins et l'idéal de soumission féminine contenus dans son texte font partie des valeurs inculquées tout autant aux écoliers protestants que catholiques (l'épouse idéale est celle de la femme vertueuse des *Proverbes*, XXXI,10–31).
    Certains des messages véhiculés conviennent particulièrement bien à l'idéologie protestante: ainsi lorsque Porquin recommande aux

---

[106] Revel, 1990, pp. 175–183.
[107] M. Yardeni, 'Éducation, Instruction et Institution chez les Duplessis-Mornay', in *L'édit de Nantes, sûreté et éducation*, Actes du Colloques international de Montauban, 1998, p. 69.
[108] Chartier, 1990, p. 130.

enfants d'obéir et de révérer leur père parce qu'il s'agit de la volonté du créateur, ou qu'il énonce que le fils doit se soumettre à l'éducation de son père, aussi sévère soit-elle, il reprend des lieux communs inculqués à tous les enfants sans distinction de confession. Mais il fait plus encore, puisqu'il conforte fortement le nouveau modèle social bâti par la Réforme: ayant aboli toute différence entre clercs et laïques, le protestantisme a construit un nouveau modèle idéal du chrétien, marié et père de famille. Le pouvoir paternel en est sorti renforcé dans tous les domaines. La Réforme a souligné le rôle de pédagogue du père: l'instruction, la transmission d'un savoir théorique, de la formation morale et religieuse relève à présent de sa responsabilité. Le livre de Porquin semble être l'instrument idéal des nouvelles missions attribuées au chef de famille.

5° L'enseignement chrétien contenu dans le livre correspond à la fois par son innocuité déjà soulignée mais également par le fait que son contenu ne vient jamais à l'encontre du credo réformé.

La réforme protestante, fondée sur la justification par la foi, le sacerdoce universel et l'unique autorité de la Bible a mis le croyant en relation directe avec Dieu, a supprimé tous les intermédiaires autres que la Bible (clergé, sacrements, culte des Saints et marial, prières pour les défunts). Le fait que Porquin cite ou paraphrase les *Psaumes* (le Psautier est le livre le plus répandu chez les réformés[109]), *les Proverbes, le livre de Job et l'Ecclésiaste* dans la langue vernaculaire, qu'il s'adresse directement à Dieu le père et ne cite jamais ni Marie ni les Saints, ni ne se réfère à leur culte, et ne fasse aucune allusion aux sacrements rejetés par la Réforme a certainement contribué à sa qualification.

6° Le style didactique de l'ouvrage et 7° la forme rimée du texte qui convient à tous les écoliers ont contribué pour les mêmes raisons à sa sélection par les protestants.

8° Les illustrations du texte conviennent particulièrement bien au projet réformé.

Les trois illustrations principales du livre correspondent parfaitement à l'idéologie protestante. Ainsi les illustrations de la page de titre

---

[109] Delumeau, Roche, p. 159.

(n° 1) (qui montre Porquin éduquant ses enfants et leur lisant son *Testament spirituel* et évoque la puissance paternelle aux Catholiques) et de la conclusion (n° 2) semblent nous montrer une scène de culte familial présidé par le père de famille. Chez les Réformés, la première pratique est celle de la prière individuelle quotidienne avec lecture de la *Bible* et chant de *Psaumes*. C'est au père de famille que revient le rôle de présider à ce culte souvent domestique[110]. Porquin ne semble-t-il pas s'apprêter à commencer la lecture de la *Bible*? Le parallélisme entre les illustrations n° 1 et 4 et la scène mise en image par Abraham Bosse (illustration n° 5) dans *La bénédiction de la table*, 1635, est évident.

De même, l'image de la famille Porquin en prière (illustration n° 2) (noter qu'il n'apparaît pas de crucifix sur l'image) nous montre le culte tel qu'il est prôné par les protestants: prière familiale présidée non pas par le curé mais par le père de famille, en relation directe avec le créateur, sa *Bible* ouverte devant lui.

Il faut souligner le fait que le glissement de lecture de ces illustrations s'était déjà fait auparavant lors de l'emploi du livre par les écoles catholiques de la Contre-Réforme. Il y a deux niveaux possibles de lecture de ces illustrations, selon l'emploi privé ou public de celles-ci. Dans le sens tel que l'a voulu Porquin, nous voyons l'image de l'auteur en prière avec sa famille au grand complet, agenouillé devant sa table de travail sur laquelle est déposé son ouvrage. C'est ici l'usurier pécheur qui quémande à Dieu son salut, avec devant lui son livre en offrande, qu'il a écrit précisément dans ce but. Chez les catholiques, l'identité de Porquin en tant qu'usurier ayant été escamotée volontairement ou pas, on ne voit plus ici qu'une image idéale d'une famille chrétienne dévote post-tridentine en prière. L'œil du dehors ne voit plus la table de Porquin mais un autel: ainsi sur l'illustration de la page de titre du livre de *Civilité* qui fait usage de cette image (illustration n° 3), on a escamoté les armes de Porquin qui apparaissaient sur le bas du meuble de famille. De même, les écoliers voient dans le livre qui repose sur l'autel, non plus l'œuvre de Porquin mais un missel ou un livre d'heure à l'intention de la prière (illustration n° 2)[111].

L'emploi pédagogique de son œuvre par les deux confessions a opéré un double détournement du sens de ces illustrations.

---

[110] François Lebrun, 'Les Réformes: dévotions communautaires et piété personnelle' in Ariès, Duby, *Histoire de la vie privée*, 3, Paris, 1990, pp. 104–105.
[111] *Testament*, f° o iii.

En guise de conclusion, je dirai tout d'abord qu'il est intéressant de constater que même dans des systèmes idéologiques dictatoriaux, il subsiste toujours des parcelles de liberté, voire de subversion, aussi petites soient-elles. Ainsi, malgré son système extrêmement sophistiqué de censure et son raidissement doctrinaire au XVIe siècle, l'Église catholique a donné à lire pour l'édification et la formation spirituelle des enfants un ouvrage écrit par un usurier qui a exercé son métier jusqu'à sa dernière heure et s'est inventé un chemin très personnel pour arriver à son salut, en se dérobant aux obligations qui lui étaient théoriquement imposées.

Deuxième constatation: il faut souligner le fait que tant pour les éducateurs catholiques que protestants, la fin justifie les moyens dans leur projet d'endoctrinement des écoliers. Chacun des deux camps se considère comme le dépositaire tout-puissant et l'exégète exclusif de ce texte, et l'adapte sans arrière pensée en le mettant au goût idéologique du jour, selon les besoins du moment. C'est à la fois la teneur du livre, mais également ses supports visuels qui ont été les instruments de cet embrigadement de l'œuvre de Porquin par les deux confessions. Ainsi d'une part, dans les écoles catholiques, le *Testament* de Porquin ne sera lu qu'à condition de porter l'imprimatur des autorités religieuses locales, après avoir été préalablement 'complété' de divers éléments essentiels du credo catholique. Des références à Marie, mère de Dieu, à ses Saints et aux martyrs ont été greffées de manière plus ou moins artificielle à l'œuvre originale. Plus encore, des imprécations apocryphes contre les diverses hérésies protestantes et contre toute nouvelle idéologie ont été mises dans la bouche de l'auteur[112]. Les éditions des Pays-Bas méridionaux sont également rendues opératives par des illustrations au contenu doctrinaire sans équivoque, liminaires au texte lui-même qui viennent combler les silences de l'auteur: une illustration mariale, une représentation de la Passion de Jésus sur la croix, parfois accompagnées d'un court texte d'indulgence, sont apposés immédiatement à la fin du livre et en tapissent les pages de garde, gage de leur orthodoxie.

Dans la République du Nord, les éditions ont subi moins de corrections, si ce n'est de légères modernisations de l'orthographe, du style et du vocabulaire. Aucun filtre n'était nécessaire à ce texte, écrit, comme je l'ai démontré plus haut, dans une perspective tout à fait

---

[112] *Den Uutersten wille*, t'Antwerpen, Godtgaf Verhulst, Anno 1655, 'Lowys Porquin ordonne à ses enfants de se garder de toute nouvelle idée', f° 4 v°.

érasmienne et conforme aux normes de départ protestantes. Le glissement du côté calvinien est plus subtil, puisque les éditeurs ont su
suggérer une lecture contraire et détournée de leur sens premier des
illustrations originales sans rien y changer.

Quoiqu'il en soit, s'il est intéressant de constater que des systèmes
idéologiques ennemis, aux idéaux antagonistes, ont employé parallèlement le même texte pour l'endoctrinement idéologique de leur
jeunesse, il me paraît plus remarquable encore de souligner l'existence d'un large substrat commun aux deux religions. Si Porquin est
resté, en bon Italien, fidèle à l'Église romaine jusqu'à la fin de sa
vie[113], sa piété personnelle et sa sensibilité religieuse portent les traces
des développements doctrinaux apparus à la fin du Moyen-Age,
devenus par la suite le fer de lance de la révolution protestante. La
devotio moderna, le culte épuré tel qu'il a été prêché par Érasme, le
retour aux sources bibliques, le lien direct avec le créateur, très
présents dans son livre, ne sont pas la seule propriété du calvinisme
au XVIe siècle, loin s'en faut. Ceci explique qu'à la fois ses formules
écrites, mais également les illustrations qui les accompagnent, empreintes
des valeurs chrétiennes du juste milieu, consensuelles aux deux religions, aient pu être appropriées par l'une et l'autre. Le fabuleux destin du *Testament* de Porquin a été parallèle à celui de toute la littérature
de *Civilité*: une fois enrôlé comme instrument de la formation scolaire, cette œuvre mineure a dépassé la conjoncture qui a déterminé
son emploi et a accédé à la longue durée[114].
    Néanmoins, l'emploi commun de cet ouvrage ne doit pas nous
donner l'illusion de la tolérance. A l'époque de son emploi de concert par les deux confessions antagonistes, les guerres de religion
déchirent l'Europe, vite devenue la scène de la répression et de la
violence la plus terrible. Les éditions respectives, catholiques et calvinistes, du *Testament* de Lowys Porquin sont à la fois le microcosme
de cette guerre sans merci qui est livrée sur les champs de bataille
idéologiques et militaires, mais également un témoignage inattendu
de l'héritage commun aux deux sœurs ennemies.

---

[113] Il a été enterré le 8 mai 1573 dans l'Eglise Sainte Gertrude, dans sa dernière
ville de villégiature, Bergen-op-Zoom, M. Greilsammer, 1989, p. 3.
[114] Ceci paraphrase ce qu'a écrit Jacques Revel sur la littérature de civilité: 'En
devenant l'un des pivots de la formation scolaire, la civilité échappe à la conjoncture qui l'a portée à sa naissance et accède à la très longue durée des modèles
pédagogiques', Revel, p. 182.

Illustration 1. Page de titre du *Testament* de Lovvys Porquin: *Testament*, f° a i. Gravure sur bois peinte à la main. Le père s'est fait représenter avec sa famille au grand complet. La majorité des enfants représentés ne sont plus en vie. © Bibliothèque de l'Université de Gand.

Illustration 2. *Remerciements de l'auteur: Testament*, fº o iii. Porquin et sa femme en prière devant un autel qui n'est autre que la table ornée de l'écusson de la famille déjà représentée sur l'illustration de la page de titre du *Testament* (voir Illustration 1). © Bibliothèque de l'Université de Gand.

Illustration 3. Embrigadement du pêcheur au service de l'Eglise: un exemple de l'emploi des portraits de famille Porquin en tant qu'idéal à imiter. *Le miroir de la jeunesse*, Anvers, 1675. © Bibliothèque de l'Université de Gand.

Illustration 4. Portrait de famille Porquin à table.

Illustration 5. *La bénédiction de la table*, gravure d'Abraham Bosse, 1635. Société de l'histoire du protestantisme français, Paris.

Den uiterſten wille

VAN LOWYS PORQVIN. ⚹

Door hem by maniere van een lieflijck Teſtament in proſe gheſtelt, tot on-
dervvijs ende ſtichtinghe van ſyne Kinderen. Oock ſeer bequaem ende
dienſtelijck voor alle Chriſtene Huyſvaders, om hen Kinderen door t'ſelve
te onderwijſen in de vreeſe des Heeren, om daer door te moghen kömen
(met Godts hulpe) tot een deuchdelijck leven, ende ſalich ſterven.

In dichte gheſtelt by Anthonis Verenſis, ende nu van
nieuws overſien ende verbetert.

E S A I A S   XXXVIII.

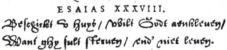

TOT DELF,

By Aelbrecht Heyndrickſz. vvoonende aen d'oude
Delft, teghens over de Kraen, Int Iaer
M. D. LXXXIX.

Illustration 6. Un exemple d'édition tardive de cette œuvre dans les Provinces
Unies: Delft, 1639. Noter que l'écusson des Porquins apparaît toujours sur
l'image.

PRÉDICATION, CONVERSATION OU LECTURE? LA PREMIÈRE DIFFUSION DE LA RÉFORME FRANÇAISE (1520–1550)

Jean-François Gilmont

Abstract

The relation between the diffusion of the Reformation and the invention of the print is an old question which will never stop the flow of commentaries. Once we approach the question closer, it seems evident that the printed book was not the only conveyer for the reformed ideas.

In the XVIth century, a message knew two principal ways to circulate, verbal communication and writing.

As it does'nt seem realistic just to quantify exactly the respectively role of speech and writing, I asked myself if we could not bring a certain light to the question by inquiring the contemporary conceptions on these respective roles.

After a second consultation of some classical works representative of several "milieu", we could determine to which principal factors some witnesses from the XVIth century is attributed full success of the Reformation? I choose to explore the thirty-first years of the Reformation in French language. From some sources, I attempted to determine which was the general impression to withdraw; the disparity of documentation excludes every attempt to quantity this element.

Le rapport entre la diffusion de la Réforme et l'invention de l'imprimerie est une vieille question qui ne cesse pas de faire couler de l'encre. Combien de fois n'a-t-on proclamé 'La Réforme, fille de Gutenberg', au point qu'Arthur G. Dickens a cru devoir dénoncer cette 'Doctrine of Justification by Print alone'[1]. Une fois que l'on approche la question de plus près, il apparaît avec évidence que le livre imprimé n'est pas le seul véhicule des idées réformées. Au XVIe siècle, tout message connaît deux voies principales de circulation, la parole et l'écrit.

Comme il ne me semble guère réaliste de vouloir mesurer exactement les rôles respectifs de la parole et de l'écrit, je me suis demandé

---

[1] A.G. Dickens, *The German Nation and Luther*. Londres, 1974, p. 103.

si l'on ne peut pas apporter un certain éclairage à la question en s'interrogeant sur la conception que les contemporains ont de ces rôles respectifs. En reprenant quelques ouvrages classiques représentatifs de plusieurs milieux, ne peut-on pas déterminer à quels facteurs principaux, certains témoins du XVIe siècle ont attribué le succès de la Réforme?

J'ai choisi d'explorer les trente premières années de la Réforme de langue française. A partir de quelques sources, j'ai tenté de déterminer quelle impression d'ensemble pouvait en être tirée. La disparité de la documentation exclut toute tentative de chiffrer les éléments.

Les sources retenues

Il y a tout d'abord deux classiques de la première historiographie protestante: le martyrologe de Crespin que j'ai parcouru dans la réédition de la fin du siècle passé[2], et l'*Histoire ecclesiastique des Eglises reformées* de Théodore de Bèze[3]. J'ai pensé parcourir toute la *Correspondance des Réformateurs dans les pays de langue française* d'Herminjard, mais la tâche est trop énorme. Je me suis contenté de faire des coups de sonde dans deux années choisies un peu au hasard, celles de 1524 et de 1534[4].

Deux bourgeois de Paris, Nicolas Versoris[5], et un anonyme[6], ainsi que deux autres chroniqueurs, l'un tournaisien[7], l'autre montois[8], présentent le point de vue de Monsieur tout le monde. Le procès de Baudichon de La Maisonneuve engagé à Lyon en 1534[9], et les

---

[2] Jean Crespin, *Histoire des martyrs*, éd. de D. Benoit. Toulouse, 1885–1889. 3 vol. [= Crespin].

[3] [Théodore de Bèze], *Histoire ecclesiastique des Eglises reformées*. éd. G. Baum et Ed. Cunitz. Paris, 1883–1889. 3 vol. [= HE].

[4] A.-L. Herminjard, *Correspondance des Réformateurs dans les pays de langue française*. Genève, 1866–1897. 9 vol. pour les années 1512–1544. [= CR].

[5] *Le livre de raison de Nicolas Versoris (1519–1539)*, éd. G. Fagniez, 1885 [= Versoris].

[6] *Le journal d'un bourgeois de Paris sous François Ier (1515–1536)*, éd. V.-L. Bourrilly. Paris, 1910 [= Bourrilly].

[7] *Le journal d'un bourgeois de Tournai: le second livre des chroniques de Pasquier de le Barre (1500–1565)*. éd. G. Moreau, Bruxelles, 1975 [= Le Barre].

[8] Antoine de Lusy, *Le journal d'un bourgeois de Mons, 1505–1536*, éd. A. Louant. Bruxelles, 1969 [= Lusy].

[9] *Procès de Baudichon de la Maison Neuve accusé d'hérésie à Lyon, 1534*. Éd. J.-G. Baum. Genève, 1873 [= Baudichon].

Mémoires de Francisco de Enzinas[10] complètent cette documentation notée au jour le jour ou peu après les événements.

Enfin pour connaître les réactions des autorités catholiques, j'ai parcouru les registres de la Faculté de théologie de l'Université de Paris[11]. Et je me suis penché sur la législation mise en place contre l'hérésie par Charles Quint dans ses Pays-Bas[12].

Les moyens de communication

Avant de détailler les leçons données par ces sources, il convient d'énumérer de façon plus systématique les divers canaux que les idées réformées ont prises pour atteindre les chrétiens.

Il y a trois facteurs qui émergent immédiatement: le livre bien sûr, la prédication et les conversations. Le livre imprimé ne pose pas de problèmes particuliers, sauf qu'il doit arriver jusqu'au lecteur. Il suppose donc que des libraires ou des colporteurs le fassent circuler, ce qui ne va pas sans risques dans le cas de lectures interdites. Une forme particulière d'écrit est le placard affiché en public. Comme on le verra, son rôle semble minime, sauf en 1534.

La prédication que nous rencontrons est normalement une prédication officielle où le clerc dévie de l'orthodoxie et profite de la chaire pour diffuser des idées réprouvées. Elle est donc le fait exclusif de clercs, prêtres ou moines. Il faut y ajouter en annexe l'enseignement. Les maîtres d'école disposent aussi d'un droit de parole publique qui est utilisée pour diffuser la Réforme.

La conversation cache toute une constellation de situations. Il y a ce que l'on appelle dans les Pays Bas les *conventicules*, les réunions de petits groupes qui se livrent à la lecture collective suivie de discussions sur des thèmes religieux. Ces assemblées, plus ou moins structurées, évoluent tout au long de la période vers des ébauches d'*Église dressée*. La conversation peut être plus privée, plus occasionnelle. Elle peut prendre la forme de débats dans des lieux publics, en premier lieu dans les hôtelleries et tavernes.

---

[10] Francisco de Enzinas. *Mémoires. Texte latin inédit avec la traduction française du XVIᵉ siècle*, éd. Ch. Al. Campan. Bruxelles, 1862–1863. 2 vol. [= Enzinas].
[11] A. Clerval, *Registre des procès-verbaux de la Faculté de théologie de Paris. I: 1505–1523.* Paris, 1917 [= Clerval]; James K. Farge, *Registre des conclusions de la Faculté de théologie de l'Université de Paris.* Paris, 1990–1994. 2 vol. [= Farge].
[12] Pour ce faire, j'ai utilisé l'étude d'Aline Goosens, *Les inquisitions modernes dans les Pays-Bas méridionaux, 1520–1633.* Bruxelles, 1997–1998. 2 vol. [= Goosens].

Il faut enfin mentionner toutes sortes de manifestations de ses opinions, depuis des gestes provocateurs comme des destructions d'images
pieuses ou des protestations lors de sermons jusqu'au recours à la
chanson. Une place toute particulière doit être accordée à une manifestation d'opinions particulièrement efficace, le martyre.

Dernier élément sur lequel j'attire l'attention, les voyages. Les idées
circulent par les livres sans doute, mais aussi et surtout par les personnes qui profitent de leurs déplacements pour faire passer des messages contestataires.

Les débuts de la réforme et sa pénétration dans les pays francophones

Dans son *Histoire ecclesiastique*, Bèze analyse en quelques pages les
préludes de la Réforme. Il insiste sur le développement de l'étude
de l'hébreu, du grec et du latin. Il évoque les travaux de Reuchlin,
Érasme et Lefèbvre d'Étaples, les progrès dans la connaissance des
langues anciennes, en particulier avec Guillaume Budé. Cependant,
il reconnaît les limites de ces précurseurs: 'ils preparoient un chemin
aux autres, auquel eux mesmes ne mettoient pas la plante de leur
pied'[13].

Ce travail intellectuel se double de prédication. Bèze, comme
Crespin dans son martyrologe, évoquent le travail des prédicateurs
dans le diocèse de Meaux dans les années qui précèdent la Réforme.
Bèze souligne même que Briçonnet prêchait lui-même 'ce qui estoit
lors fort nouveau'[14].

L'apparition de Luther sur le devant de la scène ne fait pas l'objet de longues considérations. La première condamnation de Luther
par la Sorbonne suscite un commentaire du bourgeois de Paris. Il
constate que Luther 'dit beaucoup de choses contre la puissance du
Pape et fit tout plain de livres'[15]. Il suggère donc les rôles complé-
mentaires de la parole et de l'écrit. Bèze insiste plus sur les livres
de Luther et de Zwingli qui 'resveillerent en peu de temps tout le
monde'[16].

En parcourant rapidement la correspondance réunie par Herminjard, l'impression émerge que la diffusion des idées de Luther se fait

---

[13] HE, t. 1, p. 7.
[14] HE, t. 1, p. 11; cfr Crespin, t. 1, p. 263.
[15] Bourrilly, pp. 80–81.
[16] HE, t. 1, p. 9.

surtout par le livre. Plusieurs témoins insistent sur leur très large circulation[17].

Lorsqu'il évoque la première pénétration des idées luthériennes à Anvers, Crespin insiste sur l'importance des livres: 'Quand Luther eut commencé de publier sa doctrine par livres imprimés, plusieurs les leurent & en firent fort bien leur profit'[18]. Un témoin contemporain, notre bourgeois montois, voit la situation de la même façon: pour lui, les augustins anversois 'tenoient et usoient de l'erreur de Lutere et ce qu'il avoit escript'[19].

Cette attention donnée de façon prépondérante au livre se retrouve encore dans la législation contre l'hérésie. La chose est tout à fait évidente dans les édits de Charles Quint de 1520 et de 1521 promulgués dans les Pays-Bas. Il n'est alors question que de condamner les écrits de Luther, de les interdire et de les brûler[20]. Il y a d'ailleurs une série d'autodafés qui concrétisent cette législation[21].

La Sorbonne porte aussi une attention soutenue aux livres. Sans doute la Faculté de théologie de Paris examine-t-elle en 1520 les écrits de Luther avec réticence. Les registres notent à la date du 14 août: 'non fuit conclusio pacifica'[22]. C'est le reflet des convictions conciliaristes des théologiens parisiens: ils n'étaient pas prêts à critiquer les attaques de Luther contre la Papauté. Mais lorsque Luther développe d'autres thèses, les théologiens s'accordent à condamner Luther dans la *Determinatio* d'avril 1521. Ils insistent alors auprès du Parlement de mettre tout en œuvre pour éliminer ces doctrines fausses[23]. En décembre, la Faculté prend acte des décisions du Parlement en la matière. Il faut cependant constater que ces premières législations restent peu efficaces[24].

Il me semble qu'il se dégage de ces documents l'impression d'une primauté du livre dans la pénétration des idées de Luther en France et aux Pays-Bas. Dans la documentation consultée, il n'est guère question de contacts personnels avec Luther ou de la présence d'émissaires venant d'Allemagne. Le silence est particulièrement étonnant pour les premiers disciples anversois de Luther. Quoiqu'ils soient

---

[17] CR, t. 1, pp. 62–64.
[18] Crespin, t. 1, p. 238.
[19] Lusy, p. 209.
[20] Goosens, t. 1, pp. 47–50.
[21] Léon-E. Halkin, *La Réforme en Belgique sous Charles Quint*. Bruxelles, 1957, pp. 32–33.
[22] Clerval, p. 273; cf. p. 274.
[23] Clerval, pp. 284–285, 289, 295.
[24] Clerval, p. 302.

tous des religieux augustins, rien n'est dit sur d'éventuels contacts plus directs au sein de l'ordre.

Des premiers bûchers à l'Affaire des Placards

Les années 1523 à 1525 marquent un tournant dans l'histoire de la Réforme en France et aux Pays-Bas. En 1523, on allume les premiers bûchers pour brûler des hérétiques à Bruxelles et à Paris. A partir de cette année, la Sorbonne multiplie les condamnations de livres hérétiques. Et, de leur côté, les premiers Réformateurs font imprimer des ouvrages en français en 1524. Enfin les autorités commencent à prendre au sérieux la diffusion de l'hérésie. La régente, Louise de Savoie, s'interroge en 1523 sur les raisons de la diffusion de l'hérésie et sur les mesures à prendre. Tandis qu'aux Pays-Bas la législation mise en place à partir de 1525 envisage explicitement une ébauche d'organisation dans la diffusion des idées luthériennes.

Il convient de noter que le tournant politique de l'année 1525 avec la défaite de Pavie et l'emprisonnement de François 1er ne laisse pas de traces dans la documentation consultée.

Les poursuites contre les augustins d'Anvers, qui débutent en 1521, ont déjà été évoquées. Deux de ces religieux montent sur l'échafaud en juillet 1523. Le 8 août c'est au tour d'un hérétique français, Jean Vallière, d'être brûlé à Paris. L'écho qu'en donne Nicolas Versoris est intéressant par le lien qu'il établit entre lecture et prédication. 'Faut noter que, parce que ledit ermite avoit esté induict en partie à ce prescher par les livres de Luter, qu'il avoit lus et regardés, les livres de Luter, ceux que l'on en peult trouver, furent bruslez au parvy'. Il décrit comme suit les méfaits de l'hérétique: 'par mauvaise suscitation de gens tenans le party de l'heretique Luter . . . il osa publicquement et en grant compaigniee et mesmement es village d'autour Paris dire et prescher . . .'[25].

Sur le rôle du livre comme agent de la diffusion de la Réforme, il y a un accord entre les Réformateurs et leurs détracteurs. Déjà dans les années 1523 et 1524, des hommes comme Lambert d'Avignon, Anémond de Coct, Guillaume Farel, Girard Roussel et même Jacques Lefèvre se montrent préoccupés d'une propagande par le livre. La

---

[25] Versoris, p. 49.

correspondance réunie par Herminjard en fait foi[26]. Cela ne veut pas dire que ces témoignages sont exclusifs. Dans ces échanges de correspondance, il est aussi question des succès obtenus grâce à la prédication[27].

L'image que fournissent Crespin et Bèze de la propagation de la Réforme entre 1523 et 1534 est faite de quelques rares flashs. La propagande par la prédication alterne avec la diffusion à travers le livre. L'évocation de celui qui est, à leurs yeux, le premier martyr de la Réforme en France, Jean Le Clerc, donne l'occasion de parler d'un geste assez rare. Ce martyr est arrêté une première fois à Meaux en 1523 'pour avoir attaché certain escrit au grand temple du lieu contre un pardon que le Pape avoit envoyé, auquel estoit contenu que le Pape est Antechrist'. Son arrestation définitive a lieu à Metz l'année suivante à la suite d'un geste iconoclaste[28]. Le recours au placard comme la destruction des images pieuses sont des gestes extrêmement rares dans la documentation consultée.

Par contre, de nombreuses victimes des poursuites sont des clercs qui prêchent la bonne parole: Jean Chastelain à Metz en 1524[29], Nicolas van der Elst à Anvers en 1525[30], Wolfgang Schuch en Lorraine en 1525[31], Étienne Machopolis et Étienne Renier à Annonay et à Vienne en 1528[32]. Jean de Caturce arrêté à Toulouse en 1532 et condamné pour avoir 'fait quelque exhortation' et pour avoir discuté de l'Écriture, est un licencié en droit[33].

A côté des prédicateurs ecclésiastiques, une profession apparaît de temps à autre, celle de maître d'école. On en trouve un à Annonay vers 1528. Après l'arrestation d'Étienne Renier, 'continua le maistre des Escoles du lieu, nommé Jonas, homme de grande erudition et pieté'[34].

Mais le livre est également présent. Une fois converti, Louis de Berquin 'ne cessa de s'employer du tout à la lecture de la saincte Escriture et à translater livres chrestiens de latin en françois, lesquels

---

[26] CR, t. 1, pp. 129–130, 170–171, 207–208, 219–227, 237, 292, 305–307, 308–310.
[27] CR, t. 1, pp. 219–227, 308–310.
[28] Crespin, t. 1, p. 244; HE, p. 14.
[29] Crespin, t. 1, p. 247.
[30] Crespin, t. 1, p. 245.
[31] Crespin, t. 1, p. 252.
[32] HE, t. 1, p. 17.
[33] Crespin, t. 1, pp. 283–284.
[34] HE, t. 1, p. 17.

il communiquoit à ses amis.' Nos auteurs en profitent pour égratigner Érasme en précisant qu'il traduit le *Manuel du Chevalier chrestien* en 'y adjoustant plusieurs choses qui de plus pres aprochoyent à la verité évangélique'[35]. Nombreux sont aussi les bûchers de martyrs qui commencent par mettre en cendre les livres des hérétiques.

A la fin des années vingt, plusieurs conversions sont provoquées par des lectures pieuses. Henri de Westphalie exécuté à Tournai en 1528 est de ceux qui 'furent attirez à meilleurs conoissance de la vraye Religion par les livres de Martin Luther'[36]. Le cordonnier parisien Barthelemy Milon est converti par un fidèle qui lui donne un Nouveau Testament avec ce conseil «'Voi ce livre & d'ici a quelques jours tu me sçauras à dire quel il te semblera'. Milon, apres avoir commencé à gouster le fruitct de la lecture du Nouveau Testament, ne cessa & nuict & jour de continuer en icelle, & d'enseigner la famille de son pere, & ceux qui venoyent vers lui»[37].

L'historiographie genevoise, celle de Bèze surtout, ne peut ignorer les débuts de Calvin. Dès lors, l'*Histoire ecclesiastique* signale que dès ses études à Orléans, Calvin enseigne la verité à plusieurs familles 'avec une telle profondeur . . . qu'il n'y avoit . . . homme l'escoutant qu'il n'en fust ravi en admiration.' A Bourges, c'est Melchior Wolmar qui enseigne la piété à ses étudiants faisant en outre plusieurs sermons. La même ville abrite aussi quelques moines 'preschans assez librement pour le temps'[38].

Passons maintenant du côté des autorités catholiques. Aux Pays-Bas, une date marque un tournant dans la législation de ces années: 1525. L'édit de 1525 qui n'a cours que dans le comté de Hollande est étendu aux XVII Provinces en 1526. Il élargit la vision du mouvement hérétique. Il n'est plus seulement question d'interdire de lire certains livres, mais surtout d'en discuter dans des assemblées publiques ou privées. Une catégorie particulière de personnes est visée, les maîtres d'école auxquels il est interdit de donner à lire certains livres et de discuter de doctrines hérétiques avec leurs élèves. L'impression des livres est soumise à une autorisation préalable. Peu importe ici la gravité des peines, mais bien la nature des comportements considérés comme délictueux. L'extension de cet édit aux XVII

---

[35] Crespin, t. 1, p. 274.
[36] Crespin, t. 1, p. 272.
[37] Crespin, t. 1, p. 303.
[38] HE, t. 1, pp. 18–20.

Provinces insiste sur l'interdiction des conventicules, sur le contrôle des livres et de l'enseignement. Il dénonce un nouveau crime, la destruction des images. Il est intéressant de noter que les prédicateurs sont invités à ne pas réfuter dans le détail les thèses hérétiques pour ne pas en informer la population et éviter d'éveiller sa curiosité. Le nouvel édit de 1529 ne modifie rien en profondeur, si ce n'est qu'il durcit les peines. La dénonciation d'un certain nombre d'auteurs se fait plus précise. Les libraires sont directement menacés en cas d'impression ou de vente de livres interdits. A noter que la délation qui est encouragée s'adresse particulièrement aux hôteliers et aux aubergistes. Cette première mention indique que la circulation des personnes est perçue comme un danger pour l'orthodoxie[39].

Venons-en à une autorité française, la Faculté de théologie de Paris. Dès 1523, elle multiplie les examens de livres, pour en condamner certains et en autoriser d'autres. Dans de nombreux cas, ces livres lui sont soumis par le Parlement, comme en juin 1523[40]. D'autres fois, elle prend l'initiative comme en 1526 lorsqu'elle entend parler de la publication d'une bible; il est question d'en acquérir des exemplaires pour l'examiner[41]. On peut s'interroger sur la cohérence de ces critiques qui semblent confondre des déviations réelles avec des problèmes secondaires comme l'identité des trois Marie.

L'attention aux livres n'est jamais éloignée de la surveillance des sermons. On peut en trouver un exemple au début de la période qui nous intéresse. J'y reviendrai encore pour les années 1533–1534. En juin 1523, le Parlement soumet à la censure des livres suspects saisis chez Louis de Berquin. Le Président Pierre Lizet en profite pour inviter la Faculté à lutter contre l'hérésie. Dans la foulée, il se plaint aussi des prédications de Martial Mazurier et de Pierre Caroli. Livres et prédications sont liés lorsqu'il est question d'hérésie[42].

Effectivement, tout au long de la période, les interventions à propos de la prédication sont également nombreuses. Malgré la qualité des index dressés par James Farge dans son édition des conclusions de la Faculté, il est difficile de chiffrer les examens de livres et de prédications, parce que certains d'entre eux sont l'objet de nombreuses discussions successives et d'autres sont envisagés en groupe.

---

[39] Goosens, t. I, pp. 51, 52–53.
[40] Clerval, pp. 354–355.
[41] Farge, t. 1, n° 151 A.
[42] Clerval, pp. 354–355.

Parmi les prédicateurs d'une orthodoxie douteuse on peut citer Pierre Caroli[43], Girard Roussel[44], Aimé Maigret[45], Étienne Le Court[46].

Les craintes que l'hérésie suscite chez la reine-mère Louise de Savoie en 1523 n'ont peut-être pas eu beaucoup de suite. Néanmoins, il est intéressant de noter qu'elle tente de prendre à cette date une vue d'ensemble de la propagation de l'hérésie. Elle demande à la Faculté comment extirper l'hérésie et pourquoi des personnes de haut rang sont injustement accusées de favoriser les nouvelles doctrines. Avant de recevoir une réponse elle décide de recourir à la prédication pour contrer l'hérésie: elle envoie douze docteurs par toute la France 'pour prescher la foy catholique, pour abbattre et adnichiller les heresies de Luther' selon le rapport du bourgeois de Paris[47].

La Faculté connaît les limites de son pouvoir. C'est pourquoi elle s'adresse à plusieurs reprises au Parlement ou au roi pour qu'ils poursuivent efficacement l'hérésie. On sait qu'il n'en résulte pas grand-chose jusqu'en 1534. Une décision de 1532 est assez significative. Après avoir examiné la réponse d'Érasme à la condamnation de la Sorbonne, la Faculté demande au bedeau de faire le tour des libraires de l'université pour les inviter à ne pas publier le texte incriminé, sous peine de poursuite[48].

La Sorbonne réalise aussi que l'on entre dans un monde où une certaine publicité s'impose. En 1525, elle statue de rendre publiques ses décisions en matière d'hérésie[49]. Elle y revient l'année suivante pour faire connaître ses condamnations de Wolfgang Schuch, Aimé Maigret, Pierre Caroli, Jean Pauvant, Antoine Saulnier, Louis de Berquin et Jacques Lefèvre d'Étaples[50].

Les sources examinées parlent donc de deux canaux principaux, le livre et la prédication, sans donner la préférence à l'un ou l'autre. Par contre, il n'est guère question de *conventicules*. La chose n'est pas trop étonnante pour la Faculté de théologie, mais davantage pour les historiographes protestants. Tout comme la législation de Charles Quint, celle du Parlement de Paris a fort tôt l'attention attirée sur ce phénomène. Un arrêt de février 1526 décrit comme suit le méca-

---

[43] Farge, t. 1, n° 36 B, 55 A C, 58 C, 60 A, 67 A, 179 B.
[44] Farge, t. 1, n° 40 B.
[45] Farge, t. 1, n° 33 A, 34 B, 73 A, 75 A B, 77, 78 A.
[46] Farge, t. 1, n° 334 B.
[47] Bourrilly, pp. 155–156; cf. Clerval, pp. 423–424.
[48] Farge, t. 1, n° 339 B.
[49] Farge, t. 1, n° 87 C.
[50] Farge, t. 1, n° 144 B.

nisme de la pénétration de l'hérésie: 'plusieurs personnes au moyen de ce qu'ils lisent les livres de la saincte escripture translatez de latin en françoys, sont inventeurs de plusieurs heresies, font conventicules, disputent et traitent de la foy catholique, contemnent les commandemens et ministres de l'eglise, se divertissent du train commun des vrais fideles, quant aux sacremens, predications et service de l'église et semment grans erreurs . . .[51]' Le bourgeois de Paris se fait l'écho de cette mesure dans son journal[52].

Nicolas Versoris relève aussi l'existence en 1528 de groupes secrets d'hérétiques avec une note optimiste quant à leur destruction: 'En ce temps, non seullement en la ville de Paris, mais partout ailleurs, y avoient secrètement certains qui tenoient la secte lutheriene, mais quant ils venoient en lumiere, ilz estoit estroictement punis.' Il le signale à propos d'un acte d'iconoclastie, seule mention que j'ai trouvée de ce type de réaction contre le culte des images[53].

Le tournant des années 1533–1534

Les années 1533–1534 sont capitales pour la Réforme française. Après un moment où l'établissement d'une Réforme modérée telle que la souhaite Marguerite de Navarre semble possible, tout bascule sous la choc du parti radical opérant à partir de Neuchâtel. Cette année pleine de retournements vient d'être retracée avec beaucoup de nuances par William Kemp[54]. Du côté de Marguerite de Navarre comme de la part de la Faculté de théologie, le combat se situe autant autour de la prédication que de la publication de certaines œuvres contestées. Bèze aussi dans son *Histoire ecclesiastique* parle de la publication des *Heures de la Royne Marguerite* et de son *Miroir de l'ame pecherese*[55]. Il signale les prédications de Gérard Roussel, Nicolas Bertault et Jean Couraud, soutenues par la reine[56]. En même temps, il y a la contre-attaque du Roi qui écarte Beda et semonce les prédicateurs

---

[51] Cité par Francis Higman, *La diffusion de la Réforme en France, 1520–1565*. Genève, 1992, p. 48.

[52] Bourrilly, pp. 232–233.

[53] Versoris, p. 119.

[54] William Kemp, *Marguerite of Navarre, Clément Marot, and the Augereau Editions of the* Miroir de l'âme pécheresse *(Paris, 1533)*, dans *Journal of the Early Book Society for the study of Mannuscripts and Printing History*, t. 2, 1999, pp. 113–156.

[55] HE, t. 1, pp. 23–24.

[56] HE, t. 1, pp. 26–27.

qui ont critiqué Roussel du haut de la chaire[57]. Le sermon de Cop à la rentrée universitaire est une autre manifestation publique par la parole, dont Bèze fait mémoire[58]. Ce dernier signale aussi que durant cette année 1533, deux moines 'firent grand devoir de prescher avec autorité' à Bourges et que d'autres les suivent[59].

Inutile de m'étendre ici sur l'Affaire des Placards contre la messe. C'est bien une manifestation par l'écrit particulièrement tapageuse. Elle met en évidence que la poussée 'luthérienne' n'est plus seulement l'affaire de quelques individus exaltés, mais bien celle d'un parti assez organisé pour imprimer des pamphlets incendiaires et les introduire jusqu'à la porte de la chambre du roi. Crespin qui raconte l'affaire avec nombre de détails parle du 'zele ou plustot l'impetuosité' de ceux qui lancent l'opération[60]. Quelques années plus tard, Bèze est beaucoup plus réservé, laissant entendre qu'une autre politique aurait pu aboutir à une réforme soutenue par le roi[61]. Il souligne aussi l'existence de *conventicules* puisqu'il explique que de nombreuses arrestations visent des gens ayant participé à des 'assemblées secretes qui se faisoient seulement pour lire quelques passages de l'Escriture & pour prier Dieu'[62].

Le bourgeois de Paris souligne le rôle du livre dans la propagande religieuse. Plusieurs exécutions visent des hommes du livre, un imprimeur 'qui avoit imprimé et vendu les livres de Luther', un libraire 'qui relioit et vendoit livres de Luther'; deux jeunes sont arrêtés au retour des Allemaignes et de Flandres parce qu'ils 'avoient apporté des livres d'Allemaigne, qu'ils vouloient faire relier et vendre à Paris, et si voulloient secrettement attacher des placars par la ville'[63].

A parcourir nos sources, l'année 1534 est bien plus que l'année des placards. Un peu partout il y a des traces d'une ébauche d'organisation des tenants de l'Évangile. A côté des livres et des prédications, d'autres formes de propagande religieuse se mettent en place.

Le procès de Baudichon de La Maisonneuve à Lyon est révélateur à plusieurs égards. Il montre les premiers rayonnements des troubles religieux genevois vers la France. Il atteste aussi de la technique des étrangers fréquentant les foires de Lyon. Ils profitent de

---

[57] Farge, t. 1, n° 388 A.
[58] HE, t. 1, p. 25.
[59] HE, t. 1, p. 74.
[60] Crespin, t. 1, p. 302.
[61] HE, t. 1, pp. 26–28.
[62] HE, t. 1, p. 29.
[63] Bourrilly, pp. 378–386.

leur liberté pour entreprendre des discussions dans les auberges, remettant en question les positions traditionnelles de l'Église[64]. Ils n'ignorent pas le rôle de l'imprimerie, en particulier le travail effectué depuis peu par Pierre de Vingle, d'abord à Lyon, puis à Genève[65]. Ils sont parfaitement conscients de l'importance des prédications contestataires de Farel, Viret et Froment[66].

Pour cette année 1534, l'historiographie protestante, celle du martyrologe et celle de l'*Histoire ecclesiastique*, présente l'image d'une grande efflorescence. A La Rochelle, Marie Becaudelle 'fut enseignée en la verité chez un maistre qu'elle servoit'[67]. A Arras, Nicolas l'Escrivant qui 'tenoit eschole d'escriture' instruit Jean de Pois et Étienne Bourlet. Tous trois subissent le martyre[68]. A Nantes, Nicolas Valeton vient 'à la conoissance de l'Evangile par le moyen d'aucuns bons personnages qu'il hantoit, & par la lecture du nouveau Testament en françois'[69]. A Paris, Étienne de La Forge, un ami de Calvin, 'avoit en singuliere recommandation l'avancement de l'Evangile, jusques à faire imprimer à ses despens livres de la saincte Escriture'[70]. De son côté, Sancerre reçoit 'semence de la vraye religion, estans visitez et preschez'[71].

Avec les débuts de la Réforme à Neuchâtel et à Genève, les premiers signes d'une circulation des idées à partir de la Suisse romande se font jour. Il est évident que l'historiographie genevoise se doit de la souligner pour une raison subjective—mettre en évidence son propre rôle—et une raison objective—la facilité de retrouver des informations sur le sujet. C'est ainsi que Crespin explique que 'Jean Michel, ayant esté auparavant moine de sainct Benoist à Bourges, ayant dès l'an 1534. gousté quelque chose de la pure doctrine, en jetta la semence au cœur de plusieurs en ceste ville; & à cause qu'il estoit docteur en theologie, il preschoit tous les dimanches en grand auditoire en une paroisse nommé la Fourchaut. Depuis, ayant plus profité, il se retira en Suisse et visita les Eglises que Dieu y avoit dressees et se conferma du tout en la verité connuë'[72]. Et c'est en

---

[64] Baudichon, pp. 20, 58–59, 88, 100–102, 104, 129, 131–134, 140, 145, 189–190, 194–195.
[65] Baudichon, pp. 7–8, 25–26.
[66] Baudichon, pp. 6, 48, 150.
[67] Crespin, t. 1, p. 306.
[68] Crespin, t. 1, p. 305.
[69] Crespin, t. 1, pp. 303–304.
[70] Crespin, t. 1, p. 304.
[71] HE, t. 1, p. 33.
[72] Crespin, t. 1, p. 526.

provenance de Genève qu'Alexandre Canus prêche des idées contestataires à Lyon où il est arrêté[73].

Vers la mise en place d'Églises réformées

Au-delà de 1534, le paysage évolue nettement, même si la prédication et le livre restent les facteurs principaux de diffusion de la
Réforme.

Les prédications suspectes continuent à être dénoncées par la
Sorbonne: Jean de Guyencourt en 1536[74], Charles Hardier et Grégoire
Morelet en 1537[75], Jean Barenton en 1541[76], François Landry en
1542[77], Jean Bernard[78] et Claude d'Espence en 1543[79]. Il s'agit là
de sermons prononcés à Paris, souvent par des diplômés de la Faculté
de théologie. Ces nombreuses discussions attestent du flou qui règne
encore autour de l'orthodoxie. La Faculté en prend conscience. Elle
note explicitement que la rédaction des articles de foi de 1543 est
suscitée par les discussions autour de la prédication[80]. Dans la suite,
les dénonciations de prédications parisiennes se font plus rares: Jean
Parrucelle en 1544, bientôt exclu de la faculté[81], Antoine Marchand
en 1548[82].

Du côté réformé, les seules prédications citées ci-dessus qui soient
également évoquées sont celles de François Landry et de 'quelques
bacheliers en théologie' prêchant d'un 'mesme style'[83]. Il est aussi
question des prédications de Claude d'Espence[84]. Parmi les ecclésiastiques parlant du haut de la chaire, il faut encore signaler Jean
Michel et Augustin Marlorat à Bourges vers 1540[85], un cordelier
nommé Marcii à Castres en 1543[86], un autre cordelier, Morel, à

---

[73] Crespin, t. 1, p. 284; HE, t. 1, p. 38.
[74] Farge, t. 2, n° 108 C.
[75] Farge, t. 2, n° 125 F.
[76] Farge, t. 2, n° 208 B.
[77] Farge, t. 2, n° 208 C, 210 C, 212 C.
[78] Farge, t. 2, n° 273 A, 274 C, 292 B.
[79] Farge, t. 2, n° 266 A B F.
[80] Farge, t. 2, n° 254 D, 255 A–H, 261 A.
[81] Farge, t. 2, n° 322 B, 336 A.
[82] Farge, t. 2, n° 415 A.
[83] HE, t. 1, pp. 46, 47.
[84] HE, t. 1, pp. 22–23.
[85] HE, t. 1, pp. 75–76.
[86] HE, t. 1, pp. 22–23.

Troyes vers 1545[87], Abel Poupin et d'autres à Issoudun vers 1546[88].

La propagation de la Réforme au cours de conversations privées, dénoncée par les ordonnances de Charles Quint en 1540[89], ne laisse pas beaucoup de traces dans l'historiographie protestante. C'est tout au plus le cas de Jean Garcette, dit Maître Pierre, à Douai vers 1538[90], d'Étienne Brun, dans le Dauphiné autour de 1540[91], de Gilles Tilleman à Bruxelles vers 1541[92].

L'existence de réunions secrètes de *luthériens* n'est guère attestée avant 1544 dans les sources protestantes. En 1540, il en est de nouveau question dans la législation de Charles Quint[93]. Crespin signale ces édits à travers le récit d'Enzinas[94].

L'existence de *conventicules* ou mieux d'ébauches de communauté protestante commence à être signalée dans les sources protestantes dans les années quarante. Les témoignages se multiplient rapidement à partir de 1545. La première mention est celle d'Émond de La Voye à Sainte-Foy en 1541[95]. En 1544, à Aubigny près de Meaux il y a, d'après Bèze, une assemblée 'où se faisoient seulement quelques lectures des sainctes Escritures avec les prieres'. De même à Sens 'un petit nombre de fideles commencerent à s'assembler' la même année[96]. En 1545, Crespin signale des assemblées 'pour lire et entendre quelque chose des sainctes Escritures' à Saint-Mihiel[97], à Tournai où il y a même un ministre ordinaire[98]. En 1546, Bèze signale des assemblées de prières à Langres[99], à Senlis[100], à Meaux[101], à Lyon[102], à Angers[103]. Crespin en fait autant pour Aubigny-sur-Nère[104]. Il parle

---

[87] HE, t. 1, p. 83.
[88] HE, t. 1, pp. 83–84.
[89] Crespin, t. 1, pp. 336–337.
[90] Crespin, t. 1, p. 322.
[91] Crespin, t. 1, p. 335.
[92] Crespin, t. 1, p. 355.
[93] Goosens, t. 1, pp. 59–63.
[94] Crespin, t. 1, pp. 336–337; Enzinas, t. 1, p. 131 et sv.
[95] Crespin, t. 1, p. 38; HE, t. 1, p. 43.
[96] HE, t. 1, p. 51.
[97] Crespin, t. 1, p. 466.
[98] Crespin, t. 1, pp. 427–428.
[99] HE, t. 1, p. 72.
[100] HE, t. 1, p. 70.
[101] HE, t. 1, p. 67.
[102] HE, t. 1, p. 72.
[103] HE, t. 1, p. 80.
[104] Crespin, t. 1, p. 501.

évidemment fort en long de l'ébauche d'Église à Meaux[105]. Le même thème se retrouve dans les années qui suivent.

Pour sa part, le livre continue à être une préoccupation de la Sorbonne au point d'aboutir à la rédaction du premier index des livres prohibés. La Sorbonne ne se contente pas d'obtenir l'appui du Parlement. Elle pense aussi à le faire imprimer avec une préface collective[106]. Elle intervient en 1544 auprès du roi contre les livres anonymes[107]. Un livre du chanoine Guillaud est examiné à l'invitation de la Faculté de théologie de Louvain[108]. Des livres sont aussi examinés à la demande du Parlement de Rouen[109]. Dans un autre cas, il s'agit de livres saisis sur un colporteur[110].

Du côté des protestants, le livre représente aussi une préoccupation primordiale. Bèze dans son *Histoire ecclesiastique* rappelle la rédaction de l'*Institution* et la traduction de la Bible d'Olivétan[111].

La possession de livres réprouvés est systématiquement poursuivie par les autorités catholiques: ce crime est reproché à Jules-César Scaliger en 1538[112], aux bourgeois de Louvain au début des années 1540[113], à Guillaume Husson à Rouen en 1544[114], à Pierre Chapot à Paris en 1546[115].

Quelques notations donnent un poids particulier au livre. Le paysan dauphinois Étienne Brun apprend à 'lire & escrire en langue françoise, à force de se faire lire du nouveau Testament'. Puis, en comparant assidûment les textes français et latin du Nouveau Testament, il apprend le latin[116].

En 1546, Pierre Chapot 'fit mener à Paris une quantité de livres de la saincte Escriture pour les distribuer et vendre aux fideles affamez du desir d'estre instruits par le ministere* muet desdicts livres'. L'astérisque renvoie à une note marginale qui précise: '*les livres sont ministres muets à ceux qui sont destituez de predication'[117].

---

[105] Crespin, t. 1, pp. 493–494.
[106] Farge, t. 2, n° 295 E, 297 C, 300 A B, 303 A.
[107] Farge, t. 2, n° 289 E.
[108] Farge, t. 2, n° 339 A.
[109] Farge, t. 2, n° 352 B, 353 A.
[110] Farge, t. 2, n° 427 A.
[111] HE, t. 1, pp. 36, 37.
[112] HE, t. 1, p. 39.
[113] Crespin, t. 1, pp. 337, 344; Enzinas, t. 1, pp. 14, 61.
[114] Crespin, t. 1, p. 419.
[115] Crespin, t. 1, p. 514.
[116] Crespin, t. 1, p. 335; HE, t. 1, p. 42.
[117] Crespin, t. 1, p. 514.

A partir de 1534, le martyrologe de Crespin marque de plus en plus le rayonnement de Genève avec Louis Courtet en Savoie en 1539[118], Claude le Peintre à Paris en 1541[119], François d'Augy à Annonay en 1546[120], Thomas de Sainct-Paul à Paris en 1551[120bis], Michel Destoubequin à Tournai en 1549[121], Nicolas Larchier, Augustin Dumarchiet et son épouse à Mons en 1549[122], Étienne Peloquin à Orléans en 1549[123], Leonard Galimar à Paris en 1549[124], Claude Thierry à Orléans en 1550[125], Thomas de Sainct-Paul à Paris en 1551[126].

Une mention spéciale doit être accordée aux colporteurs de livres qui apparaissent à l'extrême fin de notre période. Il s'agit explicitement de commerçants ambulants amenant des imprimés de Genève: Macé Moreau arrêté à Troyes en 1550[127], Jean Joery et son serviteur arrêtés dans le Languedoc en 1551[128]. Ces deux derniers figurent parmi les colporteurs utilisés par Laurent de Normandie depuis Genève.

Crespin et Bèze signalent aussi les effets de la dispersion des membres du groupe de Meaux à travers la France[129].

Pour terminer ce tour d'horizon, signalons un moyen d'action très rarement signalé dans nos sources: la chanson. J'en ai trouvé une mention dans les édits de Charles Quint de 1540. Enzinas signale l'interdiction de 'composer ou chanter chansons spirituelles en langage vulgaire' et Crespin le répète dans son martyrologe[130].

Conclusion

L'image fournie par les protagonistes des débuts de la Réforme combine donc harmonieusement le travail de la parole, principalement

---

[118] Crespin, t. 1, p. 328.
[119] Crespin, t. 1, pp. 342–343.
[120] Crespin, t. 1, p. 517.
[120bis] Crespin, t. 1, pp. 558–559.
[121] Crespin, t. 1, p. 519.
[122] Crespin, t. 1, p. 534.
[123] Crespin, t. 1, pp. 537–538.
[124] Crespin, t. 1, p. 540.
[125] Crespin, t. 1, p. 541.
[126] Crespin, t. 1, pp. 558–559.
[127] Crespin, t. 1, p. 547.
[128] Crespin, t. 1, p. 560.
[129] Crespin, t. 1, pp. 501, 527; HE, t. 1, t. 1, p. 51.
[130] Enzinas, t. 1, p. 131 et sv.; Crespin, t. 1, pp. 336–337.

à travers la prédication, et celui de l'écrit à travers le livre imprimé.

La première pénétration des idées de Luther dans le monde francophone est cependant présentée comme étant majoritairement le fait du livre. Et ce livre atteint essentiellement un monde cultivé, plus précisément celui des clercs. Cela correspond aux années 1519 à 1522.

En 1523, avec les premiers bûchers, livre et prédication se partagent la vedette. Curieusement ce sont les responsables du maintien de l'ordre qui sont les seuls à dénoncer les *conventicules*. En raison du rôle important de ces réunions privées, il serait normal que les sources contemporaines en parlent. Ce n'est pas le cas. Par contre, elles attestent surtout des effets d'une prédication hétérodoxe faite du haut de la chaire par des membres du clergé.

Autour de l'année 1534, un premier changement est perceptible. Ceux qui sont attirés par les idées protestantes commencent à s'organiser. Les traces d'ébauches de réunions de prière se font de plus en plus nombreuses, surtout dans les sources protestantes. L'implantation de la Réforme à Neuchâtel en 1530, à Genève en 1534 et à Lausanne en 1536 donnent aux Réformés plus radicaux un appui pour leur organisation. La première Église française de Strasbourg en 1538 constitue aussi un modèle pour les protestants de France.

Vers 1543, un nouveau pas est franchi. La Faculté de théologie de Paris édicte une série d'articles de foi. En 1544 elle dresse un index des livres prohibés. A partir de cette date, il est moins souvent question de prédication hétérodoxe dans les églises françaises. Mais simultanément les groupes de réformés se structurent mieux et l'on voit, çà et là, des ébauches de culte avec distribution des sacrements. La production de livres hérétiques se concentre à Genève et un flux de colporteurs les fait pénétrer en France et dans les Pays-Bas.

L'on aboutit ainsi vers 1550 à l'image, encore en demi-teinte, d'une Réforme française dominée par la figure de Calvin et l'action menée à partir de Genève. C'est pourtant l'édit de Châteaubriant qui, en 1551, accélère l'exode vers Genève. L'âge de la construction confessionnelle commence.

PARTIE VI

ARTS ET REPRÉSENTATION

COMMENT FAUT-IL CHANTER LES PSAUMES?

Pierre Bonniffet

Abstract

The paraphrasing of the psalms 'of David' in the French language appeared during the 1530s, the results of which are studied from a point of view of the sound. This new vocal sound body gained immediate popularity. Its *inventio*, its *dispositio* and its *elocutio* underwent the combined, but sometimes contradictory influence of the humanist referents from pagan Antiquity (the pastoral Golden Age before the Fall) and the Christian referents of the Reformation (the Golden Age promised only to the Just).

The melody of the psalm was wedded to the phonemes for perfect intelligibility of the words. It nourished the syntagmas of the sounds and of the chords and *dischords* allusive to the extreme, in the majestic rhythm of countless time. The vocal sound body of the psalm, served by great musicians, thus contributed towards the modification of the sound field during the humanist period. It was one of the major sources for the reappearance of the solo voice in art music at the close of the 16th century.

Comme toute autre structure sonore vocale, le psaume *en vulgaire*, né en France durant le second tiers du XVIe siècle, comporte trois éléments, à l'oreille indissociables: 1) des phonèmes; 2) une musique; 3) le chant. Comme ils font en effet partie de paroles, ces phonèmes ont un *sens* et des *directions*. Dans une acception différente mais corrélative, le second élément, la musique qui en émane, a donc elle aussi un *sens* et des *directions*, termes qu'il est légitime de définir chemin faisant, parce que c'est le déroulement même du corps sonore qui détermine ce *sens* et les *directions* en question. A leur propos, toutefois, on peut déjà dire ceci: ou bien, quand la musique est monodique, une mélodie unique lie ces phonèmes à une hauteur relative; ou bien, quand la musique est polyphonique et qu'elle superpose plusieurs mélodies, elle lie les phonèmes à un ensemble consonant ou dissonant de hauteurs relatives: dans les deux cas, monodique ou polyphonique, selon un rythme précis. La musique établit certes ce lien en fonction des *directions* qu'elle possède en elle-même: soit, en profondeur, du son le plus grave au plus aigu; soit, en durée, de la première à la dernière note. Mais, à moins de poser l'imbécillité des musiciens en principe, elle le tire et le tend aussi, en fonction du *sens* et des *directions* des paroles dont les phonèmes font partie. Quant au chant, le troisième élément de la structure, il constitue le mode de prolation des phonèmes d'après la musique. C'est donc le chant qui recèle la totalité du *sens* et des *directions* du corps sonore poético-musical, ou musico-poétique, du psaume. Après son *invention* et sa *disposition*, ce corps sonore passe par l'*élocution*, dont le chant est l'aboutissement. La conception aristotélicienne du poème et la conception platonicienne de la musique théorique et pratique ont été reprises, précisées par Ficin[1], puis répandues à partir de la fin du XVe siècle[2], et c'est dans le contexte humaniste qu'il convient d'appréhender le chant du psaume.

Bien que l'on parle d'une science et d'une histoire du chant, celui-ci reste, des trois constituants du corps sonore, l'élément qui se prête le moins aisément aux graphiques et diagrammes de l'évaluation scientifique, et même au simple récit d'une évolution historique. C'est qu'en pratique il touche à deux fonctions dont les modalités et les buts s'opposent parfois: la fonction cultuelle du psaume est précise et dépend de règles précisément énoncées[3], mais dans sa fonction artistique, le chant du psaume, et son action exacte sur l'interprète comme sur l'*escoutant*, ne peuvent faire l'objet que de conjectures.

Si bien que, prises dans la perspective historique, les conjectures schématiques qui seront soumises ici à l'examen auront une articulation à la fois ambitieuse et discutable: il s'agit d'essayer de comprendre comment le chant du psaume unit le *sens* et les *directions* des paroles et de la musique dans le champ sonore[4] de l'époque. Le

---

[1] Cf. notamment, en français, et parmi d'autres traductions, *Le Commentaire de Marsile Ficin sur le Banquet d'amour de Platon, faict françois par Symon Silvius* (Jean de la Haye), Poitiers, au Pélican, 1546.

[2] Sur les voies de cette expansion des doctrines de Ficin, l'étude récente de Jean Dupèbe, 'Un chancelier humaniste sous François Ier: François Olivier (1497–1560)', in *Humanism and Letters in the Age of François Ier*, Cambridge French Colloquia, IVth, 1994, Cambridge, Ph. Ford, G. Jondorf, ed., 1996, pp. 87–114.

[3] Très tôt, la forme a été au centre des débats sur la musique de la Réforme. Voir, par exemple, *La forme des prieres et chantz ecclesiastiques*, Genève, Jean Girard, 1542, et, plus tard, les réflexions de Calvin sur ce qu'il convient d'apprendre aux écoliers en ce domaine in *Les ordonnances ecclésiastiques de l'Église de Genève*, Genève, Jean Girard, 1561 [Pn Res Dé. 35012].

[4] Cette notion de champ sonore est introduite ici pour souligner la relativité historique des systèmes poétiques et musicaux et de leurs rapports avec la sensibilité

chant dispose de trois moyens pour y parvenir: l'intelligence du texte à mettre en musique, l'intelligibilité du texte mis en musique, et son expression chantée. Il nous faut donc déterminer le rôle relatif que ces trois moyens ont tenu dans les deux fonctions cultuelle et artistique que nous avons distinguées, pour tenter d'expliquer l'extraordinaire floraison du psaume *en vulgaire*, pendant les premières décennies de la Réforme en France, et la diffusion non moins extraordinaire et rapide de ce corps sonore nouveau.

L'intelligence du texte

Pour autant qu'il soit permis de généraliser, deux conditions concourent à l'avènement d'un genre musical: d'abord, un besoin d'expression éprouvé dans une communauté particulière à un moment donné; ensuite, la composition d'œuvres dont l'*intention* répond aux *intuitions* nouvelles des personnes qui en font partie, et assorties à ce besoin enfin exprimable. Ficin dit que le chant est le moyen le plus sûr qui existe pour transmettre l'*intenzionalità* des paroles et de la musique[5]. Ces œuvres doivent être assez nombreuses et remplir leur fonction sous des formes variées pour satisfaire ce besoin entièrement, tout en restant assez proches entre elles pour unir la communauté dans la connivence de leur expression singulière. La connivence est la condition essentielle de cet avènement.

Les Référents

D'où peuvent donc naître les *intuitions* nouvelles dont nous venons de créditer les membres de la communauté en question? De nouveaux référents religieux bouleversent alors le champ sonore. La traduction en langue vernaculaire de la Bible de Jérôme, accomplie par

---

auriculaire de la période envisagée. Pour ce qui concerne la musique, le champ sonore est alors délimité par le système des *tons* ecclésiastiques auxquels les théories humanistes ont ajouté les deux *modes*, authentes et plagaux, de *Do* et de *La* dans le *genre* diatonique, et les *genres* chromatique et enharmonique.

[5] *In De vita*, III, xxi (trad. Walker, in *La musica nella rivoluzione scientifica del Seicento*, reprint, Bologne, Il Mulino, 1989): '*Ricorda che il canto è il più potente imitatore di tutte le cose. In quanto imita le intenzionalità e le passioni dell'anima e i discorsi, e riproduce anche i gesti corporei, i moti umani e i caratteri morali, e imita e impersona ogni cosa così gagliardamente che subito provoca sia il cantore che l'ascoltatore a imitare ed eseguire le stesse cose.*'

J. Lefebvre d'Étaples entre 1525 et 1530[6] est peut-être, pour l'ère francophone, l'intervention humaniste la plus spectaculaire dans les affaires de religion. Les chrétiens, cela a été suffisamment souligné, apprirent à lire pour savoir ce que disait le Livre des livres. Ils ont ainsi commencé à passer de la culture orale, celle de la parole, à la transmission écrite, celle du mot.

L'on ne saurait, d'autre part, sur ce point comme en beaucoup d'autres, exagérer le retentissement, au même moment et au moins chez les clercs et parmi les musiciens, le plus souvent clercs eux-mêmes, de la publication des Polyglottes d'Alcalá[7], puis d'Anvers. Les ajouts ou les lacunes, les 'omissions' du texte sacré, censé pourtant contenir tout le savoir et toute la réalité passée, présente et à venir d'un monde clos[8]; les glissements sémantiques des leçons en fonction des langues et des époques différentes; la révélation, en un mot, de la polysémie du *Verbe*, pour ne rien dire de son historicité, entraînaient naturellement, à la fois, la découverte d'une liberté de choix et la nécessité d'une interprétation personnelle des textes par les musiciens.

En 1533, Cl. Marot publie sa première 'traduction'[9], selon le terme qu'il emploie lui-même, d'un psaume: pour les musiciens, l'événement est plus important que la traduction de tous les autres livres de la Bible, car cette sorte de poème est celle qui appelle le plus traditionnellement la musique.

Utilisation de la langue vernaculaire

Deux problèmes concernant le corps sonore se posent aussitôt à eux: d'abord, celui de la langue. Jusqu'à ce moment, le psaume, comme l'antienne, les hymnes ou les litanies..., se chantait en latin[10]. Le

---

[6] *Nouveau Testament*, Anvers, 1525; *La sainte Bible en françois, translatée selon la pure et entière traduction de sainct Hierosme*, Anvers 1530.

[7] Bible en quatre langues, dite aussi *de Complute*, publiée en 1515, sous l'autorité du card. Ximenes et qui s'appuie sur la *vetus latina*, la Bible hébraïque et la Bible grecque des *Septante*, non sur la Vulgate de Jérôme; celle d'Anvers est la Bible royale de Philippe II en six langues, publiée de 1549 à 1572, qui ajoute, notamment, une version en langue syriaque aux versions *de Complute*.

[8] Dans lequel les Indes occidentales n'avaient pas pris place.

[9] Le *VI Pseaulme de David...*, 1533.

[10] Frédéric Billiet, 'L'importance des fondations dans la vie musicale des cathédrales de Picardie (1259–1608)', in *Modus*, Lisbonne 1993–97, 4, p. 113, détaille, par exemple, la coutume des messes 'de fondation', payées au clergé par une sorte

sujet du chant, comme l'appellera encore Pierre Maillart trois-quart de siècle plus tard[11], ne peut être qu'en langue latine. S'ils consentent que la prédication se fasse en langue vernaculaire, il serait 'indécent', pour les catholiques, que la prière se fît autrement qu'en latin[12]. Le chant religieux, psaume compris, avait ainsi été confisqué par les ecclésiastiques depuis des siècles[13], même si certaines pièces polyphoniques, aux jours fériaux, ne pouvaient guère être chantées que par des professionnels laïcs.

Or, sur l'intelligence du texte, Calvin, on le sait, adopte une position radicale:

> . . . les oraisons publiques ne se doyvent faire n'en langage Grec entre les Latins, n'en Latin entre François ou Anglois . . . mais en langage commun du pays, qui se puisse entendre de toute l'Assemblée: puis qu'elles doyvent estre faites à l'edification de toute l'Eglise, à laquelle ne revient aucun fruit d'un bruit non entendu . . . Qui est-ce donc qui se pourra esmerveiller d'une audace tant effrenée qu'ont eu les Papistes, & ont encore, qui contre la defense de l'Apostre chantent & brayent de langue estrange & incogneue, en laquelle ils n'entendent pas eux-mesmes une syllabe, & ne veulent que les autres y entendent?[14]

L'adoption de la langue vernaculaire, exigence au demeurant évangélique, pour assurer l'intelligence du poème, change radicalement le statut et la fonction de la parole dans le corps sonore, et sa nature même: s'il n'a pas fallu plus de dix ans au nouvel objet de la musique pour conquérir une assise particulière, c'est que la 'vérité' que contenaient les psaumes se révélait à tous les esprits immédiatement: la paraphrase de ces poèmes de la Vulgate permettait de les chanter dans une parole accessible au 'peuple des rudes' comme aux esprits raffinés de la classe sociale la plus favorisée. Il est aisé, dès lors, de comprendre pourquoi les psaumes *en vulgaire* ont

---

de rente perpétuelle et chantées en grégorien à intervalle fixe, pour le repos de l'âme de certains croyants, religieux ou laïcs.

[11] P. Maillart, *Les tons ou discours, sur les Modes de musique, et les Tons de l'Église, et la distinction entre iceux de . . .*, Valencenois, chantre et chanoine de l'eglise cathedrale de Tournay . . ., Tournai, Ch. Martin, 1610.

[12] Frémin Capitis, *Antidote a la responce qu'a fait Jean Taffin Calviniste: contre l'apologie de frère Frémin Capitis . . . avec plus ample demonstration qu'au paravant, que les traductions de Marot & de Béze: sont fausement appellées Psalmes de David*, Verdun, Bacquenois, 1564, p. 17.

[13] Ibid. '. . . cest asçavoir Psalmodier non tous ensemble: mais respondant une partie du clergé à l'autre vers à vers'.

[14] J. Calvin, *Institution de la Religion Chrétienne*, Bâle, 1535, p. 615.

constitué un *corpus* dont la fortune a suivi et servi l'élan de la Réforme[15] en France.

Le Psaume comme contrafacture: le Psaume cultuel

L'intelligence musicale

Le problème de la langue résolu, se pose la question de la musique, c'est-à-dire des mélodies sur le texte nouveau des paraphrases. A l'inverse de la parole[16], la musique et le chant ne sont, certes, tenus à la prudence que sur un plan technique. Dans la chanson *parisienne*, dont il ne peut, hélas, être question ici, la liberté personnelle du compositeur se manifeste avec le plus d'éclat, la délectation la plus évidente et, disons-le, en toute impunité. Au contraire, dans le psaume, dont les référents sont très particuliers, elle n'est pas totale, loin s'en faut. Si le compositeur et le chantre manifestent leur liberté, c'est en faisant acte de foi. Ceci impose à ce chant quelques particularités dont la chanson ne s'embarrasse pas.

D'abord, et comme le poète[17], le musicien est sujet d'un Prince, et à la place que la société lui assigne. Or, le prince pullule, littéralement, dans la géographie politique d'alors, y compris en France, mal dégagée encore des morcellements féodaux. L'artiste doit-il penser comme l'exige la communauté au sein de laquelle le hasard l'a fait naître ou l'a conduit? Les positions, vers 1540, ne sont pas encore nettement tranchées. L'éclosion de la paraphrase en français ne s'insère-t-elle pas dans le courant politique du temps? Elle répond en tout cas au nationalisme culturel des Valois, et s'intègre parfaitement au

---

[15] N. Labelle, *Les différents styles de la musique religieuse en France: le psaume de 1539 à 1572*, Henryville-Ottawa, 1981. [Pn. vmb 1545 (32, 1–111)]; D.R. Lamothe, *Cl. Le Jeune, le psautier huguenot et la musique religieuse à la cour pendant les règnes de Charles IX, Henri III et Henri IV*, th. Strasbourg, 1980. T. 2: transcription des psaumes à 3 parties, [Pn. vmb 4407(1–2)]; J.-M. Noailly, *C. Goudimel, Adrian Le Roy et les CL psaumes*, Paris 1562–1567, th. St. Etienne, 1988. T. 3: transcription des psaumes mis en tablature par A. Le Roy. [Pn. vmb 5923 (1–3)].

[16] La retenue et le silence, seuls refuges d'une pensée libre, sont les traits qui commencent à se répandre de cette conduite *hésuchastique* dont les traces ont été relevées par nombre d'historiens.

[17] Sa sujétion est même plus grande que celle du poète, qui n'est pas forcément poète de cour: le musicien est toujours attaché à une cour, ou au moins à une chapelle, ce qui revient le plus souvent au même.

mouvement qui a engendré, en dix ans à peine, le décret de Villers-Cotteret[18], puis la *Deffence et Illustration de la langue Françoise*, aboutissement littéraire d'un combat engagé dès la fin du siècle précédent[19]. Ceci pourrait expliquer en partie pourquoi la composition sur les psaumes a foisonné jusqu'à la Saint-Barthélemy en dépit des attaques des catholiques, pour se raréfier jusqu'au règne d'Henri IV[20].

Une raison, liée à l'essence même de la fonction réciproque des deux éléments littéraire et musical dans le corps sonore, pouvait d'ailleurs conforter les tenants de la tradition, parmi les musiciens eux-mêmes: la transmission orale séculaire des mélodies grégoriennes avait assuré leur popularité. Connues de tout un chacun, elles paraissaient ainsi avoir été unies de tout temps à ces paroles latines: elles venaient de l'époque ancienne, mythique, où la parole était censée avoir été leur véritable *sujet*, c'est-à-dire où le *verbe* gouvernait en tout la musique qui en émanait. Toutefois, pour nombre des fidèles, ces paroles semblent avoir été usées par leur répétition millénaire au sein de leur mélodie, comme s'étaient usés les degrés qui montaient aux autels[21].

Au contraire de ces pièces latines, les psaumes nouveaux *en vulgaire* ne disposaient, bien entendu, d'aucune mélodie pluricentenaire:

Les anciens tons psalmodiques, construits sur l'accent du mot latin,

---

[18] Le décret d'août 1539, entre autres décisions, impose le français comme langue des actes notariaux et judiciaires. Cf. M. Sonnet, *Chronologie de la France moderne (1515–1815)*, Paris, PUF-Que Sais-je?, 1996.

[19] Jean Vignes, dans son édition critique de *L'art poetique d'Horace traduit en Vers François par Jacques Peletier du Mans*, Paris, 2000, recense les tentatives des écrivains et des grammairiens pour donner ses lettres de noblesse à la langue *vulgaire* depuis Jan Lemaire de Belges.

[20] P. Bonniffet, 'Les psaumes polyphoniques de Claude Le Jeune', in *Libre Sens*, Paris, 1997, n° 66, p. 168.

[21] M. Jousse, *L'anthropologie du geste*, Paris, Gallimard, 1975. III. *Le parlant, la parole et le souffle*, 1978, décrit un 'phénomène [qui] se remarque dès qu'il y a expression socialisée. A l'origine il y a écho et reflet du réel. Ensuite, l'expression se socialise, phase 'socialement' indispensable pour qu'il y ait inter-communication. On peut dire qu'il y a formule (gestuelle ou orale) dès que, dans un milieu social, un individu joue un geste qui sera compris et 'rejoué' par d'autres. La loi du formulisme est inéluctable. Elle est la base de toute pédagogie. La vie serait impossible sans un renouvellement incessant et total de tous nos gestes'. (Cours des hautes études, 4/02/36, recueilli par Maurice Houis). Puis dans *La manducation de la parole* in *L'anthropologie . . .*, II) p. 10, il observe: 'L'algébrose, c'est la dégradation phonétique et sémantique des mots qui, tous, à l'origine, sont la traduction phonétique d'un geste signifiant, descriptif, et par là concret que le simple retour aux racines révèle'.

résume Michel Huglo[22],

> ne pouvaient s'employer pour le chant des psaumes par l'assemblée.
> Le nombre des syllabes fut égalisé pour les versets, qui devinrent des
> strophes, et des mélodies propres furent créées—ou reprises au chant
> grégorien, en particulier à l'hymnaire—pour s'adapter facilement à ces
> strophes.

Les musiciens ont donc mis à profit la popularité de ces *timbres*
anciens en les débarrassant de leurs paroles antiques. (Ex. sonore n°
1: ps. 118)[23]. Chaque psaume vernaculaire apparaît ainsi comme une
contrafacture. Loys Bourgeois[24] est le premier, pour ce qui regarde
les pays francophones, à *inventer*, réemployer ou adapter une mélodie
sur certaines des paraphrases de Cl. Marot[25], et de Th. de Bèze[26].
La mélodie du psaume LXXII, dans la paraphrase de Cl. Marot
présentée ici (Ex. musical n° 1), semble être en partie de l'invention
de Bourgeois lui-même[27]. Dans ces années quarante, bien avant l'édition du psautier officiel à Genève en 1562, toutes les mélodies
attribuées aux psaumes, quelle qu'en soit la source, sont ainsi, à la
fois, une réhabilitation du corps sonore monodique, et la manifestation de la liberté relative d'*invention* du musicien. Elles entendent
se replacer aux origines du plain chant.

A partir de 1562, date à laquelle la mélodie propre à chacun des
cent cinquante psaumes est rendue officielle[28], il apparaît que le *chant
commun* s'érige quasiment en concurrent du chant grégorien, remis
en honneur à peu près au même moment par le Concile de Trente[29].
Il offre une possibilité de chanter la gloire de Dieu à la fois distincte

---

[22] M. Huglo, 'Psalmodie', in *Dictionnaire de la musique*. II. *Science de la musique*, Paris,
Bordas, M. Honegger éd., 1980, pp. 839–840.
[23] 'Rendez à Dieu louange et gloire'. Marot et une mélodie de Strasbourg (1545).
Enregistré par l'Ensemble Clément Janequin et l'Ensemble Les éléments pour
Cascavelle (vel 1001): *Psaumes du XVIe siècle. Le psautier de Genève . . .*
[24] Ex. musical n° 1.
[25] *Trente Pseaulmes de David*, 1541. *Cinquante deux Pseaumes de David . . .*, 1546.
[26] Les cent-un psaumes qui restent à 'traduire' après la mort de Marot, Genève,
1561.
[27] 'Tes jugements Dieu veritable'. Sur l'origine des mélodies et leur filiation, cf.
la communication d'Edith Weber.
[28] Cent-vingt-cinq seulement, à la vérité, reçurent une mélodie propre, les derniers
pouvant être chantés sur une des mélodies adoptées pour les autres. Dix ans auparavant, Pierre Davantès (Auresignatus), *Pseaumes de David mis en rythme françoise par
Clement Marot & Theodore de Beze, avec nouvelle & facile methode pour chanter chacun cou-
plet devant 70 pseaumes . . .*, Genève, 1552; Pierre Pidoux, *Le psautier huguenot du XVIe
siècle*, Bâle, Baerenreiter, 1962; Ulrich Teuber, 'Notes sur la rédaction musicale du
Psautier génevois (1542–1562)', in *Annales musicologiques*, Paris, IV, 1956, p. 113.
[29] Le Concile de Trente: 1545–1564.

et rivale du chant grégorien. Les poètes catholiques sentent le danger: J.-A. de Baïf se hâte de constituer à son tour un *Psaultier commencé en intention de servir aux bons catholiques contre les psalmes des heretiques. E' Fut Komansé l'an 1567. au mois de Juillet—achevé. 5 novb. 1569*[30]. Il en composera même trois successifs, les deux premiers en vers mesurés à l'antique, pour être sûr que le rythme musical se soumettra entièrement à la prosodie poétique[31].

L'intelligibilité du chant

La prolation du *verbe* entend recouvrer le *modus immensurabilis* rythmique du chant grégorien, par quoi l'on échappe aux dimensions des mesures musicales de la *musica humana*, pour accéder à une dimension plus haute. La popularité de cette monodie syllabique, progressant par degrés le plus souvent conjoints, évoluant dans le rythme lent qui veut correspondre à la gravité des paroles, est ainsi presqu'immédiate dans l'ère francophone. Le chant du psaume au temple par tous les fidèles, femmes comprises, constitue, non seulement une nécessité qui n'est pas sans conséquences sur le plan social, mais aussi une nouveauté par rapport à ce qui se faisait à l'église. Le *chant commun* représente un moment essentiel du culte mais aussi une affirmation de l'unité des croyants. L'intelligibilité du poème n'est donc pas moins nécessaire que son intelligence et que l'intelligence de la musique. Le chant est dépouillé pour que chacun le retienne facilement; et il est émis dans la tessiture moyenne des voix, celle qui convient à une assemblée d'hommes et de femmes chantant à l'octave les uns des autres, pour que nul ne s'égosille en y participant.

L'expression. Ferveur et défi

Et certes, écrit Calvin,

> si le chant est accommodé à telle gravité qu'il convient d'avoir devant Dieu & devant ses Anges, c'est un ornement pour donner plus de

---

[30] J.-A. de Baïf, *Séaumez-an vèrs mezurés* (BN. ms. fr. 19140, f° 145 v.). Dans ce ms., deux versions successives du psautier en vers mesurés, et une troisième, en vers traditionnels. Cf. P. Bonniffet, 'Disparition et reconstitution de l'objet de musique. Une lecture des poésies mesurées de J.A. de Baïf', in *Les méthodes du discours critique dans les études seizièmistes*, Paris, CDU-SEDES, 1987, p. 69.
[31] Sur la poésie *en vers mesurés* de Baïf, cf. P. Bonniffet, *Un ballet démasqué*, Genève, Slatkine, 1988.

grâce et dignité aux louanges de Dieu: & est un bon moyen pour inciter les cœurs & les enflamber à plus grand'ardeur de prier: mais il se faut tousjours donner garde que les aureilles ne soyent plus atten- tives à l'harmonie du chant, que les esprits au sens spirituel des paroles. Quand donc on usera de telle moderation, il n'y a nulle doute que ce ne soit une façon tressainte & utile; comme au contraire ces chan- sons & melodies qui sont composées au plaisir des aureilles seulement; comme sont tous les fringots & fredons de la Papisterie, & tout ce qu'ils appellent musique rompue & chose faite, & chants à quatre par- ties, ne conviennent nullement à la majesté de l'Eglise, & ne se peut faire qu'ils ne desplaisent grandement à Dieu[32].

La musique doit soutenir la prière, et non le poème servir à la musique. Le Réformateur est sensible avant tout au rôle didactique du chant du psaume. Il n'est donc pas nécessaire seulement d'en comprendre chaque parole. L'intelligence et l'intelligibilité des paroles et de la musique ne lui suffisent pas; il exige aussi la ferveur de leur chant. Ficin l'avait encore précédé sur ce point. Là où Calvin innove, c'est en considérant, le fidèle n'ayant qu'une voix à sa disposition, la sienne, que l'assemblée doit chanter d'une seule voix. Là où Ficin exalte la singularité personnelle[33] du chantre, Calvin rassemble l'éner- gie de la communauté.

La popularité du psaume et sa diffusion ont ainsi vite fait d'égaler celle de la chanson, qu'elle tend d'ailleurs à exclure[34]. Les psaumes se chantent bientôt dans les rues et à l'échoppe, comme des *vaude- villes*, ou des *vents de villes*, ainsi que les appelle le poète Loys Le Caron[35]; bref, ce sont les 'tubes' du moment. L'anticléricalisme viru- lent du début du XVIe siècle, dont Rabelais s'est fait l'écho le plus significatif, mais qui conduit aussi l'*invention* dans la chanson savante dite *parisienne*—il suffit de nous souvenir de 'Frère Thibault', par P. Certon et Cl. Janequin[36], ou de 'Un jeune moine', par R. de Lassus[37]—trouve ici une voie à son expression. On chante le psaume par défi.

---

[32] *I.R.C., op. cit.*, p. 615.

[33] M. Ficino, *De vita*, III, xxi, *op. cit.*

[34] L. Bourgeois, *Le droict chemin de musique*, Genève, 1550, D 2: 'En parlant du texte [chanté], j'entens d'un Pseaume ou cantique spirituel: car ce n'est pas le devoir du Chestien de chanter autres choses . . . Touteffois on voit peu de gens s'y delecter, par la grand'faute des Musiciens: qui en lieu de s'adonner à glorifier Dieu en com- posant choses saintes & divines, ayment mieux se rompre la teste apres si ordes & sales chansons, qu'on en devroit avoir horreur du recit seulement, & tant plus de les approprier en Musique'.

[35] Loys Le Caron, *Poësies*, Paris, 1554.

[36] Petite joute entre les deux musiciens sur l'épigramme de Clément Marot, 1538.

[37] La chanson de Lassus a été publiée la première fois en 1573.

C'est pour lutter contre l'hédonisme musical, ficinien notamment, qu'en bon disciple d'Augustin, Calvin instaurait la règle du chant monodique au temple. Qu'il imputât ainsi à Dieu sa propre opinion, parut ne choquer personne. Pour lui, il s'agit d'exprimer le plus simplement possible la seule *fureur* qui compte, la plus haute: l'amour divin. En tout cas, la monodie, accompagnée ou non accompagnée, qui allait régner en maîtresse ensuite dans l'*air de cour*[38], trouve une de ses sources dans des assertions de cette sorte. D'autant que, sur le plan vocal, les poètes s'en sont mêlés:

Si l'intention de Musique,

écrit le catholique P. de Tyard,

> semble estre de donner tel air à la parole, que tout escoutant se sente passionné, & se laisse tirer a l'afeccion du Poëte: celui qui scet proprement acommoder une voix seule me semble mieux ateindre a sa fin aspiree: vû que la Musique figuree le plus souvent ne raporte aux oreilles autre chose qu'un grand bruit... La simple & unique voix, coulee doucement & continue selon le devoir de sa Mode choisie pour le merite des vers vous ravit la part qu'elle veut[39].

Le psaume comme parodie: formes du psaume artistique

Heureusement pour notre plaisir musical, tout le *corpus* des psaumes élaboré à partir de 1545 va à l'encontre du désir exprimé, d'ailleurs timidement, par P. de Tyard.

Les référents dans le psaume polyphonique

Pouvait-on se contenter du chant monodique? Comme cela s'était produit depuis la naissance de la polyphonie avec les antiennes, les litanies, les hymnes et les séquences... dans les *organa* médiévaux, les musiciens rivalisent pour composer un contrepoint sur le *chant commun* attribué à chaque psaume. À en juger par ses résultats, la tentative de barrage de Calvin contre leur *invention*, au moins au temple,

---

[38] Notamment grâce aux mises en tablature, les psaumes ont souvent reçu un accompagnement au luth.
[39] P. de Tyard, *Solitaire second ou prose de la musique*, Lyon, J. de Tournes, 1555, p. 131.

fut loin de les convaincre. On peut tout au plus supposer que l'ab-
stention des polyphonistes à l'égard de ses propres paraphrases lui
a rendu la monnaie de sa pièce. Au demeurant, ce qui s'exprimait
par la 'simple et unique voix' du chant monodique allait bien au-
delà d'une opposition à l'Église catholique. Fruit de l'humanisme,
c'est le langage des *fureurs* néo-platoniciennes qui s'exprime, qu'il le
veuille ou non, dans le psaume. Il emprunte, soit le mouvement de
la deuxième *fureur*, la ratiocination—le *sens* du regret, de la colère
divine, de la contrition, du remords . . ., soit le mouvement de la
troisième: la vaticination, le *sens* prophétique. Il entre ainsi dans la
conception ficinienne de l'origine divine du *verbe* et dans le mouvement ficinien du passage d'une *passion* à l'autre. Il n'est au surplus
pas difficile d'y trouver, au détour d'une strophe et par suite
de similitudes fortuites, comme dans le ps. 72 sur la mélodie de
L. Bourgeois (ex. musical n° 1), quelque allusion à la situation politique contemporaine[40]. Or, dans le chant monodique, seule la mélodie
est supposée changer en fonction de ce *sens*. La pulsation rythmique,
destinée avant tout au *chant commun*, est en revanche à peu près toujours la même.

Les musiciens s'efforcent d'enrichir le *sens* musical de tout leur
savoir-faire. Bien avant[41] qu'elle ne devienne 'officielle', la mélodie
de référence du *chant commun* du psaume est utilisée comme base,
comme *talea* de la structure sonore du psaume polyphonique. En
composant sur les paraphrases en français, notamment sur les quarante et une de Cl. Marot et les cent une autres de Th. de Bèze,
ils affirment du même coup leur liberté en choisissant le poème qu'il
leur plaît de mettre en musique jusque dans le domaine religieux.
De *sujet du chant*, le poème nouveau devient objet de la musique.
L'épanouissement rapide du psaume en tant que genre dans les
diverses formes sonores vocales qu'ils lui donnent[42], provient directement de cette liberté.

---

[40] *Tes jugemens Dieu veritable*. Sur ce point, P. Bonniffet, 'Le *cantus firmus* et le *chant
commun* dans le *Dodecacorde* de Claude Le Jeune (1598). Place et déplacements du
sujet du chant in *Itinéraires du cantus firmus*, IV, Paris, PUPS, 2000. (Colloque annuel
du Groupe de Recherche sur le Patrimoine Musical, s/dir. É. Weber, Paris-Sorbonne).
[41] Hand out n° 2: liste des musiciens qui ont mis en musique avant lui certains
des psaumes choisis par Le Jeune pour son *Dodecacorde*, et hand out n° 3: la dédicace de Janequin.
[42] Sur les différentes formes du psaume polyphonique au XVIᵉ siècle, Édith
Weber, 'Les psaumes de Claude Goudimel', in *Libre Sens, op. cit.*, p. 176.

Pour preuve, ils ne tiennent aucun compte de l'origine, catholique
ou protestante, des paroles des psaumes; ils ne s'intéressent qu'au
contenu du poème dont ils veulent servir le *sens* et les *directions*. Dès
1549, l'illustre Clément Janequin, prêtre de son état, avait composé
vingt-huit psaumes à quatre voix sur les paraphrases de Marot[43], que
ses adversaires traitaient pourtant, dès avant sa mort, de huguenot[44].
Et dix ans plus tard, il en offre quatre vingt-deux autres, où Marot
est encore le mieux représenté, à la reine Catherine, nouvelle régente
du royaume, dans des termes émouvants, importants sur le plan
musicologique comme sur celui de la philosophie humaniste[45] (hand
out n° 3). En revanche, le huguenot Cl. Le Jeune qui, sa vie durant,
a composé plus de trois cents psaumes sur des vers de Marot et de
Bèze, ses coreligionnaires, en compose encore dix-huit sur les paraphrases 'catholiques' de son ami Baïf[46].

Deux considérations semblent avoir encouragé l'épanouissement
du psaume sous différentes formes polyphoniques: d'abord l'esprit de
la joute, de la compétition, favorisé par l'expansion de l'imprimerie
musicale. La compétition était déjà de règle dans les chansons sur
un *timbre* préexistant dès avant le début du siècle; elle le reste dans
les chansons-*parodies*[47] auxquelles nous avons fait allusion. Il est important de nous souvenir que sous toutes ses formes, de même qu'il
peut être assimilé à une contrafacture, le psaume doit être assimilé
aussi à la chanson-*parodie*, puisqu'il est composé à partir d'une mélodie
préexistante à partir de laquelle, et le plus souvent contre laquelle

---

[43] Cl. Janequin, *Premier livre contenant XXVIII Pseaulmes de David, traduitz en rithme
françoise par Clement Marot et mis en Musique par M. Clement Janequin: a quatre parties, en
deux livres, sur le chant jà usité*, Paris, N. du Chemin, 1549.

[44] Frémin Capitis, *Antidote, op. cit.*, ou encore Artus Désiré, *Le contre-poison des
cinquante-deux chansons de Clement Marot, faulsement intitulees par luy Psalmes de David . . .*,
Paris, Pierre Gautier, 1560. Ces deux auteurs sont cités par Cioranesco, dans sa
Bibliographie de la littérature française du seizième siècle, Genève, Slatkine reprint, 1975,
à l'article: Marot (Clément).

[45] Cl. Janequin, *Octante deux pseaumes de David, traduitz en rithme françoise par Clement
Marot & autres avec plusieurs cantiques, nouvellement composés en Musique à quatre parties par
M. Clement Janequiin*, Paris, A. Le Roy & R. Ballard, 1559.

[46] Claude Le Jeune, *Pseaumes en vers mesurez*, Paris, P. Ballard, 1606.

[47] La plus célèbre au XVIe siècle est la chanson spirituelle que Guillaume Guéroult
a écrite, en 1547, sur l'histoire biblique de Suzanne: 'Susane ung jour', que Didier
Lupi second a mise en musique en 1548. Sur le *timbre* (la mélodie principale) de
Lupi, plus de quarante chansons-*parodies* polyphoniques vocales ou instrumentales
ont ensuite été composées par des musiciens français ou étrangers avant la fin du
siècle. Sur ce point, Olga Bluteau, 'Les amants de Suzanne' in *Itinéraires du cantus
firmus*, VII, *op. cit.* (à paraître).

les autres mélodies du contrepoint progressent chacune à sa façon.

L'esprit de compétition ne souffle pas seulement entre individus. Il fallait, pour aiguiser et mettre à l'épreuve les qualités particulières et la vigueur de cette production musicale, que le psaume *en vulgaire* osât se mesurer à la résistance des autres genres en usage: se comparer à la structure polyphonique des *messes* en cinq parties et du *motet* catholique, d'origine plus ancienne encore. La variété des structures musicales manifeste avec éclat la volonté de servir le *verbe* en mouvement. Plus de deux mille cinq cents pièces polyphoniques publiées en France seulement, à partir du premier livre de Pierre Certon, en 1545 jusqu'aux éditions des livres posthumes de Claude Le Jeune[48] pendant le règne d'Henri IV, sont issues de cet état d'esprit nouveau. La compétition se manifeste ainsi face aux chefs d'œuvre de la musique sacrée du passé. Le nombre de musiciens et la quantité des psaumes mis en musique *rompue* témoignent de l'extraordinaire fécondité du genre dans les conditions très favorables de la remise en question des croyances.

L'abondance des publications[49] met en même temps en évidence la curiosité et l'appétit d'un public d'acheteurs plus nombreux. *Es maisons*, chez les gens cultivés d'une classe bourgeoise élargie, et entre amis, les formes polyphoniques sont les plus appréciées. Grâce à elles, chacun pouvait en effet utiliser saintement ses loisirs et surtout ses dons, selon sa tessiture vocale et ses aptitudes de chantre ou d'instrumentiste pour la louange divine. Ceux qui savaient lire, et déchiffrer la musique, avaient ainsi à leur disposition des poèmes inspirés par la *fureur sacerdotale* (*didactique, chorégraphique . . .*) ou la *fureur prophétique*, mais où nombre de *topoi* antiques et toutes les *passions* humaines, au sens ficinien du terme, sont exprimés.

Intelligence et intelligibilité du Verbe dans le Psaume homophone

En rappelant l'obligation d'intelligence pour communiquer l'*intenzionalità*, Ficin avait en fait inauguré l'ère de l'humanisme musical. Il avait surtout attiré l'attention sur un aspect de la structure sonore vocale, qui a fortement contribué à orienter d'abord le choix des musiciens en faveur de l'homophonie, entendue comme émission

---

[48] 1601, Paris: *Cent cinquante pseaumes de David.* 1602–1608–1610, Paris: 142 *pseaumes à III parties.* 1612, Paris: deux psaumes dans le *Second livre des Meslanges.*
[49] Édith Weber, 'Les psaumes de Claude Goudimel', in *Libre Sens, op. cit.,* p. 176.

simultanée des phonèmes par toutes les voix du contrepoint. D'abord, le son à la fois[50] poétique et musical, qui frappe l'oreille et l'*intellect* de l'*oyant* par une onde circulaire portant le message divin, est nécessairement beau. En conséquence, la voix qui l'émet doit être belle. Mais ensuite, ce son ne peut être entièrement significatif que si résonnent en lui les quatre *éléments* du *cercle* de la *nature*: c'est ainsi seulement qu'il arrive à produire une consonance complète. La présence des voix *élémentaires* pour émettre *ensemble* chaque syntagme est donc nécessaire pour en contenir et faire partager tout le *sens*, et la *direction* articulée en chacun de ses phonèmes par la *fureur*. (Ex. sonore n° 2: 'O Seigneur loué sera Ton nom'[51]). Dans le corps sonore vocal, les phonèmes, quel que soit le nombre des voix sonnent pleinement avec tous leurs harmoniques du plus grave au plus aigu.

Expression

Les musiciens déplacent ainsi le concept d''harmonie', de l'échelle mélodique à la consonance. Dans le champ sonore, la structure de chaque pièce homophone, religieuse ou profane, s'enrichit d'une *direction* nouvelle: la *direction* verticale des accords, qui vient se greffer sur la *direction* horizontale des mélodies dans le contrepoint ancien. La structure hexacordale du chant par les antiques *tons* mélodiques ecclésiastiques s'estompe alors au profit, même chez les musiciens les plus attachés à l'expression modale, de l'octave diatonique entière, et de la gamme des douze sons. La progression du chant se produit désormais, non plus seulement au gré des logiques conjuguées des mélodies du contrepoint, mais aussi en fonction de 'discordants accords' qui conduisent les chantres à l'accomplissement et à l'apaisement de la consonance cadentielle, marque indubitable de la véracité du *verbe*.

Ainsi compris, le chant du psaume homophone dispose d'un pouvoir pédagogique aussi grand que celui du psaume monodique: il est nécessaire pour apprendre à l'*oyant* à maîtriser ses *passions*. D'autant plus qu'en même temps, cette prononciation simultanée donne à l'articulation des paroles une force et une netteté remarquables[52], suffisantes

---

[50] M. Ficin, dans *Le commentaire . . .*, *op. cit.*, écrit que la première *fureur* de Platon, la *fureur poétique*, mêle la musique à la poésie.
[51] Ps. 75. Th. de Bèze et Claude Goudimel, enregistré par un Ensemble s/dir. Fl. Hollard, pour World Premiere Recording: *Psaumes au temps de la Réforme*.
[52] L'intelligibilité ainsi obtenue est notamment l'un des résultats pratiques de la musique *mesurée* que nombre de musiciens ont composée sur les vers *mesurés à l'antique* de J.A. de Baïf.

pour imprimer le *sens* dans l'*âme*. L'inconvénient en est, en revanche, que le traitement des voix à égalité empêche d'accorder à la perception de la mélodie propre au psaume, au *chant commun*, autrement dit à la *vox principalis*, toute l'attention requise par sa prépondérance. L'homophonie contrapuntique fait passer l'intelligence du *verbe* avant son intelligibilité dans le champ sonore.

Intelligence et intelligibilité dans le psaume polyphonique

Cependant, Ficin, en attirant l'attention sur la plénitude du son en lui-même, avait mis l'accent sur la beauté de la voix singulière. Pour parvenir à l'expression parfaite, le *sens* et la *direction* de l'homophonie paraissent parfois un peu réducteurs à certains compositeurs, au regard du *sens* et des *directions* de la *passion* exprimée. Le psaume homophone noie la *vox principalis*, le *chant commun* dans l'harmonie de l'ensemble, à moins de donner cette mélodie à la voix la plus élevée, que l'oreille entend naturellement.

Contrairement à ce qui est généralement affirmé, l'équilibre entre intelligence et intelligibilité est mieux assuré, dans la structure sonore du chant par imitations. Les compositeurs y ont érigé le *chant commun* en *cantus firmus*, autour et à partir duquel se structure et se déroule le système des imitations aux autres voix. Tandis que le psaume énonce sereinement les paroles de son chant en valeurs longues, le plus souvent dans l'une ou l'autre des deux voix de *cinquiesme* ou de *superius* (la voix féminine supérieure)[53], les autres voix chantent les mêmes phonèmes en durées divisées par deux et rivalisent en imitations mélodiques, répétitions identiques directes ou renversées, 'variations' en écho ou en opposition plus ou moins ornées de mélismes, c'est-à-dire de vocalises plus ou moins acrobatiques. Sur le *verbe* inébranlable de ce *cantus firmus*, ces voix plus ou moins nombreuses représentent ainsi toutes les *directions* parfois contradictoires, convergentes, divergentes ou opposées . . . que la même *passion* peut prendre. (Ex. sonore n° 3[54]).

---

[53] Contrairement à ce qui a été souvent soutenu, il nous est impossible, en ce qui concerne le psaume artistique en France, de décider qui, du *ténor* ou du *superius* (homme ou femme) reçoit le plus souvent la *vox principalis*, voix de référence, celle du *chant commun*.

[54] Ps. 51: 'Misericorde au pauvre vicieux' Marot-Le Jeune. Chanté par l'Ensemble Sagittarius, Lira d'Arco (LA 001 8), 1999.

L'intelligence du texte, la traduction rythmique du mouvement des *passions*, ne l'emportent pas pour autant, aux yeux des musiciens, sur l'intelligibilité. Il suffit que le chant soit exécuté par des interprètes compétents. Solidement retranchés sur la position philosophique ficinienne, ils ont ainsi logiquement opté pour le plaisir du jeu musical dans l'une ou l'autre forme de structure sonore, et continué à composer leurs contrepoints par imitations, quittes à y introduire de plus en plus de passages homophones. *Trahit sua quemque voluptas.*

L'expression dans le psaume en imitations (Le psaume motet)

Dans un contrepoint imitatif, toutefois, il est juste d'observer que l'entassement babélien des voix décalées nuit à la parfaite connivence avec le *verbe* énoncé: la dispersion de l'attention entre paroles, découverte des habiletés de la *disposition* musicale et prouesses vocales procure ce plaisir que Calvin jugeait superflu, sinon même dangereux. (ex. musical n° 2: le *cantus firmus*, à la voix de *tenor*, occupe exactement ici le centre de la structure sonore polyphonique). Autour de la mélodie officielle prépondérante, la progression parodique de plusieurs belles voix donne en revanche satisfaction à l'oreille à la fois pour l'intelligence musicale et pour la justesse de l'expression (ex. sonore n° 3: 'Misericorde au pauvre vicieux'[55]).

Il ne s'agit plus seulement d'*imiter*, au sens aristotélicien, un sentiment général, mais d'*exprimer* toutes les nuances d'une *passion* individuelle, dans un champ sonore élargi à la fois par l'opposition rythmique du *cantus firmus* avec les autres voix du contrepoint, mais aussi, et surtout, par l'élargissement des tessitures vocales individuelles et des exigences techniques qu'entraîne une structure évoluant par chacune des voix qui doivent à la fois affirmer leur autonomie et leur solidarité dans le contrepoint. Le mode imposé, si l'on veut, par la mélodie 'officielle' du psaume choisi, ne suffit plus pour assurer la cohérence, l'intelligence musicale du corps sonore.

Le chant du psaume polyphonique en imitations, en particulier dans les pièces composées par Claude Le Jeune, requiert des chantres aguerris, professionnels[56]. La virtuosité, qui est la marque du chant

---

[55] Ps. 51. Clément Marot et Cl. Le Jeune. Enregistrement de l'Ensemble Sagittarius pour la maison Lira d'Arco (LA 001 8), 1999.
[56] P. Bonniffet, 'Quatre chantres au long dessus un octonaire', in *Poétique et narration- Mélanges Guy-Demerson*, Paris, Champion, 1993, p. 321.

baroque à l'aube du XVIIe siècle, trouve l'une de ses sources dans le *Dodecacorde* de Claude Le Jeune, autant que dans les madrigaux de Marenzio, de Luzzaschi puis de Monteverdi. Le chant *solitaire* du Français et le chant *soliste* des Italiens[57] sont en tout comparables sur ce point.

L'évolution musicale du XVIe siècle français se reflète presqu'entièrement dans le psaume polyphonique en langue vernaculaire. Bien plus, cette structure sonore vocale réfléchit toutes les batailles d'idées, pour ne rien dire des autres. Le psaume de la Réforme caractérise la deuxième partie du siècle, sa vie spirituelle et sa sensibilité musicale, au moins autant que la multiplication dans l'imprimé de formes instrumentales autonomes, indépendantes de la voix. Il constitue un des témoignages et une des sources de réflexion les plus précieux sur la Renaissance à son apogée. Son épanouissement précède de peu celui de la tragédie[58], biblique ou non. M. Yardeni fait observer que si, sous la plume de quelques historiographes, la notion de progrès commence à se faire jour, cela ne va pas jusqu'à l'optimisme—mot qu'elle n'emploie pas[59]. Sans adopter à l'inverse, la position des auteurs de *Saturne et la mélancolie*[60], qui nous semble décidément trop romantiquement noire pour caractériser la fin du XVIe siècle en France, il peut sembler que l'on remette alors trop souvent le bonheur au lendemain, c'est-à-dire à un paradis au demeurant peu assuré. Le psaume *en vulgaire*, cultuel ou artistique, en même temps qu'il a contribué à élargir le champ sonore, en influant largement sur les structures vocales et la vie musicale, a fait évoluer les rapports sociaux et même les conceptions historiques. Cette considération conduit à émettre le souhait que le psaume devienne, le plus vite possible, l'objet d'études transdisciplinaires approfondies.

---

[57] P. Bonniffet, 'Du chantre au chanteur', in *La peinture des passions de la Renaissance à l'âge classique*, Saint Etienne, Univ.-CNRS, 1995.

[58] L'éclosion de la tragédie, à partir de la tragédie antique retrouvée, est un sûr indice de la perception tragique que les contemporains ont eue de la liberté individuelle, et il ne peut qu'en être ainsi quand l'on pense au martyrologe où figureraient, sans tenir compte des obscurs, ici les noms de Lefèvre d'Étaples et de Clément Marot, et là, de Thomas More; ceux de P. de la Ramée, E. Dolet, M. Servet, et G. Bruno, ou de musiciens comme Cl. Goudimel et Ph. Jambe de Fer pour leur religion, ou comme N. Gombert et R. Renvoisy pour leurs mœurs...

[59] M. Yardeni, 'Historiographie et périodisation en France au XVIe siècle', in *Pratiques et concepts de l'histoire en Europe. XVIe–XVIIIe siècles*, Paris, PUPS, 1990, p. 43, (Mythes, Critique et Histoire, IV).

[60] R. Klibansky, E. Panofsky et F. Saxl, *Saturn and the Melancholy*, Londres, 1964.

LE CHANT AU SERVICE DE LA RÉFORME

Édith Weber

Abstract

In 16th century France, Germany and Switzerland Psalmsinging was an outstanding mean of communication and a great help to spread out the new ideals according to the Reformers, for instance Jean Calvin (in Strasbourg and Geneva), Martin Bucer (in Strasbourg) and Martin Luther (in Wittenberg). They all selected the song in the vernacular language of the people: French and German (instead of Latin), so that everybody could easily understand the words and the meaning of the Genevan Psalms or lutheran 'Chorals' *(Kirchenlied)*, as can be seen for instance from J. Calvin's *Institution de la Religion Chrétienne* (1536), Martin Bucers *Grund und Ursach der Neuerungen* (1524) and Martin Luther's *Deutsche Messe* (1526).

Melodies from Alsatian musicians, such as Matthias Greiter, Wolfgang Dachstein, among others, meant for German texts, were borrowed by J. Calvin for some French Psalms, in his first experimental booklet: *Aulcuns Pseaulmes et Cantiques mys en chant*, published in Strasbourg (1539). At the very beginning of the Reformation, the new Church had to be supplied with new songs and melodies; all the 150 French Psalms were set to music between 1539 (Strasbourg) and 1562 (Geneva) and sung on Sunday morning and Wednesday evening. In humanist and protestant schools, the pupils—trained in music—launched the melodies during worship. All Psalms were entirely sung many times through the year; thanks to the school children they reached the families at home or at Church.

49 paraphrases by Clément Marot and 101 by Théodore de Bèze were sung together by men and women: for one, three or four even eight voices (in settings by Claude Goudimel, Claude Le Jeune, Paschal de L'Estocart . . .). Huguenot Psalms were very successful; they still are alive in the 20th and 21st centuries. Collective singing can be considered as a mean of propaganda, it appears as a 'chance' for the 16th century Reformation. Their heritage has to be preserved.

Introduction

La musique et le chant en particulier constituent un excellent moyen de communication et de diffusion des idées: cette affirmation est, en fait, un truisme. Déjà Platon (au Ve–IVe siècle av. J.C.) considérait la musique comme 'l'art éducateur entre tous' et comme facteur d'unité, de discipline et de cohésion. Au XVIe siècle, ces vérités d'évidence n'ont pas échappé aux Réformateurs en Allemagne et en Alsace; en France et en Suisse. La musique vocale détient le pouvoir de regrouper des chanteurs, de stimuler l'ardeur des foules, de secouer certains de leur torpeur, de susciter l'enthousiasme collectif d'une manière presque contagieuse. Le chant sera un *acteur* de la Réforme, un outil indispensable et une *chance* pour sa diffusion.

Mise en situation

A Strasbourg, Martin Bucer (1491–1551), le réformateur local, prend position en 1524 en ces termes:

> La MUSIQUE et le CHANT sont ordonnés par Dieu et ne sont pas seulement choses gaies et aimables, mais également pleines de *force* et aptes à faire des miracles. Car la nature humaine est ainsi faite que tout état d'esprit, joie, tristesse, amour, colère, dévotion pieuse, sauvagerie irréfléchie et toutes les autres *émotions* ne sont provoquées par rien avec autant de *force* que par un chant artistique/savant et le jeu d'instruments de musique.
> *Grund und Ursach der Neuerungen*

En 1536, Jean Calvin affirme que 'Le chant est un bon moyen pour inciter les cœurs et les enflamber à plus grande ardeur de prier...'[1]

Et, dans ses *Propos de Table* (*Tischreden*[2]), Martin Luther considère la musique comme la servante de la Théologie ('*ancilla theologiae*').

Conformément aux objectifs des Réformateurs, le chant des chorals et des Psaumes en langue vernaculaire, accessible à tous, est très largement pratiqué. Il représente—au même titre que la prédication et les publications théologiques—une 'forme de diffusion de la Réforme', dont l'un des impératifs bien connu '*sola scriptura*' implique un retour à la Bible (donc aux Psaumes), de même que les Humanistes avaient préconisé le retour à l'Antiquité gréco-latine. Par ses références vétéro-testamentaires, le Psaume huguenot répond à cette exigence; les chorals luthériens et quelques cantiques et prières reposent sur des sources néotestamentaires.

---

[1] Il adopte ensuite une position plus restrictive.
[2] 1/1566, Eisleben. *Cf.* aussi *Weimarer Ausgabe*. Edition française, traduite et préfacée par Louis Sauzin, 1/Paris, Aubier Montaigne, 1932. Ed. en offset, Plan de La Tour, Edition d'Aujourd'hui, Coll. Les Introuvables, 3/1979.

En 1534, Clément Marot écrit ces vers:

> O bienheureux qui voir pourra
> Fleurrir le temps ou l'on oira
> Le laboureur à sa charrue
> Le charetier parmi la rue,
> Et l'artisan en sa boutique
> Avec un *psaume* ou un *cantique*
> De son labeur se soulager...

A Strasbourg, la même année, Catherine Zell, la femme du réformateur, affirme aussi que:

> Tous ont besoin de *chants* pour louer Dieu:
> l'apprenti à son travail,
> la servante en lavant la vaisselle,
> le paysan au champ,
> le vigneron à sa vigne,
> la mère près du berceau de l'enfant qui pleure[3]

Ces chants doivent contrebalancer le succès des chansons licencieuses, comme Martin Bucer le déplore dans sa préface au *Gesangbuch* strasbourgeois de 1541, en ces termes:

> Malheureusement, le malin a tourné les choses ainsi que la musique, cet art admirable et ce don de Dieu sert presque uniquement à la luxure et le péché en est d'autant plus grand que l'art est un merveilleux don de Dieu et qu'il émeut plus profondément notre cœur et notre âme. Ainsi ne peut-on être qu'effrayé quand on pense à tout le mal que peuvent faire à la jeunesse les diaboliques chansons d'amour (*teufflische Bullelieder*). Malheur à tous ceux qui laissent chanter des chansons pareilles à leurs enfants, à leurs domestiques et autres personnes sur lesquels ils exercent une autorité ou qui prennent plaisir à les écouter. Mais hélas, on voit ici quelle sorte de Chrétiens sont les gens, et comme le dit le proverbe, on reconnaît chaque oiseau à son chant. Ainsi tous ceux qui auraient le pouvoir ou le désir de le faire devraient aider à faire disparaître ces chants licencieux, diaboliques et pernicieux et contribuer à ce que les saints PSAUMES et CHANTS DIVINS soient rendus agréables aux Chrétiens, jeunes et vieux, et qu'ils deviennent pour eux une pratique constante.

---

[3] Cité d'après Th. Gérold, 'Les plus anciennes mélodies de l'Eglise protestante de Strasbourg et leurs auteurs', *Cahiers de la Revue d'Histoire et de Philosophie religieuse*, Université de Strasbourg, Paris, Alcan, pp. 39–40, et, en allemand, dans W. Nelle, *Geschichte des deutschen evangelischen Kirchenliedes*, pp. 49–50: '*so der Handwerksgesell ob seiner Arbeit, die Dienstmagd ob ihrem Schüssel waschen, der Acker- und Rebmann auf seinem Acker, und die Mutter dem weinenden Kind in der Wiegen solch Lob, Gebet- und Lehrgesäng braucht, Psalmen und andere ihres Gleichen . . .*'

Chant et Langue Vernaculaire

Les deux impératifs: *communication* et *diffusion de la Réforme* seront réalisés grâce à la langue vernaculaire exigée par Martin Bucer et par Jean Calvin.

Dans son traité *Grund und Ursach der Neuerungen*[4] (*Fondements, raisons des changements*), le réformateur strasbourgeois évoque les nouvelles mesures adoptées en Alsace, dans une ville où, dès 1524, le culte protestant avait été introduit à la Cathédrale:

> Nous n'admettons aucune prière, ni aucun chant qui ne soit tiré des Ecritures, et puisque prières et chants doivent contribuer à rendre les gens meilleurs, nous ne tolérons que la *langue allemande*[5] pour que le laïque en toute connaissance de cause puisse dire *Amen*[6].

Et, dans son *Institution de la Religion chrétienne*, Jean Calvin abonde dans le même sens, en 1536:

> Dont il appert que les oraisons publiques ne se doyvent faire n'en langage grec entre les latins, ne en latin entre François et Anglois (comme la coustume a esté partout cy devant), mais *en langage commun du pays* qui se puisse entendre de toute l'assemblée...

A partir de 1525, les chants de louange et les Psaumes allemands avec la participation de l'assemblée entraînée par un chantre (*Vorsänger:* celui qui chante avant les fidèles et soutient la communauté) sont réunis dans le '*Teutsch [deutsch] Kirchenampt mit Lobgesengen und göttlischen Psalmen (wie es die Gemein zu Strasburg zu singen pflägt)*'.

Les mélodies strasbourgeoises de Matthias Greiter, Wolfgang Dachstein, Sinforianus Pollio, Wolfgang Musculus ('Meuslin') entre autres, véhiculent des textes allemands.

---

[4] Strasbourg, 1524. Concerne les nouvelles mesures adoptées en Alsace, dès le début de la Réforme.

[5] Strasbourg était à cette époque 'Ville libre d'Empire' (du Saint Empire Romain Germanique), *'freie Reichstadt'*.

[6] Cité d'après Th. Gérold, 'Les plus anciennes mélodies de l'Eglise protestante de Strasbourg et leurs auteurs', *Cahiers de la Revue d'Histoire et de Philosophie religieuse*, Université de Strasbourg, Paris, Alcan, pp. 39–40.

Projection I. Psaume 119 (prototype mélodique)

Es sind doch selig alle die im rechten Glauben wandeln hie

Ps. 119, Paraphrase allemande du Ps. latin
Beati immaculati
Texte et mélodie de Matthias Greiter 1525
Strasbourg, 1525, *Teutsch Kirchenampt*...
à 1 voix (chant monodique de l'assemblée)
Notation strasbourgeoise à têtes de clous
Structure répétitive: ABC/A'B'C'//D D' / E F G H
Exemple musical 1. (*Cf.* Appendice III. Filiation mélodique)
Psaume 119 (prototype mélodique).

Es sind doch selig alle die ... (extrait)

1.	Es sind doch selig alle die	A
2.	Im rechten Glauben wandeln hie	B
3.	Im Gsatze Gottes Herren	C
4.	Sie sind doch selig alle sampt	A'
5.	Die sin Zeugnis vor Augen hant	B'
6.	Von Hertzen jn begeren	*C'*
7.	Dann welches Übertäter sind*,	D (fin: ouvert)
8.	Die wandeln nit als Gottes Kind*	*D'* (fin: clos)
9.	Uff seins Wege nit halten	E
10.	Ach Herre Gott von Hymelreich	F
11.	Du hast gebotten fleyssiglich	G
12.	Ja deine bott zum halten	H

Interprété avec hésitation à une voix par des chanteurs parisiens, cet exemple n'est pas sans rappeler la situation au XVIe siècle, où le chant d'assemblée était une nouveauté.

Extrait du disque historique (1972):
Psaumes polyphoniques de Claude Goudimel à nos jours
Maîtrise de l'Oratoire du Louvre
Direction: Horace Hornung
Vogue CV 25001 (épuisé).

Martin Bucer atteste l'usage du chant des Psaumes en ces termes:

Comme c'est offenser Dieu que de ne pas chanter ou prier de cœur[7] …
quand on célèbre la Communion, on prie et on chante brièvement,
de même aux Vêpres, puisque la Cérémonie matérielle doit servir au
développement spirituel, on *chante deux ou trois Psaumes* [. . .]. Parmi les
chants, les *Psaumes sont les plus appropriés*[8].

Le chant en langue vernaculaire est introduit en Allemagne, dès les
premiers recueils, à partir de 1524; en Alsace à partir de 1525 pour
la *langue allemande* (*Cf.* Appendice I), à Strasbourg dès 1539, puis à
Genève pour la *langue française*, 'connue de tous'. Cette pratique constitue un événement d'une portée capitale, attestée par de nombreux
témoignages.

Dès 1525, Gérard Roussel fait part à Nicolas Lesueur (de Meaux)
du déroulement du culte en allemand à Strasbourg et observe que
'le Ministre tourne le visage et non le dos au peuple; qu'il lit quelques
prières tirées des Écritures, qu'ensuite *tout le monde chante un Psaume;*
qu'après la prière, la lecture de l'Écriture, le Sermon fini, *tout le
monde chante* le Symbole [des Apôtres]; que, pendant la communion
à laquelle chacun prend part, *tout le monde chante* le *Kyrie* [en allemand]'.

Dans sa correspondance de 1545[9]—donc après le séjour de Calvin
à Strasbourg—, un réfugié anversois signale à propos du culte en
français:

Le chant de quelques Psaumes de David ou autre oraison prise du
Nouveau Testament . . .

et ajoute:

qui se chantent tous ensemble, *tant homme que femme*, avec un bel accord,
laquelle chose est belle à voir. Car il vous faut entendre que chacun
a un livre à la main[10].

Il observe aussi que:

---

[7] Ordonnance du culte en allemand, avec chants de louange et Psaumes tels
qu'ils sont chantés par la paroisse à Strasbourg.

[8] *Grund und Ursach der Neuerungen*, 1524, fol. 58ro *Cf.* Gérold, (*l. c.*) '*Wir gebrauchen
in der gemein gotes keins gesangs noch gepets das nit aus götlicher schrift gezogen sey, und dieweyl
was in der gemein gottes gehandelt würt jedermann in gemein besserlich sein soll, beten noch singen wir nichts dann in gemeiner teutscher sprache, das der ley gemeincklich möge Amen sprechen,
wie das der geist gottes lernet.*'

[9] A.L. Herminjard, *Correspondances des Réformateurs*, I. Genève, 1866–1897, p. 404 *sq.*

[10] A cette époque, l'imprimerie et l'imprimerie musicale sont très florissantes dans
la capitale alsacienne.

Les Dimanches, au lieu d'une messe, on *chante deux Psaumes* ou oraison, et après se fait la prédication[11].

Il signale aussi que l'*on chante* les *Dix Commandements* bien traduits'. Ces diverses lettres fournissent des témoignages authentiques et pris sur le vif et illustrent parfois l'étonnement des réfugiés français.

Dans son *Institution de la Religion Chrétienne (IRC)*[12], dès 1536, Jean Calvin rappelle l'enracinement de l'exercice du chant ecclésial dans l'Église des premiers temps:

> Quant à la façon de chanter aux Églises, j'en diray en passant ce mot, que non seulement elle est fort ancienne mais que les Apostres même en ont usé, comme on peut en déduire de ces paroles de sainct Paul: je *chanterai de bouche, je chanteray d'intelligence* . . .[13]

Se fondant sur la Première Épître de Saint Paul aux Corinthiens (14, 15), il insiste sur la nécessité de *Chanter* et de *Louer* 'de même bouche', 'd'un même esprit', 'd'une même foi', 'd'une commune et mesme parole'.

Le chant communautaire est un facteur de rassemblement et d'unité. Les Réformateurs le considèrent donc et, en particulier, le *Chant* des PSAUMES, en langue vernaculaire, c'est à dire dans la langue du peuple, comme une nécessité incontournable et indispensable dans l'ordonnance du nouveau culte et de son hymnologie.

Chant et Pratique Liturgique

Bref Rappel Historique (Cf. Appendices I et II)

Dès l'implantation de la Réforme dans les différentes villes, les Réformateurs s'efforcent de doter la nouvelle Église d'un répertoire hymnologique spécifique dans la langue du peuple. Au fur et à mesure que Clément Marot, puis Théodore de Bèze fournissent des paraphrases françaises, strophiques et rimées, elles sont accompagnées de mélodies provenant de trois sources: emprunt au répertoire

---

[11] A. Erichson, *L'Église française de Strasbourg au XVIe siècle*, Strasbourg, J.H. Ed. Heitz, pp. 21–23.

[12] *I.R.C.* en latin: 1536; en français: 1541–1560.

[13] '*Canendi vero in Ecclesiis ritum (ut id quoque obiter dicam) non modo vetustissimum esse constat, sed Apostolis quoque in usu fuisse, ex illis Pauli verbis (I. Cor. 14, 15) colligere canam spiritu, canam mente . . .*'

catholique existant, au répertoire profane (chansons), antérieur à la
Réforme, car il ne fallait pas dérouter les fidèles, enfin: créations
originales, à Wittenberg dès 1524 et à Strasbourg à partir de 1525,
notamment par Matthias Greiter, Wolfgang Dachstein, Wolfgang
Musculus. Ce répertoire hymnologique allemand et français sera constitué entre 1524 et 1562.

Dans les villes gagnées à la Réforme, notamment à Wittenberg et
à Strasbourg, 'tout le monde chante', c'est à dire 'hommes et femmes',
ce qui constitue une nouveauté, car avant la Réforme, à la Messe,
le chant était assuré par des chantres et des voix de garçons. Au
XVIᵉ siècle, la *Louange* par le *Chant* est associée à la vie cultuelle et
à la vie quotidienne.

Lorsque la situation historique le permet, le culte au temple comprend, outre la prédication, les prières, la Confession de foi..., le
Chant des *Psaumes à une voix*, c'est à dire des voix d'hommes et des
voix de femmes à l'unisson (en rapport d'octave). Les fidèles participent donc activement, avec enthousiasme et avec une ferveur militante, par le chant de Chorals, de Psaumes, de cantiques qui—tout
en assumant une fonction liturgique—contribuent aussi à la diffusion
des langues vernaculaires (allemande et française). Réfugié à Strasbourg
en 1538, Jean Calvin s'est inspiré des usages locaux et, en 1539, a
publié son recueil expérimental, *Aulcuns Pseaumes et Cantiques mys en chant*.

Projection II. Psaume 36

Ex. musical 2a. Ps. 36 En moy le secret pensement
(*Cf.* Appendice III. Filiation mélodique)
texte de Calvin (Strasbourg, 1539)
version *monodique* (voix de femme)
mélodie de Matthias Greiter (Ps. 119),
Strasbourg 1525 *Teutsch Kirchenampt* (3e partie)
Strasbourg 1526, *Psalmen gebett und
  kirchenübung* (f° 38ᵛ–39ʳ)

1. En moy le secret pensement	A
2. Du maling parle clairement	B
3. C'est qu'à Dieu il ne pense	C
4. Car il se complaist en ses faictz	A'
5. Tant que haine sur ses meffaictz	B'

6. Et jugement advance   *C'*
7. Son parler tend à decepvoir   D (ouvert)
8. Il ne cherch' entendre et scavoir*   *D'* (clos) [ou D]
9. N'aussi ung seul bien faire   E
10. Il pense mal estant couché   F
11. Du droict chemin et débauché   G
12. Sans au mal se desplaire   H

Strasbourg, 1539, *Aulcuns Pseaumes . . .*
copie *conforme*: deux finales différenciées
Strasbourg, 1542, *La Manyere . . .*
copie *non conforme*: finales alignées
Ex. musical 2b. Ps. 36 *Du maling le meschant vouloir*
(*Cf.* Appendice III. Filiation mélodique)
Texte de Clément Marot (Genève 1562)
version polyphonique (chœur à 4 voix)
harmonisation: Claude Goudimel, Genève 1568, 1580
cantus firmus au soprano
contrepoint fleuri
même source mélodique

1. Du maling le meschant vouloir   A
2. Parle en mon cœur et me fait voir   B
3. Qu'il n'a de Dieu la crainte: C
4. Car tant se plaist en son erreur   A'
5. Que l'avoir en haine et horreur   B'
6. C'est bien force et contrainte   *C'*
7. Son parler est nuisant et fin   D
8. Doctrine va fuyant afin   *D* (fins: alignées)
9. De jamais bien ne faire: E
10. Songe en son lit meschanceté   F
11. Au chemin tors est arresté   G
12. A nul mal n'est contraire   H

Genève, 1542: *La forme des prières . . .*
copie *non conforme*: finales alignées
Extrait du disque historique (1972):
Psaumes polyphoniques de Claude Goudimel à nos jours
Maîtrise de l'Oratoire du Louvre
Direction: Horace Hornung
Vogue CV 25001 (épuisé)

D'après des documents d'archives conservés à Genève et réunis par Pierre Pidoux[14] à Genève, on chantait le dimanche matin, le dimanche soir aux cultes ainsi que le Mercredi soir. Des tables d'ordonnance étaient affichées 'pour congnoistre quel Seaulme [Psaume] l'on doibt chanter tel jour, 'affin que nulz n'aye cause de son ignourance'. A Neuchâtel—comme ce sera le cas en Allemagne—, il incombait aux élèves d'inciter, par leurs chants assidus, la population à la louange; ceux-ci chantaient le mercredi matin et aux cultes du dimanche. A titre d'exemple,

- le *Psaume 68: 'Que Dieu se montre seulement'* (texte de Théodore de Bèze) était chanté le Dimanche matin, le Dimanche soir, et au deuxième coup de cloche, le Mercredi.
- le *Psaume 75: 'O Seigneur loué sera, loué sera ton renom . . .'* (texte de Th. de Bèze), se chantait le Dimanche matin au deuxième coup de cloche.
- le *Psaume 8: 'O notre Dieu et Seigneur amiable'* (texte de Clément Marot, 1496–1544), le Dimanche avant ou après le Sermon.
- le Psaume 47: 'Or sus tous humains frappez en vos mains' (texte de Th. de Bèze), le Dimanche soir.

Un tel niveau ne pouvait être atteint sans une pédagogie appropriée.

Chant et Pédagogie Musicale

Martin Luther et Philipp Melanchthon, 'le grand éducateur de l'Allemagne', attachent une importance capitale à l'enseignement musical et à la formation des maîtres, car le Réformateur souhaite qu''un maître d'école sache chanter, sinon il ne fait pas cas de lui' et ajoute qu''il ne faut point non plus ordonner pasteur de jeunes gens qui ne se soient, à l'école, essayés à la musique et y soient exercés.' (*Propos de Table*). Il affirme qu''il faut constamment entraîner la jeunesse à cet art [la musique], car elle fait des gens habiles'. En 1526, dans sa *Messe allemande* (*Deutsche Messe*), il n'abandonne pas systématiquement le latin, à cause de la jeunesse qui fréquentait les écoles humanistes[15].

---

[14] P. Pidoux, *Le Psautier huguenot*, Bâle, Bärenreiter, 1962.

[15] *Deutsche Messe und Ordnung Gottesdiensts zu Wittenberg fürgenommen*, comprenant l'ordonnance du culte, du déroulement de la Messe allemande (*Kyrie, Gloria, Credo, Sanctus, Agnus* . . . avec les formules mélodiques et les indications de tons): *'Denn ich*

D'ailleurs, dans cette ordonnance du culte allemand, il utilise la terminologie musicale latine pour commenter les exemples musicaux.

La théorie musicale et le chant occupent une place considérable dans la *Ratio Studiorum, Schulordnung* (c'est à dire le programme scolaire[16]). Les élèves bénéficient d'une heure obligatoire d'enseignement musical, chaque jour de 12h à 13h., et aucune dispense n'est accordée. Ils pratiquent donc régulièrement le chant choral, participent aux cultes dans les villes (et éventuellement dans les campagnes[17]), aux événements occasionnels dans la cité, aux cortèges funèbres . . . En classe, chaque matinée commence par le chant collectif d'un choral, d'un psaume ou d'une hymne scolaire extraite, notamment, des *Crepundia sacra* (1596) de Ludwig Helmbold, des *Melodiae scholasticae* (1/1597; 2/1609) de Bartholomaeus Gesius '*sub horarum intervallis decantandae*' qui se chantent entre les heures de cours, c'est à dire au moment de la récréation. La journée scolaire est ainsi jalonnée par des chants latins, en latin humaniste et en allemand, avec une finalité édifiante et moralisante. Le Jeudi et le Vendredi, à 12h, à l'école de Brieg, en 1581, les élèves chantent le *Veni Creator Spiritus* dans la version de Martin Agricola (1578) ou de Bartholomaeus Gesius (1609).

En Suisse, en 1537[18], les Prescheurs s'expriment ainsi sur le plan pédagogique:

> La maniere de y procéder nous a semblé advis bonne si aulcuns [des] *enfans* auxquelz on ayt auparavant recordé ung chant modeste et ecclesiastique *chantent à aulte [haute] voix et distincte*, le *Peuple* escoutant en toute attention et suyvant de cueur ce qui est chanté de bouche jusqu'a ce que petit à petit ung chascun se accoustumera à chanter communement . . .

Dans les Collèges et Académies en Suisse, quatre heures hebdomadaires sont consacrées à la musique et au chant des 150 Psaumes. Ils étaient chantés avec toutes leurs strophes, plusieurs fois par an[19].

---

inn keynenweg will die lateinische sprache auss dem Gottes dienst lassen gar wegkommen/denn es ist mir alles umb die iugend zu thun'.

[16] *Cf.* É. Weber, *La musique mesurée à l'Antique en Allemagne*, Paris, Klincksieck, 1974, Chapitres II, IV, VIII, IX, X, XII, XIV et XV.

[17] *Cf.* É. Weber, *La musique protestante en langue allemande*, Paris, Champion, 1980, p. 54 *sq.*

[18] Pièce historique n° 1170, conservée aux Archives de l'Etat de Genève. AEG PH n° 1170: articles baillés par les Prescheurs.

[19] *Cf.* É. Weber, *La musique protestante de langue française*, Paris, Champion, 1979, p. 51 *sq.*

Certes, l'imprimerie est florissante à Genève, Strasbourg, Wittenberg
entre autres, mais comme au Moyen âge, la mémoire reste prodigieuse.

La nouvelle hymnologie sera donc transmise dans les familles par
les enfants des écoles et des Chanteries. Cette pédagogie solide contribue largement à la diffusion du répertoire issu de la Réforme et,
selon Jean Calvin:

> ... L'usage de la *chanterie* s'étend plus loin: que, même par les maisons
> et par les champs, ce nous soit une incitation ... à louer Dieu et à
> élever nos cœurs à lui.
> (*A tous les Chrétiens et amateurs de la Parole de Dieu*, 1543)

La pédagogie musicale est aussi étroitement liée à la pédagogie théâtrale[20]. En effet, le théâtre biblique[21] avec participation musicale (chant
du *Te Deum*, de Psaumes et de chorals) généralement à la fin des
Actes, à l'instar de la tragédie gréco-latine, représente un apport
complémentaire de la pédagogie dans l'esprit des Réformateurs. Il
favorise la pratique du latin, du latin classico-humaniste, de la métrique,
de la scansion, de la prosodie,—la prosodie musicale étant tributaire
de la prosodie verbale. Certains sujets revêtent un caractère d'actualité, tels que: *Von der Tragödie Johannis Hussen*[22], *Lutherus Drama*[23],
Quinque Martyres[24], la *Komödie auf das Trienter Konzil*[25]. D'autres sont
empruntés à l'histoire, dans l'optique du retour à la Bible, par exemple: *Le Sacrifice d'Isaac, Isaac immolatus, Le Jugement de Salomon, L'histoire
du Veau d'Or*, (*Die Geschichte vom goldenen Kalb*) ou mettent en scène des
grands personnages tels que Abraham, Absalon, David, Elie, Esther,
Moïse ..., pour les sources vétéro-testamentaires; ou, pour le Nouveau Testament: Lazare, Paul (sa conversion, son naufrage)[26], Jean-
Baptiste ... Ce théâtre humaniste et scolaire contribue donc aussi à
la diffusion des idées de la Réforme.

---

[20] *Cf.* É. Weber, *Le théâtre humaniste et scolaire dans les Pays rhénans*, Paris, Klincksieck,
1974. Avant-Propos, Avertissement, Principes de classification, Index géographique,
Index des sujets, Index général des auteurs, Index général des sujets, tradition du
Théâtre scolaire, apport littéraire, apport musical, apport théâtral, pp. 11–87. Pour
le répertoire et les titres des pièces, pp. 89–333.
[21] *Cf.* aussi É. Weber, 'Le théâtre biblique en Allemagne et en France au siècle
de la Réforme', in *Encyclopédie des musiques sacrées*, Paris, Labergerie, 1970, III, pp.
617–622.
[22] *Cf.* É. Weber, *Le théâtre humaniste, l. c.*, p. 323, Col. 1.
[23] *Cf.* É. Weber, *l. c.*, p. 325, Col. 1.
[24] *Cf.* É. Weber, *l. c.*, p. 325, Col. 2.
[25] *Cf.* É. Weber, *l. c.*, p. 331, Col. 2.
[26] É. Weber, *l. c.*, p. 327, Col. 2.

Chant et Interprétation Polyphonique

Les Psaumes reposent sur un principe fonctionnel, s'imposent par leur simplicité mélodique et rythmique et se retiennent facilement par cœur. D'abord monodiques (à une voix), ils sont chantés à l'unisson des voix d'hommes et des voix de femmes. Le Psautier a été publié intégralement—avec 49 paraphrases françaises de Clément Marot et 101 de Théodore de Bèze, et environ 125 mélodies[27]—en 1562, dans l'édition de Genève (Michel Blanchier) qui représentera le répertoire traditionnel. Les musiciens traiteront ces mélodies selon différentes techniques:

• *en contrepoint simple, 'note contre note'* à 4 voix, homorythmique, homosyllabique, à raison d'une syllabe par accord: la perception est verticale, la mélodie (ou le *cantus firmus*) est placée soit à la partie de ténor (selon la tradition du '*Tenorlied*' en usage aux XVe et XVIe siècles), soit à la partie supérieure, c'est à dire au soprano où elle est nettement perceptible. Claude Goudimel (né à Besançon vers 1520, mort en août 1572, lors de la Saint-Barthélémy lyonnaise) a utilisé cette technique de l''harmonie consonante au verbe' dans son édition de 1564 et 1565 parue sous le titre:

> Les cent cinquante Psaumes de David nouvellement mis en musique à quatre parties, par Claude Goudimel. A Paris. Par Adrian Le Roy & Robert Ballard, Imprimeurs du Roy. 1564. Auec privilege de sa maiesté. Pour dix ans.

présentée en 4 cahiers séparés oblongs[28].

Projection III Psaume 68

Ex. musical 3. *Que Dieu se monstre seulement* (extrait)
(*Cf.* Appendice III Filiation mélodique)
Texte de Théodore de Bèze
Mélodie de Matthias Greiter (Ps. 119: *Es sind doch selig . . .*
Strasbourg 1525, *Teutsch Kirchenampt*

---

[27] Il y a donc quelques mélodies communes à plusieurs Psaumes, comme par exemple pour les Psaumes 36 et 68 (*Cf.* Ex. musical 2).
[28] Édition: Cl. Goudimel, *Oeuvres complètes*. Vol. 9, sous la direction de P. Pidoux (et L.A. Dittmer), Bâle, Société Suisse de Musicologie, 1967, d'après les éditions de 1564 et 1565.

 1. Que Dieu se monstre seulement   A
 2. Et on verra soudainement   B
 3. Abandonner la place   C
 4. Le camp des ennemis espars   A'
 5. Et ses haineux de toutes parts   B'
 6. Fuir devant sa face.   C'
 7. Dieu les fera tous s'enfuir   [D
 8. Ainsi qu'on voit s'esvanouir   [D (fins: alignées)
 9. Un amas de fumée   E
10. Comme la cire fond au feu   F
11. Ainsi des meschants devant Dieu   G
12. La force est consumée.   H

Claude Goudimel, Psaumes au temps de la Réforme
CD CLASSICS 3D 8016 (1996)
Chœur, solistes et Ensemble instrumental de l'Oratoire du Louvre
Direction: Florian Hollard

• *en contrepoint fleuri (floridus), plus savant*, la perception est horizontale, le *cantus firmus* (la mélodie) en valeurs longues est généralement confié à la partie supérieure (rarement au ténor). Les autres voix exploitent les entrées successives, les imitations et l'ornementation à but expressif, pour traduire musicalement les images et les idées du texte, du moins pour la première strophe.

Claude Goudimel a traité les 150 Psaumes dans son édition de 1568 (édition posthume: 1580) dédiée à Roger de Bellegarde. Toutes les mélodies (sauf une) planent à la partie supérieure[29]. Il a considéré l'harmonisation de Psaumes comme 'le plus doux travail de ma vie, guidant mon espérance aux cieux' mais, par précaution, il justifie sa position dans son *Avertissement* à l'édition des Psaumes à 4 voix de 1564–1565, en ces termes:

> Nous avons adiousté au chant des PSAUMES en ce petit volume: trois parties[30] non pour induire à les chanter en l'Eglise, mais pour s'esjouir [se réjouir] en Dieu particulièrement 'ès maisons'. Cela ne doit pas être mauvais d'autant que le chant duquel on use en l'Eglise demeure comme s'il estoit seul.

---

[29] Rappelons, pour mémoire, que C. Goudimel a aussi composé des Psaumes en forme de motet (1565) dépassant le cadre de cette communication ne portant que sur le chant *fonctionnel*.
[30] C'est à dire le chant donné (la mélodie) et 3 autres voix.

Goudimel a peut-être craint les réactions de Jean Calvin qui—dans son *Institution de la Religion chrétienne* (1541–1560)—procède à une mise en garde:

> Et certes, si le chant est accomodé à telle gratuité qu'il convient avoir devant Dieu et devant ses Anges, c'est un *ornement* pour donner plus de grâce et dignité aux louanges de Dieu: et est un bon moyen pour inciter les cœurs & les enflamber à plus grande ardeur de prier.
> *Mais* il se faut toujours donner garde que les aureilles ne soyent plus attentives à *l'Harmonie* du chant, que les esprits au sens spirituel des parolles . . . (I.R.C.)

Dans l'interprétation de cette phrase, le mot 'harmonie' a fait l'objet d'un contresens de la part des exégètes qui ont pris 'harmonie' au sens d'harmonisation (de mise en musique à 4 parties), or l'harmonie du chant signifie le beau chant/le chant harmonieux, et cette phrase n'est pas une prise de position radicale de Calvin contre la musique à 4 voix, mais il accorde la préséance aux paroles, la musique arrivant en deuxième position.

En ce sens, il rejoint Martin Luther qui, dans son traité de 1538 intitulé *Economion musices*, s'exprime ainsi:

> La seule affirmation que nous pouvons poser, et que prouve l'expérience, c'est que la *Musique Seule* mérite d'être célébrée après la Parole de Dieu . . . [que l'on veuille réconforter ceux qui sont tristes ou bien effrayer ceux qui sont joyeux, rendre courage aux désespérés, fléchir les orgueilleux, apaiser les amoureux, adoucir ceux qui haïssent . . . Que pourrait-on trouver de plus efficace que la Musique?[31]

Dans la *Préface* de ses Psaumes, en 1547, Loys Bourgeois résume ainsi ses intentions:

> Maintenant que par la grâce divine, nous avons certains [49] Psaumes de David traduits [paraphrasés] par feu de mémoire éternelle, Clément Marot . . . j'ai pensé que ne pourrais faire chose meilleure, ni plus agréable à ceux qui prennent plaisir à louer Dieu de voix et de pensée . . . que conformer au sujet et chant commun [la mélodie traditionnelle, monodique] des Psaumes *Trois Parties Concordantes opposant note contre note.*

---

[31] Voir aussi notre communication au Colloque Jean Boisset, 1997 (Université de Montpellier, Centre d'Histoire des Réformes et du Protestantisme): 'Attitudes des Réformateurs et pratique musicale'. A paraître.

Les musiciens de la Réforme ont donc eu pour principal objectif: la louange et l'honneur de Dieu, comme le souligne François Gindron[32] qui, en 1556, s'adresse ainsi au lecteur:

> Ayant trouvé le cantique commençant à la page suivante estre propre pour chanter à plusieurs voix [donc un chant polyphonique] je l'ay mis à *Cinq Parties* afin que tu le puisses *chanter et t'y resjouir espérant que le tout sera a l'honneur de dieu* auquel soit *gloire éternellement*.

Synthèse et Conclusion

Réformateurs, poètes et musiciens ont réussi à forger l'hymnologie protestante au XVIe siècle, malgré les vicissitudes de l'époque, et la musique constitue une des formes de diffusion de la Réforme. Six *constats* peuvent se dégager:

1. La *priorité reste au Verbe* et au sens profond des paroles et le chant—dont la nécessité est largement démontrée—est indispensable dans la diffusion de la Réforme.
2. Les *Psaumes sont toujours présents*: chantés aux cultes dominicaux, mais aussi en Semaine (par exemple, le mercredi), au Temple, dans les écoles et les Académies.
3. Les *Psaumes*, les chansons spirituelles (les 'Sainctes chansonnettes'), Prières, Confession de foi, *Dix Commandements* et *Cantique de Siméon sont chantés partout et en toutes circonstances*—ès-maisons, en famille, au Pré aux Clercs à Paris, où la Seine renvoyait vers le Louvre leurs mélodies aux oreilles du Roi et de la Cour; et, par la suite, sur les bûchers, aux galères, au Désert, à la Tour de Constance . . .
4. Les Psaumes avec leur *harmonie 'consonante au verbe'* (selon l'expression de Claude Goudimel), c'est à dire 'note contre note', peuvent être chantés par 4 chanteurs ou davantage, chacun ayant son cahier propre (à raison d'un par voix: Soprano, Alto, Tenor, Basse). L'iconographie les présente assis autour d'une table. Les Psaumes en *contrepoint fleuri*, moins fonctionnels, sont plus élaborés et solennels.

---

[32] *Proverbes de Salomon*. Mélodies de François Gindron pour les Cantiques d'Albiac, Sieur du Plessis, in P. Pidoux, *Le Psautier huguenot* I. *Les mélodies*, Bâle, Bärenreiter, 1962, App. III, n° 351–383.

5. Les *Chorals: cantiques* et *chansons* sont *pratiqués quotidiennement* dans les écoles latines et allemandes selon les principes pédagogiques humanistes appliqués par Philipp Melanchthon et Martin Luther à Wittenberg; par Martin Bucer et Jean Sturm à la Schola Argentinensis[33].
6. Les nouvelles mélodies pénétreront dans les familles grâce aux enfants des écoles et aux élèves des Académies, véritables agents de diffusion de la musique vocale issue de la Réforme.

Depuis 1524, date des premiers recueils luthériens, depuis 1539, date du premier recueil strasbourgeois en français (*Aulcuns Pseaumes et cantiques mys en chant*—à l'initiative de Calvin); depuis 1562, date du Psautier de Genève, complet et dont les 125 mélodies constituent le fonds traditionnel et l'héritage huguenot: en l'an 2000 les Psaumes sont encore chantés au culte réformé: bel exemple de pérennité. Il en est de même des chorals qui n'ont pas été freinés dans leur évolution par les aléas de l'Histoire, et sont passés de 4 mélodies pour 8 textes contenues dans le *Achtliederbuch*, de 1524) à plus de 5000 mélodies à l'époque de Jean-Sébastien Bach.

Le chant collectif, qui peut être considéré comme un *acteur*, une forme de diffusion et une des *chances* de la Réforme depuis le XVIᵉ siècle, connaîtra des prolongements insoupçonnés et durables dont *l'héritage* doit être préservé par devoir de mémoire.

---

[33] En 1538, J. Sturm réunit en un seul établissement toutes les écoles latines de Strasbourg. Cette école devenue 'Académie' (au sens institutionnel ayant cours au XVIᵉ siècle) sera le berceau de l'Université.

APPENDICE I

PRINCIPAUX RECUEILS ALLEMANDS ET
STRASBOURGEOIS[1] (1524 À 1586)

Date	Lieu d'Édition	Titre	Observations
1524	Wittenberg	Acht Lieder Buch, J. Walter	8 textes, 4 mélodies, chant à l'unisson
1524	Wittenberg?	Enchiridion oder Hanbüchlein, J. Walter	Petit manuel, 2 fascicules, 25 poèmes, 15 mélodies
1524	Wittenberg	Wittenbergisch deutsch geistliches Gesangbüchlein	Préface Luther, harmonisateur: J. Walter, M. Agricola
1524	Erfurt	Das Erfurter Enchiridion	Impr. à Erfurt in der Permentergassen zum Ferbefass
1524	Wittenberg	Das geistliche Gesangbüchlein	38 pièces, 3 à 6 voix, style franco-flamand, partie de tenor perdue (*Cf.* 1525), sur des mélodies de choral-cantus firmus
1525	Worms	Das geistliche Gesangbüchlein, Chorgesangbuch	À cinq voix, Vagant
1525	Strasbourg	Teutsch Kirchenampt mit Lobgesengen und göttlischen Psalmen wie es die Gemein zu Strasburg singt	*Recueil officiel.* Chant de louange, Psaumes allemands, pour le chant d'assemblée entraînée par un chantre, M. Greiter, W. Dachstein, S. Polio. En 3 parties. Imprimé par W. Köppfel am Rossmarckt

---

[1] Le répertoire fonctionnel allemand (chorals, psaumes, cantiques et prières) s'est essentiellement constitué entre 1524 et 1545. *Cf.* titres complets dans *Das deutsche Kirchenlied* (DKL) et le RISM. Calvin, réfugié à Strasbourg en 1538, a emprunté des mélodies locales.

Appendice I *(cont.)*

Date	Lieu d'Édition	Titre	Observations
1539	Strasbourg (pour mémoire)	Aulcuns Pseaumes et Cantiques mys en chant	Psautier en vers *français*. Mélodies reprises par Calvin provenant du Teutsch Kirchenampt adaptées aux paraphrase françaises. *Jonction Ps. fr. Chorals allds.*
1541	Strasbourg	Gesangbuch darinnen begriffen sind die allerfürnehmisten Psalmen, geistliche Lieder und Chor gesang aus dem wittenbergischen strassburgischen und anderen Kirchengesang-büchlein zusam-mengebracht	*Recueil officiel*: rédigé par M. Bucer, publié par Messerschmidt. Mélodies de Strasbourg et Wittenberg. A l'attention des Églises, des villes, des villages et pour les écoles latines et allemandes
1541	Strasbourg	Psalter und geistliche Lieder die man zu Strassburg zu singen pflägt	Imprimé par Wolff Köppfel Tradition strasbourgeoise
1542	Genève	La forme des prieres et chantz ecclesiastiques, auec la maniere d'administrer les sacremens, & consacrer le Mariage: selon la coustume de l'Eglise ancienne	Liturgie de Calvin. Influence strasbourgeoise
1542	Strasbourg (pour mémoire)	La manyere de faire prieres aux eglises *françoises* tant *devant la predication comme apres*, ensemble	Imprimé par Th. Brüss, Jean Knobloch

Appendice I (*cont.*)

Date	Lieu d'Édition	Titre	Observations
		Pseaulmes et cantiques françois . . . l'ordre et la façon d'administrer les sacremens, le baptesme & de la sainte cene	
1543	Strasbourg	Psalmen und geistliche Lieder	Imprimé par Wolff Köppfel
1544	Wittenberg	Newe deutsche geisltliche Lieder für die Gemeinen Schulen	Édité par Georg Rhaw. Cahiers séparés. Format oblong. Chants pour les écoles allemandes, Chorals 4 voix à chanter par une maîtrise
1553	Strasbourg	Pseaumes mis en rime françoyse par C. Marot avec plusieurs cantiques comme on les chante en l'eglise françoyse d'Estrobourg	
1560	Strasbourg	Das grosse Kirchen-gesangbuch . . .	RECUEIL OFFICIEL
1586	Nürnberg	Fünfzig geistliche Lieder und Psalmen. Miit vier Stimmen, auf Contrapunkts-weise (für die Schulen und Kirchen im . . . Fürstentum Württemberg) *also gesetzt, dass eine ganze Christliche Gemein DURCHAUS MIT SINGEN KANN*	Style homorythmique et homosyllabique, contrepoint note contre note, cantus firmus placé *systématiquement au soprano.* (pour l'intelligibilité). Recueil destiné aux écoles et aux Églises Recueil marquant la *fusion du style de l'Ode humaniste et du choral luthérien*

APPENDICE II

PRINCIPAUX RECUEILS EN FRANÇAIS[1] (1539 À 1562)

Date	Lieu d'Édition	Titre	Observations
1539	Strasbourg	Aulcuns Pseaumes et cantiques mys en chant	vers français à une voix—notation blanche
1542	Genève	La forme des prières et chants ecclésiastiques	psaumes à une voix—influence strasbourgeoise
1542	Strasbourg	La manière de faire prières [. . .] ensemble de psaumes et cantiques	À une voix
1546	Paris	Premier livre contenant 31 Pseaulmes; Livre second contenant 17 Pseaulmes (mis en musique à 4 parties)	À 4 voix
1547	Lyon	Pseaulmes 50 de David, 4 parties 'à voix de contrepoint égal consonant au verbe' Loys BOURGEOIS	contrepoint 'note contre note'
1547	Lyon	Premier livre des Pseaulmes en diversité de musique Loys BOURGEOIS	

[1] Cette liste ne comprend que les recueils *fonctionnels destinés à la pratique cultuelle* et ne tient pas compte des versions harmonisées par les musiciens de la Réforme (Claude Goudimel, Claude Le Jeune, Paschal de l'Estocart . . .), en contrepoint simple, en contrepoint fleuri, en style de motet, de 4 à 8 voix.

Appendice II (*cont.*)

Date	Lieu d'Édition	Titre	Observations
1548	Strasbourg	Pseaulmes de David, avec plusieurs autres compositions, mises de nouveau en chant	Les publications en langue française continuent même après le départ de CALVIN
1551	Genève	Pseaulmes de David par Clément MAROT, avec plusieurs cantiques	
1554	Lyon	Psaulmes LXXXIII de David . . . (4 parties) Loys BOURGEOIS	Octante trois Psaumes (paraphrasés et mis en musique)
1555	Lyon	Les 150 Pseaumes traduits par Cl. MAROT, J. POITEVIN et M. SCEVE	
1556	Genève	Psaumes de David	
1556	Paris	Cinquante Psaumes de David	
1562	Genève	Psaumes de David (150)	*Recueil officiel*—Corpus complet des 150 Psaumes paraphrasés et dotés de mélodies. Genève, Michel Blanchier
1562	Genève	Psaumes de David (150) 49 Psaumes de Clément Marot 101 Psaumes de Théodore de Bèze (+ Cantique de Siméon, Prières, Confession de foi, Dix commandements, Oraison dominicale . . .)	*Recueil Officiel*: Corpus complet des 150 Psaumes paraphrasés et dotés de mélodies. Genève, Michel Blanchier, 1562. Rééd. Facsim. Genève, Droz, 1986.

APPENDICE III

EXEMPLE DE FILIATION MÉLODIQUE[1]

Modèle: Ps. 119: *Beati immaculati*

1. Ps. 119: *Es sind doch selig alle die* . . . (Strasbourg, 1525, Teutsch Kirchenampt, M. Greiter: paraphrase allemande et mélodie avec deux finales différenciées (ouvert/clos)).
2. Ps. 36: *En moy le secret pensement* (Strasbourg, 1539, texte: J. Calvin, mélodie empruntée à M. Greiter, copie conforme: finales différenciées (ouvert/clos)). D'après *Dixit injustus ut delinquat*.
3. Ps. 36: *En moy le secret pensement* (Strasbourg, 1542, texte: J. Calvin, mélodie: M. Greiter) copie non conforme: finales alignées (erreur de copiste, loi du moindre effort?)
4a. Ps. 36: *Du maling les faicts vicieux* (paraphrase: Clément Marot, mélodie: M. Greiter) (recueils: Bourgeois, 1547, Lyon, 1548, 1549, Genève 1551–1554 . . .); finales alignées.
4b. Ps. 36: *Du maling le meschant vouloir* (Genève, 1562) (nouvelle para phrase: Clément Marot, mélodie: M. Greiter); finales alignées
5. Ps. 68: *Que Dieu se monstre seulement* (Genève, 1562), paraphrase de Théodore de Bèze, Mélodie de M. Greiter (Psaume dit 'des Batailles'-Chant militant dans l'optique du temps). *De caractère martial et enlevé*. D'après *Exurget Deus* . . .; finales alignées.
6. Choral allemand: *O Mensch bewein dein Sünde gross* (*O homme, pleure tes lourds péchés*) (texte de Sebald Heyden (1494–1561)—mélodie de M. Greiter); avec deux finales différenciées (ouvert/clos). *De caractère calme et méditatif.*

Même mélodie, parenté sémantique non respectée.

---

[1] Pour les Psaumes, numérotation protestante et hébraïque.

IMAGES DE LA RÉFORME:
PAUL PERROT ET SES *TABLEAUS SACRÉS*

Roger Zuber

Abstract

In Frankfort, 1594, the French Reformed poet Paul Perrot de La Sale (1566–1625) published his *Tableaus sacrez*. This is a rather slim anthology of Biblical tales, in the Renaissance tradition of Bernard Salomon, with wood-engravings by Jost Amman and short versified texts.

In his two hundred poems pamphlet, the Book of Exodus—taken here as an example—is present with 22 minor poems. And these poems not only describe the events of the Bible, but they try to move the reader and incite him to become a believer, to prevent him from being a 'mondain'. But here images are speaking out more than the words of vernacular poetry do. Not far from an Emblems collection, the *Tableaus sacrez* could be seen as a class book, with Latin subtitles teaching the rules of usual morality.

Anyhow, in this article, we assume that the Jost Amman engravings could often mean more than what their content would suggest at prime face. These mystical meanings—the Church, the Word of God, purity, peace, etc.—are an interesting part of the poet's commentary. If you read it in this way, this collection seems to be in accordance with the newly documented Reformed theory of the image which is an appeal to the 'méditatifs'. Preparing themselves to see the 'Glory of God', the faithful, through holy images, may grasp some immediate evidence of the 'Parole pure'.

Les réformés français du XVIe siècle étaient peut-être hostiles à l'image religieuse. Les épisodes de leur iconoclasme sont présents à toutes les mémoires et fréquemment mis en avant. Quant à leurs lieux de culte, dont la froideur, au XXe siècle encore, gelait les sangs de Claudel, ils ont conservé, des origines à nos jours, l'aspect dépouillé qui convient à une liturgie de la seule Parole. A partir de ce constat sommaire, on a tiré des extrapolations qui risquent d'obscurcir les débats sur la sensibilité religieuse prise dans sa dimension historique. N'avait-on pas le droit, chez ces chrétiens de tradition occidentale, de nourrir d'images, et d'imagination même, ses connaissances et sa prière? C'est la question que je me suis posée, en face des

conclusions restrictives formulées par les spécialistes de l'histoire de
la Bible. Chez ces derniers, s'est imposée la conviction que les Bibles
réformées expulsaient toute autre image que celles à caractère strictement documentaire, et destinées à faire comprendre les formes, les
instruments et les lieux du culte chez les Hébreux—celles, en somme
d'"archéologie biblique"[1].

Il m'a semblé que l'on pourrait desserrer un peu ce schéma, et
se servir d'autres sources que les Bibles elles-mêmes. Sans doute le
refus obstiné de l'illustration cadre-t-il avec le lieu commun d'une
théologie (dite calviniste) très exclusive. Mais la vie se rit des théologies prises isolément du reste, et on ne voit pas bien comment une
confession qui fut celle de tant d'artistes aurait pu se dispenser de
mettre aussi l'art, et notamment l'art figuratif, au bénéfice de la foi.
La question s'est posée, dans le domaine de la critique littéraire, à
propos des fameux 'tableaux' inscrits dans les *Tragiques* d'Agrippa
d'Aubigné. Récemment, deux importants articles parallèles d'Olivier
Pot[2], consacrés l'un à ce poète, l'autre au graveur Jean Duvet, ont
éclairé, semble-t-il, d'une lumière neuve le problème de l'image chez
les réformés. L'artiste est appelé à rejoindre la forme vive de l'événement sacré, non dans son anecdote passagère, mais telle qu'elle prend
sens (pour les Élus) à la Résurrection. L'image qui se construit est
lestée d'un impact religieux que ne possède pas l'image qui se con-
somme: c'est ce que montrent les travaux précités, en s'appuyant sur
tout un arsenal de doctrine d'époque[3].

C'est dans le cadre de cette nouvelle problématique que je vais
réexaminer un opuscule dont je me suis contenté, il y a longtemps,
de signaler l'existence matérielle, la portée biographique et quelques

---

[1] Sur ce point et sur d'autres problèmes que nous allons aborder, voir différents
articles de M. Engammare notamment: 'Les représentations de l'Écriture dans les
Bibles illustrées du XVIe siècle. Pour une herméneutique de l'image imprimée dans
le texte biblique' in *Revue Française d'histoire du livre*, 25, 1995, pp. 118–189; et 'Les
Figures de la Bible. Le destin oublié d'un genre littéraire en image, XVIe–XVIIe
siècles', in *Mélanges de l'École française de Rome, Italie et Méditerranée*, 106, 1994, pp.
549–591.

[2] 'Les Tableaux des *Tragiques* ou les paradoxes de l'image', pp. 101–134, et 'Un
programme iconographique protestant: de *l'Apocalypse figurée* de Jean Duvet aux
Tragiques d'Aubigné', pp. 267–283 in *Poétiques d'Aubigné*, colloque publié sous la direction d'O. Pot, Genève, Droz, 1999 (T.H.R. 333).

[3] O. Pot, *op. cit.*, p. 283: 'Les *Biblische Figuren* [. . .] de Virgile Solis décrivent les
images comme destinées à être 'arrachées', 'extraites' de force (en allemand *geris-
sen*, déchirées, découpées) par le graveur qui les fait sortir, naître de leur matérialité'.

qualités métriques. Les *Tableaus sacrez* de 1594 sont (après une
Gigantomachie) la seconde production éditoriale connue de Paul Perrot
de La Sale[4]. Ici je l'envisagerai surtout sous l'angle de l'iconographie réformée, du phénomène et de sa légitimation. Mais non sans
avoir rappelé brièvement quelques données d'histoire littéraire concernant cet auteur. Celui-ci appartient par sa famille, laquelle est
liée aux De Thou, au monde de la grande Robe. Son père et son
frère aîné, l'un après l'autre conseiller au parlement de Paris, sont
des catholiques royaux, sa mère est réformée. Paul Perrot, né en
1566, commence par parcourir l'Europe du Nord protestante, mais
on ne sait rien de précis sur cette partie de sa vie. Vers la trentaine,
il rentre en France, peut-être soutenu par ses premières publications
littéraires, en tout cas aidé par toute sa parenté, catholiques compris. Il s'installe à Châlons en Champagne[5], dont il devient un notable,
où il se marie et où naissent ses enfants, dont le dernier, Nicolas,
sous le nom d'Ablancourt (que Paul, mais fugitivement, fut le premier écrivain à porter), illustrera la prose du XVIIe siècle et la première Académie française.

On le voit: ce jeune érudit provincial n'a plus du tout la position
sociale de ses ascendants (et son fils ne regagnera celle-ci que dans
une modeste mesure). Châlons en Champagne n'est pas la grande
Robe. Mais Paul Perrot y vit confortablement de ses revenus limités, dans un milieu confessionnel étroit, mais préservé et très stable.
Il ne cesse d'écrire, et de corriger ses écrits. Livres de poésie, satirique
et personnelle: la *Gigantomachie* déjà nommée, et son développement,
Le Contr'Empire des sciences, qui a fait l'objet de plusieurs analyses
récentes[6]. Livres de piété morale, et aussi de piété mystique: *Les
Proverbes de Salomon en vers français*[7], parus à Tours en 1594, passent
à Paris en 1595 et 1602 (augmentés cette fois de l'*Ecclésiaste*), puis à
Sedan en 1613; de même, *L'Exercice spirituel en vers et en prose* (Saumur,
1608). C'est dans ce lot de méditations sur l'Écriture qu'on peut

---

[4] J'ai étudié ce poète mal connu en fonction de l'éducation reçue par son fils:
Les 'Belles infidèles' et la formation du goût classique, éd. corr., Paris, Albin Michel, 1995,
pp. 175–182. Pour d'autres détails, voir la note suivante.

[5] Voir mes articles 'Le poète Paul Perrot et son mariage à Châlons' et 'Humanistes
parisiens en Champagne' in *Mémoires de la Société d'agriculture, commerce, sciences et arts
de la Marne*, respectivement: 77, 1962, pp. 96–109, et 89, 1974, pp. 125–148.

[6] Ph.J. Salazar, 'La satire, critique de l'éloquence', in *Littératures classiques*, 24,
1995, pp. 175–182; E. Berriot, 'Le 'contr'empire' poétique de Paul Perrot de La
Sale', in *La Naissance du monde et l'invention du poème. Mélanges offerts à Yvonne Bellenger*,
éd. J.C. Ternaux, Paris, Champion, 1998, pp. 69–84.

[7] Voir plus bas, note 15.

classer nos *Tableaus sacrez*, qui connaîtront aussi en 1613 une nouvelle édition de Sedan[8]. Ces considérations bibliographiques, jointes à d'autres éléments, autorisent à penser que la proximité entre Châlons et Sedan, principauté réformée munie d'une Académie alors excellente et du collège qui l'accompagnait naturellement, a pu constituer pour le poète à la fois un encouragement à poursuivre son oeuvre et une promesse de débouché. Car la réception de ses oeuvres lui importait, comme le montrent, dans les *Tableaus sacrez*, la multiplication des paratextes[9] et les tentatives pour justifier son propos.

Les *Tableaus sacrez*, dans leur édition de 1594, sont un recueil de 200 poèmes tous courts[10], mais aux formes les plus variées. Je néglige les autres contenus annexes, pour m'en tenir à cette suite numérotée, fantasque par son mètre, mais unifiée par sa démarche: elle suit la Bible (Perrot dit 'le Vieil Testament') dans l'ordre de ses livres, et, par livre, dans l'ordre de ses chapitres (33 poèmes pour la Genèse, 22 pour l'Exode, etc.). Deux autres éléments concourent à l'unité du recueil. Presque tous les poèmes, d'une part, reçoivent un titre latin (lequel peut aller de deux mots à toute une phrase); et, d'autre part, une forte proportion de poèmes (plus de la moitié: 114) sont précédés d'une vignette gravée de 73 × 60 mm dont les vers français se présentent, en principe, comme le commentaire.

Voici donc ce qu'on constate, à la suite de cette description sommaire: 1) Les petites gravures concourent fortement à l'unité du recueil: même encadrement, même décoration, même style proche d'un certain maniérisme. L'artiste a été identifié: il s'agit de Jost Amman (1539–1591), graveur d'origine zurichoise, qui s'établit principalement à Nuremberg. Il est bien connu dans l'histoire de la Bible illustrée[11]. 2) La mise en page, parfois boiteuse dans notre exemplaire, s'inscrit pourtant dans la ligne des *Figures de la Bible*[12]. L'histoire

---

[8] Édition intéressante du point de vue pédagogique (*Les 'Belles infidèles'* . . ., *op. cit.*, pp. 434–437), mais que je laisse de côté ici, car elle n'est pas illustrée.
[9] En dehors de l'Avertissement 'Au lecteur' (voir plus loin), signalons une dédicace personnelle et (pp. 216–229) un sonnet d'étrennes à sa mère, accompagné de deux Hymnes.
[10] Sauf le n° 86 ('L'histoire de Ruth'), pp. 101–110, qui est une sorte d'idylle héroïque, en 242 alexandrins à rimes plates.
[11] F. Dupuigrenet-Desroussilles, *Dieu en son royaume. La Bible dans la France d'autrefois, XIII*e*–XVIII*e* siècles*, Paris, Bibliothèque Nationale et Édition du Cerf, 1991. On trouvera davantage de précisions sur les éditions allemandes et sur les Bibles protestantes dans: H. Reinitzer, *Biblia deutsch*, Wolfenbüttel, Herzog August Bibliotek, 1983.
[12] Titre d'origine (Lyon, 1553): *Quadrins historiques de la bible* (vers de G. Paradin). Voir M. Engammare, *op. cit.*, (1994), pp. 568–573.

du livre connaît bien cette tradition, particulièrement représentée à Lyon par l'œuvre conjointe de plusieurs poètes et du graveur Bernard Salomon ('Le Petit Bernard'). R.A. Sayce[13] a signalé l'évidente parenté d'aspect entre notre édition et les *Figures de la Bible* de 1582 (avec 'stances' de G. Chappuis). Il faut, d'autre part, rapprocher les recueils de ce type des livres d'emblèmes (avec leur pleine page composée de trois éléments).

A la suite de cet exposé, et avant de nous plonger dans des considérations plus générales sur le sens spirituel de l'image, je m'en tiendrai aux seuls vers inspirés par le livre de l'Exode[14]. Ils occupent les pages 50 à 74, correspondant aux poèmes n° 34 à 55: environ 365 vers de toute taille. Ils donnent un compte rendu cursif du contenu d'un choix de chapitres bibliques; c'est donc l'élément narratif qui l'emporte naturellement:

Du milieu d'un buisson ardant
Dieu a Moyse se revelle
Moyse admire regardant
Chose si grande, et si nouvelle:
Le buisson paroist tout en feu,
Et ne consume tant soit peu,
Un son parmi la flamme forte
Aux environs retentissant

Lettre d'office luy aporte
Et le vouloir du tout puissant,
Pour estre le prince erigé,
Du peuple en Egipte affligé,
Un serpent vient de sa houssine
Spectacle admirable, et nouveau,
Et sa main mise en sa poictrine
Change en un temps deux
fois de peau.
(n° 37, p. 54).

Et déjà, pour les péripéties du nouveau-né Moïse:

Celuy qui de la main du prince Egiptien
Debvoit sauver Isaac, a peine eut pris naissance
Que pour la froide peur d'une austere ordonnance,
Celle qui le conceut ne l'osa dire sien:
De ioncs entrelassez, elle fist son berceau,
L'enduit de gras limon, le mit au bord de l'eau,
La princesse le vit qui le prit en envie,
Qui l'advoua pour sien, et luy sauva la vie.
L'enfant au sein cheri de sa mere est reçeu
Au bon-heur d'Israel, mais au malheur d'Aegipte,
La mere a son proufit un certain temps le quitte [. . .]
(n° 35, pp. 51–52)

---

[13] *The French Biblical Epic in the XVIIth century*, Oxford University Press, 1955, p. 48. Voir M. Engamarre, même art., pp. 581–588.

[14] On peut comparer au début du livre de l'Exode dans une Bible latine illustrée imprimée à Lyon (1569) et reproduite par M. Engamarre, *art. cit.* (1995), p. 149.

Mais le narrateur ne s'en tient pas là. Ces octosyllabes, comme ces alexandrins, vont se prolonger sur un autre registre. Et sur un ton qui, dans les deux exemples, est à la fois complexe et simplificateur: il juxtapose l'exhortation et la typologie. La typologie prive le récit de certaines de ses couleurs, mais en même temps elle ouvre l'histoire à tout un sens. L'exhortation se veut pressante et entend obliger le lecteur (qui est clairement désigné comme un méditant) à s'approprier la vérité, non seulement celle du récit, mais aussi celle de la foi qui le soutient.

Voici la suite du Buisson ardent. L'énoncé commence par être extrêmement didactique; s'expriment ensuite le prédicateur et le croyant:

Escoute peuple, et te dispose	L'Église en honneur, et splendeur,
Pour scavoir ce qu'ici propose	Dans ce feu l'Église s'allume
A l'œil ce buisson flamboyant,	Et jamais pourtant ne consume,
A celle fin que toy l'oyant	Ains pure et nette comme argent
Tu cognoisse, entende, et apreigne,	Jamais ne va d'estat changeant,
Que ce feu qui de Dieu provient,	Ayant la parole immortelle,
Est cest esprit qui nous enseigne,	Qui s'oit tousiours au milieu d'elle,
Et qui sans consumer maintient	Pour convertir les cœurs a soy
Contre le monde et sa grandeur	Par le miracle de la foy.

On voit que, chez Paul Perrot, la plume réformée ne se gêne en rien pour mettre l'image au service d'une ferme théologie. Le phénomène est plus enveloppé, mais tout aussi net, pour le cas du Berceau de Moïse. Avant la conclusion doctrinale, qui est plus dogmatique (le don gratuit de la Grâce) qu'ecclésiologique, le poète insère toute une transition, de teneur psychologique, qui joue sur l'apparence et l'authenticité, l'amour sincère d'une mère et l'attachement superficiel de la princesse admirative pour bien opposer à l'ordre du monde celui de la grâce. La prédestination des deux femmes réunies par le berceau de Moïse se vérifie ici:

[...] La mere a son proufit un certain temps le quitte,
Et ceste ci recoit son mal a son desceu:
Les beaus traitz de l'enfant attirent ceste dame,
Mais un poignant Amour la propre mere enflamme,
Amy que pense tu que ie medite ici,
Le mondain qui ne voit que d'un oeil obscurci
Retire a soy le don du ciel a sa ruine,
Mais le iuste enflammé de la grace divine
L'alimente soigneux, le nourrit en son cœur,
Le delaisse par force, et le retrouve en pleur.

Ce thème du 'mondain' revient à plusieurs reprises dans notre corpus. Les mages égyptiens concurrents d'Aaron (n° 38) figurent 'le sot
monde' parce qu'ils résistent au porte-parole de Dieu. Quand il s'est
mal conduit, le même Aaron devient à son tour un prêtre 'mondain'
(p. 71): c'est dans l'épisode du Veau d'or (n° 53). Les Égyptiens
rebelles (n° 42) représentent, quant à eux, les 'tenebres' du 'monde'
(pp. 60–61). De même, l'identification d'Israël avec l'Église, qui
atteint, dans la glose du Buisson ardent, un point limite d'héroïsa-
tion individuelle, se répète, à d'autres occasions, dans un récit concernant davantage le peuple entier. Dans les corvées redoublées des
Hébreux (n° 34), où 'l'Église immobile, et maistresse des ans/Paroist,
acroist, demeure estant plus travaillée' (p. 51), et nargue les persécutions royales comme Israël a bravé Pharaon. Ou bien dans le massacre des premiers-nés des Égyptiens (n° 43), où la méchanceté des
païens se voit durement rappelée à l'ordre:

> Apren que Dieu soit pres, soit loing,
> De son Eglise a touiours soing:
> Et que le repos de la terre,
> Est de ne luy faire la guerre,
> Ni d'opresser le peuple sien (p. 62).

S'applique de la sorte à l'Église (chap. 13 de l'Exode, n° 46) le
prodige salvateur de la Colonne de feu dans le désert (pp. 63–64).

Ces procédés d'exégèse figurative, dans le domaine du verbe, sont
familiers à l'auteur, d'après l'étude de Jacques Pineaux sur le commentaire en prose qui accompagne sa traduction en vers des Proverbes.
Jacques Pineaux, qui a étudié de près ce texte de 1595, constate
que, d'une édition à l'autre, Perrot a de plus en plus employé cette
méthode, et il dit excellemment que ce poète 'cherchera toujours et
partout la parabole sous la parole'[15].

Il serait tout à fait opportun de reprendre cette formule pour nos
Tableaus sacrez mais, dans leur cas, en élargissant le point de vue du
simple domaine du verbe, où l'exégèse figurative est traditionnelle
dans la chrétienté, à la considération d'un rapport entre l'image et
le poème. Car ce surcroît de sens qui permet de passer de la belle
aventure des merveilles de Dieu à la présence secrète du Dieu trini-

---

[15] *La Poésie des protestants français du premier synode national jusqu'à la proclamation de
l'Edit de Nantes*, Paris, Klincksieck, 1971, p. 260. Sur la traduction des Proverbes:
id., pp. 266–270.

taire, au Christ, à l'Esprit saint, ainsi qu'à la vocation de l'Église, l'image l'exprime indépendamment du poème de commentaire, en reprenant à son compte d'autres aspects du texte biblique. C'est la présence visuelle, dans la gravure, d'une puissance de l'Écriture plus forte que celle que les petites rimes ont la capacité de contenir qui ouvre une carrière à l'âme, c'est à dire à l'imagination.

Je reprends, à cet effet, nos deux vignettes. Si l'on veut passer de Moïse sauvé des eaux à une théologie de la Grâce, il est peut-être plus avisé d'estomper les détails de l'histoire sainte versifiée (les joncs entrelacés, le gras limon, les 'beaus traictz'), pour retrouver, avec le dessinateur, les deux sphères du palais et de la ville, des privilégiés qu'épargne le malheur face au commun peuple que les épreuves accablent. Du regard, pareillement, on suivra la courbe de ce fleuve de cruauté, on passera par les crimes du pont (les innocents sont jetés par-dessus bord), et on aboutira à l'arrière-plan, où s'étalent les collines paisibles et fécondes. C'est de là seul que peut descendre le rétablissement des choses, ce retour de l'humble (futur pasteur), mais de l'humble justifié sur lequel se penche une mère d'amour: il semble à peine visible dans sa nacelle, au-dessus des roseaux du premier plan.

Autre vérification: la vignette du Buisson ardent ne retient aucun de ces détails, certes bibliques (le serpent, la lèpre, la répétition de mots 'si grande et si nouvelle'/'admirable et nouvelle') auxquels se complaisait un peu le poète pittoresque. Mais le poète a préparé son lecteur au glissement du regard à l'écoute: 'ce qu'ici propose à l'œil [...] a celle fin que toy l'oyant'. Et c'est, en effet, le regard qui va tourner vers un sens d'Église les oreilles du méditant. Le beau profil de Moïse, éclairé par les flammes du miracle d'Horeb qu'il ne se lasse pas de contempler, s'inscrit dans le triple contexte de l'apaisement responsable, de la pérennité confiante et de l'immarcescible pureté. Pureté bucolique de la nature: voyez 'pure et nette comme argent'. Confiance obéissante des brebis: c'est l'Église du Bon Pasteur. Forte prise sur le sol du conducteur occupant le centre de l'image: et voilà pour toujours consacrée la parole, pourvu qu'elle soit fidèle.

Ces significations mystiques constituent peut-être l'originalité du recueil. Il n'en est que plus singulier d'observer la sécheresse des titres latins de certains poèmes. Sans doute le sens figuratif est-il bravement affiché pour le Buisson ardent, qui s'intitule *Ecclesiae perennitatis mysticum exemplum*—et pour nombre d'autres poèmes: les Plaies d'Égypte (n° 39 et 40) ont *Nulla mens, nullus animus cui aliena est gratia*

Dei et *Quantum numen justos adjuvat, tantum injustis adversatur*. Ajoutons: *Unius Christi morte, in libertatem vocamus* (l'Agneau pascal, n° 44), *Nobis inmerentibus Deus bona sua largitur* (la Manne dans le désert, n° 48), et cet *Omne donum a patre luminum* qui sert de 'devise' à la fois à la Colonne de feu (n° 46) et à Moïse portant sur son visage la gloire de Dieu (n° 54). Mais, en face de cela, la 'devise' de notre Moïse sauvé des eaux n'est guère édifiante: *Ab incunabilis patitur justus*. Encore plus carrément profanes, certains titres énoncent une morale du fait accompli, morale laïque, ou même ésopique. Ainsi pour la tyrannie de Pharaon multipliant les corvées (n° 34): *Tyranni ut quietis nescü sic nec alios quietos esse volunt*; et pour le Veau d'or (n° 53): *Damnosa quid non imminuit dies? Inquieta enim avidaque in novas res sunt humana ingenia*[16].

Comment interpréter ce curieux amalgame? Paul Perrot joue un rôle non négligeable dans la retransmission aux familles protestantes des livres bibliques de sagesse, y compris leurs versets les plus terre à terre, qui étaient d'ailleurs respectés par les réformés en tant que parole de Dieu. Comme nous pouvons le voir dans ce colloque[17], les valeurs religieuses passent par une 'rhétorique parentale', et, sur ce point, on peut se mettre au bénéfice de l'historiographie actuelle, plus souple et moins abstraite que celle qui régnait jadis. Le calvinisme ne sépare pas l'affirmation théologique de l'éthique sociale commune que le fidèle a le devoir de suivre. Les précepteurs et les régents d'école n'ont aucun scrupule à enseigner l'une par l'autre, et vice versa, la morale quotidienne et les vérités de la foi. Selon les nécessités de son enseignement, le maître peut aussi bien se concentrer sur la pertinence et la qualité du latin (par les 'devises') que sur la mémorisation des miracles (par la prosodie) ou leur approfondissement (par la vignette).

---

[16] Un dépouillement plus complet des *Tableaus sacrez* fournirait même une proportion plus grande de sentences d'allure profane. Voici des exemples (sur 19 titres) tirés du Premier Livre de Samuel: *Insperata saepius accidunt quam quae speras* (n° 92, p. 114: Saül oint pour roi); *Avida est periculi virtus* (n° 94, p. 116: courage de Jonathan); *Quicquid delirant reges plectuntur Achivi* (n° 95, p. 117: le miel refusé); *Amicus certus in re incerta cernitur; animoque possidendus est* (n° 99, p. 121: l'amitié de David et Jonathan); *Necessaria facienda* (n° 101, p. 123: David prend le pain consacré); *Stultitiam simulare loco prudentia summa* (n° 102, p. 124: David feint la folie); *Ferendi reges, non auferendi* (n° 103, p. 125: David épargne Saül); *In contumaces, refractarios et contemptores* (n° 105, p. 127), etc. . . .

[17] Voir la communication de N. Kuperty-Tsur, et, par exemple, les travaux récents de M. Carbonnier-Burkard sur la paternité. Voir aussi Paul de Félice, *Les Protestants d'autrefois*, [t. 4]: *Education et instruction*, Paris, Fischbacher, 1902.

Je ne nie pourtant—dit l'auteur (p. 13)—qu'il n'y ait dans les livres de ces payens, chose qui ne merite bien la veue voire une soigneuse remarque, pourveu qu'on raporte tout a sa source qui est d'y recognoistre les merveilles de Dieu.

Le genre littéraire de l'emblème est assez plastique pour s'ouvrir à cette pluralité de stratégies, et Paul Perrot a eu la chance de pouvoir s'en servir cette fois. Son Avertissement 'Au lecteur' montre qu'il est tout à fait conscient d'un mélange des cultures. A sa modeste entreprise d'abord religieuse il prête également un sens international et un sens moral (p. 13):

ouvrir la porte a ceux qui les [mes poèmes] voudroient faire Latins, et fournir quand et quand aux meditatifs double subiet, outre le sens que ie leur donne en mes vers.

Les *Tableaus sacrez* restent un petit volume sans prétention. Il est facile à glisser dans sa poche. Nul grand peintre ne s'y est appliqué, et Paul Perrot—malgré, peut-être, son regret—n'est pas parvenu à rééditer l'expérience. Les bois de Jost Amman, dont certains étaient en service depuis trente ans, sont maintenant bien usés, et la formule même des *Figures de la Bible* va prochainement passer de mode[18]. Il n'empêche qu'en donnant 'Au lecteur' sa position sur l'art religieux, le jeune poète nous ouvre un aperçu sur un type de pensée qui dut être assez répandu. Sa position s'appuie à la fois sur l'expérience commune, sur une doctrine iconographique et, quant à la Bible, sur le principe réformé du témoignage intérieur du Saint Esprit. L'expérience commune est celle du touriste et de l'amateur de vitraux:

Nous voyons encore en plusieurs temples ou s'assembloient les fidelles, telles histoires representees en plate painture, non pas a la facon qu'on a depuis substituee, en relevant en bosse, ie ne scai quels patrons tutelaires (p. 8).

---

[18] Voir plus haut, notes 1 et 11. H. Reinitzer, *ouv. cit.*, p. 250, reproduit une gravure de Jost Amman (Genèse 3: le Péché originel) tirée d'une édition de Francfort, 1579, qui est strictement identique à celle des *Tableaus sacrez* (n° 3, p. 16), mais d'un bois plus vigoureux. A Francfort, c'est pour l'imprimeur Feyerabend qu'Amman a commencé à graver, avant 1564, ses *Neuwe Biblische Figuren*: H. Reinitzer, pp. 244–245. L'imprimeur auquel s'est adressé Paul Perrot est toujours la maison Feyerabend, dont l'héritier, en 1594, travaille pour le célèbre De Bry. Sur Feyerabend et ses positions concernant l'image biblique: M. Engamarre, *art. cit.* (1995), pp. 146–147.

Cet usage relativement récent est une erreur, car il prive l'histoire sainte de sa 'suite', gage de 'cognoissance claire a ceux qui les regardent'.

Avant ces considérations, à la fois polémiques et de bon sens, l'écrivain esquissait, un peu confusément, une sorte de doctrine iconographique qui n'est pas sans rappeler celle qu'Olivier Pot discerne chez d'Aubigné et chez Duvet[19]. L'image n'est pas qu'une surface, dit-il dès sa première phrase:

> Ie ne te presente point (Lecteur) ces tableaus, pour t'arrester la veue, a contempler seulement la superficie d'une peinture, mais pour te tirer a la cognoissance du vray suiet, qui est tel, que bien compris, tu peus t'en fournir toute ta vie, les Exemplaires, pour parvenir a la cognoissance de ce qui est sans doute le plus digne de ton esprit divin. (p. 7)

En second lieu, appel est fait à la tradition classique. Non seulement Paul Perrot revendique le droit (lorsqu'il aura amélioré son oeuvre) d'amener les artistes à de meilleurs, et plus bibliques, thèmes d'inspiration: l'ambition de rivaliser avec Philostrate est clairement affirmée (p. 9). Mais encore il adhère au platonisme ambiant au point de citer Hermès Trismégiste: 'l'image porte cela avecque soy, qu'elle grave plus facilement en la memoire que chose qui soit' (p. 7). Avant de comparer son propre livret à 'une bonne terre et fertile', le préfacier salue l'art du peintre: 'la peinture, louable comme toutes les autres sciences, pourveu qu'elle soit apliquée a son droit usaige' (p. 8).

Le principe de l'analogie de l'Écriture est d'ailleurs un encouragement adressé à l'illustrateur, à l'illustrateur comme au poète:

> [...] l'escriture sainte principalement a cela de propre, que comme un beau tableau semble en touts sens nous regarder, ainsi estimons nous qu'elle nous favorise en quelque endroit que nous la saluions [...] (p. 10).

Et ce principe est compatible avec celui de la clarté[20]. Les 'méditations' peuvent être 'divers' (p. 11), la Bible étant un 'fleuve perennel'.

---

[19] Voir plus haut, notes 2 et 3.
[20] Cette clarté se trouve d'abord dans l'Eglise: 'cest unique soleil, lequel donne a plomb seulement sur son eglise' (p. 13). En matière d'interprétation, Paul Perrot respecte la liberté du lecteur: 'supliant chacun quand au sens que ie donne aux histoires, d'y adiouter son iugement avecque moy, sans rien soubsigner, que ce qu'il luy semblera estre consonant a la vraye foy' (p. 10). Seuls les 'Hypocrites' en tirent un argument de scepticisme, 'car tous bons interprettes sont bien d'accord en la substance qui est le corps de la foy' (pp. 10–11).

Mais ces lectures variées sont 'non toutesfois contraires', car ce 'fleuve' est préparé pour l'édification, le rafraîchissement, le 'plaisir' (p. 11) même des 'esprits glorifiez'. Chez ces derniers, qui sont à la fois des 'humbles' (p. 12) et des fidèles, le Saint Esprit 'opere en nous, pour estre comme on diroit nostre truchement avec Dieu' (p. 11). La vérité n'appartient pas à l'homme, et l'Écriture, texte et image, est un don de Dieu:

> Il n'y a que l'esprit mesme qui en est l'autheur, qui en puisse aussi estre dateur [. . .] aussi me serace assez si mon fruict germe en l'Eglise [. . .] (pp. 9–10)

Arrachées par l'art du graveur à la matérialité trop plate d'une représentation réaliste, les images promues par ce livret sont des images de parole (par le commentaire du versificateur) et des images de la Parole (par le transport aux temps eschatologiques, au temps de la Grâce, de leur sens le plus profond). Fils de son temps, Paul Perrot conclut son Avertissement par un sizain en forme de prière (p. 14) qui joue sur 'PAROLE PURE'—l'anagramme de son propre nom:

> I'aime Seigneur la pureté
> De ta parole pure, et vive,
> Fai moy grace que ie la suive
> Ainsi que tu l'as arresté,
> Et fai aussi tant que ie dure
> Que l'aye la PAROLE PURE.

SACREZ. 51

Vos portiques froncez de roches entaillees,
S'en vont auecque vous la ruine du temps,
Mais l'Eglise inmobile, & maistresse des ans
Paroist, acroist, demeure estant plus trauaillee.

Exod. Chap. 2.

35. **Ab incunabulis patitur iustus.**

Celuy qui de la main du prince Egiptien
Debuoit sauuer Isaac, a peine eut pris naissance
Que pour la froide peur d'vne austere ordonnance,
Celle qui le conceut ne l'osa dire sien :
De ioncs entrelassez elle fist son berceau,
L'enduit de gras limon, le mit au bord de l'eau,
La princesse le vist qui le prist en enuie,
Qui l'aduoua pour sien, & luy sauua la vie.
L'enfant au sein cheri de sa mere est reçeu

D 2 *Au*

Illustration 1. Tableaus sacrez, chapitre 2 d'Exode, avec titre latin ('Ab incunabulis patitur iustus.') et vignette. © Cliché S.H.P.F., Paris.

SACREZ.   53

Le vinc, le frape, & le tue
La fureur ne le tient pas
Mais la iuſtice l'excite,
A cela Dieu le ſuſcite,
Et le zeele arme ſon bras,
Qu'ainſi puiſſions nous pouſſez
De dueil voyant le ſang fidelle
Sur la terre qui ruiſſelle,
Eſtre abondroit courroucez,
Voire armez, pour ſouſtenir
L'innocent que l'on opreſſe
D'vne rigueur vengereſſe
Conre les meſchants tenir.

Exod, Chap.3.& 4.

37. Eccleſiæ perennitatis myſticum
exemplum.

D 3   Du

Illustration 2. Tableaus sacrez, chapitre 3 & 4 d'Exode, avec titre latin
('Ecclesiae perennitatis mysticum exemplum.') et vignette. © Cliché S.H.P.F.,
Paris.

'AYEZ TOUJOURS SUR VOUS UNE DE CES IMAGES'
OU DES DANGERS DE LA REPRÉSENTATION

Isabelle Martin

Abstract

In the 18th century, the Church remains split on the questions of the use and dangers of images. After the Council of Trente, images acquire a new meaning that will lead to a contradiction between the metaphorical or allegorical use of images of the learned and the worship of images as such for the peasants.

Confronted with this problem in his missionary work in the West of France, Jean Leuduger will look for an original solution that tries to evacuate the insensitive Authority of the men of letters and the risks of popular superstition, coming back to some precepts of the Council of Nicea, advocating incarnation rather than illusion.

Nous examinerons ici les rapports entre quelques formes rhétoriques et la pratique des images en prenant comme première grille de lecture l'ouvrage plutôt théorique de l'abbé Mery[1], *La Théologie des Peintres*, publié en 1765, dont le modèle est bien connu puisqu'il s'agit d'une reprise du livre de J. Molan. Afin de compléter cette lecture, nous enquêterons sur les problèmes qui se posent à un homme de terrain: Jean Leuduger[2]. Ce dernier, dans son ouvrage *Le Bouquet[3] de la Mission composé en faveur des Peuples de la Campagne*[4], s'interroge sur les contradictions qu'entraîne la dévotion des images pour les fidèles.

La dissymétrie est évidente entre l'aboutissement de Méry qui traite l'image de façon exhaustive, et les courts articles dans le *Bouquet*, qui

---

[1] Méry de la Canorgue (abbé), prêtre du diocèse d'Apt. Auteur de: *La Morale évangélique expliquée par les saints Pères*, 1763 et *L'Ami de ceux qui n'en ont point ou Système pour le régime des pauvres*, 1767.

[2] Leuduger selon la *Biographie universelle ancienne et moderne* de Michaud, Graz Akademishe Druck.u. Verlagsanstalt, 1966–70, fut un célèbre missionnaire au Diocèse de Saint Brieuc et il fut prié d'enseigner la théologie. Il se mit à la tête des prêtres zélés et voulait devenir missionnaire à l'étranger. Il institua aussi des conférences ecclésiastiques pour les prêtres de Bretagne. Il décède en 1722.

[3] Cet ouvrage fut, toujours selon la biographie de Michaud, composé pour les congrégations de femmes.

[4] Nous utilisons ici l'édition de 1783, mais les premières datent de 1700.

traitent de son usage souhaité dans les campagnes. Deux chapitres du dernier ouvrage nous retiendront: l'un consacré à l'idolâtrie, et surtout un second, consacré au culte de la Vierge.

Leuduger doit actualiser un texte écrit, quelques décades auparavant, celui de Le Bret[5], qui peu à peu, sans intentions préalables, subit finalement une refonte complète:

> (. . .) ainsi je ne me suis proposé d'abord que quelques changemens & quelques additions: mais il est arrivé, comme insensiblement, que j'ai fait tant de changemens & d'augmentations, qu'il n'en est resté que le seul titre du Livre[6].

Comme le livre de Méry, il prend la forme d'un guide, mais ce dernier n'a plus pour objet l'élaboration d'images pieuses, mais comme le confirme le sous-titre, 'une méthode instructive pour apprendre à bien vivre & à bien mourir'. Dans cette méthode, l'image tient une place bien particulière. Son importance didactique est d'ailleurs déjà suggérée par le titre *Bouquet de la Mission*. Faut-il rappeler ici l'impuissance du peintre Pausias à rendre la variété des bouquets composés par Glycéra? Saint François de Sales en 1609 dans la préface de son *Introduction à la Vie dévote* se sert de cette allégorie pour revendiquer et préconiser la variété, et donc une certaine liberté dans l'interprétation de la doctrine, et surtout dans l'ordre de présentation de ses éléments:

> La bouquetière Glycéra savait si proprement diversifier la disposition et le mélange des fleurs, qu'avec les mêmes fleurs elle faisait une grande variété de bouquets, de sorte que le peintre Pausias demeura court, voulant contrefaire à l'envi cette diversité d'ouvrage, car il ne sut changer sa peinture en tant de façons comme Glycéra faisait ses bouquets: *ainsi le Saint-Esprit dispose et arrange avec tant de variété les enseignements de dévotion qu'il donne par les langues & les plumes de ses serviteurs, que la doctrine étant toujours une même, les discours néanmoins qui s'en font sont bien différents, selon les diverses façons desquelles ils sont composés*[7].

Leuduger reprend à son compte ce mode de composition qui l'entraîne dans sa logique de missionnaire à une refonte complète du texte de son modèle.

---

[5] Recteur de Saint-Marcan et grand vicaire de Dol. Mort en 1688.
[6] Leuduger, *Bouquet de la Mission*, St Malo, Chez L. & L.H. Hovius, 1783, préface.
[7] Paris Nelson, éditeurs, Londres, Edimbourg et New York, sd, p. 4. En italiques dans la citation.

Nos deux auteurs sont donc confrontés à des niveaux différents à un même problème: le destin de l'image religieuse après le Concile de Trente, l'un à la campagne[8] et l'autre à la ville.

Il faut, en effet, remonter à une des conséquences inévitables du Concile de Trente[9]: l'admirable profusion de peintures religieuses et de sculptures qui profitent des nouvelles conquêtes du réalisme et qui obligent le Clergé à se préoccuper des images dans une nouvelle perspective. Le torrent de représentations du sacré par des artistes, surtout formés à l'école de l'Antique suscite des réactions inquiètes, car elles deviennent de plus en plus métaphoriques. Elles sont donc, aux yeux de certains théologiens, dangereuses pour tous car plus aptes, parce que moins contrôlées par la Tradition que l'écrit, à véhiculer l'erreur. D'autant que leur fonction ostentatoire les expose à un public qu'il est impossible de trier ou d'éclairer par des notes ou des commentaires. Citons les *Mémoires pour l'Histoire des Sciences et des Beaux-Arts* de 1765:

> L'autorité & la critique ne doivent pas plus épargner une peinture fabuleuse dans des sujets de Religion qu'un livre hétérodoxe. On pourroit dire même que le danger d'un livre erroné est moins universel, que celui d'un tableau apocryphe[10].

Il n'y a pas non plus de véritable contrôle civil sur les images. Si celles rattachées à un livre subissent un examen préalable, la peinture ou la sculpture n'ont besoin d'aucun privilège pour s'exposer.

Un autre danger est évidemment celui d'idolâtrie et l'Eglise ne peut ignorer le reproche qui lui est fait de risquer l'usage d'une image du divin, quelle qu'elle soit, même si elle est particulièrement correcte et informée:

> Pour répondre à ces objections, l'Eglise se retranche derrière une tradition peu explicite puisqu'elle se réfère, selon les termes d'Urbain VIII en 1612, à ce que les images soient conformes 'à ce que l'Eglise catholique admet depuis les temps les plus anciens'[11].

---

[8] Voir à ce propos notre article 'Yves-Michel Marchais: l'Eloquence de la Chaire, de la Critique à l'Indignation', dans E. Negrel et J.-P. Sermain, *Une Expérience rhétorique: l'éloquence de la Révolution*, Voltaire Foundation, Oxford 2002.

[9] Voir l'ouvrage de R. Sauzet, *Contre-Réforme et Réforme catholique en bas-Languedoc*, Louvain, 1979.

[10] *Mémoires pour l'Histoire des Sciences et Beaux Arts*, août, 1765.

[11] A. Besançon, *L'image interdite*, P., Gallimard 2000, p. 327.

La production d'images et de mises en scène de la Gloire et des saints reste un procédé avoué de l'Eglise et surtout des Jésuites, et il faut savoir quoi et comment représenter afin d'enseigner, d'étonner, de séduire et de convaincre. Certains mêlent aux compositions religieuses la fable mythologique quand elle peut servir de clé au sacré chrétien. S'il peut servir à éclairer une allégorie, cet amalgame n'est pas forcément condamné par l'Eglise. L'effet d'instrumentalisation semble négligé: 'un oubli de la majesté divine, une dérive païenne de l'image, un détournement idolâtrique'[12] ne sont plus à craindre quand les Humanités suivent l'emblématique jésuite. L'Eglise étant indiscutablement liée à une pratique des images et à leur nécessité; deux points de vue vont se cristalliser: celui du savant et celui du missionnaire, chacun tentant de renvoyer le risque du péché d'idolâtrie vers les pratiques de l'autre; en gros, les 'savants' vers la superstition du vulgaire et le clergé des campagnes vers l'impiété des commentaires iconographiques. Chacun mesure à son aulne le risque d'idolâtrie que comporte la pratique de l'autre.

Pour Méry, le risque de l'idolâtrie ne peut être le résultat de la 'lecture' du contenu même de la peinture car elle la réduit à sa dimension pédagogique. Il avance, à cet effet, l'argument catholique bien connu qui fait de la peinture ou de la représentation la 'lettre des ignorans' et la rend indispensable aux analphabètes. Mais à aucun moment, il ne perçoit dans cette mise en image un danger d'idolâtrie. En effet, si le peuple ne comprend pas les finesses ou la complexité de la représentation, il peut en pénétrer intuitivement l'allégorie et y apprendre ce qu'il ne peut acquérir par la lecture: la peinture n'est plus que la traduction du texte, et à ce titre, ne contient en elle-même aucun divin:

> Un tableau, une statue, une estampe sont une sorte d'enseignement public qui parle sans cesse aux yeux des fidèles[13].

Le contrôle du contenu ne se fait pas à travers les réactions d'un public homogénéisé que l'on considère uniformisé par le sentiment, puisque tout le monde peut lire ces images intuitivement. Les savants ne font qu'ajouter une lecture érudite par un commentaire textuel ou la recherche d'analogies avec le texte. Ce contexte métaphorique

---

[12] A. Besançon, *op. cit.*, p. 16.
[13] *Mémoires pour l'Histoire des Sciences et des Beaux-Arts*, p. 218.

ne peut concerner les 'idiots' puisqu'il illustre leur sensibilité, compense et sert à recomposer de manière purement intuitive le texte à partir de l'image:

> La Peinture étant donc la lettre des ignorants; puisqu'ils ne lisent sur la toile, ce qu'ils ne savent lire dans les livres; le Peintre ne doit rien représenter sur celle-là, de ce qui est défendu d'imprimer dans ceux-ci: d'autant plus que les Savants lisent aussi-bien dans les Tableaux, que dans les Livres; & la Peinture qui affecte l'idiot, peut également affecter l'homme éclairé, et le séduire[14].

Le contrôle, à partir de l'interprétation de *l'Histoire Sainte*[15], suppose donc une structure de représentation spécifique, issue de son analogie avec la rhétorique. Cette rhétorique, de ce fait, éloigne le peuple de l'adoration idolâtre puisque le personnage ou l'incarnation disparaît au profit du récit. Face aux instructions tridentines, Leuduger, anticipant la confiscation du sensible, rend inefficace l'utilisation pastorale de l'image dans les campagnes et s'engage sur une autre voie.

Conscient à la fois des risques d'idolâtrie populaires, mais aussi de la désaffection des fidèles que peut provoquer cette peinture savante, dont ils n'ont pas la clé, il se trouve pris dans une contradiction qui recoupe celle entre religions populaires et rôle des missions. Pour en sortir, il va d'abord évacuer le contrôle des lettrés en opposant bon sens à savoir, sapience à science, en recentrant l'argument sur la sagesse immanente conférée au peuple. En outre, il affirme que les érudits sont incapables d'apprécier dans son essence l'image, aveuglés et assourdis par une rhétorique envahissante qui annihile les témoignages de leurs sens en osant l'ironie d'une antiphrase, qui assimile l'idolâtre à l'objet de sa vénération. Il le fait grâce à un pseudo-syllogisme: une idole est sourde et aveugle, un sage prudent est sourd et aveugle (*gens semblables*), donc un sage prudent est une idole:

> Je ne parle point aux sages & aux prudens du Siécle (sic), qui aiment mieux la vanité que la vérité, l'ornement que la simplicité; gens semblables aux Idoles, qui ont des yeux & qui ne voyent point, des oreilles & n'entendent point[16].

---

[14] Abbé Méry, *La Théologie des Peintres*, 1765, chapitre I, Aij.
[15] Voir notre article 'Le Décor biblique ou exotique dans la Mise en scène de l'Eloquence sacrée au XVIIIe siècle', dans *La Voix dans la Culture et la Littérature françaises (1713–1875)*, Presses Universitaires Blaise Pascal, juillet 2001.
[16] Leuduger, *op. cit.*, préface.

La condamnation des doctes fait partie sans doute d'une stratégie de propagande missionnaire[17], mais il n'empêche que l'accent semble sincère. On peut donc parler non seulement d'un affrontement à propos de la conception de l'image, mais également entre le monde des doctes, des savants, qui ont confisqué le verbe à leur profit et le monde des simples qui voient l'image, la sentent, sans analyser.

Leuduger a été préparé à la stratégie de mission en milieu populaire par une formation spécifique. En effet, pour éviter l'écueil de ce que nous appellerions aujourd'hui une langue de bois, l'Eglise, dès après le Concile de Trente, et jusqu'à la parole pré-révolutionnaire, a développé parallèlement à une rhétorique savante, une rhétorique populaire, ou pour mieux nous exprimer, a tenté de développer une contre-rhétorique ou une sous rhétorique populaire. Après la Réforme et surtout progressivement après le Concile de Trente, au moins deux modes de prédication se développent et se partagent, en risquant de diviser la France catholique, et finalement la coupent en deux, anticipant la scission révolutionnaire. Pour les représentations, cette différenciation qui mène peu à peu à une jurisprudence de l'image, sert de base à Leuduger quand il s'adresse à ses fidèles. Pour la transmettre, il utilise un style qu'il veut simple, quitte à prétendre employer parfois un français incorrect, pourvu que ses fidèles le comprenne. Il ne s'agit pas de théorie mais d'instruire et de diriger sur le terrain. Il parle dans sa préface à ses auditeurs de leur appartenance à travers l'Eglise 'comme à la Race choisie, à la Nation sainte, au Peuple que Dieu s'est acquis & qu'il a appellé (sic) des ténèbres à son admirable lumière'. Pour ce nouveau peuple élu qui risque à tout moment, bien qu'il soit celui auquel Dieu nous dit-il 'a découvert ses mystères'[18] de retomber comme son prédécesseur dans l'idolâtrie, Leuduger prépare ce que l'on pourrait nommer une sorte de 'savoir-vivre' de l'image. Plutôt qu'une attaque frontale contre des pratiques connues qui s'apparentent à la magie, il préfère détourner ce que les coutumes populaires contiennent de païen. Il explique longuement ce que l'on doit faire d'une image, comment la manipuler, le lieu où il convient de la placer, de quelle manière il faut la nettoyer, etc. Leuduger applique une logique que l'on peut appeler du sensible. Il parle de la vérité de l'image et non pas de la vérité

---

[17] Voir notre article 'Usage de la Dramaturgie racinienne dans l'*Essai sur l'Eloquence de la Chaire de l'Abbé Maury*', dans *Revue du XVIIe siècle*, janvier-mars 2002, n° 1.

[18] Leuduger, *op. cit.*, préface.

dans l'image. Cette dernière reste sans références extérieures; c'est à
dire qu'elle n'est plus associée à une histoire ou une anecdote. Elle
fonctionne à partir de la sensibilité, de l'émotion. Et c'est cette émotion qui permet de la rendre comme virtuellement vivante et présente.
Opposons encore les images dont parle Méry qui sont des reflets
aussi fidèles que le permet l'Histoire, mais limitées par le tableau et
son cadre à celles de Leuduger qui sont des icônes et dont la représentation doit sortir du cadre pour être efficace.
Expliquons-nous.

Leuduger consacre, comme il se doit, tout un chapitre, la troisième
et dernière partie de son manuel, à la dévotion à la Sainte Vierge.
Cependant, ce chapitre diffère de tous les autres qui sont découpés
en sections ou bien en journées par sa division en parties qu'il nomme
'Pratiques'. Ces pratiques, après une introduction sur les raisons de
la dévotion à la Sainte Vierge sont au nombre de sept. La première
traite de la façon d'honorer les images des saints et tout particulièrement celle de la Vierge, et la dernière clôt les pratiques de
dévotion à celle-ci par un rappel de la dévotion préalable à l'image,
antérieur à la consécration au service de la Vierge. Cette pratique
de l'image encadre donc toute une série de prières, de pénitences,
d'appartenances aux confréries, etc. Comme Leuduger connaît son
'petit monde', il prend tout de suite quelques précautions avec ses
fidèles. A la campagne, les superstitions sont tenaces[19]. Ainsi, il insère
dès le début de son ouvrage, dans le chapitre 'De la Religion',
quelques principes concernant les rapports à l'image. Il reprend,
comme il est de coutume, que ce n'est pas le support que l'on honore,
la 'matière dont elles sont faites'[20], mais 'seulement *ceux* qu'elles
représentent'. Il choisit des exemples concrets et particulièrement
éprouvés et clairs:

> Par exemple, quand on se met à genoux devant une croix, ce n'est
> pas le bois qu'on adore, mais celui qui a été attaché, pour l'amour
> de nous, à un bois semblable, & quand on honore les Images de la
> Sainte Vierge, ce n'est pas l'Image en elle-même qu'on honore, mais
> celle qui est représentée par cette image[21].

---

[19] Il a peur de la contamination de la Vierge avec une quelconque déesse de la
fertilité dont le culte serait entretenu par l'image détournée de la première.
[20] Leuduger, *op. cit.*, p. 158.
[21] Leuduger, *op. cit.*, p. 158.

Cependant, une fois ces précautions prises et ces concessions faites au Concile, il lui faut, il en est conscient, être plus engagé pour guider ses fidèles et procéder à quelques substitutions. Les préceptes du Concile de Trente sont difficiles à appliquer dans le contexte paysan, et sur l'image populaire en particulier. Ils se révèlent en fin de compte trop imprécis, bien qu'interprétant déjà les décisions d'un concile antérieur, celui de Nicée. Leuduger pour adapter ses recommandations à ses fidèles, revient peut-être à une tradition plus ancienne et ses instructions peuvent trouver une justification[22] dans les sources du VIIIᵉ siècle avec le souci de redonner la prééminence aux sens, et son existence autonome à la représentation.

En conséquence, il faut enseigner aux fidèles à 'réincarner' une image et peu lui importe la 'forme'[23] de représentation entre l'image et le prototype. D'autant que le modèle est inconnu et qu'il importe surtout que les représentations de la Vierge qui doivent essentiellement solliciter le sensible, soient donc belles car ainsi 'elles impriment mieux le respect & la dévotion à ceux qui les regardent'[24] et non la crainte qu'inspire l'animalité, la difformité ou la laideur des idoles.

Il faut se mettre sous la protection de Marie et en quelque sorte se l'attacher. Leuduger assure ses fidèles que l'image de la Vierge doit témoigner de sa présence réelle et pour qu'ils puissent mieux s'en convaincre et se souvenir de leurs devoirs, il leur conseille, en quelque sorte, de l'animer:

> Si la Sainte Vierge étoit dans votre maison voyez quel honneur vous lui rendriez; sans doute vous la mettriez dans la place la plus honorable, vous la salueriez en entrant & en sortant, vous lui demanderiez sa bénédiction, le soir avant de vous mettre au lit, le matin avant d'aller à vos affaires, vous les lui confieriez & les lui recommanderiez[25].

L'animer en projetant sur l'image une 'vision' qui complète et s'oppose à ce que le sujet se 'dit en lui-même'. Vision aussi réelle que

---

[22] La conviction commune des iconodules—telle qu'elle est exprimée d'abord par le patriarche Germain dès le début de la crise, en 725—est que rejeter les icônes, c'est aussi rejeter l'Incarnation. Ils refusent absolument d'assimiler aux idoles l'image du Christ, qui a délivré les hommes de l'idôlatrie. L'interdit de l'Horeb ne vaut plus, à partir du moment où Dieu s'est manifesté dans la chair, sensible donc non seulement à l'ouïe, mais à la vue. Dieu a désormais un 'caractère' visible, une 'empreinte taillée' dans une matière, sa chair. A. Besançon, *op. cit.*, p. 238.

[23] En gros dans le sens de Wittengstein.

[24] Leuduger, *op. cit.*, p. 331.

[25] Leuduger, *op. cit.*, p. 331.

le permet la suggestion d'existence par le verbe en s'attachant à l'image. Et Leuduger recommande donc à ses fidèles, grâce au conditionnel du 'si la Sainte Vierge', de 'voir' l'image comme la présence de la Vierge invitée dans leur maison. Ainsi, inévitablement, l'image acquiert une existence propre et individuelle, bien que dépendant du prototype. Cette présence lui confère un certain pouvoir: elle voit, intercède au second degré. La Vierge présente, domestique, intercède auprès de son prototype la Vierge immaculée, qui intercède auprès du Seigneur. Sa présence non seulement lui permet d'être là, mais aussi d'agir sur la maisonnée, de surveiller le fidèle.

Y-a-t-il vraiment contradiction avec les instructions du Concile de Trente qui précisaient:

> (. . .) que l'on spécifie aux simples que les images ne représentent pas la divinité 'comme si on pouvait la percevoir des yeux du corps ou l'exprimer par des couleurs & des formes'[26].

Il me semble que ce désaccord n'est qu'apparent, étant donné que Leuduger lutte, par l'intermédiaire de l'incarnation, contre l'image-illusion et qu'il revient en fait à des préceptes du Concile de Nicée. Si l'image n'était à ses yeux qu'une représentation de Dieu, elle ne serait donc également qu'une illusion de ce Dieu. Or en devenant incarnation, elle *est* réalité. Il faut donc avec le soutien de l'image qui n'est pas qu'imitation, imiter le prototype, en l'occurrence, dans l'image de la Sainte Vierge, la Sainte Vierge elle-même:

> (. . .) étudiez-vous à l'imiter en toutes ces vertus; mettez-vous la souvent devant les yeux quand l'occasion se présente de vous humilier, de souffrir, d'obéir, etc. sans cela votre dévotion ne sera qu'une illusion[27].

Pour éviter le danger de l'illusion, Leuduger insiste auprès de ses paroissiens:

> Ayez toujours sur vous une de ses Images, afin de vous souvenir d'elle & de l'invoquer dans vos besoins & nécessités[28].

Il faut la 'voir' partout. Elle doit occuper les espaces des niveaux de socialisation et n'être absente nulle part symboliquement puisque théologiquement elle est partout. Dans l'espace familial lui réserver 'la plus belle place', mais aussi dans l'espace communal, sur les 'places

---

[26] A. Besançon, *op. cit.*, p. 326.
[27] Leuduger, *op. cit.*, p. 330.
[28] A. Besançon, *op. cit.*, p. 331.

publiques' et enfin dans l'espace religieux, paroissial, à 'l'Eglise et dans les chapelles' où souvent une chapelle derrière le chœur, dans l'axe de la dévotion, lui est réservée. La mémoire défaillante ne peut être raison d'échapper à son influence, mais l'image évite le danger de superstition puisqu'elle est mémoire d'elle-même avant d'être la médiatrice de deux mondes. A tout moment, l'image entretient par sa présence la liaison entre les deux niveaux de la vie chrétienne: elle permet à l'âme de passer de la sphère matérielle à la sphère spirituelle. L'image comme l'écrit A. Besançon est alors une sorte de trait d'union, dépositaire d'une perpétuelle présence du divin[29]. Mais il sait aussi combien est enracinée la superstition de l'objet protecteur en contact permanent avec le sujet. Il propose ici plus qu'une vision: l'usage d'une image comme amulette, qui dispense un recours et une assistance permanente à l'individu, et qui complète son ubiquité.

On peut donc déduire avec prudence, à ce stade de notre exposé, que notre missionnaire applique à l'image un traitement semblable à celui qui était réservé à l'icône dans l'empire d'Orient. P. Brown dans son ouvrage *La Société et le Sacré dans l'Antiquité tardive*[30] explique que cette pratique de l'omniprésence était liée au besoin d'intercession propre au christianisme:

> On trouve les icônes dans les chambres à coucher, devant les boutiques, sur les marchés, sur les livres, les habits, les ustensiles de ménage, les bijoux, les vases, les murailles, les sceaux, on les emporte en voyage, on croit qu'elles parlent, pleurent, saignent, traversent la mer, volent dans les airs, apparaissent en songe[31].

La vénération de la personne représentée était, nous le savons, aux VIIe et VIIIe siècles, la réponse aux objections des iconoclastes[32], qui prétendaient que l'icône d'un saint ou du Christ n'était qu'un reflet matériel et mort. L'incarnation interdisait, par sa présence, l'idolâtrie puisque l'on honorait du vivant et non de l'inanimé, du mort. Leuduger synthétise donc à sa façon, et pour ses besoins, les instructions des deux conciles, et pour mieux faire comprendre son propos aux simples, étend ses instructions au traitement physique de l'image.

L'image mérite quelques soins supplémentaires qu'il importe de préciser à son détenteur, en plus des gestes, des comportements ou

---

[29] A. Besançon, *op. cit.*, p. 281.
[30] Paris, Ed. du Seuil, 1985, 'Aspects de la controverse iconoclaste'.
[31] A. Besançon, *op. cit.*, p. 216.
[32] Voir l'ouvrage de J.-J. Goux, *Les Iconoclastes*, P., Ed. du Seuil, 1978.

des modes de vénération qu'il convient d'adopter face à elle. Il faut traiter avec précaution tout ce qui gravite autour de l'image. Le 'savoir-vivre' de l'image suppose des consignes qui règlent le rapport quotidien, familier, qu'elle induit par la nécessité de son entretien. Comment les

> garder propres, c'est à dire de les étoffer quand elles en ont besoin, d'ôter la poussière & les autres ordures de tems en tems[33].

Mais ceci avec prudence, d'autant plus que le 'toucher' est une des pratiques les plus dangereuses et des plus répandues. La pratique de l'habillage et de l'ornement de l'image, qui risque le plus de mener à l'idolâtrie, est aussi bien délimitée; par exemple à l'occasion des fêtes. Dans ce cas, il ne faut pas les déplacer par l'ornement hors du quotidien, tout en respectant, bien entendu, la bienséance. Il ne faut pas que l'accessoire nuise au prototype, éviter toutes les images 'à la mondaine', ne leur mettre 'ni coëffures, ni dentelles, ni parures ni autres ornemens qui ressentent la vanité'[34].

Le statut complémentaire d'objet que l'on nettoie, que l'on pare, etc. en tant qu'objet, devient périlleux et peut avoir pour conséquence de confondre le culte rendu à Dieu ou au prototype avec le culte rendu aux choses sacrées. Un tel déplacement du niveau social que peut provoquer l'habillage de l'image menace aussi l'obligation d'imitation. Les images doivent rester au même niveau que le spectateur pour faciliter l'identification de celui-ci avec son modèle. L'image pour le paysan doit être 'un exemple de modestie' qui corresponde à la dévotion 'tendre, cordiale et filiale'.

Leuduger, qui se préoccupe de l'éducation de ses paroissiens, et qui surtout se trouve en butte à des attitudes qu'engendrent les croyances populaires, investit volontairement ou involontairement— il est impossible de trancher—l'image d'un caractère idolâtre limité; pour éviter la dérive. Il comprend que c'est à ce prix qu'il peut parvenir à effectuer une substitution entre l'objet de superstition des campagnards français et l'image sainte. Cette dernière doit occuper la place des puissances occultes, les remplacer mais en les chassant et ainsi faire obstacle à certaines pratiques qu'il énumère au chapitre 'Des Superstitions' tels que: de se servir de certaines paroles pour charmer les armes, arrêter les mouches à miel, pour la guérison, ou

---

[33] Leuduger, *op. cit.*, p. 331.
[34] Leuduger, *op. cit.*, p. 332.

des siens, ou des animaux, pour nouer l'aiguillette, enclouer un cheval, etc.[35] Michel Lagrée[36] expose le divorce qui va aller grandissant pour remplacer une opposition, entre ce qu'il appelle pensée chrétienne et pensée sauvage par une différence d'attitudes vis à vis de l'image, qui réserve les scènes 'imposant une certaine narrativité et le plus souvent à forte valeur épiphanique' à une peinture savante[37]; mais abandonnant aux statues plus 'individualisées' leurs fonctions instrumentales.

Pour conclure, Leuduger avec son savoir-vivre de l'image de la Vierge, s'inscrit dans cette stratégie tridentine qui s'appuie sur la puissance du représenté, et tout en craignant les effets induits par la matérialité cherche des accommodements avec les usages et les coutumes indigènes.

On assiste alors à une adaptation réciproque, par compromis, du catholicisme et des mentalités populaires, qui, particulièrement dans l'Ouest, patrie de l'auteur, auront des conséquences idéologiques lointaines, qui apparaîtront incontournables à la fin du XVIIIe siècle.

---

[35] Leuduger, *op. cit.*, p. 90.
[36] Dans *Histoire du Diocèse de Rennes*, P., Ed. Beauchesne.
[37] M. Lagrée, *op. cit.*, p. 146.

REGULATION OF APPEARANCES DURING THE CATHOLIC REFORMATION: DRESS AND MORALITY IN SPAIN AND ITALY

Gabriel Guarino

Abstract

Historians have suggested a parallelism between the traditional chronology of the Catholic Reformation and the success of Spanish fashion in Europe. In a deeper pursuit of this issue the present paper connects between ideas of morality and appearance voiced by the contemporary religious authorities and their application on Spanish garments, in both Spain and those Italian states which carried the banner of the religious movement. The evidence shows that the austere and constrictive Spanish clothing succeeded mostly in those Italian territories where the political hegemony of Spain and the Catholic reaction were more pronounced. Eventually, towards the signing of the Peace of Westphalia, an avalanche of sumptuary laws failed to maintain the Spanish styles at the expenses of more liberating French fashions, marking the swan song of the Spanish trend.

Historians agree that fashion usually follows political power.[1] Accordingly, along the XVIth century with the rise of Spain to the world's superpower, under Charles V of the Habsburg dynasty, Spanish

[1] Thanks are due to Prof. Peter Burke for his invaluable comments on earlier drafts of this piece, and for his constant precious encouragement. I would also like to thank Churchill College for providing a travelling grant to the conference. Finally, I am grateful to the organizers of the conference, Prof. Myriam Yardeni, Prof. Ilana Zinguer and Dr. Amos Megged, who bestowed a unique intellectual experience at Haifa University. For a fundamental historical perspective of fashion see F. Braudel, *Civilization and Capitalism: 15th–18th Century*, vol. 1: *The Structures of Everyday Life: The Limits of the Possible*, Eng. Trans., 3 vols., London, Collins, 1981, pp. 311–333, on fashion and political power see especially pp. 312, 315–320; A. Mackrell, *An Illustrated History of Fashion: 500 Years of Fashion Illustration*, London, B.T. Batsford Ltd., 1997, p. 30; B. Reade, *Costume of the Western World: The Dominance of Spain, 1550–1660*, London, George G. Harap, 1951, pp. 5–6. For a recent comprehensive historical account, which has a general appeal despite its French focus on fashion see D. Roche, *The Culture of Clothing: Dress and Fashion in the 'Ancien Regime'*, Cambridge, Cambridge University Press, 1994; see also his *A History of Everyday Things: The Birth of Consumption in France, 1600–1800*, Eng. Trans., Cambridge, Cambridge University Press, 2000, pp. 194–220.

fashion spread throughout the Empire's dominions and beyond. But it was probably in Italy where it found the strongest appeal. During the XVIth century Spain succeeded in drawing under its control most of the Italian states, with the exception of Venice, which seemed to escape from the Spanish grasp, whilst keeping a tense but correct relationship with the Habsburgs. The Kingdoms of Naples and Sicily, and the Duchy of Milan, after 1535, were directly subjected to the Spanish crown, while the Duchies of Tuscany, Genoa and Savoy were indirectly dependent on Habsburg support. Finally, the Papacy found in the Habsburgs their strongest allies to safeguard the Catholic cause against Protestantism, since the future of the religious faith in France was in doubt due to the Huguenot movement. This close collaboration to promote the Catholic Reformation encouraged the identification between Italians and Spaniards.[2] It is perhaps not a coincidence, then, that some kinds of people in both countries shared a taste for a grave and austere style of dress, which is generally identified with the values fostered by the Catholic Reformation. So far, historians have signalled a parallelism between the traditional chronology of the Catholic Reformation and the success of Spanish fashion in Europe, roughly from the middle of the XVIth century to the middle of the XVIIth century, but there has not been a serious exploration of the issue.[3] The following paper will try to illustrate some of the relationships.

First, what needs to be answered is how Spanish fashion complied with the taste imposed by the religious rigor of the time. The Council of Trent did not specifically deal with the reformation of adornment and dress within the secular society. However, some of the more general resolutions for the reform of morals in the lay domain involved the issue of proper appearance, and it is in this broader context that

---

[2] For a general review of the establishment of Spanish political hegemony in Italy see B. Anatra, 'L'affermazione dell' egemonia spagnola e gli stati italiani' in *Storia della società italiana*, vol. 10: *Il tramonto del Rinascimento*, ed. R. Alonge, et al., Milan, Teti, 1987, pp. 63–66; Domenico Sella, *Italy in the Seventeenth Century*, London, Longman, 1997, pp. 1–3. For the identification of Italians and Spaniards in this period see J. Hale, *The Civilization of Europe in the Renaissance*, London, Harper Collins, 1993, pp. 59–60. Fundamental for the cultural relations between Spain and Italy is still B. Croce, *La Spagna nella vita italiana durante la Rinascenza*, Rome and Bari, Laterza, 1917.

[3] C. Bernis, *Indumentaria española en tiempos de Carlos V*, Madrid, Instituto Diego Velázquez, 1962, pp. 32–33; J. Laver, *Costume and Fashion: A concise History*, Revised, expanded and updated edition, London, Thames and Hudson, 1995, p. 90; Reade, *Dominance of Spain*, pp. 5–14.

the moral regulation of clothes should be placed. The major Catholic reformers of the second half of the XVIth century were active in the discipline of secular society. In Spain, besides the well known operations of Jesuits, we find Cardinal Gaspar de Quiroga, archbishop of Toledo (1577–1594) who in tandem with Philip II, sought to repress blasphemy and sexually immoral activities of both lay and religious offenders through the unforgiving arm of the Spanish inquisition.[4] In Italy, among others, we find St. Carlo Borromeo, the archbishop of Milan, Gabriele Paleotti, archbishop of Bologna, and of course, zealous Popes like Paul IV, Pius V and Sixtus V.[5] All of them had in common an austere perception of life, usually exemplified by their own example, and an intolerant attitude towards issues of morality and groups who did not fit the Reformed Catholic ethic. Muslims, Jews, heretics, and to some degree also prostitutes fell into a category that had to be expelled from society. If in previous centuries the Church saw prostitution as a necessary 'lesser evil' that was supposed to prevent male sexual behaviour from worse sins, the new Tridentine emphasis on the sanctity of marriage left no place for ambiguity, and rejected all forms of sexual relations outside marriage.[6] During this period prostitutes suffered serious setbacks in their status throughout the continent. When brothels were not officially closed, courtesans were meticulously ghettoized and labelled with conspicuous marks of infamy, imposed by sumptuary laws.[7]

---

[4] J.L. González Novalín, 'La inquisicion española' in *Historia de la Iglesia en España*, vol. 3.2: *La Iglesia en la España de los siglos XV y XVI*, ed. J.L. González Novalín, Madrid, La Editorial Catolica, 1980, pp. 249–253.

[5] For a concise description of the Popes in this period see E. Duffy, *Saints and Sinners: A History of the Popes*, New Haven, Yale University Press, 1996, pp. 169–173. In order to find detailed biographies of individual Popes during the period it is advised to consult the most comprehensive source for the history of the Papacy— the monumental work of L. Freiherr Von Pastor, *The History of the Popes*, Eng. Trans., 40 vols., London, K. Paul, Trench, Trübner & Co., 1891–1953.

[6] S.F. Matthews Grieco, 'The Body, Appearance, and Sexuality' in *A History of Women in the West*, vol. 3: *Renaissance and Enlightenment Paradoxes*, ed. N. Zemon Davies and A. Farge, Eng. Trans., Cambridge, Mass., The Belknap Press of Harvard University Press, 1993, pp. 46–47; M.E. Perry, 'Magdalens and Jezebels in Counter Reformation Spain' in *Culture and Control in Counter Reformation Spain*, ed. A.J. Cruz and M.E. Perry, Oxford and Minneapolis, University of Minnesota Press, 1992, pp. 124–144. On some of the disciplinary elements inside the family after Trent see A. Turchini, 'Dalla disciplina alla 'creanza' del matrimonio all' indomani del concilio di Trento' in *Donna, disciplina, creanza cristiana dal XV al XVII secolo*, ed. G. Zarri, Rome, Edizioni di storia e letteratura, 1996, pp. 205–214.

[7] Many examples can be cited. Here is just a sample of some the more interesting cases. For sumptuary law in Italy, including valuable information on prosti-

As for those groups viewed as most liable to fall prey to the temptations of the flesh—young men and women—church and state offered a proper model of conduct based on modesty and gravity, which were the two fundamental values stressed by Counter-Reformation authorities. These were supposed to serve as a vehicle to regain the true faith. Every single religious group during the aftermath of Trent embraced those ideals. The way of reaching them was to discipline body and soul through an ascetic regime, that among other things involved the moderation of gestures and apparel.[8] In Milan, Bologna, Ferrara, and generally the areas in the centre and north of the Italian peninsula, young males were modelled in a new image of Christians by means of schools for catechisms, sermons and pamphlets distributed in churches. It was an image symmetrically opposed to that of the supercilious and riotous nobles, so typical of Renaissance Italy. For example, a pamphlet of 1575 exhorted: 'You will not wear pompous or slashed vestments, or feathers, or arms, but you will show modesty in the outside as in the inside'.[9] In addition, youngsters were supposed to walk with modesty in public and rush to their destination without delay. It is interesting to compare these instructions to those for nubile laywomen, active in the company of Saint Ursula. In a passage from their formal regulation they are advised that:

tutes' marks of infamy see D.O. Hughes, 'Sumptuary Law and Social Relations in Renaissance Italy' in *Disputes and Settlements: Law and Human Relations in the West*, ed. J. Bossy, Cambridge, Cambridge University Press, 1983, pp. 69–99; for Rome see G. Masson, *Courtesans of the Italian Renaissance*, London, Secker and Warburg, 1975, pp. 141–144; for the Papal States see A. Mordenti, 'Vita quotidiana e modelli di cultura in una periferia dello stato pontificio nei secoli XVI–XVII' in *La famiglia e la vita quotidiana in Europa dal '400 al '600: fonti e problemi*, Rome, Ministero per i beni culturali e ambientali, 1986, pp. 401–402; for Venice see M.F. Rosenthal, *The Honest Courtesan: Veronica Franco Citizen and Writer in Sixteenth-Century Venice*, Chicago and London, The University of Chicago Press, 1992, pp. 68–69; for Spain, J. Sempere y Guarinos, *Historia del luxo y de las leyes suntuarias de España*, 2 vols., Madrid, Imprenta Real, 1788, vol. II, pp. 124–125; M. Hume, 'A Fight Against Finery' in his *The Year After the Armada and Other Historical Studies*, London, T. Fisher and Unwin, 1896, p. 251.

[8] On the discipline of youngsters during the Counter Reformation see O. Niccoli, 'Creanza e disciplina: buone maniere per i fanciulli nell'Italia della controriforma' in *Disciplina dell'anima, disciplina del corpo e disciplina della società tra medioevo ed età moderna*, ed. P. Prodi, Annali dell'Istituto storico italo-germanico, Quaderno 40, Bologna, Il Mulino, 1994, pp. 929–963. In the same volume, for the transmission of Monastic values to the lay realm in Catholic countries see D. Knox, 'Disciplina: le origini monastiche e clericali del buon comportamento nell'Europa cattolica del Cinquecento e del primo Seicento', pp. 63–99.

[9] Quoted in O. Niccoli, 'Creanza e disciplina', p. 954.

when they are in the street, they should keep with their eyes low, heads veiled, and garments honestly tightened, and walk rapidly, without delay [. . .] because in every place there are diabolical dangers, traps, and conspiracies.[10]

However, it is clear that the advice for the same modest conduct for young males, was not meant to protect them from the outside world, but rather the other way round, as they were admonished not to make excessive noise, nor injure anyone on their way.[11] These examples show a general acknowledgement of women being the primary victims of male sexual aggression. But paradoxically, women, much more than men, were those labelled as moral offenders, who needed to be disciplined.

Many Spanish and Italian manuals for the correct 'Christian life', popular in the second half of the XVIth century and the XVIIth century, could be cited to prove this point. Probably the most important of them, in this matter, is Juan Luis Vives's *De institutione foeminae christianae*. It has been considered as the leading XVIth century text for instructing women, it was translated into all the major European vernacular languages, and it functioned as a standard model for XVIth and XVIIth century manuals.[12] A feminist historian resumes the author's intentions well: 'women were reserved the regime of chastity, decorum, obedience and silence'.[13] Following Vives' steps these manuals showed a great concern with beauty artifices and dress. Deep cleavages, eccentric coiffures, face make-up, and perfumes were condemned as external signs of dishonourable intentions, which invited men to think lascivious thoughts and to act upon them.[14] Erasmus of Rotterdam, who was Vives' friend, was somewhat critical of his views on the subject:

---

[10] Quoted in M.F. Mellano, 'La donna nell'opera riformatrice di S. Carlo' in *San Carlo e il suo tempo: Atti del Convegno Internazionale nel IV centenario della morte (Milano, 21–26 maggio 1984)*, 2 vols., Rome, Edizioni di Storia e Letteratura, 1986, vol. II, p. 1092.

[11] O. Niccoli, 'Disciplina dell'anima', p. 955.

[12] On the importance of Vives' manual and its diffusion in Italy through the plagiarism of Lodovico Dolce see R.M. Bell, *How to Do It: Guides to Good Living for Renaissance Italians*, Chicago and London, The University of Chicago Press, 1999, pp. 216–219, 265.

[13] M.L. King, 'The Woman of the Renaissance' in *Renaissance Characters*, ed. E. Garin, Eng. Trans., Chicago and London, University of Chicago Press, 1991, p. 237.

[14] J.L. Vives, *Formacion de la mujer Cristiana* in *Obras Completas*, ed. L. Riber, 2 vols., Madrid, Aguilar, 1947; First edition in 1523, On proper clothes: for young ladies

. . . In matters of marriage you have displayed harshness towards women; I hope you will be milder with your own. And in the issue of cosmetics, you have said too much . . .[15]

However, Vives was only one of many similar voices echoing in Spain at the time. The association of feminine attire with vanity, temptation and sin was far from being a novelty. They relied on an ancient misogynist tradition that drew on the Old and New Testament, on the subsequent attacks made by the Fathers of the Church, and more recently on the incendiary sermons of XVth century Franciscan and Dominican friars.[16] Moreover, these claims outlived the period under discussion. For example, a Catholic bishop after an earthquake in Naples commented that it was 'a scourge brandished by the merciful hand of the Almighty because of the present scandalous female fashions'.[17] These words were spoken in 1930. The innovation forwarded by the Counter-Reformation was the intensified attack coming from diverse media of communication. Along with the rhetorical tools already mentioned, extensive use was made of images in churches or in the domestic realm to teach women their expected roles and conduct in society. The church's stress on Madonnas and female saints painted in decent and simple clothes, like the cloistered settings in which they were placed, carried a crystal-clear message.[18]

Sumptuary laws were the official way of enforcing dress codes. Sumptuary legislation was distinctively secular, as royal courts and city councils were those responsible for issuing and enforcing the

---

see vol. I, pp. 1015–1026; for married women, pp. 1116–1120; for widows, pp. 1169–1171.

[15] *Ibid.*, introduction by Lorenzo Riber, 'Juan Luis Vives, Valenciano: ensayo bibliografico', quoted in p. 173.

[16] M.G. Muzzarelli, ' 'Contra mundanas vanitates et pompas': aspetti della lotta contro i lussi nell'Italia del XV secolo', *Rivista di storia della chiesa in Italia* 40.2, 1986, pp. 371–390.

[17] Quoted in A. Hunt, *Governance of the Consuming Passions: A History of Sumptuary Law*, London, Macmillan, 1996, p. 234.

[18] On Counter Reformation art and models of conduct for women in Italy see S.F. Matthews Grieco, 'Modelli di santità femminile nell'Italia del Rinascimento e della Controriforma' in *Donne e Fede. Santità e vita religiosa in Italia*, ed. L. Scaraffia and G. Zarri, Rome and Bari, Laterza, 1994, pp. 303–325; by the same author see also 'Pedagogical Prints: Moralizing Broadsheets and Wayward Women in Counter Reformation Italy' in *Picturing Women in Renaissance and Baroque Italy*, ed. G.A. Johnson and S.F. Matthews Grieco, Cambridge, Cambridge University Press, 1997, pp. 61–87. For the same subject in Spain see A. Ribero, 'Imagenes de maternidád en la pintura Barroca', in *Las mujeres en el Antiguo Regimen: imagen y realidad (s. XVI–XVIII)*, Barcelona, Icaria, 1994.

laws, and economic and social rationales were probably more important for the legislators than moral transgressions. However, the texts
frequently invoked moral rationales expressed in terms of preoccupation with the sin of pride, and religious authorities often influenced
the process.[19] Sometimes they were involved directly, as the obvious
example of the Papal States suggests. In Spain, the *'committee of reformation'* (*junta de reformacion*) established by Philip IV in 1623 specifically
to suppress luxury, included besides a few nobles, his Dominican
confessor, and other ecclesiastics.[20] In principle, sumptuary law was
gender neutral, but it was mostly directed at women. Significantly,
Florentine officials who were responsible for enforcing sumptuary law
were supposed to prosecute men and women alike but they were
called *Ufficiali delle donne*—'officials of women'.[21] Similarly, in Siena
they were called *donnai*.[22] Sumptuary laws that were directed towards
prostitutes show best the ideological link by which moralists tried to
associate women with vice and luxurious attire. One aforementioned
strategy was to impose on them marks of infamy such as a conspicuous headgear. Another was to deny them luxurious clothes, but
more commonly they were encouraged to wear whatever they pleased.
Thus, legislators hoped to repel 'honest' ladies from sumptuous attire
because its association with sexual immorality.[23] To be sure, sumptuary
laws were problematic. They were in their nature self-defeating
because the banishing of one fashion automatically created a new
one to avoid prosecution.[24] Alan Hunt suggests that what mattered

[19] For example see the influence of friars in Florentine sumptuary laws in R. Rainey,
'Dressing Down the Dressed-Up: Reproving Feminine Attire in Renaissance Florence'
in *Renaissance Society and Culture: Essays in Honour of Eugene F. Rice Jr.*, ed. J. Monfasani
and R.G. Musto, New York, Italica Press, 1991, pp. 228–237.
[20] J. Deleito y Piñuela, *La mujer, la casa y la moda (en la España del rey poeta)*, 2nd
ed., Madrid, *Espasa-Calpe*, 1954, p. 276.
[21] R. Rainey, 'Dressing Down', pp. 218–219.
[22] C. Kovesi Killerby, 'Practical problems in the enforcement of Italian sumptuary law, 1200–1500' in *Crime, Society and the Law in Renaissance Italy*, ed. T. Dean,
Cambridge: Cambridge University Press, 1994, p. 109.
[23] For the denial of privileged dress and other sumptuary sanctions against prostitutes see some Neapolitan examples in D.A. Parrino, *Teatro eroico e politico de' governi
de' viceré del Regno di Napoli*, 3 vols., Naples, Nuova stampa del Parrino e del Muti,
1692–1694, vol. I, p. 329, vol. II, p. 83. For the encouragement of prohibited garments among courtesans in Spain see M. Hume, 'Against Finery', p. 251; J. Sempere
y Guarinos, *Historia del luxo*, vol. II, pp. 124–125.
[24] K. Killerby, 'Practical problems', pp. 118–119. The author mentions the problems of enforcement in Italy, but her explanations are valid for sumptuary laws in
general.

was not the effectiveness of the law but the mere fact of its existence. Its symbolic presence

> expressed elements of an ideological agenda and generated a sense that 'something was being done' about the persistent anxieties and tensions concerning class and gender relations which fuelled the sumptuary impulse.[25]

If we are to accept this position, sumptuary laws could be used to measure the 'index of anxiety'. In Italy, compared with the XVth century, they doubled their number during the XVIth and XVIIth centuries.[26] In Spain, as we will describe shortly, they reached their peak towards the middle of the XVIIth century, when Spanish fashion started to decline. This same anxiety was evident in XVIIth century sermons:

> O Spain! [. . .] Correct indeed this lascivious vanity of your women. [. . .] Make laws that will force them not to show the neck, the shoulders and the breast. [. . .] Try to reform your garments, because if you do not amend yourself, I tell you and warn you that the evils you are suffering, will only be the beginning of worse to come.[27]

But this was already a reaction to the disappearance of the grave and modest features of Spanish fashion that we will now turn to describe.

In the light of this abundant evidence it is clear why some of the features of aristocratic Spanish fashion matched the spirit of the time. For example, the enhancement of virile traits in both men and women's clothing at the expense of feminine features matched the deep suspicion of religious authorities towards female sexual temptations. Following Charles V after the 1530's European courtiers changed their looks.[28] If in the XVth century, they generally wore long hair, clean-shaven faces and long skirts, they now favoured full beards, moustaches, and short haircuts, proclaiming a newly discovered

---

[25] A. Hunt, *Consuming Passions*, p. 356. Hunt's book provides a much-needed comparative approach throughout the continent, and is an essential textbook for anyone interested in sumptuary law.

[26] D.O. Hughes, 'Sumptuary Law', p. 71.

[27] Quoted in M. Cruz García de Enterría, 'El cuerpo entre predicadores y copleros' in *Le corps dans la société espagnole des XVIᵉ et XVIIᵉ siècles*, ed. A. Redondo, Paris, Publications de la Sorbonne, 1990, pp. 235–236.

[28] P. Burke, 'Presenting and Re-presenting Charles V' in *Charles V: 1500–1558*, ed. Hugo Soly, Antwerp: Mercatorfonds, 1999, p. 409. I would like to thank Prof. Peter Burke for making this source available to me.

virility.[29] Copiously stuffed mid-thigh-length breeches replaced the skirt.[30] Their Spanish origin was emphasized in Italy where they were generally called *Sevillian breeches* (*braghette alla sevigliana*).[31] A padded doublet served as protective clothing, offering defence to vulnerable parts of the body. It was practical, in case of a duel, but it also served aesthetically to construct a martial and heroic male image. The most extreme example of this trend is the growing of the cod-piece (*bragueta*) to an erected phallic icon that ultimately emphasised the male organ more than it concealed it.[32]

The rigidity apparent in male clothes was even more pronounced in women's attire.[33] A linen corset was tightly fitted to the waist. Upon that came a confining bodice which flattened the bust. These constrictions were nothing compared with what the English called the *Spanish farthingale* (*verdugado*). It has been recently commented that it was 'perhaps the most cumbersome and uncomfortable device ever incorporated into costume in its entire history'.[34] It consisted of a bulky underskirt constructed by hoops of wood or whalebone, extend-ing towards the bottom of the skirt, which gave their wearers the shape of a bell, whose length extended from the waist down to the feet. This curious outfit made women 'totally inaccessible, enclosed in a rich shell'.[35] Ironically, access was mostly denied to the wearer's very own body. The enormous volume of the skirt prevented a com-fortable proximity to the table, and noble women had to be fed by their servants.[36] The bodice flattened the breasts, the farthingale hid the legs, and the ruff, in its original form, prevented any chance for a cleavage. The effacement of femininity was also practised by the

---

[29] R. Levi-Pisetzky, 'Moda e costume' in *Storia d'Italia*, vol. 5.1, eds. R. Romano and C. Vivanti, Turin, Giulio Einaudi Editore, 1973, pp. 962–963.

[30] B.J. Anderson and M. Garland, *A History of Fashion*, 2nd rev. ed., London, Orbis, 1980, pp. 110–116.

[31] R. Levi-Pisetzky, *Storia del costume in Italia*, 5 vols., Milan, Istituto Editoriale Italiano, 1964–1969, vol. III, p. 37.

[32] *Ibid.*, vol. III, p. 17; G. Butazzi, '*Vesti di "molta fattura"*. Reflections on Spanish-Influenced Fashion in the Second Half of the Sixteenth Century' in *Velluti e moda: tra XV–XVI secolo*, Milan, Skira, 1999, p. 171; R. Levi-Pisetzky, 'Moda e costume', pp. 962–963.

[33] On women's constrictive clothes in that period M. Thesander, *The Feminine Ideal*, Eng. Trans., London, Reaktion Books, 1997, pp. 55–67, G. Butazzi, 'Spanish-Influenced Fashion', pp. 169–170.

[34] B.J. Anderson and M. Garland, *History of Fashion*, p. 120.

[35] Bernis, *Indumentaria española*, p. 42.

[36] R. Levi-Pisetzky, *Storia del costume*, vol. III, p. 387.

gathering of long hair in high coiffures over the head. Noble ladies also wore a version of the man's brimmed cap. Like its male counterpart, it was usually made out of velvet, richly decorated with jewels, badges or colourful feathers. However, the most popular head cover, used by Spanish women of all ranks, was a long black thick veil to be worn outdoors. It was a garment adopted from Moorish women which served to cover the face and the hair[37] of women's attire, this specific item was less successful in spreading to European courts, mainly restricted to Southern Italy. In sum, the guiding rule seems to have been the total concealment of the feminine body, as if moral integrity could have been gained and preserved by these means.

Another feature was the growing predilection for dark colours, especially black. Harvey, exploring the symbolism of the black power-suit comments that it is not surprising how black clothing should have spread in Counter Reformation Spain in light of the rigor implemented by the ruling institutions. 'Black often has been the colour of asceticism, and asceticism is discipline whether it is inflicted by a hermit on himself, or by an overlord on a nation'.[38] In fact, black served as the colour of the Dominican habit—the religious order most identified with the Spanish inquisition—but also characterized the favourite tint of four generations of Spanish Monarchs, from Charles V in his mature years, to Philip IV, as shown in their contemporary official portraits.[39] Their example was emulated in Spanish and Italian princely courts. When Castiglione encouraged the model Courtier to wear black and grave clothes, accrediting their Spanish origin, he was merely describing a growing convention.[40] The values promoted by black clothing can also explain the apparent paradox of Protestant extremists who adopted the Counter-Reformation's Spanish sobriety of dress, of the black suit and white ruff or collar, and made it into the Puritan uniform.[41] Yet it should

---

[37] Deleito y Piñuela, *La Mujer*, 163 ff.

[38] J. Harvey, *Men in Black*, London, Reaktion Books, 1995, p. 77.

[39] *Ibid.*, p. 72; G. Redworth and F. Checa, 'The Kingdoms of Spain: The courts of the Spanish Absburgs, 1500–1700' in *The Princely Courts of Europe: Ritual, Politics and Culture under the Ancien Régime, 1500–1750*, ed. J. Adamson, London, Widenfeld and Nicholson, 1999, p. 59.

[40] B. Castiglione, *Il libro del Cortegiano*, L. Preti (ed.), Turin, Einaudi, 1965, 2nd book, ch. 27.

[41] A. Ribeiro, *Dress and Morality*, London, B. T. Badsford, 1986, p. 68. Ribeiro's book gives an extensive survey of ideas of dress and morality in early modern Britain.

be noted that Venetian patricians used to wear black togas as a long-standing tradition that preceded the black of Spain.[42] However, Venetian ambassadors at the Spanish court commented that Charles V dressed too soberly for his status, and Philip II has sometimes been described wearing a plain black suit 'like a simple merchant'.[43]

To set the record straight, not all features of Spanish fashion implied modesty and gravity. A sweeping passage to dark colours did not necessarily mean a complete moderation of ostentatious appearance. Luxury could still be displayed through such expensive textiles as silk, velvet and brocade. In addition, black seemed to function better than any other hue as a background to valuable adornments of silver, gold and precious stones. Spanish fashionable clothes achieved the same effect as a dark velvet jewellery box.[44] Moreover, black clothes functioned as status markers *per se*, because the strenuous and expensive procedure of their dye resulted in elevated prices for consumers.[45]

Another badge of status, typical of Spanish fashion was the ruff that was worn by both sexes. The distinct shape of this collar is best portrayed by its Spanish appellation, lettuce (*lechugilla*). It restricted head movements and implied the inability for manual work that was so cherished by Spanish aristocrats, who punctiliously avoided any activity leading to *dérogeance*.[46] These characteristics of noble aloofness were stressed further by the postures and gestures caused by the rigid clothes. Women encased in a farthingale and corset, and men dressed in cuirass-like clothing, were obliged to advance in a stately dignified manner. This seems to fit well the comment of a fashion theorist:

> . . . different fashions and clothes [. . .] determine the movements that they enable us or force us to make that are much the fashion as the garments themselves.[47]

---

[42] J. Harvey, *Men in Black*, pp. 66–69.

[43] P. Burke, 'Re-presenting Charles V', p. 409; Harvey, *Men in Black*, p. 66.

[44] R. Levi-Pisetzky, *Storia del costume*, vol. III, pp. 108–119.

[45] J. Harvey, *Men in Black*, p. 55.

[46] P. Burke, *The Historical Anthropology of early Modern Italy: Essays on Perception and Communication*, Cambridge, Cambridge University Press, 1987, p. 140; R. Levi-Pisetzky, *Storia del costume*, vol. III, pp. 307–311.

[47] M. Barnard, *Fashion as Communication*, London and New York, Routledge, 1996, p. 174.

However, a wholly mechanistic explanation of posture seems problematic here. Spanish courtiers and ministers faced a general pan-European censure for having a petrified and affected posture, even when most European courts shared that same style of clothing.[48] In sum, it seems to me that the gravity of Spanish clothes and deportment was shared by both sexes, but on the issue of modesty there was a gender divide. While women usually conformed to it, men carried themselves with an arrogance and superciliousness that was destined to become proverbial.

Nevertheless, outsiders visiting Spain were deeply impressed by the relative frugality of the local attire. The French Mme D'Aulnoy found the black outfit

> ...indeed so unflattering for a man, however handsome he might be otherwise, that it seems they have chosen the least likeable dress of all, to which the eyes cannot accustom themselves.[49]

Another French traveller supplied a very modest and devout portrait of Spanish females.

> Women cover all their body with a great veil of black cloth and they do not let show more than their right eye when they walk in the streets, which occurs rarely, only to attend mass and the religious functions of Sunday . . .[50]

D'Aulnoy added another religious dimension to women's appearance '[. . .] They wear belts full of plaques and reliquaries. Numerous churches do not have so many.' They also wore a cord belt representing one of the religious orders in order to symbolize vows they made to the Saints. With a pinch of malice she also adds: 'What is the motive for these vows?'[51] It is indicative that the Milanese archbishop St. Carlo Borromeo, while describing the appropriate fashion of dress for Ursuline laywomen, names almost the same features. The allowed colours of dress are white, black, or other dark shades. Their bodice has to be closed up to the neck. Out of their house

---

[48] P. Burke, *Historical Anthropology*, p. 154; J. Huxtable Elliott, *Spain and Its World 1500–1700: Selected Essays*, New Haven and London, Yale University Press, 1989, p. 150.

[49] Quoted in J.M. Díez Borque, *La vida española en el Siglo de Oro según los extranjeros*, Barcelona, Ediciones del Serbal, 1990, p. 58. This is a useful collection of traveller reports from Spain during the Golden Age.

[50] *Ibid.*, p. 61.

[51] *Idem.*

they must wear a veil. At their waists they should wear a string that
symbolizes 'exterior mortification, and perfect internal chastity'.[52]

How successful was the Spanish style in Italy? During the first
decades following the council of Trent, especially in Milan and Naples
where the Spanish ruled, it played a predominant part with all the
features already mentioned. In other places it found only a partial
fortune.[53] For example, the black colour, at least until the closure of
the century was universally accepted. This tenebrous style stirred the
mordacious and melancholic poetry of Tommaso Campanella, himself an exemplary victim of religious persecution:

> Black robes befit our age. Once they were white;
> Next many-hued; now dark as Afric's Moor,
> Night-black, infernal, traitorous, obscure,
> Horrid with ignorance and sick with fright.
> For very shame we shun all colours bright,
> Who mourn our end—the tyrants we endure,
> The chains, the noose, the lead, the snares, the lure
> —Our dismal heroes, our souls sunk in the night.[54]

The farthingale succeeded in Genoa and Venice, but did not make
an appeal in Bologna and Rome.[55] The Roman author of a journal in the first half of the XVIIth century described the similarity
of appearances between men and women in the Capital of Christianity,
according to the virile Spanish style. They wore their hair almost
identically, long at the sides and shorter in the back just at the height
of the collar, and they also shared a predilection for black cloth. He
commented that this similarity was so striking that a person seeing
a woman at church, especially if she was kneeling, might have easily mistaken her for a young man without a hat.[56] The ruff was generally accepted by both sexes throughout the Italian peninsula, with
the exception of Venetian ladies who clung right through this era
to their *décolletage*. Vecellio, a famous contemporary producer of

---

[52] M.F. Mellano, 'La donna', p. 1091.

[53] R. Levi-Pistzky, *Storia del costume*, vol. III, p. 37.

[54] Quoted in M. and A. Batterberry, *Fashion: The Mirror of History*, 2nd ed., London,
Columbus Books, 1982, p. 119.

[55] For the farthingale in Genoa see L.T. Belgrano. *Della vita privata dei genovesi*,
2nd ed., Genoa, Tipografia del R. Istituto Sordo-muti, 1875, pp. 268–271; R. Levi-
Pisetzky, *Storia del costume*, Vol. III, p. 387.

[56] R. Levi-Pisetzky, 'Il gusto Barocco nel costume italiano del Seicento', *Studi
Secenteschi* 2 (1961), p. 78.

costume plates, comparing Neapolitan with Venetian noble women emphasized the differences in moral standards. While the former 'use to go about . . . closed and secured in their bosoms', the latter wear such low-cut cleavages 'that it is almost possible to see their entire breasts'.[57] Vecellio was probably exaggerating, but visitors to the city were profoundly scandalized at the ladies' boldness in adding cosmetics to the visible parts of the chest.[58] However, the spirit of moral reform was also felt in Venice after the middle of the XVIth century. In 1562 the Venetian magistrates promulgated a law against cleavages commenting that '. . . it is convenient that, besides dressing parsimoniously, [women] should dress with the appropriate honesty'.[59] However, no serious measures were taken to punish the transgressors, who simply ignored the decree.

In fact, Venice seems to have been unusually liberal in comparison with the rest of Italy in exposing the feminine body, contrary to the Spanish style. A sign of this liberality might be heard through the voice of Cornelia, one of the interlocutors in Moderata Fonte's book *The Worth of women Wherein is Clearly Revealed Their Nobility and Their Superiority to Men*.

> One thing that's certain [. . .] is that Venetian women dress in a more attractive manner than women elsewhere. [. . .] Women from outside Venice, on the other hand, often look mannish rather then feminine.[60]

One is tempted to exaggerate Venetian liberality considering not only that feminine bodies were allowed to be seen, but also that women's voices were allowed to be heard. Fonte together with Lucrezia Marinella and Arcangela Tarabotti made a peculiar group of Venetian extraction, whose works were published during the late XVIth and XVIIth century, where bold accusations were formulated against male despotism over their gender. Concerning the issue of fashion, they vindicated the right of women to embellish themselves

---

[57] Quoted in A.C. Mastrocinque, 'Cinquecento napoletano' in *Storia di Napoli*, vol. 4, E. Pontieri (ed.), 2nd. ed., Naples, Società editrice storia di Napoli, 1976, p. 558.

[58] P.G. Molmenti, *La storia di Venezia nella vita privata. Dalle origini alla caduta della republica*, 2nd ed., Turin, Roux and Favale, 1880, p. 274.

[59] Quoted in G. Bistrot, *Il magistrato alle pompe nella republica di Venezia: studio storico*, Venice, Deputazione veneta di storia patria, 1912, pp. 167–168.

[60] M. Fonte (Modesta Pozzo), *The Worth of Women Wherein is Clearly Revealed Their Nobility and Their Superiority to Men*, V. Cox (ed.), Eng. Trans., Chicago, The University of Chicago Press, 1997; written in 1592 and published posthumously in 1600, p. 234.

and emphasized the existence of male vanity, alongside the female—
a fact that had been conveniently omitted by male detractors.[61]

It would be mistaken to think that these single Venetian voices
were the only female reactions. Women had a way of fighting back
in a subtle way from within the system. Those same garments that
were promoted by Counter-Reformation moralists proved to be
exploitable for feminine subterfuge. Juan Sempere y Guarinos, an
XVIIIth century Spaniard evaluating the phenomenon, illustrates
best the ambivalence of the dress of Spanish women, known as *tapadas*
(tightly dressed and veiled) which was massively introduced during
the reign of Philip II. Apparently, this is a style that moralists would
have gladly embraced:

> because it invalidated the stimulation of luxury, making many adorn-
> ments void and superfluous, since they could not be seen; it [fostered]
> a more decent deportment, through the covering of the face, the breasts
> and the hands; and last because, with such a camouflage one could
> donate to many charities, and do other good deeds, without showing
> where they came from.

However, he also warns that since

> malice, which is always more pervasive and common than virtue [. . .]
> effectively abused the same device for other different ends, such as
> deceiving, cursing, mocking the vigilance, and care of fathers.[62]

It is not surprising, then, that the bans promulgated against the use
of veils, beginning with Philip II in 1594 and continuing all through
the reigns of his Habsburg successors, failed as they were encountered with a strong resistance.[63] Perhaps the most severe of those
pragmatic was the one of Philip III, issued in 1611. Not only did it
forbid women to cover their head and face, in order to be recogniza-
ble, it also obliged them to be accompanied, whenever in public, by
a male member of their family—husband, father, son, or grand-

---

[61] *Ibid.*, pp. 234–237; L. Marinella, *The Nobility and Excellence of Women and the
Defects and Vices of Men*, (ed.) A. Dunhill, Eng. Trans., Chicago, The University of
Chicago Press, 1999; first ed. 1600, pp. 166–168; A. Tarabotti, *Antisatira* in *Satira
e antisatira*, ed. E. Weiser, Rome, Salerno Editrice, 1998. The entire piece is relevant, especially pp. 67–91, 95–100. All three are key texts for anyone interested in
the *querelle des femmes*.

[62] J. Sempere y Guarinos, *Historia del Luxo*, vol. II, p. 94.

[63] N. Luján, *La vida cotidiana en el Siglo de Oro español*, Barcelona, Editorial Planeta,
1988, pp. 76–79.

father—apparently to prevent them from damaging the families' honour.[64] In Italy, Church and State differed on this issue. While the Church would have had women veiled, as symbolizing religious piety and sexual modesty, the secular authorities were concerned that women would abuse anonymity to transgress sumptuary limitations.[65] Likewise, in Venice women were forbidden to put on carnival masks beyond the official festive season to avoid their transgression of sumptuary restrictions.[66]

The same was true for the farthingale. An anonymous Genoese author insinuated with malice, that young Genoese males particularly favoured this cumbersome gown. He claimed that despite its total covering of the legs, it often allowed 'a beautiful sight' when her poor wearer tried to sit, or when her admirers strategically placed themselves at the bottom of a staircase to peek under the bulky skirt.[67] But the main objection to it is evident in the change of its name from *verdugado* to *guardainfante* (*babykeeper*) when towards the 1630's it was reintroduced to Spain in its exaggerated French version. The implication was that women not only concealed their legs but were also able to hide illegitimate pregnancies. Like the veil it provoked the criticisms of moralists and satirists, and was eventually banned by Philip IV's pragmatic of 1639:

> His majesty orders that no woman, whatever her quality, shall wear a *guardainfante*; which is a costly, superfluous, painful, ugly, disproportionate, lascivious, indecent article of dress, giving rise to sin on the part of the wearers and on that of men for their sakes. The only exception to this rule shall be public prostitutes.[68]

Playing on a similar theme, in Perugia, early as 1508, probably referring to some precocious version of the Spanish *verdugado*, it was forbidden to 'carry a circle of iron, wood or any other thing under the skirt', claiming that it might cause an abortion.[69]

In sum, the self-effacing qualities of Spanish fashion proved to be carriers of freedom, just as they could be symbols of oppression. The

---

[64] M. Hume, 'Against Finery', p. 244.
[65] A. Hunt, *Consuming Passions*, p. 223.
[66] G. Bistrot, *Magistrato alle pompe*, p. 232.
[67] L.T. Belgrano, *Vita privata*, p. 270.
[68] Quoted in M. Hume, 'Against Finery', p. 251.
[69] A. Fabretti, *Perugia: leggi suntuarie*, Turin, Memorie della R. Accademia de Scienze di Torino, ser.2, T. xxxviii, 1888, p. 88.

laws promulgated against veils and *guardainfantes* were generally ignored, and they only serve to illustrate the men's fear of their women evading patriarchal vigilance. One might add, that they fitted well into the atmosphere of simulation and dissimulation that characterized the Baroque era. Philip IV can be cast in the same ambivalent role, as he was always described as wearing black and standing as rigid as a statue, apparently a God ordained source of modesty, gravity and self-restraint. Nevertheless, his friend the Nun María of Agreda used to reprehend him: 'Sir, a king is no king if he cannot rule his self and govern and dominate over his passions and appetites'.[70] His exemplary appearance could not change the fact that he was a notorious womanizer.

The age of Spanish fashion ended with the introduction of French styles. What was the secret of their allure? It is worth quoting Cirillo Mastrocinque, the greatest Neapolitan costume historian who explains why Neapolitans, along with the rest of the peninsula simply traded one style for the other:

> How could anyone resist the temptation? To wear French clothes means freeing the neck from the tortures of ruffs, the shoulder from the epaulettes, the body from the corsets. For women it also means to free the tight braids from above the head . . . into soft rolls; for men to wear long hair; and colour, joy, ribbons, laces and false nonchalance [not to mention false hair] for everyone.[71]

In other words, feminine features relinquished all the previous virile traits, as women started revealing their bodies and their hair and men started to adopt more soft and feminine clothes and accessories, while the grave qualities were tossed aside by both sexes. The darts of male critics were finally starting to target men alongside women, labelling them effeminate and corrupt, although these charges still point towards the traditional sexist attribution of vanity to women.

I do not think it is a coincidence that the avalanche of sumptuary laws in Spain and Italy, which limited French fashions or tried to superimpose Spanish styles, mounted towards the Peace of Westphalia

---

[70] Quoted in J. Pérez Villanueva, 'Sor María de Agreda y Felipe IV: un epistolario en su tiempo' in *Historia de la Iglesia en España*, vol. 4: *La Iglesia en la España de los siglos XVII y XVIII*, (ed.) A. Mestre Sanchis, Madrid, Editorial Catolica, 1980, p. 402.

[71] A.C. Mastrocinque, *Usi e costumi popolari a Napoli nel Seicento*, Rome, Edizioni del Mezzogiorno, 1978, p. 117.

(1648), which has been marked by traditional historiography as the end of the Counter-Reformation. Part of the reason, at least for Spain, was a rationale based on economic protectionism that aimed at limiting the imports from a hostile country, whose political and economic ascendancy certainly contributed to the success of its luxury exports. But the features of the French fashions, so antithetical to their Spanish counterparts, and their subsequent success show a novel laxity of moral rigor that was initially opposed by the authorities.

Just to mention a few examples, Philip IV banned together with the *guardainfantes*, dresses with deep cleavages. In the case of men, he imposed the black outfit at court, a step that suggests the decline of its appeal, and forbade them to wear long curls hanging from the side of the head. To add to the general new spirit of moral right-eousness, something similar to the example set by Savonarola, bonfires of vanities were being made of the forbidden articles confiscated in Madrid, evoking the notorious auto-de-fe.[72] These preoccupations with the introduction of foreign fashions were naturally shared by the Church, as the themes of over-exposing dresses for women, extravagant coiffures for men and ostentatious clothes for both sexes, became recurrent in sermons after the middle of the XVIIth cen-tury.[73] In Italy, the decline of black attire was also evident as laws in Genoa and Venice tried to impose it on patricians, and in Tuscany it was being enforced upon married women. In Naples and Milan French fashions were categorically banned, and periwigs together with laces and other ornaments associated with the new libertine style found a general opposition throughout the peninsula.[74] All was in vain. Ultimately, moralists and conservatives in both countries had to give in to the French style.

This point can best be proved by examining the policy of Pope Innocent XI, facing the massive introduction of French fashions in Rome. In 1683 he called for a congregation of five churchmen, ask-ing for their opinion concerning the use of excommunication as a

---

[72] J. Sempere y Guarinos, *Historia del luxo*, pp. 122–124. Generally for male attire in this period see Deleito y Piñuela, *La mujer*, pp. 215–233, on sumptuary laws, pp. 275 ff.

[73] H. Kamen, 'Nudité et contre-réforme en Espagne', in *Le corps dans la société espagnole des XVIᵉ et XVIIᵉ siècles*, (éd.) A.Redondo, Paris, Publications de la Sorbonne, 1990, p. 301; A.J. Cruz, 'El cuerpo', p. 241.

[74] R. Levi-Pisetzky, *Storia del costume*, vol. III, p. 442. For wigs see pp. 407–414; for general sumptuary laws, pp. 458 ff.

punishment for women infringing sumptuary laws.[75] The advisors suggested withdrawing this extreme punishment, but their decision was more influenced by the fear of defeat than by tolerance. A passage from the answer of the Jesuit Father Requesens best formulates the general concern shared by the congregation:

> . . . they will not care much for this new augmentation of excommunications, and if this would happen [. . .] I am afraid his [Holiness's] law will be mocked [. . .], and at the same time his authority will remain spoiled of the most potent arm that the church uses as a last resort in the most relevant issues of Christianity.[76]

The church had to raise the white flag in submission but it was indeed an ephemeral victory for women. They were able to trade black cloth for colourful material, the veil for a periwig, the ruff for a *décolletage*, but they remained strictly cloistered in the roles that the androcentric society had assigned them.

---

[75] F. Ferrero, 'Mentalità teologica e mentalità scientifica sulla moda femminile del secolo XVII', *Ricerche per la storia religiosa di Roma* 1, 1977, pp. 231–256.
[76] *Ibid.*, p. 251.

INDEX

Aaron 472
Ablancourt 468
Abraham 231, 454
Absalon 454
Abū Ma'shar 202
Abunä 144–45, 148
accessories 508
accompagnement 435 n. 38
accord 99, 116, 123, 136, 265, 284,
 363 n. 3, 370, 410, 439, 448, 455,
 476 n. 20
accouchement 296, 299, 306,
 308–309
accoucheur 13
action 13, 16, 18, 20, 53, 56, 74,
 122–23, 127, 129, 136–37, 161,
 167–69, 212, 227, 263, 267, 270,
 282, 296, 319, 336, 355–56, 421–22
adultère 102, 106 n. 75, 107, 299,
 299 nn. 30, 32, 302–303, 305
affected posture 503
Agricola, Martin 453, 460
air de cour 435
Albiac 90, 458 n. 32
Alcalá 428
Aldebert à Egmond, Saint 296
Alès 276, 280, 281 n. 17, 282, 284
Alexandrian faith 141
Alexandrie, Clément d' 358
algébrose 431 n. 21
allégorie 221, 481, 483
allégorie cosmographique 220
allégorique 216–17, 225, 232, 364
Allemagne 45, 47, 50, 112, 114, 207,
 220 n. 9, 253, 274, 293, 300, 309,
 311, 316–18, 409, 444, 448, 452,
 453 n. 16, 454 n. 21
Almeida, Manuel de 138, 140–41,
 142 n. 7, 143–44, 146, 148–49
Alsace 444, 446, 446 n. 4, 448
Álvares, Francisco 144, 144 n. 17
Alzon, Emmanuel d' 285
amharic 140
Amman, Jost 228, 466, 469, 475,
 475 n. 18
amour 4–5, 8–9, 11–22, 103, 159,
 167, 192, 273, 356, 363–65, 385–86,

388, 426 n. 1, 444–45, 471, 473,
 486
amour divin 8, 283, 435
amulette 489
Amyraut, Moïse 276
anabaptistes 32, 56, 86, 96, 100 n. 56
analogie de l'Écriture 476
Angelus Silesius 354–55, 355 nn. 4,
 6, 356 n. 7, 357, 357 nn. 9–10, 358
 n. 15, 359 n. 17, 360, 364–65, 367
Angleterre 33, 48 n. 25, 87, 112,
 114, 266, 272, 300 n. 35, 313, 320,
 320 n. 83
angoisse 9–14, 171, 230
annonciation 305
antéchrist 55, 220, 220 n. 11, 265
anthropologie xiii, xv, xvii, 18, 102,
 207 n. 6, 215 n. 12, 234 n. 45, 431
 n. 21
anthropologue xiii, 78, 207 n. 6, 215
anthropophage 226
anti-Machiavel 263, 264 n. 8, 265
 n. 12
anti-Paradis 223
anticléricalisme 434
antienne 209, 344, 428, 435
Antiochus 268
Anvers 229, 364 n. 27, 369 n. 1,
 370, 370 n. 3, 371, 371 n. 7, 372,
 373, 373 n. 18, 374, 374 nn. 21–22,
 375 n. 30, 376, 378 nn. 40–41, 379
 n. 45, 380–81, 381 n. 55, 383
 n. 66, 387 n. 85, 388 n. 89, 389
 n. 91, 390 n. 96, 409–11, 428, 428
 n. 6
aphorismes 183, 359
apocalypse 221, 230, 467 n. 2
apostolat 365
appearance 142, 492–93, 503–504,
 508
Aquaviva, Claudio 357
Arcangela Tarabotti 505
archidiacres 340, 347
Archiduc Albert 370
architecture xv, 80, 204, 211, 256,
 257 n. 4
aristocratic 499

Studies in the History of Christian Traditions

(formerly Studies in the History of Christian Thought)

EDITED BY ROBERT J. BAST

1. McNEILL, J. J. *The Blondelian Synthesis.* 1966. Out of print
2. GOERTZ, H.-J. *Innere und äussere Ordnung in der Theologie Thomas Müntzers.* 1967
3. BAUMAN, Cl. *Gewaltlosigkeit im Täufertum.* 1968
4. ROLDANUS, J. *Le Christ et l'Homme dans la Théologie d'Athanase d'Alexandrie.* 2nd ed. 1977
5. MILNER, Jr., B. Ch. *Calvin's Doctrine of the Church.* 1970. Out of print
6. TIERNEY, B. *Origins of Papal Infallibility, 1150-1350.* 2nd ed. 1988
7. OLDFIELD, J. J. *Tolerance in the Writings of Félicité Lamennais 1809-1831.* 1973
8. OBERMAN, H. A. (ed.). *Luther and the Dawn of the Modern Era.* 1974. Out of print
9. HOLECZEK, H. *Humanistische Bibelphilologie bei Erasmus, Thomas More und William Tyndale.* 1975
10. FARR, W. *John Wyclif as Legal Reformer.* 1974
11. PURCELL, M. *Papal Crusading Policy 1244-1291.* 1975
12. BALL, B. W. *A Great Expectation.* Eschatological Thought in English Protestantism. 1975
13. STIEBER, J. W. *Pope Eugenius IV, the Council of Basel, and the Empire.* 1978. Out of print
14. PARTEE, Ch. *Calvin and Classical Philosophy.* 1977
15. MISNER, P. *Papacy and Development.* Newman and the Primacy of the Pope. 1976
16. TAVARD, G. H. *The Seventeenth-Century Tradition.* A Study in Recusant Thought. 1978
17. QUINN, A. *The Confidence of British Philosophers.* An Essay in Historical Narrative. 1977
18. BECK, J. *Le Concil de Basle (1434).* 1979
19. CHURCH, F. F. and GEORGE, T. (ed.). *Continuity and Discontinuity in Church History.* 1979
20. GRAY, P. T. R. *The Defense of Chalcedon in the East (451-553).* 1979
21. NIJENHUIS, W. *Adrianus Saravia (c. 1532-1613).* Dutch Calvinist. 1980
22. PARKER, T. H. L. (ed.). *Iohannis Calvini Commentarius in Epistolam Pauli ad Romanos.* 1981
23. ELLIS, I. *Seven Against Christ.* A Study of 'Essays and Reviews'. 1980
24. BRANN, N. L. *The Abbot Trithemius (1462-1516).* 1981
25. LOCHER, G. W. *Zwingli's Thought.* New Perspectives. 1981
26. GOGAN, B. *The Common Corps of Christendom.* Ecclesiological Themes in Thomas More. 1982
27. STOCK, U. *Die Bedeutung der Sakramente in Luthers Sermonen von 1519.* 1982
28. YARDENI, M. (ed.). *Modernité et nonconformisme en France à travers les âges.* 1983
29. PLATT, J. *Reformed Thought and Scholasticism.* 1982
30. WATTS, P. M. *Nicolaus Cusanus.* A Fifteenth-Century Vision of Man. 1982
31. SPRUNGER, K. L. *Dutch Puritanism.* 1982
32. MEIJERING, E. P. *Melanchthon and Patristic Thought.* 1983
33. STROUP, J. *The Struggle for Identity in the Clerical Estate.* 1984
34. 35. COLISH, M. L. *The Stoic Tradition from Antiquity to the Early Middle Ages.* 1.2. 2nd ed. 1990
36. GUY, B. *Domestic Correspondence of Dominique-Marie Varlet, Bishop of Babylon, 1678-1742.* 1986
37. 38. CLARK, F. *The Pseudo-Gregorian Dialogues.* I. II. 1987
39. PARENTE, Jr. J. A. *Religious Drama and the Humanist Tradition.* 1987
40. POSTHUMUS MEYJES, G. H. M. *Hugo Grotius, Meletius.* 1988
41. FELD, H. *Der Ikonoklasmus des Westens.* 1990
42. REEVE, A. and SCREECH, M. A. (eds.). *Erasmus' Annotations on the New Testament.* Acts —Romans — I and II Corinthians. 1990
43. KIRBY, W. J. T. *Richard Hooker's Doctrine of the Royal Supremacy.* 1990
44. GERSTNER, J. N. *The Thousand Generation Covenant.* Reformed Covenant Theology. 1990
45. CHRISTIANSON, G. and IZBICKI, T. M. (eds.). *Nicholas of Cusa.* 1991

46. GARSTEIN, O. *Rome and the Counter-Reformation in Scandinavia*. 1553-1622. 1992
47. GARSTEIN, O. *Rome and the Counter-Reformation in Scandinavia*. 1622-1656. 1992
48. PERRONE COMPAGNI, V. (ed.). *Cornelius Agrippa, De occulta philosophia Libri tres*. 1992
49. MARTIN, D. D. *Fifteenth-Century Carthusian Reform*. The World of Nicholas Kempf. 1992
50. HOENEN, M. J. F. M. *Marsilius of Inghen*. Divine Knowledge in Late Medieval Thought. 1993
51. O'MALLEY, J. W., IZBICKI, T. M. and CHRISTIANSON, G. (eds.). *Humanity and Divinity in Renaissance and Reformation*. Essays in Honor of Charles Trinkaus. 1993
52. REEVE, A. (ed.) and SCREECH, M. A. (introd.). *Erasmus' Annotations on the New Testament*. Galatians to the Apocalypse. 1993
53. STUMP, Ph. H. *The Reforms of the Council of Constance (1414-1418)*. 1994
54. GIAKALIS, A. *Images of the Divine*. The Theology of Icons at the Seventh Ecumenical Council. With a Foreword by Henry Chadwick. 1994
55. NELLEN, H. J. M. and RABBIE, E. (eds.). *Hugo Grotius – Theologian*. Essays in Honour of G. H. M. Posthumus Meyjes. 1994
56. TRIGG, J. D. *Baptism in the Theology of Martin Luther*. 1994
57. JANSE, W. *Albert Hardenberg als Theologe*. Profil eines Bucer-Schülers. 1994
59. SCHOOR, R.J.M. van de. *The Irenical Theology of Théophile Brachet de La Milletière (1588-1665)*. 1995
60. STREHLE, S. *The Catholic Roots of the Protestant Gospel*. Encounter between the Middle Ages and the Reformation. 1995
61. BROWN, M.L. *Donne and the Politics of Conscience in Early Modern England*. 1995
62. SCREECH, M.A. (ed.). *Richard Mocket, Warden of All Souls College, Oxford, Doctrina et Politia Ecclesiae Anglicanae*. An Anglican Summa. Facsimile with Variants of the Text of 1617. Edited with an Introduction. 1995
63. SNOEK, G.J.C. *Medieval Piety from Relics to the Eucharist*. A Process of Mutual Interaction. 1995
64. PIXTON, P.B. *The German Episcopacy and the Implementation of the Decrees of the Fourth Lateran Council, 1216-1245*. Watchmen on the Tower. 1995
65. DOLNIKOWSKI, E.W. *Thomas Bradwardine: A View of Time and a Vision of Eternity in Fourteenth-Century Thought*. 1995
66. RABBIE, E. (ed.). *Hugo Grotius, Ordinum Hollandiae ac Westfrisiae Pietas (1613)*. Critical Edition with Translation and Commentary. 1995
67. HIRSH, J.C. *The Boundaries of Faith*. The Development and Transmission of Medieval Spirituality. 1996
68. BURNETT, S.G. *From Christian Hebraism to Jewish Studies*. Johannes Buxtorf (1564-1629) and Hebrew Learning in the Seventeenth Century. 1996
69. BOLAND O.P., V. *Ideas in God according to Saint Thomas Aquinas*. Sources and Synthesis. 1996
70. LANGE, M.E. *Telling Tears in the English Renaissance*. 1996
71. CHRISTIANSON, G. and IZBICKI, T.M. (eds.). *Nicholas of Cusa on Christ and the Church*. Essays in Memory of Chandler McCuskey Brooks for the American Cusanus Society. 1996
72. MALI, A. *Mystic in the New World*. Marie de l'Incarnation (1599-1672). 1996
73. VISSER, D. *Apocalypse as Utopian Expectation (800-1500)*. The Apocalypse Commentary of Berengaudus of Ferrières and the Relationship between Exegesis, Liturgy and Iconography. 1996
74. O'ROURKE BOYLE, M. *Divine Domesticity*. Augustine of Thagaste to Teresa of Avila. 1997
75. PFIZENMAIER, T.C. *The Trinitarian Theology of Dr. Samuel Clarke (1675-1729)*. Context, Sources, and Controversy. 1997
76. BERKVENS-STEVELINCK, C., ISRAEL, J. and POSTHUMUS MEYJES, G.H.M. (eds.). *The Emergence of Tolerance in the Dutch Republic*. 1997
77. HAYKIN, M.A.G. (ed.). *The Life and Thought of John Gill (1697-1771)*. A Tercentennial Appreciation. 1997
78. KAISER, C.B. *Creational Theology and the History of Physical Science*. The Creationist Tradition from Basil to Bohr. 1997
79. LEES, J.T. *Anselm of Havelberg*. Deeds into Words in the Twelfth Century. 1997
80. WINTER, J.M. van. *Sources Concerning the Hospitallers of St John in the Netherlands, 14th-18th Centuries*. 1998
81. TIERNEY, B. *Foundations of the Conciliar Theory*. The Contribution of the Medieval Canonists from Gratian to the Great Schism. Enlarged New Edition. 1998

82. MIERNOWSKI, J. *Le Dieu Néant*. Théologies négatives à l'aube des temps modernes. 1998
83. HALVERSON, J.L. *Peter Aureol on Predestination*. A Challenge to Late Medieval Thought. 1998.
84. HOULISTON, V. (ed.). *Robert Persons, S.J.: The Christian Directory (1582)*. The First Booke of the Christian Exercise, appertayning to Resolution. 1998
85. GRELL, O.P. (ed.). *Paracelsus*. The Man and His Reputation, His Ideas and Their Transformation. 1998
86. MAZZOLA, E. *The Pathology of the English Renaissance*. Sacred Remains and Holy Ghosts. 1998.
87. 88. MARSILIUS VON INGHEN. *Quaestiones super quattuor libros sententiarum*. Super Primum. Bearbeitet von M. Santos Noya. 2 Bände. I. Quaestiones 1-7. II. Quaestiones 8-21. 2000
89. FAUPEL-DREVS, K. *Vom rechten Gebrauch der Bilder im liturgischen Raum*. Mittelalterliche Funktions-bestimmungen bildender Kunst im *Rationale divinorum officiorum* des Durandus von Mende (1230/1-1296). 1999
90. KREY, P.D.W. and SMITH, L. (eds.). *Nicholas of Lyra*. the Senses of Scripture. 2000
92. OAKLEY, F. *Politics and Eternity*. Studies in the History of Medieval and Early-Modern Political Thought. 1999
93. PRYDS, D. *The Politics of Preaching*. Robert of Naples (1309-1343) and his Sermons. 2000
94. POSTHUMUS MEYJES, G.H.M. *Jean Gerson – Apostle of Unity*. His Church Politics and Ecclesiology. Translated by J.C. Grayson. 1999
95. BERG, J. VAN DEN. *Religious Currents and Cross-Currents*. Essays on Early Modern Protestantism and the Protestant Enlightenment. Edited by J. de Bruijn, P. Holtrop, and E. van der Wall. 1999
96. IZBICKI, T.M. and BELLITTO, C.M. (eds.). *Reform and Renewal in the Middle Ages and the Renaissance*. Studies in Honor of Louis Pascoe, S. J. 2000
97. KELLY, D. *The Conspiracy of Allusion*. Description, Rewriting, and Authorship from Macrobius to Medieval Romance. 1999
98. MARRONE, S.P. *The Light of Thy Countenance*. Science and Knowledge of God in the Thirteenth Century. 2 volumes. 1. A Doctrine of Divine Illumination. 2. God at the Core of Cognition. 2001
99. HOWSON, B.H. *Erroneous and Schismatical Opinions*. The Question of Orthodoxy regarding the Theology of Hanserd Knollys (c. 1599-169)). 2001
100. ASSELT, W.J. VAN. *The Federal Theology of Johannes Cocceius (1603-1669)*. 2001
101. CELENZA, C.S. *Piety and Pythagoras in Renaissance Florence the* Symbolum Nesianum. 2001
102. DAM, H.-J. VAN (ed.), *Hugo Grotius, De imperio summarum potestatum circa sacra*. Critical Edition with Introduction, English translation and Commentary. 2 volumes. 2001
103. BAGGE, S. *Kings, Politics, and the Right Order of the World in German Historiography c. 950-1150*. 2002
104. STEIGER, J.A. *Fünf Zentralthemen der Theologie Luthers und seiner Erben*. Communicatio – Imago – Figura – Maria – Exempla. Mit Edition zweier christologischer Frühschriften Johann Gerhards. 2002
105. IZBICKI, T.M. and BELLITTO, C.M. (eds.). *Nicholas of Cusa and his Age: Intellect and Spirituality*. Essays Dedicated to the Memory of F. Edward Cranz, Thomas P. McTighe and Charles Trinkaus. 2002
106. HASCHER-BURGER, U. *Gesungene Innigkeit*. Studien zu einer Musikhandschrift der Devotio moderna (Utrecht, Universiteitsbibliotheek, MS 16 H 94, olim B 113). Mit einer Edition der Gesänge. 2002
107. BOLLIGER, D. *Infiniti Contemplatio*. Grundzüge der Scotus- und Scotismusrezeption im Werk Huldrych Zwinglis. 2003
108. CLARK, F. *The 'Gregorian' Dialogues and the Origins of Benedictine Monasticism*. 2002
109. ELM, E. *Die Macht der Weisheit*. Das Bild des Bischofs in der *Vita Augustini* des Possidius und an-dere spätantiken und frühmittelalterlichen Bischofsviten. 2003
110. BAST, R.J. (ed.). *The Reformation of Faith in the Context of Late Medieval Theology and Piety*. Essays by Berndt Hamm. 2004.
111. HEERING, J.P. *Hugo Grotius as Apologist for the Christian Religion*. A Study of his Work *De Veritate Religionis Christianae* (1640). Translated by J.C. Grayson. 2004.
112. LIM, P.C.-H. *In Pursuit of Purity, Unity, and Liberty*. Richard Baxter's Puritan Ecclesiology in its Seventeenth-Century Context. 2004.
113. CONNORS, R. and GOW, A.C. (eds.). *Anglo-American Millennialism, from Milton to the Millerites*. 2004.
114. ZINGUER, I. and YARDENI, M. (eds.). *Les Deux Réformes Chrétiennes*. Propagation et Diffusion. 2004.
115. JAMES, F.A. III (ed.). *Peter Martyr Vermigli and the European Reformations*: Semper Reformanda. 2004.
116. STROLL, M. *Calixtus II (1119-1124)*. A Pope Born to Rule. 2004.

117. ROEST, B. *Franciscan Literature of Religious Instruction before the Council of Trent.* 2004.

Prospectus available on request

BRILL — P.O.B. 9000 — 2300 PA LEIDEN — THE NETHERLANDS